国学经典文库

图文珍藏版

实录后宫沉浮 解密宫帷之道

后妃宦官大传

王艳军·主编

线装书局

国文经典译注

司马迁史记

后妃宦官大传

王艳军⊙主编

宦官传

线装书局

第一部分　名垂史册的名宦

福荫千秋华夏文明的"造纸鼻祖"——蔡伦

人物档案

蔡伦：字敬仲，东汉桂阳郡耒阳(今湖南耒阳市)人。我国四大发明之一的造纸术的发明者。汉明帝永平末年入宫给事，汉和帝继位后升任为中常侍，后又兼任尚方令。蔡伦总结以往人们的造纸经验，革新造纸工艺，制成了"蔡侯纸"，并于元兴元年(公元105年)奏报朝廷，汉和帝下令推广他的造纸法。建光元年(公元121年)，邓太后崩逝，汉安帝亲政，蔡伦服毒自尽。

生卒时间：公元前61年(一说63年)~公元前121年。

安葬之地：蔡伦墓(陕西省洋县城东8公里的龙亭镇龙亭村)。

性格特点：为人敦厚谨慎，勤奋好学，不但很有才能，而且关心国家利益。

历史功过：永元四年(92)，蔡伦任尚方令后，利用供职之便，常到乡间作坊察看，见蚕妇缫丝漂絮后，竹簟上尚留下一层短毛丝絮，揭下似缣帛，可以用来书写，从而得到启发，便收集树皮、废麻、破布、旧渔网等原料，在宫廷作坊施以锉、煮、浸、捣、抄等法，试用植物纤维造纸，终于造出植物纤维纸。元兴元年(105)，他将造纸过程、方法写成奏章，连同造出来的植物纤维纸，呈报汉和帝，和帝大加赞赏，蔡伦造纸术很快传开。蔡伦这一研究成果，使我国纸的制造和应用，比西方要早一千多年。纸的生产和广泛应用，不仅为我国古代文化的发展和保存创造了条件，由于它向世界各地传播，也有利于世界文化的发展。由此可见，蔡伦对人类历史是有很大贡献的。美国人麦克·哈特在《影响人类历史进程的100名人排行榜》中，将蔡伦排在第七位。2008年北京奥运会开幕式，特别展示了蔡伦发明的造纸术。

名家评点:我国当代著名的编辑学家刘光裕评价说:"中国东汉的蔡伦是纸的发明者。由于他发明了纸,从而引起中国以及世界在传播的媒介技术方面,发生历史上第一次革命性的重大变革。蔡伦以其发明,成为改变世界面貌,特别是改变世界文化面貌的中国第一位伟大发明家。"

一 净身入宫

在东汉桂阳郡一个偏僻的村庄,蔡伦的父母望着这个刚出生的小男孩,布满沧桑的脸上又增加了一层愁苦。他们生活拮据,无法养活自己的孩子。可蔡伦天生惹人喜爱,两只眼睛忽闪忽闪,好像会和人说话,大脑门透着聪明。父母实在舍不得扔掉他,就是自己不吃不喝,也要把他养活大。

在桂阳郡,专门有人为皇宫征召仆役,男孩子都要实行"净身"的手术后,才被送进皇宫。

五六岁的蔡伦已经长得像八九岁的孩子,父母就把他领到征召处净了身,随着其他的孩子一起到皇宫去当小太监。

进了宫,蔡伦受到的启蒙教育是宫中的很多规矩和动作。

蔡伦灵活聪明,知礼守法,处处小心谨慎,言语谦和有礼,做事认真负责,稳妥敏捷。一年多的时间里,他渐渐博得后妃们的宠爱。

过了一些时候,后妃们命令蔡伦和几个宫女去伺候皇太子。

年幼的太子任性固执,从小没有一个太监或宫女能博得他的欢心。蔡伦被派来侍奉他时,八九岁的太子并不欢迎这个和自己年纪相仿的小孩。蔡伦并不生气,他每天细心观察太子的生活,不多言不多语。太子生气了,他侍立一旁;太子高兴了,他并不得意忘形。温和谦恭,不急不躁,蔡伦与太子越来越亲热起来。他们一起做游戏,都是太子出主意,蔡伦找材料,然后做成玩具。太子的主意一会儿一变,蔡伦的玩具也就越做越多。太子不再像以前那么喜怒无常了,他变得乖巧,明白事理。后妃们都非常高兴,夸赞蔡伦小小年纪,却有一双灵巧的手,还有侍奉主子的忠心。

五年很快过去了,太子长成英俊的宫中少年,而蔡伦也被提拔当上了小黄门。

二 尚方监出名

东汉贵族重视学习诗、书、礼、乐方面的文化知识,对于朝中的太监要求也很严格。蔡伦经常陪太子去听讲,一起练习写文章,研求书法的技艺。

当时,被请到宫里讲学的人,大都是名声很大的学问家。《东观汉记》的作者刘珍主要讲述历史、地理、民间风俗,《说文解字》的作者许慎讲述汉字的故事,辅导听讲的学生们学写书法。蔡伦听讲很认真,常常到深夜,还灯下勤读。亲笔抄录那些自己感兴趣的内容。

由于蔡伦对器物制造方面的知识丰富，再加上在样式设计方面有别致、独特的发现，宫中把他安排到尚方监内，监制各种铜器用具。

从蔡伦监制铜器以后，后妃、宫女、太子、公子们用的器具变得精美而坚固，人们交口称赞。皇帝知道了这件事，就下谕令说，为区别蔡伦监制的器物与别的时代所造不同，就都刻上永元二年、七年，还有元兴元年的铭文刻号。

三　毡坊启示

东汉时候，宫中每隔五天放假一天，叫作"休沐"。这一天是人们外出访友拜客的好时候。太监们大都有一些自己的爱好，什么也不爱的，也要到街上听听戏，品品茶，享点儿清福。蔡伦却与众不同。每逢"休沐"日，他关上房门，拒绝接待宾客，独自在屋子里专心苦读，琢磨自己关心的书写材料。

每次外出，他顺便搜集各种有小毛毛的植物。这些植物以外，还有各种树枝嫩皮、麻屑、破碎麻布、烂鱼网等等。从这些皮皮片片，他得到启示，就去观察很多自然形成的薄片，从墙壁上结的壁钱，树枝上的皮虫巢，地面上生长的地衣和河边石头上晒干的苔藻薄层。从所有的观察中，蔡伦得出一个共同的结论：各种薄片的物品都可以由不同的成分组成。

在一个羊毛毡作坊里，蔡伦得到了更多的启示。他和作坊主谈得很投机。他设想，如能采用廉价的树皮或麻缕等为原料，参照羊毛毡的制作方法，制成一片片平整的东西，用它来写字，岂不比竹木简和纺织而成的缣帛"古纸"更轻便、更便宜吗？

一次，蔡伦随皇帝到了汉中的洋州。在一个制楮皮布的作坊里，晾晒着挂在竹竿子上的缕缕麻丝。蔡伦从这些麻丝想到平整的楮皮布，便问主人道："你能告诉我这些麻丝是怎样做成楮皮布的吗？"

主人笑笑说："既然公公想知道，那就进我们的作坊看看吧！"

蔡伦仔细观察了从楮的枝条，经过泡条、剥皮、洗皮、理皮，梳成丝然后纺成布的整个过程。

四　首创纤维纸

由于蔡伦的出色表现，宫中决定，让他兼职主持"尚方监"的管理工作，官封"尚方令"。

"尚方令"蔡伦没有一点儿当官的架子。他办事认真负责，把全部精力投入到各种宫廷御用品的生产管理和造纸的研究上。

蔡伦根据楮皮布处理方法，将楮皮剥去外皮，放在缸里浸泡几天，再闷半个月，使它发酵腐烂，取出来清洗后晒干，梳成楮皮丝。然后，参照羊毛毡的办法，将皮丝切成很短的丝，铺在木板上压紧，就成一片松软的东西。这东西表面粗糙不平，还不适于在上面写字。

蔡伦反复研究，他把树皮丝设法搞短、搞细，以利于表面平滑，但仍还粗糙。他又将楮皮剁碎，然后反复压试，还是不能达到理想的效果。

在木板边上，有一小块被挤出来的皮屑。蔡伦将它拈起来，仔细看一看，然后放进嘴里咀嚼，将它嚼成烂糊糊，等吐出来一看，从中再也看不出树皮的痕迹了。他又把这烂糊放在碗中加水来冲洗，只见有白色的毛毛浮在水中，碗中的水已变成浆液了。

蔡伦非常高兴，他将浆液压干，得到了一小块光滑的浆片。众工匠聚拢在蔡伦身边，七嘴八舌地议论着："应该把所有的树皮都绞烂。"

蔡伦派人到陕西洋州一带山区，采割楮树枝条，运回宫中。

在"尚方监"的几个大水池中，浸泡满剥去外皮的楮树内皮。几天之后，池中的树皮发出扑鼻的臭味。这时把树皮捞出，用清水冲洗。这样反复多次，再用斧头将树皮剁成碎末，最后用舂米的方法，将细碎的树皮放在石臼中，用杵上下反复舂捣，使树皮渐渐分解磨出细丝来，直到看不出树皮的痕迹而成为糯糊的样子。每次捣好以后，就装入布袋中用水洗清，将树皮浆的颜色变得很淡很淡。

根据羊毛毡的制作方法，蔡伦把稀湿的纸浆铺洒在2尺左右的方木板上，木板四周钉上高一些的边框，防止浆液外流。结果浆薄了不能成形，浆浓了就又形成高低不平的纸浆板儿。

首次试验失败了。

蔡伦分析了第一次失败的原因，他注意到第一次试验时，木板不能透水，纸浆稀了，水分流不出去，薄页就难以形成。于是，他在木板上放一层粗麻布，往麻布上浇纸浆，但麻布仍然难以透出水分。

一年过去了，仍然没有解决问题的办法。

一天，蔡伦到后宫去向后妃们请安。他路过宫女们的住处时，看见有的宫女们在绣花，她们把绸缎平整地绷在圆形的竹架上，绣花针上下穿梭。

回到尚方监，蔡伦立即依法仿做。他把麻布四边缝在四根小竹杆上，做成一个麻布帘筐子，再用细绳穿过四周绕在竹框上拉紧，这样麻布就绷得又平又紧。再浇上一层纸浆，稍微摇动竹框，纸浆就流到四边，布满在麻布帘框上，晒干以后小心地揭下来，再把纸边剪齐。

世界上第一张植物纤维纸终于造出来了。

这一年是公元95年。

五　受教邓妃

蔡伦造出了前所未有的一种新纸！这一消息很快传遍宫中。一些太监、大臣和学者纷纷向蔡伦表示祝贺，有的还索要纸样回去试写，有的要求多造一些纸张以供大家使用。

有一天，邓妃传令叫蔡伦进见，非常亲切地与他交换对于纸张的改进意见。邓妃说："一年以来，你造的纸是越来越好用了。只是也还有一些缺点，像纸页还小，厚薄不太均匀，表面不光滑，这些都需要改进。"

蔡伦赶忙献上自己带来的新纸，请教邓妃，并要求当场试用。

邓妃非常高兴，当场做了一幅《美女读书图》，令大家拍案叫绝。

蔡伦也从邓妃的鼓励中汲取了新的力量，加快改进造纸工艺，不辜负邓妃的期望。他从一点一滴的试验做起，邓妃深为感动，经常拨一些钱两帮助他进行试验。

时间一天天过去了，这期间，邓妃时常派宫女来取些纸样，并给他送来新发现的一些原料，蔡伦深受感动，更加坚定了造出高质量的纸张来的决心。

六　竹帘抄纸

蔡伦逐渐认识到一个原理，只要麻布上的水分很快沥干，就有可能加快出纸的速度。

他详细分析麻布帘的特点，了解到要使湿纸能尽快沥干，就需使麻布帘翻转向下脱离湿纸，但绷在框架上的麻布却不能一下就使全幅湿纸脱下来。针对这种情况，蔡伦分析出新的纸帘需要三个条件：纸帘本身必须平整自然，不借助绳子外力也不会起拱，保证受浆均匀；湿纸成形后，纸帘要具有弯曲的性能；原来那种浇注纸浆的办法如果改用帘框从纸浆里捞取，一次捞取均匀就可使纸成形。

按照上面三种设想，他反复进行一次次试验。

开始，他和工匠们用扁平很细的篾片编成方孔的筛片，试着从纸浆液中去抄纸，结果不少纸浆从孔中漏掉了，而且篾片有弹性，覆浆困难。他又把竹丝削刮光滑，作为纬线，又用麻线作为经线，编织成一小方没有弹性的竹帘试行抄纸。这样的覆纸方法虽然很方便，但竹丝太粗，隙缝太大，靠竹帘一面的纸帘纹太深，纸质粗糙。

三年的时间过去了，蔡伦的头上也增添了不少的白发，但他还是耐心地试验了一次又一次。

经过多次试验，蔡伦总结出一条经验：要想从浆液中往上抄捞纸浆，竹帘必须十分精细而挺实。于是他再次与工匠把每根竹丝刮得既细又圆，然后采用丝线密密地编一小方细竹帘，上下用较粗挺竹片做框架。但由于细竹帘轻而薄，两手不便握持，细竹帘遇到纸浆就会飘浮起来，仍然难于抄捞湿纸来。

又经过反复试验，蔡伦终于研制出一套可以活动的竹帘，它能在抄捞纸浆后，立即把湿纸与覆下的竹帘脱离，然后再行抄纸。

与竹帘抄纸配套的一系列工艺，如怎样使纸帘完整地覆出湿纸？怎样尽量地压出水分？蔡伦又用了一年左右的时间总算完成了。这样相对完整配套的竹帘抄纸术试制成功了。

这一年是公元102年。

七　发明纸药

竹帘抄纸术问世以后，为手工造纸解决了一系列的工艺问题。但这一方法在压榨水分、揭分纸页、刷晒干燥这三个工序上还有待改进。

一天，他走出房门，在尚方监庭院的树荫下踱来踱去，听着梧桐树上的蝉声。一朵白色梧桐花掉落地上，蔡伦拾起来，看到茸茸的花片水汪汪的，就用手一捻，花片渗出水来，他感觉手指上粘粘的、滑滑的。于是，从地上又捡起几朵来再捻，手指上仍有相同的粘滑感觉。

他将捻碎的桐花放在水槽里，经过一番搅拌之后，发现桐花汁液很快地融在水中了。

蔡伦高喊："太妙了！太妙了！"

蔡伦吩咐工匠们采集了大量的桐花和桐花梗，加到水中捣成滑汁，倒到浆液槽里，用木棍反复搅拌，然后试验用这种有桐花汁的浆液抄纸。

居然抄出一张张均匀的湿纸。

蔡伦接着仔细地进行覆纸和加压，最后，他一张张地试行揭分，竟然一下子揭出了许多张纸来。

一连试验几次，效果颇为理想。

他们总结经验，派人到各地收集含有粘滑汁液的植物茎或者叶片，以供常年使用。

大量的滑汁被压榨出来，与竹帘抄纸的方法合起来使用，均匀适度的纸张就成批地被制造出来。

在手工抄纸工艺中，使用滑汁是极关键的一环，没有滑汁，就造不出质量优良的纸。于是，后来工匠们就为滑汁取名为"纸药"或"纸滑"。

纸药的发明与应用，终于使蔡伦的造纸技术获得了圆满成功。

八　服毒自尽

元兴元年（公元 105 年）是蔡伦将造纸成功的消息上奏皇帝的一年。在这一年年初，他带着最好的纸样，来后宫向邓皇后复命。

邓皇后早已听说了这一喜讯，专等蔡伦前来。她命人取出当年所画的《美女读书图》，与现在的墨迹比较，二者因纸的质量不同而显出不同的效果。

蔡伦看罢，跪倒在地给邓皇后叩头。邓皇后问他原因，蔡伦说："今日造纸成功，全赖皇后支持。不然，蔡伦早就半途而废了。"

邓皇后微笑着对他说："十几年如一日，你才真正是辛苦了。如今造纸成功，我看你可以正式奏报朝廷，以让圣上闻知。"

和帝称赞了蔡伦勇于发明创造的精神和才能，提升他为中常侍，并通令全国推广,以利天下。

由于造纸的初步推广成功,和帝传令三公行文天下郡国州县,翌年派人来京学习造纸,并命令少府在京城内外各设造纸作坊,选派工师,培训各地来学习的工匠,以便把蔡伦造纸术普及推广到全国各地。在民间,"蔡侯纸"先被传叫开来。

公元105年冬,和帝病逝,殇帝刘隆年幼由邓太后摄政,史称和熹邓太后。鉴于蔡伦发明造纸有功,理应封赏。但是蔡伦再三推辞,太后对他说:"既然蔡伦推辞封赏,那你就自己选个地方封侯吧!"

蔡伦沉思良久,选定陕西洋县龙亭镇,于是太后依他的愿望,册封他为"龙亭侯"。

后来,蔡伦成为邓太后参政议事的主要参谋之一。由于蔡伦刚直不阿,敢于据理直言,言语间对那些平庸的大臣或太监就有得罪。

公元121年,邓太后病故。蔡伦一时成为佞臣、太监的攻击对象,多次在安帝面前诋毁他,暗进谗言陷害他,使蔡伦成为宫廷斗争的替罪羊。

安帝禁不住奸臣多次进言,追究祖母宋贵人一事,其中主要涉嫌蔡伦,按罪当斩,蔡伦知道自己是冤枉的,但他为保持晚节,免受屈辱,就在他的封地服毒自杀了。这一年他刚好59岁。

30年后,桓帝元嘉元年(公元151年),才下令为蔡伦昭雪,为他立传记功。

蔡伦死后,葬于洋州龙亭封地。"龙亭侯"长眠地下,"蔡侯纸"却造福人类子孙万代,万古流芳。

七下西洋的"三宝太监"——郑和

人物档案

郑和：一说本姓马，为明成祖朱棣赐姓郑，世称"三保太监"（又作"三宝太监"），云南昆阳州（今云南省昆明市晋宁区昆阳街道）人。明朝太监，航海家、外交家。郑和年轻时从侍燕王朱棣，有智略，知兵习战。后在"靖难之役"中有功，升任为内官监太监。1405年（永乐三年）至1424年（永乐二十二年），郑和六次作为正使太监下西洋。1425年（洪熙元年）后，郑和任南京守备太监，1430年（宣德五年）受命第七次下西洋，一说在途中于1433年（宣德八年）卒于古里国。

生卒时间：公元前1371年（存疑）~公元前1433年（存疑）。

安葬之地：郑和墓（江苏省南京市江宁区牛首山南麓）。

性格特点：敢于开拓，坚强勇敢，不畏劳苦，热爱国家，敢于为国牺牲。

历史功过：推行和平外交，稳定东南亚国际秩序；震慑倭寇，牵制蒙元势力，维护国家安全；发展海外贸易，传播中华文明；开拓海洋事业，铺平亚非航路。

名家评点："国父"孙中山评价说："乃郑和竟能于十四个月之中，而造成六十四艘之大舶，载运二万八千人巡游南洋，示威海外，为中国超前轶后之奇举；至今南洋土人犹有怀想当年三保之雄风遗烈者，可谓壮矣。"

一　屡建军功

明洪武三十一年（1398）闰五月乙酉。

大明开国皇帝朱元璋因病驾崩，年71岁。辛卯日，朱元璋长孙朱允炆依制在百官朝贺声中登上皇位，是为惠帝，年号建文。

惠帝登极之后，寻思着自己年轻，没有处理国事的经验，定然会受到皇亲国戚的欺侮，或许皇位也难以保全，于是将原来的亲信一一重用。他封齐泰为兵部尚书、黄子澄为太常卿兼翰林学士,同参军国大事,并时常召二人进宫商量对策。最使惠帝放心不下的是他的四叔燕王朱棣。洪武二十三年(1390),朱元璋命朱棣率师讨伐在北疆的元军余部,获得大胜。捷报传至南京,朱元璋大喜道:"肃清沙漠,燕王功也。"遂将北方的军权完全交给朱棣执掌。从此,朱棣手握重兵,雄踞北国。朱棣不仅军事上智勇双全,在政治权利上也极有雄心。惠帝即位后为改变太祖留下的诸王拥兵自重局面,采用了齐、黄二人"削藩"的策谋,先后废掉周、齐、湘、代、岷五王,然后把矛头指向燕王。

朱棣自信才智过人,实力雄厚。兄长死去后未能得到继位的权力已使他耿耿于怀,如今又见各位王爷一个个惨遭侄儿毒手,更加愤愤不平。一天,他独自在那儿寻思,忽报圣旨到。他连忙跪接圣旨,心里却在嘀咕:不知允炆又在搞啥名堂?接旨完毕,朱棣不觉火冒三丈,心想:真是岂有此理,竟公开搞到我的头顶上来啦!何事使得朱棣如此不平?原来,朝廷为刺探军情,特旨派工部侍郎张昺为北平布政使,派都指挥使谢贵、张信掌北平都指挥使司,这无疑给朱棣的手脚套上了绞索。当下,朱棣吩咐左右,对南京派来的张、谢、张等人严密监视,不可对其透露半点风声。

是夜,月光如水。朱棣夜不能寐,心想:侄儿欺人太甚,如此忍吞,必复蹈前车之辙。不如趁他羽毛未丰,率兵南下,直捣京城,把皇位夺过来,也雪掉那心头之恨。再仔细一想,又觉不妥:侄儿继位,名正言顺,若公开用兵,恐众人不服,手下将士也难以从命。思来虑去,披星戴月,终于计上心来。他连夜召集文武百官,声泪俱下地说:"当今皇上年幼,齐泰、黄子澄等奸臣弄权,挟天子以令诸侯,将诸位王爷尽行拿了,如今又派奸细来我北平探秘,胡作非为,倘若任他们一意孤行,太祖开创的天下,将毁于一旦,付之东流……"

听罢燕王的慷慨陈词,在场的朝臣无不义愤填膺,有仇敌忾,誓要为国锄奸,为民除害。正待争相献策之时,一位身着内监服饰、英俊威武的青年出现在朱棣面前,侃侃谈道:"王爷殿下,如今国难当头,此挽救危亡之重任,全都落在王爷肩上。依奴婢之见,请王爷立即兴问罪之师,讨伐齐、黄,才不负众人所望。此乃替天行道之举,焉有不胜之理?"

此言铿锵有力,掷地有声。燕王抬头看是,说话者是内监马和。

马和,何许人也,何以在此?

明洪武四年(1371),马和出生在云南范阳(今云南晋宁)一个虔诚的穆斯林家庭。他的祖父和父亲都曾远涉重洋往伊斯兰教圣地天方(今麦加)朝圣,被当地人尊称为"马哈只"(意为巡礼人)。马和在家排行第三,人称"三宝"。这三宝从小长得浓眉大眼,体态俊俏,且聪明伶俐,才智过人,甚得家人喜爱。待三宝稍懂事儿,祖父、父亲便给讲述当年驾船漂洋过海,去红海岸边的伊斯兰教圣城天方朝圣的旧事,讲述怎样与狂风恶浪搏斗的情景,以及西洋各国的风土人情。这一桩桩新奇异事,一件件寡见珍闻,像磁铁一般,把小小的三宝紧紧地吸住,从此,在他幼小的心灵深处,渐渐地扎下了远航朝圣的根儿。为使这根儿有朝一日能兑现,他刻苦学习

后妃宦官大传

·名垂史册的名宦·

图文珍藏版

划船、使帆、游水,博览群书,日复一日,年复一年,从没间断过,以期向往实现。

不料,当他长到十几岁时,一场横祸从天而降。

明洪武十四年(1381),朱元璋为彻底消灭盘踞在云南的元朝余部梁王把匝拉瓦尔密,派出大将傅友德、蓝玉、沐英率军前往征讨。战乱到处,硝烟弥漫,百姓流离失所。在这兵荒马乱的岁月,三宝一家也惨遭浩劫。最使三宝伤透肺腑的是,他被明军俘虏,竟被押至南京强行阉割,送往皇宫做苦役。从此,11岁的三宝失去了做男子汉的资格,一个生龙活虎、朝气蓬勃、天真烂漫、满怀憧憬的后生少年,再也无法去实现远航的梦想,这怎能不令人肝肠寸断!

孑然一身、无依无靠的小三宝在皇宫里度日如年。不久,他又被当作"礼物"赐给燕王,随军被带往北平,成了朱棣府邸里的一个家奴。三宝被掳后不久,他的祖、父也都因战乱而死了。

小小年纪的三宝并没因自己的不幸而沉沦,他继承着祖、父辈坚强执着的性格,深怀抱负,敏而好学,而王府里优越的环境,为他成长创造了良好的条件。随着年月的流逝,三宝长成一表人才,"身长七尺,腰大十围,行如虎步,声音洪亮",且善于辩论,武艺超群,尤其他的精明和才智,也日益显露,并很快得到燕王朱棣的赏识,成为朱棣的近侍。

镇守北平的燕王朱棣,是个好大喜功、刚愎自用的人物,他扩充权势,广罗人才,常领兵出征塞外,在北平一带建立了自己牢固的地盘。他对部下颇为宽容,甚得人心。三宝自来到他府上,自然也感到日子好过了些,做起事来,手脚也勤快多了。燕王见这个新来的小太监聪明伶俐,一表人才,也很喜欢,便吩咐留在身边使唤。天长日久,三宝成了燕王府里一位受到重用的内监。当朱棣在慷慨陈词,惊呼朝中奸小弄权,朱家天下危在旦夕之时,又见三宝挺身而出,豪言壮语,力主进兵,心中更是高兴,因为这正是他想说而不便说出的话。三宝的话音刚落,文武百官个个表示支持,纷纷拜请燕王率师靖难。

明建文元年(1399)八月,"靖难师"在燕王朱棣率领下,打着"清君侧"、讨伐齐泰和黄子澄的旗号,浩浩荡荡地向南京进发。

燕王出师的消息,早有探子火速报往南京。惠帝闻言,即召齐泰、黄子澄进宫商议对策。他听从齐、黄的建议,一面传旨削了燕王的官职,布告天下,一面火速派大将军李景隆自德州进兵,派武英侯郭英、安陆侯吴杰自真定进兵,讨伐朱棣。

燕王军伍人才济济,士气高昂,朝廷官军很快被打得弃甲丢革,只好狼狈南逃济南困守。

济南城外。人声鼎沸,战马嘶鸣。

绣着"靖难师"大字的旌旗迎风招展。燕王偕三宝等立马阵前,左右正待向城中喊话,此时只见城楼上一守将向外大声呼喊:"王爷休动干戈,李将军奉万岁旨意,请王爷进城。"一边高喊,一边令士兵放下吊桥,打开城门。燕王见状,料定李景隆部已是溃不成军,无法抵挡,心中大喜,当即拍马向城门驰去。

此时,三宝疑惑地赶紧冲上前去,喊道:"王爷,当心有诈!"燕王哪里肯听,猛抽马鞭，一溜烟驰上吊桥，把列队前进的队伍远远抛在后头。

三宝纵马直追，大声疾呼："王爷且慢，等大军一起进城！"

这时，燕王的坐骑已冲过吊桥，奔入城门洞内。当他听到背后三宝的喊声，不觉猛地一惊，立即勒住马缰，就在此时，只听见"咣啷"一声巨响，一道铁闸门整个坠落下来，正中燕王坐骑的马头上，几乎在同一时刻战马倒地而毙，燕王翻身落马。

情况万分火急。说时迟，那时快。三宝追赶过来，跳下马迅速搀扶燕王一同上了自己的坐骑，调头直奔吊桥。三宝坐骑冲到桥边，当机立断，抽出腰刀。将吊桥缆绳一刀砍断，即将被收起的吊桥，又回到原处。三宝护卫着燕王冲过吊桥，向大军队伍奔去。

燕军见主帅仓皇逃命，一时乱了阵脚。城内守军呐喊着杀将出来，燕师更加大乱，四处逃窜。三宝只得护着燕王落荒而去。

燕王虽说败下阵来，但因济南城中空虚，守军不敢穷追，故而保住性命。燕王收拢败兵，经过短暂休整，趁着朝廷援军未到，重新发动了围城战。城内守军无外援，不久，便破城兵败。

燕军攻下济南，继续南进，一路势如破竹。建文四年（1402）五月流渡过黄河，六月过长江。不久，南京便落入燕军手中，苦战三年的靖难之役结束了。

公元1403年正月十五日，南京奉天殿摆设得富丽堂皇，各种各样的仪仗、锦旗，珠光宝气，光彩耀目。礼仪官们一个个蟒袍玉带，仪表堂堂，声音洪亮。午门响过第一通鼓声，文武百官朝衣朝带，在午门外排班立定。响过二通鼓声，百官从掖门随之而入，走上丹墀，文左武右，分立在丹墀两侧。第三通鼓声响过，钟声继起，朱棣在悠扬的乐声中登上宝座，众官一齐来到金殿跪下，高呼万岁，万岁，万万岁！声震午门。从这时起，朱棣成了明朝第三位皇帝，史称成祖，建年号"永乐"。

接着，明成祖大宴群臣，论功行赏，封官加爵。三宝"出入战阵，屡建奇功"，晋升为内宫监太监。不久，又被擢升为司礼监掌印太监。次年正月初一，在皇宫举行赐姓仪式。成祖亲笔题了一个"郑"字赐予三宝。从此，这三宝太监马和，便改姓郑，叫郑和，成为大明永乐年间朝廷里一个重要人物。

二 挂帅备征

明初以来，朱元璋屡次告诫臣下："民之贫富，国家休戚焉。"认为王权的稳固与人民生活的安定富裕有极大关系，因此先后采取了一系列恢复和发展农业、扶植工商业的措施，使社会经济得以较快繁荣。朱棣即位后，仍然坚持朱元璋的基本国策，使洪武时期的初步经济繁荣在永乐年间走向兴盛。同时，朱棣在政治上又加强中央集权，消除诸王势力，充实军事实力，开拓、巩固边疆，维护国家稳定。强大的政治、经济势力，奠定了明王朝开拓对外活动的基础。

朱棣是中国封建社会历史上第一个也是唯一一个能把眼光放远在辽阔海洋上的帝王。

他审视着中国漫长的海岸线,决计要打开从未重视过的通向外部世界的海上之路,以实现他"锐意通四夷"的宏大愿望和与海外诸国建立友好关系的对外政策,以显示其宣德沐仁的天子之恩和"天朝上国"的强盛威风。

洪武中后期,东南亚一带许多国家再没有按期向明王朝纳贡,朱棣感到天朝的宗主地位正在丧失,还有些地区的首领甚至阻碍、破坏中国官方、民间的对外海上贸易。这对一个雄心勃勃的君主是难以忍受的。因此,一个宏大的计划在朱棣脑际中出现,那就是派遣使节,打通海上通道,重建天朝威严,恢复和扩大对外邦交。另外,朱棣攻下南京后,没找到建文帝朱允炆,心中老是不安。一说他已离开人世,一说他乔装外逃,还有说他出家当了和尚。朱棣心想,死了倒也罢,若还在人间,必为后患,他不便公开张榜捉拿,只密令礼部侍郎胡濙暗中查访。胡濙奉旨,足遍大江南北、长城内外,也未得到半点消息。他回京复命时对朱棣说:既然国中找寻不到,是不是会逃到海外或者隐匿于某个海岛上呢?对此,朱棣内心始终结个疙瘩。

数日间,朱棣不思茶饭,浮想联翩:自己抢了侄儿的宝座,定然会招致天下许多人不满,倘能将国家治理得比太祖在世时更加昌盛,让百姓更加安居乐业,给富贵人家得到更多的满足,这样,反对自己的人会自然减少,抢占的江山也会更加牢靠。朱棣明白,与海外通商贸易,一向是增加国库收入的重要手段,皇宫里及王公大吏、富绅商贾希求的象牙、犀牛角等珍品,都是从海外而来。他也常从郑和那里了解到西洋有许多美丽富饶的国家,便想到,如派船队前往,一则可以暗中寻访允炆的下落,二则可通商贸易,换取海外珍品,增加国库收入,三则能显示中国的富强威德,一举三得,何乐而不为?想到此,朱棣心潮澎湃、热血沸腾,决心做一番前所未有的惊天动地伟业,显示自己与众不同的威风。

当金鸡三唱、曙光朦胧之际,满朝文武列队鱼贯入朝。成祖头戴金丝翼善冠,身穿绣龙黄罗袍,在内监们的簇拥下来到金殿。只见文臣站左班,一个个文质彬彬;武将立右班,一个个威风凛凛。文武百官手捧牙笏,跪在金殿,三呼万岁,稽首朝拜。礼毕,成祖巡视了列班殿下的文武百官,开口道:"朕贵为天子,上承先代帝王统绪,下开后代帝王之将来。今欲派遣船队,下到西洋,开展海外贸易,示中国之富强,卿等以为如何?"稍停片刻,成祖又道:"朕如今取出一颗坐龙金印,哪位肯不辞劳苦,挂印率船西征?"至于寻访建文帝的事,他却不便当众直说。

一连问二遍,不见动静。刚要再问,只见班部中闪出一位魁伟英俊的官员,太监服饰,文武百官都认识,他是皇上心腹郑和。

郑和少年即有远航朝圣的夙愿,梦想去见识西洋诸国,只因不幸遭遇,割断了他的志向。如今成祖的宏图大业,又点燃了他心中久已熄灭了的火焰,感情极为激动。他走到丹墀之前,躬身奏道:"奴婢郑和恭请圣安!"

成祖微微点头,问道:"郑卿以为如何?"

"陛下欲与海外各国通商往来,示中国之富强,宣天朝之威德,此乃大智大勇之举,奴婢竭诚拥戴。至于挂印的钦差使臣,臣以为应选力主与各国友好,通晓西洋各国风土人情,且有远见卓识之士。"

话音刚落，户部尚书夏元吉出班躬身奏道："启奏陛下，太祖在世时，一向主张闭关自守，不许寸板出海。臣以为下西洋之举，有违先帝遗训，实不可取。"

成祖闻奏不语。少顷，他问兵部尚书王景弘："王尚书意向如何？"

身材矮胖的王景弘趋前两步，躬身奏道："夏尚书言之有理。下西洋有违太祖遗训，且劳民伤财，望陛下三思而行。"

成祖用不悦的目光扫视一下众臣，说道："夏、王二卿言之有据。但古人曾有世异则事异之说。当今盛世已非洪武时代可比，天朝国富民强，声震四海，极需与西洋各国交好，示中国之威德。朕想，若太祖在世，也定会重开海禁。"

夏元吉、王景弘听后，惶恐不安地交换着目光。

稍候，成祖接着说："下西洋之举，朕意已决，自即日起，选将造船，采办货物，择日西行。太监郑和，文武兼备，累立战功，熟悉西洋情势，精通航海之术，既是佛门弟子，又是回教之徒，兹命其为下西洋钦差正使，挂元帅之印。"

郑和没想到远航的夙愿如今有了实现的机会，他欣喜万分，上前奏道："臣托圣上洪福，愿立功海上，万里扬威。"

成祖当即吩咐印授监递印与郑和，又令王景弘为副使，并对其二人说："卿等为朕股肱之臣，务必同心协力，宣朝廷之威德，与西洋国家结交友好。望卿等善选人才，精造船舶，广采我中国之名产，择吉日启程。朕当亲阅舟师，为卿等饯行。"言毕，即御驾回宫，百官散朝。

郑、王二人接旨上任，不敢半点怠慢，立即传示各处将官，齐赴大校场比试武艺，胜者即疏名进朝，请旨挂印，随船西征。

南京城外的大校场上，每天人头簇簇，马首相挨。演武厅前，绣着"为国选才""跨海远征"金色大字的两面旗帜迎风招展。演武厅内，刀枪飞舞，银光闪烁，你争我斗，各显神通。十八般武艺比试后 2400 多人中只挑选了 750 名。郑和将选出的人员呈奏圣上，按指挥、千户、百户等职，一一做了任命。然后，又择选了掌管航行、外交、军事、贸易等重大行动机构中的决策、指挥人员，其中有负责观察天文、预报气象、航海操作及维修技术人员，还有翻译、医生、采购、后勤、军事护航人员，等等，连同少数寻访建文帝下落的密使，共 27820 人。

人员选当，郑和便派人采办货物。从金银珠宝到丝绸绢缎，从瓷器陶器到大米大豆，还有钱币、茶叶、铜铁制品等，种类繁多，质地优良，皆是名产。

为尽快造出宝船，郑和又派员协助新建和扩建了许多船厂。船厂分工很细，木工、铁工、篷工、橹工、索工、漆工，样样齐全。大船厂还附设许多小作坊，初步形成了比较完备的造船体系。

造船业在我国有悠久的历史，造船技术在一个很长的历史时期内居于世界领先地位。西周时，建造的海船就能东达日本。秦汉时，更能远航至爪哇、柬埔寨、印度和斯里兰卡等国。到了唐代，我国建造的大船，已可乘坐六七百人，而宋元时代，又增大船体，可乘近千人。由于指南针的运用，使得在茫茫大海上航行安全可靠。如果说，唐代以前，中国人到西洋各国往往要乘外国船，那是吗，到了唐代，尤其是宋代以后,外国商人都纷纷改乘中国船来往于波斯湾等西洋各地了。这历史悠久的造船业和先进的造船、航海技术,加上明初强盛的国力,为郑和能大规模地建造远洋船队出发西洋,提供了坚实的技术和物质条件。

郑和此行西洋,使命重大,人员众多,无论是从船队数量或者是船体规模,都达到了当时世界的超一流水平,无与伦比。据记载,郑和首次出航配备各种船只208艘,其中大型船只62艘,称为宝船。根据用途不同,这些船分为旗舰、马船、粮船、战船等。其中郑和乘坐的宝船(即旗舰)最大,长44丈,宽18丈(约合138×56米),九道桅杆。据英国学者米尔斯推算,该船载重量约2500吨,排水量为3100吨。如此巨大规模的船体是当时地球上任何一个国家也无可匹敌的,堪称世界之首。船头的铁锚,也大得惊人:七丈三尺长的杆,三丈五尺长的爪,八尺五寸高的环,用桶口粗的缆绳吊挂在船头,没有几百个壮汉是休想动弹了它的,62艘大船,每艘均有三层罗盘,每一层罗盘由24名官兵看守,监视航行的方向,并且日测风云,夜观星斗。这在当时世界航海界也是最先进的。公元前3世纪前后,我国发明的指南针问世,公元11世纪末,指南针被安装在船舶上,用以指示航行方向。从此,航行船只如虎添翼,茫茫大海之上再也不用担心迷失方向了。后来,这一先进技术又由阿拉伯人传到欧、非各国,从而开始了航海史上的新纪元。当时,郑和船队使用的罗盘,已是非常先进了,精度很高,采用24方位标示航路,而且采用"更""托"计量法,以指示航线的长短和海洋的深浅。

经过充分准备,一切就绪。郑和奏请皇上:择日启航。

三　负命首航

明永乐三年六月十五日(1405年7月11日)。

苏州城外刘家港,一派节日欢乐景象。旗幡飘舞,锣鼓喧天。为看郑和远洋船队出航,苏州居民倾城而出,整个港湾人山人海。

沿着数里长的娄江河道,整整齐齐地排列着208艘船只,似一条十里长街,焕然一新,巍峨壮观。船上的将士和船员,个个衣着鲜艳,喜气洋洋。一面长十余丈的帅旗高高地扯在旗船的桅杆上,帅旗下竖着一块巨大的字牌,上面写着"大明国征西大元帅"八个仿宋大字。左右两边也各有一块字牌,左边牌上写着"回避",右边牌上写着"肃静"。旗船上的各式布设,富丽堂皇,有头门、仪门、丹墀,有官厅、穿堂、库司,还有侧屋、书房等,都是雕梁画栋、象鼻挑檐,经精心布置,显得格外映人。

成祖传下圣旨:今日大宴征西将帅,并备金银彩缎,进行赏赐。

金鸡三唱,曙色朦胧。成祖登上金殿,待到百官进朝行礼毕,说道:"今日郑、王二卿率数万之众远涉重洋,朕略备筵宴,为彼等饯行,并备薄礼,表朕心意。"

此时,鼓乐齐鸣。金殿之上摆出了丰盛的筵席,款待正副元帅;文华殿上也摆好了丰盛的筵席,款待征西将官;武英殿上,同样摆好了丰盛的筵席,款待在朝的文武百官。此时此刻,笙乐齐奏,一派喜气洋洋。

筵席毕，赠送礼物开始。成祖取过金花银花各 20 对，红绿彩缎各 20 匹，命内侍递入大元帅郑和，又取相同的礼物，递给副帅王景弘。然后，各赐御酒三杯。随后，又按官职大小，各个赠予礼物，赐吃御酒。

赠礼之后，又传出圣旨：着大元帅统领将官，点齐军马，立即登船。少顷，圣驾亦登舟，设坛祭祀。成祖亲自行礼，文武百官依次叩头，礼部官员展读祭文。

祭毕，文武百官保驾回朝。

郑和随即召集各船将官，下达命令："今日圣上亲临钱行，乃对我部下西洋之重托，任重道远，责任重大。众将官务必不负皇恩，严守职责，谨慎驾驶，昼行认旗帜，夜航识灯笼。各船务必依次而行，前后相维，左右相挽，不得疏虞。如有违误而祸事者，即时枭首示众。"

命令完毕，各船将官立即回船。郑和登上旗船传令台，亲手升起启航的信号旗。霎时间，大小船只扬帆起航，在江心一字排开，迎着六月的骄阳，浩浩荡荡地朝着滔滔东海乘风破浪，首尾长达十余里，煞是壮观。岸上送者，群情激昂，掌声雷动，欢声笑语，全溶进了碧波细浪的江水中。站在船头的郑和与征西将士们满面笑容地向两岸欢呼的人群挥手答礼。这支当时世界上最庞大的船队，开始了首次出使西洋的远航，从此揭开了我国古代，也是世界外交，航海史上的光辉一页。

郑和率船队顺着江水，鱼贯而下。船上人员，各司其职，各负其责，有条不紊，井然有序。旗船中，郑和元帅和航海人员正在精心校阅《针经图式》。这《针经图式》乃是依据沿海船民的实际经验，结合当时的航海技术制作而成，有如今日之海图，用以指引航船的路程。可惜，这十分宝贵的《针经图式》早已失传，实在是航海史上的一大损失。好在还有《郑和航海图》流传至今。此图共 40 幅，详细记载了从南京下关宝船厂出发，出长江口，沿苏、浙、闽、粤海岸航行，跨过南海及印度洋，抵达非洲东海岸的航线。这种航线，系借用罗盘，采用"更""托""针位"加以确定的。以 60 里为"更"，以"托"避礁浅，以"针位"取航道。航途中，需随时掌握航行几更可到某地；又必须沉绳海底，打量水深几托，探知何处有暗礁；还需根据针路，察明海岛的方位。《郑和航海图》中详细地描绘着航经各国的方位、航程之远近及航行之方向，对何处宜于停泊，哪里有礁石，什么地方有浅滩，都一一标明。如此循习既久，在海上航行也就无异于在陆地上走平道了。

测量方位使用的罗盘，采用 24 个单针（方位），并借天干、地支、八卦、五行配合而成。如子与坎为正北 0 度，卯与震为正东 90 度，午与离系正南 180 度，酉与兑乃正西 270 度。除去 24 个单针航路，还采用两单针间的针路，称"指两间"，即取两方位度数之和的一半，如单午为 180 度，单丁为 195 度，而丁午则为 187.5 度。这等于又增加了 24 个方位，大大提高了方向的精确度。

这些导航手段，在当时世界上是首屈一指的。

船队沿着既定的针路航行，忽有蓝旗官报上中军帐内："启禀元帅，前方江中横着一条水界，近处水色酱褐，远处水色黄绿，不知何故？"

郑和听完，疾步走出帅府，瞭望片刻，然后又俯身看了一会《针经图式》，转身对蓝旗官说：

"此系长江泥沙浊水与东海青水交汇之处，宝船已来到长江入海口了。你传下命令：各船转舵南行。"

船队转舵后，行不几日，至福建长乐五虎门靠岸。作几日休整补给，又启程沿海岸向西南航行，进入台湾海峡，船队再次靠岸，在泉州湾停泊。等到东北信风吹来，郑和率队立即启航，穿越南海，驶向第一个远航目标占城国（今越南南部）。经过 10 个昼夜的满帆行驶，船队停泊在新州港（今越南归仁）。

占城国一向同中国友好。国王接到郑和使者送来的国书，得知中国宝船前来通商贸易，十分高兴，立即吩咐左右备足重礼，亲往码头迎接。他骑着大象，身穿五彩衣服，头戴锦花金冠，在众官员的簇拥下，率领欢迎队伍来到码头，欢迎者皆手拿锋刀短枪，舞着盾牌，敲着小鼓，吹起椰笛，表达了占城国人民对大明国人民的友好情谊。接着，国王向郑和赠送礼物，并说："敝国国小民贫，无所奉献，略备当地土产，聊表对贵国之情意，伏乞笑纳。"

郑和接过礼单，只见上面写着：黄金一千两，白银一万两，宝母一枚，海镜一双，大火珠四颗，澄水珠十枚，辟寒犀二根，象牙簟二床，吉贝布十匹，奇南香、白鹤香、千步草、鸡舌香各一箱。还有鸡、鱼、猪、米、柴、菜等物品。郑和觉得礼物太重，有意推辞，但国王执意相赠，也就只好收下了。

国王命随从打开礼箱，让郑和过目。他指着那些奇珍异宝说："这宝母犹如一块美石，每月十五晚上，置之于海边，诸宝皆集，故曰宝母。"接着又指着一颗似蚌蛤的宝物对郑和说："这是海镜，其壳可射日。还有这火珠，日午当天，珠上可燎香烧纸。这登水珠，晶莹无瑕，投之于清水，杳无形影，若投之于浊水，则水立清。"

郑和一边听着通事（翻译）的介说，一边点头。这时，他通过通事问道："辟寒犀顾名思义可以辟寒，不知可是当真？"

国王答道："当真。此物乃犀牛之角，用金盘盛之，贮于室内，温暖如春。"

郑和见国王兴致很大，如此不厌其烦地介绍，深感过意不去，于是客气地说："多谢国王重礼相赠，待宝船返国后，本帅定如数上交朝廷，将国王之深情厚谊悉奏圣上。"

国王一边听着点头，一边说："还望郑元帅寄语美言。多谢，多谢。"接着又相邀："舍下聊备薄酒，请元帅一行赏脸。"

郑和一行随着国王来到王宫。

王宫里早已备好筵席。这里饮酒方式别具一格，与度者各执一竹管，插入酒瓮中，宾客围坐，轮次吸饮，一边吸一边加水，直到酒味全无，方算饮宴完毕。

席间，郑和问及当地民俗风情。国王说："俺国中婚事，男子先入女家，成其亲事，过十日半月之后，男家父母及诸亲友，击鼓迎之归家，饮酒作乐。"又说："俺国王大凡在位 30 年者，即退位出家，令弟兄子侄代其王位，自己则往东山持斋受戒，姑素独居。出家时，呼天盟誓曰：'我先在位不道，当为狼虎食之或病死之。'若满一年不死，则再登王位，受理国事。国人称为'昔黎马哈拉托'，此乃至尊至大之称也。"

郑和听后说："承蒙陛下赐教，胜览群书，真是三生有幸！"

宴毕，郑和传下帅令，即将中国青瓷荷盘 100 个，青瓷荷碗 30 只，紵丝 20 匹，绫绢 20 匹，以及金银珠宝等，回敬国王。

翌日，双方开始贸易，在平等互利的基础上交换货物，互通有无。之后，人们便四出观赏异地风光。身负秘密使命的人员，乘机四处打探建文帝朱允炆的下落。

郑和船队在占城逗留十余天，继续启航南下。穿过辽阔无边的南中国海，来到了岛国苏鲁马益（今印尼泗水）。这里草深树密，椰林婆娑，一派热带海岸风光，十分迷人。岛上居民身披鲜丽的彩服，敲着当地的小皮鼓，载歌载舞地欢迎远道而来的中国船队。船队在这稍事停留，转舵西向，朝苏门答腊岛驶去。

此后的 28 年里，郑和先后七次出使西洋诸国，最后一次出洋时，郑和已是一位年过六旬的老翁。他把自己的一生献给了外交和航海事业。郑和率领船队七次下西洋的时间依次是：永乐三年（1405）、永乐五年（1407）冬、永乐七年（1409）九月、永乐十一年（1413）冬、永乐十五年（1417）冬、永乐十九年（1421）春、宣德六年（1431）十二月。船队所经历的主要国家和地区有：占城（今越南中南部）、真腊（柬埔寨）、暹罗（泰国）、爪哇、苏门答腊、锡兰山（斯里兰卡）、榜葛拉（孟加拉国）、苏禄（菲律宾苏禄群岛）、彭亨（马来半岛）、南勃里（印度尼西亚）、古里（科泽德，属印度）、溜山（马尔代夫）、南巫里（印度）、忽鲁谟斯岛（今属伊朗）、阿丹（属也门民主共和国）、天方（麦加，属沙特阿拉伯）、比拉（属索马里）、竹步（属索马里）、木骨都束（索马里摩加迪沙）、麻林（肯尼亚）。

郑和率船队七下西洋的前三次，都行至古里而返，足迹仅限于东南亚和南亚一带，通常称此为前期。后四次则均横渡印度洋，远及阿拉伯半岛和东非海岸，通常称作后期。在前期，由于中国长期不与东南亚、南亚国家交往，彼此间存在着许多隔阂，而这些国家间也彼此存在很多矛盾。正因国与国之间的不协作，使得南洋群岛海盗活动猖獗，这给郑和出使西洋带来很大威胁。郑和敏锐地分析了这种背景，决定先解决这些地区的问题，以除后患之忧，为远航阿拉伯和东非诸国提供一个屯各积物资和休整的中转站。事实证明，郑和是有历史眼光的，这一决定是十分明智和正确的。后期横跨印度洋，取道波斯湾，穿越红海，沿东非沿岸南下等步骤的顺利实现，都是有赖于这一坚实的前期基础。

四　元帅除恶

苏门答腊岛旧港（今印尼巨港一带）。

这是一个平静的海湾。白色的沙滩上星罗棋布地点缀些黑色的礁石。沙滩的后面则是无尽的草地和椰林，透过椰林的缝隙可以看到土著居民的片片草舍。

船队在港湾抛锚停泊。郑和命都指挥丁峰和通事马欢，携带一份礼品，由十名水手捧着登岸去见酋长。大约一个时辰，当地酋长也随同丁峰前来，他的身后跟着20 个手里捧着椰实、香蕉等食物的土著人。

后妃宦官大传

图文珍藏版

郑和在旗船舷旁迎接客人。马欢忙着给老酋长、郑和互相介绍。就在此时,前哨船指挥何敬带着军士,押着昨日在旧港海域俘虏的匪首陈祖义手下十几名海盗从后舱出来,准备押到另一艘船上关囚。突然,跟着老酋长同来的这些土著人大声嚷叫起来,说着一些听不懂的话,一个年青健壮的土著人扔下手中的食品,拔出腰间的小弯刀,一个箭步上去,猛地一刀插进一个满腮胡子的海盗胸膛。其他土著人学着他的样子,一人对准一个,霎时间,十几个海盗都躺到了甲板上。

何敬见状拔出佩剑,大声喝道:"你们这是吗?"

明军将士也个个亮出兵刃,眼看就是一场厮杀。这时,土著人把刀子扔下,一齐跪在地上,朝着郑和叩头,嘴里唔哩唔哩地讲着什么。马欢把他们的话意翻译出来。原来,这些土著人受尽了海盗的欺凌。这些海盗时常跑来掠夺财物,强奸妇女,杀人放火,无恶不作。所以见到这伙海盗装束的人,一时冲动,忍无可忍,便把他们杀了。

老酋长也在一旁道歉,请求宽谅。郑和点点头说道:"对这些十恶不赦的海盗,杀了他们也是罪有应得。只是,我还想利用他们当向导,去彻底捣毁陈祖义的巢穴。"

老酋长一听明军欲去消灭海盗,膝盖一弯,"扑通"一声,跪下说:"大明英明,恩深如海。"那个带头杀海盗的青年站起来,拍着自己的胸膛说话。原来他是老酋长的儿子,名叫百力卡。他熟悉黑石礁的地形,愿给明军当向导。

郑和把老酋长和百力卡让进舱里,奉茶细谈,共议剿匪之事。

当晚,郑和派15艘五桅战船和2艘八桅马船,每一船有两名土著人做向导,百力卡在都指挥丁峰的头船上。船只趁黑夜起锚,进入海洋。行至半夜,来到匪巢黑石礁岛屿。

天快亮时分,正是黎明前最黑暗的时刻。明军船队靠到岛上时,海匪哨兵没有发觉。待到东方露出鱼肚白,海匪们才惊慌失措地吹起螺号报警,乱哄哄地从山腰间板房跑出来,准备抵抗。

在此之前,海湾里停泊的二十几只匪船已被明军缴获,从而切断了海匪的逃路。

明军的五桅战船和八桅马船先后都靠上岸。岛上到处展开了搏斗。哨船指挥何敬上岸后,勒马纵身寻找匪首陈祖义。他连续砍倒几个海盗后,终在东边的一群海盗中发现了大胡子陈祖义,于是他双膝把马一夹,直冲了过去,手使的一杆长戟直对着陈祖义刺去,陈祖义手握弯刀,终不敌,被何敬横戟一扫,扑地倒下,几个明军扑过来将其捆绑。众海匪见头目被擒,纷纷逃生。明军五桅战船又绕岛巡视,发现海水里的残匪,远的箭射,近的枪刺,只有举手投降的才得以活命。

至中午时分,全岛海匪悉被肃清,横行这一海域十几年的陈祖义匪帮覆灭了。

船队胜利返航。黄昏时刻返回了停泊的港湾。

郑和、老酋长等在岸上迎接。郑和吩咐:把俘获的海盗船只全部送给当地土著人,让他们改作渔船使用;把从匪巢里缴获的财物,拿出一部分分给当地岛民。

第二天,船队又要西行了。成千上万的当地土著人,排在岸边欢送。男人敲着皮鼓,妇女腰束花环草裙,边歌边舞,感谢把他们从海盗魔掌中拯救出来的中国人。还有那个百力卡,拉着何敬的手流着眼泪依依惜别。

船队驶远了。郑和站在船头朝后眺望。陆地的影子在视野里渐渐消失。但那欢愉的皮鼓声,似乎还随着海风隐隐约约地在耳边传响。

郑和船队继续西行。

这一天,来到了满拉加(今马来西亚马六甲)。

满拉加是个半岛,前面有道海峡,地势险要,扼住东西南北多条海道的通路,是船队西行的必经之路。

宝船抵达的消息,早有巡哨官传报国王巴里米苏拉,说是从中国来了百号宝船,数万雄兵,在郑元帅统领下,正在进港停泊。国王听罢,忙传旨升殿,集文武百官商议对策。

还未等百官来齐,即有探子入宫禀报,说中国三宝大人派使臣携带礼物前来晋见。国王大喜,传旨迎接。

使臣进宫,以礼相见。国王说:"贵国元帅三宝大人率宝船到此,有失远迎,望乞恕罪。"

使臣递上朱棣的国书和礼单,说道:"不敢,不敢。我大明国郑元帅差小臣前来递送朱皇帝的国书,并送来薄礼一份,望乞笑纳。"

国王看了国书和礼单,十分高兴地说:"小国多受厚恩,无以为报。今反受此厚礼,当之有愧。但不知此次宝船千里迢迢远下西洋,来意如何?"

使臣道:"我皇上承奉天运,治国有方,连年风调雨顺,五谷丰登,兵强马壮,故特遣郑元帅率宝船下到西洋各国,一则示中国之富强,再则与海外通商贸易,三则与西洋各国交结友好。"

国王听罢喜上眉梢,吩咐左右即办厚礼,百官同行,前往宝船拜迎。

来到宝船停泊地,相互行礼。郑和向巴里米苏拉宣读了永乐皇帝的诏书。原来,满拉加以前曾臣服于暹罗。永乐元年(1403),巴里米苏拉派使者到中国去见明朝皇帝,希望能封他做满拉加国王。朱棣派太监尹庆随使者前来观察,并赏给巴里米苏拉织金文绣、销金帐幔等物品。尹庆复命后,朱棣很高兴,让工部制作了一方"满拉加国王"的金印,还有国王服用的袭衣、黄盖等,并题写了封赐的碑文,让石匠刻在大理石制成的碑上。这次,郑和出使西洋,便让其一并带来。

郑和宣读诏书完毕,又把金印和袭衣等礼品交给巴里米苏拉,然后令人把船上的大理石碑抬下来,大家一起登上半岛主峰,郑和亲自撮土奠基。满拉加大小酋长都争先恐后地动手,很快把坑挖好,将石碑植了下去。此时,文武百官和数万岛民同声欢呼。巴里米苏拉当众宣布:这一天为满拉加国庆日。是夜,全岛狂欢,到处是一簇簇篝火,岛民纷纷邀船队的将士和水手登岸联欢,直到黎明。

当天,郑和回船休息。下午,满拉加国王带着给明朝皇帝的贡品来拜会郑和,说:

"贵国船队的粮食,能不能卖些给我们?"

原来,满拉加居民只靠捕鱼为生,岛上虽有可供种植的平地,但却不会耕种。过去是靠用海产品去和暹罗交换粮食,现在自己独立了,恐怕暹罗不满,予以拒绝,故跟郑和商议。

郑和说:"把粮食分一些是可以的,但这不是长久之计。贵国人口众多,如光靠买粮度日,终是受制于人,何不自力更生,利用岛上的土地,自己生产粮食?"

"我们祖祖辈辈都是靠打鱼捞虾为生,不会做农活呀!"

"在古代,我们中华民族的祖先,也是靠渔猎为生的,后来发展了农业,这才是一大进步。我看这样吧,我们将士大都是农民出身,我选出一些人留下来教你们,再从我们食粮稻谷中选出些好的作种子,船上又有木匠、铁匠,让他们再给你们打造些农具。这样,你就可以把农业发展起来了,怎么样?"

巴里米苏拉国王听后,笑着说:"那太感激不尽了。"停了一会又说:"不过,我有一事不明,不知敢问不敢问?"

郑和笑着说:"哪有不敢问之理,请陛下直言。"

"贵使臣带着庞大的船队,不是出来做生意的吗?"

郑和点点头。

"这就怪了",巴里米苏拉国王用手挠挠头又接着说:"商人总是喜欢缺货,那样才能卖好价。比如你卖粮食给我吧,你不是乘机卖高价,反倒要教我们自己生产粮食,那你们赚什是吗?"

"哈哈哈!"郑和大笑起来,"我们怎么不赚呢?我赚的是友谊,这是无价的,多少钱也买不到的!至于说做生意,主要是互通有无,大家都有利。如果乘人之急抬高价格,那是发不义之财,我们是不能这样干的!"

巴里米苏拉国王猛然大悟,双手合十,谢了又谢。当场议定:由船队选派年纪较大或身体较差的100名农家出身的将士,留在满拉加,教当地居民种田;种子由船队供给;派10名铁匠10名木匠,抓紧时间打造一批农具。

岛上居民听说要学种田,纷纷报名参加。郑和又对整个船队做了一次动员,除留少数人员守护船只外,其余全部到岛上开荒三天。一时间,满拉加主岛和附近岛屿上,到处欢声笑语,明军将士和水手们,说着刚学的几句当地土话,跟岛民咿咿呀呀地交谈比画,气氛甚是亲热、融洽。

郑和脱下官服,换上短装,也来参加开荒。国王见状惊讶不已,想不到这样高级的船队主帅竟也会干农活。他也把新穿上的王服脱下,拿一把铁镐,站在郑和身边,学着郑和的样子,一下一下地刨起来。

三天开荒结束了。

巴里米苏拉的嘴巴怎么也合不上了,总是笑眯眯的。他总觉得该想个法子报答一下郑和船队的大恩,于是,便来到船上,对郑和说:"你的船队以后会常到这里来吗?"

"当然。因为我们要到西洋各国去,贵国此地是必经之路,今后定会常添麻烦,还请陛下多多帮助。"

"现在我就可以给你帮助。"

"陛下是什么意思?"

"我想,既然你们的船队常路过此地,那么把许多货物装在船上带来带去甚是不便,倒不如我拨出一个岛屿给你,你可在岛上修建个仓库,做个货物集散处,省得船队载着货物跑来跑去。"

"这是个好主意!"郑和高兴地说:"岛屿使用我可付租金。让教你们种田的那些人来看管仓库,这岂不是一举两得之事。就这么办了,谢谢陛下。"

不久,仓库修妥。巴里米苏拉国王决定,将船队租用建库的岛屿更名为"三宝岛",郑和知后不同意,他却翻译说,我受郑元帅影响,感悟颇深。这所谓"三宝",一指友谊,二指生产,三指贸易。大明国和满拉加虽然国家大小有别,但有这"三宝",便会世世代代友好下去。郑和听了这番解说,也只好默许了。如今,在位于马来西亚南部的马六甲,还保留着一座"三宝城"。这座位于山峰之顶的古城堡,就是当年郑和船队的将士和水手们建造的。城中有一口"三宝井",也是当年郑和率船队西行至此,下令开凿的。井水清新甘美。当地人常成群结队来此饮水、冲凉,说是可以延年益寿。井旁还建了一个亭阁,里面供着郑和的神位。来此取水的,都先向神位跪拜,表达对郑和的敬仰之情。

为节省时日,郑和又令宝船分头到周围岛国进行贸易。各岛国听说来了中国的商船队,都纷纷拿着当地的特产珍珠、玛瑙、胡椒、药材等与船队带来的绸缎、瓷器等进行交易,公允平等,彼此都很满意。

转眼到了年底。

郑和船队在满拉加准确地执行了明成祖"昭示恩人""宣德化而柔远人"的旨意,又迎来了中国农历传统的新年。大小船只奉命全部悬灯结彩,油漆一新。国王巴里米苏拉带领百官按中国的习惯到船上拜年,许多岛民也纷纷上船致谢、参观。郑和吩咐在62艘宝船上大摆宴席,款待这些本是主人的客人。入席前,船队全体人员列队甲板,遥望华夏故土,把酒酹滔,祝祖国昌盛、亲人安康。礼毕,众人按次入座,开怀畅饮,通宵达旦。

五　智擒蛮酋

永乐四年(1406)二月,郑和远洋船队离开满拉加,进入印度洋,横越孟加拉湾,驶向印度半岛。

这一天,船队来到锡兰山(今斯里兰卡)海域。只见一艘三帆快船迎面驶来,行至旗船下,一使者出现在船头,要求拜见郑和,让通事传话说:"敝国国王亚烈苦奈儿,拜上天朝郑和大帅。听说大帅率领商船队来与我们西洋各国通商,敝国十分盼望。今特派我来为大帅引航带路。"

郑和原先听说锡兰山国王性情乖戾,横暴贪婪,所以听其使者一番巧舌后,心中已有防备。他沉吟了一下,说:"感谢亚烈苦奈儿陛下之盛情,给贵国添麻烦了。"一边下令船队转舵,仍保持原来队形,随使者的快船驶向翠蓝屿。

这里距王城约30里。海中的三座山峰形成一个巨大港湾,只见使者的快船径直地从山中间狭窄的水道驶了进去。郑和见状,冷笑一声,命令船队变成四列纵队,从三座山形成的水道驶入。穿过水道,里面是平坦的海岸。郑和下令船队以战备阵形停泊,宝船、粮船等在内,战船四面围绕。然后派通事费信带上礼品,随使者去见国王。当费信回来,随来一位锡兰山大臣,他传达说:"国王指定中国商船在翠蓝屿开市。"

第二天早晨,郑和命装着货物的200多辆小车由丁峰带队来到指定的贸易地点。当地居民争相拿来当地盛产的珍珠、宝石,用以换取中国的丝绸、瓷器等物。

时近晌午。

突然,远处传来"嗷嗷"的吼叫声,像海潮激岸一般,不一会,只见一片半裸的大汉,身上挂着各种颜色的羽毛,手舞弯刀、弓箭和梭镖,呼喊而来。

丁峰早有郑和的密令。他一声令下,扮作脚夫的将士立即把车上的货物放到地上,把小车一竖,组成一道圆形木墙,将士们弯身藏在车后,注视着对方的动静。

来者正是锡兰山国王亚烈苦奈儿。他把郑和船队骗至翠蓝屿后,纠集数万部众,企图抢掠宝船上的货物。他仗着人多,把木墙围住,用竹箭和梭镖"砰砰啪啪"地射过来。藏在小车后面的明军毫无损失。这时,只听见亚烈苦奈儿长啸一声,其部下扔下弓箭,舞着弯刀、梭镖直向木墙冲来。站在木墙内指挥的丁峰眼见半裸的土著人走进射程内,一声:"打!"木墙内的明军的火铳一齐击发,火焰喷射而出,声如雷鸣。火铳虽装的是粗铁砂,不能一下子置对方于死地,但击在脸上和裸着的身上,炽热的铁砂"哧溜"一声钻进皮肤里的滋味,也是够他们受的。

土著人不敢靠近木墙,双方一时处于僵持状态。

就在此时,通往王城的来路上,一群高头大马正呼啸飞驰而来。盔甲鲜明的骑士,手中挥舞着马刀,在日光映射下闪闪发光,如天兵天将,向着土著人的队伍砍杀过来。

原来这一切都是郑和精心布置的。他派都指挥使丁峰协助上岸做生意,如果亚烈苦奈儿不来骚扰,就照常做买卖;如果亚烈苦奈儿来抢劫,就布阵抵抗。为防万一,郑和又在半夜里把船队所有的马船悄悄驶开,找到一个僻静的海滩等着,只要听说亚烈苦奈儿出来抢掠,就立即抄他的后路。

果然不出所料。亚烈苦奈儿带着所有的精壮部下倾巢而出,王城空虚。郑和亲率500名骑兵,1500名步兵,衔枪疾趋,伐木取道,奔袭王城,攻陷王宫,把亚烈苦奈儿妻儿和一些大臣全都俘虏了。郑和一鼓作气,让一部分步兵押着俘虏回船,自己带着马队来袭亚烈苦奈儿的后路。

土著人见此威猛之师,哪里还敢抵抗,便一哄而散,四下奔逃,只剩亚烈苦奈儿一个,郑和横枪跃马,不出三个回合,便把他活擒。

郑和传令鸣金收兵。

船队集合稍息整顿,即起锚扬帆,驶出翠蓝屿,继续西航。

船队绕过印度半岛,到达古里(今印度科泽科德一带)。

郑和派使臣携带礼物和国书,前往王宫晋见国王,说:"大明国郑元帅拜上古里国国王。我们宝船在贵国经过,不敢惊烦,故此先上尺书,并备薄礼,聊表通问之意。"

国王阅了国书,收下礼物,甚为欣喜,令备办当地特产前赴宝船迎接郑元帅入城。

双方交换礼物后,国王亲自主持开市仪式。该国商业发达,百姓皆精于贸易,善于计算。他们不用算盘,仅凭十个手指和十个脚趾,就能迅速算好账目,丝毫不差。开市时,国王将贸易双方召集一块,彼此看货、议价,待到满意时,国王便在每人手中拍一掌,以此为誓,以后不得反悔。然后签订贸易合同,交与双方收执,作为凭证。

开市三日完毕,船员们游览当地风光。密使们则暗中查访朱允炆的下落。

古里是个佛教盛行的国家。寺院耸立,风土人情也奇异。这里大多数人都信奉佛教。国王也是个虔诚的佛教徒。他建造了一座高大的佛寺,里面供着铜铸佛像,寺旁挖掘一口水井,每天清晨前来寺中汲水浴佛,烧香朝拜。还令人将黄牛粪置于铜盘中,用井水调成糊状,涂在寺内地面和墙壁上。教徒们为了表示一片虔诚之心,将牛粪烧成白灰,研成细末,用上等的布包裹起来,携在身边,每天早上洗脸完后,就取出少许加水调和,涂于额上。这种习俗是当地佛教徒尊牛为神的缘故。

古里国信仰伊斯兰教的人也不少。国中设立了二三十处礼拜寺,教徒们每七日要做一次礼拜。每逢礼拜之日,全家素食淋浴,停做一切事情,中午起便去寺内礼拜,至晚方归。

吹拉弹唱,是古里国人的爱好,国中几乎人人能歌善舞。人们常于闲暇之际,聚在一起,尽兴歌舞,活跃异常。中国船队到此,好客的主人邀客人一同欢聚,婆娑的舞姿,悠扬的歌声,为中国客人留下了美好的回忆。

光阴似箭,日月如梭。

郑和远洋船队在古里又欢快地度过了出航以来的第二个新年。

远离祖国的郑和时刻惦念着故乡。虽然许多国家都还未曾去过,但他恐时间太长,朝廷焦等,而且有不少国家的使节要求搭船前来大明朝拜皇上,便快定返航。

行前,他在古里海岸上树立一座石碑,上面刻文:"此去中国,十万余里,民物咸若,熙皞同情,永示万世,地平天成。"

船队返回的路上,郑和又继续访问了一些国家。明永乐五年(1407)九月,船队胜利地回到了苏州刘家港。此次首航西洋历时二年零三个月。

金秋时节。秋菊有佳色,挹露掇其英。刘家港码头上摆着盛开的各色菊花,或飘若浮云,或矫若龙凤,奇特清雅,仪态万千。苏州城居民倾城出动,聚集娄江两岸,迎接远航凯旋的船队。在震天的锣鼓、鞭炮声中,一艘艘大小船只先后徐徐靠岸,欢声笑语融合着轰鸣的礼炮声,使整个刘家港沉浸在极度兴奋的气氛中。

郑和一切安排停当,即与副手王景弘率两艘宝船,顺南运河进入大江,然后直抵南京。船上满载西洋各国国王和酋长赠给中国皇帝的礼物。同时,还押载着陈祖义和亚烈苦奈儿两伙俘虏。

宝船在南京下关靠岸。暗访朱允炆的密使即时进宫奏报,说所到之西洋各国,均无允炆的下落。朱棣闻奏,心中快快不悦。

第二天,刑部役吏把俘虏押上大殿,永乐皇帝要亲自审问。那陈祖义原籍广东,自幼无赖,危害乡里,后窜到海外,拦截船只杀人掠货,成为横行一方的海盗匪首。审问时,他抵赖不服,气焰嚣张。朱棣大怒,吩咐推出斩首。接着,锡兰山国王亚烈苦奈儿和他的妻儿及十几名大臣跪在朱棣面前。郑和陈述了事情的经过,亚烈苦奈儿承认不讳。朱棣沉吟了一会,让通事费信问那些大臣:国中谁人最贤? 那些跪在地上浑身打着哆嗦的大臣没有一个敢开声,费信又问了一遍,他们才异口同声地说:"邪巴乃那。"这邪巴乃那是亚烈苦奈儿的叔父,一直反对亚烈苦奈儿抢船劫物,因此而被削去爵位关押。朱棣吩咐:礼部即造锡兰山国王金印,册封邪巴乃那为新国王;命郑和在一切备妥后,派一艘大船把金印、封册及这些大臣送回国去;亚烈苦奈儿一家暂留中国。直到郑和第三次出航西洋,朱棣才吩咐郑和把亚烈苦奈儿一家带回锡兰山。

午后,礼部官员把郑和带回的礼品,陈列在后宫偏殿,请皇上和文武大臣观看。礼品是按所献国的地理位置先后排列的。这些礼品都是国内罕见的。诸如"猫眼绿""子母珠""夜明珠"及"珊瑚树"等。还有许多中国没有的兽类,如狮子、斑马、鸵鸟等。朱棣对满拉加国王赠送的麒麟特别感兴趣。因为这麒麟脖子特别长,跟中国民间画的麒麟不一样。事实上,民间画的那种麒麟是传说中的动物,现实中是没有的,后来人们把这种长脖子麒麟叫长颈鹿,这是中国土地上出现的第一只长颈鹿。郑和又向朱棣介绍了一些国家和地区的奇风异俗,朱棣听后不时发出阵阵笑声。观看完后,朱棣回到金殿,面对百官隆重宣布:

"郑、王二卿率诸将士出使西洋,宣朝廷之威德,示中国之富强,越海泛舟,搜奇索异,立下汗马功劳。着各部议功叙赏。明日偏殿赐宴,款待下西洋诸将帅和各国使节贵宾,文武百官作陪。"

次日,宫中管弦齐奏,舞姿翩翩,朱棣大开筵席,招待宾客。酒过三巡,朱棣红光满面,说:"三宝太监率宝船下西洋,与各国结交友好,通商贸易,功劳卓著。只因西洋地广国众,许多国家尚未前往,近来各国又纷纷来书聘问。故此,朕决定派三宝太监再下西洋!"

是年冬。北风劲吹之时节,郑和又率宝船二次下西洋。这一去又是两年。此后,郑和又多次率宝船下西洋。18年间,先后率船队六次下西洋,访问许多国家,横渡印度洋抵达非洲东海岸,每次都是载誉而归。

六下西洋归来后不久,成祖朱棣驾崩,太子即位。由于太子不了解下西洋的意义,罢休了下西洋的活动。郑和奉命带领下西洋的一班人马,留守南京,倒也清闲自在。不料,太子命短,在位不到一年便离开人世,其子朱瞻基即位,是为明宣宗,年号"宣德"。这宣宗皇帝也是个雄心勃勃之人,他感到父亲罢了下西洋的活动,中国与西洋各国来往日益减少,海外贸易也几乎停顿,这于国于民害多利少。为增加与西洋各国的往来,恢复和发展与海外的通商贸易,他决定复命郑和再次下西洋。

当郑和接到圣旨前去朝见皇帝时,激动的心情久久不能平静。他对宣宗说:

"陛下欲承先帝之宏业,派臣率船队再下西洋,宣朝廷威德,示中国富强,通商贸易,结交友好,实是大明大智之举。臣虽年逾花甲,但身骨尚健,愿尽有生之年为大明皇朝效犬马之劳,虽万死而不辞也。"

郑和六下西洋,名震遐迩,如今相隔九年之后,已是 62 岁的老翁,又老当益壮,率船队再次远航,朝野无不由衷钦佩。启航之日,刘家港又是人山人海,锣鼓喧天,鞭炮齐鸣,为宝船七下西洋送行。

明宣德六年(1431)十二月,满头白发的郑和,精神抖擞地站在指挥台上指挥宝船缓缓离开码头,向着辽阔的大海乘风破浪而去。

六　七下西洋

郑和以其卓越的才能和胆识,率船队七下西洋,纵横太平洋西部和印度洋上近30 年,始终以和平使者的身份,不远千里来与各国修好并传播友谊。他每到一国,总要宣读明朝皇帝的诏书,表达修好通使的愿望,并向国王乃至大臣馈赠厚礼,也欣然接受对方的回赠,事实上这已成为一种互相信任、彼此理解交好的表现方式。

郑和的友好出访受到了大多数国家的理解和欢迎。"天书到处多欢声,蛮魁酋首争相迎",跟随郑和远航的马欢用这诗的语言记下了当时动人的场景。出于对中国的敬慕和感谢,许多国的国王或派特使或亲自带着本国人民的友好情谊,不远万里来到中国,向明王朝献礼,以求永结盟好。据史载,仅 1408～1420 年间,就有渤泥、满拉加、苏禄、古麻拉朗四国国王来华访问,除满拉加国王外,其余三位都因病逝世于中国,可谓为发展两国友谊,贡献了毕生的精力。

郑和率领庞大船队在广阔无垠的大洋上航行,神奇美妙的海洋固然以自己一望无际的胸襟吸引着船员们,然而大海的风景和巨浪却也常常会变得狰狞、残暴、无情,船队时刻都有被倾覆的危险。在这人和自然反差巨大的环境中,郑和率船队却一次又一次地战胜了惊涛骇浪。在七下西洋路经翠蓝屿海域时,附近海面上飓风卷恶浪,巨大的船体在波谷中发出吱嘎吱嘎的响声,动荡激烈,仿佛顷刻就要解体了。郑和镇静地分析了当时所处的位置,决定先往翠蓝屿避风。就在此时,第17 号护卫船被巨浪倾覆,100 多名水手全被掀入海中。面对挣扎于海浪中的水手,郑和心急如焚,他明白此时营救危险有何等之大,但作为船队的主帅,岂能眼看自己的战士被大海吞没?他急命开灯,让其他船只靠拢迅速转舵,使船队呈月牙形布阵,为小舢板救人设置屏障。经过一番艰苦搏斗,终将大部分落水者救上了船。

如果仅凭郑和及其随从们的勇敢和机智,没有先进的航海技术作保障,七下西洋的成功也是难以实现的。据巩珍《西洋番国志》自序中称,郑和船队远航的成功,

后妃宦官大传

图文珍藏版

一是靠对海洋气候、海流方向和沿途各山势、岛屿的熟悉掌握;二是凭借天文观察,即日月星辰的指引;三是运用罗盘指南针。郑和一行正是充分利用且发展了前人航海的技术和经验,才得以冲破重重阴险,纵横驰骋于浩渺的大海上,成为15世纪初最伟大的航海壮举。这些航海技术分别被总结在《针位编》和《郑和航海图》中。前者已失传,后者详细记载了郑和下西洋所经国家、地区的方位和船队的航程、航线。这是中国,也是世界最早的一份航海技术文献,最先进的航海技术、经验总结,也是当时最精确、并在中国沿用200年之久的一幅亚、非地图。其中注明外国地名约300个,这些地名许多是首次在中国出现,这些实地勘查所获的真实可靠的原始资料,将中国人的视野扩展到印度洋的海岸,大大丰富了中国人的地理知识。还应当特别指出的是,随同郑和下西洋的马欢、费信、巩珍,分别著有《瀛涯览胜》《星槎览胜》《西洋番国志》等,生动、详细地记录了他们旅途见闻、所经各国山川地理和风土人情,增加了中国人对海外诸国的认识了解。郑和一行的功绩,足可同对中外交通做出重要贡献的张骞、班超、法显、玄奘等人相媲美,他们为中国地理学又树起了一块新的里程碑。

郑和在进行政治外交的同时,还负有沟通与西洋各国经济贸易的使命。郑和的船命名"宝船",含有取宝之船的意思。可以想见,郑和一行还带有寻取外国宝物以供皇宫享用的使命。但是,郑和船队根本不带有西方为原始资本积累而进行探险寻宝的动机,更没有用武力去强行掠夺他国财富。他们的贸易活动是在尊重当地风俗、平等交换的原则下进行的,从侧面配合、执行了明朝的外交宗旨,促进了中国与各国的友谊。郑和船队的货物贸易活动,也使中国进口了大量亚、非地区的特产,同时,很多国家还进献了许多珍贵动物,这些物品的传入,一方面成为皇室的奢侈品,另一方面也刺激了明代手工业和城市经济的发展、繁荣。中国输往西洋诸国的物品规模也十分巨大,有瓷器、丝绸、金银、药材、茶叶、谷物等,而以手工业产品居多,受

郑和墓

到周边各国的热烈欢迎,这自然会对明代对外贸易的发达和资本主义经济萌芽产生深刻影响。与此同时,它也促进了元末以来移入东南亚地区华人在当地经济的发展和繁荣。

郑和七下西洋的成功,使得中国与西洋各国海上贸易日渐发达,他们纷纷循沿

着郑和的航线，使沉寂了几十年的海面又开始繁忙起来，以致有人断言，当时中国的丝绸之路已从风沙满天的大西北，转移到了碧波万顷的东南大海。

郑和与他的船队开创了一个亘古未有的外交、航海新时代，出色地完成了和平友好的外交使命，增强了中国人民同西洋各国人民的友好感情，促进了国际间政治、经济、文化等方面的大交流，尤其是给西洋各国人民直接带来了巨大物质和精神利益。直至5002余年后的今天，那里的人民仍深深地怀念着这位神奇的人物。

郑和在完成最后一次出使任务后（1433）年的归途中病逝，遗体被船载回，葬于南京中华门外牛首山麓。

郑和将其一生完全献给了沟通各国人民感情的外交、航海事业。作为一名普通宦官，他的身躯体早已溶入沧桑变化的尘土，但他的英名将伴随着他创下的伟大业绩，辉映千古，永垂史册。

后妃宦官大传

·名垂史册的名宦·

图文珍藏版

第二部分　擅权祸国的阉人

太监宰相第一人——赵高

人物档案

赵高：嬴姓，中国秦朝时期宦官、权臣。赵高原为赵国宗族远支，因母在秦国服刑，其兄弟数人皆生隐宫。后在宫内担任杂役，因其精明强干，通晓法律，被秦王政提拔为中车府令，后兼行符玺事。秦始皇死后，赵高与胡亥、李斯合谋，篡改遗诏，立胡亥为太子，诈诏赐始皇长子扶苏与蒙恬死。胡亥为二世帝后，赵高任郎中令，指使胡亥更改法律，诛戮宗室、大臣，又劝二世深居禁中，不见大臣，赵高自此专擅朝政，诬陷左丞相李斯谋反，将其腰斩于咸阳市，后被拜为中丞相，赵高故意在二世面前指鹿为马，凡是不随声附和的大臣，便捏造罪名加以迫害。秦二世三年(前207年)八月，刘邦率起义军攻下武关，赵高恐诛罚及身，遂与其婿阎乐逼令秦二世自杀，企图篡位自立，但因左右百官不从，于是另立子婴为秦王。不久赵高便被子婴设计杀掉，诛夷三族。

生卒时间：? ～公元前207年。

安葬之地：赵高墓(一说河南省平顶山汝州市纸坊乡东赵落村，一说河北省海兴县小山乡赵高村北)。

性格特点：聪明伶俐，才华出众，精明好学，阴险、狡猾、奸诈，有野心。

历史功过：赵高宦官起家，倚仗二世胡亥宠信，弄权不止，贪欲无度，陷害忠良无数，首开宦官专权先河，把秦朝的暴虐色政推向顶峰，加速灭亡进程。

名家评点：苏轼评价赵高说："始皇致乱之道，在用赵高。夫阉尹之祸，如毒药猛兽，未有不裂肝碎胆者也。"现代学者李开元则称赞赵高是"第一流的书法家、文字学家，也是精通法律的专才，他体魄高大强壮，骑术车技精湛，武艺非同寻常，是秦帝国宫廷中不可多得的文武双全的人材。"

一　寄人篱下

邯郸城的确是十分热闹的都城，真可以说是"车毂去，人肩纽，连衽成帷，举袂成幕，挥汗成雨"。一路上把赵高看得眼花缭乱。

进了邯郸宫，赵高的一家就被赵嘉安顿在一个告老还乡的大臣故居。此故居已经闲置一年多了，本是有些破败，赵嘉吩咐筑造工把它里里外外修缮一新，配齐了室内的摆设和用具，其奢华程度与王宫重臣的待遇不差上下，还重新配了五六个佣人。

赵高感到十分新鲜，一进宅第，就在每个房间、廊坊窜来窜去，这也看看，那也望望；这也动动，那也摸摸，觉得是进入了另一个天地。

赵高来到清溪环绕的一座假山边，一条清水潺潺的玄泉挡住了去路。赵高看着假山坐落在这泉水包围的岛下，山中奇花异树郁郁葱葱、姹紫嫣红，那种贪玩和好奇心驱使他非要过去看不可。于是，他就脱去鞋子，挽起裤脚，下到玄泉里，蹚水过去，没想到玄泉挺深，"扑通"一声，赵高掉进了水里，扑腾了半天，才游过玄泉，爬上了岸。

此时，虽是春天，花开草绿的时节，但春寒尚未完全离去，赵高在微风中，冻得瑟瑟发抖，他不得不找一个朝阳的地方，脱去湿衣服，将水拧干晒在假山下，光着身子在假山攀玩起来。

不一会，赵高就攀上了假山的顶峰，这里有一座亭阁，亭内塑着一个山神。

赵高越过亭子的栏杆，走到山神跟前摸了摸，突然感到想小解，就从亭子里出来，站在假山顶，顺着北面"悬崖"，向玄泉里呲出一条线来，看着那条线直泻而下，赵高开心地笑了起来。

正在这时，原为大臣当仆佣的卢三斗老头子走来，看见赵高如此这般，马上生出一脸的鄙夷来，大声地斥责赵高：

"怎能这般浑闹，对山神如此无礼，要受到惩罚的，真是乡野顽童！"

卢三斗是来找赵高回去用膳的。

"成何体统，这么大的孩子竟赤着身子，真是毫无家教！"卢三斗虽是仆人，对赵高这个刚进宅第之门的主人的公子，毫不恭敬的意识，看着赵高的玩坏之相，庸俗之态，卢三斗潜意识觉得赵高跟自己同样卑下，甚至比他还要下贱，起码他在京城邯郸城中混了几十年，总比一个刚从偏僻乡野来的顽童要知书达礼，要高贵许多！

赵高把晒在假山上的湿衣服收作一团，用一只手举着，游过了玄泉，爬上了岸，用手抹了抹身上的水，把衣服穿上，跟着卢三斗往回走。

一路上，赵高瞪着卢三斗，咬牙切齿地在心里骂。赵高虽然年纪不大，但很会察言观色，卢三斗对他的态度，他很反感，只是他刚从代城迁到邯郸，第一次与卢三斗打交道，对于自己，对于卢三斗，他都没有把角色定位，还没有强烈认识到自己是主子，卢三斗是仆从。

赵高在心里骂了一阵子，就把卢三斗歧视他的行为深深地刻在心里，并发誓要做人上人，将来收拾看不起他的人。

用过膳后不一会，天就晚了。几天的劳累，赵高一家人都很疲倦，一等仆人赶紧把床铺收拾好，赵高就去了西厢房里的床上躺下，不一会就进了梦乡。

转眼就过去了半年。

虽然赵若诚一家人，备受赵嘉照顾，生活得荣华富贵。但是，赵若诚过得并不是十分如意。邯郸城里的王公贵族总是对赵若诚若即若离，赵若诚总是感到生活在上层社会这圈子之外，他们中有的对他以笑脸相待，但这笑脸像是有意装出来的，即使是装的，也不是装给赵若试看，而是装给赵嘉看的；有的干脆就表示出对赵若诚看不起，甚至有的还呱落赵若诚，赵若诚有一种寄人篱下的痛苦和失落感觉，而且这种感觉近来越来越强烈，越来越折磨着他的心。

赵高年少，不识愁滋味，但这个小小年纪思想上，也滋生出自己是依附着别人生活不光荣，受人歧视的意识。正因为他有这个意识，他才处处显示自己并不比王公贵族子弟差的举动。孩子的这个举动，让赵若诚更加感到揪心，为此，他下决心改变自己，改变全家的形象，使自己被王公贵族接纳，成为他们中名副其实的一员。

赵若诚发现，都城的王公贵族家里都养了不少的说客，而这些说客都较为受到尊重，生活得很显赫。赵若诚也想成为一名说客。

这一天，赵若诚来到赵孝成王宫，进入宫门，由东阙拐到北阙，经过前殿、武库、大仓，来到朝阳殿。他边走边在心里念叨着想了几天才想出来的游说赵王的话。不知不觉，就来到朝阳大殿，拾级而上。就在这时，被宫中御林挡住了去路。

"将军，在下觐见赵王，谏议国事。"赵若诚对御林说。

"请示令节和绶带，微卒向赵王报告。"御林说。

"在下尚未在朝廷为官，在下是公子嘉的义兄，与公子嘉齐礼，请将军禀报大王，大王会召见在下的。"

"大人何以证明是与公子嘉齐礼呢？微卒如果对凭空口说白话的人也放行，那要受到大王责罚的。请大人还是回去吧！"御林嘴上话说得挺客气，可是一脸的鄙夷之情，想掩也掩饰不住。

赵若诚一脸的无奈，转身往回去，正在这时，赵嘉走进了赵王宫，遇见了赵若诚。

"若诚兄也来宫中，见到大王了吗？"赵嘉问。

"没有，本想前去拜见大王，可是愚弟怕烦扰大王，正欲回宅。"赵若诚说，"公子也是去见大王吧？愚弟就随公子前去。"

赵若诚见到了赵孝成王，一番君臣之礼后，等赵嘉与赵孝成王说完话后，就开始了游说。赵若诚从君王治国要学尧舜禹汤的仁义，行所谓帝王之道，说到严刑律，肃民风，滔滔不绝，一说就是好几个时辰，说得赵孝成王打瞌睡。赵若诚听见赵孝成王的呼噜，才吃惊地停住了，快快地退出朝阳殿，回到宅第。

一连几天，赵若诚都闷闷不乐。

中午，赵若诚闲着无事，想起好久没有去看赵嘉，就起身向赵公子宫中走去。见到赵嘉，一阵寒暄后，刚落座，宫中传令官来报：

"信陵君无忌前来见公子。"

信陵君无忌是魏国公子，是赵国公子平原君妻子的弟弟。

"快快请进。"赵嘉起身出门迎接，赵若诚也跟前起身出迎。

行礼之后，赵嘉把信陵君迎进嘉宾殿。

"赵君，近来可安好？"信陵君问。

"感谢兄君关怀，在下很好。"赵嘉说，"只是诸侯相煎，秦国称霸之心欲炽，近来又听说暴君秦庄襄王又准备打魏国，让人担心啊！"赵嘉说。

"哎——"信陵君叹了一口气说，"那是我的故乡啊！"信陵君说着站了起来，走到窗前，向着魏国的方向看去，眼睛中充满神往。

"信陵君十年前不顾个人安危，携兵符果断接管了晋鄙所部大军救了邯郸，救了赵国，令所有各国诸侯敬仰，在下佩服不已。今日在下目睹君对故乡的一往情深，更是钦佩不已，请受在下一拜！"说着赵若诚向信陵君跪下施礼！赵若诚确实对信陵君十分敬仰。早在代城时，他就听说信陵君领兵打败秦国救赵国之事，那是公元前260年，赵国国君赵孝成王中了秦国范雎的计，受到了谣言的迷惑，撤了统领二十万大军、正与秦国军队对峙的大将廉颇的指挥权，换上了赵括去指挥，结果让秦国阴谋得逞，使赵国四十多万被秦俘虏的士兵，遭受惨绝人寰的活埋。并在公元前258年让王龁领兵把赵国京都邯郸城团团包围，企图陷赵国于灭顶之灾。在危急之时，赵孝成王采纳了平原君的建议，去请求魏国和楚国发兵抗秦。由于魏国魏安僖王和楚国楚孝烈王害怕得罪秦国，心有余悸，楚国的春申君领八万兵马驻在武关（今陕西商县东），魏国的大将晋鄙率十万兵马，驻扎在邺县（今河南临漳西），按兵不动。无奈，平原君就给信陵君写了一封信，云：

> 我与你结为亲戚，就是因为我十分佩服公子的侠义精神。这么多年，我一直以有像公子这样一个侠义心肠的亲戚而感到荣幸和自豪。如今邯郸万分危急，敝国眼瞧着就要亡了，全城的人都眼巴巴地盼着救兵快点赶到，解救邯郸于水深火热之中。没想到贵国军队竟驻扎在邺下，迟迟不往前进军。我们在危难之中，你们倒挺坦然，真让人心寒啊！在此，我还告诉您一个消息，您姐姐整日地哭泣不止，劝解她的话我都尽了，公子即使不愿意帮我的忙，也该为您姐姐想一想啊！

看着信，信陵君心里很不好受，便急切地来到魏安僖王殿上，央求魏王下诏令晋鄙迅速进兵。

魏安僖王不同意，信陵君就快快地退出大殿，回家中，闷闷不乐好一会。

之后，信陵君利用魏安僖王的宠妃如姬对他帮助如姬报了杀父之仇的感恩心理，让她偷了魏王僖玉的兵符，接管了晋鄙的兵权，信陵君亲自率领魏国大军，急速开往邯郸，打败了秦国军队并俘虏秦兵两万多人，解救了赵国。

信陵君假传魏安僖王的命令，夺了晋鄙的兵马，魏安僖王岂轻饶过信陵君。信陵君只好在赵国栖身了，这样一过就是十年，虽然赵国举国上下都对信陵君万分感激，但十年来，他一直梦牵魂绕着魏国，赵国的舒适生活，也不能消除那种藏在心底的流落他乡的感觉。

"是啊，故乡是最慈爱的母亲，只有依偎在她的怀抱，才觉得温暖。"信陵君扶起赵若诚。

"呜呜呜……"听到信陵君这句话，赵若诚不由地一阵心酸，忍不住地抽泣起来。他是为自己远离代城，寄居都城，寄人篱下而伤心。赵若诚越哭越不能控制自己，渐渐地号啕起来。

"仁兄不要这般大动深情，虽然在下远离故乡，但在赵国，从大王，赵嘉君到宫廷所有的人；从王公贵族到平民百姓，给我的温暖很多很多，对我的关怀无微不至，也亲如生身父母。这里就是我第二故乡，请仁兄不要为我动容，更不要担心。"信陵君轻轻拍着赵若诚的背，关切地说，"我深深感谢仁兄对在下厚爱，请受在下一拜。"

"不不不……在下不敢，在下岂敢承受，快快请起。"赵若诚再次跪下，他感到刚才为自己悲伤而被信陵君误会感到内疚。

之后，赵嘉、赵若诚、信陵君三人谈了很多很多，也谈得很投机。

从此，赵若诚与信陵君结下了很深的友谊。

这段时间，赵若诚一直在琢磨着做出惊天动地的事来让王宫和都城的王公贵族看看，他苦心冥想，也没有想出个所以然来，晌午时分，他正越想越烦躁的时候，赵高鼻青脸肿，一脸血迹地溜回来了。

"高儿，怎么一脸血迹糊。"赵若诚严声厉色地质问。

"我……我……"赵高支支吾吾地。

"你什么，怎么不上太学，逃学而回！"赵若诚又高声地吼着。

赵高母亲听到赵若诚高声嚷嚷，就闻声走过来，她问赵高：

"高儿，你好好说，这到底是怎么回事，你闯了什么祸，对爹娘说来。"

"他们骂我，说我全家都是宫里养的狗，说我是小狗仔子，说你和爹是一对老狗，光会吃食不会叫的乡野蠢狗。他们还欺负我，我就揍了他们……"赵高说。

今日太学，是太学师讲授孔圣人的《春秋》，太学师提问了好几个问题，与赵高一起上太学的王公贵族子弟都答不出来，赵高毛遂自荐地站了起来，一一回答了太师的提问。太师很高兴，连声称赵高有子路之灵性。王公贵族子弟听老师表扬赵高有孔圣人弟子聪明，当然不服气。一下课，他们就以孔子周游列国时，郑国有人称孔子"丧荡得好像一只无家可归的野狗"这个故事来污辱赵高，并对赵高推推搡搡的，赵高忍无可忍，就与他们打了起来。赵高势单力薄，哪是他们的对手，结果被打得鼻血直流。

这本不是赵高的错，可是太学师却祖护那些王公贵族的子弟，责罚赵高三十大板。赵高一气之下，就逃学回来了。

"孩子,咱们现在伏在公子赵嘉的羽翼下,吃白食,会被他们看不起,要想获得他们尊重,只有靠我们自己奋斗,不当窝囊废。"赵若诚说,"你不能就这样不上太学堂了。"

"爹,那地方不是咱去的地方。太学堂儿是死也不去了。不过,学知识儿绝不会松劲的,儿一定要学出个样子,让那些贵族子弟瞧瞧。"赵高说。

从此,赵高起早贪黑,学习文字,学习法律。正因为赵高是自学,虽然没有太学堂系统知识结构,但是他博学,后来秦始皇统一中国后,下令"书同文字",用简化的秦文小篆作为标准文字,废除西周以来的大篆和东方六国通行古文以及其他异体文字,文字统一中,一项重要工作,就是编写小篆字书,作为学童必读的读本。这个工程就是赵高和李斯等人领衔完成的。赵高还以自己厚实的法律学识,成为秦始皇的法律"顾问"。成为胡亥的法学导师,并主持全国的判决讼狱。

赵若诚看着赵高夜夜挑灯苦学的身影,既感到欣慰,又感到心疼。心想:"这不都是我潘氏衰落了,今日依附于人,寄人篱下才活受这般苦罪,哼,我潘若诚一定要光宗耀祖,一定要出人头地!"

赵若诚想着想着,突然迸出一个念头:"去看看信陵君,说不定他是我发迹的关键人物哩。"

赵若诚立即就起身,急匆匆地向信陵君宅第走去。到了门口,只见贴着一张通告,上面写着:

"凡替魏王通报的,都有死罪!"

赵若诚有些疑惑不解,他只知道,秦国出兵攻打魏国。"是否这通报与秦魏战事有关?"赵若诚在心里猜想。见了信陵君,才证实了他自己的猜想。

原来,秦国大将王龁、蒙骜攻打魏国,魏国只好奋力反击,可是,一连吃了几个败仗。正在这个危急的关头,魏安僖王想到了信陵君。可是,他碍于大王威严和面子,没有吭声。他的宠妃如姬看出魏安僖王的心事,就说:

"禀大王,依妾的主意,赶紧把公子无忌请回来,叫他去联合各国,共同抵抗秦国,也许还能转危为安。"

"也只好如此了。"魏安僖王叹了一口气说。

魏安僖王立刻就派信臣颜恩启程前往邯郸。

信陵君一听颜恩说魏安僖王请他回国领兵抵抗秦国,不由地怒发冲冠,气呼呼地说:

"他把我扔在赵国,不管不问,整整十年了!如今国之遭难,才想起我来了。当初他为了征战秦国不让我回去,如今却又为了与秦国打仗让我回国,我偏不去!"信陵君说着就把颜恩赶了出去,关上大门,下令佣人:

"外人一概不见!"

信陵君的门客得知这一消息后,纷纷来劝他回去,至少也得跟魏安僖王见一面。信陵君全然置之不理。他被大家劝急了,就在门上贴了那张不准为魏王通报的通告。

赵若诚听了这个经过,心中暗暗起来一阵喜悦,说不定这是他赵若诚在赵国引起别人重视的一个机会。赵若诚见了信陵君,与他芝麻蒜皮地东拉西扯,就是不提信陵君门口那张通告的事,两个时辰过去,信陵君自己沉不住气了,便问:

"仁兄难道也怕死罪不成?"

"兄君何以如此发问?"赵若诚说。

"这几日,到在下宅上来的,没有人不说到魏王请我回去之事,仁兄为何偏偏见了门口的通告而不问情由?"

"在下对君敬重万分,何不尊重君的意见,偏要逆君意而行呢?"

"仁兄如此为在下着想,在下感动万分。请受在下一谢。"信陵君说着就起身行礼,接着说,"正因为这一点,在下倒十分想听听仁兄的意见。"

赵若诚面带微笑,沉吟一会,说:

"仁兄虽然记恨魏王而赌气不回魏国,但仁兄一时也没有忘记故乡,惦记着她,思念着她,巴不得立刻就扑进她怀抱,报效她!"

"是啊!仁兄说到在下的心坎上了。十年了,整整十年,何曾不想回去啊!"

正说着,佣人来报:

"酒肆主薛公和赌场老板毛公要见公子,可否准允?"

"快快请进。"信陵君说。

薛公和毛公二人鱼贯而入,一阵寒暄后,信陵君把赵若诚介绍给他俩。

互相致礼后,毛公便开口说:

"仁弟,今日来见公子不是结交朋友,谈叙友谊的,是专为国之兴亡而来的。秦国的兵马把魏国包围了,天天攻打。魏国情势紧张,危在旦夕,公子知道不知道?"

"愚弟早就知道了。"信陵君说。

"国遇大难,何有心事论情道谊?"薛公说。

"……"信陵君脸色飞红,吞吐了一下,便说,"可是我离开魏国整整十年了。如今我是赵国人,不敢过问魏国的事了。"

毛公说,"各国诸侯哪个不称赞公子的德行与才华?哪个不佩服公子的义气大方,哪个不颂扬公子广结天下豪杰。这不光是敬重无忌这个公子,而是敬重魏国的公子。因为魏国公子是以魏国光荣而光荣,魏国公子也是以魏国耻辱而耻辱。万万没有想到,魏国公子自己的心目中反倒没有魏国了,这不成天下的笑话,不叫人失望!"

"谁……谁……谁说我心目中没有魏国呀!十年来,我哪一刻忘记了自己的故乡?我不能回魏国,也就是我领兵解救赵国攻打秦军,说到底也是保卫魏国,如今她怎能不在我心中呢?"信陵君一听毛公这番话,急了起来,猛然起身,挥着手争辩道。

"如今魏国正在危难之中。如果魏国给敌人占领了,亡国了,公子不就成了亡国奴了?公子怎么为了一个人的恩怨而拒不回去解难救国呢?公子自己称魏国一时也没有忘记过,有谁能相信?"毛公说。

毛公话没有落音,薛公马上接过来说。

"秦国人要是占去了大梁,毁了魏国先王的宗庙,公子这样坐视不管国难,怎么能对得住祖宗啊?"

信陵君被毛公和薛公数落得满脸通红,低着脑袋,坐也不是,立也不是,浑身冒汗,手足无措。

"二位仁公言重了,其实公子这几日饮食不甘,坐卧不安,一直在思索着魏国的安危,只是,一时尚未想出好办法来罢了。"赵若诚见此情景,起来为信陵君打圆场说,"不过,二位仁公说得确实在理,让愚下也备受教育,请受愚下一拜!"

毛公和薛公扶赵若诚,薛公面带微笑地说:"仁兄过奖了。"然后他又转向信陵君,"公子原本就不是那样的人。十年前,赵国遇难,公子都不顾安危,挺身而去,何况自己故乡遭人踩躏!"

信陵君神情已沉静下来,走过去,向毛公、薛公和赵若诚施了一礼,对毛公和薛公说:"在下深受教育和震撼,在下完全听从二位公公的教诲,决不做一个愧对故乡、愧对祖先的大罪人!"

从信陵君宅第回到家,赵若诚心情好多了,近来的冥思苦想,终于有了答案似的。他感到几日之后,他在为信陵君回国率兵抗秦所做的一切被传开后,定会像赵国上下尊重信陵君那样,尊重他,再也不会像过去那样大小之事都得要打着赵嘉旗号,或者都要赵公子过问了。

过了一会,赵若诚实在按捺不住了,就去了赵孝成王宫中,向他报告了信陵君要回国的消息。

"千真万确。"赵若诚回答说。

"太突然了。"赵孝成王说。

"大王,有两句话,微臣不知当讲不当讲?"赵若诚向赵孝成王靠了靠近,边施礼边说。

"且说无妨。"

"信陵君是我国遭难时领兵而来,如今就让他一人而回?"赵若诚试探着说。

"你说下去。"赵孝成王说。

"信陵君虽然是个不可多得的将才,但他只身回去,魏国的兵马已经折损不少,在这种情况下,与秦国较量是凶多吉少。大王,依微臣之见,不如助魏国一臂之力,既报答了信陵君,又打击了敌人,还保护了自己,此事何乐而不为呢?"赵若诚说。

"此言正合吾王之意。"赵孝成王高兴地说,"秦国现在兵强马壮,是一国不能与之相敌的,要粉碎它的阴谋,灭掉它的野心,只有各诸侯联合起来,形成拳头才有威力,我就选你为使者,前往各国游说,合纵抗秦,你意下如何?"

"微臣受宠若惊,定不负大王的众望!"赵若诚确实如他自己所说,激动得浑身发抖,屈身施礼不止。

正在说着,信陵君进宫求见。赵孝成王亲自出门,迎进信陵君,待信陵君说明请求回魏的原委,赵孝成王当即应允。

信陵君归心似箭,他急匆匆地返回家中,吩咐门客,迅速做好准备,明日就动身回国。

第二日一早,赵孝成王就赶来为信陵君送行,他拉着信陵君的手说:

"敝国当初蒙难,全仗公子相助,才没有受人家的欺负。尽管十年来,公子在这里受尽委屈,今日真的要走了,孤王又怎么舍得啊!"赵孝成王禁不住流下眼泪,他擦了擦眼睛,又说:"可是如今贵国正处危难之中,孤王又怎么好意思强留公子呢?为了报答公子和贵国的恩德,请公子接受这份兵符吧!"

赵孝成王从随从手中接过兵符,亲手交给了信陵君。这个兵符,拜信陵君为上将军,庞煖为副将,统领赵国十万兵马,前往魏国抵抗秦军。

信陵君十分感动,再三致谢!

公子不要客气,赵孝成王说,"孤王还派赵若诚等数人,前往各国游说合纵抗秦,这次公子一定会成功。"

信陵君谢过赵孝成王后,当即吩咐门客,与赵若诚等人一起,到各国去求援兵。燕、韩、楚三国向来敬佩信陵君,得知他出任上将军领兵抗秦,立刻就派大将率兵马前来相助。于是信陵君就统率魏、赵、燕、韩、楚五国大军,与王龁和蒙骜率领的秦军摆开了战场。由于信陵君指挥有术,将士士气高涨,一开战就打了几个胜仗,夺回了不少失地。五国军队乘胜追击,一直把秦军赶到了函谷关,两军处于相持阵式。信陵君在函谷与秦军对垒一个多月,也没能攻下秦军阵地。信陵君感到一年半载也不能把函谷关攻下,长期对持又使兵马疲惫不堪,就下令退兵,各国军队都各就各位,返回本国去。虽然这次合纵抗秦没有获得彻底的胜利,但信陵君的威望大增。战争结束后,信陵君返回都城,魏安僖王驱车三十多里来迎接,之后,信陵君怕魏安僖王担心他与之争权夺势,深居简出,闭门著书,写成了《魏公子兵法》这部兵书。再后,信陵君就告病隐居,向魏王交了兵符。

赵若诚原想通过他在这次合纵抗秦中所起的作用来扩大自己在赵国的影响,建立自己的声望,结果与所期望的目标相差太远。人们对这次五国合纵抗秦的胜利,都归功于信陵君的威信,对赵若诚自己标榜的他个人因素不屑一顾,赵若诚更加失意。

没想到屋漏偏遇连阴雨。正当赵若诚春风不归,人不得意之时,赵孝成王去世。新立国王是太子赵偃,是赵悼襄王。

赵悼襄王原来就与赵国的一名妓女好上了,并十分宠幸她,与她生了一个儿子叫赵迁。赵悼襄王对庶子赵迁的宠爱甚于嫡子赵嘉。赵悼襄王继位,公子赵嘉的势力受到较大的削弱和抑制。在这种情况下,赵若诚就更受到王公贵族的歧视。赵若诚感到自己出人头地的希望已成了泡影,就把光宗耀祖的希望全部寄托在赵高的身上。

转眼又是几年过去,公元前241年,各国诸侯又商议联合起来,建立合纵阵线,共同对付秦国。

这次合纵抗秦,除了齐国以外,赵、韩、魏、燕、楚都出兵参战,公推楚国为首领,拜春申君黄歇为上将军。

此时，赵高已经 17 岁了。

赵若诚得知赵国派大将庞煖领兵，参加合纵阵营，就亲自把赵高送入军营，想在抗秦中邀功请赏，出人头地。

赵高随赵国几万兵马来到蒲坂，准备听从春申君的指挥，由蒲坂从华州向西，欲去袭渭南，直逼潼关。

这一日晚上，庞煖令军士扎寨安营，并吩咐加固寨营的防守。赵高第一次从军，心里十分惧怕，睡觉前，赵高跪拜了五岳，以保平安。尽管这样，赵高还是十分害怕，他在心里想，一旦开仗，大将率领的营帐是最安全，赵高便悄悄地溜出自己的营帐，蛰伏在庞煖的营帐外。果不其然，夜深人静时，突然遭到了王翦率领秦国大军的攻袭。

原来春申君把各国合纵的将军都召集来商议讨秦妙计。春申君对大家说：

"讨伐秦国的兵马每次出师都走函谷关。此乃兵家必争之地，秦军对此的把守非常严密，所以，每次攻打此地皆以败北而告终。这次伐秦如果我们取道蒲坂，定让秦军始料不及，我们则出其不意，从而克敌以迅雷不及掩耳之势，将其破灭。"上将军、春申君黄歇的意见得到大家的赞同。没想到秦丞相吕不韦派将军蒙骜、王翦、桓齮、李信、内史腾各率五万兵马在潼关附近安营扎寨与各国军队对垒。王翦根据战场的形势变化，对吕不韦说：

"不如我们五路兵马，先集合起来，形成拳头，攻其一点，方能取胜。"

吕不韦同意王翦的意见。

"三晋离秦国较近，这几年与我们交战颇多，对我们的情况较多熟悉，而楚国在南方，各军队中，只有楚国军队行军最远，且多年来与秦国打过仗，不如我们五路军马合力攻楚，只要充当首领的楚国军队吃了败仗，其他四国定会望风而逃。"王翦又说。

"此计甚妙。"吕不韦很赞赏王翦的意见。

于是吕不韦命王翦暗地里挑选一万名精兵，前去偷袭楚军。没想到秦军中有个管粮草的官，叛变投奔楚军，将王翦偷袭楚军计划告诉了春申君。黄歇大吃一惊，便无心与王翦对阵，立刻下令拔寨撤退，连夜逃跑。王翦率兵马见楚军已跑，就改道袭击了赵军。

赵高一听秦军攻营，十胆就吓破了九胆。于是，丢下兵器，拔腿就溜，没想到正碰着庞煖持剑站在营门前，大声喝令道：

"坚守营寨，不准出去，擅自行动，马上斩首！"

赵高一见庞煖，吓得屁滚尿流，连忙掉头往回跑。

大将庞煖见赵高反应机灵迅速，执行命令行动快，便问身边部将：

"带头往回走的军卒为何人？"

"回大将，他乃公子嘉义兄、赵若诚之子，名叫赵高。"

"噢。"庞煖对赵高留下深刻印象。

秦兵攻了一夜，也没有攻破赵军的营寨，到了天亮，军士们已经很疲惫了。这时，庞煖指派赵高去求援兵。赵高虽然胆怯，但装出一副勇敢的样子，提出为保万无一失，再派一名使者，让他二人同行。庞煖又派了一名叫左渚的人，与赵高为伴。几个时辰过去，燕、韩、魏国军队都赶来了，共同击败了秦军，王翦和蒙骜只好退回营地。

秦军败退下去，庞煖与燕、韩、魏国的大将相见，独不见楚国的军队，一打听，才知他们早就逃跑了。

"看来合纵抗秦的事情，以后再也办不到了。"庞煖叹了一口气说。

安顿好燕、韩、魏军大将，才发现赵高没有回来，便叫来左渚询问，左渚说赵高让他回来报告大王，援军立刻就到，只是楚国未知军情，他去了楚军营寨报情。

"此去凶多吉少，楚军的营寨早就在秦军手中了。"庞煖说。

各国大将听说楚国军队跑了，都提出撤军回国。于是，韩国和魏国的军队先撤回本国，至此，中国历史上，合纵抗秦就完全宣告结束了。

当然赵高不可能在这次军事行动中使自己出人头地，只好在邯郸城中继续过着寄人篱下的生活。

二 赵高娶妻

赵若诚宅第里空气似乎凝固了。

赵若诚的脖子上粗筋青暴。他在发火，对着赵高发火。他对赵高太失望了。原来，赵高受赵国领兵大将庞煖之派，前去燕、韩、魏国军队营寨去请求援兵。可是赵高把庞煖的军书送到后，感到这样回到赵国营寨，肯定要上战场。他怕死，便脑子一转，想了个妙计，对左渚说："军情紧急，你回去报告将军，燕、韩、魏军即刻就到，请大将接应，我到楚军营寨去报信。"说着就走了。其实，赵高根本不是要去给楚军报信，而是乘机逃跑。赵高一上路，就拐道向邯郸逃去。

这天中午，赵若诚从赵嘉处回到宅第，见赵高一身泥尘，一脸疲惫地坐在家中，以为合纵军被秦国打败了，便急切上前询问，赵高吞吞吐吐告诉他是半路开小差回来的。赵若诚就气没打一处来，发起火来了。

"你怎么这么不争气，当逃兵，是要杀头的，我们也要受株连的。你毁了自己，毁了全家。"

"爹，没有那么严重。儿的事儿心里有数。"赵高抬起头来，理直气壮地说，"爹，儿知道您老人家把希望寄托在我身上。儿也不会辜负您老人家的希望。如果我傻乎乎地待在军营里，那可能真的要叫您老人家失望了，爹想想，假如儿命要丢在战场上，那还说什么希望不希望？"

"只是，你当了逃兵，他们会放过你吗？"

"爹，这您老人家别担心，儿逃回家了，军中并不知道，他们还以为我遇到什么大难哩。我躲过几天，等仗打完了，再回去就是了。"赵高说。

“那时你还能回得去？”

“怎么回不去？假如我们赵国打胜了，我也有功，送军情、求援兵，正是邀功请赏的理由；假如被打败了，被俘的被俘，被杀的被杀，跑的跑，逃的逃，我在家中又有何妨？”

听了这番话，赵若诚果然心情开朗起来，他第一次发现赵高有这么多的心计和机灵，这些心计和机灵似乎在向他表明，他对赵高的期望似乎成了看得见摸得着的景物，而且就在不远处，很美很美的。

正当赵高准备返回军营的时候，赵国与秦国两军又在尧山摆开了战场，原来这次合纵抗秦中途流产后，韩、赵、魏、燕四国都派使者责问楚国。

楚国的中途逃脱，使赵国遭殃。秦国吕不韦对五国合纵抗秦愤恨不已。他把这些愤恨都撒在赵国的头上，认为带头抵抗秦军的就是赵国的庞煖。他决定先出兵收拾赵国。

三天后，吕不韦就派蒙骜和张唐率领五万大军攻打赵国。赵国令庞煖为大将，扈辄为副将，率兵十万兵马阻止秦军。

赵高得知这一消息，更是不敢返回军中，他不时地在心中祈祷，这次秦军手下可不要留情，干脆把庞煖全部剿灭，这样赵高就可以在家过安然的日子，谁也不知道当过逃兵了。

然而，庞煖大军与蒙骜大军在庆都相遇，庞煖就派副将扈辄率兵攻打被秦军占领的尧山，展开一场激战，扈辄攻下了尧山，蒙骜赶紧派人回去摧援兵。吕不韦派长安君成峤和樊於期率五万兵马前援助蒙骜。于是，秦赵两国大军便在尧山形成势均力敌的对峙局面。

正在这时，秦军内部发生了分裂。原来，驾崩卸位的秦庄襄王子楚是被秦昭襄王抵押在赵的异人。大商人吕不韦花钱使子楚逃离赵国，被当时太子安国君与其后妃华阳夫人认为嫡子，秦昭襄王驾崩后，王位落到了安国君的身上，是为秦孝文王，不久，秦孝文王被吕不韦害死，王位就落到子楚的手中。吕不韦还在赵国为子楚找了个大户人家的姑娘赵姬，吕不韦又与赵姬通奸，使她怀孕，然后把已有身孕的赵姬许配给予楚为妻，生下一子叫赵政，他继位当上秦王，成了后来兼并了六国统一了中原的秦始皇。这事被樊於期得知，他对吕不韦纳妾盗国非常痛恨和厌恶，不愿意听从吕不韦的指挥。樊於期就让长安君成峤向全国发檄文，揭露吕不韦淫乱的罪行和盗国的阴谋，长安君成峤，年轻仅十七岁，气盛，对吕不韦的卑鄙行为深恶痛绝，当即向全国传发了樊於期为他起草的檄文：

　　　长安君成峤向国内外的臣民宣布：国家社稷传让承续的根本，最重要的是血统的延适。使用阴谋企图颠覆祖宗社稷的罪恶，万不可饶恕，必然清隶。文信侯吕不韦，以一个阴翟商人的身份，窃取了国家的权力。现在的国王赢政并非先王之子，而是吕不韦之后。吕贼先用一个已经怀孕的女人来诱惑先王，然后把一个奸生之子假作先王血脉。吕贼用金钱和阴谋,把自己打扮成国家的功臣,并陷害了两代先王,此乃滔天罪行,苍天岂可容忍?秦国传续之代的权力被奸臣贼子窃取,岂可让其为非作歹?秦国的社稷面临如此的危险,就连神人也震怒!我有幸作为先王的儿子,怎么能不请求天神来把这些叛逆诛除!我们的铠甲刀枪,因为代表着正义而发光,先王的子孙臣民,要记住先王的恩德和我们一同作战。此文传到,大家要磨好刀枪,做好准备:我们的军队经过时,大家不要受到惊扰。

蒙骜得知长安君的檄文,大吃一惊,心想:"长安君与我一同出征赵国,突然起来造反,定会连累于我,不如调转刀枪,扫平叛乱,以获大王信任。"蒙骜便传令撤兵西去。庞煖探获秦军兵马调动,就令扈辄率精兵三万,埋伏在太行山的丛林之中,偷袭秦军。这次战斗,蒙骜被乱箭射死,庞煖也腰间中箭,返回赵国不久,箭疮不愈,也死了。

至此,赵高临阵逃跑之事就再没有追究了。

光阴飞逝,又是几年过去了。赵高当逃兵的经历早被他人、也被他自己忘记了。他不再像过去那样藏在家中不敢出门了,而是在宫里宫外与一些不三不四的没落贵族公子王孙泡在一起。为了收住赵高的心,赵若诚为赵高挑选了一个名叫碧玉的贵族小姐,择日成婚。

这是一个秋风瑟瑟的日子,一大早赵若诚便忙活起来了。

整座返乡老臣的故居里一派喜庆火热的气氛,到了婚宴的时间,赞礼官引导达官显族、王公子弟在小桌前席地而坐,其他的人只好围在外边傻看。

随着礼赞官一声"婚撰开始",赞礼官在早已准备好的雕花铜盆里象征性地净了净手,然后揭开酒樽上的大红"吉"字罩布,又向厨房方向招了招手,守候在那里多时的家奴们像走马灯似的,把热气腾腾的佳肴端了上来,所有菜肴和汤羹都按赞礼官的指示,按不同方向依次摆好。

赞礼官等各色食物摆放完毕,拖着长音大喊一声"馔毕……"语音未落,人们的目光齐刷刷地向新郎官赵高投来,赵高由于过分紧张,还在原地傻呵呵地愣着,赞礼官没有办法,只得走上前去拉赵高过来,直逗得大家伙哈哈大笑。赵高这才反应过来,羞红着脸走到玉妹面前,按规矩拉着她的手请新娘入席。在众人的喧嚣声中,俩人喝了交杯酒,算行了"合卺"大礼。

而后新人双双入室,换了衣服,新娘首先拜过天地、祖先、再一一给家客施礼献酒。正在这时,家佣匆匆跑到赵若诚跟前报告:"大夫郭开前来……"

赵若诚听言,跌跌爬爬地跑去迎接。

"愚下顿首郭大人,犬子成婚哪敢蒙大夫的大驾!愚下受宠若惊啊!"赵若诚说。

"免礼!赵君家的酒香啊!我嗅其而来的。"郭开说。郭开是参加婚礼的人中最为显赫的人。他的到来,使家居在都城如丧家败犬的赵若诚欣喜若狂。

赵高得知郭开来了,丢开新娘扑了过来,向郭开行礼。自从尧山军营中逃跑回来,赵高那种强烈的出人头地的思想和燃烧过旺的烈火,陡然被浇上了一盆冷水,成了一堆死灰一样。赵高被一种失意的痛苦折磨着。赵高在十分痛苦的思索中,得出这样一个结论,那就是出人头地靠自己是不行的,得抓着大树往上攀。在这种思想支配下,赵高开始巴结权势,结交富贵。然而,物以类聚,人以群分,那些达官贵人都并不正眼瞧赵高。只有一个被唤作"小狗子"的、赵国大夫名叫郭开的人,对赵高有几分好感,把赵高收为门客。

郭开的到来,使赵高的婚礼进入了高潮。

婚礼结束了,客人们纷纷离去。郭开出够了风头,开心不已。他看着客人一个一个散去,也不得不准备回去了。他依依不舍地去与赵高告别,没想到赵高十分真诚地挽留他,并说把与新娘的洞房花烛之夜献给郭开。郭开当然欣喜若狂,连声说将来定不会亏待赵高。

赵高去与碧玉商量,碧玉却不同意。

"妾是先生娶来的妻子,不是买来的妓女。怎么随便陪外人度夜呢。"

"你可不知郭开大夫是什么样的人,我看得出,将来赵国就在他手中,他是能给我给你带来荣华富贵的救星啊!陪他过夜不但不是什么耻辱,而是一种荣耀和幸运。"

做通了碧玉的思想,赵高把郭开引入新房,这一夜,郭开在室内忙碌不停,挥汗如雨,赵高在室外踱步不止,激动不已。赵高感到自己已经坐在一只就要高飞的大鸟背上,大鸟随时就会展翅高飞,把他送入高空。

赵高的感觉没有错,郭开确实是一个能上天的大鸟,这个大鸟首先被秦王看中,来为秦国兼并六国诸侯卖力。

在公元前二世纪到三世纪年间,诸侯各国的发展不平衡,导致了秦国的不断强大,其他各国逐渐衰弱。究其原因,是与秦国的政权落到了商人地主手中有关。公元前247年,十三岁的秦王嬴政继位,大商人做了相国,到公元前237年逐放吕不韦十年间,基本上都是吕不韦掌权。吕不韦召集了不少商人地主,收买了很多领主贵族中的叛徒,以与六国诸侯相抗,为秦国更加强大,以致称雄打下强国的基本。

秦国的强大当然是其称雄的根本原因,但也不能排除英雄人物的作用。这个人物就是秦王嬴政。公元前247年,十三岁的嬴政继位后,一直是太后赵姬和仲父吕不韦掌权。随着年龄的增长,嬴政不再容忍赵姬碍手碍脚,于公元前238年处死了其母赵姬以及与赵姬淫乱并生有两子的舍人嫪毐,次年又罢了吕不韦的官,把吕不韦逐放出国,夺得政权。之后,嬴政吞并诸侯列国的欲望愈加强烈。

这是一个阳光明媚的日子,秦王嬴政微服出宫,来到了一个叫尉缭的人的家里。

"请问先生,炎黄子孙乃为一国,如今却各地诸侯各霸一方,如何才能统一天下?"

"回大王,统一天下事乃不难,天下诸侯,韩国比较软弱易攻,其次是赵国和魏国。大王应当先兼并韩国,然后再取了赵、魏。这三个国家被兼并后,再举兵攻楚国,楚国灭亡了,燕还能跑得了。但是,大王光举兵征讨还不行,还得以他法相助。"尉缭说。

"何法?"嬴政追问。

"以利攻之!"尉缭说,"各国诸侯的公卿大臣哪个不贪财,只要大王舍得花二、三万斤金子,把各国的那些贪财的大臣收买了,诸侯不就完了吗?此法用得好,说不定还胜过兵马哩!"

"本大王给你五万斤金子,让你去攻臣,再派大军让桓齮王翦等领着去攻城,你看如何。"嬴政说。

"大王欲去攻哪个国啊?"尉缭问。

"以你之意呢?"

"韩国国弱易攻,先并韩国,然后再攻赵国,魏国。这三个国家灭亡了,楚国就易攻了。楚国再归到大王疆下,燕国和齐国还能跑掉吗?"

"好!韩国已经向我秦国称臣了,就先去攻打赵国吧!"

"大王英明。赵国虽然地域广、兵力强、但它无英勇善战、足智多谋的统兵大将。"尉缭说,"赵国能够领兵与秦国对阵,非廉颇和庞煖二人所不能,庞煖已死于尧山一战,廉颇二十年前就被赵孝成王撤了职,一气之下跑到了魏国。只要大王想办法不让廉颇回国,赵国便可得也。"

"你就用我给你的那五万斤金子,买下廉颇的脑袋。"秦王说。

"回大王,何必要那么多,我只要一万斤金子就够了。买的也不是廉颇的头,而是赵国大夫郭开。"尉缭眨了眨眼,"买下一个郭开,就买下了赵国。"

郭开正在占着赵高的窝,搂着赵高的新娘做着美梦的时候,在屋外守候着郭开的除了赵高,还有一人,那就是从秦国来的王敖。

一夜风流之后,郭开舒心惬意地走出洞房,对着太阳伸懒腰时,王敖迎了上去。郭开睁眼一看是他,猛然起了精神,说:

"王兄何以知道我在此?"

"大夫是乃奇人,体香能传千里,在下是嗅着大夫的香味而来,已为大夫守护一夜了。"王敖说。此王敖就是尉缭的门客,他受尉缭的指派,带着金子到赵国,王敖向郭开行贿了三千斤黄金,俩人便结为好友。公元前236年,秦国大将桓齮攻打魏国,魏景湣王便派人去赵国求救,赵悼襄王感到,如果秦国在魏国得手,下一个便是赵国,欲派兵助魏攻秦,可是国内没有胜任的大将,就派人去魏国请回隐居在那里的廉颇。王敖见郭开对他十分信任,就唆使郭开要设法阻止廉颇回国。郭开本来与廉颇不和,又得了王敖的好处,岂能不答应。于是,郭开就贿赂赵悼襄王派去迎请廉颇的宦官唐玖,唐玖按照郭开的旨意,从中做了手脚,终使十分想回国效力的廉颇未能回来。

郭开听说王敖为他守护一夜,一股热潮涌入胸中,拉王敖进屋。

"这次来拜见大夫,是受秦王之命,特来感谢大夫的。"王敖说着,便命随从抬来一包东西,打开一看,里面是黄灿灿的金子。"秦王让我把一万斤金子托付给大夫,是想结交赵国的将相。秦王早就闻知大夫多才,爱慕不已。"

"谢谢秦王的器重。微臣一定尽力去报答秦王。"

"大夫报答秦王,就不担心赵国被灭了吗?"王敖故意地问。

"我一向恩仇有鉴。赵国的存亡是整个国家的事,忘恩负义可是一个人的事,不能因为国家就忘了仇人,也不能因为国家就忘记报恩。"

"如果赵国灭亡了,我请大夫来秦国,秦国一定让大夫做上卿,将赵国的好田地、好宅第归你管。"

正当郭开与王敖、赵高聊得正浓的时候,宫中派人来报:

"大夫,大王有急事,请大夫速去觐见。"

郭开连忙穿戴整齐,起身走了。

郭开回到宫中,才知赵悼襄王得到秦国大将率兵马攻赵国,已经兵临城下,又忧又怕,本来就疾病缠身的他,一口气没接上,一命呜呼了。

这几日,郭开在宫中忙乎起来了。赵悼襄王伸腿一走,宫中为了册立大王展开了争斗。赵悼襄王有二子,一子是嫡生,就是赵若诚投靠的赵嘉,另一子叫赵迁。赵悼襄王听信宠妃的谗言,废嫡立庶,把赵迁立为太子。现在国亡大丧,选嗣立主,宫中大臣上卿都反对太子赵迁继位,想废掉他,立赵嘉为王。只是郭开执意要立赵迁。因为赵迁被立为太子时,赵悼襄王任命郭开为太傅。

经过一番斗争,郭开获得了胜利,他把赵迁扶上了王位。自己做了丞相。

对赵高把自己的新婚之夜献给郭开的好处,郭开没有给予赵高回报,赵高仍然是他的一个门客。在郭开的心目中,赵高仅是一个陪他吃喝玩乐的庸俗贱民,根本就没有什么地位。能收为门客,已经是看得起赵高了,岂能在这次"改朝换代"中,得到郭开的重用?

转眼间又过了五年。

赵高这天出门去陪郭开郊猎。在回王宫的路上,只听一群孩童在那里唱:

> 秦人笑,赵人号,
> 以为不信,就地生毛。

来至丞相府,赵高把这个童谣说给郭开听。郭开沉吟了一会说:

"此乃天数,赵国要遭大劫,不如早通好秦国,以防不测。"

郊猎回来,秦国的王敖见郭开。

原来秦派大将王翦和杨端二人率兵马,兵分两路进攻赵国,出了函谷关后,秦军便不敢前进了。原来赵国武安君李牧率兵驻扎在灰泉山,营寨相连几十里,挡住了秦军。

秦王嬴政想起了王敖,便把他派到赵国来找郭开。

"李牧乃是北方名将,脾气古怪,性格刚直,不听我的啊!如让大王下令让李牧打开门户,放秦军来打我们,大王也是不干的呀!"郭开说。

"回国相，小子有一个主意。早晨国相说赵人都在通好秦国，不如到大王面前诬告李牧私通秦军，出卖赵国。大王一气之下定会将李牧撤了。"赵高说。

"没有证据，只怕大王不相信。"郭开说。

"这好办，在下回去让王翦、杨端假装着与李牧讲和就是了。"王敖说。

没过多久，郭开就按照赵高设下的计谋，向赵王密奏李牧私通秦国，赵王半信半疑，就悄悄派人前去灰泉山查个明白，果然发现了李牧与王翦互派信使，来往频繁。赵王相信了郭开的诬告，就找郭开来商议，郭开建议赵王撤去李牧，封赵葱为大将，接管灰泉山的大军。李牧接到司马尚书宣布的赵王诏令，惊讶不已，一打听，才知是郭开陷害了他，一气之下，就去投靠魏国。赵葱为报郭开举荐的恩德，派人追杀了李牧。赵国又失去了一个忠国的大将，国势更加衰弱了。

秦军得到李牧被杀的消息，无不拍手称贺。

王翦、杨端乘机发动攻击，杀死赵葱，占领了狼孟。接着秦军又由井陉进兵，攻破下邑，占领了常山等地，包围了邯郸城。

赵高走在街上，只见人们行色匆匆，心神不定，大部分人家都是关门闭户，如大祸即将来临一般紧张。

赵高向国相府走去。进了门，越过庑廊，只见前殿里热闹非凡。原来郭开正在与门客们欢宴取乐。

郭开见赵高走来，招呼他席地而坐，佣人也在赵高面前放了一个小桌子，摆上酒樽、餐具，端来了肴馔，斟上了酒。赵高刚要端起酒樽来向郭开敬酒，传令官报告大王请国相速进宫。

郭开让传令官退下去，不紧不慢地与众多门客饮一樽后，慢慢起身更衣，上车进宫去了。

郭开见了赵王，施礼坐下后，赵王就问郭开邯郸被围，如何退兵保国。郭说：

"大王，依微臣的意思，秦军势力强大，不如把邯郸城献给秦国，这样可以不失去封侯。"

这话被刚走进议事大殿的公子赵嘉听到了，赵嘉大吼一声：

"住口！先王把赵国的社稷、宗庙传到大王的手里，怎能可以把它抛给秦国呢？"赵嘉眼睛瞟也不瞟郭开一下，直瞪着赵王，"我愿意领兵前去与守城将军颜聚一起抗击敌人，跟秦军拼个你死我活。"

"如不主动献城，秦军发起猛攻，邯郸被攻破，大王就成了俘虏了，说不定命都保不住了。"郭开说。

赵嘉实在忍不住了，就拔出宝剑指着郭开说："败国的奸臣，你若再多嘴，别说我的宝剑对你不客气！"

郭开吓得直往后缩。

赵王连忙上来劝解，赵嘉才收起宝剑，郭开乘机溜跑了。

由于赵嘉的反对，赵王不敢献城，但他对邯郸陷于秦军的重围之中束手无策，无计可施，整天在宫中郁郁寡欢，借酒浇愁。

与此同时，公子赵嘉把宗亲和门客全部召集起来，拿起刀枪，帮助颜聚守城。这样一来，赵国守城将士士气大振，城池更加坚固。秦军包围了一个多月，也未能破城，由于秦军中粮草不足，加上军卒疲惫不堪，王翦和杨端下令后退五十里。郭开乘机派亲信送信给秦军，告知秦国赵王本想献城，因公子嘉竭力阻止，才未能得逞，只要秦王大驾亲征，赵王一定被吓倒，到时郭开定能劝赵王投降。

秦王得到这个书信，觉得此计可行，便率三万精兵，赶来攻打邯郸。赵王听说秦王亲征，更加恐慌不已。

其实，秦王亲驾攻城，虽说赵王惊慌失措，但守城将士却气士不减，秦军仍然数次进攻无效。

然而，那卖国的丞相郭开却借题发挥地对赵王说：

"这次秦王亲自领兵前来征战，说明秦国是下决心要攻下邯郸城了。不如大王早做决断给自己留条后路。"

"万一我投降了，他们要杀我怎么办？"

"大王，只要你把邯郸献给秦王，他会高兴的，怎么会杀你呢？我听说秦国早就打下了韩国，韩王却不但没被杀害，而且做了郡守，照样过着荣华富贵的生活。"郭开唆使说。

"既然是这样，那就写一封降书吧！"赵王说。就这样，赵王做了亡国奴。

秦军潮水一样涌进邯郸城，在宫内大肆抢掠，赵高全家被秦军虏了去。

秦国受降后，赵王被秦王安置在房陵，不久抑郁而死。郭开被封为上卿，他正准备带着几十车金子到咸阳去赴任，被李牧的门客刺杀身亡。秦国把在赵国宫中掳掠的王公贵族、嫔娥王妃，宫中佣仆、宦官舍人统统押往咸阳，作为宫中奴仆。从此，赵高一家就在秦王宫中苟且偷生了。

赵王投降后，公子赵嘉率兵马来到代城，自立为王，号召众人，齐心抗秦复国。然而，力量过于悬殊，赵嘉寡不敌众，于公元前222年兵败身亡，代城等地全归并秦国，赵国到此灭亡！

三　秦王夺妻

秦王十九年（公元前228年）的初夏，赵高和妻子碧玉、女儿小玉，兄弟赵成，连同父母赵若诚夫妇等赵国贵族、平民上万人被秦兵俘虏，押往秦国都城咸阳。这些人连同从各诸侯掳回的俘虏，都被关在过去秦国看管犯人的牢狱中。赵高一家六口人结束了优哉游哉的贵族生活，开始当起了卑贱的奴隶。

由于前途未卜，赵高一家人终日生活在对未来的猜测之中，赵高的心情被浓重的阴影笼罩着，情绪十分的低落。他愤愤地想，我赵高从懂事之日起，心目中就记得一个字：忍！忍！忍！！我赵高要忍到何时？他赵国灭了也就灭了，有那昏庸的赵迁做王，赵国没有不灭之理。只可惜没有等灭在我赵高手里，却让那嬴政小儿拔了个头筹……

"高儿呀，在想什么呢？"赵若诚用胳膊肘轻轻捅了赵高一下，才把赵高从仇恨的思绪中拉了回来。

"爹，儿子有事跟你商量。"赵高说着往赵若诚的身边挪了挪："爹，我们本不姓赵，如今我们身在牢狱，姓赵对我们更为不利。我们还是改姓潘吧！"

赵若诚听了赵高一席话，心里很不是个滋味儿。他伤心地对赵高说："高儿呀，俗话说，坐不更名，行不改姓。难道说就因为赵迁给我们点气受，我们就连做人最起码的东西也不要了吗？赵公子嘉是我们家的恩人，他在十分困难的处境下，尽可能地帮助我们，我们可不能如此忘恩负义啊！"

赵高颇不以为然地说："爹，我看你老人家受赵嘉的骗太深，到如今还为他说话。他赵家没有一个好东西！"

"啪！"赵若诚气愤不已，着实往赵高脸上扇了一个耳光。赵高的女儿小玉被声音惊吓，哇啦哇啦地哭了起来。高儿妈一边哄着怀里的小玉，一边赶紧跑过来相劝："你们爷儿俩是怎么啦？拌嘴也不看个时候、地方……"

"秦王驾到——"赵高妈话音未落，就听见门外守吏的一声呐喊。俘虏们听得秦王到此的消息，不知是吉是凶，一个个吓得屏住呼吸，连头也不敢抬起。

秦王在别人的簇拥下，来到了赵高一家所住的 5 号牢狱。秦王来到牢狱，其真实目的有两个，一个是在赵国的贵族们面前炫耀一番，解一解原来在赵国被人欺负时的心头之气；另一个是看一看赵宫中那些美丽好看的嫔妃、宫女们还有没有夹杂在人群中的漏网之鱼。

"你们统统都把头抬起来！"狱吏心领神会地喊了一声，大家不由自主地抬起了头。这一刹那间，秦王嬴政的目光，正好与赵高之妻碧玉的眼光相遇。秦王不由得心旌摇动，这不是我的爱妃萌儿吗？她已经死去了两年了，怎么会在这里，该不会是我的幻觉吧？秦王揉了揉眼睛，眼前分明是活人一个，不过不是自己死去的爱妃，而是一个赵国的奴隶。

"太相像了。"秦王禁不住自言自语地惊叹着。秦王走出狱门后，随从太监随着秦王的目光望过去，也不禁惊叹于俩人的相像，他记下了这一幕，吩咐狱吏把这个女子的底细打听清楚，以备大王查询。

秦王

第二天是夏至之日，几天前秦王还吩咐大臣们要好好热闹一番的，不想秦王从牢狱中回来之后，通过内侍传出王谕，第二日早朝暂免，夜宴撤销。群臣闻旨后，交头接耳，猜测不已。

其实秦王的心思何人知晓呢？自从前年他心爱的妃子萌儿因难产去世后，秦王无一日不在日思夜念。萌妃有令君主魂飞魄散之魅力，萌儿生前，秦王与之日日相守,两情缱绻。秦王晚上一个人披衣独坐在书房里,想着今天在牢狱中见到的那位女子:天底下竟有如此巧合之事,那女子与我的萌儿这般相像,不由得进一步勾起他对萌儿的思念。

第二天醒来,秦王睡眼惺忪,当值太监都听到秦王在梦中呼唤爱妃的声音。确实,秦王昨夜又梦见了萌儿,去岁那种耳鬓厮磨,两情缠绵,不言互知的情景,令他好生沉醉。

秦王正遐思之间,忽见帷幄一动,有人进来,打断了他的思路。秦王正要发怒以宣泄心火,进来的太监先禀报道:"王上,昨日牢狱之中那女子,下人已打听清楚。她本是赵国俘房一个叫赵高的妻子,唤作碧玉。下人已吩咐狱吏把她单独安排一处相住,以便大王日后审察。"

秦王听后转怒为喜,心想这个阉竖还真能揣摩出我的心事。这女子名叫碧玉,多好听的名字呵。遂问道:"这女子的丈夫及其家人是否也在牢狱之中啊?"

"回禀大王,他们一家六口都在狱中。"

"那怎么能行呢? 把人家拆散多么不妥当,让他们一家六口住在一起。"秦王故意装出一副不高兴的样子。

"是。还是大王爱民如子,小人这就去办。"太监退下去。

赵高一家突然被安排在一座独处的房屋里居住,赵高感到十分蹊跷。赵若诚也感到这事情不那么简单,安排妻儿们要多长个心眼儿,遇事多加小心,以免上当。

赵高一家人在忐忑不安中度过了一天。第二天天一亮,赵高一家就被嘭嘭山响的敲门声惊醒了。"开门,开门,快快开门!"

赵若诚吓得一骨碌爬起来,让惊魂未定的妻儿们先躲在一边,自己先去开门应酬。赵若诚一开门,就对着来人不住地点头行礼:"大人,大人,不知对小人有何吩咐?"

"想必你就是这家的主人赵若诚吧?"来人趾高气扬地说。

"小人正是,小人正是。"赵若诚捣蒜似的点着头。

"我们大人蒙将军有请。"来人不由分说,带着赵若诚就走。赵若诚哪敢说半个"不"字,跟着来人就走,怕赵高兄弟出来冲撞了秦人,没有什么好果子吃。

一行人来到一间平时审讯犯人的小屋子时里。赵若诚抬头一看,一位身材魁梧、满脸络腮胡子,一身将军打扮的人端坐在太师椅上。

这一位是将军蒙毅,是大将军蒙恬的弟弟。蒙家祖孙三代有功于秦,其父蒙武生前也是秦国的一员猛将,深受皇帝的宠信。这时,蒙恬正率领数十万大军修筑长城,屯守北边。蒙毅留在秦始皇的身边,成为秦始皇的心腹重臣。

"赵若诚,那个叫碧玉的女子是你什么人呀?"蒙毅问道。

"回大人,那是小人的儿媳妇。一个不懂事的农家妇女。"

"算你家儿媳有福气,我家大王看你一家可怜,想安排碧玉到宫中当差,你看如何呀?"蒙毅说完,放肆地哈哈大笑着。

赵若诚毕竟在王宫待了这么多年，一听这话，一下子就明白了他们的意思，不由得怒火中烧，忍不住气愤地说："秦王宫女成千上万，还在乎一个农家女子吗？碧儿虽说是我的儿媳，但我可做不了这个主。"

一个狱卒上去一把抓住赵若诚的衣领说："嗬，我看你这老儿是活得不耐烦了，敢顶撞我家将军。来人啊，先给这老儿一百桃木棒，让他吃不到桃子，先闻闻桃香！"

话音刚落，上来四五个打手，举起手中的大棒，铺天盖地地向赵若诚身上砸去。刚打了一半，蒙将军就示意先停止用刑，看看赵若诚，趴在地上已经皮开肉绽、气若游丝了。手下人往赵若诚身上泼了一桶冷水，若诚打了一个激灵，吃力地睁开了眼睛。

狱卒走过来抓起他的头发，继续逼问道："同意还是不同意啊？不但要你的儿媳去宫中用事，蒙将军还抬举你的老婆到将军府去做事情呢。"

赵若诚一听这话，更是气不打一处来，使出最大的力气摇了摇头。

蒙将军没想到这赵若诚如此倔强，感到自己在下人面前丢了面子。不禁恼羞成怒地说："这一条赵狗事到如今还离不了那两条母狗。明天阉了他，送宫中为宦。"

秦将蒙毅一句话，赵若诚果然被下了蚕室，处以宫刑了。看着父亲受宫刑痛死过去数次惨象，赵高的心中十分难过，他极力控制着眼泪，让那泪水流向心中，他要记住这一深仇大恨。

然而，更为不幸的遭遇又降临了。父亲宫刑之后不到两天的傍晚，赵高的"家里"闯进来了几个蒙面大汉，他们不由分说，拉着赵高的妻子碧玉就走。赵高一个人哪里是他们的对手，眼睁睁地看着自己心爱的妻子被人抢走。

碧玉被抢走十多天了，一点消息也没有。赵高无一日不在想念着自己的妻子，小玉也无一日不在呼唤着自己的妈妈。可他们哪里知道，碧玉这几天也是受尽凌辱，死不得，活也难。

那日她被人抢走后，始皇立即把她接入后宫，皇上为了不在碧玉面前暴露身份，特意着了一身便装。走到碧玉的跟前，他再一次被碧玉与萌儿的相像而惊奇。他挥退所有的下人，情不自禁地靠近碧玉，碧玉警惕地后退了一步，对他说："谁是你的萌儿？我不认识你。我是有夫之妇，请你放尊重点！"

嬴政此时已经不能自己，他执着地说："你不要骗我，你就是我的萌儿。"他不管碧玉的推阻，奋力去拥抱她，亲吻她。碧玉气坏了，恨急了，一时不知从哪儿来的力气，照着嬴政脸上，就是一记狠狠的耳光。

"啪——"一记清脆的掌声，把始皇从梦幻中拉回到了现实，内宫的卫士们听到房里的声音，都本能地闯了进来。始皇觉得很没有面子，对手下人挥挥手，无可奈何地说："把她送回去吧！"

卫士们把她从宫内带出来，把她塞进了一辆封闭的马车里，走了一阵子，她被人从车上拉了出来，面前有一所黑暗的小屋，这时从黑暗的小屋里走出一个人，一个她至死也忘不了的一脸横肉、长着络腮胡子的家伙。正是她，十多天来折磨她，糟蹋她。只要这张幽灵般的脸一出现，她夜里就要遭到这个恶魔的蹂躏。

以后，这个络腮胡子来玩弄她的次数更多了，她已经无力反抗了，十多天来，她受尽非人的摧残、折磨，像一朵晒蔫的花儿，枯槁、憔悴。

这一天下午，络腮胡子又来了，并且是喝得醉醺醺的。当这个醉鬼把他那只猪舌头放在她嘴里时，她使用全身的力气咬去。络腮胡子被疼得"妈呀"乱叫，气急败坏之下，他用随身所带的腰刀向碧玉肚子捅去。碧玉的血汩汩地流着，一直到赵高被唤去收尸时还在无声地流着。在女儿撕心裂肺的呼唤下，碧玉奇迹般地睁开了眼睛，对赵高说了"络腮胡子"四个字，便撒手人寰了。赵高的母亲过度悲伤，不几日也离开他们兄弟而归西了。赵若诚老年丧妻，宫刑受辱，身心都受到极大的摧残，从此心情郁郁寡欢。宫刑后伤口又感染流脓，而且得不到有效的治疗，若诚一日不济一日，终于郁闷而死。好端端的一个家庭，至此已是四分五裂，家破人亡。

"络腮胡子……"赵高把这四个字石碑一般地刻在心头。"我一定要找到这个人，为我的父母妻子报仇雪恨！"

今天的活计相当的繁重，一个人要搬二百多块石头，赵高的身体尽管十分强壮，但是也累得难以承受。他几乎是一块一块地数着干，当搬到还剩十多块时，已经有二十多个奴役累得昏死过去。赵高踉踉跄跄，速度明显慢了许多，只听身后"叭"的一声巨响，牛皮鞭子已落到了自己的背上，赵高一阵火辣辣的疼痛，几乎站立不住。赵高心目中的愤怒简直到了爆炸的极限，他猛地回头，怒目向执鞭人投去冒火的光芒，一看此人，他心中不禁暗暗一怔！

络腮胡子？！原来是蒙毅将军。赵高心里明白了，害死他一家三口的必是蒙毅无疑！

蒙毅见赵高竟然敢用这种眼光瞧他，一步跨上前去，用他那粗壮的大手一把拎起赵高的头发，嘴里发出一阵冷笑："怎么，你这一条赵狗，还有什么不服气的吗？"

四 发誓雪耻

赵高的脑海中很快闪现出父母、妻子遭难时惨烈的情形，耳边同时回响起父亲的声音："孩子啊，你千万不要意气用事，找他们算账啊，你是斗不过他们的，要等待，要忍耐！"赵高的头脑一下子清醒了许多，他意识到跟凶狠毒辣的蒙毅斗，自己肯定是要吃大亏的。他马上镇定住激愤的情绪，满脸堆笑地讨好道："蒙大将军恕罪，蒙大将军恕罪，小人有眼不识泰山，冒犯了大人。小人哪敢不服大人的气，小人知罪，小人知罪……"

蒙毅狂妄自大的心理一下子得到了满足，他顺势用力一拧，把个赵高甩倒在地："哼，量你小子也不敢跟我炸刺儿。"

赵高咬紧牙关，使出吃奶的力气，把最后十几块石头搬完，才拖着疲惫不堪的身体，一步一步地挪回了住地。

赵高四仰八叉地躺在草铺上正在胡思乱想，突然，几个膀大腰圆的兵士闯了进来。其中一个领头的大声喊道："哪一个是赵高？"

赵高不知道发生了什么事，惊得一骨碌爬了起来。士兵们不由分说，就你拉我扯地把他抓走了。

到了一座小院落里，士兵安排他到洗浴池中洗澡。赵高脱了衣服，跳进水中彻底地洗了一个热水澡，感到身上每一个毛孔都渗出"舒服"二字来。赵高洗过澡后，被单独关在一间小屋子里，赵高心中越想越纳闷，这究竟是福还是祸。他走来走去，反复思忖着，但百思不得其解，无论如何也想不出理由来。俗话说，是福跑不了，是祸躲不过，随命吧！赵高横下一条心，且不想它。或许是太累了，躺了一会，他就呼呼睡着了。不知过了多长时间，他又被人喝醒，守门的人端上来一桌子丰盛的晚餐，看到满桌的鸡鸭鱼肉，壮年力盛、食欲旺盛的赵高马上就控制不住食欲，很长时间没有吃到这么好的饭食了，他狼吞虎咽，一会儿就吃得干干净净。风卷残云般吃罢之后，他觉得渴得厉害，拼命吆喝守门的卫兵送水，但是，卫兵露出狡猾的笑来，就是不给他水喝。

一连数日，赵高吃着丰盛的饭菜，却又忍着嗓子冒火似的干渴，他们究竟要干什么？赵高问士卒，他们谁也不回答他，一种不祥的预感慢慢爬上了他的心头。

一天傍晚，房门再一次被打开，他再一次被带了出去，又"痛痛快快"地洗了一个热水澡。之后，他被带到一个专门设计的"净室"，被剥光了衣服，捆绑在木板上。他面向上，看见了一根细绳悬垂下来，一个人一手拿刀，一手拿着导管站在身旁，赵高终于明白了这一切，他拼命地挣扎着，叫骂着，一群士兵把他的手脚捆绑得结结实实，他再也动弹不得。

一阵剧痛，赵高即昏死过去。当他再次醒来时，他马上伸手向自己的下身摸去，除了一手血污，一根细管外，他的命根子已不知哪里去了。

以后数日，赵高的生命在生死线上徘徊，经过三天的昏迷，终于摆脱了死神的控制，顽强地活下来了，但赵高那正常的心已经死了，他整日以泪洗面。除了弟弟赵成和女儿小玉日夜守护在他的身边外，阎阿二和他的儿子阎乐也十分同情地陪伴着他。阎阿二担心赵高经受不住精神的打击，会寻短见，就开导他说："赵高老弟，人要往开里想。当初我们父子俩落在他秦始皇的手中时，我就想了，不死也要脱层皮。再受苦受难，也要顽强地活下去，要亲眼看到他秦家倒灶的那一天。"

赵高从阎阿二的话中受到启发，找到了精神支柱。他活下来了，活下来为了报仇，为父亲、为母亲、为爱妻碧玉，也为了自己。

赵高一方面为了答谢阎阿二的照顾之恩，一方面也为女儿找个依靠，就把女儿小玉许配给了阎乐。

蒙毅是他赵高家的直接仇人，但蒙毅敢如此猖狂，是因为他身后站着一个秦王。说到底是秦王嬴政小儿跟他赵高过不去。赵高认为，秦宫中的大大小小，都是他赵高的仇敌，都是该杀该戮的孬种。然而，如此深仇大恨，凭一个势单力薄的赵高，是没有办法立即相报的，赵高已经拿定了主意，既然自己做男人的家伙没有了，我就要打进后宫做一个太监,迟早有一日,我搅得他秦家鸡犬不宁! 于是他效法越王勾践,卧薪尝胆,蓄积力量,待机而动。有了这样的心理准备,赵高在宫廷中从事杂役,不但心甘情愿,而且积极主动,既小心谨慎,又任劳任怨,勤勉努力。因此,很快赢得掌权内官的注意,不久就被选派到宫中充当太监了。

赵高被施以宫刑之时,正是秦国空前强大之际。

面对强秦,赵高无法以匹夫之勇报仇,他选择了委曲求全,待机而动的战略。他企图通过谨慎、勤勉的工作,引起皇帝的注意,逐渐掌握一定的权力,然后伺机报仇。这在当时是唯一可行的办法。

有了这样的心理准备,赵高在宫廷中从事杂役,不但心甘情愿,而且积极主动,既小心谨慎,又任劳任怨,勤勉努力。因此,很快赢得掌权内官的注意,从而也引起了秦始皇的关注。或许是出身于贵族之家,因而赵高有较高的文化修养,精通秦朝法律。因此,秦始皇后来提拔赵高为中车府令,负责掌管皇帝出行的车马、符玺方面的事情。赵高在宫廷中的地位已经较高了,但是距离报仇雪耻还差一大截。因此,赵高并不敢有丝毫懈怠,反而更加勤勉地工作了。不久,秦始皇又让赵高辅导少子胡亥。这对赵高来说,是一个接近权力中心的大好时机。因此,赵高千方百计讨胡亥的欢心,使胡亥对自己十分信任。

但是,胡亥仅仅是秦始皇的少子,如果秦始皇去世了,继位的是长子扶苏,不可能是胡亥。因此,赵高又处心积虑,想方设法亲近扶苏。为此,一向工于心计的赵高玩弄权术,献媚于公子扶苏。不曾想,弄巧成拙,他的伎俩既让扶苏讨厌,又引起秦始皇的不满。秦始皇认为赵高犯了大罪,将他交由上卿蒙毅处治。

蒙毅受命审理赵高的案件后,秉公执法,判处赵高死刑,并开除了他的宦籍。但是工于心计的赵高却用花言巧语说服了秦始皇,既使自己免于刑罚,又使秦始皇疏远了长子扶苏。对于蒙氏兄弟,赵高不敢立即中伤报复,因此,心中记下了这一仇恨。

长子扶苏为人忠厚平和,他对秦始皇严刑峻法的统治、使罪犯充斥于道路的做法表示不满,多次直言极谏,秦始皇心中对他有所不悦。听了赵高离间之辞后,秦始皇于是将扶苏派往北部边境,充当蒙恬所部大军的监军,驻扎在上郡。

赵高在长子扶苏外出监军,离开秦都咸阳以后,自以为将来谁继承皇位还是一个未知数,因此,他一方面努力讨好胡亥,一方面让胡亥收买人心,培养自己的势力。面对这些阴谋活动,秦始皇却因忙于镇压各地反秦活动,疏于防范了,从而让赵高、胡亥一伙势力坐大。

赵高出身于赵国贵族之家,有较高的文化水平。自从遭受宫刑,在宫内服杂役以来,赵高为了出人头地,便积极主动地学习秦朝的"狱律令法"。赵高发挥其聪明好学的天赋,很快就精通了当时的显学——"狱律令法"。赵高能够熟记朝廷颁布的各种法令条文,掌握了大量办案惯例,对于办案断狱已是得心应手,在宫中颇有名气。秦始皇听说他善于断狱后,就将他召到了身旁,任命为中车府令。每逢秦始皇处理朝政大事,凡是刑狱方面有疑问之时,都征求赵高的意见。而赵高也充分显示出他的才华,凡是疑问处,赵高数言即能剖析明白,准确量刑处分。这就赢得了秦始皇的欢心。

同时,赵高也善于书法,他所写的小篆、字画简洁流畅,生动有致,秦始皇也十分欣赏。为了在全国统一文字,秦始皇让丞相李斯撰写了《仓颉篇》,太史令胡毋敬撰写了《博学篇》,赵高受命撰写了《爰历篇》,作文标准字体,即秦篆——小篆颁行全国。

由以上两方面看,赵高在当时已是很有文名的才子了。因此,他被任命为少子胡亥的老师。赵高首先设法笼络、讨好胡亥,事事处处满足胡亥的需要,随他恣意享乐。这样,赵高并未起到一个老师的作用,而只是起到一个玩伴的作用,日夜陪同胡亥玩耍享乐。这样做固然赢得了胡亥的欢心,秦始皇见小儿子心情愉快,自然也对赵高满意。但是,这毕竟只是事情的一个方面。秦始皇是中国历史上的大有作为的一代雄主,对于自己开创的事业十分关心,他希望自己的儿子都有所作为,世世代代继承自己开创的事业,因此十分关心儿子的教育,对于少子胡亥,秦始皇也寄予厚望,不时督促检查他的学业情况。

因此,秦始皇经常将一些判决狱讼的案件交由胡亥处理,试图以此考核胡亥的学问。怎么办呢?胡亥哭丧着脸找赵高想办法。赵高十分狡猾地说:"这种琐碎的小事何须您亲自处理呢?就交由小人代为办理吧!"胡亥高高兴兴地走了。赵高代替胡亥处理案件,真是得心应手,不费吹灰之力。赵高明白秦始皇的性情,知道秦始皇用法深刻,好以刑杀立威。所以,在处理狱讼案件时,总是严词罗织,法外用刑,定成重罪。秦始皇看到这些处理结果,十分满意,不时地夸奖胡亥深得我心。

赵高正是用这种手法,既获得了少子胡亥的欢心,又获得了秦始皇的信任,心中十分得意。但是,赵高一刻也未忘记报仇,他关注着朝廷中的动向,大臣们的性格,天下大势,希图看准时机,实施蓄谋已久的复仇行动。

赵高小心谨慎地服侍胡亥、秦始皇,已在宫中度过了20余年的光景,心中十分着急,何日才能报仇雪耻呢?

不久,一些消息让赵高十分高兴。秦始皇三十六年(公元前211年),有流星坠于东郡,化成一黑色的石块,马上有人在陨石上刻上了"始皇帝死而地分"七个大字,咒骂秦始皇死,天下分崩瓦解。当时,人们思想、科学认识能力很低,都认为这是天意。赵高听到这个消息后,心中暗暗高兴。

秦始皇为人很迷信,他相信东海中有长生不死之药,一再派方士寻药,希图长生不死。听说天上降下了书有"始皇帝死而地分"七字的石头后,他十分害怕。但是,他心中明白,这绝非天意,而是被他消灭了的六国贵族所为。因为,他下令派御史调查此案,找出书写之人。御史费了九牛二虎之力也未查出什么结果,这使秦始皇恼羞成怒。盛怒之下的秦始皇不管三七二十一,严令将陨星降落地周围居民全部杀死,并烧毁这颗陨石。皇帝一言九鼎,言出法随。可怜的无辜百姓顿时身首异处,陈尸荒野。

赵高知道这一处理后,他那颗时常准备复仇的心冷了半截。他认识到复仇是鲁莽不得的大事，准备不足，反而会弄巧成拙，将自己的小命赔了进去。

这年秋天，又有一件事情传到了赵高的耳中。原来，秦朝的一个使臣从关东赶回咸阳，路经华阴平舒道时，突然有一个人手拿玉璧拦住了使臣，并对使臣说："替我将玉璧送给滈池君，告诉他今年祖龙死。"使臣愕然不解，沉思间，那人放下玉璧就走了。使臣急忙喊叫，希望弄清事情的原委，但是那人头也不回，径直远去了。

使臣回到了咸阳，将玉璧奉献给秦始皇，并将那人的话转述了一遍。秦始皇仔细审视着玉璧，既未看出什么名堂，又弄不明白"今年祖龙死"的含义，他将玉璧交给御府保管，府中守吏却认得这块玉璧，原来它是御府故物，在秦始皇二十八年（公元前219年）祭祀长江时扔进了水中，现在为何又出现于宫廷呢？府吏们互相谈论着，解释着，发表了各种不同的看法。这么一来，宫中谣言四起，纷纷扬扬，这当然不是什么好事，秦始皇十分烦恼，便想请方士占卜一下吉凶祸福。

方士于是为秦始皇卜问了一卦，算卦的结果是"游徙吉"。秦始皇心想，我贵为天子，只可巡历天下，怎能随便迁徙呢？所谓"迁徙"大概是指百姓。于是，秦始皇决定迁徙内地百姓三万户于北边，而自己又准备巡游天下了。

秦始皇统一天下后，已经四次出巡天下，这次是第五次出巡了。他挑选了丞相李斯、上卿蒙毅、中车府令赵高护驾。少子胡亥，也想巡游天下，游山玩水，请求同行，秦始皇也欣然同意了。

赵高跟随秦始皇出游，是吉是凶呢，他心中也七上八下，没有数。赵高每一次跟随秦始皇出巡，看到秦始皇一路顺利，高高兴兴，游山玩水，炫耀皇帝威严，心中十分遗憾，自己的冤仇何日能报呢，已经在宫中服役了20余年，报仇的希望还是十分渺茫，这样下去岂不是坐以等死吗？想到自己是无法报仇的，赵高无可奈何，他又把报仇的希望寄托在刺客们的身上。

秦始皇的一生是富于传奇色彩的，他屡经大难，却都化险为夷。在统一天下之前的秦王政20年（公元前227年），燕太子丹派荆轲充当刺客，去杀秦始皇。秦灭赵之后，燕国也有一种日暮已西的感觉。燕太子丹基于两点考虑，开始了他的刺秦计划。一是秦国灭燕在即，燕国无力与秦抗衡，只有采取如此下策；二是太子丹与秦王政有一段私仇——

太子丹儿时，与嬴政同在赵国充当人质，在赵国都城相识后成为好朋友。多年以后，嬴政当上了秦王，而燕丹还是一个太子，燕丹刚刚结束了赵国的人质生涯，秦国又要求与燕相互交换人质。燕丹毛遂自荐到秦国为质，满怀欢喜地盼望着与嬴政的再次相会。可一到秦国，太子丹大失所望，身为秦王的嬴政一方面忌讳儿时在赵国受人歧视、被人虐待的往事，另一方面对小小燕国的太子已完全不放在眼里了，所以对燕丹避而不见。太子丹吃了个闭门羹，心里实在是咽不下这口气，决定改变自己入秦为质的初衷，向秦廷打报告要求卷铺盖儿走人。当差的把话传送给秦王，谁知秦王从门缝里甩出一通冰冷的回话："刚刚来到秦国，屁股还没有坐热呢，就想走啦？咱秦国也不是酒馆旅店，说来就来，说走就走呀？想走也可以，把脑袋留下来，其他的可以走啦！"

这不是诚心把人往死里气吗？燕丹为人倔强刚烈，决计找机会逃跑回国。也算是老天有眼，当天夜里就刮起了罕见的大风，直刮得天昏地暗，几步之内就难见人形。燕丹于是乎施了一个金蝉脱壳之计，趁机逃回了燕国。

燕丹归燕后，发誓要报复秦王，也真是无巧不成书，不久秦将樊於期就逃亡到了燕国，投奔到了燕太子的门下。樊於期原是秦国的大将，秦王政14年兵败而逃，樊家三族惨遭秦王杀戮。樊於期怀着对秦王的满腔仇恨辗转到燕，在复仇问题上可以说两人有共同语言。燕丹又结识了隐士田光，田光看太子收罗的那些所谓的勇士，都是些干不了大事业的料子，根本不足以刺杀秦王，于是就向太子推荐了冷面壮士荆轲。燕丹问道："荆轲此人有何特点？"田光答道："荆壮士乃神勇之人，愤怒于心，而在外表上根本看不出来。"

荆轲向太子丹商量道："秦王可不是什么人都能随便见到的人物。"太子丹说："秦王贪心不足，用重利诱惑他，他就会召见使者。这样就能接近他，或像鲁国曹沫劫持齐桓公那样劫持秦王，或者干脆把他杀掉，这样秦将拥兵在外，王位相争于内，诸侯趁机合纵攻秦，秦必亡无疑。"荆轲听后沉默了许久，说："这件事关系重大。成功与否，事关列国之命运，我乃一介武夫，勇猛有余，但谋略不足，恐怕难以担当如此之重任啊！"太子丹认定荆氏能有作为，便一再即首相请，荆轲只好答应了下来。答应归答应，但真正去实施这个计划，确有一定的难度。以何理由去见秦王，成了问题的关键。荆轲对太子丹说："去见秦王，必须有上好的礼物，否则是难以接近他的。听说樊於期将军现在燕国，他可是秦王十分想得到之人，秦王为了捉拿他，以黄金万两、封邑万家以为悬赏，若能提着樊将军的头去见秦王，问题就迎刃而解了。"太子丹一听这话，连忙摆手道："使不得，使不得，这样做太不仁义了，荆卿还是想点别的办法吧！"

荆轲见说不动燕丹，就去直接找樊於期。他知道樊将军与秦有不共戴天之仇，他会深明大义、甘愿舍生取义的。樊於期听明了荆轲的来意，激动得泪流满面，仰天叹息道："於期每每想起私仇家恨，常常是痛入骨髓。恨不得亲手杀死嬴政小儿，食其肉，寝其皮。只是老夫无计可施啊！今日荆壮士为我报此大仇，我还有什么不可抛舍的？"说完这段话，他立即拔剑自刎了。荆轲见状，心中暗暗赞道：真乃大将军也。太子丹闻知樊将军舍生取义之壮举，伏在他身上痛哭不已。

有了樊於期的人头，问题只解决了一半。要劫持或杀掉秦王政，都必须身带利器。可是秦王向来生性怕死且多疑，他的寝宫和议事的朝廷都不许任何人带任何兵器入内。面见秦王之时，宫门的卫兵首先要全身检查一遍。怎样才能把兵器带入秦宫呢？荆轲计议把地图展示于秦王时，趁机拿出短剑，达到劫持或杀死秦王的目的。为了更加周密地实施计划，太子丹还派秦舞阳做荆轲的副手。秦舞阳生性蛮悍，13岁时就杀过人，周围的人都不敢正眼看他。

一切安排就绪后，荆轲迟迟未能成行，他暗暗告诫自己此行必须作充分的准备，不可贸然行动。因为只身带一把数寸之长的短剑，独闯深不可测的强秦之宫，此行必定凶多吉少。自己命丧秦宫事小，士为知己者死嘛。可目的达不到，既无法报答太子丹的知遇之恩，又会被天下人所耻笑。可是还未等他们准备成熟，秦国消灭了赵国，并向赵国南部方向集结兵力。太子丹十分着急，多次催促荆轲动身，荆轲无奈，只有仓促起行。

秦王政 20 年(公元前 227 年)秋，荆轲带着太子丹的重托，受命前往秦都。

到了咸阳之后，荆轲通过秦王的宠臣蒙嘉向秦王政奏报道："燕王慑服于大王的威严，甘愿举国向我大秦称臣，特斩逆臣樊於期之头，并派使者献上督亢地图，以作为见面之礼，请示大王的命令。"秦王自然是喜不自胜，准备在咸阳宫高九宾之大礼，接见燕国使者。

第二天，荆轲手捧盛装樊於期人头的匣子走在前面，秦舞阳捧着装着督亢地图的匣子紧跟于后。秦舞阳虽然从小就杀人行凶，但毕竟没见过大世面，看到秦宫森严壁垒、威严无比的气氛，心里十分恐惧，离咸阳宫越近，他心里越没有底儿，一时脸色煞白，四肢发抖。秦宫的门卫颇觉诧异，把他们拦了下来："喂，你们二位过来接受检查。"秦舞阳一听喊声，更加紧张不安。荆轲暗暗叫苦不迭，他不易察觉地用胳膊肘捅秦舞阳，示意他保持冷静，并走上前去向卫兵赔笑脸道："这位长官，燕国地处北蕃蛮夷，没有见识。我们俩又都是荒鄙之人，看到大秦国王宫的不凡气派，心中不免有些紧张，还望大人原谅。"说罢从秦舞阳手中取过地图，一人向朝廷走去。

秦王满怀喜悦之情，放松了平日应有的警惕，向荆轲唤道："你们燕王都带来些什么礼物呀，快向本王献来。"荆轲进殿送到秦王的面前，徐徐打开地图，一一向他介绍督亢的地形概貌："这就是燕国的督亢，这座城池美丽富绰，燕王特地把它献于大王。这督亢土地肥沃，民人勤劳，气候宜人，多出美女……"一听说美女成群，秦王色眯眯地眯缝着眼睛，十分入耳地听着荆轲的介绍。地图徐徐展开，每展开一寸，荆轲的心跳就加速几分，当然他表面上十分沉着，可心里的紧张是难以名状的。随之"咣铛"一声，短剑掉落的在秦王身前的案几上。这一声响，在宁静的大庭里，如爆竹之清脆，如闷雷之巨响。秦王和朝廷上数百名大臣的眼睛如同聚焦一般，全部投向这一把铮亮的短剑。由于过度的惊骇，大家反而一时手足无措，整个大庭里静得分明能听得到数百颗心脏"怦怦"的跳动声。

说时迟，那时快，荆轲与秦王几乎同时向那把短刃扑去。到底荆轲是受过多年武术训练的武士，手脚比秦王要麻利些，首先得到了。荆轲右手抓起短剑，左手去抓秦王的衣袖，秦王情急，力气发挥到了极限，他急于挣脱，一下子把袖子都撕裂断落了。荆轲拉了个空，由于用力过猛，向后打了个趔趄。秦王趁机逃跑，边逃边拔腰间配拎的佩剑。由于剑太长，一时拔不出来。荆轲又即时追了上来，一个跑，一个追，两个人就围着柱子转起圈儿。平叫足智多谋的大臣们遇到了真事儿，一个个像白痴一样，站在那里大张着傻嘴发愣。关键时刻宫中御医夏无且反倒还比较冷静，举起药囊往荆轲的头上连连打去。这药囊是麻布缝制的，打在荆轲这个大力士的头上，如同搔痒痒一般。但毕竟牵涉了荆轲的部分精力，为秦王脱逃争取了一定的时间。所以事后秦王重重地奖赏了夏无且，这是后话。在夏无且的感染下，一些

后妃宦官大传

·擅权祸国的阉人·

图文珍藏版

大臣才缓过神来,急忙向秦王喊道:"大王,把剑推到背后。"秦王这才反应过来,把剑顺腰带推到背后,从肩膀上把剑拔了出来。有了剑,秦王胆子也大了几分,他反守为攻,向荆轲连连砍去,把荆轲的左腿砍断。荆轲倒在了地上,便把短剑奋力向秦王掷去,秦王一闪身躲了过去,短剑射到了柱子上。荆轲手中没了武器,还不成为秦王砧板上的肉丁?秦王狠狠地向荆轲身上没命地胡通乱砍,直砍得荆大侠血肉模糊。荆轲情知大事未成,性命不保,但他毫不畏惧,拖着残腿倚着柱子站立起来,指着秦王破口咒骂:"你这禽兽不如的秦贼,老子之所以没能亲手宰了你,是想生擒你这条恶狗。老子虽然身死于此,但也无怨无悔了,老子看到了平时高高在上、盛气凌人的秦王,今天怎样被俺追得像畜生一样抱头鼠窜,慌不择路。哈哈哈哈……"荆轲仰天大笑,笑罢撞柱而死。

赵高有幸亲眼看见了这一壮观的场景。当时他和群臣一起,参加秦王对燕使的接见。当明白过来使者原来是刺客时,他心中是无比的兴奋,他多么希望荆轲能一举刺死秦王啊,当看到荆轲受挫时,他恨不得上去助他一臂之力。荆轲的失利令他很是失望,一连几天都在暗处叹息不已。

统一天下之后,秦始皇在29年东巡时,也就是他的第三次巡游,天下初平,人心思治。虽是以暴易暴,秦始皇的法制相当森严,但比起七国战乱时期,也算是太平日子了。自从上次东巡还都以后,在咸阳宫中尽心玩乐,所有六国的珍宝任他玩赏,六国的乐悬任他享受,六国的美女娇妾任他颠鸾倒凤,日夜交欢。但天长日久,难免有些枯燥乏味。所以东巡不到

一年,他又想去领略那高山大川的自然风光。阳春时刻,他游兴未阑,乃即日下制,仍拟东巡。文武百官,不敢进谏,只好遵旨奉行。一切仪仗,比前两次还要规模庞大,三十六乘副车随着皇帝的乘舆而行。前呼后拥,向东进发。但见金戈蔽日,甲乘如云,一排排的雁行而过,一队队鱼贯而出,一路行来,途经博浪沙时,再次遇到了刺客。

博浪沙在三川郡(今河南省阳武县)境内,这一带属于中原平原,并没有崇山峻岭,一路上车马畅行,皇帝的随从也放松了警惕,偏偏让始皇遇上这等怪事,车队在驰道上行走之间,忽听"嘭"的一声巨响,一根大铁锥从御驾前擦过,击中副车。

这次行刺的策划者、投椎之人,非他人也,原来是大名鼎鼎的人物,乃韩人张良。张良原是韩国贵族,他的祖父、父亲都做过韩国的相,张良的父亲张平,原来韩国的五朝名相。秦始皇消灭韩国,又杀死了张良的父亲,因此张良对秦始皇怀的是杀父之仇,亡国之恨。秦灭韩时,张良虽年龄尚小,但从那时起就发誓为韩国报仇。他为了达到这一目的,他把所有家产都散发给亲戚朋友、街坊四邻,自己则四处云游,寻机求刺秦始皇。始皇第三次出巡时,张良的弟弟刚刚去世,张良来不及掩埋弟弟的尸首,却倾尽千金家产,收买刺客,企图刺杀秦始皇。可当时,则全国局势初定,人心思稳,没有志同道合之士,另外秦法制威严,人人俯首帖耳,不敢有半点叛逆之心,于是他又以游学为名,云游到淮阳,乃有幸见到当地有名的"东方豪长"仓海君。二人一见如故,讲到秦始皇暴虐无道,二人无不怒发冲冠,愤眦欲裂。仓海

君遂为张良推荐一位勇士,此人身材魁伟,相貌堂堂,张良测试了一下他的技艺,果然力大无比,身手不凡。于是就偷偷铸成了百二十斤的铁锥交与力士。

秦始皇这次巡游被张良探知后,他赶快告知力士,二人迎到博浪沙,正值风大尘起,便在驰道旁分头埋伏,伺机行动。等到御驾来到,力士一锥甩去,企图一举将秦始皇砸成肉泥。但是,秦始皇一行人阵容庞大,豪华无比,车辆也很相似,大力士判断失误,副车被砸了个稀巴烂,而秦始皇所乘的主车却安然无恙。虚惊一场的秦始皇下令大举搜捕,张良和大力士早已逃得无影无踪,秦军一连搜捕了十余天,连个影子也未找到。

赵高亲眼看见了这个惊心动魄的场面,当时心中是异常的激动,可惜的是始皇只是受了一场虚惊,不但没有生命之虞,甚至没受到皮肉之伤。

"中车府令!"赵高正在高兴地回味着刚才发生的一幕,只听皇上一次呼喊,赵高以为皇上看穿了他的心事,着实吃惊不小。他急忙转身下跪,听候皇上的吩咐。

"朕令你组织一千人等,捉拿刺客,若能擒得要犯,朕重重有赏。"

"小人遵令。"赵高连忙答应了下来,但心里是一千个不痛快哟。皇上显然是为了给自己一个台阶下,他也知道抓到刺客是不太可能的。

赵高也就是有本事,不太可能的事情,到了他手里竟变成了现实。没过多久,赵高禀报皇上,说刺客给逮着了。始皇帝得知这个消息,就别提有多高兴了,在众臣面前把赵高夸耀了一番,赵高趁着皇上高兴,又提起每次给皇上要玉玺都打搅之事,皇帝就把钥匙直接交给了赵高,让其兼任了玉玺令。其实赵高哪里会有如此大的能耐?他只不过为了讨好皇上,到监狱里提出了一名与刺客身材,相貌相似的要犯,用来敷衍皇命而已……

再说始皇为了博浪沙一击,不敢再行远游,就从上党回到了咸阳。俗语说:一朝被蛇咬,十年怕井绳。可不到三个年头,秦始皇在宫中就憋得呆不住了,他又想出宫幸游。但毕竟又怕再冒出一个刺客来,就脱去皇帝的龙衣,微服出宫。为了不招人耳目,他只带了四名勇士,护驾前行。一日,在巡游途中,忽听得有人哼唱歌谣,歌谣云:

> 神仙得者茅初成,
> 驾龙上升入太清,
> 时下玄洲戏赤城,
> 继世而往在我盈,
> 帝若学之腊嘉平。

始皇听这歌谣十分好听,但不知是为何意,便向村里的老人询问词之意。老人说:在太原这地方有一个叫茅盈的道貌岸然人,由于法术高深,大家都唤他为"真人"。相传他的曾祖父茅濛在华山得道成仙,乘云驾雾。此歌谣就是茅濛所传,始皇听到这种话题格外感兴趣,便认真询问道:"人生得道,果能成仙吗?"老人说:

"修道至诚,自然成仙。"秦始皇高兴得可了不得,认为这次巡游虽然时间不长,但收获最丰,他心想,只要得道成仙,就可长生不老,长享天下,这是多么令人振奋鼓舞的事情啊!于是便依照歌谣最后一句的意思,下诏令腊月改称为嘉平月,并在咸阳之东,择地凿池,筑造宫殿,取名为蓬瀛,取蓬莱、瀛洲两仙境之意。

始皇自造成蓬瀛之洲之后,几乎每天都来此地一游,以慰藉自己长生不老之苦心。某夜始皇心血来潮,带了几个卫士,乘月色来蓬瀛祭拜海神,刚到兰池滂边,从暗处穿出一群强盗,他们一拥而上,夹击始皇。始皇吓得连连后退,整个身体缩成一团。四武士急忙拔出利剑,与群盗厮杀半天,方才击退强盗。始皇被此一惊,兴致全无,慌忙逃回宫中,从此不再微服出宫。

从此秦始皇无一日不再做长生不老之梦。为求得长生之术,冒点风险也是值得的。想到这,他再命东游,出抵碣石。适有燕国所谓的方士卢生,学业无成,操起了以求仙学道为名而行骗的行当。他凭着一张三寸不烂之舌,打动了始皇的圣心。始皇便全权嘱托他承办长生不老之事,派他航海东去,遍访仙山神人。卢生答应得十分痛快,可是一等数月,卢生他活不见人,死不见尸。始皇在海边苦苦等待,望眼欲穿,总算把个卢生盼回来了。卢生回来一见秦始皇,便巧舌如簧地说:"皇上,仙人见我等两手空空,怨我没有诚意,不肯轻施仙药,不过,仙药虽然没有求得,但求得一纸仙方。"说着从怀中掏出一片皱巴巴的帛书,递给了始皇。始皇看了看,只见上面了一些密密麻麻的字符,句子也不甚通顺,只有一句"亡秦者胡也",着实让始皇吓了一跳。始皇百思不知其意,便询问起赵高,赵高一看,心中暗暗一惊,心想,这"胡"字,莫非是指少子胡亥?赵高情急中心生一计,道:"皇上,这'胡'是北狄之国的别称,也就是如今的匈奴之国。这个国家占据北方,屡侵我国。这匈奴不灭,确是我大秦的心腹之患啊!不管这仙书所说是否是胡诌乱言,但不如趁我大秦强盛之时,除灭了他们,以免养痈贻患,祸害子孙啊!"始皇道:"依赵卿之见,派谁去担当此任呢?"赵高说:"不如让大将军蒙恬挥师北上,一举剿灭匈奴。"赵高的这一建议可谓十分毒辣,一方面可以支走自己的仇人蒙恬,最好能战死在沙场;另一方面,如果蒙恬完不成任务,可以作为攻击蒙氏绝好的口实,以便日后置之于死地。

匈奴虽为强狄,但都以放牧为生,既无城郭,又无固定居所,这次蒙恬大将军突然向匈奴发动巧击,事先没有任何准备,只好抱头鼠窜。蒙恬一举收复了长城西北的河南地(现河套地区),由蒙恬划土分区,置四十四县,将内地的罪犯移居于此守边,又乘胜继续驱逐匈奴,北逾黄河,取得阴山等地,分设 34 县。并把从前三国古城一体修复,西起临洮,东达辽东,绵延万余里,号称万里长城。蒙恬把情况派使者回皇宫报告于秦始皇,秦始皇对"亡秦者胡"的谶语仍然耿耿于怀,怕匈奴再行南犯,就命蒙恬率军留守上郡,统治塞外。无仗可打时,就修筑直道,自九原到云阳,统统改造成坦途。等使者见到蒙恬,蒙恬已率部拔寨南归,到了河南。见皇帝有命,只得再度渡河北上,依旨行事。修筑长城时西北人民已饱尝了劳顿之苦,这又要兴修直道。西北一带大都是山石之地,要修成平坦的大道,谈何容易?人民不由得叫苦连天,怨声载道。

始皇暂且排除了北方之忧，心情十分快慰，便在宫中大摆宴席，犒劳群臣。赵高趁机献谀道："从前秦地不过千里，仰赖陛下神圣，平定海内，放逐蛮夷，日月所照，无不臣服。如今国内毫无战事，人民安居乐业，皇上功勋万代，秦朝江山万代。臣认为从古到今，像陛下这样英明伟大的君主，真是见所未见，闻所未闻。"始皇平素最爱听顺耳的好话，听赵高这么一说，越发开怀不已。

以前，秦国的大小宗庙，及章台、上林等苑榭，都建立在渭水之南。秦始皇统一六国后，便召集各国的能工巧匠、丹青画工，分工到各郡县去，把各地的原六国王宫等有名建筑的图样仿绘下来，然后吸取各种建筑之精长，在咸阳北选择了方圆700里的地盘上，南临渭水，西距雍门，东至泾渭二水合流处，迤逦筑宫，以合赵高"秦应为水德"的说法。殿宇、楼阁、台榭，应有尽有，一个接着一个，小片连成大片，层接不穷，数不胜数。上架周阁，下亘复道。落成之后，将掳来六国妃嫔宫女，钟鼓琴瑟，以及舞伎乐师，分置于各宫之中。真是无一处没有美女，无一处没有舞乐。秦始皇临朝听政之余，到各宫中玩赏听乐，侑筵设饮。

面对如此豪华气派的迤逦宫，秦始皇仍然不够满足，嫌宫宇太小。刚刚落成一年，就又在渭南建造了信宫，后改称为"极庙"，取象天极。从极庙通往骊山的途中，又造一座极大的殿堂，唤作"甘泉前殿"。该殿通往咸阳宫，途中构筑起宽大的封闭式甬道，皇帝的乘舆从中经过，外人不能看见。

始皇35年，又欲大兴土木，广筑宫殿，一日临朝面谕群臣道："随着时世之变，朕为天下之主，居住这么几所宫殿实不敷用。前王在世之日，所筑宫廷已显狭小，文武百官与往日相比，也今多古少。故理应扩充规制，未知卿等以为何如？"群臣闻命，自是异口同辞，称善连连。于是在渭南上林苑中营造朝宫，始皇务求规模宏大，震古烁今。

相传此宫前殿规模是东西五百步，南北五十丈，分作上下两层，上下层都可以容纳万人以上，四面都建有回廊，廊下宽阔无比，驷马之车乘都可以驰骋其中。后宫五步一楼，十步一阁。殿下有甬道直通南山，又有桥梁通过渭水。仅此一项工程，就调动人力70万之多。既不付工钱，又日夜加班追赶进度，害得人民生不如死。此宫因为四阿旁广，人称阿房宫，也叫阿房宫。

阿房宫尚未告竣，秦始皇就急不可耐，把美女、音乐分宫部署，进住其中。秦始皇刚刚进入，方士卢生就前来求见。始皇正为寻仙之事犯愁，赶快把卢生唤入问道："朕新置一宫，万事无忧，惟不死术之事无从求得，朕问你这该如何是好呀？"卢生信口答道："臣等为求不死之药，真可以说是历尽风波，吃尽苦头。至今不可得，必为邪气作祟。臣闻人主欲求仙术，必须远离祟物，如此真人才能接近，可如今陛下每日万机躬亲，不能恬静，故仙药终不可得也。"卢生这一番话语，说得始皇若有所悟："怪不得始终难求真药，原来是这般讲究。"赵高笑嘻嘻地走近始皇，说道："如果陛下哪一天成了得道真人，纵那恶祟再有天大的本事，也近不得皇帝之身了。既然如此，在下建议陛下从今不再自称为'朕'，以后就唤作'真人'，这样岂不就免为邪气所扰了？"

始皇一听，觉得颇为在理，就依了赵高，从此自称为"真人"。

秦始皇37年10月7日，秦始皇一行人马浩浩荡荡开出了都城咸阳，开始了他的第五次、也是最后一次巡游天下……

秦始皇一生共有五次巡游。始皇27年秋，第一次巡游，决定先往西去。一路西行，手下人见皇上游兴索然，只得劝始皇早日回都，始皇也就顺水推舟，悻悻而归。

第二年一开春，春暖花开，风和日丽，阳光和煦。秦始皇又做起了去年没有足瘾的出巡梦。于是就下令东巡。赵高平时在宫内把皇上侍候得服服帖帖，这次出游皇上自然免不了带上他，伺候在左右。始皇一行走了一程又一程，不几日来到了齐鲁故地。眼前耸立一座高山，始皇问起左右，才知是叫邹峄山。该山重峦叠嶂，木石嵯峨。邹峄山另一侧又有一山，比此山更加高峻挺拔，景色秀美。始皇估计道："这山应该是东岳泰山了吧？"左右皆答正是。始皇高兴地说："朕闻古时三皇五帝，经常巡游泰山，并在这里举办封禅大典。朕既然千里迢迢来到这里，也不妨效法古人，举封禅之礼制。"然后转向李斯问道："丞相是饱学之士，应知这封禅之制吧？"这一问把李斯问了个大红脸，因为李斯对此一无所知，只有结结巴巴地回应说："微臣久居故楚之地，对齐鲁之风情，知之甚少……"说完不好意思地低头退到了一边。

赵高见李斯在皇帝面前丢了面子，别提心里有多高兴了。

"赵卿对此有所考究吗？"正在赵高嫉妒之心得到极大的平衡之时，未曾想皇上问到了自己。

其实赵高也是擀面杖子吹火——一窍不通，但他肩膀上偏长着一颗灵活的脑袋，眼珠子滴溜溜一转，答道："废臣略知一二，只是封禅乃慎重之事，关系到对神的恭敬与否，邹鲁乃孔孟故乡，儒风盛雅，定有精通封禅稽占之士，待在下为皇上找来，与我等一道主持大礼，岂不甚好？"得到始皇的应允后，赵高为自己的自如应对颇觉得意。

始皇一行披荆斩棘，于泰山之上开出一条车道，从山南上去，直至峰巅。手下人负土为坛，摆设祭具，望天祈祷，立石作志，便为封礼；封礼之后，始皇登临东岳泰山远眺，觉胜探奇之余忽发奇想，顾语左右道："此乃东土名山，朕既然到此，总得刻石留铭，留传百代，不虚此行为好。李斯、赵高卿等，为朕作文一篇。"赵高岂敢与李斯争此头功，推让了一番之后，李斯苦思冥想，草就碑辞一篇，其文曰：

> 皇帝立国，维初在昔，嗣世称王。
> 讨伐叛逆，威动四极，武义直方。
> 戎臣奉诏，经时不久，灭六暴强。
> 廿有六年，上荐高号，孝道显明。
> 既献泰成，乃降溥惠，亲巡远方。
> 登于峄山，群臣从者，咸思攸长。

追念乱世，分土建邦，以开争理。
攻战日作，流血于野，自泰古始。
世无万数，施及五帝，莫能禁止。
乃今皇帝，一家天下，兵不复起。
灾害灭除，黔首康定，利泽长久。
群臣诵略，刻此乐石，以著经纪。

　　始皇看了李斯的辞文，见字字句句是歌功颂德的溢美之词，心中甚喜。立即差人让石匠镌刻在山石之上。李斯见自己的文笔得到了皇帝的认可，也在一旁美得不行。赵高见状，心中十分的嫉妒，表面上还得装模作样恭维李斯一番。

　　随后，始皇一行又从泰山下来，至北面梁父山，在山下辟一块平地，筑一祭所祭祀，摆上祭神之具，对天祈祷，便为行禅。皇帝性致很高，对赵高说道："赵卿，你也是一大才子，不妨也按丞相泰山刻辞的格式，也以'皇帝'二字起诗，再为我撰上一首刻辞如何呀？"赵高得令后，脑子略加思索，便诵出一辞，辞曰：

皇帝临位，作制明法，臣下修饬。
廿有六年，初并天下，罔不臣服。
亲巡远黎，登兹泰山，周览东极。
从臣思迹，本原事业，祗诵功德。
治道运行，诸产得益，皆有法式。
大义休明，垂于后世，顺承勿革。
皇帝躬圣，既平天下，不懈于治。
夙兴夜寐，建设长利，专隆教诲。
训经宣达，远近毕理，咸承圣志。
贵贱分明，男女礼顺，慎遵职事。
昭隔内外，靡不清净，施于后嗣。
化及无穷，遵奉遗诏，永承重式。

　　始皇听罢，对赵高大加赞赏，赵高自是美得不行。

　　始皇又沿渤海东行，一一祭祀了山川八神（即天主、地主、兵主、阴主、阳主、月主、四时主，共称八神。）登上琅琊山，见山上有一古台，年久失修，已经坍塌。始皇问是谁人所造，左右大眼瞪小眼，无人可知，还真该赵高有拍马的机会，正好他知道这古台的来历。

　　秦皇听了赵高一番介绍，不屑一顾地对众臣道："越王勾践乃一偏隅小王，竟然也敢在高台上吆五喝六，辅佐周室。如今周王朝不是被朕一举扫灭了吗？"说完得意地哈哈大笑。

　　赵高低声下气地凑过来，对始皇道："陛下，一个小小的勾践就在这里建筑高台,以示霸威。皇帝您是有名以来最英明的君主,应当在这里建一更大的高台,方能显示皇帝的龙威。"

始皇应允道:"对!左右速遣人削平旧台,在此基础上再行构造,要比以前的规模更大,高度更高。"

左右不敢有违,即命当地官吏广招夫役,日夜营造不止,如此始皇还嫌进度太慢,共招了5万人投入到这项工程之中。

高台筑了整整三月,总算大功告成。台基共三层,每层高五丈,台下可容得万人居住。真是雄伟巍峨,美妙绝伦。始皇看罢也赞不绝口,但他哪里知道,这高台哪是土石垒成,而简直是人民的血汗和泪水筑就,多少人为之命丧黄泉,家破人亡。

始皇又令李斯撰写颂词,刻石为自己歌功颂德。李斯摇头晃脑,献上一辞云:

> 维廿八年,皇帝作始,端平法度,万物之纪。
> 以明人事,合同父子。圣智仁义,显白道理。
> 东抚东土,以省卒士。事已大毕,乃临于海。
> 皇帝之功,勤劳本事。上农除末,黔首是富。
> 普天之下,抟心揖志。器械一量,同书文字。
> 日月所照,舟舆所载,皆终其命,莫不得意。
> 应时动事,是维皇帝。匡饬异俗,陵水经地。
> 忧恤黔首,朝夕不懈。除疑定法,咸知所辟。
> 方伯分职,诸治经易。举措毕当,莫不如画。
> 皇帝之明,临察四方。尊卑贵贱,不逾次行。
> 奸邪不容,皆务贞良。细大尽力,莫敢怠荒。
> 远迩辟隐,专务肃庄。端直敦忠,事业有常。
> 皇帝之德,存定四极。诛乱除害,兴利致福。
> 节事以时,诸产繁殖。黔首安宁,不用兵革。
> 六亲相保,终无寇贼。欢欣奉教,尽知法式。
> 六合之内,皇帝之土,西涉流沙,南尽北户。
> 东有东海,北过大夏,人迹所至,无不臣者。
> 功盖五帝,泽及牛马,莫不受德,各安其宇。

始皇在琅琊台上逐层游幸,登上最上层,向东海眺望,见东海水面上隐隐约约有亭台楼阁,又仿佛有来往人群,如同赶集上市。皇帝自忖道,从前在齐人入海归来后说海上有三大神山,唤作蓬莱、方丈、瀛洲,上住修炼神仙,全都能长生不老。齐威王宣王燕昭王,多次派人上山寻求仙迹,但每每空手而归。

赵高看皇上在一旁沉思,走上前去问道:"不知陛下有何心事?"

皇帝道:"刚才我在东海之上看到神山和仙人,便想到齐威王等寻求长生不死之药一事。原来听人说说而已,现在朕亲眼所见,神山该不会是虚传。"

赵高不放过任何一次献媚的机会，便奉承道："齐威王他们不是真龙天下，哪能跟陛下您相提并论？他们肉眼凡胎，自然看不到神山仙人，皇上今日既能看到，定是上天给您的预兆，若派人前去寻仙，定会大有所获。"

其实这楼阁人等，无非是海市蜃楼而已，秦始皇哪知这是一种很平常的物理现象，就认为是神山显形了。

正巧齐国方士徐福等人上奏章说，派一百对童男童女，沐浴斋戒之后，乘舟前往神山，可以寻得长生不老之药。始皇闻听后大为高兴，就准其所奏，批给其黄金数万，让徐福等人速速前往神山寻药，事成后本皇再大加封赏。

到达云梦（湖北安陆市）大泽，祭葬于九嶷山的舜帝。然后坐船顺长江而下，经丹阳（安徽当涂），至钱塘（杭州），观大潮，这时狂风大作，浊浪排空，秦始皇一行人不得已向西绕道而行，在狭中渡河北上，西行120里，渡富春江，到了会稽，登上会稽山，祭祀禹帝，面对南方海洋，建立石碑，歌颂自己的功德。

这一次赵高自告奋勇，为显示自己的才华，仍以"皇帝"二字以为开篇。

碑文云：

> 皇帝休烈，平一宇内，德惠修长。
> 三十有七，亲巡天下，周览远方。
> 遂登会稽，宣省习俗，黔首斋庄。
> 群臣诵功，本原事迹，追首高明。
> 秦圣临国，始定刑名，显陈旧彰。
> 初平法式，审别职任，以立恒常。
> 六王专倍，贪戾傲猛，率众自强。
> 暴虐恣行，负力而骄，数动甲兵。
> 阴通间使，以事合从，行为辟方。
> 内饰诈谋，外来侵边，遂起祸殃。
> 义威诛之，殄熄暴悖，乱贼灭亡。
> 圣德广密，六合之中，被泽无疆。
> 皇帝并宇，兼听万事，远近毕清。
> 运理群物，考验事实，各载其名。
> 贵贱并通，善否陈前，靡有隐情。
> 饰省宣义，有子而嫁，倍死不贞。
> 防隔内外，禁止淫轶，男女洁诚。
> 夫为寄豭，杀之无罪，男秉义程。
> 妻为逃嫁，子不得母，咸化廉清。
> 大治濯俗，天下承风，蒙被休经。
> 皆遵度轨，和安敦勉，莫不顺令。
> 黔首修洁，人乐同则，嘉保太平。

后敬奉法，常治无极，舆舟不倾。

从臣诵烈，请刻此石，光垂休铭。

秦始皇一行人前呼后拥，仪仗开道，卫兵护行，声势显赫，充分显示出天子的威风，皇帝的尊严。这种威风、尊严，令人神往，沿途观看的百姓无不艳羡。据司马迁《史记》一书的记载，当秦始皇行进在会稽的路上时，原楚国大将项燕的儿子项梁、侄子项羽观看秦始皇一行豪华的场面，雄心勃勃的项羽做起了当皇帝的美梦，看到秦始皇的威严气派，项羽不禁失口说道："彼可取而代之"。在旁的项梁可吓坏了，急忙掩住项羽的口，附耳说道："不要胡言乱语，以免招惹杀身灭族之祸"。这件小事，表明了秦始皇出游本来是为了镇压各地反叛，未曾想起了相反的作用。好汉项羽羡慕皇帝的气派，也要取而代之，威风一下。

秦始皇这次东巡一路匆匆，优美的山川风光要欣赏游览，各地风起云涌的反抗潮流要忙于镇压；尤其是滔滔大海中神仙福地、不死之药，他要去寻访……这需要多少精力和时间才能完呢。别的且不论，仅赴东海寻找不死之药，就搞得秦始皇焦头烂额，筋疲力尽。秦始皇统一天下，拥有四海之后，便企图长享荣华富贵，长生不死。很早以前，他就派方士徐福入海寻访蓬莱、方丈、瀛洲三座神山，以寻求不死之药。但是，波涛汹涌，烟波万顷的茫茫大海何处是神仙福地，何处寻回长生不死之药？徐福为寻求神山长生不死之药已费时数年，耗资巨万，但迄今无成就；既未找到神山，也未弄到长生不死之药。秦始皇巡游至芝罘后，方士徐福害怕秦始皇治罪，竟谎称："蓬莱神山可以找到，长生不死之药也可以取回，只是大海中有大鲛鱼作怪，拦住了去路，无法到达。因此，请求派赴善于挽弓射箭的兵士与我一块去寻找，如碰到大鲛鱼拦路，可以射杀大鲛鱼，从而顺利到达蓬莱神山，取回不老之药。"

一向聪明狡诈的秦始皇这时却像白痴一样被方士徐福牵着鼻子走。他对徐福的鬼话深信不疑，处心积虑想方设法射杀大鲛鱼。日有所思，夜有所梦。或许是秦始皇白天过分集中心神思考射杀鲛鱼之故，晚上秦始皇躺下后辗转难眠，心中一直考虑射杀鲛鱼之事。好不容易熬到半夜，疲劳已极，秦始皇才昏昏沉沉地睡着了。但是，一会儿，秦始皇又坐了起来。原来，秦始皇刚入睡，就梦见自己与海神作战，海神长得和人差不多，但与之奋战，就是不能获胜。

天亮后，秦始皇派人叫来占梦博士，讲述了自己夜间所做的怪梦，占梦博士听后，略微沉吟了一会儿，说道："真正的水神是人们无法看到的，人们所见的'水神'当是水神的侦候大鲛鱼。现在，您梦见大鲛鱼这一恶神，并且与之搏斗，这表明陛下应当除去此恶神，那么善神即可招来。"秦始皇寻求长生不死之药的心情十分迫切，对占梦博士的胡言乱语深信不疑，下令做好下海捕捉大鲛鱼的准备。

对秦始皇荒唐的命令没有人敢于劝止。随行的众臣，如丞相李斯、上卿蒙毅、中车府令赵高都奉行唯谨，不敢有丝毫怠慢。一会儿，下海的大船准备好了，捕捉大鲛鱼的捕鱼工具连弩也准备好了，秦始皇挑选了数百名英勇善战的弓弩手，伙同众臣、众兵丁驾船驶向波涛汹涌的大海了。但是，哪里有大鲛鱼呢，秦始皇一行人从琅琊北上,沿着海岸驶向荣成山,却始终未曾见到大鲛鱼。

可让秦始皇宽慰的是,经过长时间的寻找,在芝罘附近的大海上,秦始皇终于发现了一条大鲛鱼。此鱼在大海中若沉若浮,若隐若现,不见全身,但身上的巨鳞依稀可辨。秦始皇高兴极了。他指挥兵丁,连弩齐发,一同射向大鲛鱼,一会儿即将大鲛鱼射杀,刹那间血水漂流,染红了一片海水。秦始皇欢喜雀跃,认为除去了阻挡寻找长生不死之药的障碍,长生不死之药可以找到了,秦始皇下令方士徐福继续寻找不死之药,徐福便载上童男童女各三千人,带了许多粮食物品,航海东去,他知道自己的骗局已不能再表演下去了,他准备弃秦而远走高飞了。

秦始皇在岸上等啊等啊,徐福一行是活不见人,死不见鬼,始皇帝大概已经悟出自己是上当受骗了,真是气不打一处来,自己经营计划多年的、庞大的"寻药工程"宣告破产了,这个打击对于一心想长寿的始皇帝来说实在是太大了。没有办法,一行人稍事休整后,只得打道西行,准备经过临淄返回长安。秦始皇一路上越想越气,郁懑内结,再加上经受不住旅途的辛苦,当到达平原津时,秦始皇便病倒了。皇帝这一病非同往常,寒热交作,御膳难进,心神恍惚,言语狂谵。

秦始皇死后怎么处理政局呢?赵高心中盘算着,丞相李斯虽大权在握,但他为人多私欲,容易控制。相比之下,上卿蒙毅却难以对付,应该想法将蒙毅支走,那么秦始皇死后的局势自己就容易控制、操纵了。赵高心中想着,脸上露出了不易察觉的微笑。

为了支走蒙毅,也为了讨好迷信的秦始皇,赵高建议让蒙毅奔赴五岳名山,祷把名山大川,为秦始皇祈福,去病禳灾。秦始皇听后十分高兴,马上同意。这样,蒙毅离开了皇帝身边,奔赴远方去了。但是,祈祷并未解决任何问题,秦始皇病情越发严重,以至于他自己已觉出自己将不久于人世。随行御医不停地诊脉进药,才见有所好转。皇帝病重,随行群臣急得团团转,不知如何是好,但是中车府令赵高却并不着急,心中暗暗祈祷秦始皇早死。丞相李斯见状害怕皇帝死在半道上不好办,就催促皇上打道回府。到了这个份上,也由不得嘴硬,始皇只得点头答应。

七月初三日晚,皇帝的车辇走到了沙丘平台(今河北省鹿县东南)。李斯建议车队继续前行,而赵高则以安全为借口,要求暂且先住下来。沙丘原是赵国的故地,是历代君主外出下榻的地方。两个行宫分居沙丘城的左右,始皇就安排住在左边这座宫中。其实赵高并非以皇帝安全着想,而是对沙丘这个特殊的地方抱有另一番希望……

赵高在黑色的夜幕中默默地祈祷:沙丘宫啊,沙丘宫,你历来是昏君的葬身之宫,是含冤抱屈之人的报仇之地。我今天要把嬴政老儿在此变成第二个赵雍!

赵高所说的赵雍,是公元前295年时赵国的国王。当时赵雍把其长子赵章封到代郡,封号为"长安君"。赵章本应继承王位,而到头来只封了一个"君",自然耿耿于怀。当年赵雍携同立为太子的赵何出游沙丘,就分别住在这两座行宫里。赵章认为弑君的时机已经成熟,就假传赵雍命令欲骗杀太子赵何。赵何的蒙士李兑早看出赵章有谋变之嫌,对其有所防备,双方展开一场血战,赵章战败,便投奔到赵雍所住的左宫中。赵章毕竟是赵雍的长子,赵雍便把他藏在宫中。李兑派兵强行入宫搜出赵章处决,同时一不做,二不休,也对赵雍下起了毒手。

他们把赵雍逼困在宫中,过了二天,赵雍饥饿难当,只好爬到屋檐树上,搜索鸟蛋或刚孵出的雏鸟下肚充饥。这样支持了三个多月,活活饿死在沙丘宫。

今日的沙丘宫四周警卫森严,丞相李斯一早进宫守在始皇的身边,见始皇神志清醒,便抓紧机会向始皇奏事:"陛下倡导的官吏必备五大善行,臣打算整理后颁发至各郡县。"

始皇费力说:"甚……好,东南诸郡骚乱不止,就是因为这里的官员缺乏教化,食国之俸禄而败朕之大业。"

李斯听到始皇把"真人"的自我称谓又改称"朕"了,心中十分高兴。他继续奏道:"这第一条忠信敬上,是五大善行中的纲……"

"报——,上郡长公子的使者到,要见皇帝。"李斯的话被传令声打断。始皇一听说是公子扶苏派过来的使者,让赶快唤入听报。

使者进得室来,跪呈了扶苏的亲笔奏章。始皇览阅之后,面露喜色,问使者道:"扶苏书传佳音,朕甚感欣慰,扶苏除书中所云外,还有其他需要面呈否?"

使者激动地启奏道:"托陛下神威,扶苏公子与蒙大将军日夜操练,经营数载,如今塞外已成坚壁,皇子心怀忠信,只望早日回都,以尽孝心。"

始皇一听这话,再考虑自己的身体恐怕也支撑不了多久,感到确有必要尽快催扶苏回来,秦始皇准备安排后事,接受命运的安排。就传令丞相李斯和中车府令赵高进来听令。李斯和赵高进得寝宫,始皇让赵高拿出玉玺,按口述拟下一份诏书。诏书云:

以兵属蒙恬,与丧会咸阳。

赵高不敢怠慢,一五一十地记录下来。李斯退去后,赵高服侍始皇用药,趁始皇昏迷之机,把一包药粉倒入药汤之中。服侍皇上用完药后,始皇帝吃完药后感到心中难受,大口大口地喘着粗气,断断续续地对赵高说:"这庸医给我开的什么药,吃后反而更不舒服。"赵高此时抑制不住心中的兴奋,哈哈大笑了两声。

秦始皇警觉地问了一声:"赵卿因何大笑?"

赵高从衣袖中拿出一个黄色的纸包,诡秘地向皇上说道:"我的皇帝,你还认识这个吗?这就是庸医给你开的药方。"

始皇茫茫然不知赵高所云。赵高恶狠狠地说:"那么我来提醒皇上。皇上还记得一个长相像萌妃的女子吗?这是从她身上取到的,这可是皇上您独有的'良药'啊!这药吃后见效快,还不留痕迹。陛下发明的神药,今天也让您品尝品尝。"

始皇气得浑身发抖,想向赵高扑去,但一头从床上栽了下来,口吐鲜血而死。

这年秦始皇正好50岁。

秦始皇东巡,本为宣扬皇威,镇压各地反叛,但是,适得其反,他却病死于外,国无君主,势必引起天下动摇,各地反秦力量乘机而起。这怎么办呢?

面对这种险峻局势,丞相李斯从巩固秦王朝统治,防止天下大乱的大局出发,也为了自己的地位稳固,提出了秘不发丧,快速赶回咸阳宫中的主张。这一主张,赢得了随行文武群臣的同意,中车府令赵高也不好反对,于是做好赶回咸阳的准备。

秦始皇死时,正值炎热的七月,气温很高,尸体很容易腐烂。为了防止秦始皇尸体腐烂,发出腐尸的臭味,他们将秦始皇的尸体放在可以调节温度的吉吉土角车里,为了蒙蔽下属随从,每日让随从照旧送饭送菜,殷勤服侍,同时,文武百官也同往常一样奏事,宦者坐在辊凉车里代答,这一切做得煞有介事,以至于众人并不知道皇帝的死讯,而仅有丞相李斯、中车府令赵高、少子胡亥及五六个宦官知道。

但是盛夏七月,酷热难当。虽然在辊凉车里的低温环境中,但秦始皇的尸体还是慢慢地腐烂了:秦始皇的肚腹高高地膨胀起来了,口耳里流出了腐臭难闻的腐尸味,一群群苍蝇逐臭而来,紧随着辊凉车前进,挥之复来,赶之不去。这种情况持续下去,势必引起人们的怀疑,怎么办呢?

赵高和李斯商量后,决定以专车载着一石鲍鱼,紧随辊凉车后,鲍鱼是一种贝壳类海洋生物,是海中珍品,但是腐烂变质的鲍鱼腥臭无比,气味异常难闻,所以自古以来就有"入鲍鱼之肆,久而不闻其臭也"的说法。诡计多端的赵高,献出这条计策,丞相李斯欣然同意。于是,辊凉车里加载了一石鲍鱼,臭上加臭,一行人马,臭烘烘地赶往咸阳。

辊凉车后,三个关键人物:丞相李斯、中车府令赵高、少子胡亥,心中各自有各自的小算盘。李斯心想,赶快赶回咸阳,埋葬了始皇帝,迎接长子扶苏继位,继续自己的荣华富贵。赵高则心情十分复杂,一则以喜,一则以忧。赵高高兴的是秦始皇终于死了,家仇已报了;赵高担忧的是秦始皇死后,长子扶苏继位,而自己早已得罪了扶苏,等到扶苏继位后,绝无好的下场。怎么办呢,赵高紧锁眉头,苦苦地思索着。这时,赵高抬眼看了看少子胡亥,从胡亥的眼神中,赵高读出了胡亥的心事:秦始皇废除了分封制,诸子都是平头百姓,老皇帝死后,这些皇子的地位丝毫没有保障。看出了胡亥的心事,赵高又有些得意:皇子尚且如此朝不保夕,自己又何须多虑呢,但是转而一想,自己和胡亥都是同一命运的人,何不联合起来,夺取地位,改变自己的命运呢。想到这儿,赵高心神为之一振,高兴得手舞足蹈起来。他所坐的车子也随之摇晃了起来。赶车的兵士好奇地回过头来,赵高急忙收敛了笑容,装出满脸的戚容,垂头丧气地呆坐着,但他心中的高兴是难以掩饰的。

五 迷惑秦王

赵高一家被秦王掳入秦国之际,秦国空前强大。秦王嬴政奋发有为,决心一鼓作气,消灭六国,建立秦王一统的天下。自公元前231年发动灭韩战争时算起,秦国仅用了短短的10年时间,先后消灭了韩、赵等国,向完成统一大业的方向大步迈进。这时,秦帝王国力强盛,军士善战。在统一战争的后期,秦军以摧枯拉朽之势,如同秋风扫落叶一般,节节胜利,锐不可当。

后妃宦官大传

· 擅权祸国的阉人 ·

图文珍藏版

面对如此强大的秦国，赵高作为一个生活在最底层的太监，一个男不男、女不女，被人瞧不起、看不上的废人，如同一只蚂蚁一样，在秦宫中几乎可以忽略不计。此时此地的他，报仇的心情再迫切，也只得作长远计。因为他深知如果与强秦相对抗，就无异于以卵击石，最后只能落得个头破血流。

公元 221 年，六国悉数荡平，海内统一。秦王嬴政自是兴奋不已，一连数日在宫中大摆宴席，犒劳三军。由于秦王心情舒畅，连宫中的下人们也敢在言行上略有放肆，宫内太监有时还能得到秦王的赐酒呢。

赵高看到秦嬴政这个暴若豺狼的君王，由于过度兴奋暂时换上了一副和善的面孔，感到不能放过这一稍纵即逝的接近秦王的大好时机。这一天晚上，赵高趁服侍秦王就寝的当值之机，向秦王祝贺道："大王无上英明，完成了前无古人的雄伟大业，开百世之先河，功盖盘古之开天啊！今小人书得几个小篆，乞请大王御览。"

秦王回头望了赵高一眼，颇觉诧异地说道："噢？赵卿也能舞文弄墨。"言下之意，你一个小小的太监，一个我从来没有正眼瞧过的废物，也会写字？不过秦王现在心情高兴，更是举国同庆的大喜日子，秦王心想关心关心这些日夜劳作的太监也无妨。

赵高见秦王没有表示反对，就抓紧机会毕恭毕敬地把一方绢书呈给秦王，秦王接过一看，不觉惊喜异常。只见赵高的字体写得工整洒脱，灵秀遒劲。绢上写道——

> 天下归一，宇内垂功；
> 万民领首，盼易号名。

秦王看过绢书，细加思索，甚感赵高的四句小诗十分有理。

第二天，秦王遂采纳赵高的意见，下令道："寡人以眇眇之身，兴兵诛暴乱，赖庙之灵，咸伏其辜，天下大定，今名号不更，无以称成功，传后世，其妥议帝号上闻。"此令一出，可忙坏了一班朝中重臣。想出了十多个尊号，都不甚理想。等秦王钦定的日期一到，没有办法再拖

秦代兵士

延下去了，只有把几个尚不成熟的方案拿到朝上去，供秦王研究议定。

其实赵高早已经考虑到，国王的名号至关重要。从平时揣摩秦王的言谈话语，也看得出秦王对这个问题也十分重视。所以赵高在秦王高兴的时候以欣赏书法为名，提出名号问题，是处心积虑，用心良苦的。赵高也同样知道王绾这班文人们，目

前并没有把心思用在考虑王名国号上,他们正在为各自的位置、排名而台前幕后地活动呢。所以他向秦王献书,其目的一在于不失时机地显露自己,还在于将那些大臣们一军,来他个乱中取胜。所以这几日他也在反复琢磨着名号之事,并且心里已经有了初步的方案。所以他得知秦王要在这次朝会上商议名号之事时,就与妆天的值班太监调换了班次,以当值黄门的身份参加了会议。他见王绾等人拿出的方案得不到秦王的满意,便抓住机会上前奏曰:

"陛下,废臣有一个不太成熟的想法,不知是否当讲?"

秦王一看是赵高,心想:一个太监,本不应该让他在朝上多嘴,不过天下初定,应当广为招贤纳才,不应该讲贵贱、分厚薄。再说这班大臣的意见没的一个称心如意的,也不妨让他说说看。若有合适之奏,也剥一剥王绾的面子。作为一国之丞相,竟然不思进取,无所用心,等到太监们都上来为寡人出主意,你还有什么脸面站在这里。于是就对赵高说道:"朝上是商议事情的地方,谁有意见都可以发表。"

"谢过大王。"赵高侃侃而论道:"古人云:皇有皇猷,帝有帝德。以往的史家推论史事,首推三皇五帝。到了夏、商、周三朝,无论是大禹、成汤或是周文、周武,他们自知功量不及前人,就只有降号为王了。今大王平定天下,一统海内,九州同欢,万民同庆。把一个四分五裂的国家,拼接成一个完整的版图。陛下之功绩震古烁今,连尧、舜都不及您十一、二。所以皇之称,已不足展示您的功德;帝之号,也不足以表达臣民对您的崇敬。依臣之愚见,不如合二为一,叫作'皇帝'如何?"

"晤——"秦王点了点头,认为赵高所奏比较符合自己的意愿,便以商议的口气对群臣说:"诸位发表发表意见,议议赵卿之奏是否可行呀?"

秦王说这番话时,有意望了望丞相王绾。王绾的脸色早已憋得像酱猪肝似的,紫里透红,红中发青,煞是难堪。他已经听出秦王对赵高之议赞许的口吻,也就只有黄瓜秧子上架——顺杆儿爬了,对赵高的建议连连称好。群臣看丞相都表了态了,还有什么说的,于是无不山呼万岁。秦政心里有一种前所未有的满足感,他总结道:"好吧,皇帝这个称号从我开始,以后我就称作始皇帝,后世子孙,以次计数,二世、三世至千万世,传至无穷。我本人就以'朕'字自称。"他随后以一种少见的温和的目光扫了赵高一眼,这眼光没有在赵高的脸上久留,但赵高从秦政的目光中不仅仅看到了赞许和承认,也分明看到了光明和希望,看到了前途和方向。

秦始皇下了朝后,由赵高扶持着回到了宫里。始皇帝赞赏地对赵高说:"看来赵卿不但字写得漂亮,对历史也有较深的理解啊!"赵高连忙恭维始皇几句:"皇帝在上,小人妄言,比起皇帝您来,小人这一点墨水,简直是羞于出口。只是效忠于皇帝和国家之心迫切,也就顾不上有见笑之嫌了。其实小人最为自信的,算是对《周易》略有些研究了。"

"噢?赵卿不妨以周易之论,谈谈治国安邦之道。"

赵高说:"在皇帝您的面前,为臣不敢放肆乱言治国安邦。不过臣闻古人常以五德推迁,更迭相胜。周为火德,秦则应为水德。因水能胜火,故秦可代周。既定为水德,河则命名为德水。又因夏正建寅,商正建丑,周正建子,秦应独创一格,定

国学经典文库

后妃宦官大传

·擅权祸国的阉人·

图文珍藏版

制建亥,以十月朔为岁首。衣服旄旌节旗,概令尚黑,取象水色。水主北方,终数为六,故用六为纪数,六寸为符,六尺为步,冠制六寸,舆制六尺。且谓水德为阴,阴道主杀,所以臣以为,宜严寂刑法,不尚慈惠,一切举措,皆用法律相绳,宁可失人,不可失出……"

赵高一席话,也正合嬴政严刑峻法的一贯思想,所以始皇帝听后十分高兴,从此对赵高宠爱有加,提升为黄门令。秦王也依赵高所言,以"六"为吉数,分天下为三十六郡,列名如下,在朝中征询意见:

内史郡	三川郡	河东郡	南阳郡	南 郡	九江郡	鄣 郡
会稽郡	颍川郡	砀 郡	泗水郡	薛 郡	东 郡	琅琊郡
齐 郡	上谷郡	渔阳郡	古北平郡	辽西郡	辽东郡	代 郡
巨鹿郡	邯郸郡	上党郡	太原郡	云中郡	九原郡	雁门郡
上 郡	陇西郡	北地郡	汉中郡	巴 郡	蜀 郡	黔中郡
长沙郡						

丞相王绾见始皇欲继承郡县之治,感到不甚为妥,王绾自恃先王在世时就是朝内重臣,所以对秦政说话也很随便,等皇帝临朝时,他自认为自己为国家前途命运考虑,出于公心,无所避讳,便口大气粗地奏道:"如今诸侯初灭,燕、齐、楚等地幅员辽阔,又离京都偏远,若设郡县,实乃鞭长莫及,应封子弟为王,前往镇守。"始皇不以为然,便问群臣道:"大家都发表发表意见,议一议到底是封王好,还是不封王好。"群臣便七嘴八舌地议论开了,一时间议事庭中人声鼎沸,嘈杂不堪。大多数都是赞成丞相王绾的意见,只有廷尉李斯提出反驳道:

"自周朝开国,大封同姓子弟,封王一多,后嗣便互相攻击,日久逐渐疏远。兄弟不亲,反为仇敌,周天子后来也无能为力,导致周朝,天天衰落,教训十分深刻。今托皇帝鸿福,四海统一,万民同庆,天下一心。天下人忧于战祸、苦于分裂久矣,人心思定,人心思合,何须废置郡县,设王分治呢?"秦始皇连连点头,十分欣赏李斯的观点。

其实近日廷尉李斯已上了奏本,竭力反对分封,奏辞曰:

微臣李斯昧死上言:古者,天下散乱,莫之能一,是以诸侯并作,语皆道古以害今,饰虚言以乱实,人善其所私学,以非上之所建立。今皇帝并有天下,别黑白而定一尊。私学而相与非法教,人闻令下,则各以其学议之。入则心非,出则巷议,夸主以为名,异趣以为高,率群下以造谤。如此弗禁,则主势降乎上,党与成乎下。禁之便!臣请:史官非秦纪则烧之;非博士官所职,天下敢有藏诗书百家语者,悉旨守尉烧之;有敢偶语诗书,弃市;以古非今者族;吏见知不举者与同罪。令下三十日不烧,黥(古墨刑,刺面成文)为城旦(即发边筑城)。所不去者,医药卜筮种树之书,若欲有学法令,以吏为师。庞言息而人心一,天下久安,永誉无极。谨昧死以闻。

皇帝看后十分赞赏,亲加手笔,批了一个大大的"可"字。

这之后,始皇渐渐疏远了王绾,而感到李斯考虑事情颇有些头脑,对李斯日见重用。不久,秦皇便召见李斯说:"丞相王绾已老矣,而李卿年富力强,又勤于政事,朕准备任你为丞相。"李斯万万没有想到自己垂涎已久的相位，竟如此之易地来到面前，心中真是万分的激动，他立即匍匐在地，重重地磕了三个响头，大表忠心道："皇上对小臣如此厚爱有加，小臣非肝脑涂地无以报荡荡皇恩，今后为皇为国，小臣将竭尽全力，万死不辞。"始皇扶起了李斯，器重地说："朕每日御览奏章，见文字各异，写法不同，有的是籀文，有的是小篆，识认起来颇为不便。李卿要尽快统一下文字。还有各种度量衡器，也要尽快统一标准，否则赋税征收、集市交易等多有困难，也望从速加以解决。"李斯连连称是，再次叩头谢恩而去。

皇帝与李斯的一番对话，赵高都听见了。赵高对此有些愤愤不平。他心想，你李斯算个什么？老子要是早几年投奔秦国，你他妈的跟在老子屁股后面提鞋老子都不要你！由于饱尝了人间的磨难，赵高的心态发生了极大的扭曲。只要有人日子比他好过，他心里就十分的不自在，就恨不得把别人踩在脚底下，像捻葡萄一样捻成泥、揉成粉。

这一日清晨，宽阔的咸阳后宫梨花苑中，薄薄的雾气似冉冉升起的青烟，随黑暗一起缓缓退去。朝霞从银灰色的天际绽裂的细隙中渗出，千万条光线穿透茂密的树冠，倾泻在苑中晶莹的梨花瓣和嫩绿的叶面上。细碎的露珠哆哆嗦嗦地向霞光投出战栗的一瞥，默默地气化升腾，消失得无影无踪。密林深处，传来啄木鸟颇有节奏的"乒乒乒乒"的啄木声，融入沁人肺腑的凉爽的空气中。林间开阔处，有一大片绿毯草地，茸茸嫩草，长势葳蕤，密密簇簇地紧紧挨着梨林，只有一条细沙小道可通人其间。此时草地中央铺着几张编织十分精致考究的竹席，席上再铺一层毡垫，毡上放置着几张梨木雕花食案。

但见小道上，晨宴的主人——中车府令赵高殷勤地陪同着新任丞相李斯父子，谈笑风生地款款而至。

宾主人席后，赵高满面堆笑地向李斯道："高乃内廷贱役，幸任中车府令，实赖丞相错爱，鼎力荫庇之功。今草备晨宴，蒙丞相父子光临，高蓬荜生辉，三生有幸啊！"

赵高如今是心宽体胖，满面红光，见人挂笑，低眉藏刀。他见李斯父子很给他面子，十分爽快地答应赴宴，心里如同吃了蜂蜜一般，又高兴又得意。高兴的是，眼下朝廷各派系，如：学崇儒教的咸阳贵戚派；提倡法、术的客卿派；宣扬神仙方术的黄老阴阳派……惟力主法术治国的客卿派最为吃香，而该派的头面人物首推李斯。昨日赵高得知始皇让李斯承担文字改革这重任后，感到对自己是个机会，于是设宴先行笼络。当时还担心李斯是否赏这个脸面，就在请柬上写了父子二人，李斯即使推脱不来，至少也请到其长子。同时也让李斯从请柬上先看看俺赵某人的笔法。今见李斯父子都俯就而至，焉有不喜之理？得意的是：昔日自己的命运掌握在别人手中，为了出人头地曾忍辱负重，费尽心机。而如今形势迥异，不断有利于己，怎能不得意忘形呢？

"丞相，请吃酒。"赵高手擎玉箸，斜眼瞅着李斯，满面春风地殷勤相劝。李斯随手接杯，抿了一口，唇齿间顿时感到了稠稠的玉液缓缓渗入，一时满口生香。他细细地品味着,不觉大声赞叹道:"此酒绵甜香醇,浓而不腻,真是神品啊!"

"哈,哈……"赵高笑眯眯地说:"不瞒丞相说,此酒是赵某专门为丞相配制,知道丞相这些时日为统一文字诸事操劳,心中过意不去,特向宫中王太医请教良方,配得此'养生补气玉液'酒。这酒还是得到了皇上的嘉勉的。"

"啊,好酒,郁香袭人!"李斯知道王太医是皇上首肯的医道精湛的良医,自是赞不绝口:"赵府令宫中事务缠身,还处处想到李某,真是不敢当呀!"

赵高摆手连连地说:"丞相客气。为了表达对丞相的敬意。我特意亲书请柬,请丞相过来散散心。"赵高有意在"亲书请柬"处加重语气,以引起李斯的注意。

李斯也似有所悟有说:"噢,原来请柬上为府令亲书呀,那可是一手难得的书法呀!府令的小篆堪称一绝啊!"

赵高摆着手说:"让丞相见笑了。不过赵某很愿为丞相分忧,如果丞相不嫌弃,赵高可为丞相的文字统一做些事情。"

李斯正为此事找不到合适的人选,见赵高的字体确是工整规范,也就顺水推舟,做了个人情。

赵高在赵都邯郸宫中的十几年,发奋苦读,具备了较高的文化水平。自从遭受宫刑,在宫内服杂役以来,为了出人头地,报仇雪恨,便积极主动地学习秦朝的"狱律令法"。赵高知道秦国自商鞅变法以来,就是一个以法为教的国家。他揣摩着秦嬴政统一天下之后,还将会采取以法治理的极端措施,并且可能会有过之而无不及。有鉴于此,赵高发挥其聪明好学的天赋,很快就精通了当时的显学——"狱律令法"。赵高能够熟记朝廷颁布的各种法令条文,掌握了大量办案惯例,对于办案断狱已得心应手,由于赵高的多次显现,在当时的宫中也是很有名气的才子。秦始皇统一天下后,果然不出赵高所料,大力提倡人们要"以吏为师""以法为教"。秦始皇逐渐了解到赵高既善书法,又精通周易,而且善于断狱后,因此秦始皇提拔赵高为中车府令,负责掌管皇帝出行的车马、符玺方面的事情。而且每逢处理重大朝政事项,凡是刑狱方面有疑问之时,都私下征求赵高的意见。而赵高也充分显示出他的才华,凡是皇帝的疑问之处,赵高数言即能剖析明白,准确量刑处分。这就赢得了秦始皇的欢心。赵高在宫廷中的地位已经较高了,但是距离报仇雪耻还差一大截。因此,赵高并不敢有丝毫懈怠,反而更加勤勉地工作了。再加上李斯的力荐,因此不久,秦始皇又让赵高兼任宫中的太傅,担当起皇帝少子胡亥的老师。这对于赵高来说,这是又一个接近权力中心的大好时机。

见了胡亥,稍做寒暄,赵高就开始了他作为老师的第一课:"作为皇子,必须学习治国之道。今天我们一起学习荀子大师的名著《正名》。"

赵高摇头晃脑、自说自话地欣赏着荀况的著作,但低头一看,少子胡亥正在大打呵欠,对荀子的文章丝毫不感兴趣。赵高忙征求胡亥的意见说:"少爷,荀子的文章您认为不好吗?"

胡亥又摇头又摆手地说:"不好,不好。什么同啊,异的,太啰唆。"赵高赶紧劝慰道:"好,好好,不学这个,咱们再换一篇。学学韩非的《主道》怎样?"

其实胡亥哪里知道韩非是何许人也,只有应付道:"好吧,《主道》就《主道》吧!"于是赵高又大声朗读起来。

"这段话的意思是说……"赵高再看一眼胡亥,胡亥已经打着呼噜进入梦乡了。赵高无奈地摇了摇头,心想,看来要教好皇子的确不简单。赵高走向前去摇摇胡亥,胡亥醒是醒来了,但赵高搅了他的好梦,他很不高兴地对着赵高大发脾气:"你这个人怎么搞的,讲的东西一点意思也没有。"赵高苦笑了一下,真不知该怎么办才好。就说:"好吧,咱们就讲点有意思的,咱们唱一首诗歌。"过去诗歌都是劳动人民在劳动和生活中唱出来,故不像今天是诵诗,而是按一定的曲调唱诗。赵高想这样可能会增加一些胡亥的兴致。赵高唱的是《诗经·小雅·北山》:

> 溥天之下,莫非王土;
> 率地之滨,莫非王臣
> ……

"不对,不对。你唱错了,唱错了。"赵高刚唱了两句,胡亥就在下边嚷嚷了起来。赵高耐心地问:"哪个地方唱错了?"

"不是王土,王臣,而是皇土,皇臣。"胡亥说。

"这……"赵高颇为不解。

"你不同意?"胡亥双脚用力跺着地:"你敢说这土不是父皇之土?"胡亥又用手不客气地指着赵高的鼻子:"你敢说你不是父皇的臣民?"

胡亥一番话搞得赵高哭笑不得,只得捣蒜似的点头说:"对,对,对,是皇土,皇臣。"

对待胡亥这样的花花少爷,赵高颇费了一番心思,最后决定只有采取欺上瞒下,两面讨好的办法,完成对胡亥教育的任务。

赵高首先设法笼络、讨好胡亥,事事处处满足胡亥的需要,随他去恣意享乐。这样,赵高并未起到一个老师的作用,而只是起到一个玩伴的作用,日夜陪同胡亥玩耍享乐。这样做自然赢得了胡亥的欢心,秦始皇见小儿子心情愉快,自然也对赵高比较满意。

一天,秦始皇批阅了大量的奏章后颇感疲乏,就走出来活动活动,不觉转到了胡亥的书房,心想正好借此机会去观察一下胡亥的学习情况。这时的赵高、胡亥二人,哪里知道皇帝向他们走来。赵高在胡亥的纠缠下,正趴在地上,一会儿装马让胡亥骑,一会儿装狗让胡亥取乐。玩得胡亥非常开心,早把学习、上进丢在了脑后。说来真是该赵高躲过劫难,在他们师徒二人尽兴玩耍之时,正好公子扶苏的儿子子婴打这里走过,子婴和他父亲一样,是一个心地善良的人,虽说论年龄跟胡亥相差无几,但要比胡亥懂事得多,也成熟得多。子婴看到皇爷爷朝胡亥小叔的书房方向走过来,赶紧从花丛中折了回来,告诉胡亥、赵高说:"不好了,皇爷爷过来了,你们赶快停止玩耍!"

赵高一听，吓得面如土色，急忙收拾好现场，拿起书简，做起了苦读的样子来。

始皇帝正好走到窗户下面，听到这师徒二人的一问一答，感到十分满意。为了不打搅他们的学习，始皇又蹑手蹑脚地回宫去了。始皇走后，赵高估摸着皇上走远了，才敢用袖子擦一擦额头上的冷汗，暗自庆幸的同时，也深深地对子婴感激不尽。

赵高正是用这种手法，既获得了少子胡亥的欢心，又获得了秦始皇的信任，心中十分得意。但是，赵高一刻也未忘记报仇。久而久之，赵高心想，胡亥仅仅是秦始皇的少子，如果秦始皇去世了，继位的应该是长子扶苏，而不可能是胡亥。因此，一向工于心计的赵高又处心积虑，想方设法亲近扶苏。为此玩弄权术，献媚于公子扶苏。

一日，赵高以借书为名，来到了公子扶苏的书房。见扶苏正在用心读书，便上前恭维道："啊呀，公子！真不愧是吾皇长子呀！潜心求知，国之幸甚，民之幸甚啊！"

扶苏为人正直不阿，最为反感的就是虚伪。以往扶苏跟赵高打过一次正面交道，那是去年仲春的一个正午——

秦始皇邀丞相李斯、大将军蒙恬和中车府令赵高在宫中议立太子之事。将军蒙恬道："皇子扶苏为诸皇子之长，敏慧仁智，乞立为太子。"丞相李斯则云："皇子胡亥天资聪颖，有龙凤之姿，也可考虑立为太子。"秦始皇见二重臣各执己见，而赵高则站在一旁笑而不语。

罢议之后，始皇帝留住赵高问道："赵卿认为扶苏、胡亥二子谁可当立？"

赵高眨巴眨巴眼睛答道："公子扶苏的举止、人品，废臣均不甚了了，事关重大，在下不敢造次。"

始皇说："朕知你一向善阴阳五行及相面之术，今午朕召他二人来此进餐，届时你可观察一番。"

午膳时，扶苏奉旨进殿，皂衣短衫，步履矫健，风风火火，进来后倒头便拜道："儿臣拜见父皇。"始皇目光慈祥地扫了扶苏一遍，连声说："皇儿免礼。"

赵高见扶苏阔首广额，锐目高鼻，精明强干，生机勃发，神态太像其父嬴政了。方才始皇的举止分明告诉他，皇帝显然偏爱长子扶苏，赵高深知其险！

"皇儿在做什么事，弄得一身热汗？"始皇关切地问道。

"嘿！儿臣刚刚在猎苑里射杀了一头野猪，足有三百来斤重哩。"扶苏揩了揩额头的汗，兴奋地说。

餐后，始皇问赵高道："公子扶苏如何？"赵高不做正面回答，却说："陛下犹如旭日东升，册封太子，不是有点操之过急吗？"

当时赵高为了看清扶苏的面目，直愣愣地盯住扶苏的脸，搞得扶苏莫名其妙，扶苏对这第一次交道至今仍记忆犹新。

他头也不抬地对赵高说："你不好好地教育胡亥，跑到我这里来干什是吗？"

赵高干笑了两声说："胡亥跟公子您相比，真是相去甚远。贱人仰慕公子的横溢才华久矣，今特地前来求教……"

扶苏对那些在谁面前说谁好的马屁精,也见得多了。听了这话,他越发厌恶赵高,没好气地对赵高说:"你没看见我正在念书吗? 这里没空,你走吧!"

赵高碰了一鼻子灰,一脸的窘相:"那,那……在下改日再来拜访。"

赵高不曾想弄巧成拙,他的伎俩让扶苏感到十分讨厌。赵高想,要想办法治一治这个不开窍的东西。

赵高利用太监总管的职权之便,派出耳目、探风,把公子扶苏在府中的动静摸得一清二楚。一日扶苏到他的老师王绾府中求教,情况也被赵高掌握。赵高把情况添油加醋地说给胡亥,怂恿胡亥这个缺心眼儿的去向始皇打小报告。

胡亥对父皇说:"扶苏昨日私访王绾,二人开口安邦,闭口治国,狂妄之至,应究其罪。"始皇曾立有规矩,他人不得私自乱议治国大事,扶苏并且还去私会遭贬的王绾,始皇听罢脸色一沉,派人把扶苏唤来质问。扶苏生性不会说谎,就默然认之。

"据说你曾吟屈子《天问》,以禹王自喻?"始皇记起了不久前赵高所奏,再问,扶苏又不答,始皇勃然大怒,斥责道:"令行禁止,主之分也,奉法所从,臣之分也。你常读《管子》,不会对管子的这一名句不知吧? 你再三行非分之事,朕不愿再看到你!"

这时赵高笑眯眯、假惺惺地上来相劝道:"皇上,这事按说不全怪公子。公子毕竟年轻没有经验,账应该算在那老奸巨猾的王绾身上。他已经被陛下贬官,还在那里擅论朝政之短长,按刑律当治大罪。不如把这王绾交由公子,由公子依律定罪。一则给公子一次将功补过的机会,二则也让公子经实案锻炼锻炼。"

扶苏把这件事情告诉了王绾,王绾马上就识破了这是赵高的诡计。他告诉扶苏说:"这对于你是一次严峻的考验,老夫已经下野,况且已经到了入土为安的年纪,你不要有所顾虑,按秦律大胆量刑,不能碍于师徒之情毁了你的前程。"

长子扶苏为人忠厚平和,他对秦始皇严刑峻法的统治、使罪犯充斥于道路的做法表示不满,多次直言极谏,秦始皇心中对他早有不悦。扶苏面对这道难题寻思来琢磨去,只有一个不是办法的办法——交白卷。

扶苏第二天回报父皇道:"恕儿臣没有很好地掌握秦律,对王绾之罪不知如何定夺,请父皇另请高明吧!"始皇不禁大怒,于是将长子扶苏派往北部边境,充当蒙恬所部大军的监军,驻扎在上郡。

当然,秦始皇将长子扶苏派往边境,不仅仅是对他数次批评朝政、袒护王绾的一种惩罚,更大意义上是为了让他历练政事,防御北边匈奴人的入侵。这既可增长长子扶苏的军政才能,也可以慑服人心。

赵高在长子扶苏外出监军、离开咸阳以后,自以为将来谁继承皇位还是一个未知数。因此,他一方面努力讨好胡亥,一方面让胡亥收买人心,培养自己的势力。面对这些阴谋活动,秦始皇却因用心于镇压各地反秦活动,疏于防范了,从而让赵高、胡亥一伙势力坐大,这为秦始皇去世后的皇位斗争埋下了祸根。

赵高在朝中为中车府令,在宫中是黄门令,两项职事看上去似乎很不起眼,可

后妃宦官大传

· 擅权祸国的阉人 ·

图文珍藏版

是由于整日和皇帝接触较近,能够近察龙颜,洞悉君心,所以其作用是不容小视的。他借机又在宫中安排了一些亲信,所以无论是朝廷还是后宫,他都像影子一样,无所不在。尤为重要的是,赵高乃一阉人,不男不女的,始皇根本没有把他当人看待,所以也就不会成为"震主"的可能。秦皇的这种想法,赵高其实心里十分清楚。他正是需要这种蔑视作掩护,不露声色地实现着自己的愿望,耐心地在秦皇周围编织着那张巨大的、无形的、可怕的网……

六　为国复仇

秦始皇的一生是富于传奇色彩的,他屡经大难,却都化险为夷。在统一天下之前,那位高唱《易水歌》的猛士荆轲曾刺秦王,却命丧秦宫。统一天下之后,秦始皇在二十九年(公元前218年)东巡,途经博浪沙时,再次遇到刺客。这次行刺的策划者是对秦始皇有切齿之恨的张良。张良原是韩国贵族,他的祖父、父亲都做过韩国的相。秦始皇消灭韩国,又杀死了张良的父亲,因此,张良对秦始皇怀有杀父之仇,亡国之恨。张良最后收买了一位大力士,制造了重达120斤的大铁锥,企图一举将秦始皇砸成肉泥。但是,秦始皇一行人阵容庞大,豪华无比,车辆也很相似,大力士判断失误,一椎砸了下去,一辆副车被击得粉碎,而秦始皇所乘的主车却安然无恙。虚惊一场的秦始皇,下令大举搜捕,张良和大力士早已逃得无影无踪。秦军一连搜捕了十余天,连个影子也未找到。

秦代四乘马车

现在,秦始皇已巡行了上千里路,怎么连一个刺客也没有呢?赵高心里想着,愁云也就布满了脸上。一会儿，赵高又想到咒骂秦始皇的民谣，他又想，这次出巡碰不上刺客，总该碰上一些咒语吧！赵高想到这，脸上露出了一丝阴狠的怪笑。

秦始皇东巡时，封禅泰山，路过孔林，他下令掘开孔子之墓，看看这个儒家祖师的样子。当坟墓掘开后，秦始皇吃惊地发现墓壁上写有这么几行字："秦始皇，何强梁，开吾墓，据吾床，饮吾浆，睡吾堂，前至沙丘当灭亡。"这条谶语让秦始皇大发雷霆之怒。

对赵高的胡思乱想，游兴正浓、八面威风的秦始皇一点也未曾察觉。只要赵高小心服侍，至于想什么，秦始皇则无法干涉了，而且秦始皇也无暇干涉：多么优美的山川风光，他要欣赏观览；各地风起云涌的反抗潮流，他要忙于镇压；尤其是滔滔大海中神仙福地、不死之药，他要去寻访……这需要多少时间和精力才能完呢！别的且不论，仅赴东海寻找不死之药，就搞得秦始皇焦头烂额，筋疲力尽。秦始皇统一天下，拥有四海之后，便企图长享富贵荣华，长生不死。很早以前，他就派方士徐福入海寻访蓬莱、方丈、瀛洲三座神山，以寻求不死之药。但是，波涛汹涌，烟波万顷的茫茫大海，何处是神仙福地？何处寻回长生不死之药？徐福为寻求神仙长生不死之药，已费时数年，耗资巨万，但迄今无成就：既未找到神山，也未弄到长生不死之药。秦始皇巡游至芝罘后，方士徐福害怕秦始皇治罪，竟谎称："蓬莱神山可以找到，长生不死之药也可以取回。只是大海中有大鲛鱼作怪，拦住了去路，无法到达。因此，请求派赴善于挽弓射箭的兵士与我一块去寻找，如碰到大鲛鱼拦路，可以射杀大鲛鱼，从而顺利到达蓬莱神山，取回不老之药。"

利令智昏。一向聪明狡诈的秦始皇这时却像白痴一样被方士徐福牵着鼻子走。他对徐福的鬼话深信不疑，处心积虑想方设法射杀大鲛鱼。日有所思，夜有所梦。或许是秦始皇白天过分集中神思考虑射杀大鲛鱼之故，晚上秦始皇躺下后辗转难眠，心中一直考虑射杀鲛鱼之事。好不容易熬过了半夜，疲劳已极，秦始皇才昏昏沉沉地睡着了。但是，一会儿，秦始皇又坐了起来。原来，秦始皇刚入睡，就梦见自己同长得跟人一样的海神作战。

天亮后，秦始皇派人叫来占梦博士，讲述了自己夜间所做的怪梦，占梦博士听后，略微沉吟了一会儿，说道："真正的水神是人们无法看见的。人们所看见的'水神'当是水神的侦候大鲛鱼。现在，您梦见大鲛鱼这一恶神，并且与之搏斗，这表明陛下应当除去此恶神，那么善神即可招来。"秦始皇寻求长生不死之药的心情十分迫切，对占梦博士的胡言乱语深信不疑，下令做好下海捕捉大鲛鱼的准备。

皇帝的话就是圣旨。对秦始皇荒唐的命令没有人敢于劝止。随行的众臣，如丞相李斯、上卿蒙毅、中车府令赵高都奉行唯谨，不敢有丝毫怠慢。一会儿，下海的大船准备好了，捕捉大鲛鱼的捕鱼工具连弩也准备好了，秦始皇伙同众臣、众兵丁驾船驶向波涛汹涌的大海了。但是，哪里有大鲛鱼呢？秦始皇一行人从琅琊北上，沿着海岸驶向了荣成山，却始终未曾见到大鲛鱼。

可让秦始皇宽慰的是，经过长时间的寻找，在芝罘附近的大海上，秦始皇终于发现了一条大鲛鱼。秦始皇高兴极了，他指挥兵丁，连弩齐发，一同射向大鲛鱼，一

后妃宦官大传

·擅权祸国的阉人·

图文珍藏版

会儿即将大鲛鱼射杀,拖上了海岸。除去了阻挡寻找长生不死之药的障碍,长生不死之药可以找到了,秦始皇心中十分高兴,下令方士徐福继续寻找,自己则弃舟登岸了。

上岸后,秦始皇一行人稍事休整,即打道西行,准备经过临淄返回长安。或许是年事已高,或许是秦始皇过于劳累,经受不住旅途的辛苦,当到达平原津时,秦始皇病倒了。

秦始皇病情越来越重,但是,秦始皇忌讳说到死字,随行群臣也没人敢说到死后事。这时,随行的医官不停地诊脉进药,但是全不见效,秦始皇的病有增无减,越发严重。为了支走蒙毅,也为了讨好迷信的秦始皇,赵高建议让蒙毅奔赴五岳名山,祷祀名山大川,为秦始皇祈福,去病禳灾。秦始皇听后十分高兴,马上同意。这样,蒙毅离开了皇帝身边,奔赴远方去了。但是,祈祷并未解决任何问题,秦始皇病情越发严重,以至于他自己已觉出自己将不久于人世。于是,秦始皇准备安排后事,接受命运的安排。他派人叫来赵高,让赵高书写书信给长子扶苏。秦始皇口述道:"长子扶苏快速赶回咸阳,参加我的葬礼。"赵高不敢怠慢,一五一十地记录了下来。然而,这封信尚未发出,秦始皇一行人继续赶路,在沙丘平台(今河北省巨鹿县东南)秦始皇就病死了。这年秦始皇正好50岁。

秦始皇东巡,本为宣扬皇威,镇压各地反叛。但是,适得其反,他却病死于外。国无君主,势必引起天下动摇,各地反秦力量乘机而起。这怎么办呢?

面对这种险峻局势,丞相李斯从巩固秦王朝统治,防止天下大乱的大局出发,也为了自己的地位稳固,提出了秘不发丧,快速赶回咸阳宫中的主张。这一主张,赢得随行文武群臣的同意,中车府令赵高也不好反对,于是做好赶回咸阳的准备。

秦始皇死时,正值炎热的七月,气温很高,尸体很容易腐烂。为了防止秦始皇尸体腐烂,发出腐尸的臭味,他们将秦始皇的尸体放在可以调节温度的辒辌车中。为了蒙蔽下属随从,每日让随从照旧送饭送菜,殷勤服侍,同时文武百官也同往常一样奏事,宦者坐在辒辌车中代答,这一切做得煞有介事,以至于众人并不知道皇帝的死讯,而仅有丞相李斯、中车府令赵高、少子胡亥及五六个宦官知道。

但是,盛夏七月,暑热难当。虽然在辒辌车的低温环境中,但秦始皇的尸体还是慢慢地腐烂了:秦始皇的肚腹高高地膨胀起来了,口耳中流出了腥臭难闻的腐尸味。

赵高和李斯商量后,决定以专车载着一石鲍鱼,紧随辒辌车后。鲍鱼是一种贝壳类海洋生物,是海中珍品,但是腐烂变质的鲍鱼腥臭无比,气味异常难闻,于是,辒辌车后加载了一石鲍鱼,臭上加臭,一行人马,臭烘烘地赶往咸阳。

一朝天子一朝臣。皇位继承问题,是十分敏感的关键问题。为了保住自己拥有的权位,进而操纵秦朝大权,赵高决定铤而走险,劝说胡亥,篡夺皇位。

在秦始皇出巡时,中车府令赵高负责保管皇帝的玺印,秦始皇死前致长子扶苏的信也保存在赵高的手中。拥有了这两件武器,皇位继承大权其实已经操纵在赵高的手中。因此,趁他人尚不知道皇帝病死、皇位空悬之机,赵高东奔西走,密谋劝说少子胡亥即位。

　　但是,夺取皇位,废除长子扶苏,是十分重大的事情,必须与丞相李斯商议。对此,胡亥又怎能厚颜无耻地开口提出呢? 因此,狡猾的胡亥既想篡位,又想立下"仁慈"的美名,叹息地说:"现在,先父皇还未下葬,丧礼还未结束,我和丞相都沉浸在巨大的悲痛之中,怎么能以夺取皇位之事去打扰丞相呢?"既想夺取皇位,又要装出一副仁义道德的样子,胡亥真是一位好演员啊!

　　见胡亥终于同意夺取皇位,赵高的心情轻松多了。但事情尚未成功,赵高不敢掉以轻心,他要趁热打铁,争取事情早日成功,否则会不会功败垂成也未可知。因此,赵高主张抓紧时机,赶快行动。他劝说胡亥道:"时间啊,时间啊,飞逝得太快了。短暂的瞬间会发生很大的变化,往往还来不及思考、谋划。因此,古人说,追赶时间,即使带着干粮,骑着千里马,也唯恐落后。机会就在眼前,稍纵即逝,怎能考虑其他呢?"

　　说完了这些话,但是胡亥还是低头不语,这是为什么呢? 赵高略一沉思,马上就明白了胡亥的心思:胡亥十分要脸面,怎肯自己劝说丞相李斯扶助自己夺取皇位呢? 在这方面自己有所忽视,太不应该了。赵高想到这儿,十分后悔,恨不得打自己一个耳光。他连忙对胡亥说:"不同丞相李斯商议,事情断难成功;请允许我去同丞相李斯商议一下。"话说完后,赵高盯着胡亥,只见胡亥脸上露出了微笑,轻轻地点了几下头。赵高心领神会,告辞了胡亥,准备去说服丞相李斯。

　　对赵高来说,说服李斯确实是件容易的事情:赵高太理解这位拥有"老鼠哲学"的丞相了。如何说服他,赵高早已胸有成竹了。

　　赵高见到了李斯,开门见山地说:"秦始皇病死在东巡途中,临死前赐长子扶苏书信,让他回咸阳主持丧礼,然后嗣位。但是,书信尚未发出,扶苏本人也不知道。现在,皇帝死了,外人对此都一无所知。秦始皇赐长子扶苏的书信及符玺都由胡亥保管,现在决定由谁做太子,主持丧礼,然后即位这件大事的只是您和我了。我们该怎么办呢?"赵高这番话意在试探李斯的想法,同时也含蓄地表明他决心操纵废立皇帝这件大事,不按秦始皇的遗嘱办事。

　　李斯自然明白赵高的用意,但这是性命攸关的大事,不可莽撞行事。因此,他听后大吃一惊,脱口而说道:"你怎敢说出这些亡国之言! 皇帝的废立自有先皇帝安排,作为臣下怎能私下议论呢!"如果李斯这两句话说给别人听,或许会慑服听众的,但是赵高太了解李斯的心思了,非但不为李斯的大话所动,反而威吓李斯说:"你觉得自己能同蒙恬相比吗? 功劳比蒙恬高吗? 谋略高过蒙恬吗? 与长子扶苏的关系好于蒙恬同扶苏的关系吗? 人心无怨,能赶得上蒙恬吗?"这五个问题,完全撇开了李斯的问话,把李斯的位置放在长子扶苏与蒙恬的对立面。他的用意是十分明显的:如果不拥立胡亥,那么势必按秦始皇遗书办事,长子扶苏即位,由于蒙恬与扶苏关系非同一般,势必会受到重用,因此而作丞相,李斯的功名富贵势必难保。这五个问题可谓问到了李斯的痛处,李斯不由自主地被慑服了。李斯低着头,沉思了一会儿,喃喃地说道:"在这五个方面,我都赶不了蒙恬。而你又何必如此责问我

擅权祸国的阉人

图文珍藏版

呢?"

赵高见李斯已上了圈套,被自己问住了,便装出一副舍己为人,设身处地地为李斯想办法的态度,说道:"我赵高本来是在宫中服侍他人的奴隶,因通晓狱律令法进入秦宫,负责宫中事务20余年,这些您都清楚,我也不多说了。秦始皇的长子扶苏为人刚毅果敢,武勇在先,又礼贤下士,信任部下,能使兵士为他拼命。如果扶苏即位,一定用蒙恬作丞相,而你一定不会怀揣通侯之印荣归故里,安享晚年,这是明摆着的道理。我在宫中20余年,未曾看到秦朝封赏功臣,有传及二世的,而且将相的后嗣多被诛夷殆尽。这种情形,您也是清楚的。我受命教习少子胡亥,让他学习狱律令法已经有几年了,我未曾看见他有什么过失。而且胡亥人品很好,慈仁笃厚,轻财重士,心机明敏而拙于言辞,又尽礼敬士,待人宽厚。所有这些,秦始皇其他二十几个孩子都无法同他相比,因此,我们可以拥立胡亥即位。您可以考虑一下,早早决定啊!"

李斯沉吟了片刻,说道:"我李斯本是楚国上蔡的布衣百姓,被秦始皇宠幸,提升为丞相,封为通侯,子孙都获得了高官厚禄,过上了荣华富贵的生活。皇帝如此信任我,将国家的安危嘱托于我,我怎能辜负先主呢!再说忠臣不避死,孝子不惮劳,我只求尽忠守职,其他事情也顾及不到了。也希望你不要再劝说了,免得我犯下死罪!"

李斯语气的转变,更加暴露出他的外强中干,色厉内荏。因此,赵高又进一步威逼道:"我听说圣人处世是随机应变的,从时达变,审机度势,看到事物发生的苗头,就能测知它发展的结果;看到事物发展的动向,就能知道它最后的归宿。事物的发展有其自身的规律,怎能从常法看待呢?墨守成规,必然会错失良机。现在,天下的大权操纵在胡亥的手中,我赵高已听从胡亥的旨意,可以获得荣华富贵了。但是,我和你已有多年交情,不敢独享荣华,让你坐失良机啊!从外部控制内部这是惑,从下制上这是贼,都是违犯自然规律的事。胡亥位居你我之上,他要想干的事,我们又何必反对、劝阻呢?反对、劝阻又有什么用呢?大千世界都有其客观规律,秋霜过后草木飘零,冰雪融化后万物萌芽,这是必然的常理,不以人的意志为转移的。客观的形势,足以决定聪明人的行为取舍,你怎么连这么简单的道理也不明白了呢?"

但是,李斯也有一定的历史知识,他毕竟作过大学者荀子的学生,不是头脑简单的人。他说道:"我听说晋国三次更换太子,使国家三世不得安宁;齐桓公兄弟争位,身死后又被戮尸;殷纣王杀害了亲戚,不听从臣下劝谏,导致国破家亡。这三者都违背了天意,不久即灭亡了。我是普通的人,怎敢参与皇帝废立的大事呢?"

其实,赵高的话一开始即犯下了谋反之罪,理应杀头正法,但是李斯害怕他的权势,只是以虚词应对,使赵高肆无忌惮,一再逞其聪明狡诈,而李斯越发被动应付,显得呆板迂腐。这是因为李斯贪图富贵,并不是真心反对废立皇帝。因此,赵高抓住了李斯的真实内心,又诱胁道:"上下同心合力,可以长久;中外团结一致,则无法分别表里。你如果听从我的计谋,即可长享封侯之福,世世袭爵,必然寿如乔松,智若孔墨了。如果不听从我的劝告,灾祸一定会降到你的头上,而且累及你的子孙家人,其结局足以令人寒心,对此我不忍心详说了。聪明的人应反祸为福,你如何选择呢?"

最后这番话言简意赅,将两种结局简明扼要地表示出来了。李斯得到了赞同拥立胡亥长享富贵的保证,也知道了反对拥立胡亥的下场,也就不再装模作样地反对了。但是,李斯还是心有所不甘,垂泪自语道:"哎!生平不幸,遭逢如此乱世,既然不肯死义,就无法预知自己最后的归宿在哪里了!"

这表明,李斯既然同意了赵高的阴谋,却又不甘心为人后,听从宦者的摆布,发出了无可奈何的叹息。

赵高费了九牛二虎之力说服了丞相李斯后,心情十分愉快,马上报告胡亥。为了坚定胡亥的信心,赵高故作轻松地说道:"我奉太子的命令前去报告丞相李斯,丞相李斯怎敢不服从命令呢?"话外有话,言外有意。赵高言外之意无非是暗示胡亥,夺取皇位连丞相李斯都不敢反对,其他人更是无能为力了,您就放心大胆地作吧!少子胡亥听说丞相李斯同意自己的行动,觉得东巡这伙人已无反对派了,眼下即位唯一的障碍就是哥哥扶苏了。

这时,赵高为胡亥出谋划策。他首先假托秦始皇的命令,册立胡亥为皇太子,确定了胡亥皇位继承人的合法地位。尽管这一地位是通过非法手段获得的,但世人不知,他们也就以为天衣无缝了。

接着,赵高同胡亥密谋,撕毁了秦始皇致长子扶苏的信件,另外假造了一份诏书,严词批评扶苏及将军蒙恬,并勒令他们自裁。

这封信写好后,盖上了秦始皇的符玺,就充作了皇帝的诏旨,由胡亥、赵高派出亲信送往北边重镇上郡。

这时蒙恬正率领30万大军屯守在上郡,人马众盛,势力很大。扶苏作为监军,与蒙恬关系很密切。伪诏书送出后,胡亥、赵高一直关注着事态的发展,心中七上八下,忐忑不安,焦急地等待着使者的回话。

在上郡,为人较为忠厚,缺少谋略的长子扶苏恭恭敬敬地接到使者送来的诏书,迫不及待地打开阅读。但是,一读之下,扶苏惊呆了:皇帝竟然命令自己自裁!扶苏一下子给搞糊涂了。他满脑袋一片空白,什么也不想,哭泣着奔入内室,就要立刻奉命自尽。

蒙恬毕竟老成练达,久经大事,心中怀疑其中有诈,因此劝说扶苏调查清楚再奉诏行事。但是,送来诏书的使者害怕事情败露,一再催促扶苏赶快自我了断,以剑自裁。而扶苏此时心智俱失,认准了死理,头脑已不会转弯了。他说道:"父皇赐我自杀,怎能当面请示呢?"话一说完,即拔剑自杀了。

扶苏自杀后,使者又催促蒙恬自尽。但是蒙恬不肯糊里糊涂地了此一生,所以坚决不肯自杀。于是,使者将蒙恬逮捕,关押在阳周的监狱里。至此,少子胡亥继位的主要障碍都清除了。

长子扶苏自杀,拥有重兵的大将蒙恬被监禁,赵高、李斯便矫诏立少子胡亥为太子。于是,这时东巡大队人马疾驰咸阳,准备安葬秦始皇。

安葬完秦始皇后,少子胡亥正式即皇帝位,这就是秦二世。二世即位后,立即奖赏政变有功人员,升任赵高为郎中令,居中用事,控制朝政。

秦二世胡亥本来就是一个胸无大志的纨绔子弟,继为皇帝后,他本性中的丑恶面丝毫不加掩饰地暴露出来了。他对郎中令赵高说:"人生活在世上,就像在墙缝中看到六匹快马驾车迅速路过去一样,人的一生能享受快乐的时间太短暂了。因此,现在既然我已经统治了天下,富有四海,想尽量享受耳目的欲望和心里所能想到的一切快乐的事情。同时,又想使国家安定,百姓快乐,永远享有天下,直到寿终正寝为止,可以做到吗?"二世胡亥即位时正值21岁的青年时期,沉湎酒色、贪图享乐,赵高也乐于皇帝怠政,自己大权在握,现在却不是时候:胡亥通过沙丘政变刚刚即位,诸公子及大臣心中不服,随时有被推翻的危险。因此,赵高劝说二世皇帝诛锄异己,稳定统治地位后再寻欢作乐也不迟。

其实,赵高本人居中用事,宫内外大小事务都由其决定,诸公子及大臣当然心中不满。赵高也清楚自己出自卑微,"素小贱",现在虽有了二世皇帝做靠山,但也恐怕众大臣及诸公子不服,加害自己。所以,他决定借助二世皇帝之手诛杀异己。赵高劝秦二世诛除大臣,上以振威天下,下以除去生平仇人、眼中钉。秦二世也觉得自己继位,名不正,言不顺,大臣不服,官吏不从,几位兄弟还有争夺皇位之危险。因此,两人臭味相投,一拍即合,欣然同意诛杀大臣及诸公子,以巩固自己的皇位。

公子扶苏自尽以后,秦二世胡亥准备释放被囚系于阳周狱中的蒙恬,但赵高坚决不同意。赵高与蒙恬之弟蒙毅有宿仇,害怕蒙氏兄弟再次受到重用从而算计自己,乃决心无论如何也要杀死蒙氏兄弟。一天,赵高看到蒙毅回到了都城咸阳,心中十分害怕,便进宫对二世说:"我听说先帝准备选贤能的你做太子有很长时间了,但蒙毅多次加以劝阻,坚决反对,以至于您未在先帝活着时被立为太子。先帝临死时,致书长子扶苏,仍立扶苏为太子,继承皇位。现在,我们已经设计诛除了扶苏,陛下登上了大位,但是蒙氏心怀怨望,必将为长子扶苏复仇,暗算陛下。因此,以我愚鲁的看法,应斩草除根,早日处决蒙氏兄弟。"

秦二世本来就没有什么主意,又溺信赵高,一向对赵高言听计从。听了赵高挑拨的话后,马上怀疑起蒙氏兄弟,打消了释放蒙恬的想法,又将蒙毅逮入狱中,然而,未杀死蒙氏兄弟,赵高决不罢休。他鼓动起他那能言善辩的口舌,在二世面前日夜诋毁、陷害蒙氏兄弟,秦二世经受不起赵高日夜不停地蛊惑,乃决定诛杀蒙氏兄弟。

赵高知道蒙氏兄弟有很高的威望,关押的时间越长,求情的人会越多,胸无主见的二世说不定会放出蒙氏兄弟。放虎归山,赵高就绝无好下场了。因此,为了防止夜长梦多,当断不断,反受其害,赵高又一次催促二世诛杀蒙氏兄弟。最近一段时间以来,二世为蒙氏兄弟的事情搞得焦头烂额,也不愿多想,也就同意赵高的意见,诛杀蒙氏兄弟,省得众人不停地劝说。

赵高得到了皇帝的圣旨,立即着手布置杀害蒙氏兄弟的行动。赵高派御史曲宫前往关押蒙毅的代地,执行诛杀蒙毅的任务。曲宫按照赵高的吩咐,到了代地狱中,责问蒙毅说:"先主想立胡亥为太子而你劝阻反对。现在丞相李斯认为你不忠于二世,罪连你的家族。陛下不忍心株连太广,于是赐你自尽,这是你的幸运啊!你快自尽吧!"

一不做二不休。杀死了蒙毅之后,赵高又派使者前往阳周,以便处死蒙恬。使者到了阳周狱中,对蒙恬说:"你的罪过太多了,而你的弟弟蒙毅又犯了大罪,牵连了你,请你快快自杀吧!"

使者的话平淡无奇,但在蒙恬听来却如万钧压顶,最后的求生希望又破灭了。事情已经无可挽回,可怜的统兵30万的大将军无可奈何,只能仰天长叹,发出自己愤愤不平之言。蒙恬仰空长叹道:"我什么地方得罪了老天,没有犯下什么罪过而惨遭杀戮啊!"过了一会儿,蒙恬又叹道:"我罪有应得啊!为秦朝修筑万里长城,从临洮至辽东,长达万余里,其中不能不断绝地脉,得罪鬼神!这确实是我的罪过。"蒙恬为秦朝修筑万里长城,保护北部边疆,但却把这看成是自己的罪过,这分明是反话,表达了他极度悲愤不平之情。

使者回到咸阳,向赵高报告了蒙恬服药而死的情况,残忍的赵高发出震天的狂笑。蒙氏兄弟已死,终于拔出了眼中钉、肉中刺,去掉了宿敌,赵高心情轻松多了。但是,狡猾的赵高知道此时还不能过分得意,秦始皇的诸公子、皇亲国戚还心中不服,虎视眈眈地盯着自己,还须逐步剪除。有二世皇帝的支持,剪除诸公子一事,赵高已成竹在胸了。

赵高欲灭亡秦朝,报仇雪耻,秦始皇去世后,便开始了疯狂的行动:发动沙丘政变,计杀长子扶苏,拥立了少子胡亥,自己居中执政。之后,又迫使蒙氏兄弟自杀,去掉了秦朝的忠臣猛将。

通过沙丘政变当上了皇帝的胡亥,始终心中底气不足,不敢直面兄弟和群臣,时时刻刻担心人心不服,统治不稳固。因此,他要效法乃父之所为,巡行天下。一天,胡亥与赵高商量说:"朕年少,威名不著,又加上新即位,百姓尚不归心。先帝在世时经常巡行郡县,以显示皇室的强大,皇帝的威严,以便于威服天下。现在,我即位后不再巡行天下,即暴露出皇帝的软弱无能,没有办法压服天下。"

二世胡亥要巡行天下,正合赵高的心意。

不久,赵高就为二世做好了东巡的一切准备工作,选择了扈驾大臣,守卫士兵,随侍宦官,及供他玩乐的歌儿舞女,当然也少不了显示皇帝威严的銮驾仪仗。秦始皇统一全国后,为镇压各地反叛,不辞辛苦,数度东巡,足迹几乎遍及全国各地,并在峄山、泰山、琅琊、芝罘、芝罘东观、碣石门、会稽等地立石刻辞,歌功颂德,显示皇威。秦二世一意效法乃父之所为,在赵高、李斯的陪伴下,从咸阳出发,经过碣石,沿着海岸南下会稽,又转而北上辽东,才回到了都城。一路之上,凡是碰到秦始皇立石之处,二世胡亥也都如法炮制,在秦始皇之石旁更立一石,歌颂先帝的功德。但是,这次巡行,秦二世也看到了各地人民不满的情形,隐隐地听到了各地反抗的呼声。为此,二世胡亥心中十分着急、不安。

回到都城后，二世胡亥即向丞相李斯、郎中令赵高提出了严刑峻法的统治要求。他要通过"申法令"，严定刑禁，严格执法，压服各地的反抗，堵住人们不满的声音。因此，秦二世的统治比起他的父亲秦始皇更加残暴，秦始皇遗留下来的严酷法令，非但没有废止，反而更加严酷，真可谓有过之而无不及了。李斯为了保住功名荣禄，不敢加以劝阻；赵高为了报仇，恨不得劝说二世严刑峻法，因此极力怂恿、支持二世。李斯与赵高之间形成了可怕的怪圈，他们都极力博取二世的好感，因此争相讨好二世，而不论是非曲直。这一切，秦二世胡亥好不得意，赵高也幸灾乐祸，而李斯却只有独咽自己酿成的苦酒了。

哪里有压迫，哪里就有反抗。秦二世的高压政策，非但不能压服天下百姓、六国旧贵族，反而引起了更大的冤声，可以说民冤鼎沸了，而且各地反叛的消息，也不时地传到二世的耳中。秦二世胡亥分明看到了天下势将不稳，自己的统治也难以为继。在这种情况下，二世胡亥不由地想到了皇位是通过阴谋政变从长兄扶苏手中得来的，并不光明正大，要是其他兄长知道了，势必会造反，杀死自己。想到这儿，胡亥不禁不寒而栗，冷汗湿透了全身。怎么办呢？还是找老师赵高商量吧！

胡亥召见了赵高，对赵高说："大臣们都不服从我的统治，官吏在各地逞强，独立性增大，诸公子也可能同我争夺皇位。所有这一切都对我十分不利，我该怎样摆脱不利局面，对付他们呢？"秦二世把大臣、官吏、诸公子都看成是自己的威胁，他的本意是什么呢？狡猾的赵高对自己得意门生十分了解，略一沉吟，便揣知胡亥的真实想法：胡亥担心沙丘政变泄露，诸公子与他争夺皇位。想到这儿，赵高心中十分高兴，屠杀诸公子的计划可以实施了。但是赵高是个狡猾、诡计多端的宦官，知道官场的险恶，不敢把真实的自我暴露出来，而是深深地藏起来。他装出十分担忧的样子，犹豫不决，欲言又止。二世胡亥见状好生纳闷，一再催促，赵高还是不肯说。不得已，胡亥劝道："你我义则君臣，但情同父子，有什么不能公开表白的呢？"赵高这时才说出自己的诡计。赵高装腔作势地说："我本来愿意为陛下述说，但是我不敢啊！我出身卑贱，有幸被陛下举用，掌管宫中事务。大臣对我心怀不满，只是表面服从我，其实心中不服。不仅如此，这些大臣都是先帝时遗留下来的，都是累世有功于秦的名人或名人之后，他们对陛下也心怀不满，阴谋叛乱。"

对赵高的分析，秦二世胡亥十分相信，不时点头同意，急切地想听听下文。可是，赵高却停顿下来，不肯说了。二世胡亥又催促道："您快为我想想办法啊！"赵高这时才又接着说道："对付他们，唯一可行的办法是严刑峻法，逐步消灭干净。采用严刑峻法，令犯罪的人互相连坐，罪恶大者至于灭族。这么做，不久即可以消除大臣，同时，也要疏远骨肉兄弟，使他们不知朝廷的恩威祸福，时时生活于惊恐不安之中。利用皇帝的威权，使贫者变富，富人变穷。尽除先帝时的旧臣，而安排陛下亲信之人负责各衙门事务。这样一来，可以消除反叛之人，安插亲信之人，而陛下则可以安枕无忧了。"同时，赵高还劝说二世胡亥坚决果断地用武力镇压反叛者。

其实，赵高的计谋不外有三点内容：一是罗织罪名，诬陷大臣，并大肆株连、连坐，无限制地扩大打击范围，以铲除秦始皇时遗留下来的大臣；二是明火执仗地对付群臣的不满,坚决果断地以武力镇压,即所谓"决于武力";三是选用一批新官员,让他们贫者骤富,贱者骤贵,从而对皇帝感恩戴德,一心忠于皇上。这些主张二世听了自然十分高兴,他万万没有想到赵高诛杀先朝大臣,只是打击赵高自己的宿敌;安插亲信,只是安插自己的亲信。秦二世成了赵高行使阴谋诡计的挡箭牌,被无情地架空了。

赵高在二世胡亥同意自己的计谋后,组织自己的亲信马上制定了几条禁例,由于其出发点是打击异己,因此禁例异常苛刻。禁例公布了不几天,群臣及诸公子纷纷被指控为犯罪而被捕入狱,遭到了残酷的杀戮。

二世胡亥有兄弟姊妹二三十人,经过与赵高的阴谋策划,罗织罪名,纷纷被治罪。其中,先有 6 个公子被戮死于杜,接着又把另外 12 个公子戮死于咸阳市中,又被斩首示众。10 个公主也被肢解于咸阳市中,他们的财物全部被查收,没入官府,相连坐而被杀的人多得不可胜数。

公子将间兄弟 3 人秉性忠厚,口碑较好,但也被株连入狱,囚系于内宫之中。如何处置他们呢? 二世胡亥颇费了一番心机,杀死他们势必惹下骂名,不杀他们又不放心,况且连 10 个公主都被杀了,还怕别人的骂名吗? 二世胡亥决定冒天下之大不韪,公开处决将间兄弟。一天,二世胡亥派使者入狱,告诉将阎兄弟说:"公子犯了不臣之罪,按法令当处死,我现在奉命来执法!"将间兄弟人人叫屈,都说:"我们谨小慎微,连进入宫廷的礼节都未违犯过,随侍廊庙也未尝失节,受命应对也未尝失辞。连这些繁文缛节都一一遵守、恭谨行事,怎么说我们犯下了不臣之罪? 请详细告诉我们,我们究竟犯了什么罪?"但是,他们这个要求被使者"理所当然"地予以拒绝。使者不允许讲什么理由,也无须讲什么理由,他只是奉命行事,因此冷冷地说:"我没有参加定你们的罪的会议,不得而知,只是奉法行事。"至此,将间兄弟知道根本无法与使者讲道理,使者只是奉命行事的机器,没有头脑,没有感情。因此,兄弟 3 人仰天长叹,连呼三声苍天,又痛哭流涕地呼喊:"老天爷啊,我们根本没有犯罪!"尽管他们呼天喊地,但是呼天天不应,喊地地不答,兄弟 3 人无奈,在使者的催促下,拔剑自杀。二世胡亥、宦官赵高又制造了一起杀人的惨祸。

二世胡亥、赵高大开杀戒,诸公子、公主纷纷死于非命,一时咸阳城中充斥着恐怖气氛,宗室人大为震惊。那些一时还未入狱的公子也预知了自己被杀的下场,想方设法保全家人,以防止他们也一同受株连。公子高就是这样一个舍身保家的人。起初,公子高还未被捕入狱,但看到兄弟姊妹的下场,他自知胡亥、赵高决不会放过自己,因此打算远走他乡,逃往外敌避难。但是,自己逃走了,妻儿老小怎么办? 他们势必受株连,被杀害,因此逃跑也不能啊! 后来,公子高想出了一条舍身保家的办法,他主动上书,请求为先父秦始皇殉葬。他在奏书中写道:"先帝在位时十分宠爱我:我入宫则受到皇帝的赐食,外出时则赐给车马。御府的服装,我能穿着;府中的宝马,我能骑乘。皇帝对我恩深义重,现在皇帝去世了,我应当殉葬,而我不能从容就死,确实犯了不忠、不孝之罪,不忠之人无法立于世上。因此,我请求跟从先父于九泉之下,死后葬于骊山脚下。希望皇帝考虑我的请求。"

·擅权祸国的阉人·

图文珍藏版

秦二世胡亥得到公子高的奏书,一则以喜,一则以忧,喜忧相随而至。他喜的是,本来就准备捏造一个罪名诛杀公子高,而苦于一时找不到借口,现在他主动请死,正中了胡亥的下怀,胡亥怎能不大喜过望了呢? 但是,过了一会儿,转而一想,胡亥却忧上心头:公子高主动请死,是不是别有用心,以此试探皇帝的虚实,企图发动叛乱呢? 想到这儿,二世胡亥连忙召来赵高,把公子高的奏书交给赵高看,并告诉了自己的担忧。

赵高很快就把奏书浏览了一遍,不无得意地说:"现在陛下行使严刑峻法以统治臣下,大臣连救死的时间都没有,哪里有机会谋反呢?"接着,赵高又安慰二世胡亥说:"公子高决不会情急生变,谋反犯上,您就批准他的请求吧!"秦二世胡亥听了赵高的分析才放心了,他批准了公子高的请求,并赐钱 10 万作为丧葬费。

这样,秦二世胡亥在赵高的谋划怂恿下,残酷无情地屠杀同胞骨肉,秦始皇的22 位公子、10 位公主,都被二世胡亥杀死了。这场骨肉相残,自戕兄弟姐妹的屠杀行为真是惨绝人寰、世所仅见了。

秦二世胡亥、赵高在诛杀大臣、诸公子之时,对普通宫人、百姓也不放过。在埋葬秦始皇时,二世胡亥同赵高商议如何处置后宫女子的事情,阴狠的赵高建议将秦始皇后宫无子的宫人,全部安排为秦始皇殉葬。二世胡亥同意了赵高的意见,准备处死宫女。消息传出,后宫中成千上万的宫人哭喊叫冤,乱成了一团。然而,她们的哭闹无济于事,仍被充当了人殉,安葬在骊山始皇陵中。同时,胡亥、赵高还担心为始皇陵寝做工的工匠泄露出内部机密,采取杀人灭口的方法,在秦始皇尸体下葬后,将所有在墓内工作的工匠统统活埋于墓内,又制造了中国历史上罕见的惨剧。

诛杀了大臣及诸公子,使秦二世胡亥孤立于上,赵高的复仇计划顺利地进行了一步。但是,要最终复仇,还有许多事情要做。眼下赵高所要做的就是架空秦二世,安插自己的亲信。

七 天下大乱

二世元年(公元前 209 年),胡亥当上皇帝之后,再次大兴土木,重征工役,下诏重修阿房宫,诏曰:

先帝谓咸阳宫廷过小,故营阿房宫为室堂,未就而先帝崩,暂辍工作,移筑先陵,今骊山陵工已毕,若舍阿房宫而弗就,则是章先帝举事过也。朕承先志,不敢怠遑,其复作阿房宫,毋忽!

此诏一下,全国各地成千上万的役夫云集于阿房宫中,夜以继日地营造不停。本来庶民百姓的税赋就十分繁重,再加上修建阿房宫的额外加征,直弄得十室九空,苦不堪言,普天愁怨,哀鸿遍野。

首倡反秦起义的两个人,是阳城(今河南方城东)人陈胜,阳夏(今河南太康)人吴广。阳城阳夏都是战国时的楚国之地,陈胜、吴广都属于楚人。

二世元年七月,胡亥下诏阳城,遣发闾左贫民出戍渔阳(今北京密云西)。居住于闾里之左的从事农耕的贫民，本是属于免除徭役的人（秦朝的民俗是，富人居住于右，贫民居住于左）。由于秦始皇征徭无度，天下刑徒、逋亡人、赘婿、贾人以及罪吏，都被谪戍殆尽，到二世胡亥时已没有役夫戍卒可征调了。但胡亥不管这些，就决定征调免除徭役的闾左之人。有钱有势的人家，可以上交点银两，免去征役，可这些没钱没势的贫民，只有冒死前去应命。阳城县的县令、衙役们，奉二世之诏，征发到900多人，充作戍卒。陈胜由于交不起征税，也加入了这900人的行列，县衙里的官吏见陈胜生得身材高大，气宇轩昂，便让其当这900多人的屯长。阳城县的邻县阳夏县（今河南太康）也在广征徭役，阳夏人吴广在队伍中充当屯长。阳城阳夏都是战国时的楚国之地，陈胜、吴广都属于楚人，二人为了一路上互相有个照应，就二支队伍合为一起。

这支队伍在秦尉将的押送下，经过几天的艰苦行军，好不容易到了蕲县大泽乡（今安徽宿县东南），适逢连降大雨，道路不通。大泽这地方十分低洼，一下大雨，这里就成了一片汪洋，没有办法行走，只有就地驻扎，坐等天气放晴后再启程赶路。可偏偏这场雨下得怪，一连十多天不见有停止的迹象。这可愁煞了陈、吴二位屯长，因为按照秦法，不如期行至，都将被斩首。吴广找陈胜商议道："屈指算来，从这里到渔阳，非一二个月不能到达，而官中规定的期限还有十多天，我们就是插翅飞去，恐怕也来不及了。这样就面临着前行也死，不行也死的处境。"陈胜道："既然如此，不如另图大事揭竿造反，尚可死里求生。"接着，两个人经过商议，决定发动这一千多人举行暴动，同秦抗争。

陈胜本有大志，心知天下对秦厌苦愤恨已久，只是尚没有人敢做反秦的首倡者而已。他还知道二世胡亥只是个少子，不应当立为皇帝，立为皇帝的应当是公子扶苏，百姓又多听说扶苏贤明，但却不知扶苏已死。还有楚将项燕。

第二天上午，负责厨房事务的后勤张老头向陈胜请示中午吃些什么，陈胜说，"今天给大伙改善改善生活，到集市上买几条大鱼，做一顿红烧鱼。"厨子好多天没吃过荤腥了，得了陈屯长的命令，他高兴得乐颠颠的，一溜儿小跑上集市上买鱼了。其中一条最大的，腹部十分膨胀，大家伙看后都觉得稀奇，这个说，肚子里肯定有不少的鱼籽，那个说，这条鱼籽足有二、三斤重。一个胆大的小伙子说，我来剖开看看，说着拿刀熟练地划开鱼肚，大家不禁惊呆了。鱼肚中有一块帛书，展开来一看，这块帛二尺见方，上面写着红红的三个大字，由于大家都不认识字，不知写的究竟是什么，找来一个认字的，念道：陈胜王。大家一听，更是惊奇万分。大家互相传说着这件事儿，有人早报到陈胜那里。陈胜却大声喝道："不要乱传谣言，鱼肚子里怎么会有什么帛书呢？你们胆敢妄言，小心绳之以法。"

大家听了陈胜的怒斥，都退去忙各自的活计去了，可是这事儿毕竟是奇巧，部卒们私下里都议论纷纷。

到了夜里，部卒们都躺在床上了，还津津有味地谈论着白天发生的事情，正在谈论着，忽听外边的一种奇怪的声音传了过来，大家静静地一听，像是狐狸的吼叫声，声音忽远忽近，一声声像是人语，依稀可辨"大—楚—兴，陈—胜—王……"大家

图文珍藏版

更是觉得奇怪，有几个胆大的起身走出营外，要去看个究竟，可营外是一片荒郊，只有西北方向上有一座古祠，被浓荫的古木森林所遮掩。那奇怪的声音仿佛就是从古祠中传出来的。更为奇怪的是，在古祠的密林中，隐隐约约地露出了火光，似灯非灯，一会儿移到这边，一会儿移到那边，变幻莫测，煞是吓人。约莫过了半个时辰，火光渐渐熄灭，声音也渐渐远去。大家自是又惊又恐，称奇不已。

原来这都是陈胜、吴广二人的计谋：陈胜先私下写好帛书，夜间偷偷溜出营门，从附近仅有的两家鱼贩子鱼缸中，拿出最大的一条鱼，将帛书塞入鱼口中，待鱼汲入腹中，陈胜方悄悄回营。第二天鱼贩子将鱼运到营中叫卖，陈胜又吩咐厨子挑大个的鱼来买，此鱼自然被部卒买到。至于狐鸣、火光，也是陈胜的主意。

大家这几日对这些越传越神，甚至以讹传讹，有的说这鱼是龙身所变，故有预知；这狐乃是狐仙，故能先觉。大家传什么的都有，只有陈胜吴广二人知是怎么一回事，他们二人偷偷地窃笑，表面上装着一无所知。

却说随队督从的二位将尉，看老天整日下雨，也十分忧虑，没有办法，只好每天借酒浇愁，把一切事务都交给陈胜吴广二人去办理。陈吴二人借此机会在营中收买人心，绝大部分部卒已心甘情愿地为陈吴二人所用。这一天二人喝得酩酊大醉，倒头便睡。陈胜见时机已经成熟，便与吴广商定行动。于是二人闯入营帐，吴广上前说道："禀报二位将尉大人，这十几日天天下雨，超过期限已成定局，这渔阳已不能再去了，再去只能是死路一条。既然如此，不如各走各的道。我们二人先来辞个行。"将尉一听，勃然大怒："你们二人难道不知王法吗？要走可以，先把脑袋留下。"

遂拔剑刺向陈胜，陈胜用剑与将尉厮杀着，吴广绕到将尉的身后，大喝一声，一剑刺向将尉的后心，这将尉哼叽了两声，就断了气了。

陈胜指挥大家，在营外辟地为坛，歃血为盟，做了一面旗帜，上书一个大大的"楚"字。陈胜为首，吴广为副，其他人按职务大小排列，一起祭拜了大旗。陈胜自称为将军，吴广为都尉，登坛上坐，定国号为大楚，再命大家袒露右臂，以为记号。并拟就了檄文，诈称公子扶苏，及楚将军项燕在军中为主帅，统领大军。

不日雨过天晴，陈吴二人率军出发，大家以锄头、铁锹、木棍为武器，先行攻打蕲县县城。蕲县守兵寥寥，不堪一击，一交手就拿下了城池。陈胜以蕲县为根据地，随后又乘胜攻下了谯县等几座城市，于是声势大震，又收得许多士卒、车马。

陈胜率军攻打陈县，概有步卒数万，战车六、七百乘，骑兵数千。

陈吴二人进得城后，为了凝聚人心，便下令禁止烧杀抢掠，到处张贴告示，告诉百姓自己为除暴安良，伐罪吊民。

一日，禀报说张耳、陈余求见，陈胜一听，喜出望外，连忙邀请进见。张、陈二人乃大梁之人，魏时分事魏主。秦灭魏时，二人隐姓埋名，避居陈县，秦悬出赏格，通缉二人。至陈胜、吴广二人攻入陈县，张耳、陈余叩门求见。

张、陈二人见过陈胜、吴广，便开门见山地议起了军情，张耳道："秦无道，暴虐日甚，民不聊生。今将军置自己生死于不顾，为天下驱逐残贼，真是莫大的义举，但在下以为将军不宜急于称王，应速引兵西向，直指秦都，诛暴秦，据咸阳，号令诸侯。将军再怀柔以德，天下自然心悦诚服，帝业可成矣。"说到这里，见陈胜默默无言，似有不悦，便止住了话语。

陈余接着说道："如果将军无平定四海之意，倒也罢了，如有志安邦，宜图大计。若在陈地占据一隅，恐天下难以响应将军。"陈胜听后，觉得有一定道理，沉默半天后说："此事容日后再议吧！"张耳见与陈胜话不投机，心中感到十分灰心，准备与陈余就此告辞而去，但陈余相劝道："既然我们已经辛辛苦苦来到此地，就待再观察一些时日再说吧，何况我们马上拂袖而去，引起陈胜的疑心，说不定会有生命之虞。"于是二人留在陈胜的麾下，权作军中参谋。

陈胜不听别人的劝告，在陈县自立为王，国号张楚，隐喻扩张楚国之意。这时节河南诸郡县的人民，苦于秦朝的严酷刑法，纷纷起来戕杀地方官吏，响应陈胜的起义大军。陈胜便立吴广为假王，命他为监军，攻打荥阳。吴广一出发，张耳想道，此时陈胜军中较为空虚，不如趁此机会一走了事，于是令陈余向陈胜献计道："大王举兵梁楚，志在西向计秦，入关建立宏伟大业。攻秦必须顾及赵地。臣曾经多次游居赵地，并结交甚广，今臣愿请兵人赵，北略赵地，既可牵制秦军，又可安抚赵民，岂不是一举两得？"陈胜听了陈余之计，心中认为可行，但毕竟张、陈二人归附不久，总不可过于相信，便决定手下之将武臣为将军，邵骚为护军，命张耳、陈余二人为校尉，作为武臣将军的左右手，共领兵三千，北往赵地。二人心中把个陈胜骂个上下八辈，但表面上还不露声色，欣然领命；谢恩后随部渡河北去。

话说吴广率部攻打荥阳，荥阳由三川郡郡守李由坚守，吴广久攻不下，心中甚是着急，忙派人回报陈胜，请求陈胜再增兵攻城。陈胜见报后召集众谋士兵商议，蔡赐献计道："扬汤止沸，不如釜底抽薪。再增兵攻伐荥阳，不如派兵攻咸阳，直接给秦朝施加压力，这样才能从根本上解决问题。"陈胜依其计，令其为上柱国，陈人周文为将军，率军廿行攻秦。周文奉命，一路上招兵买马，把队伍扩大到十多万，长驱直入，直指函谷关。

这时函谷关的守吏火速派员回秦宫中相报，悲哀的是二世胡亥已经是一心玩乐，不问政事了。以至于陈胜起义已经三个多月了，而胡亥却对此却一无所知。一方面二世不知，另一方面来说他从内心里也不想知道。他每天只想听到好的消息，对坏消息有一种本能的讨厌。前一时期有一个使臣从东方回来，二世问他说："你出去一趟，在外地都看到、听到些什么见闻呀？给朕汇报汇报。"使臣如实告诉二世说："陈胜、吴广等叛逆以陈县为据点，造反滋事，其他郡县也多参与叛乱。"二世一听，顿时变了脸色，招呼左右道："来人呀，把这个不会说话的东西拉出去，打进水牢。"这使臣还不知是怎么回事，就身陷囹圄了。从此谁也不敢再在二世面前提起时局之事。

八　丞相高位

　　赵高深知自己要实现复仇的目的,必须得到皇帝的支持。有了皇帝的首肯,干什么事情才能名正言顺,得心应手。

秦代竹简

　　秦二世剪除了诸位兄弟和几个比较棘手的大臣后,认为享乐途中已没有什么障碍,就又向赵高表示其及时行乐的想法。赵高极尽阿谀奉承之能事,连忙迎合说:"啊呀陛下呀,您果真不愧为天子,直介天纵英明啊! 您的想法,正是历代贤明君主所思所为的。作为一名高高在上的人之君主,如果整天被一些小事搞得焦头烂额,既不能发挥臣下的才干,致使他们无事生非;又不能洒脱自在,运筹国家大事于一心,那做皇帝又有什么意义可言呢?"

　　赵高的一席话,说得二世是心花怒放,他暗自庆幸自己有赵高这个好老师、好知己。从此他忙于宴乐,怠于政事,由过去的每日临朝改为十日一朝,除了一些重大的生杀、升迁等政务外,其余都由赵高办理。赵高仗恃皇帝的宠爱,更加专权横行。为报私仇滥加诛杀,大臣积怨甚多。

　　这一日逢十,赶上二世临朝听政,几个大臣奏事时揭发赵高的罪行,在二世面前大加参劾。大将军冯劫出列奏曰:"皇上把朝中政事交由内宫代办,实为不妥。一则量刑尺度把握不准,有失公允;二则悖于自古君臣之常礼,有损皇上威名。"二世说:"以你之言,应当如何?"冯劫奏道:"皇上应该每日临朝,亲执朱笔。"二世听罢面露愠色道:"当年先帝在位时,也并非每日临朝听政呀!"冯劫一时语塞,悻悻然退至一旁,秦二世心中甚是得意。

"陛下。"还没等二世缓过劲来，右丞相冯去疾又走到近前拱手相奏："此时不能与先帝在世时相提并论。始皇帝时，帝国一派歌舞升平，而如今天下有乱，盗匪横行。国家失稳之时，正是需要陛下亲政以显圣威……"

　　"好了，好了。"二世打断冯去疾的话："各位退安吧，此事容以后再议。"二世对这些臣子们竟敢在朝廷之上公然违抗自己的意愿而十分不快，愤愤然回到后宫。赵高见这些人明显是把矛头对准自己的，在庭上就吓得出了一身冷汗。

　　赵高顾不上休息，马上来到帝宫向二世进谗。一到宫中，见二世已与几个面目俊俏的宫女玩耍嬉戏上了。这二世天生一个吃喝玩乐的坯子，一有得玩儿，马上把庭上的不悦遗忘得一干二净。赵高便坐在花园凉亭的石凳上，耐心地等待着二世的接见。二世玩了一个时辰，颇感体乏，便挥手斥退宫女，坐下来饮茶解渴。太监趁机上前禀报说："皇上，郎中令已在宫外等候晋见多时了。"

　　"宣他进来说话。"赵高闻声走到近前对二世说："刚才庭上之事，请皇上切勿放在心上，以免烦心有伤龙体。"二世心想，说到底还是赵卿知道体贴朕，事事为朕着想。唉，人生得一知己足矣。二世说："赵卿放心，朕不会自寻烦恼的。"

　　"说起'朕'字，陛下可知这一字如何解释吗？"赵高说。

　　这一下子把秦二世给问住了，胡亥心想，我只知道先皇在各种场合自称为"朕"，我也就跟着如此自称而已，哪里还考究过如何解释？二世呷了一口茗茶，感兴趣地说："愿闻赵府令细说其详。"

　　"圣上您看这'朕'字的结构，左为'肉月'，表示皇上尊贵的肉体，在这里也就是'脸'，右为一个'关'字，即是关闭。合起来讲，就是皇上要经常把自己关闭起来，不要过多地露面。天子之所以贵圣，就在于不经常与大臣见面。平时深居九重皇宫之中，在上朝时高高在上，使群臣只能听见陛下的声音，却看不到天子的圣容，心中存有神秘、敬畏之感。故曰'朕'。"朕字本来是一字多义，其中常用的，一是朕即自身，古人用来自称，与"我""吾"类同，至秦始皇时才宣布为皇帝专称。二是朕为征兆，预兆。赵高却耍了个花招，任其随心所欲地发挥。

　　但二世也不是一个糊涂虫，便迷惑不解地问赵高道："先皇在位时为什么不是如此呢？"这句问话，使赵高猝然一惊。但赵高毕竟是沉稳练达，略一沉吟，便侃侃而谈道："先皇在位时间很长，先后扫灭六国统一天下，立下了赫赫威名，世人无不威服，跟随他的大臣人人敬畏他，因此即使先皇天天召见他们，他们也诚惶诚恐，小心畏慎，不敢妄进邪说，胡作非为。"二世听后似有所悟地说："是啊，我要有先父这么高的威信该多好啊！"

　　赵高看二世终于上了圈套，心中自然是十分的得意，他趁势贩卖他的"私货"道："陛下要做到这一点其实也不难。陛下很年轻，年富力强是一个优势，但您毕竟即位不久，对各种朝政大事未必样样精通，不见得件件了如指掌。如果每天坐朝当着众臣之面处理事务，和官员们面对，惩罚也好，奖励也罢，万一有不恰当的地方，或者言论有失，岂不是暴露自己的短处和弱点，这可不是显示天子圣明的好办法。所以为了陛下着想，陛下从今就不必再临朝处理政事、和群臣见面了。陛下只管深居皇宫之中,自由自在地玩乐。琐碎的政事就由我以及熟悉法律规章的侍中,专门阅览奏章,就在奏章上批示就行了。你深居宫中,垂拱而治,官员就不敢再出难题,天下人都会称赞你是一位圣明的君王。从这个主意来说,维护你神明的形象和皇帝的尊严、威信也不是一件难办的事情。"这番话说得二世高兴异常,他喜不自胜地说:"就按你说的办吧,朕就在宫中享受人生的乐趣,政事全权由你处理。"

从此,二世藏身九重皇宫之中,不再坐朝,不再主持汇报,不再接见大臣。朝夕与宦官、宫女、妻妾寻欢作乐,所有内外政事都交由赵高一人处理。架空了皇帝,赵高便无所顾忌地行使自己的主张,放心大胆地安插亲信。赵高把弟弟赵成任命为中车府令,掌握了京师和皇帝的卫队,把女婿阎乐任命为咸阳令,成为京师的长官。其他重要官职如御史、谒者、侍中等也逐步换成了赵高的人。这时朝中上下到处都充斥着赵高的心腹、爪牙。

再说李斯虽然参与了沙丘政变,与二世、赵高勾结在一起,但沙丘政变以后,二世当上了皇帝,赵高做了郎中令居中用事,而李斯仅仅保留了丞相之名,连皇帝也见不着了,大权旁落,心中不能不怀怨恨情绪,对二世和赵高产生了强烈不满,而赵高也看出了李斯的怨恨,并清醒地认识到李斯做了多年的丞相,在朝内外拥有很大的势力,不可小视。为了报仇,必须干掉李斯,扫清最后一个障碍。

其实在始皇帝在位的时候,赵高就曾多次向李斯发难过,只不过自己的能量毕竟有限,而丞相李斯当时如日中天,自己要把他扳倒,实在是蚍蜉撼树,谈何容易啊!

一日,李斯日夜忙碌公务这日得闲,准备备下人马,列队到梁山宫散散心。赵高听说此事,并打探到李斯此次外出阵容庞大,认为有了献谗的绝好机会,但是如何让皇上知道呢?赵高颇动了一番脑筋。明说又不好,也容易让李斯知道是自己所为,从此种下恩怨的种子。不如劝说皇上游幸梁山宫,这样就可以看到李斯的车马,皇帝不免动怒,让他李斯吃不了兜着走。想到这儿,赵高向始皇进言道:"皇上,您看今天天气多好,出去走动走动,多是时候呀!"

"往哪走呀?"始皇帝低头看着奏折,头也不抬地说。

"皇上,您很长时间没有游幸梁山宫了,宫里的嫔妃、宫女们想您都想死了。"

"好吧,出去走走也好。"皇帝把重重的竹简奏折扔在桌子上,站起来伸展了一下身躯,打了一个呵欠说。

赵高得到皇上的恩准后,很快就准备好了车马,派几个心腹之人,随从皇帝往梁山宫方向行驶而去。快要到梁山宫时,赵高远远地看到李斯的车队也正好在山脚下缓行。赵高用手指给始皇说:"皇上,您看,前边山脚下怎么也有一队车马,而且比皇帝您的车队还要气派呀?"

始皇帝顺手望去,果然见一队车马,武夫前呵,皂吏后随,好不华丽气派。中间一辆华贵的车舆,但不知上坐何人。始皇不禁动怒气愤,便问左右随从道:"此乃何人,如此这般威风凛凛?"赵高指使随人前去探明,回来后向皇上一报,果然是丞相李斯。皇帝嘴上虽没再说什么,但感到李斯如此张扬,真是不知天高地厚,从此对李斯少了几分亲近。

而眼下要除掉丞相李斯,也不是一件轻而易举的事情,他毕竟参加了沙丘政变,赢得了二世的好感。要除掉李斯,又势必借助二世之手,赵高早已盘算好了,首先要做的正是让二世疏远李斯,对其反感。

二世在赵高的怂恿下,继续以严刑峻法的高压政策来对付臣子和民众,认为征收赋税最多的官员有才干,杀人最多的官员是忠臣。受刑的囚犯络绎道路,每天街市上都堆满了尸体。法令日益深刻,群臣人人自危,不安于位,想要叛变的人越来越多,自从戍卒陈胜、吴广起兵以来,各地纷纷响应,形成一股股反秦的强大力量。而那些家破国亡的六国旧贵族趁机做起了复国的美梦,也纷纷起来割据称王,共同反叛秦王朝的统治。形势已经十分危急了。二世不断责备李斯说:你位居三公(丞相、太尉、御史大夫)之重位,为何使盗贼猖獗到如此地步?

在此情况之下,李斯再也坐不住了。而李斯没有别的办法打动胡亥,只是一而再、再而三地要求皇帝听听自己的劝谏,惹得二世很不高兴,他颇不耐烦地问李斯:"丞相有什么要事需要奏报,拣重要的说,我还有很多公务要去处理。"李斯慌忙谏道:"韩非子曾说,尧治理天下时,殿堂仅有三尺高,用粗糙的原木做柱子,既不加雕刻,也不加彩绘,用茅草伏屋顶,也不加修剪,这是多么清苦的生活啊!尧统治天下时冬天穿着兽皮,夏天穿着麻布,吃的是粗糙的米饼,喝的是豆叶子汤,以土瓯盛饭,土瓯盛汤。大禹统治时亲自治水,他凿开龙门,使大河得以宣泄,又疏浚了其他河道,筑起了许多堤防,辛勤劳作,整日不能休息,以至于大腿、小腿上的汗毛都磨掉了,手脚上都是厚厚的老茧,面孔晒得漆黑。最终以劳累过度而死在外地,葬在遥远的会稽山上……"

李斯话刚刚说到这儿,秦二世已经知道他的用意了。他不耐烦地用手指敲击着案几,打断李斯的话说:"此一时彼一时也。皇帝贵有天下,富有四海,难道是为了苦形劳神,使自己像过客一样住在简陋的旅舍里,吃着守门人那样的食物,干着奴隶一样的苦活吗?你所列举的这些事例,现在看来就是奴隶也不会比之更辛苦劳累了,连旅客投宿旅店也不会比这样的日子更辛苦了,即使是看守大门的下贱之人也不甘心过这样的生活了。这些艰苦的事不是贤明君主应该干的。那些贤明的人统治天下,只是把天下的一切都拿来满足自己的需要,这才是享有天下的可贵之处。所谓贤人,一定能使天下安定,百姓驯服,如果皇帝自己连一点好处都得不到,还怎么治理天下?所以朕要肆志广欲,为所欲为,充分享受人生乐趣,永享天下好处,避免任何害处。你退下去吧!"

秦二世的话使李斯大吃一惊,一时无言相对,默默地告退而去。

这一段时间李斯的处境十分艰难,朝廷中流传着不少对他不利的流言。原来李斯一人得道,鸡犬升天,他的儿子李由也当上了三川郡守。不幸的是吴广率领农民起义军进军至三川附近,径直通过,李由不敢进行丝毫抵抗,秦将章邯击败了起义军暂时解除了威胁之后,二世派出使者调查李由,并且不断地传言责备李斯,位居三公(丞相、太尉、御史大夫)之高位,为何使盗贼(起义军)猖獗到如此地步,却不能消灭他们。这些行动、谣言，使李斯十分恐惧，他本来就十分看重自己的功名利禄，担心得而复失，他贪恋权势，不肯辞职，而又拿不出方案对策，只好迎合二世恣意享乐的欲望，上奏章《劝行督责书》。

二世看了李斯的奏书后，对李斯的怨恨之情才有些许缓解，他由此认为李斯还是忠于自己的，能够设身处地为自己想办法，能满足自己享乐的需要。当二世看到赵高后极力夸奖李斯所献督责之术高明。赵高要来李斯的奏书从头至尾读了一遍，心中十分的不高兴：李斯所谓"明君独断，权不在臣"不是暗中诋毁我赵高吗？赵高假意称赞几句敷衍二世，而心中对李斯却怀着切齿憎恨：你李斯不是要讨好二世么，我偏要二世憎恨你，咱俩比试一下谁的手段更厉害罢。

李斯劝说二世实行督责之术，胡亥言听计从，于是更加严刑峻法，收取赋税多的官吏被当成明吏良官，认为有才干，杀人最多的官员是忠臣。一人犯罪大肆株连，以至于受刑的囚犯络绎于道路，每天街市上都堆满了受刑而死者的尸体。这一切又反过来促使更多的人造反。这么多人造反为赵高陷害李斯制造了口实。

一天，赵高登门拜见丞相李斯，以一种忧国忧民的口吻对李斯说："关东盗匪一天比一天猖獗，国家形势岌岌可危，皇上却更加征调苦工修筑阿房宫，又收敛聚集犬马之类没有用的东西，整日沉湎于享乐之中，不理朝政。"

李斯问道："你整天侍奉皇帝于左右，怎么不好好规劝规劝他呢？"

赵高装出一副无可奈何的样子说："我是打算规劝的，可是我作为一个宫内废人，地位卑微，哪有我说话的资格呀！何况常言道人微言轻，我就是劝谏，皇上也不会听进去的。你贵为丞相，劝谏皇上改过从善正是你分内之事，你应该说几句真心话，为国家请命呀！"

李斯看着赵高忧心忡忡的样子，误认为赵高真的关心国家大事，就不假思索地随口说道："我早有功谏皇上之意，只是皇上一直不露面，深居皇宫，一直没有跟他见面的机会呀！"

赵高说："只要你肯规劝，我愿尽我的能力为你安排。什么时间皇上闲暇之时，我就通知你入宫，以便你有机会当面向皇帝进言。"李斯哪知其中有诈，便高兴地满口答应了下来。

过了几天，胡亥正在美女群中荒唐享受、乐不可支的时候，赵高派人通知李斯道："皇上正有空闲，可以进谒了。"李斯遂到宫内求见。此时胡亥正沉浸在宴乐的浓浓情绪之中，但是碍于丞相的情面，胡亥还是停止了宴乐，勉强出来应付一下。这样，李斯就有了拜见皇帝、报告政事和劝谏皇帝的机会，心中还对赵高产生了好感。但是李斯怎么也没想到，这正是赵高陷害他的诡计：赵高在二世玩兴正浓的时候派人喊来李斯，李斯的求见打扰了二世的玩兴，自然引起了二世的不满和反感。

事情正如赵高所预计的那样发展。这种事情一再地重复着，每当皇帝玩乐，李斯就要求见，终于激怒了二世皇帝，他不禁大发雷霆："我平常闲着丞相不来，等我稍微休息休息，他却来找麻烦。欺负我年轻是不是，瞧我不敢拒绝是不是？"于是吩咐左右道："你们去告诉他，我不想再见到他！"

二世的愤怒和责怪正中赵高的下怀,赵高心中暗暗高兴自己的计谋得逞了,但他却摆出一副十分着急的样子,乘机进谗说:"丞相如果真是这么做,那么皇上和我就危险临头了。"二世诧异地说:此话怎讲?赵高探着脑袋说:皇上你想啊,当初沙丘密谋,李斯是重要角色,他自始至终掌握事情的全过程。政变之后陛下已继位皇帝,而李斯还是个宰相,他的愿望很明显,要陛下割给他土地,封他当王。陛下如果不问我,我有话也不便于多嘴,人家毕竟是宰相大人嘛;陛下既然问我了,我就不敢隐瞒。宰相的大儿李由是三川郡守,楚国领土上的那群盗匪,像陈胜之流,都是宰相邻县的子弟,他们有浓厚的乡情。丞相为了保全楚人,不全力剿杀,所以盗匪们在故楚国领土上公然横行,十分猖獗。前段时间吴广之贼率众匪经过三川城下,李由紧闭城门,龟宿在城中,不让手下人攻击,而吴匪也不攻打三川城。我还听说李由与盗匪之间书信来往频繁,因为没有得到证据,所以不敢向皇上报告。尤其是宰相主持政府,统领文武百官,权势比陛下还大,我也不敢冒犯。"

二世听了赵高的这番话,不禁连连点头赞许,认为赵高分析的情况入情入理,于是更加怀疑李斯,并准备逮捕李斯,但是又怕没有真凭实据,所以未敢轻率行事。二世又一次派使者前往三川,调查李斯之子李由通寇之状。使者前往三川调查李由的消息,不久即传到了李斯的耳中。二世一再调查李由,引起了李斯的怀疑。李斯心想:皇帝为什么独不放过我儿子李由呢?陈胜、吴广率部所过之处,地方官坚守城门不敢出来的多了去了,皇帝都不调查,唯独调查李由,难道他的矛头是对准我吗?李斯想到这不禁警觉起来。赵高为什么主动劝我劝谏皇帝,为什么我每次入宫,二世都面带愠色,有些不快?难道是赵高从中做了手脚。既然怀疑了赵高,李斯便想法弄清事情的真相。李斯毕竟是丞相多年,皇宫中还有一些亲信,他派人一打听,果然证实自己中了赵高的奸计。为了保住自己不受迫害,揭穿赵高的阴谋,李斯企图面见二世,澄清赵高对他的诬陷,挽救自己在胡亥心中的形象,但是胡亥却在甘泉宫中玩乐,拒不接见李斯。李斯无可奈何,这才明白他已陷于险境,于是上奏章《上赵高弄权书》攻击赵高。

李斯确实不愧为丞相,洞察秋毫。他的奏书字字见血,句句切中赵高的要害,把个赵高刻画得清清楚楚,淋漓尽致。但是李斯的上书为时已晚,此时二世已经深受赵高的蒙蔽,惟赵高之话是听是从,已经听不进去不同意见了。胡亥看了李斯的奏章,很是生气,他把奏章往案几上一摔,捆扎竹简的绳子都给摔断了,竹片一下子散落了一地。当值的太监也吓得脸色发白,急忙把竹简一一捡起,放置在上边。胡亥气愤地说:"李斯在讲些什么屁话!天下弄成这个样子,他作为丞相不从自身找找原因,反而来责怪赵高。赵高不过一个宦官,并且多少年来跟随我左右,他品行良好,对我是忠心耿耿,实属朕之心腹之人。他从不以为安适而放纵,从不因为危险而变心。洁身自爱,谨慎忠诚。是他自己的努力才使他升迁到今天的官位,他用他的忠贞作为进身之阶,用他的信誉保持他的位置。我认为他实在是一位贤才,而这个李斯却怀疑他,并且不择手段地诋毁他,为什么?而且我如果不信任赵高,教我信任谁。"二世转身对当值太监道:"你去告诉丞相,赵高这个人精明廉洁,干练而

·擅权祸国的阉人·

图文珍藏版

有魄力,对下深切了解民心,对上又能合乎我的心意,以后不许他再说赵高的坏话。"

二世这一番话表明他对赵高是无比的信任,李斯知道要想让皇上改变对赵高的看法是何等之难。但是李斯是王八吃秤砣——铁了心了。他心想:开弓没有回头箭,既然得罪了赵高,就必须尽最大努力将他扳倒,否则以后就没有好日子过。他继续上奏章道:"陛下,赵高完全不是像你所说的那样完美,赵高是一个心术不正的下贱小人,皇上如果不及早把他清除掉,处境将是十分危险的。"

胡亥根本听不进去这些话,他早已失去了对赵高的警惕。胡亥十分相信赵高之言,越想越对李斯充满愤恨。

恰恰此时天下大乱已成蔓延之势,地方政府逐步解体。为了挽救大局,李斯已难以顾及个人之小利,遂与冯去疾、冯劫联合上奏章说:"关东盗匪蜂起,政府派军征剿,杀戮很多,而盗匪更多。祸源来自战士戍边、赋税杂捐、水陆运输诸般苦役。请求暂时停止阿房宫工程,减削边防军轮调次数。"胡亥听后大怒说:"掌握政权就在于想干什么就干什么,领袖有权,部下有责。先帝统一天下,兴筑宫殿不过纪念先帝的业绩。我自从继位二年间,盗匪四起,你们不能扑灭,而要取消先帝的既定国策,对上既不能报答先帝,对下更不肯尽忠于我,要你们坐在尊贵的位置上干什么?"

此时赵高又进谗言道:"左、右两丞相与大将军冯劫,每每串通一气,处处要挟皇上,这个奏章,再一次暴露了他们的狼子野心。"二世胡亥联想到最近这些事情,确信他们是早有预谋的,于是气不打一处来,下令将他们一一逮捕,找一个罪名处刑。冯去疾、冯劫得到消息后,感到是莫大的耻辱,再看到皇帝如此昏庸,时局又不堪挽回,不等士兵们下手,就先后自杀于各自的府邸。

李斯不愿就这样把老命葬送,独自到监狱报到。胡亥命赵高担任审判审讯李斯,赵高当场大表决心道:"请陛下放心,虽然我和李斯平时交情不错,但我决不会贪赃枉法、心慈手软的。"是啊,干掉李斯,是他久有的愿望,今天李斯落在了他的手中,他当然是不会心慈手软的。

李斯被逮捕,根据当时的严刑峻法,很多人受到了株连。二世在赵高的怂恿下毫不留情,下令将李斯的族人、朋友全部逮捕,押入狱牢之中。

赵高在审讯李斯时,声称李斯和李由涉嫌叛乱,企图迫使李斯招认与儿子李由一起通寇谋反之罪。李斯心里很清楚秦律的规定,如果承认了这一点,无疑是犯了要诛族的大罪,所以他坚决不承认。赵高恼羞成怒,命令手下的人采取严刑逼供的残酷手段,仅酷刑拷打就达千余次,用蘸水的皮鞭把李斯打得皮开肉绽,殷红的鲜血染透了身上的囚衣。李斯不堪刑讯,实在忍受不住非人的折磨,只好屈打成招,承认了"罪状"。

但是李斯不甘心于白白等死,他本来就没有谋反的行动,他又怎能坐以待毙呢。李斯之所以自诬谋反,不愿自杀,就是自信他对国家的贡献和他的辩才,终可洗刷清白,获得昭雪。诬报之后,给胡亥再上奏章曰:

"臣为丞相治民,三十余年矣。逮秦地之狭隘,先王之时,秦地不过千里,兵数十万,臣尽薄才,谨奉法令,阴行谋臣,资之金玉,使游说诸侯,阴修甲兵,饰政教,官斗士,尊功臣,盛其爵禄,故终以胁韩弱魏,破燕赵,夹齐楚,卒兼六国,虏其王,立秦为天子,罪一矣,地非不广,又北逐胡貉,南定百越,以见秦之强,罪二矣,尊大臣盛其爵位,以固其宗,罪三矣,立花稷,修宗庙,以明主之贤,罪四矣,更克画,平斗斛度量文章,布之天下,以树秦之名,罪五矣,治驰道,兴游观,以见主之得意,罪六矣,缓刑罚,薄赋敛,以遂主得众之心,万民戴主,死而不忘,罪七矣,若斯之为臣者,罪足以死固久矣。上幸尽其能力,乃得至今,原陛下察之。"

赵高根本不可能把奏章呈交给二世,赵高看李斯还没有按自己的心愿服罪,就勃然大怒,一把把它扔进了垃圾堆里,冷笑说囚犯有什么资格表达意见。然而也使他提高警觉,他知道李斯是不会放过任何一个替自己辩解的机会的,于是派遣他部下十余位门客冒充御史、谒者和侍中之类,宣称奉皇帝命令,复查李斯案情。李斯不知其中有诈,以为他的奏章发生效力,便鼓动他那三寸不烂之舌,据实回答绝无谋反。门客回报赵高后,赵高责备李斯不肯合作,再加酷刑拷打,几次后,李斯畏惧痛苦,只好继续自诬,"老老实实"地承认罪状。

有一天,胡亥真的派遣亲信前来复查,李斯哪里能辨别得出真假,他又怕像前几次一样受尽折磨,于是不敢更改口供,没有为自己申辩。

胡亥得报之后知道李由确实有谋反之举,于是李斯被认定罪大恶极,叛处五刑(一、先在面上刺字,二、削鼻,三、砍下双脚脚趾,四、用鞭捶死,五、斩首,剁成肉酱。)

二世二年(公元前208年)7月,李斯在咸阳街市上腰斩(代替鞭死),李斯与第二个儿子一同处死。

儿子伤心地说:"爹,事已至此,你就别说这些了。"言罢父子相对抱头大哭。李斯替儿子擦干泪水,喃喃地自言自语道:"我李斯出身于上蔡之贫民,为了功名利禄,抱定了'老鼠哲学',游说秦国,创立下丰功伟绩,名震一时,到头来落得个身首异处,家族也都因我而灭,下场可悲呀!"

李斯被斩后,屠杀三族。胡亥遂任命赵高为宰相,事无大小,都由赵高全权处理。

八月中秋前后的咸阳城,本该可以闻到秋凉的气息了,可是今年奇怪,一天比一天闷热。连续一个多月没漂过一星雨丝,亮而白的太阳整日烧烤着。河水浅了、干了,草木黄了、枯了,历尽车压马踏的铺街石块,因过分缺少水气而都从地基上松动浮离出来了,车马一过,尘土飞扬,满天都灰蒙蒙的。大地一片滚烫,好像随处一碰都会冒出火花来。达官贵人们心里嘀咕:"咸阳城里流的血太多了,大秦帝国虚脱了,高热了!"平头百姓望望天,摇摇头:"唉,老天哪,这种热法可叫人怎么活得下去啊!"

皇宫地窖里贮存的冰块已经所剩不多了。上一年的隆冬季节,苦役们冒着刺骨的寒风,到大河里挖凿冰块时,只知道天下的第一痛苦是寒冷,人生的最大幸福是温暖。谁也没有想到今年的夏天会有这么长，这么热，冰块会用得这么多。所以到了八月天气，除了皇上或重大会议而外，其他所有官员都已经无福享用这稀贵如金的冰块了。

中丞相的府邸当然是个例外，每天依旧要耗去大量的冰块。赵高的卧室和书房乃至于会客厅里，冰块都堆得像小山似的。整个官邸里没有一丝的酷暑感觉。在这个天外之天的世界里，赵高享受着比当皇帝还舒适的清凉，更为自己拥有着化夏为冬、变秋为春的天神之能而乐不可支。丞相李斯被腰斩之后的近一个月中，赵高除每天必须到皇宫应付差事、察看胡亥小儿动静而外，他几乎足不出户，一直呆在家里，或看书，或静坐，等待着秋凉季节的到来。

然而，一段宁静的时间过去后，赵高还是感到烦躁起来。

赵高的烦躁来自书本。那天他闲着没事，随手拿出一部书来翻。其中有一件事深深地触动了他的神经。那书上讲述了有关周宣王时的故事：

赵高看这故事时，本只觉得有趣。可是，当他呷了一口茶，闭目回味故事中的含义时，他不禁心神不宁起来。

他知道，故事本来是在谴责周宣王后来的昏庸专制、滥杀无辜的，但赵高却特别注意到了周宣王的对立面——杜伯和左儒的所作所为。

自从左丞相李斯被腰斩之后，赵高心头的最后一块石头终于落了地。他只担心现在还活在世上的人，那些在朝堂中还掌握着权力的人，那些像杜伯、左儒一样，可以不顾身家性命而要为君主、为朋友敢作敢为、仗义执言的人。看到杜伯、左儒的故事，他不能不联想到，周宣王时会有杜伯、左儒，那么秦二世时为什么就一定没有杜伯、左儒呢？

自从李斯在西市被处决之后，朝廷上清静规矩多了。只要赵高说出了自己的看法，就从没有出现过第二种说法。

但是，明枪易躲暗箭难防。杜伯、左儒因公然叫骂才被周宣王轻而易举地杀掉的，如果他们阳奉阴违，只在暗中使梗，那么周宣王哪里能够除掉他们？

现在的问题是，必须尽早将朝廷中所有的"杜伯""左儒"统统扫除，可是"杜伯""左儒"又在哪里呢？赵高不知道，老天不知道，谁也不知道！赵高的心里不禁烦透了。

他把朝廷里的所有大臣一个一个地拿出来分析琢磨，可是绞尽脑汁也想不出个所以然来。一会他觉得朝中大臣哪一个都像是杜伯左儒，一会他又觉得一个都不像是杜伯、左儒。他越想越烦，越想越热，越想越觉得急迫难耐。他一会儿像装满了泥土的麻袋一样瘫倒在太师椅上，一会儿又像一只充满了气的皮球一样高高地弹起，一会儿又像是一头狂怒的狮子在房间里来回奔突……

一大群奴仆丫鬟，一个个都怀着一颗忐忑不安的心，泥塑木雕一般一动不动地侍立在赵高的周围。

一时间，整个中丞相府邸一片寂静，好像连空气都被凝固起来了。

"报——楚地首富欧阳宏前来求见、献宝——"

一声高喝划破了宁静的丞相府。赵高好像从梦中惊醒一般,悄悄问:"去看看献的是什么异宝。"

马上有人快步跑出。

一会儿,来人回报:"是一头罕见的巨鹿。"

"鹿?!"赵高不由自主地重复了一声。

赵高自从得到秦始皇和秦二世的宠幸之后,收受过无数从四面八方进献来的宝器名物。他自己在家中室所的"聚宝厅",聚萃着各式各样的珍奇宝玩。但是,他所收受的最多的礼物,还是马和鹿。

"什么时候了?还送什么鹿给我!不见!"赵高一脸恼怒。

"慢!"赵高突然想,既是楚地首富,出手一定不凡,他自称是"宝鹿"必有奇特过人之处,不妨收下让厨子宰了做碗鹿汤喝,或许对身体大有补益。所以见仆人正要去辞客,便说:"叫管家收下礼物交给厨子,晚上喝鹿汤。"

晚上,厨子上好了酒菜,可是没有鹿汤。赵高也并没有在意,因为他本没有把什么"宝鹿"放在心,缠绕在心头的问题还是那"杜伯"和"左儒"。不过,等到赵高酒足饭饱的时候,厨子还是战战兢兢地主动过来请罪了:"中丞相,那送来的鹿不是真鹿,是一头假鹿。"

"什么真鹿假鹿,鹿还有真的假的?谁吃了豹子胆了,竟敢送假鹿给我?!"赵高心里本想着"杜伯""左儒"的真假问题,忽又听说"真鹿""假鹿",不禁更加动起气来。

厨子更加诚惶诚恐,急得说不出话来。管家提着一个精致的箱子,走过来解围说:"中丞相,你看,那楚地首富欧阳宏所送的是这样一头'假鹿'。"说着,就打开了那箱子。

一股冲天毫光从箱中蒸腾而出。赵高一瞧,不禁呆住了。

只见那箱子里面,装着的是一头玲珑剔透的"梅花鹿"。

这"梅花鹿"是一尊未曾雕刻过的天然的玉石,通体晶莹,色彩斑斓,从外形到神气又与真正梅花鹿一模一样,要不是它是袖珍的个头,谁也不会怀疑它是一头活生生的梅花鹿。

赵高忍不住伸手把"梅花鹿"从箱子里取了出来,从头到尾仔仔细细地进行端详。天造地设,世界真是太奇妙了!

赵高手捧着"梅花鹿",眼睛看着"梅花鹿",心里想着"梅花鹿",不由自主地站起身来,不置一词,转身朝自己的书房走去。管家赶忙提着箱子,一手扶住赵高,一起进了书房。

书房的灯是关着的,可是,赵高走进房门时并没有感黑暗,原来,他手中的"梅花鹿"所发出的毫光,就足以朦朦胧胧地照亮整个书房了。更为奇妙的是,昏暗中,"梅花鹿"腹部竟神奇地显现出八个红字来:"神鹿助尔明,神鹿赐尔福!"

赵高大喜过望,爱抚地拍了拍"梅花鹿"的屁股。没想到,赵高的这一拍,又拍出一个奇迹来,那"梅花鹿"竟"咩-咩-咩"地叫了三声,如同真鹿的叫声一模一样,而且三声叫过之后,竟还像人一样说起话来:"神-鹿-助-尔-明——神-鹿-赐-尔-福!"

"奇妙,奇妙,真是太奇妙了!——神鹿啊神鹿,你一定能帮我解决各种难题……"。

第二天,依旧是个大热天。但是,赵高心中爽快。一大早就带着他的"梅花鹿"直奔皇宫大院。

胡亥依旧还赖在床上,直到赵高走到床前,他才懒洋洋地起了床。赵高坐在一旁喝着香茗。等到胡亥洗漱完毕,吃好早饭后,赵高凑到胡亥面前,神秘地说:"皇上,我们到你的马厩去观赏观赏。"

看马是胡亥平生最喜爱的事情之一,难得赵高主动提出来要去看马,所以胡亥也不多作思考,拉起赵高的手就想往马厩方向走。

"等等,等等,皇上不妨召上文武百官一齐前往观看,这也算得上是'君臣同乐'嘛。"赵高说。

胡亥一想也对。他本来轻易不肯让别人看他的马和鹿,甚至不允许让别人随便靠近他的马厩。但既然中丞相提出要"君臣同乐",那也就不妨让群臣都去开开眼界。

马厩很大,文武百官齐集于此也并不显得拥挤。里面的马也真多,各种各样的千里马、名马都有,还有一些模样奇特新异的马,每一匹马都引起了群臣啧啧赞叹。胡亥十分得意:"朕贵为国君,拥有四海,不过朕最为关心的两个地方,一个是朕的鹿,一个就是这个马厩。"

赵高一直与大家一起,默不作声地在观马。这时,他突然高叫一声:"陛下,你的马我等都已见识过了,确实不同凡响。现在,奴才请陛下看看我今天带来的一件宝物。"说完,他就示意小太监呈上那个装"梅花鹿"的箱子。

箱子打开了,群臣一片惊奇。赵高捧起"梅花鹿",轻轻地拍了拍它的屁股,"梅花鹿"依旧"咩-咩-咩-"地叫了三声,随后朦朦胧胧地说出了:"神鹿助尔明,神鹿赐尔福"这八个字,胡亥惊得目瞪口呆,文武百官一齐跪伏地下,对着胡亥和"神鹿"顶礼膜拜。

赵高更加容光焕发,对着还在发愣的胡亥说:"天降神马,说明吾朝国运亨通,陛下洪福似海。现在,奴才特将此'宝马'献给陛下!"赵高故意把"宝马"两字说得特别重,双手捧着那"梅花鹿",在胡亥面前晃了几晃,然后示意小太监收起"梅花鹿",说:"速速将此'宝马'送至神庙供奉!"

胡亥平生最喜欢马和鹿,见赵高所进献的明明是头"梅花鹿",却说成是"宝马",不禁失声大笑道:"中丞相误矣!这分明是一头'神鹿',哪里是什么'宝马'?中丞相指鹿为马,误矣,误矣!"

赵高听了胡亥的话,竟也不禁失声大笑起来,道:"这分明是一匹'宝马',陛下怎么误以为是一头'神鹿'?陛下看花眼了!"

"分明是鹿,怎么说是马?"胡亥还是笑着对赵高说。

赵高伸出一只手,摸了摸胡亥的额头,故作惊讶地说:"陛下并未发高热,怎么白日说胡话,误马为鹿?这可是怎么回事?怎么回事?"

胡亥感到一阵目眩,嘴里的声音不仅有点颤抖、犹疑:"这、这、这分明是鹿,怎么、怎么会、会是马、马的呀?……"

"这是一匹'宝马',陛下!"赵高坚定地说。

"是吗?"胡亥感到脑袋里被塞进了一团棉花一样,膨胀得厉害,头晕得厉害,他环顾四周,求援似的问:"众爱卿,你们看看,这到底是一头鹿,还是一匹马?"

众大臣不知赵高葫芦里卖的是什么药,也不知道到底该如何回答皇帝的提问,一个个都在那里装聋作哑,低头不语,静以观变。

胡亥又是一阵目眩,双腿一软,几乎要跌坐到地上。

"这的确是一头鹿!"百官行列里有人说了一声,不过这声音实在太小了,胡亥听不见,更听不清说的到底是鹿还是马。

"这是一头鹿!"又有几个人说出声来,不过声音还是那么轻,那虚,那么模糊不清。

"这是一头鹿,陛下!"一个老太监见胡亥神情沮丧,站立不稳,赶忙过来扶定胡亥,一面坚定不移大声地对胡亥说。

"啪!"赵高一步走上前来,对着那老太监就是一个耳光:"众文武都在这里,哪有你贱奴多嘴多舌的份儿?你竟还敢指马为鹿,违理悖情蒙蔽圣上!"

老太监用手擦了擦流出嘴角的鲜血,木木地看了看胡亥,看了看赵高,不敢再发一声。

"众爱卿,你们说话呀,这到底是马还是鹿?……"

"陛下,这千真万确是一匹'宝马'呀!"赵高对着胡亥说,接着又转向众臣,假惺惺地问:"你们说,到底是圣上看花眼了,还是我说错了?"

众臣面面相觑,无人作答。又是一阵沉默。

"你们快说,是鹿还是马!"赵高又叫了一声,双目射出灼人的光焰来,对着众人扫射了一遍。

"中丞相说得对,这是一匹'宝马'!"站在最近的一个文官叫了一声。

"皇上看花眼了,把马说成是鹿!"又有人大声回答。

"对,是马不是鹿,皇上错了……"许多人大声附和起来。

"皇上错了,中丞相说的对……"整个马厩都轰响起来……

胡亥又是一阵目眩,幸亏那老太监牢牢地扶住了他,否则他早已瘫倒在地了。

"怎么回事,怎么回事?"胡亥百思不得其解:"这么多人都认为是马,那当然是一匹马无疑了,可是自己怎么偏偏认为是一头鹿呢?自己的头怎么会这么晕?难道自己神志不清、神经错乱了吗?……"如同突然天塌地陷了一般,胡亥感到一阵莫名的巨大的恐惧。"朕累了。众爱卿请都自便,朕要回宫歇息去了。"

老太监扶着胡亥走了。

众大臣一一向赵高辞别,都离去了。

·擅权祸国的阉人·

图文珍藏版

马厩里只剩下赵高和他的随从仆役。

赵高问："刚才说是'鹿'的人都记下了没有？"

"都记下了。"仆役回答。

"好！打道回府！"赵高胸有成竹地登上了自己的马车。

九　私通外敌

秦军屡次败绩，胡亥派人责备章邯，章邯恐慌，（章离开咸阳已两年有余，已不知宫中变故）派长史司马欣专程回都城咸阳陈述前方军事情况，请求指示机宜。司马欣晋谒宰相赵高，在门房等了三天，赵高拒绝接见。探听之下，似乎正在酝酿某一种阴谋，不禁毛骨悚然，急行返回防地，不敢走他来时的道路。赵高果然派人追捕，已来不及。司马欣回到军前，向章邯报告：赵高掌握最高权柄，其他没有一个人敢做决定。我们如果战胜，赵高一定妒忌，我们如果战败，更是死路一条。请将军深思熟虑。陈余也写信给章邯说："白起是秦国的大将，在南方攻陷鄢都（故楚首都，湖北江陵县），在北方长平（山西长子县）坑杀敌赵国降卒40万，攻城略地不计其数，结果被迫自杀。蒙恬三世当秦国的将领，在北驱逐蛮族部落，开辟榆中（甘肃兰州东）地区数千里，最后竟在阳周（陕西安定县）处死，为什么如此？只因为功勋太多、功劳太大，秦政府无法酬报，只好诛杀。将军当秦政府的统帅已经三年，丧失的将士有十余万，而群雄崛起越来越多。赵高阿谀谄媚，擢升高位，一旦发现再也罩不住，恐惧皇帝处分时，必然把大祸转嫁到你头上，用你的人头推卸他的责任。派人接替你的职位，解除他的压力。将军长久在外，政府中却埋伏着这么多危机。有功也死，无功也死。而且上天要秦国灭亡，无论傻瓜和聪明人都已深知。你对内不能够直言规劝，对外又是一个将要亡国的带兵官，孤立无靠，却打算安然长存，岂不是一场悲剧。将军你为什么不回军倒戈，参与各国合纵联盟，向暴政发动攻击，瓜分秦国领土，分别封王，南面称孤？比起伏到砧板之上腰斩，妻子被杀，你以为哪一种好？"章邯犹豫不决，派遣军官始成秘密晋见项羽，谈判投降条件。谈判正在进行之中，项羽命蒲将军用急行军穿过三户（河北磁县）抵达漳阳河南岸，发动进攻，再破秦军。项羽率大军追至汦水，三度大破秦军。章邯不能支持，再派人秘密晋见项羽，请求准许投降。项羽举行军事会议，宣布说，我们的粮袜不足，不如接受，大家一致赞成。项羽就在洹水南岸，商王朝废墟举行盟誓。章邯进见项羽，悲痛流涕，陈述赵高迫害经过。项羽遂封章邯"雍王"，留在司令部，任命司马欣担任上将军，率秦军前导。

二世二年（公元前208年）正月，章邯攻破陈胜之后，又挥师北上临济（今河南封丘东），乘胜去攻打魏王咎，并大破齐楚援军于临济城下。魏王咎见请来的两国援军都已经失败，知道再硬撑着战下去，自己必然没有生还之理。不但自己不能活命，还连累了自己的家族和跟随自己多年的铁杆部下。思前想后，只有投降一条路子可走。魏王咎是守信仗义之人，他知道投降一事不能告诉部下，否则他们是宁死不降的。这样大家同归于尽，实在于心不忍，于是就私下降书于章邯，得知章邯同意就降后，自己则自焚而死。

田儋的弟弟田荣率余部向东退去，章邯得报后追击而去，同年七月将田荣部围困在东阿（今山东阳谷东），其时项梁正攻打亢父（今山东济宁南），得知田荣遇困，便挥师相助，在东阿击败章邯，章邯只好退守濮阳。紧接着，项羽、刘邦部又在雍丘（今河南杞县）斩杀了秦将李由，项梁乘胜北上，攻到了定陶（今山东定陶西北）。

赵高害死李斯之后，取而代之作了中丞相，凡军国人事，皆一人独揽。赵高见各地盗匪日益猖獗，便致书章邯，责成其大力平盗。章邯此时困守在濮阳，也想出奇制胜，建立战功。每天派出侦察，刺探项梁军中之情，以便见机行动。

项梁驻扎在定陶城下，十多天来阴雨纷纷，不便进攻，就放松警惕，在军中饮酒消遣。将士们也乐得逍遥自在，快活度日。这种情况早被秦军的探子窥知，回报章邯，章邯便集结兵力，等准备充分后，与项梁一决雌雄。

9月的一天，楚军安睡在营中，忽闻营外喊声震天，好似千军万马杀将过来。等楚惊起，营内已经火光冲天，杀声一片了。只见秦军一队队人马，见人就砍，遇马就刺，吓得楚军躲闪不及。有一部分拿着枪械上前迎战，但仓促上阵根本不是秦军的对手，白白搭进去几条性命。只见秦将章邯跃马舞枪，越战越勇，锋刃至处，血肉横飞。项梁与章邯遇个正着，章邯舞刀猛劈，刀光逼人；而项梁情急之下只拿了一把短剑来，哪里能支撑得住？才战了几个回合，就力不能支，败下阵来，他夺路欲逃，但章邯刀长可及，一刀过去，就把项梁劈成两半，从马上滚落下来。

项羽听说叔父被章邯所杀的消息，不禁失声痛哭，刘邦也陪着滴了几滴眼泪。然后与项羽商议道："武信君已死，军心不免动摇，不如暂且东归，保卫怀王为好。"项羽也只有按此打算，便与刘邦一道撤兵东归。到达陈县时，邀请吕臣军共去江左，择地而驻。吕臣军驻彭城东，项羽军驻彭城西，刘邦军驻砀郡，彼此互成掎角之势，以便互相声援。而怀王居住在盱眙，恐为秦所攻，便请他移都彭城。怀王至彭城后，命项羽与吕臣两军并作一处，由怀王自己统帅，刘邦军则继续留在砀郡，授刘邦为郡首，并封为武安侯。吕臣晋升为司徒，吕臣之父吕青为令尹。封项羽为长安侯，封号鲁公。

却说章邯杀死了项梁之后，认为楚已无所作为，就马不停蹄地渡河北上，赶往赵地，与驻守在上郡的秦将王离取得联系，二人商议南北夹击，一仗大败赵军。王离将赵王歇和张耳围困于钜鹿城中，章邯便把大军安扎在钜鹿以南的棘原，日夜不停地修筑甬道，源源不断地给王离部提供后勤供应。

陈余募招了数万人驻扎在巨鹿以北，张耳之子张敖在代郡招募了一万多兵马驻扎在陈余部旁，牵制着陈余。燕、齐闻讯也派来援军，与秦军相持在巨鹿城下。

十月，宋义率军北上，行至安阳（今山东曹县东），把部队停驻在安阳，一连46天不挥师前行。赵国使者也多次催促，宋义依然不予理睬。项羽是个急性汉子，对宋义的举动实在憋气不下。心想，你不想入关为王，我项某还想当王呢，就入账相谏道："秦兵围赵，形势甚急，我军既然增援，就应火速过河救急，这样我为外合，赵为内应,秦指日可破,不知你为何久久按兵不动,坐失良机呢?"宋义不以为然地说:"此言差矣。我之所以按兵不动,主要是等待秦赵两家决一胜负,再定进止。若秦兵胜赵,必疲惫不堪,我军再追而攻之,秦军必败;如若秦不能胜赵,我便长驱直入,西入秦关,到那时,还讲什么章邯不章邯的?所以你不必性急,少安毋躁。总之披坚执锐,我不如公,要论运筹决策,公尚不如我哩。"言罢哈哈大笑。

项羽被宋义戏弄一番,心中愤愤不乐,回去后拿酒便饮,借酒浇愁。几大觥喝过,酒劲起了作用。项羽心想,你宋义算是何等人物,有何战功?竟排位在老子之前。前次在我叔父军中,见死不救,害得我叔父兵败身亡,你小子端底不是个好东西。想到这不禁三尸暴跳,七窍生烟。遂进入大营,鼓动大家道:"我等冒寒前来,不就是为了救赵破秦吗?但宋义久居此地,不思前行,方今岁饥民贫,军营无粮,宋义却豪饮大嚼,自鸣得意。而不思渡河往赵,反说要等秦军疲惫,试想秦兵如此强悍,攻一小小赵国,还不是易如反掌?如今国家安危,在此一举,而宋义却不顾大局,只顾私谋,要这样的上将还有何用?"兵卒见项羽说的在理儿,也有不少人从中随声附和。项羽便大步奔入宋义帐中,宋义此时正酒醉酣睡,项羽就拔剑把宋义杀死在军帐之中。项羽提着宋义的首级,枭首示众道:"宋义与秦人私通,谋叛楚国,我奉怀王之令,已把他斩首了。"早有几个马屁精走上近前献媚道:"将军之家历有功勋之将,为我楚国立下了汗马功劳。今将军又诛乱有功,应当代行上将军之职,以统率全军。"其实项羽早想当这个上将军了,此时还假惺惺地说:"这可不行,得禀明怀王后,才可决定。"将士中又有人喊道:"军中不可一时无主,将军不妨先行使上将军之职,待怀王有令时再行调换也不迟嘛。"项羽就不再推托,应允了下来,自封为主将,夺得了兵权。项羽为了斩草除根,又派人追上宋义的父亲宋襄,一刀结果了他的老命,才算放下心来。项羽便命黥布和蒲将军先行渡过黄河北去。

此时钜鹿城里,军民都惶惶不可终日。赵将陈余不敢与秦军交手,集兵数万在巨鹿城北虚张声势。赵相张耳日夜焦灼不安,派人送信催促陈余出兵,信曰:耳本与君为刎颈之交,誓同生死,今王与耳困坐围城,朝不保夕,所望唯君一人而已。而君拥兵数万,不肯相救,有负前盟。如能与秦军拼个你死我活,胜败也未可知,望君三思。

英、蒲二将军过河之后,探得了章邯、王离军中实情。对项羽说:"如今秦兵气势尚盛,粮草运输不绝。要想战胜之,必先断其粮道。"项羽同意,命二将军先破坏掉章邯与王离之间的后勤运输之甬道,然后包围了王离的军队。项羽于12月率全军渡过黄河,过河后沉没了船只,砸烂了炊具,每个将士只随身带了3天的粮食。也就是表示,不留退路,与秦军决一死战,要么战胜,要么战死,绝无其他选择。这就是成语"破釜沉舟"的来历。

项羽向王离部进攻,王离率军拦截,项羽一杆长槊,使唤得十分娴熟,戳死秦兵马无数。气得王离性起,他仗着人多势旺,上马与项羽一战。偏项羽越战越勇,王离三战皆败,只好败回兵营。章邯见王离战败,便来援应。项羽如同杀星下凡,直杀向章邯,秦军见项羽来势凶猛,心理上首先占据了弱势。不到三天的功夫,章邯所部就败下阵来,章邯率兵逃跑到污水。项羽也没时间与章邯多加纠缠,于是乘胜攻打钜鹿,与援赵之军一起接连向城中发起猛攻。秦军凭借着钜鹿城的坚固,作殊死抵抗。结果大战了9个回合,终于打败了秦军,杀死了秦将苏角,活捉了大将王离,秦将涉间因兵败而自焚于战场。于是项羽因战功卓著而成了各路军队的上将军,大家都听从他的安排和调遣,项羽就挥师向章邯部进攻而去,于二世3年(公元前207年)六月大破章邯所率的秦军。

秦军在前线节节告退,连吃败仗,章邯便派人火速回朝要求救兵,赵高正在为宫中之事劳神,哪里顾得上宫外之事,对前线的战事不予理会。等回朝求搬救兵的士卒报告情况后,章邯大骂士卒没用,一气之下,一刀结果了他的性命。但杀了士卒,只能解一时之气,没有办法,章邯只有再次派遣长史司马欣速抵咸阳,向皇上请求援助。

司马欣一路十万火急地赶到朝中,一经了解,二世已经久不视朝,赵高也推脱不予接见。一住三日,无任何消息,不得已贿赂门吏探听底细,才知赵高忌恨章邯等等。司马欣怕自己受到连累,便赶忙上马离都,抄小路逃回棘原。果然赵高派人追杀司马欣,亏得司马欣从小路逃走,否则小命难保。章邯听得司马欣的情报,心中十分忧虑,闷坐在军营,嗟叹不已。正在一时无计之时,帐外忽传有书简送到。章邯接过一阅,书简道:

章邯将军麾下:仆闻白起为秦将,南征鄢郢(皆为楚地),北坑马服(赵括号马服君),攻城略地,不可胜计,而竟赐死。蒙恬为秦将,北逐戎人,开榆中地数千里,竟被斩于阳周。何者?功多帮不能尽封,因以法诛之,今将军为秦将三岁矣,所亡失以十万数,而诸侯并起,今且益多,彼赵高但知阿谀,今事急,亦恐二世诛之,故欲以法诛将军以塞责,使人更代将军以脱其祸。夫将军居外日久,必多内隙;无功固诛,有功亦诛。且天下亡秦,无论智愚,并皆知之,今将军内不能直谏,外为亡国之将,孤持独立,而欲常存,岂不哀哉!将军何不还兵,与诸侯合纵连盟,约共攻秦,分亡其地,南面称孤,岂不愈于身伏斧,妻子为戮乎?惟将军图之!故赵将陈余再拜。

章邯阅了阅,颇为感动,不禁热泪满面,仰天长叹道:"上天逼我章邯走投敌叛国的不义之道呀!"

章邯思虑再三,只得在二世三年(公元前207年)7月投降于项羽。

章邯率军来到洹南(今河南安阳县北),可怜兮兮地向项羽求降,而项羽则旌旗猎猎,列阵威严地前来受降。章邯早已守候在这里,见项羽来到跟前,急忙翻身下马,长跪在道旁。项羽用手里的马鞭子指了指章邯,意思即是传令手下告诉章邯免礼,这就算是和章邯打了招呼。章邯此时作为败军之将,心里的确不是个滋味。他心想,我章邯怎么说也是一个屡建战功的猛将,以往他项羽见了老子也要畏惧三分,恨只恨秦二世昏庸无能,竟让赵高这个阉竖在朝中掌管大权,害得俺今天落得个如此可悲下场。唉,居人屋檐下,不得不低头呀!章邯心中虽然对项羽很不服气,尤其对他今天的态度,更是不满,但既然是求降于人,也只好忍气受此屈辱。听见项羽的传令兵高呼"免礼",章邯起身谢道:"邯为秦将,本思孝忠奉室,但无奈二世信谗,赵高用事,秦亡只在旦夕,邯不能随他俱亡。今仰将军神威,战无不胜,攻无不克。此去除暴安良,入关称王,纵观今日天下,舍项大将军,还有何人?邯早有择明主而事之心,只是前时在下奋不顾私,触犯将军,自知负罪,未敢遽投。现蒙将军宽有,再造之恩,邯誓当竭力图效,借报深恩。"言罢失声痛哭不止。他这一哭,与其说是表达对项羽的钦佩和敬意,不如说是对自己的顾影自怜。项羽见状,误以为章邯对自己忠心可鉴,心里暗暗骂道:"你这个软骨头,原以为你是秦国的一员猛将,今天看来也不过如此而已。"然后假惺惺地遂安抚道:"章将军不必多心,既已知弃暗投明,去逆效顺,我也就不计前嫌,因私害公。章将军若能将功补过,与本人合力灭秦,本将定与你同享人间富贵荣华。"章邯跪地再拜,手下所有秦兵都叩首不迭。项羽喊来司马欣,命其为上将军,率领来降的20多万秦军,当作先锋;封章邯为雍王,留置在营中。这一安排等于夺去了章邯的兵权,雍王的封号听起来好听,岂不知充其量也只是个聋子的耳朵——摆设。项羽安排已毕,遂率领20余万各路将士,按计划向秦关进发。

正在项羽向秦关火速进军之时,刘邦也已率军向秦关进发,来到了昌邑城,守兵紧守城门,矢石如雨般攻向汉军,刘邦白丢了几百条人命,见昌邑一时难以攻下,就下令暂停攻击。然后与前来投诚的昌邑人彭越商议,鼓越建议改攻高阳城,刘邦认为可行,于是告别了彭越,率兵绕道高阳去了。

不日刘邦攻破高阳城,高阳有一老儒叫郦食其,向刘邦进计道:"足下兵不足万,这样去攻打强秦,无异于驱羊入虎。以老夫愚见,不如先占据陈留城,陈留乃天下要冲,四通八达,进可战,退可守,且城中积粟甚多,足为军需,老夫与陈留县令有多年的交情,我愿替刘将军前去招安,倘若他拒不服从,刘将军就于夜间进攻陈留,老夫在城中权为内应,如此陈留城不难攻破。刘将军得到陈留之后,再招兵买马,然后再往关中进攻,才是上计啊!"刘邦听了郦食其一番肺腑之言,心中大悦,便依计行事。

陈留县令果然不知好歹,不愿与刘邦配合,郦食其假装不在意,与县令开怀畅饮。夜半时分,郦食其趁县令酒醉方酣,便溜出县衙,打开城门,引刘邦径入县衙,十分轻松地得到了陈留。刘邦在陈留招募了大批人马,不日向开封攻去,正在久攻不下之际,张良前来助战,两人携手攻下开封,又拿下了颍川,本想再攻荥阳,但听探子来报,说赵将司马卬将渡河入关,刘邦怕落人之后,不敢恋战怠慢,便向北改攻平阴,平阴一时难以得手,又改往雒阳,雒阳也难攻下,便又从环辕山取道进军,环辕山山路崎岖难行,秦军以为地势险要,放松了防守。刘邦军就畅通无阻地通过了环辕山。过了此山,一路势如破竹,连下十余座韩城,然后向南阳进发,南阳郡首出兵阻击刘邦,但哪里是刘邦的对手,交手一阵子便败退到了宛城。刘邦追至城下,见宛城守势严密,无心恋战,便弃宛而继续西去,张良谏道:"沛公急于入关,但欲速则不达。若不下宛城,恐留下后患。到那时秦击我前,宛堵我后,进退两难,岂不危险。不如攻下宛城,再行前去,方无后顾之忧。"刘邦觉得有理,便退回攻宛。但强攻不是好办法,刘邦便派出使者进入宛城,告诉南阳郡守和宛城县令,秦朝指日可亡,而刘邦宽厚容人,若投顺于他,既免于一死,也可以保全禄位。郡县闻之,乃开城相迎。刘邦便顺利拿下了宛城,然后经丹水,出胡阳,下析郦,直抵武关。武关城并非没有守兵,但都是些老弱病残,并且是仓皇迎战,根本不敌刘邦军轻轻一击,便一个个抱头鼠窜,把好端端的一座关城,拱手让给了刘邦。刘邦安然入关,早有消息传入咸阳,咸阳城内谣言四起,一片混乱。老百姓人心惶惶,不少人带着一家老小,准备举家出逃。

这时赵高也慌了手脚,不知如何是好。自忖美好日子难以长久,便私下派人去刘邦营中,商议与刘邦在关中分而治之。刘邦已经打到了城下,灭秦已是笼屉里抓馒头——手到擒来的事儿了,哪里会应允分而治之?一顿臭骂,将赵高的使臣轰了出去。

刘邦见秦宫亲来议和,估计攻城已易如反掌,便欲引兵出击。张良阻止道:"秦兵尚强,不可硬攻,不如不战而屈人之兵。我打听到,秦国守城将士已经数月没领到军饷了,正是罗锅腰上树——前(钱)紧的时候,可以以重金贿赂守城之将,招诱其降,方是上策。"刘邦依计行事,派郦食言这个能将死人说活的"郦铁嘴",携金带银地入关去劝降秦将。为了加重谈判桌上的分量,增强劝降的效果,刘邦大搞心战,他拨兵数千,悄悄上山,漫山遍野插遍旌旗。秦将士登关东望,只见楚帜猎猎,不由得心惊胆寒。郦食言入关见到秦守关之将后,将所带财宝往桌子上一扔,馋得秦将眼睛死死地盯着不放。郦食言见时机一到,便开口说道:"沛公素来景仰诸位将军的大名,所以备了这么一些薄礼,遣小的前来问候各位。秦朝不能久存已成定局,沛公拥有精兵百万,诸将孤守关中,为秦而死,实非明智之举。望诸将军明察事机,辨си利弊,所以先礼后兵,还望将军明示。"几位将军早已厌倦了为秦卖命,便一口应承下来,愿同刘邦议和,一同进攻咸阳城。

郦食言将议和之事回报给刘邦,刘邦甚喜,准备再派郦食言入关签订议和之约,此时张良劝阻道:"此时去议订和约并非最佳之策。"刘邦不解地问:"此话怎讲?"张良曰:"秦军既然与我们已经说和,必定会等待着我们前去续约,放松警戒,此时我们乘其不备,潜袭秦营,定能大获全胜,也免除了许多后患。"刘邦连声称善,即令将军周勃,引兵潜逾黄山,绕道武关后面,径袭秦军。秦军正安心等待着郦食言前来签约,不曾想夜半时分杀出这许多敌兵,懵懵然如同做梦一般,一战即溃不成军,周勃一连杀了秦几员大将,刘邦也率兵前来接应,把秦军杀得一败涂地,遂畅通无阻地抵达霸上。

项羽率各路军马以及秦国降卒继续西进,10月兵至河南,11月行至新安(今河南渑池东)。那些秦军的降卒,跟着项羽转战南北,出生入死,但在楚军之中,始终背一个降卒的身份，受尽楚的凌辱。这些矮人一等的秦国降卒私下里在一起议论道：章将军无端投楚，我们也被他哄骗去一同受降，如同奴隶一般过活。如能与楚军一道入关，能见到骨肉亲人，也算值得；如若不然，自己没有好下场不说，父母妻儿也会被秦所杀。这些议论渐渐传到项羽的耳中，项羽即召英布和蒲将军入账，与他面语道："秦兵虽然投降，但多数心中不服，闻说私下常有不轨之议。这些人随我军入关，到了老家，一旦猝然生变，作为秦军内应，我军将大难临头。看来只有先行下手，除章邯、司马欣和董翳三人外，把他们全数杀尽，方可无虞。"

英将军和蒲将军受命之后，就趁夜半之机，引兵出营，暗袭秦降兵。降兵安营扎寨在新安城南山脚之下，英将军把降兵营寨三面围住，只留后面的山路让他们往山上逃。而蒲将军则埋伏在山上，一旦秦兵上山，就矢石俱发，把降卒全部消灭在山谷中。就这样，项羽将章邯所部20余万降卒全部消灭后赶到函谷关时，但见关门紧闭，城墙上飘满了写着"刘"字的旗帜，自知不好，一打听，才知道刘邦已经率兵先入了关，现已经破了咸阳，驻军霸上了。

十　弑君夺位

赵高害死了李斯之后，朝中已无对手了，二世胡亥便任命赵高为中丞相，朝中大小事情都由赵高来处理。赵高掌握了朝政大权，拥有了篡权夺位、报仇雪耻的势力，便演出了一场指鹿为马的闹剧。胡亥以为自己神志不清，就让太卜来占吉凶。太卜是赵高的心腹，装模作样地占了一卦，接着按赵高的授意解释说，陛下每年春、秋祭天，奉把祖宗鬼神，都很不虔诚斋戒，得罪了祖宗神灵，才导致自己的精神惑乱，以至于分辨不清马鹿。为了挽救这种局面，陛下必须像古代贤君一样行事，虔诚地做一次斋戒。按照太卜也就是赵高的旨意，二世离开皇宫，抛弃了政事，独自来到上林苑中，虔诚斋戒。临行时赵高装模作样地去宫中送行，二世问赵高道，既然你送我的是一匹马，为什么朝上还有人跟我一样说是一只鹿呢。赵高奸笑一声道：陛下，你不看看跟着你随声附和的都是些什么人，他们无德无才，碌碌无为，整天在朝中混事，为了迎合陛下，不去直言说实，可是昧心造假，这些人最无能、最可恨，国家的大事都坏在这些人手里。胡亥似有所悟地点头说，爱卿所言极是。胡亥一走，朝中大事自然又由赵高一手把持了。

二世胡亥在上林苑里斋戒，一开始倒也能坚持每天吃斋祷告。可是他毕竟是游手好闲成为习惯了的主儿，一整天几乎都闷在斋房里，实在是憋得发慌。何况是一日三餐都不沾荤腥，他胡亥能受得了这份洋罪？所以斋戒不到八天，就耐不住性子了。他便让手下找来负责二世斋戒的宫廷方士商议说："我说师傅呀，你看能不能把斋戒的时间和内容做一下调整？"

师傅一听这话，心里想：这几日斋戒得挺好的，何况这斋戒的程式自古以来就是如此定规，今天不知皇上怎么有此一问，于是跪拜道："不知陛下有何见教？"

二世伸了伸展疲倦的腰身说："能否把整日斋戒改为每天早晚安排一、两个时辰吃斋念词呀？"

皇帝的话可是一言九鼎，师傅明明知道这不太合适，也不敢直截了当地提出反对意见。师傅一时不知如何作答是好，便长吟道："这个嘛——"

二世见方士不肯松口，就解释道："俗话常说'心诚则灵'，只要心存诚意，具体到斋戒的形式，朕以为也没有必要过于循规蹈矩。"

方士试图说服二世："常言道，没有规矩不成方圆……"

"好了，好了。"二世见方士喋喋不休，就颇不耐烦地摆了摆手说："我看你也累了，今天就到这里为止吧！"

方士见一时说服不了皇帝，也只有顺水推舟道："圣上英明，圣上所言极是"，于是叩拜退出。二世见方士们一个个退出了斋房，便松了一口长气。急忙唤来自己的一个贴身太监："乖乖猫——"

"贱臣叩见皇帝。"那个胖嘟嘟唤作"乖乖猫"的太监应声而入。

"这几天憋的寡人着实难过，你给安排点有趣的活动，让寡人也舒展舒展筋骨。"

"哎哟，我的皇上，这有何难。皇上您看今天这天气多么爽朗，秋高气爽的，何不到御猎场去打打猎，臣下好久没有欣赏到皇上百发百中的箭法了，今天您也让小的们再长长见识，开开眼界。"

"嗯，这主意不错。"

二世如同一个久罪突然释放的犯人，一整天在苑中游玩射猎，饮酒取乐，把吃斋受戒诵经之事全都丢在脑后。第二天，赵高派到二世胡亥身边的心腹太监，马上把情况报告给了赵高。因为赵高派他们去时，就有令在先，皇帝的所言所行，一般的情况五日一报，重要的事情随时报告。

赵高得报后，十分生气地说："皇帝不好好斋戒，心一点也不够诚，这样如何能感动上苍，保佑咱们秦朝天下？如今天下盗贼纷起，国无宁日，他作为一国之君主，不为万民百姓着想，哪里还有一点爱民之心？看来在上林苑给他留的活动空间太大，是到了再给他换换地方的时候了。"赵高挥退了密报，派人唤来了他的女婿咸阳令阎乐，指使他抓住机会向二世发难，以折磨胡亥那本已经十分脆弱的神经。阎乐得令后，带一干人马，来到上林苑报告二世道："在下刚才对上林苑进行安全检查，发现一具尸体，不知道什么人被射杀，却把尸体搬到了上林苑中，这实在是大不吉利，我们应该彻底调查清楚。"

阎乐一招手，手下人便把尸体抬了过来，尸体已经有些发臭，喉部插着一羽长箭，眼睛瞪得几欲爆裂而出，样子十分的怕人。二世看到后，吓得浑身发抖，急令阎乐把尸体抬走。

阎乐刚走，秦二世尚惊魂未定，手下又报道："报告皇上，中丞相赵高前来进

·擅权祸国的阉人·

图文珍藏版

见。"

二世正手足无措，听说赵高赵爱卿来见，如同抓到了一根救命稻草，急忙吩咐下人道："快，快，快请赵丞相入见。"

赵高走进苑中，略向二世问候后，便单刀直入地问道："皇上是不是在苑中打猎了？"二世点头予以认可。赵高装模作样地对二世说："这尸体分明是皇帝所为。"

二世胡亥充满疑惑地说："这，这，这不可能！"

赵高生气地说："作为天子，无缘无故地射杀一个无辜之人，这是上天所禁忌的。尤其是在皇上斋戒之日，干出这样的事情，这样鬼神不但不会接受你的祭祀，上天还会降下灾难的。"

胡亥受得如此刺激，头脑里一片混乱，不知说什么才好。

赵高接着说："看来现在上林苑不能再居住下去了，而应当远离皇宫去祈祷求福。皇上收拾收拾，尽快搬到望夷宫去住一段时日吧，否则邪气扑身，后果不堪设想。"

赵高丢下几句不冷不热、令人难以捉摸的话语，返回了皇宫，二世本指望赵高过来安慰自己一番的，没想到非但没有得到安慰，反而落得个雪上加霜。

事情发展到这一地步，二世也没了主意，他只有听从赵高的任意摆布，搬出了上林苑，跑到距离咸阳城十里开外的望夷宫（今陕西泾阳县西）中，去躲避"邪气"去了。

赵高将二世迁往咸阳城外，远离朝臣，企图一个人说了算，为所欲为。但是赵高的如意算盘打错了。这时各地反秦势力不断扩大，影响逐渐涉及咸阳周围。楚国大将刘邦率数万人，攻陷武关（陕西商县），男女老幼全数屠杀。战火将要烧到秦国心脏，赵高开始恐慌，怕胡亥知道情况后，怪罪下来，自己老命难保。为了躲避责任，赵高就假装有病，不再入朝理事，对大臣们也是避而不见。

胡亥恰巧做了一梦，梦见白老虎咬他有左骖马（贵族乘车用四匹马，两边两匹称骖马，左边的称左骖马），把马咬死。醒后闷闷不乐，请巫师解梦，巫师说是'泾水在作怪'。胡亥遂一方面更加虔诚地在望夷宫吃斋祈祷，另一方面打算亲自前去祭祀，把四匹白马沉入泾水作为祭品。二世原来在皇宫中与世隔绝，不见大臣，对外面的事情一无所知倒还罢了，今次来到郊外的望夷宫中，特别是前往泾水祭祀的途中，闻知了各地义军已经打到咸阳周围的消息，他心中十分惊慌和不满，便派使臣去责问赵高，作为一个丞相，怎么把大好江山搞成这个样子。

二世的责问使赵高十分害怕，赵高一不做，二不休，赵高马上召见他的弟弟——已升任郎中令的赵成，和他的女婿咸阳令阎乐，秘密商议对策，赵商把时局情况毫不隐瞒地告诉二位，赵高说：二世不听从我的劝谏，把形势弄成这个样子，他不从自身找找原因，反而派人来责怪我。现在外面的形势十分紧急，胡亥一定会归罪于赵家，灭门之祸即将降临，我们怎能坐以待毙。我们必须先下手，废黜二世。

你们意下如何？赵成与阎乐心中十分明白，他们可以说与赵高是一条绳子上的蚂蚱，一荣俱荣，一损俱损，他们只有惟赵高的命令是从，他们的荣华富贵都可以说是赵高带给他们的，因此他们马上就同意了赵高的意见。接着，赵高开始安排具体的实施计划。郎中令赵成负责京都及皇宫的军事守卫任务，可以自由地进出王宫，因此赵高任命他负责内应，亲在宫中制造恐怖气氛，散布谣言说，山东强盗已经攻进咸阳城里来了，企图妖言惑众，使宫中人心惶惶，惊恐不安，而便于他趁乱行使阴谋诡计。赵高又吩咐咸阳令阎乐，率领一部分士兵化装成起义军在城中烧杀抢掠，以造成起义军真的打进城里的假象。赵高布置完这些任务之后，心情仍是忐忑不安，因为这毕竟是一个震惊朝野的大事，弄好了就会继续执掌朝中政事，荣华长享，弄不好会家败人亡，身首异处。由于他本人经常搞阴谋诡计、两面三刀，所以他也怕别人给他也来这一套。赵成是自己的亲弟弟，他对我自然不会有二，但阎乐虽说是自己的女婿，但毕竟没有血脉上的联系，这种大事交给他能放得下心吗？他犹豫再三，还是感到保险一点为好。他自知阎乐平时是个大孝子，他父亲阎阿二病逝后，阎乐找到了失散多年的母亲。考虑到母亲含辛茹苦一把屎一把尿地把他拉扯大不容易，所以对母亲真是百依百顺，忠孝有加。赵高心想，宁可我负人，不可人负我。赵高派心腹宦官到了阎乐家中，把阎乐的母亲接了过去作为人质。赵高见了阎母，嬉皮笑脸地说："亲家母呀，今天把你老人家接到我这里住上几天，一则由于宫内事忙，咱们亲家也从没有好好在一起说说话，借此机会在一起多唠一唠家常；二则这几天宫中有乱，怕你在家不安全，我也不放心。"阎乐母亲并不知内情，也就乐颠颠地随赵高而去了。赵高这下放心多了，他心想，这一卜你阎乐只有死心塌地为我效命了。

　　赵高部署完了之后，回到了咸阳宫中，焦急地等待着消息。不一会儿，一个心腹跑回来报告说，阎乐已将数千名士兵化装成农民起义军，在咸阳城中四处抢劫烧杀，搞得鸡犬不宁。听到这个消息，赵高嗓子眼里的石头才算落了下去，阎乐总算是按照自己的部署行动了。城中攻进了义军，阎乐便率领一千多名士兵前去镇压，计划进行得十分顺利。阎乐以皇上保驾为名，不去剿匪，反而进了二世所住的望夷宫。望夷宫的守备还是相当严密的，宫门由卫令仆射守卫着。阎乐率兵到了望夷宫前，卫令仆射急忙询问发生了什么事情，阎乐把情况一说，卫兵便十分为难地说，皇上有令，没有他本人的亲笔命令，谁也不准放行。阎乐一听十分气愤，厉声喝道：望夷宫中已经进了贼兵，你们不加阻拦，反而拦着我不让进去，你们难道谋反了不成？

"来人啊！"

"在！"

"把这吃里爬外的东西给我捆起来！"

阎乐身边的士兵一下子上来十多个，把为首的那个士兵五花大绑抓了起来。

这个士兵见状吓得匍匐在地，连舌头都短了半截："大——大人，宫内四周都由卫队把——把守，我们不敢懈怠，防守十分严密，根本没有什么动静，连一个人影子都不敢让晃进去，哪里会有什么贼——贼兵呢？"

"胡说八道！"阎乐大声呵斥说："难道我们的消息是假的吗？"阎乐猛地一挥手："弟兄们，进宫！"

"哎，哎，大人，大人，皇上有令在先，小人我们是身不由己啊！还望大人给小人们一条生路。"

"少啰唆，给我把他们这些叛逆干掉！"

阎乐一声令下，几个贴身士兵走上前去，用利刃一一把这些宫门卫兵杀死。军队直闯宫中。宫内侍卫虽然一个个仪态威严，但没有经过实战，一看这腥风血雨的场面，早吓得浑身战栗，腿都迈不动了，有的丢下武器，跪地求饶；有的惊魂甫定，撒丫子就跑，只顾逃命要紧，也顾不上向皇上表忠心了。只有数十名铁杆卫兵，奋力抵抗，可他们群龙无首，仓促应战，哪里是正规军的对手？不一会儿，一个个都被斩尽杀绝了。宫中的宦官，哪见过这等贱人的场面，早已不知去向，藏匿了起来。一个太监一时没地方可躲，跑到了御马厩里，马匹一惊，乱踢乱蹦，不一会儿就把那个细皮嫩肉的阉人踢得断了气儿。

阎乐攻入宫中后，赵高还是对他放心不下，心想阎乐这小子万一与二世勾搭上，我赵高就彻底完蛋了。虽说阎乐是我的女婿，但人心隔肚皮。我就经常干那些当面一套、背后一套的勾当，难免别人也有此心。于是便安排他的弟弟赵成以接应阎乐为名，带领一帮亲信又赶往望夷宫，并亲自带领阎乐及其部队径直奔入秦二世所居住的内宫。

他们一脚踹开宫门，士兵便蜂拥而至，乱箭在二世的御帐周围呼呼生风地飞舞着，胡亥听到宫门外有厮杀的声音，估计大事不好，急忙呼喊下人前来护驾。可此时树倒猢狲散，身边的卫士、太监都逃之夭夭了，二世没有办法，赶忙考虑逃跑。此时他只恨爹妈没有给他生出四条腿。他从后门躲入了偏房，一时见无处藏身，就顺势钻进了侍卫的床底下，要在平时，不要说让他钻进侍卫人员的床底下，就是一进下人的门，他捂鼻子都嫌臭。二世整日在宫中养尊处优，也不活动活动，所以养得是膘肥滚圆，床底下空间毕竟太小，一时难以钻进，他就把自己拼命地往里边塞。在床底下的慌乱和黑暗中摸索着，一下子摸着一个肉乎乎的东西。"哇呀我的娘啊！"二世吓得魂飞魄散。原来里边藏的是他的贴身太监——被他称呼为"乖乖猫"的。那太监听到皇上的怪叫，尽管此时比谁都想藏身顾命，可是慑于皇帝的龙威，不得不极为勉强地从床下爬了出来。就势往地上一跪，赔着小心地说："废人吓着皇上了吧？"二世见是乖乖猫，方才惊魂落定，连忙问他："外边到底发生了什么事情？"

"回皇上，听宫人逃跑时传说，是赵高的弟弟和女婿阎乐杀了进来。听人说他们是早有预谋的。"

"唉,你们怎么不早告诉我呀,早提醒我也不会把事情搞糟到这种地步呀!"

乖乖猫也知道自己死期已到,反而平静了许多,他壮了壮胆子说:"回皇上,我平时敢讲这些话吗,你又听得进去小人的劝谏吗?从前有多少下人和大臣因为讲了几句实话,就丧生在你的刀下,小人就因为紧闭了这张臭嘴,才得以苟且偷生勉强活到了今天,如果平时我敢多嘴多舌,小命早就保不住了,哪能还活到今天?从这个意义上讲,我能活到今天,也算是满足了。"

乖乖猫的这些话语,让胡亥听起来十分的刺耳,说得他面红耳赤,热汗直流。好在人在床下,黑暗遮挡住了尴尬,要在平时,胡亥准会暴跳如雷。此时他听了这番话,心里如同打翻了五味瓶——着实不是个滋味。胡亥重重地叹了口气:是啊,现在才醒悟起来,才知道了解情况,掌握原因,确实是太晚了,真是知人知面难知心啊!

容不得二世多想,阎乐已经率领一批如狼似虎的叛兵来到了胡亥的面前。胡亥从床底下爬出来,士兵手中明晃晃的尖刀,晃得胡亥眼花目眩。他一见阎乐,强作镇静,掸了掸身上的尘土,竭力保持着皇帝的威严。他四平八稳地往床上一坐,清了清嗓子喝道:"咸阳令阎乐,你今天到我宫来有何要事相奏啊?嗯?!你在这里舞刀弄枪的,多不雅观嘛!"胡亥见阎乐一时无话,以为自己的皇威震慑着了他,就接着说:"要知道当前朝中议定你任咸阳一令一职时,有多少大臣持反对意见,朕力排众议,才使你当上了这京都重臣之职。"

此时的阎乐哪里还是以前那个见了皇上唯唯诺诺的咸阳令,只见他一步冲上前去,用他那双粗壮的大手,像老鹰叼鸡一般一把把个胡亥拎了起来,胡亥一下子脚不着地。他羞得脸脖子通红,加上喘不过气来,不一会儿直把个白净的肥脸涨得猪肝一般酱紫。他拼命从嗓子眼里挤出声音来:"你,你,你,成何体统……"

阎乐一把把胡亥摔在床上,厉声数说他的罪行:"你平时骄横恣肆,胡作非为,作为皇帝,你不理朝政,不顾人民之死活,你滥杀无辜,酷虐无道,搞得怨声载道,民不聊生。如今,各地百姓都起来反叛你,你自己说说你今天该当何罪?!"

此时,骄横跋扈一时的二世皇帝也惊恐不安了,他想大概自己的皇帝位置是坐不住了,弄得不好说不定连小命都难保。想到这,二世不禁吓出了一身冷汗。此时此刻,可能只有自己的恩师赵高兴许能保住自己了。他也顾不上自己的皇威了,低声下气地求阎乐说:"阎咸阳令,看在我当年提拔你的份上,让我见见丞相好吗?"

阎乐不商容量地把手一挥说:"不可以!"

"那么……"胡亥略一沉吟,再小心试探说:"皇帝我不当了还不行吗,让丞相去做皇帝,你当丞相吧!我只求你给我做个郡王,按王子的待遇总可以了吧?"

阎乐不愿跟他多费口舌,仍然是生硬的三个字:"不可以!"

胡亥继续恳求说:"那就给我一个万户侯做吧,我好歹也是个下野的皇帝呀!"

"不可以!"阎乐嘴里仍然是这句话。

此时胡亥才知道事态的严重,他估摸着自己看来今天是难吃上晚饭了,吓得不禁号啕大哭。他跟他父亲一样,贪生怕死,只希望好歹能活下去。他伏在地上,痛哭失声地求道:"咸阳令大人,我愿和妻儿老小一起做一个普通百姓,种地纳赋,总可以了吧?"

看着二世讨饶连连的可怜相,阎乐有一种说不出的快感。他心里想:哼!平时他神气十足,威风凛凛,今天也让我享受享受玩弄皇帝的滋味。阎乐用脚尖一下子把胡亥挑出去老远。胡亥又从远处爬了回来,拉着阎乐的裤脚哭求说:"难道这还不可以吗?"

阎乐鄙夷的一笑,从牙缝里挤出三个字:"不——可——以。"

胡亥用袖管擦了擦眼泪、鼻涕,仰着脸无可奈何地说:"那你说我该怎么办?"

阎乐说:"我是奉丞相之命来为民除害,为天下铲除暴君的,天下人只有一个愿望,那就是杀了你。你再哀求也没有任何用处。要按你的罪行,应当闹市腰斩,丞相念及与你的旧情,免你身首异处。你目前只有两种选择,要么自己了断,要么让我手下之人代劳。"阎乐说完,从身边的士兵手中要过一把宝剑,扔在胡亥的脚下,然后对手下的人说:"我们暂且回避一下,让皇上考虑考虑吧!"

众人走出了房门,胡亥望了一眼脚下的利刃,不由得心伤如绞,一时间眼泪如同决了堤的城河哗哗泫淌,他歇斯底里地嚎叫道:"想我大秦夺得的天下,就这样葬送在我的手里。就是到了九泉之下,我怎么去见我的父皇,有什么脸面去见我的兄弟姐妹呀!"

胡亥颓废地坐在地上,突然想起了"亡秦者胡"的谶语,到如今他终于明白,这"胡"并非匈奴之"胡",原来就是指他胡亥啊!

"苍天啊,亡秦者胡,亡秦者胡啊!这是报应啊,报应啊!!"胡亥歇斯底里喊叫着,然后用他那颤抖的双手从地上捡起宝剑,自刎而死。

阎乐见秦二世已拔剑自杀了,便示意部下割下胡亥的首级,随手扯下一片龌龊不堪的窗帘布,把胡亥的人头胡乱一裹,让人提着,准备回去报告给赵高,向赵老爷子邀功请赏。阎乐把这一切办理妥当后,坐在胡亥的虎皮座椅上稍事歇息,一方面尝尝坐第一把交椅的滋味,借机过一把干瘾;一方面也平静一下过于紧张的心绪,刚才这一场惊心动魄的斗争使他的神经处在高度紧张之中。

心情得以平静后,阎乐也打起了自己的小算盘,他心里想:赵高这老爷子平时比较抠门儿,对我们这些做儿女的出手也很不大方。据说他地下仓库里藏了数不尽的黄金白银,都发霉长毛了,也舍不得给我们几个花花。这次虽然顺利完成了宫变大事,清除了赵高的心腹大患,但就凭这老头子平时的为人,想也不会有大的赏赐。听说胡亥这个皇帝老儿也是个敛财成癖的主儿,到了这黄金福地,何不趁机会自己动手,在胡亥身上捞上一把,也不枉此行。他说干就干,一边要求手下人加强胡亥寝宫的警戒,一边派两、三名心腹尾随自己,进入胡亥的内宫,翻箱倒柜地寻起宝来……

赵高听到政变十分顺利的消息,心中自是欣喜异常,他示意弟弟赵成回房中取出些碎银两来,交给阎乐让他分发给士兵们作为奖赏。阎乐心想,这老爷子果然是一只一毛不拔的铁公鸡,干了这样一场惊天动地的大事,就这么一把碎银子就打发了,还好我多长了一个心眼儿,搞了点计划外创收,要不然又是白忙活一场,没有一点效益。不过阎乐心里这么想,可表面上却是不敢流露半点的,他马前鞍后地陪伴了赵高这么多年,深知赵高这个老泰山的脾气。阎乐面带微笑地谢过了赵高,便示意随从退下。

"乐儿。"赵高以平时少有的和善口气唤住了阎乐。

"爹爹还有什么吩咐?"阎乐回身答复赵高道。

赵高关切地说:"今天你去执行任务,你娘一个人在家里,我不放心,怕有什么闪失,就接到我这里来了。现在没事儿了,你们娘儿俩就一块儿回去吧!"

阎乐乍一听,心中不禁一热,十分感激赵老泰山的细心。不过又往深处一想,又感到不对,这赵老头子从来没有这么关心过我娘,今儿个是怎么啦?

不容他多想,赵府上的使人就把阎乐的母亲从内屋中搀扶了出来。

"娘。"阎乐大步迎了上去:"让您老人家受惊了。"

"没啥,你赵爹说把我接过来住上几日,很长时间没有在一起唠唠家常了。"

阎乐左右环顾,并不见服侍老人的丫鬟小玉。他心中更加生疑,心想你赵高若是真正关心我娘,为何单单接我娘一人过来,却把与我娘形影不离,如同我娘的眼睛、手脚的丫鬟小玉丢在家里?阎乐心想,待俺回去后再把事情弄个明白。

赵高把这些人打发走后,立即拿出他存了多日的二世的印玺,佩戴在自己的身上,准备登基篡位了。赵高披挂整齐,取来一面铜镜,仔细地端详着镜子中的自己,越看越觉得自己有皇帝的模样,高兴得在府上手舞足蹈起来……

十一　中计被杀

赵高听到政变十分顺利的消息,心中欣喜异常,立即拿出他收存了多日的秦二世的印玺,佩戴在自己的身上,准备登基篡位了。

赵高披挂整齐,取来一面铜镜仔细地端详着自己,越看越觉得自己有皇帝的模样,高兴得手舞足蹈。但是,他万万没有想到,皇宫中从太监到百官只是冷冷地看着他,不言不语,宫廷中沉静极了。赵高既然穿戴了皇帝的行头,骑虎难下,便只有做皇帝了,再说这是他多年的心愿:报仇雪耻,秦国不是灭了赵国么,我赵高也要如法炮制,灭掉秦国。今天机会来了,虽然百官以沉默来反对,赵高也顾及不了那么多了。他只是想着谁坚持到底,谁就是胜利,他要同群臣比试一下耐力。于是宫廷中发生了奇怪一幕:

赵高穿戴着皇帝的礼服，佩着皇帝的玉玺，登上了殿堂，刚坐上了皇帝的宝座，就发现宫殿要塌了下来，吓得赵高赶忙退下殿堂。但是，赵高仍旧不死心，又一连试了两次，但是每次都有同样的感觉。赵高这时才知道，他当皇帝的美梦要破灭了，因为不仅百官不同意，群臣不服从，而且宫殿都要塌了下来，老天爷也不同意啊！人算不如天算，赵高在这样的困境面前退缩了。当着百官的面，赵高脱下了皇帝的礼服，解下了皇帝的玉玺。

用谁来做皇帝呢？赵高想秦二世胡亥的兄弟们都被杀戮殆尽了，找不到合意的继承人。只剩下公子扶苏的儿子子婴可以做皇帝的人选。但是，子婴颇有仁俭的美名，老百姓也拥戴他，而且以前也多次出面劝谏秦二世胡亥，是颇有头脑的人物，不容易对付。怎么办呢？天下不可一日无主，事到如今，只有硬着头皮拥立子婴了。想到这儿，赵高心情颇为沮丧，甚至有些后怕。然而，转念一想，自己已控制了朝政大权，子婴势单力薄，即使当上了皇帝，也无能为力。事已至此，先拥立子婴再说吧！

于是，赵高召集了一班朝臣及宗室公子，通报秦二世自刎的情况，尽力推卸了自己的责任。之后，他问群臣：现在形势很危急，天下反秦势力已攻近咸阳，该怎么办呢？大臣们已惯于听从赵高的颐指气使，在此紧要关头，哪有什么主意呢？因此，齐声说："愿意听从中丞相的安排。"

赵高塑像

赵高镇定了一下自己的情绪，提高了声音说道："秦朝本来就是西方的一个小王国，秦始皇继位后，东征西讨，连年用兵，吞并了六国，统一了天下，所以自称为始皇帝。但是，被消灭了的六国并不甘心灭亡，现在纷纷起兵造反，形成了割据一方的局面，原先的六国纷纷恢复了故有国土，脱离秦朝自立了。因此，秦朝的疆土日益缩小。在这种情况下，还自称为皇帝，那只能贻笑大方。因此，秦朝不能自称皇帝了，而应恢复故称，称秦王了。"最后决定，拥立子婴为秦王。

计议一定，赵高便布置人手准备拥立子婴为王，同时派人通报子婴，做好登基称王的准备，洗沐斋戒5天之后，再祭拜宗庙社稷，接受玉玺，正式即秦王位。

秦二世胡亥的尸首还横陈在望夷宫中，赵高下令将他当成普通百姓，草草棺殓，胡乱掩埋在杜南宜春宫中。胡亥穷奢极欲，企图永享天下，结果却死于非命，身首异处，这是他胡作非为，信用权奸的应得下场。

子婴被推立为秦王,在斋戒的几天内心情十分沉重。他知道父亲扶苏就是被赵高设计害死的,大将蒙恬、上卿蒙毅,还有众多公子、公主,都是被赵高害死的。赵高屠杀宗室,居心叵测,他是要彻底消灭宗室之人啊!想到这儿,子婴无心斋戒,他召来自己的两个儿子,商量说:"中丞相赵高纠集亲信,发兵攻入望夷宫中,迫使二世皇帝自杀。赵高担心人心不服,害怕群臣诛杀他,为二世皇帝报仇,所以才假装仁义,要立我为秦王。我早就听说赵高的阴谋诡计了。赵高早已与西楚霸王约法三章,共同消灭秦朝宗室贵族,而后赵高在关中称王。现在,他假意让我斋戒5天,然后祭祀宗庙即位。这是赵高的阴谋诡计,他企图在祭祀宗庙过程中先发制人,趁机杀死我。我不能坐以待毙,应先下手杀死赵高,以报仇雪耻。我打算称病卧床不起,中丞相赵高一定会来催促我。他来了之后,我们便乘其不备杀死他。"子婴的两个儿子都赞成父亲的意见。于是,他们父子三人作了周密的部署,就等着赵高前去送死了。

　　5天以后,应该是入宗庙告祖的时候了,但是子婴这位主人公却始终未曾露面。赵高等人焦急地等待着,但是,等了很长时间子婴还是未曾露面,赵高急得来回踱着步子,不时抬头向窗外张望着,希望尽快看到子婴的身影。然而子婴始终也没有来。没有别的办法,赵高只好让使者去请子婴快来入庙告祖。但是,等了很长一段时间,却见只有使者一个人回来了。赵高一见,十分生气,责问子婴为何不来。使者慑于赵高的气势,连忙回答说:"我已经拜见了子婴,但他卧床不起,声称病重,无法举行入庙告祖的仪式。"

　　赵高听了使者的话,不禁火冒三丈:"这不是胡闹吗?已经安排好了的事情,怎能随意更改呢!"赵高几乎被急坏了,气疯了,心中直骂子婴:真是不知好歹,请你做秦王你不做,是不是找死!等你作了秦王,我再拾掇你。气愤归气愤,入庙告祖的仪式非举行不可,否则无法向大臣、百姓交代。现在,赵高还需要一个傀儡皇帝。

　　不得已,赵高决定亲自去请子婴来举行入庙告祖仪式。或许是自沙丘政变以来,万事顺心应手,赵高有点飘飘然,根本没有把子婴放在眼里,所以并不多想,就径直奔向子婴的府第。来到了子婴的住处,赵高透过窗子看到子婴躺在床上,赵高气不打一处来,用力推开房门,大声责问说:"入庙告祖是朝廷大事,你为什么还不去呢!"还未等赵高把话讲完,子婴及他的两个儿子一拥而上,将赵高杀死了。

　　杀死了赵高以后,子婴在他的两个儿子及随侍宦官、卫兵的拥护下来到了宗庙,举行了告祖仪式,正式即秦王位。子婴即位后,首先下令逮捕赵高的三族,马上全部予以处死了。

　　子婴继位为秦王后,只坐了46天的宝座,沛公刘邦即率军攻入咸阳,群臣百官都只顾自己逃命,无人去关注这位末代秦王。子婴成了真正的孤家寡人,没有其他办法,只好率领妻儿以丝带捆在脖颈上,到轵道旁投降刘邦。刘邦将他交由官吏守护,自己退军郊外。不久,西楚霸王项羽攻入咸阳,子婴及其妻儿全被杀死了。秦王朝的统治自此结束了。

曾几何时，雄才大略的秦始皇"奋六世之余烈，振长策而御宇内"，用了短短 10 年的时间并吞六国，统一了天下，受到了后人的赞誉。诗人李白曾赋诗赞道："秦王扫六合，虎视何雄哉！挥剑决浮云，诸侯尽西来。"然而，仅仅过了 15 年，秦朝的统治就灭亡了。秦朝统一也速，灭亡也快，形成了强烈的反差，人们不禁要问：秦朝的灭亡究竟是什么原因呢？

冰冻三尺，非一日之寒。秦王朝的覆灭，也有着深刻的历史根源，是各种不利因素长期发展的结果。从客观上讲，秦王朝自商鞅变法以来所实行的严刑峻法，越来越变本加厉，至二世皇帝胡亥推行督责之术，已使囚犯相半于途。统治越严，反抗愈烈。严刑峻法，非但未能巩固统治，反而促使了人们的反抗；此外，如赋役沉重，征发不已，都是重要原因。从主观上讲，秦始皇用了短短 10 年就统一了全国，速度十分快，但是这么短的时间，不可能消灭六国故有的文化，在文化上形成统一。相反，六国贵族及其后代不满于秦朝的统治，企图恢复故国，这种离心力始终存在，是秦统一后的严重危险。

当然，封建时代是人治的社会。统治者的贤否往往决定了社会的治乱。从这一意义上讲，胡亥及其所信任、掌权的赵高，是导致秦朝短命的重要原因。关于这一点，古人多有论列：西汉的桓宽即在其名著《盐铁论》中指出："秦使赵高执辔而覆其车"，十分形象地说明赵高对秦朝灭亡所负的责任。清初的思想家王夫之更进一步指出：秦朝的灭亡是由于不知人、误用权奸造成的。秦朝"托国于赵高，虽中主不足以存，况胡亥哉！"我们认为，赵高在少年时代目睹了赵国被消灭，自己及父母经受了从贵族至奴隶的苦难生活，而立志复仇，消灭秦王朝。因此，他处心积虑，要阴谋，搞诡计，逐渐爬上了高位。在秦始皇病逝的有利时机，利用手中执掌的权力，终于操纵秦王朝的废立，杀死了贤能的长子扶苏，拥立昏庸的胡亥为皇帝，从而独揽大权。赵高揽权之后，行使其心智，搞掉了谋臣上卿蒙毅，良将蒙恬，又怂恿二世屠戮了秦始皇诸子、诸女，削弱了宗室力量，之后又去掉了李斯，从而孤立、架空了胡亥，形成专权的局面。之后，又杀死了胡亥，企图自立为帝，但群臣不服，天地不应，所以无法实现其报仇的计划。如果不是子婴先发制人，袭杀了赵高，当刘邦、项羽攻入咸阳后，按他们事先约好的协议，赵高仍可在关中称王，从而实现其复仇的计划。

人算不如天算。赵高大搞阴谋诡计，表面上看处处得利，几乎无往而不胜，但是多行不义必自毙，终于未逃脱被杀的命运，而且株连了他的三族。这是其应有的下场，这是其勇于报私仇，只顾一己利益，看不见历史大趋势和国家、民族利益的狭隘观念的应得下场。历史是无情的。

监军误国 流毒四海——童贯

人物档案

童贯:北宋权宦,"六贼"之一。字道夫(一作道辅),开封人,性巧媚。宣和四年,攻辽失败,乞金兵代取燕京,以百万贯赎燕京等空城而回,侈言恢复之功。宣和七年(1125年),金兵南下,他由太原逃至开封,随徽宗南逃。宋钦宗即位,童贯被处死。

生卒时间:公元前1054年~公元前1126年。

安葬之地:不详。

性格特点:善于献媚,性情乖巧,善于察言观色,能疏财,慷慨大方,为人有度量。

历史功过:初任供奉官,在杭州为徽宗搜括书画奇巧。助蔡京为相。京荐其为西北监军,领枢密院事,掌兵权二十年,权倾内外。时称蔡京为"公相",称他为"媪相"。童贯的经历,充满了传奇般的悲喜剧色彩。他的一生中,开创了几项中国历史之"最",肯定已经成为中华民族历史上迄今无人能够打破的纪录,并且可能会永远保持下去。这几项纪录是:中国历史上握兵时间最长的宦官;中国历史上掌控军权最大的宦官;中国历史上第一位代表国家出使外国的宦官……

名家评点:《宋史》评价说:"贯握兵二十年,权倾一时,奔走期会过于制敕。尝有论其过者,诏方劾往察,劾一动一息,贯悉侦得之,先密以白,且陷以他事,劾反得罪,逐死。贯状魁梧,伟观视,颐下生须十数,皮骨劲如铁,不类阉人。有度量,能疏财。后宫自妃嫔以下皆献饷结内,左右妇寺誉言日闻。宠煽翕赫,庭户杂遝成市,岳牧、辅弼多出其门,厮养、仆围官诸使者至数百辈。穷奸稔祸,流毒四海,虽菹醢不偿责也。"

一 结交蔡京

建中元年(公元1101年),初秋。天气真是多变,刚刚还是风和日丽,转眼间竟下起了牛毛细雨。千里长亭内,今天却格外热闹,以杭州知府李知均为首的大小官员和当地士绅皆聚集在一起，为的是迎接当今圣上眼前得宠的内侍童贯。

还好，不久雨就停了，雨后蝉鸣起兴，李知均已等得有些心焦了。忽然，远处传来阵阵马蹄声响。抬头眺目远望，见官道拐弯处出现两杆黄旗，迎风而来，上书大红正楷：

"御设明金局"
"内廷供奉官童"

再望，马骑渐多，前几排都是武贲，后面还有几个小黄门打扮的。

知府喜出望外，昂首挺胸，自己先疾步迎了上去，众人也赶紧随着一起走出长亭。

刚走出长亭，童贯一行也到了近前。知府偷眼瞧去，只见青罗伞盖下一名宦官，身材魁伟，相貌不凡，奇怪的是，他的颐下竟还有十几根胡须。

童贯一路而来，半路上还遭了雨。见众人迎在前面，便从容地翻身下马。

李知均见童贯朝自己走来，早已满脸堆笑，忙不迭地躬身一揖："卑职杭州知府李知均、余杭令等恭迎大人。"

"客气，客气，有劳众位。"童贯伸手一拦，旁边早有小黄门扶起了知府。

稍事休息，知府请童贯改乘大轿，前呼后拥地往北门而去。

大轿终于停了，轿夫掀开门帘，童贯先整了整衣帽，然后探身出轿。一抬头，首先映入眼帘的是门上悬挂着的一块黑匾，五个烫金大字闪闪发光：

明金局公署

知府李知均见童贯还算满意，又笑着说："先请大人暂歇，今晚在府衙给大人接风洗尘。"

掌灯时分，府衙内灯火通明，大排筵宴。笙箫细乐，缓歌曼舞，热闹非凡。

童贯与李知均分东西高坐在堂上，两厢是杭州的大小官员及众士绅相陪。

酒过三巡，童贯满面春风地站起身来，环视左右，然后清了清嗓子，缓缓地说："当今圣上俊雅博学，尤善书画两途，闻江南才人辈出，又多藏前人书画及金石古玩，故特命童某于杭州设立明金局，以求赏玩之物。"

说着，端起酒杯，"望在座各位能协力同心，不遗余力扶持在下才是。"

众官也连忙端起酒杯，连连称是，然后一一举杯劝酒，奉承之语不绝于耳。

酒暖熏人醉，童贯心里好生得意。轮到一人敬酒，他却趋步向前，低语道："供奉，别来无恙。"

童贯一惊，抬眼一瞧，竟是去年末刚遭谪贬为提举杭府洞霄宫的蔡京。能在京城之外恰遇老相识，童贯不由地有些惊喜，转而略使眼色，蔡京随即会意，退回原位。

翌日清晨，童贯悄悄派人去请蔡京，自己踱于回廊间，望着一池残荷，不觉出神。蔡京是于去年岁末遭贬,自己虽从中为他出过力,但却于事无补。然而此人书法一绝却颇得圣上青睐,再加之此人颇有心计,只要假待时日,或可复官也未可知。况且,此行杭州,也正需蔡京之人为自己出谋划策。于是打定主意,要对他假以辞色,好为自己所用。

不知不觉间,又下起了雨,池内蛙声阵阵,打断了童贯的思绪。恰好,家丁也来禀报,蔡京已然请到。

"请他至后书房,说我随后就到。"童贯用手一挥,吩咐道。

蔡京被贬出京城已有八个月了,心里无时无刻不想东山再起,这次童贯来杭,不失为天赐良机,暗自思忖,一定要不惜一切代价抓住这次机会。

"我俩是老相识了,某自当竭力相帮,"说着,从袖中摸出一纸笺,双手奉上:"大人请看!"

"这是什么?"童贯凝目细看,只见笺上用小楷密密麻麻地写着古玩字画的名称及其所属之人,"真是太好了。"童贯看了,不由得喜出望外。

窗外,仍然斜雨细飞,雨点打在书房前的芭蕉叶上,淅沥有声。

童贯听了蔡京如数家珍般地介绍,心里慢慢有了底。转念一想,说:"笺上所列之物皆为上品,恐怕物主不会轻易割爱吧!"

"供奉何不让府衙出个告示试试。"蔡京在一旁接过话题。

"这倒是可行,"童贯喜道。

……

清晨,杭州府前人头攒动,议论纷纷,大家争相观看张贴于衙前的告示,人群中有识字者朗声读道:

钦差供奉官童某,奉旨设明金局。采买书画玩器,上供御览。凡缙绅士民等,如有存蓄,许得送官,以凭平价回易。

首发者给赏银五十两。特示。

百姓们议论纷纷,奔走相告。

告示一出,倒是也有不少胆小怕事的,或者家道中落,急等钱用的,纷纷拿出家里的珍藏献到明金局,谁知,得到的银两却只有原宝物价格的一半,再除去大小公差的层层盘剥,实际到手的,只不过实价的十之一二罢了。

然而,献宝者们又敢怒不敢言,只得打掉牙齿往肚里吞。

就这样,童贯却仍不感到满足。屈指一算,来杭州已经十几天了,然而所得的宝物虽大多为上品,却难称精品。如若这样,又怎能博得徽宗的欢心呢?

"备轿。"童贯脱口而出。

人还没进西花厅,蔡京早已满脸堆笑地迎了上来,童贯伸手拉过,并肩走进了花厅。一眼早望见居中的大理石台面上有几幅草书,经常侍候徽宗行书泼画的童贯,已然瞧出是书法家王右军的草体。

国学经典文库

后妃宦官大传

·宦官传·

图文珍藏版

"好字,好字!飘逸而不失刚劲,狂草而不失法度。"童贯是真心佩服。

"多谢夸奖,我正想求大人代我献给圣上呢!"

"这次我来杭州多亏你的相助。"童贯诚恳地说:"蔡学士的书画双绝,圣上也是极为叹赏的,何不乘此机会一并献上呢?我也好在旁为你美言几句。"童贯说着,细细地呷了一口茶,接着说:"大人可是国家的栋梁之材啊!不过,若想再讨圣上欢心,我看你还得画些个屏风、扇面之类的以求别出心裁才好。"

蔡京心领神会。一拱拳,说:"多谢供奉点拨,如蔡某能得以复出,必不忘供奉厚恩。"

"这个好说,我还需大人相助呢!"

吃罢晚饭,两人移至秋爽斋。

月,已升起来了,瑞华倾泻,洗尽了白日的喧闹与嘈杂。而书案前,童贯与蔡京正盘算着如何计取南唐顾闳中、周文矩的真迹。

"这两幅画,我是志在必得。"童贯收起了笑脸,变得一本正经,"特别是周文矩的重屏会棋图,圣上属意已久,不想竟在这里。"

"只是此画的主人有些来头。"

"什么来头。"童贯不以为然。

蔡京站起身来,靠近一些,接着说:"神宗时的翰林学士范若之就是现在这幅画主人范文暄的祖父,虽然他已西归,可朝廷内的门生、故旧颇多,不好办呢!"说完,拿眼瞧着童贯。

"噢,原来如此。"童贯恍然大悟。

"不过……"蔡京欲言又止。

"大人但说无妨。"童贯知道他早有歪点子。

"嘿嘿……,"蔡京白皙的脸上堆满了奸笑,"咱们何不来个偷梁换柱,巧用它个调包计呢!"

"果然是好计。"童贯也站了起来,思索了片刻又说:"恐怕不妥,范文暄也算是书香门第,调包计恐难瞒得过他。"

"这?"蔡京也有些担忧了,用手捋着胡须,紧蹙起双眉。

沉了半响,童贯忽然想起了什么,问:"此人平时有什么弱点没有,譬如嗜赌之类的。"

蔡京眼睛一亮,拍掌说道:"供奉一句话提醒了我,这范文暄素来是风流不羁,专爱在脂粉堆里打滚。"

"嗯,这就好办了,我这次让这小子买点教训。"童贯说着,两眼露出凶光。

次日,一张蔡京的名帖送进了范府,是邀共游西湖的。范文暄与蔡京虽是素昧平生,却早闻其名,虽不解其用意,但因自己是小辈,又极想乘机一睹蔡京,便欣然应约赴会。

画舫内，管笛笙箫，借着窗外的水声更是袅袅动听，悠扬悦耳，几名歌伎正吹奏着新曲。杭州才子五、六人正坐在那里笑说风月。这些人，范文暄大多相识。拜过蔡京之后，又被引荐给童贯。

童贯见范文暄年仅二十出头，又生得一表人才，似是非常喜爱，对他格外热情，拉着他坐在了自己身边。

杯觥交错，大家都很畅意。

酉时，只见蔡京从后舱叫来一位妙龄少女，只见她袅娜娉婷，楚楚依人，秀骨姗姗，手捧一琵琶，若含羞西子。坐罢，便轻抚起来，大弦嘈嘈，小弦切切，流莺婉转，余音袅袅。

众人见其貌美，弹技高超，交口称赞不已。

范文暄更是看呆了，如痴如醉地倾听着，双眼直直地盯着佳人那双一泓秋水似的眸子。

童贯在旁见了，心里不由冷笑。

"今夜，大家要尽兴，咱们何不各显所能，吟诗作赋呢！"童贯眼瞟着范文暄，提议道。"不过，本人倒因才拙是不敢献丑的。"说完，自己哈哈大笑起来了。

蔡京第一个起声附和，晃着来到书桌前，先是提笔凝神，继而飞龙走蛇起来。

众人见西湖景致怡人，早已雅兴大发，又听到童贯提议，便纷纷提笔，妙语锦句层出不穷。

一旁弹曲的佳人见此情形，便放下琵琶站起来，逐一为众人添酒磨墨。

"如能得此美人青睐，范某愿不惜代价，"范文暄正在魂不守舍，佳人已依偎到他怀里，先是深情地望了他一眼，又伸出纤纤玉指，为他夹了一口菜送进嘴里，娇滴滴地对范文暄耳语地说："久仰范公子，今日相见真乃荣幸。"听到此言，范文暄的心也醉了……

童贯慢慢踱到范文暄身后，看他泼墨作画。

舱外，晚霞初放，色彩绚丽，形象多变，落日浸在澄明的秋水之中，染红了一江寒碧。

当范文暄最后一笔刚刚提起，童贯在旁早已眯起双眼，连声称赞，众人见了，也齐声附和。

"范公子的画堪称一流，供奉，你可知范公子收藏的画也堪称一流吗？"蔡京在旁进言，顺手拿起桌上墨迹未干的四尺白宣接着说："其中南唐顾闳中、周文矩的画更是个中精品。"

"噢，今日倒是巧了，不知范公子可否让我及在座的各位一饱眼福啊？"童贯对范文暄说话总是慢声细雨，就是嗓音尖了点。

"嗯，这个……，"范文暄搓了搓手，心中却老大的不愿意。

一旁的佳人轻轻拉了拉他的袖子，说："我也想看看呢！"

软软的吴依细语飘人范文暄的耳朵,心里不禁动了一下。

"文暄,我们也久有此意了,难得今夜良辰美景,可别辜负了。"

听到大家七嘴八舌地怂恿,范文暄只得让书童回府取画。

这边,童贯也回头暗示站在身边的人,让他跟着一起去。

此时的范文暄不知是被船摇的,还是被佳人频频劝酒才喝醉了,早已是头重脚轻了。佳人上前连忙将他扶住,他将乘势揽住佳人细腰,摇晃着走进了内舱……。

宴席不知什么时候散了,二幅名画已送到,等童贯打发走书童之后,便走上了画舫的二楼,看着蔡京请的两位专门制作历代名画赝品的画师在临摹顾宏中、周文矩的两幅画,脸上不由露出了得意之色。

鱼肚将白,两幅画已完工了。蔡京拿起赝品仔细与真迹辨认,并无很大差别,只是墨迹新干,色泽有别,童贯却满不在乎。

一个浪头打在船身,摇醒了范文暄。他伸了伸懒腰,见已是旭日东升。昨夜的事如南柯一梦,他回头一看不见了佳人踪影,只有余香尚存,不免惆怅。忽然想起家藏的两幅画,赶忙起身疾步跨出内舱。

童贯与蔡京正坐在前舱喝茶,有说有笑,范文暄忙上前施礼,脸上有些泛红。

"范公子,睡得可好?"童贯不阴不阳地说。

范文暄支支吾吾,"好,好,"停了半晌,对蔡京说:"前辈,我的两幅画可否能赐还呢?"

"当然,当然。"蔡京说着便送上两幅画。

范文暄小心翼翼接过画,慢慢展开,似是家藏的两幅,可是仔细一瞧,有些异样,额上顿时渗出汗来。

童贯在一旁不动声色地看着,见他这副光景,心中已有数,没等范文暄开口,便顿了顿嗓子,说:"范公子,你可知昨天陪酒的佳人是谁吗?"

范文暄一时摸不到头脑,懵在那里。

"此女是童某此行在苏州时,特意选的才女,加以调教后,准备献给圣上的。"

"啊!"范文暄如五雷轰顶,一时有些发抖,昨天,昨夜……,他不敢再往下想了,可是昨夜之事,童贯、蔡京分明是默许的呀!明白了,一切都明白了,范文暄恍然大悟,后悔莫及,望着手中的两幅赝品,真恨不得扔进湖中。一时间,眼泪都快掉下来了。

这两幅画可是祖传几辈的珍品啊!难道就这样……,范文暄真有些余心不甘,可又能怎样,谁让自己中了童贯和蔡京的圈套呢,虽说自己有很多亲戚、故交在京城是达官显贵,可以为自己出头,可这件事又怎能说得出口,要怪只能怪自己。

于是,范文暄缓缓收起画,无奈地向童贯、蔡京拱拱手,转身而去。

望着范文暄远去的背影,童贯的眼角又添了几道深深的皱纹,心中暗笑——昨天的佳人只不过是蔡京府中一名得宠的侍妾罢了。

日落黄昏,杭州城内已没有了白日里的喧哗、热闹,变得寂静起来。

然而,杭州府衙内却是灯火通明。大堂上,早有一青年书生昏倒在地上,只见他浑身上下,血迹斑斑,血肉模糊。

"你招是不招,那块双龙端砚究竟藏在何处?"李知均恨恨地问,心里着实生气。升堂用刑已经一个多时辰了,可这个书呆子还不肯承认有祖传的双龙端砚。

这会儿,童贯正坐在屏风后的太师椅上,牙齿咬得格格作响,见李知均虽是恩威并施,而这个书呆子的骨头却更硬。

"大人,他已经昏过去了。"一个衙役回道。

童贯记得,这已经是他第三次昏死了,"唉……,"一声长叹。

李知均在屏风前听了,心中不由一颤。眼珠子一转,忽然想起了什么,转身下了公案。

"大人,看来这个书呆子是不肯招的了。"李知均来到童贯跟前,轻声禀道。

"噢,对了,你派去搜家的人回来了没有?"

"还没呢,不过也应该快了吧!"

童贯站起身来,来回踱了几步,又回头问:"不知那书生的妹妹会不会中计?"

"我看她一定会来,那端砚早晚是大人的。"

玉龙山下,有一村落,青山为廓,绿水为傍。阡陌纵横的农田,一行行,一排排,生机盎然。潺潺的溪水自山上流下,淙淙有声,村子里,鸡鸣犬吠相闻,数处炊烟袅袅。

一行人,正急冲冲地行走在田埂上,看他们的打扮和趾高气扬的神态,肯定是公差无疑了。

他们,正是杭州府衙的差役,奉知府之命去"书呆子"——张玉麟的家,一是搜抄端砚,二是传口谕。

张玉麟,祖居在杭州玉龙山下,家中只有个妹妹,两人仅靠几亩薄田度日,相依为命。

令张玉麟自豪的是,祖辈们虽没留给他和妹妹张玉燕什么良田深宅,却传有一块稀世珍宝,一块双龙戏珠的端砚。

端砚,本就是文人骚客垂涎之物,何况是一块珍品。张玉麟常常小心翼翼地拿出来赏玩,此砚的妙处,就在于二龙戏珠的珠眼上,细心观察,就会发现,那晶莹剔透的珠眼里,终日含有水珠,若微微倾斜,水珠便会跃入砚池,使砚台经久不干,湿润异常,而所磨之汁用来泼墨作画,则更是黑里透亮,异香扑鼻。

前几日,张玉麟听说官府要百姓们献宝,心中有些担忧,便郑重地交给妹妹玉燕保管。

而此时的张玉燕正在心神不定。哥哥一早去城里卖字画以补家用,而时至傍晚,却仍不见回来,不免有些心焦。

"咣当"一声响,把张玉燕吓了一跳,还没回过神来,一帮衙役由保长领着,凶神似的冲进了院子。

"张玉燕在吗?"一个领头公差问道。

张玉燕怯生生地说:"我就是。"

"噢,你就是?"公差斜了她一眼,接着,提高了他那公鸡嗓,说:"奉知府大人之命,今有秀才张玉麟祖传端砚一块,藏匿不献,特来查抄。"

"那我哥人哪?"张玉燕焦急地问,眼泪都快要掉下来了。

"他嘛,"公差看看玉燕,"正挨板子呢,还看什么,搜!"说完,抢先翻箱倒柜,众人也跟着动了手,顿时,房内一片狼藉。

……

"张玉麟,你还是说吧!端砚在哪儿。"李知均不怀好意地问。

张玉麟强忍着痛楚,心中仍存一丝希望,"冤枉啊!大人,小生家中实在没有什么端砚啊!让我招什么呢?哟!"一转身又碰到了伤口。

"哼,看来你还是敬酒不吃,吃罚酒了。"李知均早已听得不耐烦了,"给我打,给我狠狠地打。"

刚说完,派去玉龙山搜家的人已经回来,其中一个小头目凑身上前,躬腰附着知府的耳朵,轻轻耳语了一阵。

李知均听完,见一无所获,不免失望。心想,这回可没法向童贯交差了,一股怒气顿时发作。

"用刑,你们给我卖力点。"随手又扔下来一支刑签。

"哥——,"一声撕心裂肺的呼叫响彻大堂,张玉燕跟跄地来到堂上,见哥哥被打得遍体鳞伤,只觉心如刀割。

"来了,来了就好,"童贯一听,是女子的声音,知道是张玉麟的妹妹,嘴角立刻露出一丝笑意,便伸手敲了敲屏风。

"啪——,"一声惊堂木响,把张玉燕吓得一哆嗦。

"嘟,你是什么人,竟敢咆哮公堂。"

"我,我是他妹妹,"看着奄奄一息的哥哥,玉燕泪如泉涌。说着,趴在地上就磕头,嘴里还恳求道:"求大人开恩,放了我哥哥吧!"

童贯这时慢慢地站起身来,耳朵却竖得更长。

"噢,你是张玉麟的妹妹?"

"是!"

李知均一指躺在地上的张玉麟,说:"你可知他犯了欺君之罪,要问斩了吗?"

"这……,"玉燕听了,人不由往后一仰,跌坐在地上。

"不过嘛,要是你献出端砚,本官倒可以格外施恩……。"

一步步紧逼,一句句威胁,压得张玉燕喘不过气来。哥哥是自己唯一的亲人,现在却危在旦夕,如果不献出端砚,恐怕……,玉燕不敢往下想了。

"来啊,上夹棍。"知府又要用刑了。

"别,别,我献,还不成吗!"张玉燕好不容易从牙缝里挤出个"献"字,说完又"呜……"地痛哭起来。

终于得到了,童贯真是心花怒放,转过屏风,挪步来到堂口前。

张玉燕缓缓抬起了头,泪眼如杏。

"啊!"童贯一下惊呆了,眼前的张玉燕竟是如此的眼熟。只见她大约有十七八岁的样子,鹅蛋脸,小巧挺拔的鼻梁下,一张小嘴红润可爱,特别是那双透彻的双眼,让人难忘。童贯来杭州也有些日子了,但如此清丽秀气的脸,还是第一次看到。

知府强忍着喜悦,问:"端砚现在何处?"

"现在我家院井里,"玉燕木木地答着:"我用绳子吊在里面的。"

话音未落,一旁的捕头便窜了出去,李知均在堂上放声大笑。

这时,童贯踱着方步,昂首上了大堂,"李大人,童某在二堂等候多时了,大人何事如此劳心?"

知府见童贯上了大堂,忙叫人在旁设了一张椅子让童贯坐。自己洋洋得意地说着事情的经过。说完,满以为会得到童贯的赞赏。谁知,童贯脸一沉,用他又尖又细的嗓子拉足了官腔。

"李大人,童某奉圣上之命,来杭州采买古玩以供御览,并非让你如此行事啊!"谁都听得出,这是在责怪知府。

李知均一下子懵住了,这一切一切都不是你童贯的安排吗?自己只是个执行者而已,怎么,现在他反而……,李知均不知所措了。

"还不放人,嗯——?"童贯提高了嗓子。

"是,是。"知府连声答应。

玉燕两眼泪涟涟,抬头偷偷瞧了童贯一眼,心里感激这位突然降临的供奉大人。

"真像,真像。"童贯看着张玉燕喃喃地说。

大涤山,位于余杭县西南,是道教的第三十四洞天,山中有四峰,中有大涤、栖真、鸣凤、蜕龙等洞。

童贯坐在山轿上,缓缓拾级而上,后面几顶的轿子里,还坐着蔡京、余杭令。

一路秋色,尽现眼前,一派新鲜,毫不枯淡。涧水在奔流,树林有点染,一派活泼、一派生机。涧是碧色,却流红叶,树是青的,却映白云。

蔡京有说有笑,童贯却有些心不在焉。他早想起来了,那张玉燕酷似自己死去近三十年的爱妻王氏。王氏与自己是两小无猜,夫妻间很是恩爱,只可惜她命薄……,往事如烟,晃竟这么多年了。

当一见到张玉燕时,自己不觉呆了,是巧合,还是天意?她长得同亡妻这么相似,而且神韵比王氏更胜一筹。童贯这些年来本对男女之情早已木然,不想今日竟会为她怦然心动。

"住轿。"童贯在轿上边用脚一点,边吩咐。

蔡京正兴致勃勃,一听住轿,忙问:"供奉莫非累了,要暂歇片刻吗?"

"不,我要下山。"童贯说得斩钉截铁。

这时,玉龙山下的村子里,却隐隐传来哭泣声,玉燕摇着哥哥冰冷的尸体,痛哭流涕。

昨夜,她把哥哥用骡车拉回来后,许久张玉麟才苏醒过来。当得知祖传的端砚最终还是被官府强行索去时,不由两行热泪汩汩而下,既不说话,也不吃药,终于含恨而去。

童贯昨晚也派人送来银子和跌打金创药却被张玉燕拒绝了。虽说他是好心,但当官的却是一丘之貉,能有几个是好的。

然而,玉燕知道,家中是一贫如洗,自己又拿什么来办丧事呢?乡亲们虽都很热心,忙前忙后地出了不少力,可都是穷苦人家,家中也无隔夜之粮,自己怎能开口向他们借钱?

夜幕已徐徐降临,玉燕跪在地上烧着纸钱。哥哥已死了二天了,可连个棺材也买不起。想到伤心处,不由呜咽起来。

忽然听到院里有嘈杂人声,"屋里有人吗?"接着,童贯走了进来。

"家兄伤势是否痊愈了?"

玉燕先是感到有些意外,但听了童贯的问话,看着哥哥仅用竹席包裹着的尸体,泪又流了下来。

童贯见玉燕并未答话,只是泪如雨下,心中明白了。转身对着尸首也深深地叹了一口气,竟挤出两颗泪来,狠狠地说:"这个李知均,为了贪功,私自动用重刑,真是岂有此理。"

"可姑娘当初为何不领童某好意,退回银两呢?"

"无功不受禄,再说我哥……他已死了。"

"可你献宝有功,再说你哥入殓也需要钱啊!"

"不要说了,如不是为了那端砚,我哥也不会……。"

"张姑娘,你来看,这是什么?"童贯边说边打开手下递过的黄布小包。

"端砚,"一见祖传的双龙砚,玉燕感到格外亲切。

童贯觉察出玉燕的神态,温和地说:"我已考虑再三,不能夺人所爱,决意违旨将端砚奉还给张家,用这砚给你哥哥陪葬,以慰他在天之灵,如何?"

"这当然是好了。"玉燕不敢相信,疑惑地说:"不过……。"

"你不必多虑,噢,这五十两纹银你也收下吧!"

"小女子怎可平白无故受大人恩惠?"玉燕有些犹豫。

"你不是急等钱用吗?"

见玉燕沉默不语,童贯乘势又说:"可否这样,"顿了顿,又说:"童某府中人丁不兴,犬子师礼又体弱多病,童某此来江南,本欲觅仆妇几人,姑娘如坚决不想收这银子,可否考虑到我府上帮忙来折银子呢?"

玉燕听完,人不由一震,不想世事难料,今日落得个家破人亡,还要以身葬兄。

童贯见她低头不语,想了想,说:"这样吧! 银子我留下,你考虑考虑。"说着站起身来往外走,忽又想起什么,"噢,对了,我明天派人抬口棺材来,帮你盛殓。"

说完,童贯一行扬长而去。

……

大道上,逶迤连绵地有五、六十辆马车在缓缓而行。童贯坐在车轿内,手里把赏着那块端砚,暗暗得意。车外,不知何时又飘起了雨。

小雨纤纤,风儿细细,飒飒秋声,凭窗而来。玉燕挑帘,回头望着故乡,泪珠扑簌簌地滚下来……。

二　引见李师师

踏着一路的梧桐落叶,童贯一行,沿江宁府,经淮南东路,直奔汴京。

回程,童贯并不像来时走得那么匆忙,而是早宿晚走。沿途,却见田地大都荒芜,背井离乡、沿路乞讨的人随处可见。自神宗皇帝登基,熙宁用兵以来,连年征战,钱粟银绢的花费以万数也不可胜记。再加上重用王安石变法,因他追求立竿见影之效,故一切具体的做法都表现出急功近利的特点。虽然青苗法、保甲法等设想很好,但至推行到下面,却是有背初衷,面目全非,南辕北辙了。因此,平常百姓就更加穷困潦倒了。

一路走,童贯是有点吃惊的。进宫这么多年,虽说不上享尽荣华富贵,却也是锦衣玉食,吃穿不愁的。哪知道外面竟是这样的败落呢!

"嗯——,"忽然间,从童贯所坐的马车后面,隐隐地传来抽泣之声。

童贯探头伸出车轿的窗户,向手下说:"去看看,是怎么回事?"

不大的工夫,手下的骑马过来禀道:"回公公,是苏州四美中的李小媛在哭。"

"噢,"童贯在车内若有所思,四美中只有李小媛性情偏了些,不大好哄。可是四人中,也就数她拔尖,长得最为出色。一定要把她收服,否则,即使献给了徽宗,对自己也没多大好处。

这时,李小媛盘坐在马车内,正鸣咽抽泣,哭得两眼如杏,若带雨海棠似的。旁边还坐着三位佳人,也都是天生丽质,国色天香一般。

突然,轿帘一挑,一个小太监笑嘻嘻地冲她们笑道:"姑娘们,下车吧,咱们今晚就在这里投店了。"

丽人们相互搀扶着下了车,由小太监领着进了客房。童贯随后也跟了进来,笑呵呵地对她们说："姑娘们一路辛苦了，"见她们并没有搭腔，接着说："我知道你们难过，留恋家乡，想念亲人，可也没法子，这次到你们苏州选美，我也是奉旨行事。"童贯见李小媛已渐渐抬起头，注意在听自己说话，便在一旁坐了下来，压了压尖嗓子，继续说："这次童贯去杭州，途经你们苏州选美这也是奉旨行事，你们四位有幸被选中入宫，也是你们的福气，虽说远离亲人，可女儿家终究要出阁。现在一朝入得皇家，这不是你们的造化吗？"

李小媛眼泪又下来了，童贯接着说："你们的名单我已上报，是不能再更改的了，再说当今皇上可是风流潇洒的明君噢。"说着，扫视左右另外三人，见她们都沉默不语，又加重了语气："话又说回来了，普天之下，莫非王土，皇上选美是天经地义的事，只要你们用心侍奉，讨个封号不就是娘娘了吗？"

李小媛眼神中充满哀怨，知道要想回去是不可能的了。

"我也知道你们家里都有人，刚才我又派人去你们的家里报平安信，还替皇上赏了不少东西，这也算是皇恩浩荡了。你们大都也是书香门第，都知道三纲五常的道理，我也不多说，只是以后不要再哭哭啼啼了，否则进了宫，惹怒了皇上，恐怕要连累你们的家人，啊——，听清楚了没。"

"知道了"，四人的声音轻如蚊吟。

童贯站身，扬长而去。

十月下旬，经过一路的跋涉，童贯一行终于进了汴京地界。这时，童贯倒是变得有些归心似箭了，望着满载而归的东西，以及从苏州选到的貌如天仙的丽人，双眼不由眯成一条线，想着徽宗高兴的样子。

李师师

童贯并没有直奔皇宫，而是驱车来到东华门外的北大街。早在一年前，童贯就用历年所得在这里置买了一处宅院，虽不大，倒也幽静。

下了马车，童贯带着张玉燕直往里去。一边早有下人们迎了出来，童贯见了，问管家徐伯："礼儿好些了没有？"

"还那样子，只是咳嗽更厉害了。"

童贯回头再次仔细端详张玉燕，不由暗自感叹她长得像王氏，温和地对她说："我三十年前成过家，谁知内子王氏生下礼儿便走了。一年前老母也去世了，可惜礼儿先天不足，终日哮喘，唉——。"

张玉燕很奇怪童贯为什么和她讲这些，自己是来做下人的。一路上，童贯对自己是问寒问暖，张玉燕总觉别扭，他毕竟是个宦官，可原来也是成过家的。

穿过正堂，两边是超手游廊，玉燕跟着童贯进了当中一间耳房。刚进门，就闻

见一股药味，浓浓的。

"礼儿，好些了吗？"童贯弯身来到床前。

床上躺着一人，看上去仅只有二十七、八岁的光景，肤色很白显有病色，大概是不见阳光的缘故。

"噢，爹爹回来了，呵，呵呵……，"童师礼挣扎地从床上坐起来，才说了一句话，就咳嗽起来，脸涨得通红。

童贯每次见儿子这样弱不禁风，总感到不好受，自他出世，才一个月，自己就进宫作了太监。头几年，根本没什么钱往回拿，只可怜老母和小儿无依无靠，艰难地度日，又加上王氏早亡，儿子童师礼没有母乳吃，又是先天不足，只落得病魔缠身，终日哮喘咳嗽。等到后来童贯有了些钱，虽百般医治，也无济于事，只不过配些小补的药慢慢调理罢了。于是，儿子每日总和药罐子打交道。虽然他已是而立之年的人了，却根本无心娶妻成家。

"爹，一路还算顺利吧！呵呵……，咦，她是谁？"

童贯这才缓过神来，"还好，还好，她是……"。

张玉燕在一边早已道了个万福，口称"婢女张玉燕见过少爷。"

"起来，起来，你好像是南方人？"

"是杭州人。"

童贯望着张玉燕投足之间总有王氏的影子，正呆呆地出神，只听窗外有人说话，是管家徐伯："老爷，信已送到，张公公马上就到。"

"知道了。"

一回到家里，童贯便让徐伯往宫里找熟人去送个信，让在徽宗身边的自己的徒弟张迪抽空来一次，想问问宫里近三个月的情况。

童贯回头又对张玉燕说："你先下去歇着吧，以后你就多照顾点少爷。"

张玉燕转身退下去了，望着她去的背影，童贯若有所失。

"师傅，您回来了，"一挑帘，小太监张迪兴冲冲地走进来，又对着童师礼拱了拱手，说："见过少爷。"

童贯是很喜欢这个徒弟的，又机灵又聪明，还能随机应变，所以将他安置在了徽宗身边，做贴身小太监，以充耳目。

"走，咱们书房说去，"回过头，童贯又看看儿子，说："你好生歇着"，说完，带着张迪走了出去。

乾元殿里，依旧是花团锦簇，金碧辉煌，炉火烧得正旺，暖洋洋的，一边，玉鼎里的檀香散出阵阵幽远芬芳的味儿，熏得人醉。

郑香儿斜靠在杏黄色的团垫上，正迷人地笑着，徽宗手托炭笔，在她的柳眉上一笔一笔地勾着。

"皇上，奴才回来了，"声音轻轻地，唯恐扰了徽宗的兴致。

徽宗回头一看,是童贯,不由乐了,"你怎么才回来,大概是乐不思蜀了吧!"

"奴才哪敢啊,一办完皇上交办的事,这不,就马不停蹄地往回赶,奴才人虽在外头,心上可一直惦记着皇上呢。"

"得了,少废话,你给我弄了些什么玩艺啊?"

童贯早已料到,忙从身后抽出一个事先预备好的画轴,神秘地说:"皇上,您来看,这是吗!"说着,将手用力一抖,画展现在了徽宗面前。

徽宗走近童贯,低头看画,须臾,喜出望外。"咦,这好像是南唐周文矩的画吗!"

"皇上好眼力,这正是他的画呢。"

"什么画,值得这么高兴啊!"一旁的郑婉仪见徽宗冷落她而去看画,有些不高兴,跟过来用双手环抱住了徽宗的腰,嗲声嗲气地说:"嗯,别看了嘛。"

"别闹,我想这画,都想了许久了,这是那幅有名的《重屏会棋图》呢!"

郑婉仪只得悻悻地松开手,回到梳妆镜前坐下。

童贯忙跟过去,往花盘里拣了一朵绢制紫巾牡丹,斜插在了她的低绾环绕的发髻上,一边还从台上拿起一面菱花镜,给郑香儿照着,嘴里却说:"皇上,还有些个好东西,我都是列了清单,东西已交给尚宝局了。"

"好,好!"徽宗不住地点头,双眼仍不离画。

见徽宗这样喜欢,童贯也暗暗得意,便乘机进言:"皇上,我在杭州还遇见了蔡学士呢,"边说,边用眼神偷偷打量徽宗。

"是吗?"

"是的,他还特意画了好些屏风、扇带进献皇上呢,"童贯见徽宗仍低着头,又继续说:"他也日夜惦记着皇上,还说真佩服皇上的字画好呢!"

徽宗终于抬起了头,说:"什么时候,你把他献的东西拿来,让我瞧瞧。"

"是!"

徽宗看着画,琢磨着,比画着,来到楠木大书桌前,郑香儿轻走几步,来到跟前,问:"皇上想要画画么,我来研墨。"

一旁的童贯早铺好了八尺白宣,用玉麒麟镇纸,然后伸手从笔架上取下紫云中毫在歙砚中舔了舔,待饱蘸后,双手递给了徽

徽宗接过,凝思片刻,纵然下笔。童贯见徽宗聚精会神地画起来了,知道一时半会没事,便向郑香儿和站在一旁的张迪使了个眼色,悄悄退出了殿外。

一溜烟,回到了自己的屋子,提了二个包袱又急匆匆地往皇后的朝晖宫去。

王皇后正在听方士徐知常论道,被他讲得动听入耳,津津有味地只是慢慢点着头。

这时:大太监梁师成在旁奏道:"娘娘,童公公候旨求见。"

"噢,他回来了,让他进来!"王皇后边说,边站起身来,坐了一个多时辰,腿也有

些麻了。

"奴才叩见娘娘千岁,千千岁!"童贯已进来,跪倒在地,身旁还有二个杏黄缎裹着的大包袱。

"起来吧,一路辛苦啦。"

"还好,奴才午时才进的城,刚见过皇上,这不就来叩见娘娘了吗?"

王皇后眼角一挑,有点高兴。

"奴才还特意选了些精致新颖、巧夺天工的首饰进献皇后娘娘,另外还有苏州红兴斋的脂粉呢!"

见王皇后果然喜欢,童贯一边得意,一边向着旁边的梁师成微微点点头,因为这是他透露的。

"童公公好!"徐知常拂尘一甩,算是见礼。

"哟,徐居士也在。"童贯心中一动,转即向他使了个眼色,徐知常看到,眼皮一合,已然会意。

"娘娘,奴才先行告退。"

见王皇后轻轻地"嗯"了一声,童贯垂首退了出来,走到梁师成身旁时,轻声说:"晚上我派人送东西来。"

梁师成满脸是笑,心领神会。

等童贯回到乾元殿,徽宗却还在画画,郑香儿不知什么时候退下去了,只有张迪一人侍候着,屋里静悄悄的。

童贯站在了徽宗身后,伸长脖子一看,见画的是一幅仕女图,栩栩如生,跃然纸上,不由暗拍大腿,怎么这么巧呢!

徽宗最后在仕女的眼中用笔轻轻一点。果然,人变活了一般,更是神采奕奕。

"嘘,……,"徽宗长长地呼了口气,对着自己的画又端详了许久。

过了一会儿,见徽宗舒服地眯起了眼,又轻声说:"皇上,奴才也有幅《四美图》要献给皇上呢!"

"谁画的,拿来我瞧。"

"奴才为皇上画的。"

说着,冲身旁的张迪一努嘴。张迪笑着走了出去。不一会儿,又回来了,说:"画来了。"

话刚说完,就见从门外鱼贯而入,袅娜地走进四位佳丽,翩翩地跪倒在了徽宗跟前,轻启朱唇:"奴婢见驾,万岁、万万岁!"

徽宗一下看呆了,半晌才回过神,一挥手:"起来,起来!"说着,对着童贯就笑,知道是他玩的把戏。

再回过头看佳丽,有含羞如兰的,有艳丽似火的,也有像出水芙蓉的,还有一个,更是超群,双眉若黛、竟像曹子建笔下的洛神女一般。

看惯了宫里的这些熟面孔，一下子进来这些佳丽，就犹如一股清新的风，吹得徽宗是喜不自胜，又听得她们吴侬细语地说话，竟有些醉了……。

童贯和张迪悄悄退了出来，天色已渐渐暗了下来，原来已过了申时。

童贯回头关照张迪在殿外候着，预备徽宗传膳，自己三步并作两步回到了住处。

徐知常在童贯屋里，已等了半天，听见屋外有脚步声，刚站起身，童贯已然推门进屋。

童贯命人沏了一壶武夷山的大红袍，请徐知常品过，这才缓缓地问："居士可认识蔡京？"

"认识，他不是贬往杭州了吗？"

"居士，童某真人面前不说假话，我知道你经常在后妃跟前走动，你我也有交情，所以想请居士在后宫多为蔡京铺路。"

徐知常本来就是由童贯的引荐，才得进宫的，平日里，也多亏童贯照应，自己才在后宫站稳了脚。现在，见童贯有事吩咐，忙的快回答："一定一定，必不负公公所托。"

送走徐知常，童贯又到屋里喝茶。

"师傅，您为什么替蔡京活动呢？您现在又不靠他？"旁边的小徒弟方再兴疑惑不解地问。

童贯的手轻抚着茶盅盖，无限感叹："蔡京，我早就和他熟识，以前也颇得皇上器重，重要的是我早就看出他有野心，又心狠手辣，能见风使舵，不是久居人下的人。他现在被贬出京，我如果帮他一把，能让他复出，他必然铭记在心，以后他也就能为我所用。这不比让我去和瞧不起咱们的当朝权贵结交强吗！"

听了童贯的一席话，方再兴茅塞顿开，弯腰堆笑，说："师傅真是深谋远虑，徒儿才知自己浅薄。"

转眼间已是辛巳年的腊月二十三了，家家户户都在忙着过小年。童贯也回到了北大街自己的宅子里。自从带回了张玉燕，童贯比往常回家的次数多了。说也奇怪，每当看见她，童贯每日里紧绷的心才会安静下来。

张玉燕已从童贯的眼神中看出了什么，总是尽量回避着他。进童府才一个多月，却和大家相处得很好，特别是徐伯，总像父亲那样的关心她，使玉燕寂寥的心稍稍感到温暖。

另外，张玉燕感到童师礼人很好，不但没有少爷脾气，而且很懂得体贴人，使玉燕不由想起了哥哥张玉麟。

"嘣——啪——"屋外的爆竹声响接二连三。

徐伯走到童贯跟前，说："老爷，都预备好了，祭祀可以开始了。"

忽然，屋外急匆匆地走来一人，"师傅，师傅！"嘴里喊着，人也气喘吁吁地进了屋。

原来是方再兴,童贯双眉紧蹙,厉声问道:"什么事,这样风风火火的?"

"不好了,皇上正发怒呢,打了好些个弟兄,连张迪也挨了板子呢!"

童贯听了,也有些急,望着桌上的祭品,轻轻地叹了口气,对徐伯说:"请少爷代祭吧!"说着,人已跨出门槛。

路上,童贯问方再兴究竟是怎么回事?

方再兴还算机灵,早探明了原委,从头到尾地说起来:"自师傅献上苏州四美,皇上是整日和她们在一起,特别是恩宠李小媛,已经一连大半个月没上皇后的朝晖宫了。今个一早行祭礼,王皇后对她们指桑骂槐了好一阵,皇上也没说什么,回来却拿我们出气。"

想着,人已到了延和殿,殿外的地板上躺着好几个小太监,正呻吟着。张迪也在内,看见师傅来了,嘴里不说,却用求助的眼光看着他。童贯冲他点点头,来到殿门口,早听见里面徽宗的呵斥之声。

悄悄地从殿角溜了进去,只见徽宗余怒未消,满面愠色。

"皇上息怒,保重龙体。"童贯双膝一跪,细声说道。

"哼,不知天高地厚的东西,都给惯坏了。"

童贯也不知他是在说皇后呢,还是在骂小太监。看得出,徽宗的怒气消了大半,便也大着胆子,又往徽宗跟前跪了几步,说:"皇上何必跟她一般见识,您是一国之君。要怎么都行,还怕谁!"

"你起来吧!"说着,徽宗一屁股坐在绣墩上,气哼哼的。

童贯回头向方再兴示意,不大的工夫。他便端来杯参汤递给童贯。接过参汤,童贯移步来到徽宗跟前,双手一呈,"皇上喝口参汤吧!"

徽宗并不想喝,也没动。童贯在路上早想好了主意,又向徽宗凑近了些,说:"皇上,奴才有个主意,保证使皇上能玩得自由自在,不受拘束。"

"噢!"徽宗来了兴趣,见一旁还跪着几个小太监,轻轻一挥手,众人皆识趣地退了下去。

童贯心里暗笑,徽宗到底是年轻,经不起引诱的。见徽宗正等着下文,这才缓缓地说:"皇上在宫中不自在,何不在皇城根边再建一别宫呢?"

"这有什么用?"

"有用!皇上喜欢什么人、爱听什么曲、看什么舞,只要去别宫,不就自在了!"

徽宗恍然大悟,高兴得直搓手,连声说好,又问:"这得要多长时间呢?"

童贯想了想,说:"回皇上,要是快的话得半年,慢了就说不准了。"

"越快越好!"

"求皇上恩准方再兴去监管此事,我让他日夜监工,替皇上出力。"

"准——,"徽宗面露喜色,好像别宫已经造好似的。转念一想,等新起的别宫至少还得等半年，人不由有些蔫了。

童贯早看在了眼里，一边不慌不忙地端着参汤往前一送，一边说："皇上，想不想去宫外走走？"

"宫外？"徽宗眼睛一亮，手拿杯子，一仰脖喝了半杯参汤，说："是啊，朕登基快两年了，外面什么样都快要忘了！"

日子过得真快，一眨眼，已是崇宁元年（公元1102年）的元宵节了。

天刚蒙蒙亮，童贯便起身，坐了一乘小轿由北大街回宫。轿子刚拐弯出巷口，就有人拦轿，片刻，手下的送来一便函，是范致虚所写，一大早就派人来递的。

童贯接过，展开细瞧，只见上面简短地写道：

> 京复出已有眉目，奈左、右相争执，今上委决不下。明日开印，可有分晓，望伺机而动。
>
> 　　　　　　　　　　　　　　　　　知名不具

话虽不多，且既没称呼，又无落款，而童贯心里却一清二楚。前些日子，徽宗就为重新起用蔡京一事而烦恼，因为左相韩忠彦与右相曾布在此事上针锋相对，各执己见，使徽宗一时犹豫不决。

后宫的一些嫔妃早已被徐知常用珠宝铺平了路，对蔡京是有口皆碑。再加上右相曾布极力为蔡京说话，想借此扩张势力挤走韩忠彦。

徽宗的本意也想重新起用蔡京的，怎奈以右相韩忠彦为首的元祐旧臣却大都反对。这使得徽宗左右为难了，因此，这件事大概已经搁了半个多月了。

明天就是正月十六了，所有的衙门都要开印理事。所以，范致虚派人给童贯送来此函。

街上还静悄悄的，只有轿夫踩在厚厚的雪地上的脚步声，在沙沙作响。

宫门口，有好几个小太监在打盹，张迪也在，童贯走过去，轻轻拍了拍他。

张迪一惊，醒了，见是童贯，忙施礼："师傅，您来啦！""嘘——，"童贯示意小声些，一旁的几个小太监也醒了，睁眼一瞧是童贯，都忙着站起来行礼。

童贯冲他们摆摆手，回头问张迪："皇上什么时候歇的？"

"噢，"童贯想了想，又说："既这样，你们换着班睡会儿吧！我待会子再来。"

"是"，小太监们很感激童贯能体恤下情。

"唉，年岁不饶人，都四十九的人了。"童贯生出无限感慨。

"吱呀——，"一声门开了，童贯打起精神，首先跨了进去。

徽宗刚起来，正站在窗下逗鹦鹉玩，王皇后在为他系腰带，惺忪睡眼的，娇媚无比。

用完了早膳，徽宗忽然心血来潮，想起有近一个月没批过奏折了，便吩咐太监去御书房取奏折拿来朝晖宫批。

童贯听了，便说："皇上，还是我去拿吧！"

"嗯。"

童贯出了宫门，转起了念头，不如乘今天这个机会，帮蔡京一把。进了御书房，童贯特意先拣出曾布的奏折，又拿了十来本无关紧要的札子，回到朝晖宫。

徽宗还真是一本正经地批起奏折来，童贯就站在他身后侍候着。

一边有几个宫女进来服侍王皇后梳洗打扮，片刻，便巧妆一新了。

童贯的双眼紧盯着书案，果然，徽宗又拿起了一本奏折，刚看了两眼却又放下了。童贯偷瞧，正是曾布荐蔡京的那本。

"唉，"徽宗叹了口气，站起身伸了个懒腰。

"皇上，有什么不如意吗？"王皇后也站了起来。

"不就是为起用蔡京的事么！"

"听说蔡学士倒是满腹经纶的，他的字不是也名贯京城么！"

"这倒是，可……"徽宗又回过头，问童贯："你看蔡京这人能用吗？"

"奴才不敢妄说。"

"怕什么，又没外人。"

"那奴才可斗胆了，别的不说，我只觉得蔡学士多才多艺，和圣上性情又相合，弃置杭州，是有些可惜了。"

"嗯。"徽宗若有所思，沉吟着不说话。

这时，门外一阵风似的进来好几个妃子，先见过徽宗，又都给皇后行礼，原来都是来想请皇后去拜神的。于是，众嫔妃辞别了徽宗，袅娜而去。

徽宗对重新起用蔡京仍有些犹豫不决，喃喃地说："怎么才能兼顾呢？"

童贯知道徽宗是在说左、右二相的矛盾，心里暗想，要让蔡京马上回京看来是有些困难的。眼珠一转，又想出了个主意。

"皇上，何不对蔡京来个二步走呢！"

"什么二步走，"徽宗听得丈二和尚摸不着头脑。

"先起用蔡京，但却在京外安置，不就两全其美了吗？"

"妙，果然是妙，"一席话，提醒了徽宗。"那么安置在哪儿呢。"

"当然是离京都近的了。"

"那就大名府吧！"

见蔡京复出一事有了定局，童贯也安下心来。环顾四周，见太监、宫女们都站在远处，便压低声音对徽宗说："皇上，今晚咱们出宫去吧！奴才今个儿准给您个惊喜！"

"噢——？！"

刚过酉时，宫里就已是灯火通明，长廊上、檐角下都高高挂起了彩穗各式宫灯，羊角的、戳纱的、料丝的，或绣、或画、或绢、或纸，到处都是。

童贯一身方巾蓝衫，张迪玄衣扎巾打扮，簇拥着徽宗悄悄出了北角门。

街上，早已是笙簧聒耳，鼓乐喧天，满街的灯笼比比皆是，观灯的、猜灯谜的，真是灯火凝眸，游人如蚁。

徽宗今晚也是便服打扮，头戴净白簪缨银翅帽，身着一件二色金百蝶穿花长袍，腰系碧玉红鞓带，外罩一件石青起花八团倭缎长披，蹬着青缎粉底小朝靴，真是面如美玉，目似明星，神采飞扬。

转过御街，就见到道旁竟齐齐挂着两排一色的大红灯笼，照得通明闪亮。细看，每家门首还挂着烟月牌。

"小贯，你这是把我带到哪儿啊？"

"爷，别急，这不就到了么。"

说着，三人已走到中间，有一家外悬青布幕，里挂斑竹帘，两边都是碧纱窗，门旁挂着两面牌，牌上各有五个字：

歌舞神仙女
风流花月魁

童贯熟门熟路似的，一挑帘，把徽宗让了进来。

里边早有龟奴上来打招呼，童贯冲他摇摇手，带着徽宗直往里走。

"老爷们万福！"屏风后转出一个丫鬟来，翩翩施礼。

童贯一甩大袖，说："对你妈妈说，贵客到了。"

丫鬟用眼迅速打量了一番，笑着进去了。

只听见堂后传来一阵笑声。

"是哪两位贵客啊？"说着，人已摇了出来，正咧着嘴笑。

徽宗首先看到的，就是她嘴里的一颗大金牙。

"啊，原来是童爷，怎么才来？"说着，用手绢向徽宗一晃，"这位爷是？"

童贯一扬手，说："这位爷是咱们的十一少（徽宗是神宗的第十一子）。"

"噢，原来是十一少啊，稀客稀客。"

童贯一指老鸨，对徽宗说："这位是李妈妈。"

徽宗微微一点头，说："妈妈好。"

"好，好，我早就预备下了。"老鸨早就看到徽宗的一身打扮，又是气宇轩昂，风流潇洒，和前几日童贯说的一样。

"往里请，往里请。"老鸨忙不迭地往里让，脸上堆满了笑，那颗大金牙被烛光照得闪闪发光。

须臾，徽宗先闻到一股幽香，接着，由左厢房内飘出一人来，生的是别有一番风韵。徽宗端日细瞧，只见她面似海棠滋晓露，腰如杨柳袅东风，浑如阆苑琼姬，绝胜桂宫仙姊。慢慢的，轻移莲步，款蹙湘裙，来到徽宗面前。

"这就是我们师师姑娘，这位是十一少。"老鸨忙着互相介绍。

说实话，徽宗没想到童贯会带他到烟月场中来，开始，心中有些愠怒，怪他胆子也太大了，看样子，还是事先安排好的，真想一跺脚，退出是非地，但又有些好奇，等看到了李师师，徽宗腿却不听使唤，怎么也挪不动了。

李师师，本姓王，汴京人，父亲是染局匠，四岁父死，遂入娼籍李家。自此，勤学技艺，韶华飞逝，竟是色艺双绝，数月前，才挑脸挂牌，顿时名噪京城，倾倒无数王子公孙。

前几天，童贯已来过，还带来一千两足银给李妈妈，定于元宵节晚接贵客。老鸨本就爱财，见童贯出手大方，早已是心花怒放，又听童贯说这才是定银，怎么不乐开了花，早已是一口答应。但童贯临走也撂下一句话，要李师师这晚闭门谢客。

"十一少。"李师师人长得美，声音也宛若银铃。

徽宗伸手扶起了师师，真心赞叹她貌美，自己后宫粉黛三千，却没人及得上她。

童贯心中暗自得意，见身旁的张迪也呆呆地看着，便用手指戳了他一下，张迪这才觉着失态了。

师师的纤纤玉指已伸出，徽宗握住了，只觉凝脂润滑。师师拉住徽宗，往自己房里去，众人在身后跟着。

徽宗在后宫见的闺房多了，但见师师的香阁却与众不同。

"好精致！"徽宗真心赞叹。

"十一少请坐，你们两位也请坐。"

徽宗拣窗下的花梨木靠椅坐下，也示意童贯和张迪坐。见墙上挂一张琴很是古朴典雅，便问："姑娘也爱抚琴吗？"

"闲时才拨弄一会儿。"

"今天可否一试琴音呢？"

"只怕污了贵人的耳，"说着，从壁上摘下古琴，置于琴几之上，凝神片刻，便抚起来。

袅袅的琴音已经传来，只见师师玉指轻弄，吟、揉、绰、注、撞、走、飞、推，轻重疾徐，卷舒自若。

徽宗是妙解音律的，这才知道师师是身怀绝艺。

琴音却低沉下来，转而师师竟轻轻吟诵起来。

> 章台路，还见褪粉梅梢，试花桃树。愔愔坊陌人家，定巢燕子，归来旧处。黯凝伫。因念箇人痴小，乍窥门户。侵晨浅约宫黄，障风映袖，盈盈笑语。

前度刘郎重到,访邻寻里,同时歌舞,唯有秋家秋娘,声价如故。吟笺赋笔,犹记燕台句。知谁伴、名园露饮,东城闲步?事与孤鸿去。探春尽是,伤离意绪。宫柳低金缕。归骑晚,纤纤池塘飞雨。断肠院落,一帘风絮。

一叠比一叠婉转,如抽茧丝,若剥笋皮,倏尔转换跳荡,倏尔疏朗明隽;吟声跌荡,时而穿帛入云,时而九曲低回。

徽宗和童贯他们正听得入耳,忽然,琴音戛然而止,然而余音绕梁,其韵犹存。

徽宗带头鼓起掌来,童贯和张迪也连声说好。

"这是谁的词曲,竟这样精巧华美?"徽宗问。

"这都是周邦彦夫子的新作呢!我吟的那首词,就是骚客们传颂一时的《瑞龙吟》。"

"爷,周邦彦的诗词和蔡京的书法可都是齐名于京师的。"童贯又乘机提到蔡京。

"好了好了,都歇歇,我已烫了酒,大家喝些驱驱寒吧!"鸨儿说着,已命人在房内置了一桌花酒。

大家团团坐了,边说笑着,边喝起了酒。徽宗的兴致特别好,师师在旁又殷勤地劝酒,没多会儿,早已是三杯下肚。

童贯暗朝张迪使了个眼色,两人便都站起来,向徽宗和师师推托有事,双双退出香阁。

来到内堂,童贯这才露出了得意之色,笑着对张迪说:"你师傅这一着可走对了。"

张迪还沉浸在刚才的香阁芳泽之中呢,对童贯的话并没在意,只连声嗯着。

接着,童贯看看四下无人,便拉着张迪坐到了大客位上,正色地关照他道:"小迪,这事你可千万得嘴紧,否则,不是师傅吓你,恐怕这个家伙不保。"说着,童贯指指脑袋。

老鸨听到说话声,已然出了堂来招呼。童贯挥挥手,说:"我们要谈点事,你下去吧!"

老鸨转身下去了,不一会儿,命丫鬟又另置了四样精致小菜和烫好的一壶佳酿端了来,搁下后说了声慢用便又转入堂后。

两人喝了半晌,童贯看看外面,行人渐少,估计大概已过了戌时,便对张迪说:"小迪,你给我去趟范致虚的府上,传个口信。"

"什么事啊?"

童贯下床来,又仔细地看了看四周,确信周围无人,才压了嗓子说:"你去告诉范致虚,我已为蔡京谋得大名府,不日将有任命制书下来,先让蔡京早做准备。"

"是。"

童贯则又坐下来自斟自饮，没多久，一壶酒已然喝完，童贯打着响嗝，踱出了内堂。探头往里面张望，见里面暗暗的，又侧身细听，隐隐地，好似徽宗和李师师的嬉笑之声。

许久，张迪才回来，还带回一张五千两的银票。

童贯又命张迪再去雇三顶小轿，先在外面候着。时交二更，街上已没了先前的喧闹之声，变得寂静宁谧。

又过了大概有半个时辰，童贯见里面还没动静，不由担心起北角门的御卫要锁门，那时就糟了。于是，蹑手蹑脚地又来到香阁门前，听了一会儿，里面并没动静，就轻轻地拍着窗棂。

"什么事？"

"十一少，时候不早了。该回了。"

"知道了。"徽宗仍搂着师师，百般温存。春宵苦短，然而，自己已离不开师师了。

"梆、梆、梆！"已是三更天了，徽宗依然没有迈出香阁，童贯摇摇头，再次来到了窗前。

又过了好大一阵功夫，才听见里面有窸窣之声，再等了半晌，蜡烛才亮。

徽宗终于出了香阁，师师却没有送出来，只在屋里传出莺声细语："十一郎，别忘了来！"

徽宗连连点头，恋恋不舍地又回头望了好一会儿，才一甩袖，踱了出来。上了轿，才感到外面远没有屋里暖和，偶尔低头，却又闻的师师的余香尚存，不免心起涟漪。

很快地，三顶小轿便逐渐消失在重重夜幕之中，只留下几串深深的脚印在积雪上……。

第二天，徽宗自登基以来第一次没能上朝。直过了巳时，才懒洋洋地起来。

乾元殿外，左相韩忠彦、右相曾布却已在候旨求见了。正月十六，崇宁元年第一天应该天子临朝，受文武百官叩贺的日子，徽宗竟还没起床，不由不令左右二相奇怪了。于是双双进宫，预备一探究竟。

童贯依然起得很早，侍候着徽宗用完早膳，便走出殿门，来见左右二相。

"二位相爷好，童贯给二位大人见礼。"说着，弯下了腰。

一边的韩忠彦倒是很客气，伸手拦住了童贯，而曾布却不屑的样子，水袖一甩，根本没搭理他。童贯讪讪的，有些尴尬，没料到曾布这点面子也不给。

韩忠彦、曾布一前一后进了乾元殿，见徽宗正在楠木大书桌前练字，便双双跪倒行礼。

"起来吧，一旁赐座。"

"谢座。"

韩忠彦和曾布见徽宗仍在那么聚精会神地练字,互相看了看,谁都不想先开口。又沉默了半晌,还是韩忠彦先说了话。

"皇上,不知为何今日没有升朝议事?"

"啊,这个,噢,我昨个儿偶染风寒,今早觉着有点不适,所以起晚了。"

"那有没有请太医啊?"曾布也开了口。

"不用,刚才喝了碗如意汤,觉得好些了。"徽宗边说,边坐了下来。

韩忠彦、曾布又没话说了,坐了一会儿,便起身告退。

徽宗见二人远去,这才回过头对着重贯轻声喝道:"你好大的胆子!"

童贯双膝一弯,早跪了下来,笑着说:"奴才该死!"

"你昨个儿怎么敢带朕去那种地方!"

"奴才也是一片忠心,想让皇上解解闷儿,如果皇上责怪,奴才认罚就是,只要皇上您高兴就好。"

"你害得朕今早连朝都没上。"

童贯听到现在,已猜出徽宗是在自己找台阶下,并没有责怪的意思,也就大着胆子说:"皇上,这怕什么,不是我说,哪朝的皇帝不是这样啊!偶尔的没上朝又算得了什么!"

"嗯,这倒也是,昨夜的事……。"

"奴才自会守口如瓶的。"

短短的二个月,徽宗由童贯领着,又偷偷往李师师处去了三次,可每次回宫后,却依然记挂着她的一颦一笑,哪怕是回眸天际间,也着实令徽宗神魂颠倒,难以忘怀。

"皇上,外面已是春光一片了,奴才陪皇上逛逛御花园吧!"

"也好。"徽宗没有了李师师在身边,就好像缺了什么似的,整日无精打采的……

御花园中,春风吹暖,莺啼宛转,百花带露,滴红流翠,一派生机。宫墙下、树丛中的晨雾已被和煦的阳光驱散,垂柳随风起舞已觉困乏,无可奈何地暂时停歇,一树树的柳条,就像一堆堆金色的丝绦。

只有镜湖中的鸳鸯,在双双地畅游着,优悠自若,沉浸在这花团锦簇、缱绻多情的春景之中。

徽宗已有好些时候没有到御花园里来了,谁想才过了元宵没几天,一眨眼,竟已是暮春了。

童贯在旁说笑了好一会儿,都不能使徽宗一展笑脸,正低头想法子呢,忽然看见桃树林里匆匆走出一个小太监,急步而来。

"皇上,新任翰林学士承旨蔡京已到京,正在宫门外候旨,要叩谢龙恩。"小太监奶声奶气地奏道。

"不见，"徽宗没有心思，回头吩咐："摆驾，回乾元殿。"

"是——。"

童贯随着龙辇一起，又回到了乾元殿。一路走来，童贯心里是暗暗高兴的，因为蔡京终于又得以回京为官，自己以后在朝堂上也就有了代言人了。

大概是八天前，也就是三月十九日，经童贯不断地在徽宗面前敲边鼓，最终，蔡京又被迁任翰林学士承旨，兼任修国史。

徽宗没心思见蔡京，而童贯却极想会会蔡京，探一探他现在的想法，同时也有向他示恩的意思，好让蔡京不要忘了自己是个掘井人。

徽宗这两天老是发脾气，童贯一时半会儿又不敢走，只好挨到黄昏后了。

一直到亥时，童贯才让郑婉仪伴驾，自己悄悄溜出了北角门……

当轿子来到蔡府门前时，老远，就听见前面熙熙攘攘，热闹得很。童贯一挑轿帘，见蔡府门前车水马龙，登门致贺的人络绎不绝。

童贯一皱眉，吩咐去蔡府后角门。绕了个弯，这才进了蔡府的后花园。

等曲终人散，蔡京才请童贯来到密室细谈。

"公公海涵，恕京怠慢了。"蔡京很是过意不去。

"哪里，你我二人间就不必客套了。"

"公公，京此次回京特意为你带来一件宝贝。"说着，就从嵌在南墙上的暗格中取出一件用红绸包着的东西，层层打开。

屋里虽然点着几根大蜡，但却被红绸里的宝贝夺去了光辉，它是一只玉壶，高不过六寸，晶莹剔透，两边生着玉环，整个玉壶被二龙环抱着，自然，壶盖就是一颗明珠。

蔡京小心翼翼地将玉壶置于掌心，端至童贯面前，说："此壶名为二龙倒乾坤。"

"二龙倒乾坤，怎么个说法？"

听蔡京娓娓道来，童贯接过了玉壶，是真有点爱不释手了。

"公公若不嫌弃，就请笑纳。"说着，关了南墙上的暗格。

童贯笑着点了点头，知道这是蔡京给他的谢仪。转而想起了此行的目的，便直言不讳地问："童某在宫里自会为学士尽力，但不知你以后有何打算？"

此时的童贯已今非昔比，不但在宫里是数一数二的大宦官，而且徽宗对他基本上也是言听计从。有这样的机遇，蔡京又怎肯轻易放过。

见童贯问自己的打算，蔡京欲言又止，不肯轻易吐出真言，但知道若不明言，做出将童贯看作是知己的样子，以后若再想童贯伸以援手就困难了。

于是，笑笑，抖了抖身上的官服："当然想换紫蟒袍了。"

说实话，童贯也希望蔡京有此野心，否则，他人微言轻，又怎能为自己以后涉身朝堂铺路呢？

"皇上,到了。"张迪说着,已跪在了地上。徽宗由龙辇里出来,顺着张迪的后背踏了下来。

"皇上,这就是奴才们才用了半年就督造好的别宫了。"童贯一边搀扶着徽宗下了龙辇,一边指着前面飞檐翘角的建筑。

徽宗今天的兴致特别好,带了方士徐知常,以及新近又得升迁为中书舍人给事中的邓洵武等人一起来了。

才进了宫门,却被一片翠嶂挡在面前,山石嶙峋,或如鬼怪,或似猛兽,纵横拱立,上面苔藓斑驳,藤萝掩映。

"皇上,这就是太湖石。"

徽宗微微点头,说:"朕看出来了,果然是瘦、漏、透、皱,不同凡响!"

"小心! 前面是石洞。"童贯说着,抢先走在徽宗前引路。

出了石洞,只见前面佳木葱茏,奇花烂灼,一带清流,从花木深处泻于石隙之下。再进数步,渐向北边,平坦宽豁,两边飞楼插空,雕甍绣槛,皆隐于山坳树杪中间。俯而视之,则青溪泻玉,石蹬穿云,白玉为栏,环抱池沼,石桥三港,兽面衔吐。

渐渐地,前面传来歌舞之声,循声而去,穿花度柳,来到了九曲石桥。

童贯疾走几步,轻轻拍了几下巴掌,歌舞声戛然而止,随即,由湖心亭里出来十几个花枝招展的美女,飘然而至。

"皇上,逛了半晌了,进湖心亭去歇歇吧,也看看新近才排出的歌舞《玉树后庭花》。"

才说着,众美女已经簇拥着徽宗进了亭子,徐知常、邓洵武等紧随其后。

接着,歌舞又起,看得徽宗一时兴起,"摆酒来!"

不大的工夫,酒筵摆上,徽宗也让徐知常、邓洵武在下首的左右坐了。

这时,童贯、张迪、方再兴却都跪下了,满脸媚笑,童贯说:"皇上,还等着您给这别宫题名呢!"

徽宗很是满意,哈哈一笑,用手指着童贯说:"题名是假,大概是来讨赏的吧!"

"朕今日是高兴,也难为你们了,从现在起晋童贯为内客省使,张迪总领乾元殿,方再兴总领延和殿。"

"谢皇上龙恩!"

徽宗又向着徐知常和邓洵武说:"二卿看看,拟什么名好啊?"

邓洵武脱口而出,"不如叫全福宫。"

徽宗摇摇头,不觉得怎样。

一旁的徐知常拂尘轻摇,奏道:"皇上,我刚才就已暗暗留意,此宫所选之位风水极佳,好似上清洞府一般,不如就赐名为'上清宝箓宫'吧!"

"上清宝箓宫,"徽宗琢磨着,"果然是好名!"

童贯机灵地端上文房四宝,徽宗一挥而就,自创的"瘦金体"显得飘逸挺拔。捧着御宝,童贯先退了下去。

欣赏罢歌舞,徽宗游兴更佳,弃岸登舟,龙舫慢移,只见水上落花愈多,其水愈清,溶溶荡荡,曲折紫纡。岸边两行垂柳,杂以桃杏,遮天蔽日。

片刻,龙舫驶进了驳港,童贯却已在岸上等候着了,一边还预备下了龙辇。徽宗果然有些乏了,于是上了龙辇继续往前。越牡丹亭,度芍药圃,忽见前面又是一片太湖玲珑石,竟把后面所有的房屋尽悉遮住。而且没有花木,只有许多异草,或牵藤,或引蔓,或垂山巅,或穿石脚,只觉味香气馥,神气不觉为之一振。

穿过堆石为垣的门洞,眼前豁然开朗,只见崇阁巍峨,层楼高起,面面琳宫合抱,迢迢复道紫纡。青松拂檐,玉兰绕砌,金辉兽面,彩焕螭头。

"这就是正殿了。"

徽宗意兴盎然地走着,看着,来到殿前的玉石牌坊下,上面龙蟠螭护,珑珑凿就五个字,竟是瘦金体:"上清宝箓宫"。

童贯解释道:"这是奴才刚才让工匠现凿的。"

"好!"

"参见皇上!"

徽宗一回头,见是李小媛她们四个,乐了,"真是想曹操,曹操就到。"说着,拉起李小媛,并肩进了正殿,里面更是富丽堂皇,徽宗揽着李小媛刚在楠木嵌金的龙椅上坐下,忽然,外面急匆匆地跑进来一个小太监,气喘吁吁,上气不接下气地说:"皇上,不,不知怎么回事,宫外有左相韩忠彦等七、八位大臣急欲见驾,正候旨呢!"

"皇上,让奴才先去探探他们意欲何为!"童贯说着,一溜小跑,出去了。

片刻的功夫,童贯又托着发福的肚子跑了回来,满头大汗,一直走到徽宗跟前,轻轻奏道:"我打听清楚了,原来他们是来谏皇上的,他们早已知道皇上又是纳美,又是搜罗宝物,还另起别宫,今天是商量好的,由左相韩忠彦领衔一起来的。"

徽宗咬了咬牙,恨恨地吐出一个字:"宣——,"回头又对李小媛、徐知常说:"你们退下。"

"是"。

须臾,韩忠彦、安焘、范纯礼等依次而进,行礼后分别按品阶站定。

首先,还是由韩忠彦打破僵局:"皇上,现在虽然是国泰民安,然边境不宁,目前又逢淮南大旱,万岁却听信宦官之言,大兴土木。就拿现已竣工的别宫来说,奢华豪侈,且逼迫民工日夜不停地建造,不知饿死、累死多少人? 百姓们怨声载道啊!"

君臣们针锋相对,童贯在旁听了,先是含沙射影地说自己,不免有些紧张,但当开始为施行新法而争论,双方寸步不让时,童贯才又动起了脑筋,见一旁邓洵武仍站着,就悄悄拉了拉他的衣袖,示意他也参与。

邓洵武也已经打好腹稿,正逢童贯拉他的衣袖,便往前踏上一步,躬身一礼,奏道:"皇上,即使如左相所奏青苗之法施行不力,也不过是个别州府未按规定施行罢了,怎能一概而论呢?"

徽宗听了,连连点头。

韩忠彦也往前踏了一步,"不然,司农寺就规定,逢大灾之年,常平、广惠仓(国家粮库)可将陈米折成现金借贷给灾民,并预订将来还贷时的米价是二十文一斗,小麦是四十文一斗,而陈米折价是七十五文一斗。这样一折,春天借一斗陈米,到秋要还一斗八升小麦或三斗粟米。到秋天不愿还米麦,还钱也可以,可是向来的情况是秋天粮贱钱贵,这样乘此饥馑,取民利息,亦太重了。"

韩忠彦有根有据,滔滔不绝的一席话,完全出乎徽宗意料之外,他只听曾布进言施行新法,能重增国赋,何曾想得这么多?

众臣也随声附和,徽宗却极不耐烦,一拂袖,站了起来,"好了,不要争了,成何体统,此事隔日再议",一回头,不容置疑地吩咐:"小贯,摆驾回宫",……。

延和殿里,徽宗郁郁寡欢,童贯看在眼里,知道是为刚才的事,自己也不敢多言,只好静静地侍立一旁。

"小贯,难道新法真的不得人心吗?"

"皇上,这可不能那么说,皇上圣明,重施新法,国富民强啊!"

"那韩忠彦他们难道在骗朕吗?"

"奴才只能说众口铄金,积毁销骨。"

"可朝堂上主张延续元祐旧政的臣子多啊!"

"这就更要皇上您英明果断。"

徽宗微微点头,未置可否,站在书案前出神。

"皇上,给事中邓洵武候旨求见,"方再兴轻声奏道。

"让他进来。"

只见邓洵武手执一画卷,疾步而来。

徽宗抢先问:"他们都走了吗?"

"都走了,还愤愤不平呢!"

"唉——!"

邓洵武展开画卷,双手奉上,"皇上,请看微臣所作《爱莫能助图》。"

徽宗低头细看,只见图中分左右两表,右表列元丰旧臣,都是主张变法的人物,以蔡京为首,右边列元祐旧臣,都是元祐间在位的反对新法的官员,表左只有五六人,表右几乎差不多五六十人。

邓洵武又奏:"皇上,如想再行新法,必然势力势单,困难重重啊!"

童贯见机,也进言:"是啊,元祐党多,不免朋比为奸,还想要挟皇上呢,拿今个儿来说吧!也太放肆了。"

"那蔡京可用吗?"徽宗犹豫不决。

童贯端上一杯参汤,说:"蔡学士与皇上性情相合,实在是治国之伟器,皇上何不宣他进宫呢?"

"好,方再兴去传朕口谕,宣蔡京即刻进宫。"

隔了大概有半个时辰,蔡京终于身着盛服,毕恭毕敬地来了。

礼毕,徽宗赐座,问道:"神宗创法立制,先帝继志述事,中遇两变,国是未定,朕欲上述父兄之志,卿有何见教呢?"

蔡京双手一拱,好像是有备而来,侃侃而谈:"陛下躬亲庶政,唯恐伤民,故采纳人言,欲施新政,此乃百姓洪福,苍生之幸矣。然朝中重臣惟己之利,互相勾结,以唇舌之见来蒙蔽圣上,实为奸佞小人,望陛下明见。"

邓洵武也在旁添油加醋,"学士之见极对,可他们人多势众啊!"

"皇上,您就该重用信得过的人。"童贯也推波助澜。

"好,蔡京,朕就进你为尚书左丞。"

"谢主隆恩,"蔡京撩袍跪倒,感激涕零的样子,"臣肝脑涂地,尽死相报皇上的恩典。"

徽宗对蔡京的表态相当满意,蔡京却不知足,得寸进尺,"皇上,既然左相韩忠彦他们忤逆圣意,不如……,"说到这里,不由用眼偷偷瞟了一下,又向童贯努努嘴。

"不如什么?"

"不如去其相位,否则,……"徽宗沉吟了半晌,童贯见他难以决断,知道此时若不趁热打铁,以后就更难了。

"皇上,虽去其相位,也可厚待于他的。"

"嗯,这倒可以,就让右相曾布进宫来拟旨吧,只好先由他独掌相位了。"

童贯听了,看看蔡京,见他有些失望,但眼里依然灼灼闪光,猜测大概曾布这个相位也坐不长了。

没过几天,左相韩忠彦果然被贬,门下省、尚书省由右相曾布一人独掌,曾布自以为权霸朝纲,谁知,事情并不像其所料。在以后短短的一个月内,蔡京的兄弟蔡卞及其同党邢恕、安惇等纷纷被起用复官,而自己的政令却总被尚书左丞蔡京在暗中作梗,无法施行,不免着恼。思来想去,真是暗暗后悔,先前以为引蔡京到京,几次三番在徽宗前推荐,好作为自己的声援,怎想到左相韩忠彦虽去,却又多了个蔡京与自己作对,这不是引狼入室吗?究其原因,还是自己的同党不多,于是下定决心,要让亲家陈佑甫担任户部侍郎。

转眼到了第二天,曾布早早来到政事堂,与众人商议国事,在例行公事后,清了清嗓子,说:"诸位大人,户部侍郎出缺已有多日,我欲让国子监祭祐酒陈佑甫到任,不知大家有无异议。"

随即,就有几人附和,而蔡京听了,已猜出曾布用意,又怎肯轻易答应。

"相爷,好像陈佑甫是您的亲家吧!"

一会儿,徽宗升朝议事,旁边的方再兴列于丹墀之上,向下问道:"诸位大人,有

国学经典文库

后妃宦官大传

·擅权祸国的阉人·

图文珍藏版

事早奏,无事卷帘退班哪!"

话音刚落,曾布即出班奏道:"启奏陛下,臣有本奏。"

"何事奏来。"

"臣举荐国子监祭酒陈佑甫任户部侍郎。"

"臣蔡京也有本奏。"

"讲罢!"

"陈佑甫乃右相曾布的亲家。"

徽宗一皱眉,问:"是吗?"

"是的。"

蔡京正色道:"陛下,爵禄乃是公器。怎能让相爷私给亲家?"

"那蔡京与蔡卞系兄弟,为什么还同朝为官呢?"

"这是因陛下的隆恩,又加上我兄弟二人还能为陛下分忧解难。"

曾布是寸步不让,但看蔡京这样厚颜无耻,真是气愤,慢慢地,声音也提高了许多:"佑甫与布虽系亲家,但才足胜任,何妨举荐?"

蔡京是连连冷笑,故意在徽宗面前激怒曾布,"谁知道他有没有才能呢?"

"蔡京以小人之心,度君子之腹,居心何在?"曾布简直是恼羞成怒。

安惇见了,出班呵斥曾布:"你在皇上面前,怎敢这样无礼!"

曾布抬头见徽宗已有怒色,只好悻悻退班,不发一言。

徽宗一拂袖,离座而去。

方再兴看在眼里,早悄悄派小太监去通报童贯。等到徽宗回到乾元殿,童贯也已经在那里等着了。

"皇上,退朝啦。"

徽宗并没答话,气哼哼地。

"皇上怎么闷闷不乐,说出来,奴才好给皇上分忧。"

"没什么,就是曾布他倚老卖老,不把朕放在眼里。"

童贯故作大惊小怪,"是吗? 这也太放肆了,皇上刚才说是右相曾布?"

"正是。"

"皇上,奴才有些耳闻,不知当讲不当讲?"

"但讲无妨。"

"奴才听许多人说,右相曾布自以为是两朝重臣,根本不把皇上您放在眼里。还暗植党羽,广布亲信,独断专行呢!"

徽宗是真的生气了,一拍桌案,大声喝道:"岂有此理,你所说属实吗?"

"皇上如不信,可召殿中侍御史钱遹来问。"

"去宣他来。"

小太监刚走出殿口,预备去传口谕。正好,钱遹已按蔡京的安排,来了。小太监便转回身,领钱遹来见徽宗。

钱遹惴惴不安地进了乾元殿,心中却七上八下,前几日,就奉蔡京之命,要他弹劾曾布,然而自己始终把握不定。刚才,蔡京又来催他,说这是千载难逢的机会,而且童贯会在暗中照应他的,这才进宫来弹劾曾布的。

见过君臣大礼,徽宗赐座,随后,和颜悦色地问:"爱卿,你有奏折吗?"

"是的,臣弹劾右相曾布欺君罔上,暗援元祐旧党,任用亲信,把持朝纲。"

"爱卿说他暗援元祐旧党,有实据否?"

"有,曾布与张庭坚、陈次升等旧党都有往来。"

"怪不得朕施行新政,却屡受挫折,原来他也有份。"

徽宗终于决定,贬这些平时碍手碍脚的老臣出京,重用颇合自己性情的蔡京,好重施新政。

公元1102年,徽宗登基已经两年多,丰羽渐满,于是改元为崇宁,就是崇尚熙宁的意思。

蔡京在利用了左相韩忠彦与右相曾布的矛盾,及在童贯的帮助下,终于拜为右相。其中,更重要的一点是徽宗改年号为崇宁,蔡京揣摩出了他想继父兄之志,继续施以新法的意图,便借机怂恿徽宗,贬谪了反对新政的韩忠彦,又乘机扩充势力,挤走了曾布。

既已为相,蔡京就放手肆志,禁用元祐法令,恢复绍圣役法,仿照王安石变法的先例,在都省置讲议司,自为提举,任用吴居厚、王汉之等十余私党为僚属,以赵挺之为尚书左丞、张商英为尚书右丞。又将正直的官僚,凡与自己意见不合的,一概打成"元祐党人",尽行贬逐。这样一来,敢言之士,朝廷一空,蔡京等为所欲为,再无障碍。于是借变法之名大肆搜刮财富,挥霍奢侈。

同时,蔡京又创置了京都大军器所,因为,他又觉出,徽宗这位少年天子,已在想开边立武了。

十二月,已被升迁为中丞的钱遹再次上言说:"哲宗用王赡的计策,取青唐、邈川,可谓奇计远略。权臣欺骗朝廷,将血战得来的战果全部放弃,且用别的罪名将王赡杀死。如果不追究他们之罪,便不能为死者申冤而激励忠义之士。"于是,在蔡京的策动下,徽宗追贬韩忠彦为崇信军节度副使,曾布为驾州别驾。

崇宁二年(公元1103年)正月,是徽宗即位整三年的日子。整个皇宫粉饰一新,到处张灯结彩,以示庆贺。

上清宝箓宫中,更是春意盎然,正殿上,徽宗正大筵群臣,一旁,歌舞姬们尽其所能,犹如瑶宫仙子一般,婀娜翩跹,形若飞燕,轻盈缥缈。

不一会儿,臣子们纷纷进表以贺,歌功颂德之语不绝于耳。还只有二十二岁的徽宗听得好似春风拂面一般,龙心大悦。

蔡京见此,乘机进言:"皇上,现在国富民强,兵备齐整,何不出兵陕右,收复湟、鄯、廓三州,以示天威!"

这话正中下怀,徽宗已早有此意,现在蔡京又提出,可见时机成熟,是对陕右用兵之时了。

徽宗往前微倾,问:"蔡爱卿之言,众卿以为如何?"

众人见势,也皆异口同声地赞同。

"兵部,现这三州情势怎样?"

"回禀皇上,这三州自隆赞兄弟受朝命镇守,还算顺命朝廷,唯有溪巴温之子溪赊罗撒诱结羌人,胁迫隆赞。隆赞支持不住,奔避河南。其弟也立脚不住,奉诏徙居邓州。羌人多罗巴,遂奉溪赊罗撒为首领,号令诸部,占据三州,盘踞西晋。"

徽宗听了大惊,一拍书案,喝道:"这还了得,那不是反叛朝廷吗!"

蔡京又补充,"是啊,皇上,自溪赊罗撒作逆,西羌叛命,现已渐为边患。请陛下当机立断,择选强将,收复三州。"

"众位卿家,可举荐良将,统兵出征。"

"臣举荐二人,可为将帅。"

徽宗现对蔡京已寄予厚望,见他举荐,很是关注,"是谁?"

"臣先举荐王厚,他乃熙宁、元丰间名将王韶之子,自幼生于边陲,长在军中,畅晓羌事,沉勇有略。元祐年间放弃河、湟,王厚力争,上疏反对,并到政事堂与掌权者们争论,爱国忠心,可窥一斑。就请命王厚总边兵十万,以负全责。"

"皇上,另有河东藩兵官高永年,当年为王赡取青唐,他总蕃兵为先锋,与羌人战于乾沟,单枪匹马刺羌酋彪鸡厮于万马军中,斩其首级而还,也是一员勇将,请命他为副将。"

"就准卿家所奏,"说着,徽宗端起玉爵,意气风发,"愿我天国之师战无不胜,攻无不克。"

众臣忙站起身,异口同声:"扬我国威,天朝盛世。"

"好一场瑞雪!"童贯望着窗外的飞雪,更加意兴阑珊。

"爹爹,你少喝些酒吧!"童师礼不知何时进了书房,童贯毫无察觉。

"爹爹,我能为您分忧吗?"

"其实也没什么,我总觉得进宫三十多年了,无所建树,愧对列祖列宗啊!"

一听父亲谈及这个,童师礼总有点不自在,自己从小失去父爱,一直由奶奶抚养,直到懂事,才从邻居冷嘲热讽中知道原来爹爹竟是太监。

往事如烟,童师礼不敢多想,但自从奶奶亡故后,是爹爹接了他来,锦衣玉食,溺爱非常,从这时起,童师礼才享受到残缺的父爱。

"爹爹,何必为这个烦恼呢!"

"你不懂的,一直这样有什么好?还不是做侍候人的事?"说着,一仰脖,又吞了口酒。"师傅,蔡相爷到了。"方再兴进了书房。"噢,快请。"童贯回头轻嘱童师礼退下。刚走出书房,蔡京已迎面而来。寒暄后,两人并肩进了书房。"再兴,你去叫人重置酒菜,我要与相爷对酌几杯。""是"。不一会儿,酒菜摆上,方再兴知趣地退出了书房。"公公,前日我托人送来的老山参可曾收到?""收到了,多亏相爷还记得我。""什么话,咱们是深交,公公又是我的引路人,京怎敢相忘呢。""唉",童贯长吁一声,愁眉紧锁。"公人为何如此?""某年已近知命,却毫无建树,不免感叹。""公公在宫中实权在握,又怎说此话呢?""相爷,我在宫中已有三十多年,待得太久了!""公公莫非想往外走走?""正是。""怎么走呢?""相爷是否还记得神宗时,将帅在外领兵开战,都总设监军呢。"

蔡京双手一拍,这才知道童贯的用意,"啊呀,我怎么没想到呢,当时的李宪不但作监军,还亲自率兵攻打西夏呢。"

"相爷可愿助某一臂之力吗?"

"这话就见外了,想当初,要不是公公为京出谋划策,挤走韩忠彦和曾布,又怎有我蔡京今日!"

"以公之见,皇上可会应允?"

"这个,京不敢妄猜,但事在人为,我想还不算太难。"

"来来来,先喝几杯再说,酒都凉了。"童贯端起酒杯,盛情地劝着酒。

"好,干——"。

童贯放下酒杯,好像想起了什么,"对了,相爷,左相之位已虚空多日,我在皇上跟前也常提起由你来填,大概不日就有制书下来了。"

蔡京听了,眉尖微微一挑,"是么,多谢公公提携。"

"哪里,彼此照应嘛。刚才相爷说到一半,还请讲下去。"

"这事说也简单,不是有先例么,再则,还可让皇上知道,作监军实则上就是做皇上的耳目,我想这样一来,公公往陕右作监军是不会成问题的。"

童贯微微点头,一抱拳:"这还得相爷有奏折才行。"

"我刚才想好了,等过几天,王厚到京,我同他一起见驾时,正好保荐公公。"

"这个再好不过了,那就静候佳音了。"

三 督师边陲

果然,正月里,二十七日,徽宗下诏,进蔡京为尚书左仆射,兼门下侍郎,是为左相。

也就在下诏的第二天,王厚风尘仆仆地从贺州赶到了京城,蔡京陪他马上入宫,求旨候见。

没多会儿,童贯亲自出来传旨,让两人入殿见驾。

进了乾元殿,徽宗已坐在龙椅上等着了。见过君臣礼,徽宗首先发问:"王爱卿,可已知道朕召你入京的原因吗?"

"回皇上,相爷已同末将谈过了。"

"噢,朕对你可是寄望很深,你对收复三州有把握吗?"

"末将肝脑涂地,以报皇上知遇之恩。"

"好,朕就下诏,王厚为权发遣河州兼洮西沿边按抚司公事。"

"谢主隆恩。"

"臣有本奏,"蔡京踏上一步。

"那么将先行告退,"说完,王厚转身大踏步地退出殿外。

"蔡爱卿,有何本奏?"

"启奏皇上,臣也有所虑,边将王厚性情豪放,如他兵权在握,是否……?"

"如卿之意呢?"

"为便于控制,请按祖宗旧制,以宫中皇上身边的亲信宦官,充任监军,作为皇上的耳目。"

徽宗沉吟了一会儿,"好吧!让谁去呢?"

"内客省使童贯,旧随李宪抚边,曾十次出使陕右,熟悉西北五路的地理、军事情况及诸将之才,且童贯为人慎重,明于戎事,如出使监军,非他莫属。"

"小贯?"徽宗一回头,仔细打量起童贯来。

童贯双膝一跪,并不说话,只微微仰起头,两眼炯炯有神。

徽宗笑了,"小贯,你别紧张嘛,让你作监军,又不是让你冲锋陷阵,你怕什么?"

"不是奴才紧张,是怕辜负了皇上的厚爱",听徽宗已经同意让自己做监军,童贯不由欣喜若狂,没想到徽宗这么爽快,但又不敢露出丝毫得意之色,只仍装作诚惶诚恐的样子跪着。

"你起来吧!"

"谢皇上。"

童贯跪在蒲团上,两眼望着父亲的灵位已有好长一段时间了。烛光被夹缝中吹进的寒风轻拂,变得忽明忽暗,微弱的一片光辉映照在童贯的脸上,隐约间,能看见他炯炯双目里却噙含着两眶泪水。

三月初三,正逢父亲四十五周年忌日,也就在早上,徽宗再次下诏,命王厚权管勾熙河兰会路经略司职事,入内供奉官童贯往来勾当,仰本路经略、安抚、都总管勾,公共协力会办。

"不好了,老爷,少爷又在咳血了,"屋外徐伯的一句话,吓得童贯一惊。

"啊!"童贯赶忙跟跄地站起身,用袖口胡乱地擦了擦早已溢出的泪水,开门直往童师礼的屋子去。

进了儿子的厢房,只见他有气无力地半躺着,面色惨白,一边还在断断续续地咳着。

"礼儿,你怎么样了?"童贯握住儿子瘦长的手,只觉得冰冷。

童师礼想答话，却喘了半天，费了好大的力，才说："没什么的，我……，"话没说完，又咳了起来。

"少爷，先别说话。"玉燕站在床旁，关切地嘱咐着。

"徐伯，前些时少爷不是好多了吗，怎么会这样的？"

"都是我不好，上个月不是有场大雪嘛，雪停后我在院里铲积雪，少爷非要帮我，隔天咳嗽就重了，我要请大夫，他又不让，后来就，就——哼嗯……，"玉燕哭诉着，后悔不迭。

"我不是吩咐过，这活你也别干的吗！"看着玉燕，童贯真不忍责备，与她接触时间长了，童贯不仅因她的外貌美，极像王氏，更吸引她的，已是玉燕的纯真与善良了。在宫廷里，每日的阿谀奉承，尔虞我诈，有时甚至提心吊胆。只有回到家里，童贯才真正地感受到快乐和安谧，不必去绞尽脑汁，钩心斗角。

自从多了个玉燕，家里就更有了生气，不知怎么的，只要看到她，童贯就会自然而然地想起以前没有心机、没有虚伪的自己。

"老爷，已经是酉时了，你不是说还要回宫的吗？"

"对了，我还要见皇上的，可大夫没来，我不放心礼儿。"

"老爷，我会照顾好的，如有事我就再托人进宫送信好了。"

急急地更了衣，钻进小轿，命人大步流星地往宫里赶。

今个儿，童贯是晌午后溜出来，特意祭奠父亲的，本想酉时前赶回宫里的，没想到被儿子的病一耽搁，有些迟了。

回到乾元殿，徽宗刚用完晚膳，还没进屋，张迪却迎了出来，拉着童贯来到殿角旁，轻声问："师傅，您大概回家了吧？刚才皇上急着要见您呢！"

"奴才叩见皇上。"

徽宗一摆手，让童贯来到跟前，"小贯，下午，王厚已来辞行，回熙州整顿兵马去了。我想要你在月底也赴熙州，代朕传语劳军。"

"遵旨。"

四月二十一，童贯终于来到熙州。

第二日，王厚就陪童贯一起前往校场点兵犒赏。

重回到陕右，见着漫天黄沙，童贯不由想起以前跟随李宪的往事。岁月如过眼云烟，没想到自己五十岁了，还会像李宪那样以中使监军，又来陕右。

五月初五，正逢端阳佳节，王厚、童贯恰巧升帐议事。

两人分东西而坐，童贯见众将齐至，首先发话："因番蛮占据三州，盘踞西晋，今上震怒，故欲出兵陕右，重复三镇，以示天威。望诸将争先，为国效力。"

众将听了，同声称诺。

于是商定，任高永年为统制官，权知兰州姚师闵为副，与王端等率兰州、岷州、通远军、蕃汉军马二万出京玉关，而王厚、童贯自领大军出安乡关、渡大河、上巴金

·擅权祸国的阉人·

图文珍藏版

岭……

转眼间就是六月十二,是日,天气晴好,万里长空。

祭台上,童贯又手捧酒,祭告天地,酒泼黄土,尔后展开镶边杏黄大旗,插于祭台之上。王厚正要分拨令箭,忽然间,远处飞尘纷扬,倏忽间,有六百里加急快马来到,说有密旨给童贯。

童贯拆开一看,上写:

近日太乙宫大火,占卜者言不利战阵行军,卿等可暂驻原地,待机再放。

看完,童贯不由倒吸一口冷气,今日祭旗已毕,王厚正欲点兵派将,士气正盛,怎可轻废?

"监军,皇上有何旨意?"

"没有什么,皇上是督促进军呢!将军还是点兵派将吧!"说着,童贯迅速地把诏旨往靴里一塞。……

六月十六日,王厚、童贯一路等逢山开路,遇水搭桥,先驻扎在河州。十七日,进抵安乡关。十八日,童贯又率前军李忠部进驻巴金城。

军至城前,童贯勒马,眺目远望,见城关高据冈阜之巅,四面都是悬崖陡涧,深不可测,关前一条小路,陡峭狭窄,真是一夫当关,万夫莫开。

李忠看了,正在迟疑,童贯却一甩马鞭道:"看那城门未闭,敌军必然兵少,或许还不知大军已到。兵法云,出其不意,攻其不备,正在今日,众军将,与某家并力攻城!"

偏将辛叔詹、安永国等各执兵刃,争先而上,赶到城门,只听一声鼓响,伏兵齐出,乱箭射来,宋军抵挡不住,纷纷败退。安永国且战且退,忽然战马一脚踏空,连人带马摔死于天堑背下,辛叔詹等不敢恋战,连忙驰马而回。羌兵据高,乘胜而下。童贯惊慌失措,掉转马头正要败退。

忽然,一声惊雷,随即狂风大雨,从天而降。羌人很怕雷雨,纷纷祈祷着退回城门。童贯等这才得以全师而退。

童贯传令,退兵十里,依山傍水而扎营,待来日会齐王厚军至,再行攻城。

是夜,月朗星稀,童贯只带了二个亲随,一行三骑离了营寨,盘旋而上,来到山巅。白天的小败使童贯心绪不宁,由于自己的急于建功、盲目轻敌,又未探明对方虚实就贸然进攻,以至于被羌兵打得措手不及,要不是天公帮忙,几乎惨败。

看罢,童贯心里已有了主意。回到营中,悄悄地唤来偏将邹胜,命他率精骑两千于明日拂晓前取道绕过天堑,埋伏于两边山峰之间,只待杀声四起,即绕到羌兵背后,以成夹击之势,邹胜领命而去。童贯又传令偏将辛叔詹夜间巡营,以防羌兵偷袭。

一夜相安无事,次日辰时,王厚率中军赶到,童贯将昨日小败一节隐去不说,只告诉王厚在关前山峰有精兵埋伏。于是两人合兵一处,来至巴金城关前讨敌骂阵。

羌人倾城而出,背城列阵,城上埤间摇旗鸣鼓,又有疑兵据于高阜,伸张两翼,看来多罗巴也是一个有点谋略的人物。王厚坐骑高大,大帅旗帜迎风飘扬,众军盔甲鲜明,刀枪齐整。

王厚一扬鞭,让亲兵十数人阵前喊话,晓谕阿令结:

> 尔等边地小民,怎抵得朝廷禁军?速速退兵出降,归顺朝廷,本帅保你等不死,且保奏尔等官职,否则,玉石俱焚,悔之晚矣。

阿令结听了大怒,"你等汉人,不拿我们羌人当人,屡次无端杀戮,使我等无地可居,实在欺人太甚!昨日一战,若非雷雨,汝等早已落败,还敢说大话,快告诉你家主将,速速决战!"

王厚又数次派人往返,晓以利害,阿令结等不但不肯降,反而大骂。

于是,王厚马鞭一挥,传令攻城。宋军鸣鼓振气,军士奋勇前突,羌人据险死守,由于山路狭窄,大军不能施展,前面的兵将纷纷落涧。阿令结等见宋军攻击受挫,便居高临下,率人由山上杀下来。宋军抵挡不住,且战且退,王厚大怒,亲自上前督战,命弓弩手的强弓硬弩射击,总算使羌兵不再前冲,两军相峙于一片平展的山野上。

忽然,羌人背后杀声四起,从两边山峰下杀出宋兵,羌人手忙脚乱,腹背受敌,顿时大乱,惊恐之下,一片混战。王厚乘机击鼓急攻,羌人大败。阿令结苦战突围,被邹胜一刀砍死;斯铎麻令被辛叔詹率兵团团围住,身中数十枪,死于乱剑之下;阿蒙寻隙突围,忽然,一箭射来,正中右眼,直贯其脑,痛得昏晕过去。幸有几个亲兵将他扶在马上,拼死命逃脱。

日未中午,战事已结束,宋军大破羌兵,进据巴金城,远近羌人,都来降服,王厚斩杀其强悍头目数百人。

稍事休整之后,宋军又进兵瓦吹,即旧时的宁洮寨。与此同时,另一路高永年也进据把拶、宗城。

而阿蒙带箭而逃,走不多远,正遇上大队羌兵。原来,多罗巴在湟州听说巴金城大战,率兵来援,正遇上阿蒙。

阿蒙哭诉道:"我军已大败,军士多已战死,两个哥哥都被宋军杀死,汉兵已占了巴金城了!"

父子相扶痛哭,又恐宋军追及,于是一并逃去。到了乩当城,没多时,只见城中居住的羌人大都挂出了"心"字形的白旗,这是向宋军降顺的标志。多罗巴父子怕被擒捉,跃马奔青唐而去。

六月二十一深夜,大军兵至湟州。

此时,高永年军也已经到了湟州,驻扎军马于城东坂上,各位将领所率兵马将

国学经典文库

后妃宦官大传

·擅权祸国的阉人·

图文珍藏版

湟州城团团围住。高永年也曾派人劝降,城中羌人大首领丹波秃令结把城中想投降的人都拘押起来,拒不投降。

晨起,王厚便请童贯骑马登上城南山巅,北视城中的兵力部署和守城防务,一目了然。回营这后,两人分派诸将各据一面攻城。

巳时,大军兵临城下,三通鼓响,宋军遍搭云梯,奋勇而上。城上羌人也不示弱,近用刀斧,远射弓雕。宋军前仆后继,一拨接着一拨地往上攻,凭借着人多势众,只想一鼓作气,拿下城池。然而,转眼间已近午时了,除了尸横遍野,血流成河外,却丝毫没有打开缺口。相反,城上的羌人虽有死伤,却也源源不断地有兵填补空缺,士气旺盛,毫无惧意。

城池久攻不下,宋军的兵将未免有些气馁,王厚、童贯在后督战,身旁的将领也议论纷纷。又过片刻,宋军伤亡更为惨重,但城池仍不能攻下。

副帅高永年侧身对王厚、童贯说:"羌人早有准备,士气旺盛,我军攻战已久,锐气已挫,不如鸣金收兵,待机行事。"

王厚摇头,不同意收兵:"大军深入至此,等于破釜沉舟,已是置之死地,如不迅速攻破此城,一旦青唐王子率大军来援,据城而守,不是轻易可以攻克的。"

"是的,到那时此消彼长,骑虎难下,就无路可退了!"童贯在旁补充。

王厚一挥手中的令旗,大喝:"晓谕三军,只能上冲,不得后退,有言退者,斩!"

下令之后,诸将皆领本部兵马,各自努力,奋勇进攻。

王厚、童贯也心急如焚,天色渐暗,却依然寸土未得,兵将们早已饥肠辘辘,精疲力尽。

王厚又传令,让自己本部军马及亲兵卫队组成敢死队,另行攻城。敢死队爬城而上,羌兵从城上抛下磙木檑石,不但砸断了云梯,兵将们也头破血流。有些军兵眼看将到城头,忽然迎面刀斧钩钗犹如下雨一般,纷纷而下,军士们又接二连三地坠落下来。战鼓响彻云霄,喊杀声四起,震耳欲聋。这惊心动魄的惨烈场面也使童贯深为赞叹。

忽然,童贯看见城头上的羌兵服饰不一,不由想起一事,侧脸问王厚:"将军,今晨我们察看敌情,城内兵力部署好像并不多!""是的,我也在怀疑。"

"让探马往城南山巅一探,如何?"

"好!"……

不一会儿,探马回报:"自城关北门宗水桥上,有羌人援兵,源源不断而来。"

王厚、童贯恍然大悟,相视苦笑。

童贯微微向左探身,轻声对王厚说:"将军,不如今天暂且收兵罢!"

"也只能如此了。"

一阵鸣金声响,结束了宋军第一天攻打湟州之战。

回到营中,童贯吩咐赶忙埋锅造饭,额外再加牛羊犒赏。

用罢晚饭，众将会齐在大帐中商议战事。

童贯环视两边，首先发话："今日一战，众将身先士卒，奋勇向前，以为表率，虽攻城不下，实因羌兵有援，故童某仍欲为众将在功劳簿上记上一笔，待克复湟州后，总计累功。"

"因羌敌自城北宗水桥上有援兵而入，使其兵力充沛，所以必须切断城北后援。哪位将军愿往？"王厚接过童贯的话茬，问众人。

话音刚落，众将中就闪出一人，只见他膀大腰圆，一脸的杀气，威风凛凛，双手抱拳，说："末将愿往。"

王厚一看，原来是骁将王用，颇为高兴。

旁边童贯插言道："明日去横断其援兵，绝其归路，必当出其不意，攻其不备才好，"说着，转脸又对王厚说："不如你我分路率兵，我明日就和王将军一起去。"……

次日，五更刚敲，童贯便催着王用点齐一万精兵，用过早饭，人噤声、马裹蹄，匆匆绕过城关，沿宗水上游，先奔羌兵水寨。

羌人根本毫无准备，宋兵一声呐喊，直冲而入，羌兵还在睡梦之中，被喊杀声惊醒，仓皇上阵。骁将王用，手使一杆长枪，舞得上下翻飞，如雨点一般。童贯随大军随后赶到，乘势令兵丁点起火把，往帐篷里乱扔。顿时，火光冲天，羌兵更是乱作一团，慌忙择路而逃。童贯、王用率军乘胜紧紧追赶，跟着羌兵，来到护桥城边，羌兵逃得快，先进了城里。

在宗水河的北岸，有元符年间筑的护桥城，本来就有羌人据守。

童贯眼看着羌兵逃进护桥城，于是扬手一挥，宋军一拥而上，强行攻城。城上的羌兵急了，乱箭齐发，如雨射下，宋军抵挡不住，只好往后退。突然，兵将中跳出一员步将，勇猛无比，挥枪飞舞，争先攀城而上。上面箭雨盖下，那人丝毫不惧，用枪拨打乱箭，奋勇异常。

童贯见了，问王用："此将何人？"

"回大人，他是蕃将包原。"

童贯暗记心头，翻身下马，来到鼓前，向鼓吏要过棒槌，两臂用力，亲自为包原擂起战鼓。兵士们见监军亲自擂鼓助战，士气大增，又如潮水般拥向城关，争先恐后地攀城而上。羌兵有些慌乱，阵脚已是松动。那边包原已然一跃而上，跳入城上战壕，随后，宋军也纷纷进去。顿时，形势大变，宋军占据了主动。进去的包原已然打开城门，童贯、王用率军急拥而入，与羌兵展开巷战。羌兵拼死抵挡，仍勇气不减，双方激战，未分胜负。童贯急了，命人烧毁宗水桥，断绝敌援。火势熊熊，羌兵开始怯战，纷纷投降……

湟州城关南门，王厚见城北有火光冲天，心知童贯已然得手，于是传令，全力猛攻。直过了晌午，双方仍相持不下，城中羌兵也知道援兵已断，抵抗已不像昨天那样凶猛了,但想到城池一旦被破,性命都将不保,于是也只得强打精神,死死守住。

王厚见仍不能攻下城池,只能再行鸣金收兵,恨恨而回。

没想到,湟州城里另有一个大首领苏南抹令瓦在夜里暗中派人越城送来降信,请求投降,愿为内应,只求免死。王厚喜出望外,慨然应允,相约明日黎明举事。

六月二十四,黎明。

宋将王亨夺水门而入,与其所率军士登西城而大喊:"打破湟州啦!"

城中羌兵大都分布在南门,以拒王厚,没考虑到宋军会突然攻打西门,而且出了内奸。

羌兵抵挡不住,首领丹波秃令结带了几十骑由西门逃遁,宋大军遂入湟州。

就在湟州还未攻克的时候,青唐王子溪赊罗撒率兵前来增援,刚过安儿峡,听报湟州已失,于是驻军宗哥城。丹波秃令结一路狼狈而逃,来到城里,讲述失守情况,溪赊罗撒因他失去湟州,斩首示众。

王厚、童贯率大军终于进入湟州,于是一边整修城防而守,一边出榜安民告示,前后招纳湟州境内漆令等族大首领七百五十人,管户十万。

至此,童贯才暗自深深地吐了一口气,与王厚商议后,先命高永年暂知州事,并拟出一份奏折,附夹捷报,命六百里加急快马急送汴京。

当晚,王厚、童贯于州衙内大排筵宴,为众将庆功。

喝酒之余,众将议论,宋军既胜,即应乘胜而进,席卷而下鄯州、廓州。

王厚站起身,走到堂前,对众人之议不以为然:"湟州虽已拿下,形势却没有完全稳定。新降附的人,还在动摇之中,青唐方面虽大伤元气,但也是余烬尚强,未肯望风投降。而我军虽然新胜,但已成强弩之末,如果贪利深入,战未必胜,后患无穷。天气已到秋天,塞外严寒不久将临,即使取得青唐,将士也未必能修筑城池,守住夺回的土地。如果不筑城守御,又势必自我放弃而退回原地,这样玩敌致寇,终非万全之策。"

童贯开始也是和众将有相同的想法,但听了王厚的一席话后,认为很有道理,不由想起以前跟随李宪与西夏开战的经历,补充道:"是啊,往年大军出战,初胜后败,正是这个原因。"

王厚见童贯与自己的意见一致,很是高兴,接着说:"湟州境内,有三处要害:一是乩当,在湟州南部,以前已经筑城了;二是省章,在湟州西部,正是青唐往来的咽喉要地,汉代称为隍陕,唐人曾修栈道,刻石以记其事。这里地势奇险,如不筑城,以后出兵,敌人必然乘机断我归路;其三是宗、南寨,在湟州之北,距西夏国右卓罗右厢监军司百里之遥。夏人勾结羌人,易生边患;现在如果筑城,可以控制。况且这三城正当鄯州和湟州的腰背,控制要害,可以断绝它首尾相应的祸患。我在元符年间,曾向朝廷提过这个建议,没得到采纳,最后终于导致弃地之事,覆车之辙,不可重蹈。况且三城筑毕,湟州一境就稳固了,降的人可为我所用,出产可为军资,有了坚固的前防,声威自然远震,招抚到的降众必然更多,这是肢解羌敌的好办法。明年乘机一举,大功必成。"

童贯连连点头,觉得很有道理。

副帅高永年有所顾忌,说:"朝廷的意思,一定要赶快拿下青唐,按照旨意去干,必有重赏,否则就要受到处分了。"

王厚哈哈一笑,说:"作为忠臣,要从大局考虑,哪能想得这么多,监军,是吗?"

童贯接过话茬:"河南河北诸羌,以大小隆赞争国之故,人心不宁,诸侯酋豪,互有猜忌。互相杀掠,正所谓以夷攻夷,我军暂歇,正可从中渔利,不是一举两得么!"

王厚偕众将见童贯看问题如此透彻,又加上一路上童贯为人平和,与以前军队的宦官监军迥然不同,再听他这样的见解,不由对童贯刮目相看。

童贯跟随李宪征战多年,深知以宦官作监军,很被宋军兵将看不起。再加上宦官监军作威作福,盲目指挥,这就更遭兵将们嫉恨。这次出兵湟州,童贯就已经暗打主意,要收拢人心,以为己用。

见战事商议大致已定,于是,童贯提议论功行赏,众将俱都称好。

头功,由童贯定了,赏给攻打宗水护桥城的蕃将包原。

众人不解,为何头功不是攻打湟州的将士。童贯见状,招手让包原上来,亲手解开他的战袍,只见包原身上伤处不下二三十处。童贯满满斟上一杯酒,亲手递给包原。

包原双手接过,一饮而尽,心里对童贯无限感激,众将也心悦诚服,……。

论功行赏完毕,众将仍旧坐着喝酒,个个兴高采烈,觉得童贯赏罚分明。

这时,童贯却两眼垂泪,众人见了,大为惊讶,忙问何故。

童贯叹了口气,说:"首战巴金城,遭羌敌暗算,偏将安永国失足摔于天堑之下,为国捐躯,现在想来,很是痛心。"

众将见童贯这样体察下情,更觉得童贯为人可亲,不由对他有些敬佩了。

童贯对众人的神色早已看在眼里,顿了顿,继续说:"不知安将军家中还有何人,应当厚待。"

与安永国一起出生入死的辛叔詹也是泪流满面,禀道:"回大人,安将军妻室早亡,只有一儿,名安卫闵,只有十二岁,现在寄养在熙州城内百姓家中,别无亲人。"

"噢! 既如此,童某就收他为螟蛉义子,妥为相待。"

辛叔詹没想到童贯竟会这样厚待故友之子,忙跪倒叩头谢过。

童贯搀起辛叔詹,抬头对众将说:"朝廷养兵一世,用兵一时,贯既为皇上所派,忝为监军,必同众位同心协力,共复失土,望各位能出生入死,为国效力! 来,干杯!"

王厚、众将俱都端起酒杯,一饮而尽……

酒席散后,童贯又悄然来到王厚住处,拿出兵发熙州时,皇上下达的密旨给王厚看。王厚从头到尾读罢,大吃一惊,问:"这道密旨,不是让我们暂驻熙州,不打湟州吗?"

"将军,当时士气正盛,怎可轻废呢!现在不是大功告成了吗!当时我不让将军知道密旨内容,是怕万一湟州攻而不克,皇上怪罪下来时,我好一人承担责任嘛!"

王厚见童贯能这样为自己着想,大为感动,对着童贯深施一礼,说:"大人如此厚爱,末将铭记在心,日后必当厚谢。"

童贯伸手拉王厚一同坐下,笑着说:"这是什么话?既同为领兵之人,必当一心,才可破敌,这些许小事,何劳将军挂齿!"

王厚听了,对童贯更是尊敬了。……

秋七月,收复湟州的捷报传到京师,百官入贺,徽宗大喜,当下进蔡京、蔡卞等官阶。又下旨,诏封王厚为威州团练使,知熙州;诏封高永年为陇右都护。

同时,徽宗也接到了童贯的密奏,称湟州克复,实为艰辛,待休养生息,假以时日,明年春回,则可择机进发,再克鄯州、廓州。徽宗对童贯所奏,很是满意,于是,又下诏,升童贯为入内皇城使、果州刺史,仍旧在熙河兰会路勾当公事。另外,赏童贯府第一座,以示嘉奖。

不久,蔡京为巩固自己的地位,向徽宗进言,于是,朝廷再次追究放弃湟州的责任者,首当其冲,韩忠彦再次遭贬,曾布也责降为廉州司户,其他安焘、范纯礼、陈次升等也各个贬官。

冬十月,班师的诏书到达边关,王厚、童贯奉诏班师,先回到熙州。童贯凯旋归来,耀武扬威,大大风光了一阵。然而,最让童贯得意的,是王厚等众将士对自己不但敬重有加,更有感激在心的。童贯对自己能博得众将的好感,深为庆幸。

十二月,徽宗下诏,以王厚措置边事,童贯为同措置,仍旧兼领秦凤军事,得以节制兵将,应副兴发。

崇宁三年(公元1104年)春,童贯由京城回到熙州,同王厚精心谋划,于是再次大举兴兵。

三月二十八,童贯、王厚率大军兵发熙州,经过洒金平,陇右都护高永年为统制官,各路蕃汉兵将随行,知兰州张诚为同统制。王厚怕西夏人援助青唐,于兰州、湟州界侵扰,同时也怕黄河以南的蕃人乘虚叛乱,骚扰后方,牵制军势,便派知通远军的潘逢权领湟州,知会州姚师闵权领兰州,控御夏国地面,又派知河州刘仲武统兵驻在安强寨,疏通往来道路。

四月七日晨,童贯、王厚兵至湟州。

至州衙,童贯、王厚传令,点将升帐议事。

由于屡战屡胜,诸将产生了轻敌情绪,都以为青唐易取,应直接前往攻取。

王厚当即反对:"青唐诸羌,用兵诡诈,如果不出弓兵,分道而进,便不足以张天声势,威慑敌人。"

"对,而且湟州北有胜铎谷,南有胜宗隘、汪田、丁零宗谷,如果羌人中道出了绥远关,断我粮道,然后合并齐攻渴驴岭、宗哥川之间,鹿死谁手,还难说呢!"童贯对地势已了如指掌,侃侃而谈。

众将听童贯、王厚意见相合,也就并不再有异议了。

于是,宋军分兵三路,童贯与王厚亲率三军由绥远关、渴驴岭直扑宗哥城;都护高永年率前军由胜铎谷沿宗河向北;别将张诚同招纳官王端率所部由汪田、丁零宗谷沿宗河向南,约定于九日于宗哥城下会师。

溪赊罗撒尚在宗哥,就在湟州被宋军攻克以后,他就派大首领奔巴令阿昆等五人带了书信到军营中,请以渴驴岭为界议和,几次反复,每来一次,其信中的口气便更谦恭一些。最后,还是童贯做主,决定为了保全湟州境内,准备来年再进取,并想松懈羌人的斗志,使其不防备,于是便顺水推舟,准其所请,并且写了告示贴到羌人城中,宣示威信,使羌人越加震恐。

然而,当童贯及先锋冯瓘率前部军马到达渴驴岭下时,才探知这里已经驻守了许多羌兵。童贯不敢轻率冒进,待到王厚率后军到来,合兵一处,才拿下渴驴岭。

败兵飞报驻在青唐的溪赊罗撒,溪赊罗撒听说宋军又大举来攻,惊愤交加,派出般次于路迎候,以便打探宋军虚实。

王厚给以酒食,让他回报溪赊罗撒:"要想降就早决定,否则大军开到,锋刃相交,逃也晚了!"

般次只看到童贯、王厚所率的一路军马,兵将并不太多,于是如实回报。

溪赊罗撒听了,松了口气说:"如是这样,倒并不可怕。"

谁知,随后就有探马来报,说宋军乃是兵分三路而来。这时,刚才还不以为然的溪赊罗撒才一下子慌张起来,忙将前沿的兵后撤二十里,在宗哥城东的葛陂汤,凭借几条大涧重叠,天险难越,在这里依涧设险,以逸待劳,准备阻击。

四月九日,宋军会齐。日出东升,童贯、王厚便派出五将作先锋,中军大队人马渡河向北,跟在高永年之后,张诚与中军夹河而行。

溪赊罗撒统率六万羌兵,占据有利地形排开阵势,并且暗中派兵五千,于北山之下作为疑兵,士气旺盛。

童贯、王厚列于两军阵前,见羌兵阵形严整,毫无破绽,而且兵强马壮,一时不知从何处攻击了。

稍倾,王厚对童贯说:"贼兵以逸待劳,其势正旺。日头渐高,兵将战马俱感到饥渴,应该寻找时机了。"

童贯刚要答话,忽然,远处一骑探马飞驰而来,禀道:"羌兵已动,听说,对方已知黄罗伞盖下乃是主帅,要集中攻击。"

童贯大惊,忙传令高永年回报前方军情。

王厚提醒道:"现在形势危急,前方不能无主将啊!"

童贯仍固执己见,片刻,高永年来到,童贯却又哑口无言,用手拉着缰绳,心里却有些着慌。

王厚见状,对高永年说:"现两军对峙,实力相仿,胜败只在顷刻之间,你作为前军将领,久留在此干什么?"

高永年听了,看看童贯无所表示,便即刻驰马而去。

童贯眺目远望,见溪赊罗撒已带了几千精兵自卫,登上了北面的高阜,正在指挥羌军。这时,王厚也别了童贯,自领铁骑一万,冲向溪赊罗撒。

羌兵见状,渐变阵势,朝王厚围拢过来。高永年把握时机,立即指挥众先锋冲突敌阵,两军短兵相接,杀声震天,飞沙走石,弥漫山野。溪赊罗撒见宋军来势凶猛,忙传令向北山聚拢,然而此时的羌兵,已被宋军来回冲杀,仗着人多,切割成好几块了。

溪赊罗撒只好弃山而去,高永年乘势夺了他的帅旗,令军士登高举起,大呼:"羌兵主帅被擒啦!……"

宋军士气大振,鼓声震天,羌兵十分顽强,还在苦苦支撑。忽然,一个闪电,划破长空,紧接着雷雨交加,倾盆而下。羌兵更是心慌,直到中午时分,终于再也支持不住,全线而退,宋军乘胜追击。溪赊罗撒只一人一骑,冒雨北逃,奔宗哥城而去。谁知,城中闭门不纳,只好又奔青唐。童贯率兵在后紧紧追赶,谁知风雨更大,又加上天色已黑,烟雨连天,竟难辨方向,溪赊罗撒才乘机逃走。

童贯、王厚率兵进驻宗哥城。

这场硬仗,双方均伤亡惨重,大雨滂沱,和着战场上的血水,汇成一条小河,鲜红鲜红的,淙淙向南而流。

四月十一,大军到都州,龟兹公主青宜结牟与酋豪李河温率回纥、于阗、殷次各族的大小首领开门出降,鄯州宣告收复。

童贯、王厚商定,乘胜而进,派冯瓘率精锐铁骑二万由州南出示,追逐溪赊罗撒,但终因其残部逃至高原之上,只得作罢。

十六日,童贯、王厚率大军进入廓州地界,大首领洛施军令结率众投诚,宋军兵不血刃,进入廓州。

童贯没想到进展如此神速,忙传捷报去京师。

大军暂驻城西,于是广贴告示,安抚百姓。同时,童贯命人整编队伍,清点伤亡,就修整于廓州。……

五月初二,汴京有使下诏,童贯、王厚忙接入内堂,焚香而拜。

诏书说:"童贯、王厚提兵出塞,仅只数月,青唐一国,境土尽复,龙心大悦。为示朕恩,迁童贯为景福殿使、襄州观察使,仍旧勾当东门司;王厚为武胜军留后,熙河兰会经略安抚使,兼知熙州。"

童贯、王厚叩头谢恩,厚待来使。数日后,两人收整军马,过湟州,沿兰州黄河与西夏东南境上,耀兵示威,巡边而还,回到熙州。

四　恃功骄恣

岁月倥偬,转眼间已是大观二年(公元1108年)。这几年,宋军与西夏频频开战,互有胜负,而童贯却时常有意夸大战功,欺上瞒下,已被升任检校司空、奉节军节度使。而王厚,因偶有败绩,被童贯谗言,已遭贬职,高永年也已战死。现在,西北军务只由童贯一人总管。

昨天,接到京师宫里方再兴的密报,说徽宗本已想任童贯为开府仪同三司,不料蔡京从中作梗,还亲口说:"使相岂能授予宦官?"并拒绝签字用印,拒不奉诏。

"爹爹,你在想什么?"

童贯回头一看,原来是义子童师闵。五年前,童贯率军攻打湟州,因己贪功之过,偏将安永国失足而死。于是,克复湟州后,童贯为收买人心,便将其子安卫闵收为义子,改名童师闵。转眼间,童师闵已是十九岁的小伙子了。

这些年,童师闵时刻不离童贯身边,言传身教,潜移默化,已经熟谙讨巧之道,也变得圆滑世故了。

"噢,原来是闵儿。"

"是不是为了昨日的密报?"

"不管怎样,我这几年在边塞也算是饱尝风沙之苦的,他蔡京倒是锦衣玉食,还敢这样落井下石!"

"爹,我猜,大概是因你战功显赫,皇上信任你已超过他的缘故吧!"

童贯手捋额下还留着的十几根短须,沉吟着。童师闵紧跟他,一起闲步踱着。

"闵儿,你只猜对了一半。"

"那还有呢?"

"这二年,我结交宫里的内侍黄经臣、卢航,互相呼应照顾,凡有军情或者任命武官,都不经过蔡京,而直达天听,蔡京已经在皇上跟前说过我好几次坏话了,我都知道。"

"那他是对爹爹不满了?"

"闵儿,我决定年前回京师去。"

"为什么?"

"我离京太久了,该回去活动活动了。"

"那为什么不在这个月回去,还要等三个月呢?"

"我想了很久,决定要建一支亲军。"

童师闵满脸狐疑,问:"亲军?"

"亲军!我要在所辖各路中招募身体强壮的青年,建支亲军,由我自己统率。"

"好,有了自己的兵,那还怕什么!"

童贯眼望远方,童师闵的话道中了自己的心思。西北,现在已是由自己总管了,然而,会不会有一天突然被卸去兵权呢。对,不但要有自己的亲军,还要广布亲信,自己任命军官。

回到帐里,童贯命幕僚拟出公文,看过无误,才传令下去,晓谕各路,于九月底前组军三万,并于十月初二亲自点兵,校场比武,选拔将才。……

军令如山,不久,一支三万精锐的亲军就已组建完成。

十月初二,朔风劲吹,沙土横飞,各路精英聚集在校场上,等着童贯检阅。

进了校场,童贯在正中的虎皮帅椅上坐好,环视台下,见军兵均是二三十岁的健壮汉子,生龙活虎,不由微微点头,甚是满意。

"来,传令下去,比武开始,先考箭试!"

"得令!"中军官走出台口,手挥杏黄镶红边的令旗,传谕帅令。

须臾,校场上就传来喝彩声,此起彼伏。箭试分三场,头场试拉满弓,分十石弓,八石弓,依次而下;二场百步穿杨,十发十中者为头名;三者走马而射,命中最多,即为头名。

自童贯率兵以来,如此校场比武,还是首次,军士们谁不想出人头地,博得个一官半职,于是人人摩拳擦掌,个个奋勇争先。直到正午,才决出了名次。

童贯吩咐,让胜者来帅台上相见。不一会儿,就来了六人,相貌不凡,体格健硕。

六人当胸抱拳,自报家门。

童贯微微点头,回头要来好酒,亲手斟满六碗,一一捧给他们,说:"你们先把这酒喝了,回头再比兵器,要是胜了,本帅自有重赏。"

"是!"六人双手接过,一饮而尽。

童贯见已过午时,自己也觉得有些乏了,于是传令,先杀牛宰羊,犒赏新军,待用过午饭,再比兵器。

帅令传出,三军欢声雷动,童贯离座,率领众将先离开了校场。

下午,童贯令中军官前往校场,让众将评督,兵器比试先行开始,自己于申时才姗姗而来。比试结果已然出来,还是先前的六人。

童贯兴致勃勃,再次接见六人,大为嘉许,为他们披红挂彩。

"来人,拿剑来。"

"是。"

不一会儿,二名中军官捧上六把宝剑,来到童贯跟前。

童贯接过,向前跨了几步,立在了台口,顿时,校场上鸦雀无声,静听着。

"今新建亲军,校场比武,经二轮较量,有这六个兄弟脱颖而出,"说着,招手让他们来到身边,分列左右,然后将手中的第一柄宝剑授给了杨可世,并大声对台下说："他，就是今天比武的第一名，杨可世。"

台下大都不认识他，于是争先恐后地挤到台前，想一睹风采。

杨可世满面春风，兴奋异常，双手举起宝剑，高过头顶。

台前的几个将校看得清楚，这剑鞘竟是镶玉金饰的，不由啧啧赞叹，羡慕不已。

仓啷一声响，杨可世拔出宝剑，顿时只觉得寒光闪闪，阴气逼人。

"好剑，好剑。"杨可世端详着，爱不释手，"咦，剑上刻有字！"凑近一看，见字迹凿凿，"胜捷军？"

童贯得意地笑了，又重复了一遍："对，胜捷军，咱们这三万人以后就叫胜捷军啦！"

"胜捷军！胜捷军！"全场将校齐声欢呼，响彻云霄。

随后，童贯又接着给何灌他们五个授剑，勤为勉励，……。

当晚，童贯设宴，单请杨可世等六人。一边喝酒，童贯一边察言观色，琢磨这六人的脾气性格。

"你们都是年轻人，前途无量啊！"

杨可世首先站起来，说："是大帅施恩，我们今天才得崭露头角。"

童贯也已看出六人中，数他最为机灵，有心栽培于他，为己所用，便问："那你们知道，这胜捷军是干什么的吗？"

这回，倒是辛永宗抢着答话："当然是出生入死，保家卫国了。"

童贯摇摇头，说："胜捷军是本帅的亲军！"

"那就应该护卫大人，惟大人马首是瞻！"杨可世随机应变，同时也真心感激童贯今天让他在众人面前露了脸。

"本帅有言在先，以比武选拔将才，今个儿你们六人过五关、斩六将，也算是难得。我欲将胜捷军分为左军、中军、右军，每军一万人，由你们六人分掌，如何啊？"

杨可世等人做梦也没想到会一步登天，真是喜出望外，忙跪倒磕头谢恩。

"呵呵呵，起来起来，以后你们就是本帅的左右臂膀了，不必见外。"童贯拉起众人，亲热地拍着辛永宗的肩膀，说："你们可要与本帅心贴心噢！"

辛永宗憨厚地一笑，"我只听大帅的话！"

"来人，取甲胄来，"童贯见此宴目的已达到，畅意了许多，于是更加刻意笼络六人，"本帅再赐你们每人银甲银胄一副。"

"谢大帅！"

次日，就有钧谕颁下，胜捷军分为左军、中军、右军。左军由辛企宗、辛永宗二人为将；中军由杨可世、张思政为将；右军由何灌、杨惟忠为将。全军将士粮饷俱高出平常一倍，而且晓示，如有将校因战伤废停不能自存及死事之家孤老，月给米每人五斗。

三军将士看了，都庆幸自己是胜捷军的。其他几路的军士知道了，都羡慕不已。

不过月余,童贯就虚报战功,由兵部呈徽宗御批,封授杨可世、何灌等六人受任团练使之职。……

时正当午,阳光透进薄纱窗,挂着的珠帘在屋内留下一条斜斜的影儿。玉燕凭窗而立,任初冬的风吹拂相侵。窗外的园,菊暗荷枯,一地的梧桐落叶凭风轻舞,簌簌有声,凉风敲竹,铿然而响,院落里一派寂然萧瑟。

炉火衬着玉燕秀美的脸庞,忽明忽暗。玉燕坐在炉旁,用扇轻轻打着,渐渐地,有了一丝暖意。望着熊熊的炉火,玉燕呆呆出神。转眼间,别乡离土,由杭州来汴京已然七年,然而,思乡的愁绪依然难以淡漠。好在童家上下对自己都很客气,童家父子更没把自己当下人看待。这几年,和童师礼朝夕相处,玉燕又重新找回了快乐。虽然他病体缠身,但却温文尔雅,对自己又是体贴入微,好像兄长似的爱护自己、关心自己。渐渐地,玉燕感觉到了自己的脑际中充斥着他的身影,已经挥扫不去了。

一股白烟冲了上来,惊扰了玉燕,原来是药开了冒出的蒸气。想起童师礼的病,玉燕不觉紧蹙眉黛,不知看了多少大夫,喝了几多的药,可是他的病却依然不见好转。时当初冬,又是哮喘病的时节,还好,他这两天的情形,要比往年好些。

"玉燕,你在吗?"童师礼一挑帘,进了屋子。

"咦,少爷,我不是让你在屋里等着的吗?怎么到这儿来啦!小心冻着,又引出咳嗽来。"

"没事,我来看看你。玉燕,不是说好的吗,不要叫我少爷?"

"那叫什么?"玉燕红晕顿生,明知故问。

童师礼将玉燕的手轻轻握住,说:"我要你叫我礼哥!叫啊!"

……

"燕妹……。"

"礼哥!"玉燕轻启朱唇,又忙将似海棠花开般的脸羞别了过去。童师礼只感觉心跳加快,紧紧握住了玉燕的双手。"啊唷!""噢,捏痛你了吗?""没有,礼,礼哥,你别用眼睛这样看我,我,我……。"

"燕妹妹……,"童师礼腾出一手,梳拢着玉燕的秀发。

"嗯!"

"嫁给我好吗?"

"我是下人!"

"不,我从没把你当下人。"

"我知道,可老爷他——。"

"没事,我和爹爹说好了。"童师礼说着,用手托住玉燕的下巴,饱看了好一会儿,"燕妹,你真美……。"

忽然,廊上传来徐伯的脚步声,玉燕忙推开童师礼,迅速用手拢了一下发髻,定了定神,先迎了出去。

门外果然是徐伯,"少爷在你屋里吗?"

"在。"

徐伯踏进屋子,微微欠了欠身,说:"少爷,府外有位李知均老爷求见。"说着,递上了名帖。

"他是找我爹的吧!"

"是的。"

"你去告诉他,我爹大概要下个月才能到京,让他到时再来吧!"

"是!"徐伯转身出去了。

"礼哥,你不是告诉我,老爷寄来的家书上说这两天就会到京的吗? 你怎么说是下个月?"

"哈哈,"童师礼狡黠地一笑,说:"你不知道,这些人找爹爹不是求官、就是买个平安,没有好事,我爹这两天回来,说不定过个十天半月又会回边塞去了,我让他们见不着面,岂不是好!"

"你真坏! 嘻——,"一声娇笑,从屋里传出,打破了寂寥的深院。……

谁知这时,童贯带着义子童师闵早已到了汴京,而且已经进了皇宫,正在内宫都总管黄经臣的屋子里密谈。

"听大帅的意思,是想给蔡京那厮一个教训?"黄经臣也是多亏童贯相帮,才爬上了总管这个位置。

"不单是,要让他刻骨铭心。"童贯咬牙切齿,"这些日子,朝臣们对他有非议吗?"

"也听说过,但没人撑腰,我看这些人还不敢奏本弹劾蔡京。"

"那好,先麻烦总管在皇上跟前露些蔡京的恶迹,我会想法放出风,让人参他的。"

"你放心,这点小事我会做好的。你今个儿还见皇上吗?"

"不啦,我是先悄悄来会你的,现在我要回家,晚上,你让张迪、方再兴来我府上。"

"好的,你从东侧门走吧! 皇上现在上清宝箓宫听道呢!"

童贯穿上洒绿金丝罩袍,带了童师闵,悄然出宫。……

徽宗所赐的府第就在东华门外的御街上,童贯坐着小轿,一会儿就到了。童师礼没想到父亲和义弟来得这样快,喜出望外地迎了出来。

童贯见儿子的身体比以前好多了,也很高兴。一旁的徐伯及玉燕等下人垂首而立。

· 擅权祸国的阉人 ·

图文珍藏版

国学经典文库

后妃宦官大传

·宦官传·

图文珍藏版

童贯边往里走,边问:"徐伯,这些天有人来吗?"

"有,尚书右丞张商英大人、枢密院邓洵武大人都来过,还有好几个都没见过,但都送了东西,留下了名帖。"

"张商英、邓洵武两位大人是何时来的?"

"昨个儿。"

童贯若有所思,并没有说什么,过月亮门,先到了书房。童师礼紧随在后,跟了进去。

"爹爹,一向身体可好?"

"噢!"童贯没注意童师礼还跟在身后,只顾着想事情了,"还好,你呢?"

"我这一阵儿觉着好多了。"

"那就好,"见儿子没有离开的意思,童贯觉得他好像有话要对自己说似的,"你有事吗?"

"没,没事,我先下去了。"……

戌时三刻,张迪、方再兴一先一后来到书房。见了童贯,刚要见礼,被童贯一把拉住,让他们在身边坐下。

听两人原原本本讲了蔡京阻拦徽宗想加封自己为开府仪同三司的前后,童贯不由怒气更甚。

仔细地听着他俩的所见所闻,童贯更是下定了决心,要扳倒蔡京。又谈了许久,直至次日凌晨,张迪、方再兴才暂别童贯,回了宫里。

童贯仍无睡意,信步踱出了书房。长廊幽深寂静,忽然,注意到尽头的房里隐约还有亮光,那不是礼儿的屋子吗? 童贯想起刚才儿子对自己欲言又止的样子,有些惦记,不觉加快了脚步,轻轻推开了童师礼的房门。

"礼儿,你还没睡吗?"

童师礼心烦意乱,虽然坐在床上,就着一旁的烛光在看书,然而读了半日,却仍是一片空白。童贯的一声轻喊,惊醒了呆坐着的他,一见是父亲,赶忙从床上下来。

"爹爹,我想成个家",童师礼说完这话,还是脸红了。

童贯觉得奇怪,"咦? 以前爹要给你成家,你总是推三阻四,说什么身体不好,不想成家的吗?"

童师礼在旁却讷讷不语。

童贯笑了,一拍儿子的肩膀,"这有什么不好意思的,你有这个打算,爹高兴还来不及呢! 否则,我童家不是要绝后了吗! 我明天就让人给你物色几个姑娘让你选。"

童师礼忙摇手,连声说"不!"

"这是怎么了,"童贯被他弄得糊涂了,忽然,心里一动,问:"莫非你心里已有了人吗?"

"嗯，"声音低若蚊吟。

"谁"

"燕妹！"

"谁是燕妹？"

"就是玉燕姑娘！"

"她！"童贯吓了一跳，一下坐在了靠椅上，嘴张得大大的，呆若木鸡。

"爹，你怎么了？"

童贯心如绞海，不相信这是真的，难道自己的耳朵听错了。没有，没听错，是自己大意了，他俩朝夕相处，未免日久生情，这本无可厚非，可是玉燕她，她太像王氏，而且更重要的，是自己对她早已情有独钟，被她纯真、善良的性格所深深吸引。自己早想纳她为妾，但又恐她嫌自己是宦官，不肯屈从，强扭的瓜毕竟不甜，于是一直想候机会，再与玉燕谈此事，不想今日……。

童贯这时心乱如麻，一眼瞥见儿子站在身旁，便勉强抬起头，说："她，她是下人！"

"我没把她当下人！"

"你！不行，这样有辱门楣。"

"爹，我求你了，我是真心喜欢玉燕！"童师礼有些急了，知道父亲向来是说一不二的。

童贯望着体弱多病的儿子，有些心痛，但一想起玉燕的一颦一笑，却又割舍不下，沉吟了许久，终于，由牙缝中挤出一句话："不行，我说不行。"说完，童贯拂袖而去，只留下童师礼一人呆呆地站着。

蔡京这两日总觉心神不安，昨天早朝，中丞石公弼上奏，弹劾自己欺君挟邪，祸国殃民。今天，又有张商英等上书弹劾自己。这些倒还在其次，主要的，是因为就连徽宗也好像与自己拉开了距离。接连的好几次进宫见驾，都没获准得见。

蔡京知道，现在已是众叛亲离，大势已去了。然而，又有谁有这样通天的本领？能使徽宗对自己爱答不理呢？

思来想去，满朝文武，只有一人，童贯。想到他，蔡京不由想起前些时徽宗要任童贯为开府仪同三司时，自己嫉妒他皇宠日重，便横加阻拦，拒绝签字用印的事。莫非，这事童贯已经知道？

"相爷，宫里有人来了。"家人气喘吁吁地禀道。

蔡京忙大步迎出门外，原来是总管黄经臣。

"总管贱降，真是幸会。"

黄经臣只微微地点点头，便大步流星地先进了府门。

蔡京知道他是童贯一路的，而且又这样目中无人，不由怒火中烧，但却仍佯装笑脸。

进了正堂，分宾主落座，黄经臣先开了口："相爷，这两天大概日子不好过吧！"

蔡京听了，不由倒吸一口冷气，心里七上八下，忐忑不安。

黄经臣他没什么表示，得意地接着说："皇上也正为此事烦恼呢！弄不明白为什么一时间会有这么多人弹劾于你。"

"还得请总管代为通融，他们可是一派胡言啊！"

"我只是个传话的，"黄经臣也清楚蔡京平时作威作福惯了，难得这样低声下气："相爷，你高寿啊？"

"过了年，就六十三了。"

"噢！原来已过了耳顺之年了，哈哈哈，相爷何不在家颐养天年呢！"

"这个，"蔡京被这突如其来的一问，弄得莫名其妙。

黄经臣却已站起身，一拱手，说："好了，相爷，宫里头我还有事，告辞了。"……

蔡京送走黄经臣，细细琢磨刚才的两句话，玩味许久，终有所悟。

第二天，蔡京便上表求退。徽宗根本没有挽留之意，照本准许，让他以太师致仕，为中太一宫使。

去了蔡京，童贯好不得意，庆幸总算报了一箭之仇。

然而，自那天反对童师礼与玉燕的婚事之后，第二天，儿子就一病不起，童贯每每探望，问长问短，他总是不理不睬，始终不说句话。

大夫不知请了多少，可病情仍不见好转，看着礼儿日渐消瘦，病息恹恹，童贯又有些后悔了，好几次话到嘴边，想要同意儿子的婚事，但一看见玉燕，却又改变了主意。

"老爷，不好了，少爷又咳出血来了。"徐伯匆匆赶来报信。

"还回什么，还不去请大夫！"童贯气急败坏。"干爹，咱们去瞧瞧吧！"童师闵知道童贯心里最关心童师礼。

童贯却一挥手，说："闵儿，你去吧！有事来叫我。"

"是。"童师闵转身去了。

望着远去的背影，童贯有点不知所措了。供桌上的烛光随风摇曳，投影到墙上，是忽长忽短。一回头，童贯看见了爹娘的牌位，不由老泪纵横，跪了下来。

恰巧，这时玉燕正端着一碗汤药往少爷房里去，途经门外，隐隐听见有哭声，不觉放慢脚步，侧耳细听……

"不肖儿童贯，跪于双亲面前，求二老给我个明示，我该怎么办？儿本残人，早已不恋儿女私情，谁想，意外遇见玉燕，终又生起相亲之意，不料，礼儿也属意于她。我，我实在是喜欢玉燕纯朴善良，难以割舍，却又不肯委屈礼儿，他相思成疾，重疴在身，这叫我如何是好呢？爹，娘，你们告诉我啊！"……

忽然，门外"咣啷"一声，童贯吓了一跳，忙站起身走出去一看，只瞅见长廊拐弯处人影一晃，便不见了，再低头，只有一个摔碎的瓷碗和洒了一地的汤药，童贯顿时什么都明白了。

就在此刻，忽见张迪匆匆跑来，说徽宗召见。童贯只得换了衣服，乘轿进宫。

徽宗仍然是那么风流倜傥，见了童贯，也不像往常那样，却是一本正经的，从书桌上拿起一本奏折，撂给了童贯。

童贯接过，翻开一看，不觉吓出身冷汗，原来是弹劾他结交内侍，恃宠弄权，专横跋扈的种种恶行，而且有根有据。掀到首页，见是右正言陈禾所上。

"皇上，老奴一向忠心耿耿，从未有此恶行，请皇上明鉴。"童贯匍匐在地，诚惶诚恐。

"哈哈哈，"徽宗捂着肚子笑弯了腰，忙叫一旁的张迪过来给他揉揉。

童贯被徽宗笑得莫名其妙。

徽宗过了好半晌，才停住笑，说："起来吧！我是吓你呢！看你那样！"

童贯这才恍然大悟，真是啼笑皆非，用袖口拭去额头上的冷汗，站起来说："老奴不是吓的，是觉得委屈。"

"朕知道，所以已把陈禾贬为信州监酒了。"徽宗说着，一眼瞥去，看到张迪和方再兴二人交头接耳，窃窃私语，便问："你们两个奴才在那儿鬼鬼祟祟的，干什么呢？"

张迪、方再兴忙跪倒在地，说："刚才，童府里总管来回，说家里出事了！"

"什么事？还这样大惊小怪的！"

"他说，他说童府大少爷没了。"

童贯跪了半天，才站起来，被徽宗一吓，还没定过神来，再听这噩耗，只觉天旋地转，一屁股跌坐在地上，一时说不出话来。

徽宗见状，忙让张迪将他扶在椅上，直掐人中。

"哎哟……，"童贯的心好像被什么堵住似的，重如铁铅。

"童贯的少爷多大了，怎么会突然没了呢"？徽宗见童贯悲痛欲绝，问身旁的张迪。

"回皇上，礼少爷正当盛年，只因身体羸弱，又加上童公公多年征战在边塞，对礼少爷缺少照顾，所以……。"

徽宗也觉着有些可惜，冲了童贯的面子，便说："小贯，朕追封童师礼为秘书郎，恩赐白银千两，回祖籍厚葬。"

童贯又跪下谢恩，也不知怎样出的宫门。等失魂落魄地回到府里，灵堂已经设置好了。

接连几天，童府门前是车水马龙，川流不息。童贯一概不见，只让童师闵接待，自己闷在房里，从不出门。

按童贯的要求，童师礼盛殓在楠木大棺材里，是风光大葬。一路又吹又播，由汴京直往祥符县，浩浩荡荡，所过之处，车马行人尽行回避。

沿途由祥符县令郭巽奉命清除道路,凡有狭窄之处,不论是公宅私房,一律拆去,给送葬队伍让路,百姓们是敢怒不敢言。

童师礼就葬在其母王氏的墓旁,下葬那天,玉燕向童贯提出,要给少爷守陵三年。

童贯见她此意已决,不好勉强,只得命人在墓旁砌了三间平房,又派了二个粗使丫鬟陪她,这才放心。

……

五　出使辽国

公元1102年,宋改元为崇宁,崇宁就是崇尚熙宁的意思。

蔡京掌权之后,揣摩徽宗这个少年天子的意思,又想开边立武功。崇宁元年十二月,中丞钱遹上言说:"哲宗用王赡的计策,取青唐、邈川,可谓奇计远略。权臣欺骗朝廷,将血战得来的战果全部放弃,且用别的罪名将王赡杀死。如果不追究他们的罪恶,便不能为死者申冤而激励忠义之士。"于是,在蔡京的策动下,宋廷追贬韩忠彦为崇信军节度副使,曾布为驾州别驾。

崇宁二年(1130年)春正月,蔡京等正式策划出兵,恢复湟、鄯、廓三州。这三州自降赞兄弟受朝命镇守,还算顺命朝廷,唯有溪巴温的儿子溪赊罗撒(即希卜撒罗桑)诱结羌人,胁迫隆赞。隆赞支持不住,奔避河南。其弟也立脚不住,奉诏徙居邓州。羌人多罗巴,遂奉溪赊罗撒为首领,号令诸部,占据三州,盘踞西晋。

蔡京上言:"自溪赊罗撒作逆,西羌叛命,渐为边患。请派出精兵,简选精干将领统帅,收复三州。王厚乃熙宁、元丰间名将王韶之子,自幼生于边陲,长在军中,畅晓羌事,沉勇有略。元祐年间放弃河、湟,王厚力争,上疏反对,并到政事堂与掌权者们争论,爱国忠心,可见一斑。请就命王厚总边兵十万,负全责。河东蕃官高永年,当年为王赡取青唐,他总蕃兵为先锋,与羌人战于乾沟,单枪匹马刺羌酋彪鸡斯于万马军中,斩其首级而还,也是一员勇将,就命他为副将。为便于控制,请按祖宗旧制,以中使监军,如李宪前例。内客省使童贯,旧随李宪抚边,曾十次出使陕右,熟悉西北五路的地理、军事情况与将领的才干,且童贯为人慎重,明于戎事,如出使监军,非童贯莫属。如听臣言,臣敢保证丑类可歼,三州可复。"徽宗大喜,准其请求,以岢岗军王厚权发遣河州兼洮西沿边安抚司公事,高永年副之,童贯由监军,征调10万人马,择日出师。王厚到朝廷受命,上言说:"熙宁年间,神宗将熙河边防军事委托给先臣韶,当时中外臣僚,凡议论熙河之事的,神宗都派人送先臣阅看,征求先臣意见,所以议论归一,毫无掣肘。现在朝廷议论西北事宜之定,我请求今后中外臣僚凡议论涉及青唐军事的,也依前例都附本路经略司及措置官看评。"徽宗同意了,同时还指示,入内供奉官童贯往来勾当,仰本路经略、安抚、都总管司,公共协力会办。三月,徽宗又命王厚权管勾熙河兰会路经略司职事,同时命童贯先行赴熙州传语劳军。王厚临行前上言说："河南河北诸羌,以大小隆赞争国之故,人心不宁,诸侯酋豪,互有猜忌。互相杀掠,正所谓以夷攻夷,中国之利。臣与童贯商议,待平定之后,从长计议,等出发时再另行报奏。"

王厚到熙州后,会合诸将,调集兵马,于六月初兵发熙州。临行前,王厚和童贯召集众将计议进兵方略,将领们都主张合兵直趋湟中。王厚说："贼兵恃巴金、把拶之险,挟大河之阻,分兵死守抵抗我军,如果进战不能迅速取胜,青唐各部敌兵继至,而西夏人也必派兵来援,这是大敌。不如分兵两路,南路出安乡,冲其正面;北路出京玉,捣其背后。贼兵腹背受敌,势不能支,必败无疑。"童贯还在犹豫未决,王厚说："以前曾到过

童贯出使辽国

那里,地理情况都在心中,我早已深思熟虑,不必怀疑。"于是任高永年为统制官,权知兰州姚师闵为副,与王端等率兰州、岷州、通远军蕃汉军马二万出京玉关,而王厚、童贯自领大军出安乡关、渡大河,上巴金岭。

这一天聚众誓师,正待出发,忽报朝廷有内旨降下,随即六百里加急快马来到,递上密旨。童贯打开看时,里面写道："近日太乙宫大火,占卜者说不利战阵行军,卿等可暂驻原地,待机再发。"众将面面相觑,不知有何事情宣布,王厚也看着童贯,不知什么消息。只见童贯迅速地把诏旨放在靴中,对王厚说："没有什么,圣上是督促进军,出发吧!"于是大军立即出发。

王厚、童贯等逢山开路,遇水搭桥,经过河州,进抵安乡关。童贯又率前军李忠部进薄巴金城。这巴金城旧名安川堡,在巴金岭上,地势险要,易守难攻。多罗巴使其三子率众拒守,长子叫阿令结,次子叫厮铎麻令,三子叫作阿蒙,个个凶猛善战。童贯勒马看时,城关高据冈阜之巅,四面都是悬崖陡涧,深不可测,关前一条路,陡峭狭窄,真是一夫当关,万夫莫开。李忠看了,正在迟疑,童贯却一甩马鞭道："看那城门未闭,敌人必然兵少,或许还不知大军已到,兵法上说,攻其不备,出其不意,正在今日,众军将,与某家并力攻城!"偏将辛叔詹、安永国等各奋兵刃,争先而上,赶到城门,只听一声鼓响,伏兵齐出,乱箭射来,宋军抵挡不住,纷纷败退。安永国边战边退,战马一脚踩空,连人带马摔死于天堑之下,辛叔詹等驰回。羌兵据高

乘胜冲下,眼看要冲动大队,童贯惊慌,正要败退,不想此时老天帮忙,一声惊雷,狂风大雨,自天而下。羌人很怕雷雨,纷纷祈祷着退回城门,童贯等得以全师而退。

第二天,羌人倾城而出,背城列阵,城上堞间建旗鸣鼓,又有疑兵据于高阜,伸张两翼,看来多罗巴也是一个有点谋略的人物。王厚乘高,列大帅旗帜,众军盔甲鲜明,刀枪如冰雪,派人去对阿令结晓谕:你等边地小民,怎抵得朝廷禁军?速速退兵出降,归顺朝廷,本帅保你等不死,且可保奏你等官职,否则,玉石俱焚,悔之晚矣。"阿令结听了大怒,"你等汉人,不拿我等羌人当人,屡次无端杀戮,使我等无地可居,实在欺人太甚!昨日一战,若非雷雨,汝等早已落败,还敢说大话,快告诉你家主将,速速决战!"王厚又数次派人往返,晓以利害,阿令结等不但不肯降,反而大骂。王厚于是命诸将攻城。

宋军鸣鼓振气,军士奋勇前突,羌人据险死守,由于山路狭窄,大军不能施展,前面的兵将纷纷落涧。阿令结等见宋军攻击受挫,竟率人由山上杀下来。王厚大怒,亲自上前督战,命弓弩手的强弓硬弩射击,将羌兵射了回去。王厚见强攻不下,悄悄地嘱咐偏将邹胜率精骑两千间道绕过天堑,出现在敌人背部。喊声一起,旗帜乱挥,羌人一看,惊恐之下,一片混乱,王厚乘机鸣鼓急攻,羌人大败。阿令结苦战突围,被邹胜一刀砍死;厮铎麻令被辛叔詹兵团团围住,身中数十创,死于乱刀之下;阿蒙寻隙突围,忽然一箭射来,正中右眼,直贯其脑,痛得昏晕过去。幸于几个亲兵将他扶在马上,拼死命走脱。日未中午,战事已结束,宋军大破羌兵,进据巴金城,远近羌人,都来降服,王厚斩杀其强悍头目数百人。稍事休整之后,又率军进次瓦吹,即旧时的宁洮寨。与此同时,高永年部也进据把拶、宗城。

阿蒙带箭而逃,走不多远,正遇上大队羌兵。原来,多罗巴在湟州听说巴金城大战,率兵来援,正遇上阿蒙。阿蒙向父亲哭诉道:"我兵已大败,军士多已战死,两个哥哥都被宋军杀死,汉兵已占了巴金城了!"父子相扶痛哭,又恐宋军追及,于是一并逃去。到了虷当城,没多时,只见城中居住的羌人许多都挂出了"心"字形的白旗,这是向宋军降顺的标志。多罗巴父子怕被擒捉,跃城奔青唐而去。王厚、童贯听见报说多罗巴去向,知道他还有不少余党,怕他卷土重来,跟在宋军左近偷袭,于是留大军在宁洮,王、童亲率精兵两千人穷追猛打。到虷当城,破灭不降顺的部族,烧毁其房屋住处,于临大河的险要之处,命李忠带兵把守,其余之人即日回到宁洮。

第三天,大军进而攻下陇朱黑城,城的旧名安陇寨,也是一处要塞。攻下此城的第二天,大军进至湟州。此时高永年军也已到了湟州,驻扎军马于城东坂上,各位将领率领所部兵把湟州城团团围住。高永年派人劝其投降,城中羌人大首领丹波秃令结把城中想投降的人都拘押起来,拒不投降。

王厚请童贯骑马登上城南山巅,北视城中,城中的兵力部署和守城防务,一目了然。回来之后,二人分派诸将各据一面攻城。羌人的援兵从城北宗水桥上源源而至,声势更大,宋军几番冲击,都被击退。看看天将黑,诸将议论说:"羌人得生力军援助，士气更增，我军攻战已久，锐气已挫，不如请暂且休息军士，待机行事。"王厚对童贯说："大军深入至此，等于破釜沉舟，已是置之死地，如果不迅速攻破此城，青唐王子率大众来援，据桥而守，不是十天半月可以攻破的。到那时此消彼长，骑虎不下，往哪里退呢？众将不想计策取城，只图暂时休息，绝不是好办法呀，敢再说停攻者斩！"下令之后，诸将不敢再说休息，各自努力，奋勇进攻。敢死队爬城而上，羌兵从城上抛下大石，常把云梯连根砸断，军士们有些已爬到城墙，又纷纷坠落下来，前仆后继，又爬上去。直到早晨，战鼓一昼夜不曾绝声。乱箭如雨射下，城中人也拥盾而立，杀声不绝。第二天，王厚看到羌人援兵都来自宗水桥上，于是派骁将王用率领精锐骑兵出击，出其不意，乱宗水上游，横断援兵，绝其归路，并乘胜夺得水寨。在宗水河的北岸，有元符年间筑的护桥城，这时是羌人据守。宋军有员蕃将叫包原，勇猛无比，争先攀城而上，挥枪刺击，后面军士急忙跟上，一拥入城，退得城南。入城军士打开城门，王用军士又入城中，两军又在桥中展开激战，羌兵勇气不减。王用命军士烧毁宗水桥，断绝敌援，烧桥的火光冲天，中夜如昼。诸将乘火光尽力攻城，而城中见援兵断绝，抵抗力渐弱。城中另一大首领苏南抹令瓦暗中派人越城送信，请求投降，作为内应，请求免死。王厚看了，批准其请求。第三天黎明，宋将王享夺水门而入，与其所率军士登西城而大喊道："打破湟州啦！"诸军鼓噪呼应，羌兵抵挡不住，丹波秃令结带了几十骑由西门逃遁，宋大军遂入湟州。王厚童贯命高永年暂知州事，整修城防而守，前后招纳湟州境内漆令等族大首领750人，管户10万，王厚童贯军书朝廷，飞报捷音。

　　就在湟州还未攻克的时候，青唐王子溪赊罗撒率青唐兵来增援，刚过安儿峡，听说湟州已失，于是驻军宗哥城。丹波秃令结讲述失守情况，溪赊罗撒因他失去湟州，斩首示众。当时城内宋军，却主张乘胜而进，席卷而下鄯州、廓州。王厚、童贯和诸将计议说："湟州虽已拿下，形势却没有完全稳定。新降附的人，还在动摇之中，青唐方面虽大伤元气，但也是余烬尚强，未肯望风投降。而我军虽然新胜，但已成强弩之末，如果贪利深入，战未必胜，后患必生，天气已到秋天，塞外严寒不久将临，即使取得青唐，将士也未必能修筑城池，守住夺得的土地。如果不筑城守御，又势必自我放弃退回，玩敌致寇，终非万全之策。往年大军出战，初胜后败，正是这个原因。湟州境内，有三处要害：一是乩当，在湟州南部，以前已经筑城了。二是省章，在湟州西部，正是青唐往来的咽喉要地，汉代称为湟陕，唐人曾修栈道，刻石以论其事。这里地势奇险，如不筑城，以后出兵，敌人必然乘机断我归路。其三是宗、南寨，在湟州之北，距西夏国右卓罗右厢监军司百里之遥。夏人勾结羌人，易生边患，现在如果筑城，可以控制。况且这三城正当鄯州和湟州的腰背，控制要害，可以断绝它的首尾相应的祸患。我在元符年间，已向朝廷提过这个建议，没得到采纳，最后终于导致弃地之事，覆车之辙，不可重蹈。况且三城筑毕，湟州一境就稳固了，降的人都为我用，出产可以为军资，有了坚固的前防，声威自然远震，招抚到的降众必然更多，这是肢解羌敌的好办法。明年乘机一举，大功必成。"童贯觉得很有道理，这时一位将领说："朝廷的意思，一定要赶快拿下青唐，按照旨意去干，必然有重赏，否则就要受到处分了。"王厚说："作为忠臣，要从国家的利益出发考虑问题，哪能想那么多！"于是当天便出兵到省章东峡之西，选了一块形胜之地叫洒金平的，筑起500步长的城一座，这就是后来的伈远关。

王厚的大军在关中，溪赊罗撒尚在宗哥，派大首领奔巴令阿昆等5人带了书信到军营中，请以渴驴岭为界议和，几次反复，每来一次，其信中的口气便更谦恭一些。后来宋军已经决定保全湟州境内，来年春天再进取，并想松懈羌人的斗志，使其不防备，于是便顺水推舟，准其所请，并且写了书信贴到羌人城中，宣示威信，使羌人越加震恐。

秋七月，收复湟州的捷报传到京师，百官入贺，徽宗大喜，当下进蔡京三级官，蔡卞以下进二等。又下诏以王厚为威州团练使，知熙州；童贯也升为入内皇城使、果州刺史，仍旧在熙河兰会路勾当公事。不久，又再次追究放弃湟州的责任者，除许将已放罪、曾布已责降廉州司户之外，韩忠彦、安焘、范纯礼、蒋之奇也个个贬官，龚夬至化州、张庭坚到象州编管，陈次升到循州、姚雄到光州居住，钱景祥、秦希甫都被勒停，李清臣虽已身死，但他儿子也被免官，贬去英州。又下诏，胡宗回当年镇守熙州，屡次上言坚守鄯州、湟州，后被贬官，现在特复任宝文阁待制、知秦州。

湟州平定之后，王厚与童贯又接到朝廷诏旨，让他们想法管理黄河以南的生羌，即没有经过汉化统治的羌人。这地方在黄河之南，连接河、岷部族原始勇猛，王厚与童贯计议，若不先将这里的事料理好，占据要害，明年大军向鄯州、廓州一带时，必然成为后顾之忧，出没于熙河州界，以为牵制之势，扰乱我心腹，成为大患。童贯认为有理，于是留王端、王亨留守湟州，与高永年等就近招纳宗哥、青唐一带的部族，存抚新降的羌人。王厚与童贯却率大军由来宾城渡河，南出来羌，攻下当标城，又进至分水岭、平一公城，到达南宗。当王厚、童贯率军往米川城时，遇到生羌约3000骑，两军交战，宋军胜，羌人焚烧河桥逃去。第二天，王厚与童贯正在指挥军士修桥过河，忽然一队羌人驰来，乱放羽箭，箭从王厚、童贯的耳边飞过，险些射中。羌人又乘势攻下宋军占据的来贺城，掠取财物而去。

这年冬十月，班师的诏书到达边关，王厚、童贯奉诏班师，回到熙州。童贯凯旋归来，耀武扬威，大大风光了一阵。这年十二月，徽宗下诏，以王厚措置边事，童贯为同措置，仍旧兼领秦凤军事，得以节制兵将，应副兴发。

崇宁三年(1140年)春，童贯由京师回到熙州，与王厚同心同德，经营措置，完全合拍，于是再次大举兴兵。三月二十八日，童贯、王厚率大军发熙州，经过洒金平，陇右都护高永年为统制官，各路蕃汉兵将随行，知兰州张诚为同统制。王厚怕西夏人援助青唐，于兰、湟州界侵扰，同时也怕黄河以南的蕃人乘虚叛乱，扰乱后方，牵制军势，便派知通远军的潘逢权领湟州，知会州姚师闵权领兰州，控御夏国地面，又派知河州刘仲武统兵驻在安强寨，疏通往来道路。由于思虑周到，措施严密，使大军得以专心西向，无后顾之忧。四月七日，王、童大军到湟州。由于屡战屡胜，诸将产生了轻敌情绪，都以为青唐易取，应直接前往攻取。王厚保持着清醒的头脑，他说："青唐诸羌，用兵诡诈，如果不出弓兵，分道而进，便不足以张大声势，威慑敌人。而且湟州北有胜铎谷，南有胜宗隘、汪田、丁零宗谷，如果羌人中道出了绥远关，断我粮道，然后合兵齐攻渴驴岭、宗哥川之间，鹿死谁手，还难说呢！"终于兵分三路，王厚与童贯率三军由绥远关、渴驴岭直向宗哥城；都护高永年率前军由胜铎谷沿宗河向北；别将张诚同招纳官王端率所部由汪田、丁零宗谷沿宗河向南，约定于九日于宗哥城下会师。

当时，童贯并不完全信服王厚，他觉得不必那么小心谨慎。他率前军直趋绥远关，用冯璘为先锋直取渴驴岭，到得岭下，才知道驻守了许多羌兵，童贯不敢冒进，待到王厚率后军到来，合兵一处，才拿下渴驴岭。

败兵飞报驻在青唐的溪赊罗撒，溪赊罗撒听说宋军又大举来攻，惊愤交加，派出般次于路迎候，就便观察宋军情况。王厚给以酒食，让他回去对溪赊罗撒说："要想降就早做决定，否则大军一到，锋刃一交，逃也就晚了。"般次回报，说是宋军并不太多，他根本不知道兵分三路的事。溪赊罗撒听了松了口气说："宋军如果是这样，我就不怕了。"派兵据守在朴江古城。不久便听说宋军分兵三路，般次看到的只是一路，才害怕起来，将前沿的兵撤退了20里。原来宗哥城东面，地名叫葛陂汤，有好几条大涧重叠，天险难越，羌人便在这里依涧设险，以逸待劳，准备阻击。

这一晚，王厚、童贯的中军驻于河南的鹞子隘之左，高永年驻兵于丁零宗口。

四月九日，王厚、童贯派出五将作先锋，中军大队人马渡河向北，跟在高永年之后。张诚与中军夹河而行，在太阳还没出来的时候，到达了羌人驻地。羌兵五、六万人在溪赊罗撒的率领下，占据有利地形排开阵势，又派出疑兵出入于北山之下，士气很盛。王厚命冯璘率先锋五将与敌对阵，王亨统先锋兵随后而出。高永年上前察看阵情，见羌兵阵形严整，士气正旺，一时也不知从何攻击。王厚对童贯说："贼兵以逸待劳，其势正盛。太阳渐高，士马饥渴，不能再耗下去了。我看应该以中军越过前军，傍北山结阵而行，促使先锋军入战，大军趁机攻击，一定会打败敌人。"童贯表示同意。刚要行动，只见监察敌情的间谍来报说："刚才听溪赊罗撒对他主事的酋长多罗巴等说：'那边张着伞盖的，就是两个太尉，你们要集中攻击，不要放走了他们'"。童贯说："把高永年叫来问问阵前敌方情势。"王厚说："现在形势危急，牵一发动全身，别让贼兵钻了空子。"童贯不听。及至高永年到来，童贯手里拿了缰绳，半天没问出一句话来。王厚见状，对高永年说："两军实力相仿，胜败只在顷刻之间，你作为前军将领，久留在这里干什么！"高永年一听，满面惶愧，即时驰去，这时，两军前军相持，还未发动。溪赊罗撒带了几千精兵自卫，登上羌军北部的高阜，高张黄屋，列树大旆，指挥羌兵。北山下的羌兵疑兵看见宋军中伞盖，知道是

国学经典文库

后妃宦官大传

·擅权祸国的阉人·

图文珍藏版

王厚和童贯率中军傍山,想来冲突,王厚派游骑千余登山,偷袭敌后。羌兵疑兵察觉后逃遁,宋军游骑追击,短兵相接,中军击鼓大呼,高永年把握时机,立即指挥先锋军突阵,两军相交,杀声震天,乒乓山响。由于宋军先发制人,羌兵稍稍收缩,张诚以轻骑涉河,如一把尖刀直插羌阵中坚。溪赊罗撒见来势凶猛,一面挥军阻挡,一面乘马后退以避其锋。宋军拼命突出,夺得溪赊罗撒之斾及黄屋,张诚叫军士将黄屋和大旗登高举起,大叫:"抓获贼酋啦!"宋军士气大振,鼓声震地。这时老天似乎也想帮宋军的忙,一阵暴风从东南方刮来,飞沙走石,尘土蔽天,羌兵睁不开眼,纷纷后退,宋军却乘风奋击。羌兵十分顽强,竟还苦苦支持,直到中午时分,终于再也支持不住,全线大败,宋军追击30多里。溪赊罗撒单骑逃脱,奔宗哥城,城中闭门不纳,只好又奔青唐,宋军诸将随后追逐,几乎将他捉住,由于天色已黑,才让他逃脱。总计这一天斩首4631,俘虏3000多人,大首领多罗巴等带伤逃走,不知去向。宗哥城中羌人公主瞎叱牟蔺甂率酋长出城归降,王厚分兵戍守。真是大获全胜。

这是北宋一场少有的硬仗,也是一场十分罕见的胜利。胜利原因,一是宋军实力强大,布置周密,无后顾之忧。二是王厚是位优秀的将领,布置周密,判断正确,善于抓住战机,随机应变。三是童贯与王厚能比较密切地合作,没有乱干预和掣肘行为。自古宦官监军,经常仗着自己上可通天,是皇帝的耳目,对统军将领作威作福,胡乱干预,这是一种通病。童贯对王厚,据《续资治通鉴》宋纪卷88上说:"凡所措置,与王厚皆不异,"将帅同心,王厚可以放手指挥,终于使战斗获全胜。史书中多讲王厚功劳,由于童贯是臭名昭著的大宦官,对他的功绩略而不提,其实,正如前引资料所透出的消息,童贯也没只睁眼看光景,他做了许多措置,都与王厚相合,可想而知,在战斗始终他也做了不少襄赞协助工作。

这场大战的当晚,大军合于河之南。第二天,胜宗首领钦厮鸡率众来降。受降之后,王童大军入安儿城。十一日,大军到鄯州,龟兹公主青宜结牟与酋豪李河温率回纥、于阗、般次各族的大小首领开门出降,鄯州宣告收复。

当初溪赊罗撒败于宗哥城外时,逃脱宋军的追逐,趁夜跑到青唐,打算在此坚守,但城中部族没有听从他的。没办法,第二天他只好带了他的长妻逃入溪兰宗山中。王厚派冯瓘率精锐万骑由州南青唐谷进入,溪赊罗撒的残部发觉后,又逃到青海之上,无法追捕,只好作罢。倒是攻下了西距青海200里的林金城。十六日,王厚率大军进入廓州界,大首领洛施军令结率众投降,王厚军兵不血刃,进入廓州。大军驻于城西,广事招抚,河南部族,每天都有来的。王厚向他们宣谕宋朝存抚的意思,以及宗哥城抗拒者的下场,让他们分清利害,告诫他们不可随便反叛,自取灭亡,来降服的人只好惟惟听命。

捷书报到京城,徽宗大喜,群臣也都到朝廷庆贺收复三州的重大胜利。徽宗下诏说:"王厚、童贯提兵出塞,曾未数月,青唐一国,境土尽复。其以厚为武胜军留后，熙河兰会经略安抚使，兼知熙州；贯为景福殿使、襄州观察使，仍旧勾当内东门司。"五月初，又派遣亲王奏告太庙，派侍从官分告社稷、诸陵。同时，进蔡京守司空，封嘉国公；许将、赵挺之、吴居厚、蔡卞等都官升三级。并下诏改鄯州为西宁州，归陇右节度。

王厚、童贯收整军马，过湟州，沿兰州黄河与西夏东南境上，耀兵示威，巡边而还，回到熙州。

收复湟州、鄯州两战，确是北宋少见的胜利。童贯不迷信、不迟疑，当机立断，挥师直进，表现了他具有相当的胆略，自古将在外，君命有所不受，似乎已是一个通例，如在这种情况下取得胜利，更会被传为美谈，这样有利于将领在战场上发挥自己的指挥才能，随机应变，夺取胜利。但这在宋代——主要是北宋，却是极少出现的，大致上是不允许的。宋太祖赵匡胤取得天下之后，对将领们极为猜忌，用饮酒说服的办法解除了功臣宿将的兵权，又采用"更戍法"，收精兵为禁军等措施限制将领们的权限，阻断将领和士兵的关系。将军平时不带兵，一旦有军事行动，由枢密院策划，部署调兵，由朝廷任命武将，前去率领。兵与将之间临时调配，互不相识。到宋太宗时，对将领们的控制更严。凡是出兵作战，宋太宗都自作聪明，画好阵图，提前想当然地做好战略部署。并且像诸葛亮那样，授予锦囊妙计，告诉将领们在甲种情况下，开甲锦囊，在乙种情况下，开乙锦囊，成为地地道道的纸上谈兵，如同儿戏。诸葛亮的锦囊妙计，原是后代艺人对他智慧的夸张和神化，宋太宗都是真的如此办理，并且他自己在军事上又是一个草包，故屡战屡败。即便如此，宋太宗却不思悔改，而后代皇帝迷信祖宗，就成了一种惯例。将领们如按照他的指挥行事，虽败不咎，如违背他的指挥行事，胜也无功，败则严罚。宋朝将领们成了皇帝手中的死棋子，根本起不到指挥作用。王安石变法时，对这种制度极为反感，但神宗尽管对王安石几乎言听计从，却不肯改变这种导致宋朝军事失败的制度。他自己也是常常亲自写下指令，送前线指挥。童贯敢于违抗诏命进军，无论如何，对赢得战争胜利是起了作用的。这一方面说明他不迷信，敢作敢为，一方面也说明了他有恃无恐，擅自做主的倾向。童贯以一个宦官，一下子转任两使，这在宋代也是开了先例。

蔡京自任相之后，见神宗以来积累了许多财富，便投徽宗所好，倡"丰亨豫大"之说，倡导奢侈，改定礼乐，粉饰升平。同时两次大兴党狱，将异己统统视为元祐奸党，请徽宗书石刊碑，颁之州县，通告天下。

他见王厚在西北屡屡得胜，便命王厚进一步图谋西夏，策反夏将卓罗右厢监军仁多保忠，同时命西北军民只要能招来夏人者，以斩首级论功。惹得夏人大怒，战端重开，不但仁多保忠策反失败，还损失了勇将高永年，王厚也遭贬职。

王厚贬职后，蔡京提议让童贯出任陕西制置使，这引起了枢密使蔡卞的反对。

蔡卞是蔡京的弟弟，官职原比蔡京还高。但蔡京后来居上，当了官相，宋朝严防大臣勾结，自然不能兄弟都居宰相，这样就引起蔡卞的不满。这时又见蔡京树立私党,提升童贯,就上言反对说:"祖宗以来,宦官最高不过团练使,现在童贯身任两使,已是前无先例,岂可再升? 再说,自古宦官干政,从无好现象,若用童贯,肯定误国误军。"蔡京在徽宗面前,便说蔡卞嫉贤妒能,结果蔡卞反对失败,出知河南府,童贯则被任命为熙河、兰湟、秦凤路安抚制置使,总管西北军务,这是崇节四年(1105年)四月的事。

大观二年(1108年)正月,蔡京由太尉进位太师,成为宋朝官职中最高的职位,童贯也由原职加为武康军节度使。在宋代,一军的节度使即是一方藩镇,位高权大。童贯以宦官任为藩镇,实在是特别的提升。

童贯既得高官,又握重权,更放胆大做起来。

大观二年(1108年)四月,童贯派出统制官辛淑献、冯瓘等恢复洮州。之后,又开始策划收复积石军。积石军与西宁接境,当时是羌族首领臧征扑哥占据。臧征扑哥以诅咒迷信迷惑羌人,被尊为首领,居住在溪哥城,号称王子。

童贯认为既能惑众,必为边患,就想发兵征讨。前来议军政的西宁州知州刘仲武将军说:"大兵入境,贼兵穷困,必然逃往夏国,往夏国只能经由西宁,可在此设兵掩捕。他们如果愿降,就招纳他们。另一种方案是提兵深入,可乘便取事,臧征扑哥乌合之众,决不能与溪赊罗撒相比。只是过河的桥一时不能架好,如果一切向朝廷请示待批,怕失去时机。"童贯说:"命你前去,你一切看着办就是了,不须请示。"及宋兵一临,臧征扑哥惊慌失措,逃走无门,表示愿降,并请刘仲武派他一个儿子为人质,以验证刘仲武的诚意。当时有人说羌人狼子野心如何如何,刘仲武不为所动,派儿子刘杨録前往。这时河桥恰已建完,刘仲武即出奇兵直趋溪哥城下,臧征扑哥只好去城迎降。使刘仲武大为惊奇的是,这使宋军如临大敌的臧征扑哥,原来并无什么兵马官属,出降人员连女人带孩子一共才28人。刘仲武带他们归来,献捷宣抚司。然而童贯却有意夸大战功,夸大臧征扑哥的势力,他们为了说明臧征扑哥在这里称王称霸,便伪造了许多臧征扑哥所用的"僭逆"器物,用金纸糊在桶上做头冠,木椅为胡床,浅红绢为纛,许多都是瞎造,明眼人一看就知道不是羌人所用之物。捷书上报朝廷,并没有提及刘仲武的战功,只说他修浮桥有功。刘仲武也并不争辩。

朝廷闻报,蔡京率百官称贺,徽宗降诏,押解臧征扑哥到京师,授予正任团练使、邓州钤辖以示恩信(此人后来死于邓州)。童贯则因收洮州和溪哥城的功劳而被升任检校司空、奉节军节度使。并批准他的提议,将这片地方设为积石军。徽宗高兴之余,派使节带了全银酒醴,专门来寻找那位带兵攻占积石军、招降臧征扑哥的将领。使者访问明白之后,将钱、酒赐给刘仲武,并且与他共同赴朝廷面见徽宗。徽宗慰劳了半天之后说:"上次高永年不听你的话,招致失败,这次招纳降王,抚定河南,都是你的功劳。"于是命刘仲武回西宁,他的九个儿子除大儿子刘锡録用为右班殿直、阁门祇侯外,其他都补为三班殿直。

此时童贯既有几次战胜之功，仕途上又青云直上，自以为是宋朝栋梁，于是渐生骄恣，目空一切起来。在西北，天高皇帝远，他专制一方，成了一个独立王国。他擅自下令，在所辖各路招募身长力大的青年几万人，自号为"胜捷军"，作为自己的亲军，直接由自己掌握，军官也都由自己任命，实际上成了他的私人武装。

原来，他与蔡京互相推荐，狼狈为奸，凡有什么事情，都由蔡京为他在朝中照应，因此凡有请求，无有不准。凡是军官等立有军功，他都依例先写表申奏尚书省，再由尚书省宰相奏请皇帝批准任命。然而自童贯加检校司空之后，在宫中又与内侍黄经臣、中丞卢航相为表里，互相呼应，渐渐也就不把蔡京放在眼里。凡是军情重事，军官任命，也多不经过蔡京，而是施展通天的手段，直接报呈皇帝，由徽宗批准。蔡京本是个嗜权如命的人物，这种越权情况，自然会引起他的不满，于是经常在徽宗面前诋毁童贯。童贯正是徽宗红人，在徽宗身边又有耳目，岂能不知，由此二人关系出现了裂痕。不久，徽宗又想任命童贯为开府仪同三司。开府仪同三司是极尊贵的名衔，相当于一品文散官，在元末改官制之后，成为发放俸禄依据的官职，又相当于北宋的使相。蔡京见徽宗要任童贯此职，就反对说："使相岂能授予宦官？"并拒绝签字用印，拒不奉诏。这一次童贯没有升上此职，更恨蔡京。

当时蔡京由于专权日久，许多人明里暗里攻击他，连他的一些党羽有时也反过来攻击他，徽宗也渐渐对他拉开了距离。一些反对势力见有隙可乘，于是趁热打铁，论列他的罪恶的奏章不断交到徽宗手中。中丞石公弼，连上几十次奏疏，弹劾蔡京欺君挟邪，祸国殃民。蔡京见形势不好，只好上章求退。徽宗准许，让他以太师致仕，为中太一宫使，（宋代元老重臣解职养老，常加以提举某宫观的名称）但其他待遇，仍旧依现任宰相之例。

在蔡京的罢职中，童贯的态度是赞成的，站在了反对蔡的一边。然而童贯的权势迅速扩张，专横跋扈，在朝中与黄经臣、卢航表里为奸，也引起了朝官的反对。右正言陈禾说："宦官专权，自古必为大害，我做言官的，有这个责任，我不说谁说？"因此上疏弹劾童贯，极论童贯、黄经臣恃宠弄权，专横跋扈种种罪恶，请求立即予以贬逐，赶出朝廷。读奏疏还没完，徽宗已经拂袖而起。陈禾拉住徽宗的衣裾，请求让他念完。撕扯之间，衣据撕落。徽宗说："正言把我的衣服也扯破了。"陈禾说："陛下不惜碎衣听我的话，我又何惜碎首报答陛下呢？这种人今天受富贵之利，将来陛下必然受危亡之祸。"言辞更加痛切。徽宗此时也有些感动，他说："卿等能这样，我还担忧什么呢？"内侍请徽宗换衣服，徽宗说："留着吧，让它作为鼓励正直大臣的表示。"第二天，童贯等一起见徽宗，说现在国家文治武功，都是极盛时期，陈禾怎敢胡说八道，出此不祥之言？说得徽宗又转了主意，把陈禾贬为信州监酒。童贯的地位愈加巩固。

童贯虽为宦官，却有两儿子，叫作童师闵、童师礼，这俩儿子究竟是过继来的还是他在做太监之前生的，无从考证。过去人们极重有后，继承香火，而像童贯这样的大宦官过继或认个干儿子,是很自然的事。然而也不完全排除他自己生过儿子的可能,因为童贯具有男人的相貌,史书上说,他脸黑,有长须十数,坚硬如铁,这可能是童贯净身较晚的缘故。令童贯悲痛的是,童师礼盛年早死。童贯权势正炙手可热,徽宗闻知,便钦命葬于童氏祖籍。童贯是开封府祥符县人,祖籍倒也不远,然而他们却大吹大擂,把沿途百姓大大骚扰了一次。当时护送棺材的队伍浩浩荡荡,所过之处,车马行人回避。权祥符县郭巽奉命清除道路,有狭窄之处,童贯竟然命将当道房屋尽行拆去。幸亏郭巽也是个有些正义感的人,他首先统计了童家的房屋几十间,请示童贯,童贯因见损及他自己的利益,才命令免拆,别的民居也得以保全。这件事也可见童贯的威势。

但这在童贯,在此后的十几年里,几乎一直是青云直上,作威作福还刚刚开始。

政和元年(1111年),童贯57岁。童贯以一名宦官守边,屡破羌兵,挫败西夏,自以为满腹韬略,又加上一班阿谀奉承之徒为之称扬,愈是目空一切,便想进一步建功于辽。于是由西北上表,请出使北朝考察辽国情况。童贯所言,颇中徽宗之意,因此下旨加童贯检校太尉,以端明殿学士郑允中充贺辽国生辰使,以童贯为副使,就命童贯来京,择日出发。

消息传出,满朝惊诧,有人上言说:"自古两国交往,很是重视使者的人选,多以有口才文才的人出使,既要人物出众,又要辞辩过人,才能保证不辱使命,还没有听说让一个不是正常人的宦官出使的,现在用宦官充任大使,难道是国中无人可使了吗?"徽宗解释说:"倒不是别无人可使,而是契丹人(辽国即契丹族人所建)听说童贯破羌败夏,屡屡战胜,想观瞻一下他的威仪呢!我也是将计就计,让他看看辽国朝政,有什么善政可供参考。"

童贯奉旨到京,与郑允中带上国书贺礼,向北进发,到了辽境,早有接伴使接着,一路经过燕云,向辽上京临潢府(今内蒙古巴林左旗附近)进发。不一日到了京城,这临潢府北面多驻契丹人,南面多住汉人,汉人多地位低下,以手工业为主,看上去倒也繁华。

歇宿之后,天祚帝召见了宋使,童贯等呈上国书贺礼。天祚帝与辽朝大臣听说来者便是宋朝的宦官常胜将军童贯,都很注意他。只见童贯60左右年纪,面皮较黑,体格壮实,腮上颌下,十几根黑胡须,根根犹如铁丝,嗓音却又有些尖细,说是宦官,却不像阉人,说是正常人,其气质嗓音,又有别于正常男人,正所谓不伦不类。于是不少人捂着嘴忍着笑低声议论:"南朝的常胜将军,不过如此。"好在郑允中学士出身,深通礼节,应付之间,对答如流,倒也不辱使命。南朝带来的礼物之中,玉帛玩器自不必说,连两浙的髹漆木器火阁、书柜、桌椅之类,也带了来,都是式样奇异,巧夺天工。天祚帝与南朝往来,盼的也正是这些,一一收下,并回赠童贯、郑允中大量礼品金银,礼品中有宝刀名马、鞍具金银之属,也打发了童贯等一个满意。

贺生辰的使命既已完成,盘桓几天,倒也了解了一些北朝情况,便安排归程。

这一晚走到卢沟（即今北京卢沟桥附近），歇在驿站，随从忽报有故人求见太尉。童贯很诧异，燕云已割与辽国一百六七十年，哪有什么亲朋在此？及至来人进来，脱去披风，又不认识，只见来人说："大辽光禄卿马植拜见太尉、郑尚书，有机密事相告。"童贯等只留心腹在旁，来人又说："马植当取燕云之策，献与太尉。"童贯一听，正说到他的兴趣上，于是请他坐下细谈。

原来马植是辽国的光禄卿，为人有口才，善文辞，而且很有谋略。史书上说他"行污而内乱，不齿于人"，不知是有何内乱行污之事，也可能是后人痛恨北宋联金灭辽，引火烧身终于亡国之事由他而起，污蔑他也说不定。当下马植说："植本是汉人，祖居燕京霍阴，自远祖以来世代为官，虽披裘食禄不绝如线，但未尝一日忘记中原文明，总想扔掉这身夷狄服装，一直没有机会。这几年天祚帝即位以来，排斥忠良，引用群小，主荒政谬，朝政黑暗。盗贼蜂起，攻陷州县，边报日至，民生涂炭，国家倾危，指日可待，而辽国君臣却恬然嬉于燃薪之上，真离大崩溃的日子不远了。听说宋朝当今皇上圣文神武，太尉又深有韬略，威服羌、夏，若于此时提一旅之师，燕云十六州之民，谁不提水捧食欢迎呢？真有此意，马植为联络豪杰，收集情况，以为内应。"郑允中还未答话，童贯即大言道："燕云自古是中国旧地，石敬瑭个龟儿子认贼作父，割给契丹，我太祖皇帝为收燕云，特地建封椿库积财帛，准备赏将士讨伐之功。我太宗皇帝也几次出塞，与北方争夺。当今皇上英明远略，志大有为，岂有不欲恢复之理？义士既有此心，真是再好不过，待童某回朝，奏明皇上，某誓提雄师百万，踏平燕云，献俘太庙。"马植大喜。

按童贯的意思，就要带马植返宋，但马植为人精细，他认为自己无端忽然失踪，又值南朝使者回归之际，必然会引起怀疑，不但自己一家性命不保，而且于收复之事不利。不如暂在北朝，一面收集情报，一面寻找机会，只请童贯与郑尚书回去密奏皇上，准其南归，并准备恢复事宜。郑允中比较谨慎，还想表示回去再做定夺，童贯却一口允诺，与马植商量了联系方式，马植就告辞去了。

童贯回来之后，与郑允中向徽宗汇报了北使情况。童贯极言辽朝主荒政谬，军备废弛，不堪一击。并以马植的话添油加醋地说了一番，无非是燕云之民怀念天朝，犹如大旱之望甘霖，一旦南师北伐，燕云唾手可得之类。徽宗当时正信任童贯，于这些话深信不疑，叫童贯传语马植，叫他小心察探，凡北朝军政之情，还常通报。童贯摩拳擦掌，气概纵横，大有"东下齐城七十二，指挥楚汉如转蓬"之势，指手画脚，讲出一番大计划，要求兴师北伐，自任统帅，如不克捷，甘当重罚。徽宗觉得事体重大，不敢骤然兴师，再加上一些人风闻此事，都劝徽宗不可轻易违盟开衅，因此一时没有定局。童贯又回到西北，主持边务。

此次童贯虽不能如他所言，提大兵直取燕云，但一番大话已说得徽宗跃跃欲试，越发认定这童贯是韩信转世，孔明复出，于是把兵权多数交给童贯。此时在北宋朝中，童贯在军队中的地位已是首屈一指，不可动摇了。

童贯这次出使后汇报的另一个结果,是导致蔡京的复出。蔡京罢职之后,与童贯修好,又勾结在一起。童贯出使回来后,假称辽帝问起蔡京为什么不在位了,说北朝非常佩服蔡京,这就又勾起了徽宗对蔡京的思念。

六　时称"媪相"

这蔡京确实是老奸巨猾,他摸透了徽宗的性格,所以说话行事,都深中徽宗心理。徽宗虽然前一年听群臣之言,将他罢免,但不久就觉得别人上台之后,都不如蔡京得力,于是在政和二年(1112年)二月,又重新起用。

蔡京见到诏书,兼程入京,拜见徽宗。徽宗即日用最优厚的礼节召见赐宴,给还一切原来官职,遇六月三日一到朝堂。不久,又赐宴太清楼,徽宗亲自为之作记,蔡京也上记,极力渲染宫室服玩之盛。五月,蔡京正式落致仕,以太师身份三天一到都堂议事,以尚书省令厅为治所,仍然管理敕札文书。

这是蔡京第三次入相。这次入相之后,蔡京越发谄媚谨慎,无微不至。蔡京仿行古制,改置官名,徽宗一切听他建议,下诏将太师、太傅、太保仍按古代的称号改称三公,不再称三师,就作为真宰相的名称。立三孤作为次相,侍中为左辅,中书为右弼,尚书左仆射为太宰兼门下侍郎,尚书右仆射为少宰兼中书侍郎。而司徒、司空、太尉,都是周秦时代官名,不是三公,应该罢黜尚书令和文武勋官,以太尉为武官之首。蔡京是太师,属于三公,又是首相,所以人们都称他为公相。诏令下达之后,元丰改革后实行的官制陷入混乱,官员冗滥,名目紊杂,黄冠道流,也滥朝品。其中武官之首的太尉,就在这年(1112年)十二月正式任命童贯充当,这少不得又是蔡京投桃报李,对童贯向徽宗提起他的报答。

蔡京一面似乎是大有作为地进行了官制改革,一面又进一步迷惑徽宗。

因为徽宗虽然耳根很软,毕竟很聪敏,蔡京怕他识破他的奸诈,再遭贬斥,就想用大兴土木之法迷惑徽宗。

徽宗既信道教,蔡京便因势利导,使他愈溺愈迷。自徽宗登基,先宠郭天信,又信魏汉津。魏汉津老死后,太仆卿又荐一个术士叫王老志,说他道术通神,所居之处,无分冬夏,总是鲜花盛开。徽宗召他入宫,封为洞微先生。蔡京请他到府,朝士多来问自己的前程祸福,王老志都写在纸上,后多应验,愈发门庭若市。蔡京与他商量,禁断与朝官的往来,只是侍奉徽宗。

徽宗有一次做梦,梦见太上老君坐在殿上,对他说:"汝因宿命,倡兴我教。"徽宗醒后,王老志悄悄对他说:"你还记得方才的梦吗?我也在老君身边哩。"徽宗出门,又见天神降于空中,一些人便说这是王老志请来的,徽宗越加相信。政和三年末,徽宗乘车出南薰门,他抬头看见玉津园东面似乎有楼台隐约在云中,就问那是什么地方?蔡京的儿子蔡攸说:"那里有楼殿云阁,隐隐数重,只在云中,离地有几十丈。"徽宗说:"能见人吗?"蔡攸胡诌说:"有道流童子手持幡节盖,出没云中,衣服眉目,历历可见。"徽宗大喜,就称是天神降临,作《天真降临示见记》。道教从此大为盛行。

不久,王老志宠衰,蔡京又荐举一个王仔昔,也能说人的过去未来,多有应验。徽宗赐他号为冲隐居士,又封为通妙先生。第二年,竟创置道士官阶,有先生处士等名号,相当于朝官的中大夫,下至将仕郎,共26级,另设道官26等,有诸殿侍宸、校籍授经等官衔,与待制、修撰、直阁等相似,于是古古怪怪的黄冠羽客,昂然出入,大有压倒朝官之势,王仔昔尤其得宠,徽宗特命他在禁中建一圆象微调阁居住,一班龌龊官僚也在他面前奔走伺候,求他疏通关节,升官免祸。

中丞王安中实在看不下去,上疏切谏说:"自今后招用术士,应着人切实具保,宣召出入必须看他的行为。"又说蔡京引用非人,欺君害民等几十件事。蔡京知道后,让儿子蔡攸哭诉,说王安中诬陷大臣,因王安中颇有才华,骈文做得很得徽宗的器重,好在没有远贬。蔡京见徽宗已怀疑王仔昔,又引来了一个林灵素,这林灵素是这些道士中最敢说大话、骗术最高、得宠最久、为害最大的一个。

有一天,徽宗正与林灵素谈论仙机,林灵素忽然跑到阶下说:"九华玉安真妃来了,臣要肃谒。"徽宗刚要问哪个是九华仙妃,却见外面进来一个丽人,正是他当时最宠爱的小刘贵妃。林灵素恭恭敬敬地拜完起来,又大言说:"神霄侍案夫人来了。"徽宗再看,原是崔贵妃到了。林灵素说:"这位贵人,在仙班中与臣同列,礼不该拜。"于是只是作揖。徽宗半信半疑,就问朝廷大臣中有没有什么上仙下凡。林灵素说:"怎么没有呢?上帝叫陛下治理天下,哪啊不派几位助手下来辅佐。臣不怕泄露天机,当朝蔡太师就是左元仙伯,王黼即上界文华吏,盛章和王革是宝华吏,居中是掌笔真人,童贯是天蓬元帅,其他大官,多有来历。"众人见他越说越玄,有的憋不住笑,只有徽宗心下喜欢,如顿开茅塞,当下赏赐无数。林灵素又密请徽宗,建上清宝箓宫,密通内宫,徽宗一一依允。随后,天下无处不建神霄宫、万寿宫、骚扰大起。林灵素几天便出一花样,这一次是青华帝君白天降临坛上,下一次是火龙神剑夜降内廷。又弄几块黄陵,写上些谁也看不懂,只有他自己能翻译出来的天书云篆,说是上帝降旨宣和殿,徽宗大喜,大会道士 2000 多人于上清宝箓宫,使林灵素宣谕上帝旨意。一般愚民大受其骗,涌到上清宝箓宫受神霄秘箓,一心想升官发财的朝士也踏破了门槛。每设一次大斋,花费不可计数,称作"千道会"。徽宗与嫔妃设座于旁边,林灵素却正中高坐主讲,胡说八道,插科打诨,全无义理。一些无赖子弟、游手好闲之人,都去做他徒弟,他倒来者不拒,收了大概两万多人,全部锦衣玉食。道士队伍既逐渐扩大,道官队伍自然扩大,设立道学,灵素越加尊显,升他家乡温州为应道军节度,加号元妙先生、金门羽客、冲和殿侍晨。出入之时,耀武扬威,仪卫呵道,甚至见了诸王太子,也不让道,都下人称为道家两府,全不成体统。徽宗不但不予责罚,反下诏令天下道士见了官吏不必叩头迎接,宫观的一切税务徭役全部免除,与官府官员相见,依长老法,道士更加骄纵。

蔡京既专意巴结,在朝中地位,越发深固不摇,因常有臣僚奏他奸佞及擅权谋私等事,他想试探他自己在徽宗心中的地位,于是三次上表要求退休致仕,徽宗不准,愈加尊宠,下诏让他三天一到朝堂,正公相位,总治三省事宜。蔡京见徽宗离不了他,就上表奏称:"臣前些天因为年已七十,并且有病,请求解除机务,蒙特恩准许三天一朝拜。现今臣病已好,觉得身体还可以为朝廷继续出力,请允许臣每天到朝,正常办公。"徽宗允许,并进一步加封鲁国公,于是蔡京更进一步牢固地控制了朝政。先前,蔡京在改变官名的同时,曾建议将公主改为帝姬,当时民间便有人笑传是"无主有饥",朝臣们也认为姬原来是姓,后来成为小妻之意,与妾并提,帝姬便可理解为皇帝的姬妾,很是胡闹。然而徽宗对蔡京已是言听计从,无有不依。这时又把第六女茂德帝姬下嫁蔡京第四子蔡鞗,与蔡京成了亲家,蔡京总领政事,蔡鞗又身居要职,兼领上清宝箓宫、秘书省、道箓院、礼制局、道史局等各种美差,蔡鞗弟蔡絛也任保和殿学士,蔡鞗的儿子蔡行,也领殿中监职,一门显赫,富贵无比,权势滔天。徽宗多次去蔡京家临幸,徽宗略去君臣名分,如家人礼,蔡家男女老少都不回避,一杯一盏,费至千金,真是皇恩浩荡,赵与蔡共天下了。而不久童贯与西夏讲和班师,又晋爵封公,于公相之外,又多出一个媪相来,媪相即女相,或可称为母相。因为童贯是阉人,不算男性,因此士民暗怀嘲讽,称为媪相。这公媪二相,一文一武,文的迷君乱政,耗败国财,武的穷兵黩武,启衅四邻,祸国殃民,作威作福,闹得民怨沸腾,朝政黑暗,以至民间都传说,"打了筒,泼了菜,便是人间好世界。""筒"和"菜",暗寓童、蔡二姓,可见人们对二人的痛恨程度。

童贯自督造延福宫后,封拜太尉,仍掌兵权。

政和五年(1115年)初,夏宋边境又有冲突。原来夏人李讹哆,为环州、定远军首领,本已降宋,暗中却通使夏监军,说是已经积粮备战,望发大兵前来,自己便勒兵为内应,可先袭定远等等。夏监军多唥,即发万余兵马来应,等来到定远,却找不到李讹哆了。这是由于李讹哆的转运使任谅,查知他为夏内应的阴谋,先行募兵转移了他所藏的粮食。李讹哆无粮可恃,只好不等多唥,先率部众归夏。多唥无粮可资,只好还兵臧底河,筑城扼宋。任谅飞出奏闻,徽宗遂下诏童贯,让他率兵往讨。童贯以陕西经略使的义到了西北,布置军事,调集大军20余万,派西北名将熙河经略使刘法率步骑15万出湟州,秦凤经略使刘仲武率兵5万出会州,自率中军驻兰州,为两路声援。刘仲武到清水河,筑城屯守而回。刘法麾军前进,与夏右厢军战于古骨龙。这刘法久镇熙河,临阵勇猛,沉雄有略,很为夏人所惧,又兼兵多将广,大军压上,鏖战一场,杀敌3000多人,夏人大败。童贯立即奏捷,夸耀功绩。徽宗下诏,令童贯领永兴、鄜延、环庆、秦凤、泾原、河西六路军事,这六路全是西北边境要地,驻守有强兵健马,这样,西北兵权全被童贯掌握。

政和五年九月,童贯又派王厚、刘仲武等将领,会合泾原、鄜延、环庆、秦凤路兵马大举攻夏李讹哆镇守的臧底河城。夏人派大军来援,两军激战,宋军大败,秦凤路等三将战死,宋军死了将近一半约有一万多人。由于这次王厚是前军统帅,怕被追究败责,就用大量财物贿赂童贯,童贯也看在以往合作的份上,竟不上报,将这次大败掩饰过去。夏人乘胜大掠萧关一带而去。

童贯为挽回面子,再次大举,调集刘法、刘仲武等西北十余万精兵猛将,深入河陇,要报上次王厚败亡之仇。

刘法先攻西夏的仁多泉城,城中势单兵少,内乏粮草,外无救兵,只好出降。刘法入城后大开杀戒,将城内兵民斩尽杀绝。捷报传到朝廷,徽宗加童贯为陕西、河东、河北宣抚使。九月,将领种师道攻克臧底河城,又进封童贯为开府仪同三司,至此,童贯已由宦官进位使相,相当于名义上的不在朝宰相。

政和六年(1116年)二月,童贯又由检校少保、护国军节度使、开府仪同三司、太尉、陕西、河东、河北宣抚使加签书枢密院事。宋代,枢密院为最高军事指挥机关,相当于国防部或总参谋部。以前历代宰相,一般都是管军、政、财及官吏任免等事务,也就是说一人之下,万人之上,如唐宰相总领六部。然而唐末开始,出现枢密院,充当皇帝的军事机要机构。五代时,枢密使的权势达到顶峰,甚至超过了宰相,可以任免宰相的地步。宋立国之后,军事仍然归枢密院,枢密院首脑枢密使、副使是与宰相相当的大官,宰相的权力却被分解为三:政权、军权和财权,宰相只管政权,并不过问财政和军事。到徽宗时,宰相权力加大,管领财政,但仍与枢密院分立,宰相的政权机构尚书省称为政府,枢密院称为枢府,合称两府。

童贯签书枢密院事还不是负责全面军事,而是权签书河西、河北两房事务。枢密院将各路分为房,这也就是暂管河北、河西两路军务的意思。因当时战争主要是在西北,其他地方尚无战事,因此童贯虽只签两房,实际上仍是负责了全部的战争活动。

然而,事情还不止此。童贯这段时期的官运太顺了。刚过了三个月,因为朝廷又一座大型建筑明堂建成,徽宗又一次封赏一批官员,蔡京当然是首当其冲,晋封为陈鲁国公。蔡京谦让,说开国以来,还没有兼封两国的,徽宗说既然如此,那就封他两个儿子吧!于是蔡京的三个儿子蔡攸、蔡絛、蔡绦一同升官,开封尹王革,宣和殿学士盛章也同时升迁。两大宦官梁师成进位检校少保,童贯进位检校少傅,转武威军节度使。政和七年(1117年)三月,徽宗说:"按元丰官制,枢密院长官设知院、同知院事,并没有任命签书院事一职。赵瞻、王岩叟、刘奉世等虽当作这个官职,但那都是元祐年间在乱改熙宁、元丰年间新法的情况下除授的,我们既然绍述,就不能用那个先例。现在童贯宣抚陕西等路,带行签书,名不正言不顺。童贯现在是开府仪同三司,就是宰相的官职,可以改为权领枢密院事。"于是童贯权领枢密院事。这年十二月十七日,正式任命童贯领枢密院事,这样,童贯不仅在名位上,而且在实际职务上正式掌握了全国军事大权。就在权领枢密院的任命下达同时,又进爵位太傅,封益国公。宦官成了真正的宰相,所以人们称他与蔡京一个公相,一个媪相。

七　议取燕云

一骑快马，由南门而进，横穿汴京城，直冲御街。飞骑一路风驰电掣，很快，就来到童府门前。于是，马上的将官甩缰离鞍，下了坐骑。

童府里里外外却是张灯结彩，喜气洋洋。府门口，车水马龙，川流不息。徐伯站在台阶上，正忙得不可开交，就连进进出出的文官武将也不由地和他打个招呼。

风尘仆仆，满面灰尘的将官紧走几步，来到徐伯跟前，一抱拳，问："老伯，借问一声，这是童府吗？"徐伯见得多了，看他打扮，知道是武将，"你莫非是边关上的？"

"俺是胜捷军左军统领辛企宗，有急事见太尉，请老伯代为通禀。"

徐伯一听来人是胜捷军统领，清楚那是老爷的亲兵，自当另眼相看，"你跟我来！"说着，领了辛企宗进了府门。

绕过石屏，横穿天井，来到正堂。

堂上正中的紫檀木太师椅上，端坐着童贯，满面春风，喜笑颜开。两旁大排筵宴，满朝文武百官大都在座，觥筹交错，把杯换盏。正中，五彩百鸟朝凤的大地毯上，歌舞姬们翩翩起舞，风姿卓绝，身轻如燕，就着悠扬的琴声，正舞着新学的《玉树后庭花》。

童贯暗暗和着乐声，打着节拍。就在这时，徐伯从后廊进来，绕过黄杨木雕的大屏风，走到童贯跟前，耳语了一会儿。

童贯长眉一挑，站了起来，唤过一旁的童师闵招待众官，自己也绕过屏风，来到西花厅。

辛企宗一见童贯来了，忙放下茶盅，站了起来，"末将拜见太尉！"

"怎么，边关出事了吗？"

"边塞安宁，没有大事，是雄州安抚使有密信一封，转到胜捷军，所以我日夜兼程而来。"说着，从怀中掏出一个用火漆封着的牛皮纸大信封，递给童贯。

"徐伯，让人备桌菜送到这儿来！"童贯展开信笺，一看，是雄州安抚使和诜所写，大意是辽国马植有亲信送密函到雄州，已一并附上，请太尉定夺。

童贯再掏，又从信封中拿出一函，是马植所写的。童贯将信函拿了远些，才看清，不由轻声读起来："我本汉人，一直在燕京霍阴居住，自远祖以来，世代为官，虽然披裘食禄，但从未忘记中华风俗，总想脱掉这身契丹族衣服，但没有实现。自辽朝现皇帝天祚帝即位以来，排斥忠良，引用小人，女真族来侵凌，官兵屡败，盗贼蜂起，攻陷州县，边报日至，生灵涂炭，国家倾危，指日可待。近闻天祚帝下诏亲征女真，军民听了人人恐惧，无有斗志。马植虽然愚昧，但估计形势，辽国必亡无疑。《论语》有云：'危邦不入，乱邦不居。'马植久服先王之教，想全家贪生，南归圣域，换穿汉家衣裳。愿可怜我辙鱼无水，尽快奏知朝廷，不胜万幸。"

读罢马植的密函，童贯喜不自胜。

辛企宗已狼吞虎咽，吃了个半饱，边啃着鸡腿，边说："和大人命差官特意关照，让太尉早拿主意，以免夜长梦多。"

童贯看着他狼狈的吃相，笑了。

忽然，府外的御街上鼓乐齐鸣，接着有人来报，"太师蔡京已到，请太尉接旨。"

童贯令摆香案，预备红毡，回头关照徐伯，"你照看着他，"便昂然跨出西花厅。

辛企宗吃饱喝足了，才觉得今天情形不同，而且又有圣旨下来，便问徐伯："老伯，今天是怎的了，怎这热闹哩？"

"将军，你不知道，今个儿是皇上下诏旨封我们家老爷为签书枢密院事的正日子，老爷昨天就知道了，这不，才大排筵宴，遍请满朝文武的吗！"

"是嘛！这不就是武官之首了！怎这巧呢！走，老伯带瞧瞧去。"……

等来到屏风后，偷眼望去，只见正堂内黑压压跪倒了一片，童贯跪在香案前，俯首听旨。

辛企宗听了半天，都是文绉绉的，原来就是这个，便不耐烦了，又回到了西花厅继续喝酒。

又过了好大一阵，才隐约听见前面正堂上又袅袅地传来歌舞之声。片刻，童贯、蔡京携手并肩，进了西花厅。

辛企宗忙站起身，肃立一旁。

"企宗，这就是蔡太师，快来拜见！"

辛企宗单腿跪地，朗声说："末将辛企宗见过太师！"

童贯、蔡京已然双双就座。蔡京捋着花白的胡须，声音已显苍老："起来，坐下说话。"

辛企宗在一旁的花凳上坐下，又把大致经过讲述了一遍。

童贯将密函递给了蔡京，等他细细看完，才问："依太师之见，此事当如何办理？"

蔡京并不回答，又反问了一句："那么，要是依太尉之见呢？"

"太师，自古招降，都是表示国家的盛德，况马植与我早有前约，某也曾回禀过皇上，已得陛下首肯，我看还是让他早投我朝为好，以免再生是非。"

蔡京以前也曾听徽宗谈论过此事，见旧事重提，不由紧蹙双眉。

"好！"童贯回身吩咐辛企宗，"你先去歇着，等会儿你睡过一觉，待书函拟好，即刻回去，亲呈于和诜，让他照办。"

"得令。"辛企宗转身下去了。……

童贯陪着马植在延和殿上已等了半天，见徽宗的软轿由台阶上来，忙迎了出去。

徽宗见马植仪表堂堂，穿的是汉人打扮，毕恭毕敬地，慰劳道："你就是马植吧！一路辛苦。"说着，领先进了延和殿。

·擅权祸国的阉人·

图文珍藏版

众人随后跟着，依次而入。见过君臣大礼，徽宗赐座后，又问马植："辽国现在国是如何？"

马植又从座上站了起来，答道："辽国主天祚皇帝耽于酒色，荒废朝政，斥逐忠良，任用小人，远近生灵，全遭苛政。近年来女真阿骨达反，连连攻陷州县，加之败兵溃卒骚扰，百姓更遭苦难，臣看辽国必亡，愿陛下念旧民涂炭之苦，复中国昔日旧疆，代天行讨，以顺伐逆。王师一出，百姓势必提水送饭来迎。愿陛下当机立断，如果拖延不决，恐女真人捷足先登。先动制人，后动制于人，愿陛下圣裁！"

童贯在旁连连称是，满声附和，"皇上，马先生所言不假，如今正是兴兵伐辽的好时机，如若迟疑不决，那女真部就要捷足先登了。"

"女真部可就是去年才建国号为大金的吗？"

马植点头称是，"金国的阿骨打称帝后，挑衅于辽国，双方大战数次，金人是战无不克，攻无不胜，已连克宁江州、黄龙府等地了，急得天祚帝是如坐针毡。"

徽宗听了，不由也一惊，"金人真有这么厉害吗？"

"是的，女真部以前常受辽人欺凌，故而卧薪尝胆，秣马厉兵，现在真是国力日强呢？"

童贯见马植没说中要点，又补充说："不仅如此，金国对辽地也是垂涎三尺的，所以我朝得抢在他前头北下才是！"

"好吧！你回去拟个方略，然后先送给蔡卿看，再会同众卿一议，把所议的结论奏上就是了。"

童贯双手抱拳，"是——！"

徽宗见马植应答如流，且为人儒雅，对他颇有好感，问："你既归我朝，朕就赐你姓名如何？"

马植双膝一跪，说："谨遵所赐！"

"朕就赐你国姓，改名良嗣吧！"

"赵良嗣。"马植轻轻念了一遍。

童贯在旁提醒徽宗，"皇上，他还是个白身！"

徽宗一想，随即又开金口："朕封赵良嗣为秘书丞之职。"

"赵良嗣叩谢圣恩！"……

童贯回到府里，便召集众幕僚商议，最后集思广益，作《平燕策》一篇。童贯看了，很是满意，让童师闵带了《平燕策》去蔡府，先征求蔡京意见。

蔡京原来就主张伐辽，见童师闵呈来《平燕策》，粗粗浏览了一遍，便带了童师闵一起到都堂议事。

众臣早已风闻此事，已经纷纷议论了好几天。

今天，当众人亲耳听蔡京谈及此事时，顿时，交头接耳，有一种莫名的恐惧。

蔡京摆手示意众人安静，然后拿出《平燕策》，让童师闵把其中的大致方略读给大家听。

众臣都认识童师闵。知道他实际上就代表着童贯。

童师闵见大堂上一片寂静，便朗声读来：太宰郑居中听了，首先反对，邻座的枢密院知院也提出异议：

蔡京没想到反对此事的人这么多，解释说："本来就是皇上讨厌以我大宋之强，还要每年给辽人岁币五十万匹、两，所以才有此意。"

郑居中不以为然，驳斥道："汉代与匈奴讲和，一年给一亿九千万钱，与我朝相比，我们不算多。后汉时羌人反，十四年间用钱二百四十亿，两相比较，究竟哪个合算呢？"

座中又有人附和，"是啊！兵事胜负难料，可能事与愿违！"

蔡京横扫众人，心中很是不快："皇上决心已下，哪能阻拦得住？"

"唉！使百万生灵惨遭战火，实是公之过矣！"

蔡京听郑居中此言，勃然变色，拂袖而去。

童师闵听了半日，未发一言，乘人不注意，偷偷溜了出来，回到府中，将今日情形详细地说给了童贯听。

没想到，童贯却"嘿嘿"一笑，并不说什么。弄得一旁的童师闵丈二和尚摸不着头脑。

"爹爹，您不气恼吗？"

"有什么可恼的，明知不可为而为之，自然会有人反对！"

"爹爹不是首倡北伐的吗，怎么也说不可为呢？"童师闵越加糊涂了。

童贯看童师闵懵懂不解，解释道："辽主虽然昏庸，但辽国地处北方，士民剽悍，又占据了燕山等形胜之地，易守难攻。而我宋军却是由平原地区向山区进攻，一旦溃败，即不可收拾。此一条就不符地利！"

童师闵瞪大眼睛听着，觉得爹讲得头头是道，又问，"那人和呢！"

"这很简单，凡是百姓又有谁喜欢打仗的呢？"

"我懂了，那天时不也没具备嘛！"一转念，童师闵又觉得不懂了，"可爹爹又为什么一意要为之呢？"

童贯沉吟着，并不想说。童师闵等了一会儿，见他沉默不语，知道兹事体大，他平时就一向嘴紧，便恳求道："爹爹，您说嘛！就算教教孩儿，也好让我长些见识。"

童贯点点头，让童师闵在旁坐下，嘱咐说："你可听过算数！"

"这孩儿知道！"

"我问你，你知道太祖皇帝'杯酒释兵权'的事吗？"

"孩儿知道，太祖皇帝得了天下后，大宴功臣，一夕间，将众功臣的兵权全都收回了，是吗？"

"对，自此以后，又削除藩镇，以文臣知州事，逐渐地，形成了重文轻武的风气。

在朝的同品级的文官武将,却俸禄不同,这倒还在其次,最重要的,是文臣得宠!"

"爹爹的意思,难道是借战事提高武将的地位?"

"当然是,我童贯即是因与西夏、青唐开战,才有了今天的地位。如若有一天,边塞安宁了,又要我干什么! 我还不是个宦官么!"童贯两眼深邃,炯炯放光。

"那爹爹听说有人反对北伐,又为何不急反笑呢?"

"我有把握最后还是主战派占上,有几个人反对,又能掀起多大的风浪!"

……

然而,这次童贯估计得太乐观了。徽宗的龙书案上,有好几本奏折,都是反对伐辽的。

徽宗一开始被童贯、蔡京、赵良嗣等鼓动,也想开边立功,好成千秋功业,不想反对北伐的臣子不少。

正闭目养神间,小太监又送来广安军节度使安尧臣的六百里加急。徽宗无心再看,命小太监念给他听。

张迪在旁,向小太监要过文书,轻声念起来:"广安军安尧臣《乞寝燕云兵事书》,比年以来,宦寺专命,交结权臣,共倡北伐之议,思所以蠹国而害民。愚以为燕云之役兴而边衅开,宦官之权重而皇纲不振,臣想到此,日夜寒心。"读到这里,张迪不由停了一停,偷眼瞧徽宗的神色。

徽宗仍闭着双眼,并没什么表情,见张迪停下了,问:"没了吗?"

"有",张迪忙回过神,继续往下读,"方今天下之势,危如累卵,为何陛下不想法以固本,而去委任奸臣,竭尽生灵之膏血以奉强胡? 臣以为鲁莽行事,必然导致四夷交侵,即使有张良、诸葛孔明在世,也未必能收拾残局……。"

"好了! 不要念了!"徽宗怒道,伸手抓起茶几上的金丝盖碗摔在地上,狠狠地跨出了房门……

张迪呆住了,也不知徽宗是恼这篇奏折呢? 还是恼首倡伐辽的童贯?

徽宗已经走出老远,张迪这才紧跑几步,追了出去。

就在这时,长廊尽头却急急地跑来一人,满头大汗,气喘吁吁,那人只顾低头跑了,差点和徽宗撞个满怀,多亏张迪呵斥了一声,那人才突然止步,抬起头来。

众人这才看清楚,原来来人却是童师闵。

徽宗觉得奇怪,问:"你怎么进宫了?"

童师闵先喘了几口气,这才定下神来,跪倒行礼,哭丧着脸说:"皇上,不知怎么了,今个儿下午我爹爹正在书房看边关来的月报,忽然痰迷心窍,晕过去了!"

"请大夫了吗?"

"请了,大夫说爹爹是操劳过度,日积月累,内腑瘀滞,才有此疾,除了皇宫特有的六神大还丹,可救爹爹一命外,其他药材均无济于事,所以为臣进宫,恳请皇上赐药!"

听童师闵一口气说完，徽宗也急了，忙让张迪去药膳局取六神大还丹，骑马先去童府，然后传下口谕，要临幸童府探病。……

于是黄土净街，青布围幔，由景龙门直到童府，禁军十步一岗，五步一哨，又过了两个时辰，徽宗才出了延福宫，前呼后拥，进了童府。

童贯躺在榻床上，病息恹恹，双眼微睁，好像透不过气来的样子。

童师闵、张迪掀开门帘，让进了徽宗。童师闵挪步到床边，轻声说："爹爹，皇上来了！"

"是吗！"童贯有气无力地哼了一声，硬撑着要坐起来。

一边早有人端过靠椅让徽宗坐下，"快别动！几日不见，童卿怎么消瘦许多，面色也黄！"

"微臣庆幸还能见到皇上！我，我差点就再也……。"

徽宗平日见童贯都是神采奕奕的，现在见他萎靡不振，气息短促，连嘴也有些歪了，不觉惋惜不已。

"童卿，好生休养，不日自会康复。"

"不会了，微臣已六十有五了，年岁不饶人，老了，"说到这里，童贯喘了好一会儿，一旁的童师闵忙为他揉胸捶背，过了老半天，童贯才又接上气，又说："只是微臣死不瞑目！"话音未落，只见童贯浑圆的眼眶中挤出两滴泪来。

"卿家何出此言？"

童师闵双手呈给徽宗，解释说："这是河北经略薛嗣昌的，下面一份是雄州安抚使和诜的，还有代州安抚使王机、中山府长官张果、高阳关守将吴玠……。"

徽宗看一份，童师闵在旁解释一份，约有小半个时辰，这才粗粗看了个大概意思。

"这些将领都向微臣提出要尽快伐辽，据他们的月报上说，女真族已经攻辽邦五十几处州县了！"童贯病楚好像轻多了。

徽宗却更烦躁了，文武众臣，对伐辽一事，众说纷纭，这倒难拿主意了。

"皇上，文臣主和，武将主战，您不觉得奇怪吗？"

"为什么？"

"文臣主和，是因为他们虽满腹经纶，却惧事怯战，只知道明哲保身而安于现状；而武将主战，是因为他们身受皇恩，无以为报，愿开边立功，以谢皇上，俗语云，'养兵千日，用在一时'就是这个道理！"

徽宗若有所悟地样子，见童贯一心为国，忧心忡忡，很是高兴，又抚慰了几句。

见徽宗已然跃跃欲试，童贯再次进言，"皇上如若担心我大宋势单力薄，何不派出使臣去女真、联金灭辽呢？"

"这，可行吗？"

"皇上，我朝初年，就曾多次派人到女真那里买马，不如就再以买马为名，到金

国学经典文库

后妃宦官大传

·擅权祸国的阉人·

图文珍藏版

国访察女真人的势力如何,如果他们国力强,就与他订下契约,灭辽之后,共分其土。"

"好——,"徽宗终于同意了童贯的意见……

政和八年(公元1118年)十二月,出使金国的武义大夫马政陪同金国回使李善庆等人,终于又到了汴京,下榻在宝相院。

次日辰时刚过,童贯、蔡京就奉徽宗之命,相约来到宝相院,接见金使,主持定盟事宜。

李善庆早就听说大宋朝有一文一武,执掌朝政,但没想到蔡京却是老态龙钟,童贯也已六十多岁。二人对他都很客气,先寒暄了几句,接着,李善庆便将国书递给蔡京。

蔡京眼已花了,看不清,又把国书给了旁边的童贯。

"听说金国近日连克几处辽城,不知是否确实?"童贯并没看国书,先问李善庆。

说起这个,李善庆很是兴奋:"是这样,所以我主遣我等与贵国使臣一起回宋,共商灭辽大计。"

"不知你金主有何动议?"

"回太尉,我朝认为可相约时间,一起夹攻辽国,我金兵自平州松亭古北口榆关之北进军,宋朝兵将可自榆关以南向白沟进攻,以使辽兵腹背受敌。"

童贯点点头,李善庆所讲的和自己原先的设想差不多,但关键问题不是这个,"那么请问贵使,你主对以后如果攻下的辽土是怎样看的呢?"

"我出使前,金主曾有训谕,原则上燕京西京等以前汉地可归宋朝,其余疆土归我金国。"

"那地界如何划定呢?"蔡京在一旁补充问了一句。

"是否暂定以古北口、松亭、平州、东榆关为界。"

童贯与蔡京相视而笑,没想到金使的提议如此慷慨,这样的条件,徽宗肯定会准允。

双方就具体细节又商议了一会儿,终于,定盟事宜有了大概的轮廓。于是,童贯、蔡京领着李善庆等人上殿面君,……

进了景龙门,就是延福宫。李善庆既是第一次来汴京,更没进过皇宫。

过了景龙门,一路行来,李善庆是目不暇接。宫内凿池为海,引泉为湖,殿阁楼台,峥嵘突兀。正当初春,各种奇葩名木,都已鹅黄新添,芽抽三分,一片生机……

童贯将李善庆等三人引荐给徽宗,并将刚才所议简略地给徽宗讲了个大概。

"我金主阿骨打久慕上国君王贤明仁德,文治武功,今日一见,果然不差。"李善庆说话虽有些鲁莽,但徽宗听得却舒服。

李善庆又献上数百颗晶莹硕大的北珠,三十六张金貂皮和十二支百年老山参。

"这都是咱金国的土产,不成敬意!"

徽宗笑着看了，对其中几张一色金黄的貂皮很喜欢，知道北方毛皮虽多，但要想猎得一张全无杂毛的一色毛皮是不容易的。

"你们女真就以打猎、放牧为生吗？"徽宗问李善庆。

"大致是如此！"

"现宋、金两国联盟，共灭辽国，你可回奏，我大宋欲赠米粟万担与你金国，以示诚心。"

"多谢陛下！不知盟约在何地签订？"

徽宗看看童贯、蔡京、二人会意，低声商量后，童贯说："还是我朝派出使臣，去你国订约吧！"

蔡京见徽宗并无异议，又说："皇上，可选派朝议大夫直秘阁赵有开、忠翊郎王环、武义大夫马政为使，择日同金使一同回金国订盟。"

"好！就依二卿所奏，传朕口谕，光禄寺赐宴金使，着礼部相陪！"徽宗说完，刚想站起来，忽然，一旁的张迪过来，耳语了几句，徽宗一下愣住了。

半晌，才想起先让金使李善庆等人退下。童贯、蔡京都觉得奇怪，又猜不出究竟是怎么回事？

等金使退出殿外，徽宗才回过头让张迪再说一遍给蔡京、童贯听。

"回报二位大人，刚才接到登州的六百里加急，说金人已向辽国求和，而且已被辽主封为东怀国了。"

"啊！"二人不约而同，都大吃一惊。

"这消息可靠么，是谁所报？"童贯百思不得其解，怎么形势会突变？

"是登州知州王师中所报，应该是没错的！"

"怎么会这样？"徽宗看着童贯和蔡京，不知是喃喃自语，还是在问他们。

"看来两国联盟是不可能了！"蔡京感到有些失望。

"不然，我总觉这其中有蹊跷，金人连克辽城数十处，势头正猛，士气正旺，怎会向辽国求和呢？"

"童卿，那依你之见呢？"

"陛下，我大宋与金国联盟有益无害，而且也已经议定，不可轻废。依臣之见，定盟事宜先暂缓，可让登州王师中派出能言金国话的，同李善庆一起回金国说明原委，探清此事，回奏后再行定夺。"

徽宗本就对伐辽一事有些犹豫，现在见联金灭辽竟这样一波三折，便打起了退堂鼓。

"二位卿家，伐辽一事不如暂搁吧！"

童贯见徽宗对联金伐辽已经动摇，不由有点心慌，忙说："皇上何出此言？燕云之地唾手可得，不过一时的小障碍罢了，微臣恳乞皇上准允让童贯主持继续与金国往来，机宜行事，以待时机。"

徽宗认为金、宋联盟不再可能,见童贯坚持要与金联盟,也不好一口驳回,心想,还不如顺水推舟,乐得赐给他个人情。

"童卿如一意如此,朕即准你所奏,机宜行事吧!"……

童贯与蔡京出了宫门,上了轿,各自回府。

童贯坐轿上,这才感到很累,没想到,为伐辽一事策划了这么久,几乎是绞尽脑汁,费尽心机,可是,"唉——!"

这年九月九日,马政、高药师等到达渤海北岸,刚下船就被巡逻的金兵捉住,将他们携带的东西不由分说,尽皆夺去,并且几次想把他们杀死,幸赖呼延庆上前解说,此来负有重大使命,要见国主,对大家都有好处,才把性命保住。

命虽保住,但人还是当作囚犯一般,被几条绳子拴着,一直走了20来天,行经10余州,3000余里,到达拉林河,即金主阿骨打所在的地方。先是由粘罕、阿忽、兀室等三个称作郎君的首领盘问他们的来意,马政说:"以前贵朝在宋朝太祖建隆二年(961年)时,曾派人来卖马。现在的宋朝皇上听说贵朝攻陷契丹人50余城,想和贵朝重新通好。况契丹人天怒人怨,本朝打算讨伐之以救生灵涂炭之苦,想和贵朝共伐大辽,特派我们到贵军前商议,若是贵朝认为可行,即派国使来。"经过几天的商议,金人同意与宋商量联合灭辽事宜,并派出李善庆等3人前来进一步计议。

政和八年(1118年)十二月二日,马政等与金使回到登州。此时宋朝已在十一月将政和八年改为重和元年。重和二年(1119年)正月十日,李善庆等人到汴京,下榻宝相院。蔡京、童贯奉命接见,主持定盟事宜。会见之后,金使献上国书及北珠、金貂皮、人参、松子等礼物,蔡京代表朝廷加以慰劳褒赏,将3人都赏给一定官衔,并详细了解女真的情况。

一切情况似乎都很顺利,童贯等向徽宗报告了会议情况,徽宗大喜,于是决计与金进一步接触。关于用什么形式回答金人,发生了一点分歧,赵良嗣主张以平等的礼节,即用国书的形式回信。直秘阁赵有开说:"女真酋长也不过是个节度使的级别,常慕中朝,恨不能作为中国的臣属,用诏书就足够了。"问金使李善庆,李善庆说用哪一种无所谓,于是议定用诏书。宣和元年三月十八日(此时已改重和二年为宣和元年),童贯等选派朝议大夫直秘阁赵有开、忠翊郎王环(即王师中的儿子)、武义大夫马政为使,带诏书和礼物与金使李善庆等赴东北订盟。不巧的是,这时发生了两件事,使得这个使团未能成行。一是赵有开在出发之前猝死,正使出缺;更重要的是这时河北上了奏报,说金人已向辽朝求和,辽封金国为东怀国,封完颜阿骨达为东怀国主。既然辽金已经讲和罢战,再遣使订夹攻之盟显然已属多余,因此马政和王环也就没再出使,只派了呼延庆带了登州牒文和李善庆等赴金说明事情原委。

然而关于金辽已议和的消息是不正确的。辽确实曾派使册封阿骨打为东怀国王,但被阿骨打拒绝了,鞭打来使,扔掉法驾,彻底断绝了与辽的关系。六月三日,呼延庆见到阿骨打，阿骨打与粘罕等非常生气，说我们既与你朝约好夹攻辽朝，故而不与辽人议和，拒绝了他们的册封，而你们竟然听信谣言，中断议定盟约，还拿个登州牒文来，实在太小看我们了。因此不由呼延庆分说，将他拘留起来。这一留便留了几个月，后经呼延庆一再辩解，阿骨打才逐渐消气，重修国书，说明情况，并说即日即起兵攻打辽上京，让宋朝赶紧另派使人来议和。宣和二年（1120年）二月二十六日，呼延庆与王环同回京师，到童贯府中议事。

其实，宋朝虽然没有派出来使节，但对于伐燕云之事也没死心。经童贯、赵良嗣等不断地策划，徽宗还在动摇之中。这时，一个间谍人员来报告说，辽天祚帝有亡国之相，特进王黼便推荐精通相法和写真的画学正陈尧臣为使赴辽，专门观察天祚帝的相貌。陈尧臣带了二个丹青高手，画了天祚帝的相回来，对徽宗说："辽主看上去不像君王，从相法上说，他亡在旦夕，应该速速进兵，兼弱攻昧，正是说这种时机。"并献上沿途的地理形势图。正赶上呼延庆从金返回，攻伐燕云的事终于确定下来。

这一段与辽金的往来，都是童贯主持策划。童贯又奉请以赵良嗣为使、王环为副，赴金祥议联合灭辽的条件。三月六日，赵、王带了徽宗的御笔文书，再赴金国。四月十四日，抵苏州关下，由于金人已出兵攻上京，赵良嗣便直取咸州青牛与阿骨打相会。阿骨打说："先取上京，再作商议。"真有灭此朝食之概。阿骨打谈笑指挥，赵良嗣但见金兵人人勇悍，个个争先，前仆后继，仿佛不知死是怎么回事，攻击辽兵，仿佛摧枯拉朽一般，辽人抵挡不住，终于溃败，金兵杀声震地，入城见人就杀，烟火冲天，惨呼之声，令人不寒而栗。

入城之后，阿骨打招待赵良嗣，他说："我们已经杀败了契丹，本不必再用宋朝帮忙，辽境州城应全是我家田地。只是因为感南朝皇帝好意，并且燕京本是汉地，因此就把燕云给南朝。过三四天我就带兵去打西京了。"赵良嗣说："既已定约，中途不可更改，也不可与辽人议和。虽不对天盟誓，但有鬼神为质，不可再变。"阿骨打听了，严肃地说："我们金人说话，出口算数，即与南朝定约，又怎能再与契丹谈和？你要不放心，现在就命人将契丹人的坟墓宫室庙像一把火烧了，再也没有和的可能了。只是请大使回到南朝跟皇帝说，这次要说了就干，别像上次那样半中间就断了。我也听说童贯几年前领兵到边防上，为什么就空回去了呢？"赵良嗣说："这都是谣传误报，国主不要轻信。"金主大喜。

随后，阿骨打同赵良嗣并马进两偏门，过五銮、宣政等殿，又置酒延和楼。赵良嗣诗兴大发，写下一诗说：

　　"建国旧碑胡日暗，兴王胡地野风干，回头笑谓王公子，骑马随车上五銮。"

此后，又与阿骨打和粘罕议定：

一、灭辽之后，宋朝将每年给辽的岁币50万匹两如数给金；

二、明年约日夹攻辽朝，金兵自平州松亭古北口榆关之北进军，宋朝自以南向

白沟夹攻,不得有误;

三、原则上燕京、西京等以前汉地归宋朝,其余归金朝。暂定以古北口、松亭、平州、东榆关为界,其确切地界届时再详定;

四、定约之后不可与契丹单独讲和;

五、西京及蔚、应、朔三州金可先行攻打,待捉到天祚帝后,再将其归还宋朝;

六、宋取燕京后,所得府库钱物都归金朝;

七、事定之后,在榆关以东设置榷场。

定约之后,个个欢喜,当下写进国书,放量痛饮。此后只要宴饮,就要召俘获的辽国王妃歌舞献酒(谁知不久便轮到宋的王妃了呢?)。阿骨打亲自给赵良嗣把盏说:"前些日子契丹要讲和,还要跟我称兄道弟,就因为这我才出兵讨伐。南朝皇帝有道有德,咱不争这个兄弟,可是天教我们做兄弟,不然,隔着大海怎么做兄弟?我从不说空话,今天既把燕京许给南朝,将来就是我自取了,也要交还宋朝。"

九月四日,赵良嗣引了金人的回使来到汴京,徽宗亲自接受了国书和拜见。八日,童贯在家宴请金使。宴上童贯说:"贵国兵马早到西京最为关键。"金人说:"我们是只要约定,从不失信。"

于是,宋朝又派出使者,带了国书,要求金国明确在将来的土地分配方面将云中府(山西大同市)及所辖划归宋朝。这次赵良嗣没有出,正使是武义大夫马政,其儿子承节郎马扩随行。

马政到日,献上国书,其中大略说,蒙示同心之好,共图问罪之师,诚意不谕,义当如约。已差童贯领兵相应,请回示军期,以兴兵夹攻。所有五代以后所陷幽蓟等州旧汉地及汉民,并居庸、古北、松亭、榆关,已议收复,所有兵马,彼此不得侵越,其余岁币榷场之事,并照前约。不料阿骨打略看一看,便把眉头皱了起来,不承认曾说过西京也归宋朝的话,而且说平州、滦州、营州不属燕地,不属燕京所管。马政上次并没同来,不知赵良嗣原来与阿骨打如何说的,也不知平州即是燕京管辖,因此一时间无法对答,只好含混答应。

原来当日阿骨打许诺之后,许多女真头目议论说,辽朝之所以雄盛百余年,都是因为得到了燕地汉人之故,现在答应都割与南朝,人人不满,认为宋朝并没有什么军事活动,只不过转让原给辽的岁币,便坐收燕地,也太便宜了。如一旦割给山前山后之地,不光国势削弱,且让宋控制了五关,金国将坐受其弊。如果我们尽灭契丹,全据有其地,南朝敢不把岁币拿过来吗?又如果我们打算进一步南下进攻,宋朝如何支吾呢?沸沸扬扬,议论不已。只有粘罕说道:"南朝四边受敌,若说没有兵力,哪能立国,强大如此,不可轻敌,不如先留住南朝使者,从长计议。"

金人南下攻击北宋的野心,可以说此时已有发端,只是不敢确定宋朝人是不是不懂弓马,只会念书。因此布置了一场围猎,问马政儿子马扩能射猎否?马扩说能。阿骨打吩咐女真人只管围捕,只让马扩一人表演骑射,马扩再射再中,阿骨打

图文珍藏版

大喜,因为他很佩服武艺高强的人。马政趁机说,南朝人虽重视书文,但文人多有懂武略的,武将也多有通书艺的,像他这种武艺,也只算平常。阿骨打命人看赏,于是再让其他人射猎。马扩仔细观察,见女真头目每人拔一支佩剑猛掷,谁掷得远,便跑得远,各自引兵向八方而去。阿骨打在中间立起讣旗,各将领自带本队人马,每人马间隔五七步,向两侧包抄而去,人马迅疾,一会即将七八里方圆一片围扰,越围越小,须臾围成二、三十圈,中间野兽或奔或走,金人连击带射,一一击毙。阿骨打说,我国中最乐的事,就是打围,行军布阵,也都从中演变而来。晚上,阿骨打又设宴招待,阿骨打坐金装交椅之中,众酋长头目坐在炕上,人持一碗稗子饭,菜是腌制的野蒜黄瓜等咸菜以及各种野兽、牛、驴、犬、马、鱼、虾、蛤蟆、鹅、雁之类,各取佩刀割吃。马政马扩先向阿骨打敬酒,阿骨打也亲递二杯回敬说:"我们祖上相传,就是这么个风俗,不会奢侈,只有这个破屋子冬暖夏凉,再不别修宫殿,劳费百姓,南使不要笑话。"

阿骨打因见宋人也能骑射,于是还决定依前结盟,于是修书遣使,国书说:

> 大金皇帝致书于大宋皇帝阁下:
> 昨者赵良嗣等回,许与燕京并所管、州镇,书载,若不夹攻,难应已许,今若更要西京,只请就便计度收取,如难果意,冀为报示,有此所由,未言举动的期,所有关封决当,事后载知,亦当熟虑。(《三朝北盟会编》卷4)

意思是必须夹攻,才谈得上收获,如要西京,就请自己想法攻取。如有为难之处,就请回信说明,因此缘故,还不能确定起兵的准确日期。所有疆界的划定,应进一步详细考虑。

夹攻的事,实际上已定下来,宋朝如同意,只要回信,双方起兵的日期一定,战争就开始了。不料这次金使正使昌鲁和副使大迪乌一去,就如石沉大海,等了半年也没回来,为什么呢?

金使与马政等是宣和三年正月由金起程的。二月二十七日在登州登陆,五月十三日方得到宋朝的汴京开封,八月二十日方得从汴京起程回国,等回去见到金主阿骨打,已经是"北国风光,千里冰封"了。这次,宋使也没有来,是金使自己气愤愤地回去的。这一切的原因,都是因为宋朝自己后院起火,发生了方腊起义事件,攘外必先安内,童贯必须先得去救熄自家之火。

八 兵败西北

童贯自以为可以日理万机,并不甘于只等与金人夹攻辽国,在与金人往返协商期间,又忙里偷闲,在西北挑起战争,想再邀功开边,教训夏人,不料这次偷鸡未成,反蚀了一把米,害得损兵折将,平添了数万冤魂。

宣和元年,童贯策划,西北劲兵不能闲居白食,应让他们有所作为,给夏人一次严重打击。于是,他召来刘法,询问边塞情况。刘法说夏人国势日下,一直比较安分,边防上比较平静。过了几天,童贯面见徽宗,陈述了自己的计划,并满口打保票,说自己将亲自坐镇指挥,必予夏虏以重创。又说刘法在此,可以论证。徽宗大喜,亲自面召刘法,予以奖慰,问他以为战事将如何?刘法不敢说别的,只说以皇上洪福,大军一出,必定成功。徽宗于是同意出师。

童贯到西北,亲提精锐深入河陇,直抵萧关(今宁夏固原东南,当时是关中通塞北的要隘)的古骨龙。童贯认为,只要夺取此关,断绝关中的物资交易,就要以取得朔方,制夏人死命。

童贯命刘法具体指挥,自己在大本营坐镇,刘法认为应稳扎稳打,不宜轻进。童贯根本听不进去,自以为夏人一听见自己的名号,早已吓得屁滚尿流,岂有不望风溃散之理?他质问刘法:"君在京师之时,皇上亲自授命,你自己夸下海口,说是必然成功,今日临阵,又推三阻四,什么道理?"刘法无奈,只得说:"小将说不宜战,乃是尚不了解敌情,怕轻敌致败。如今相公责备我怕死而临阵退缩,我也无话可说,只有出战。"于是勉强点起二万精兵,进攻统安城。

西夏早已闻报,夏主派出他的弟弟察哥前来迎敌。两军相遇,察哥自领步骑三队,与刘法军对阵,暗中却派得力将领率精骑绕道刘法之后。刘法指挥前军,与西夏兵大战,西夏兵多,刘法处于劣势,但刘法不愧名将,以寡敌众,力战不退。不料正在相持之际,西夏精骑从后攻来,刘法军腹背受敌,形势危急。刘法指挥军士,死命坚持,一直战到天晚,兵饥马渴,死伤累累。刘法见夜幕降临,率残兵拼死突围,人困马乏,所走尽是崎岖险路,及至平明,才走了70里。到了一个叫盍米岭的地方,四顾无人,看看走不动,就下马卸甲,暂图休息。不料此地的西夏守兵,循迹尾随追来,刘法部下再不能战,有的被杀死,能走得动的,一哄各自逃命。刘法也不及穿甲戴盔,只好提了刀落荒而逃,慌不择路,失脚坠下悬崖,挣扎不起。追兵搜着,斩首而去,赫赫名将,被些无名小卒所杀。

夏兵斩得刘法首级,献给察哥报功。察哥见了,审视再三,才心有余悸地对部下说:"这位刘将军,在古骨龙、仁多泉连败我军,所向无敌,我简直认为他是天生神将,以至不敢与他交锋,谁想今日却被一个小卒把头割了!这也是他恃胜轻出所致,我们不可不引以为戒!"当下聚众,乘胜进围震武。震武城在山峡之中,熙河、秦凤两路都够不上,是以粮草常缺,自从筑成以来,守将李明、孟清都被夏人所杀。这次西夏大军乘胜而来,眼看得又是必陷无疑。不料察哥心念一转,命令部下说:"且不要攻破此城,留下它,就是南朝的一块病。"于是自行退去。

童贯正在担忧,忽听得夏人自行退兵,不觉大喜。于是由宣抚司奏捷朝廷,说是屡战连捷,敌攻震武,又被守兵击得狼狈窜去。就是刘法败死,也隐瞒不报。但这种手段只能瞒哄朝廷,不能欺骗夏人,于是童贯又通使辽朝,请他们出面调解,再与夏人讲和修好。辽正被金人打得好苦,只恐得罪了童贯,更增加一个大敌,于是转告夏主,让他们与宋修好。西夏国内也不太平,自然不愿与宋朝穷兵黩武,于是进表纳款。童贯听说,就上表奏称,西夏害怕天威,情愿投诚。徽宗下诏罢六路西兵。

这一场战役,据《续资治通鉴·宋纪卷93》说,宋朝共折兵10万,童贯却报捷说以鄜延、环庆兵马大破夏人,平其三城,以大败说成大胜,宋朝竟然欢欣鼓舞,庆贺胜利。辅臣个个官升一级,童贯部署下受赏者共有几百人。

六月,夏人因已讲和,派使节来贺天宁节。宋朝还以为夏人既然已经投诚纳款,应该有个表示降顺的誓约,在现在也就是双方的公报的意思。宋朝先拟了一个稿件,让夏使带回去盖国印承认。夏使认为这是无理取闹,因而拒不接受。童贯多方威逼利诱,夏使就是不听,童贯就把誓约交给宋朝陪同夏使的馆伴使,无论如何也要让夏使带回去。夏使无言,只得拿着,及至到了宋夏边境该分手的时候,夏使说:"前些天萧关之役,你朝大败,为何反让我国在盟誓上认败服输,真正可笑。"然后将誓约撇在道上,径自登车而去。此誓约被一个叫贾琬的寻到,上交给皇帝徽宗,童贯着实大丢脸面。不料徽宗不但不罚,反而加封他为泾国公,真是赏罪罚功,倒行逆施。

这年五月,河南一带大雨,连下七天七夜,京城外水高十余丈。传说的观念认为,不寻常的灾变必预示着极大的灾祸。因此徽宗也很害怕,命户部侍郎唐恪决水,放入下方的五丈河。起居郎李纲说:"阴气太盛,国家建都汴京一百五十余年,没有过这种大灾异。想来变不虚生,必有致灾原因,应该特别警惕盗贼和外患的发生。"蔡京与童贯等正大力粉饰太平,鼓吹徽宗是尧舜之君。既有灾变,自然应首先追究当权者的责任,因此特别痛恨李纲,很快便找了个理由把他贬出监沙县税务。后来在金兵兵临汴京城下,达官贵人纷纷外逃之际,力挽狂澜的人就是这个李纲,这是后话了。但"盗贼"和"外患"却真的没出李纲所料,这外患就是金兵的入侵,这"盗贼"就是方腊起义。

九 镇压东南

方腊起义,纯属是宋朝吏治腐败,统治者穷奢极欲,搜刮百姓,使人民忍无可忍的结果。尤其与花石纲有关。

原来蔡京为迷惑徽宗,投其所好,见徽宗喜欢古玩异石,奇花珍草,就建议设应奉局于苏州,任命朱勔管领,专门采办花石。徽宗是一个大才子。他通晓音律,诗文俱精,声色犬马游艺之事,无一不好,尤精书画,堪称双绝,具书法独创一体叫"瘦金书",其花鸟画更是中国国画中的一绝。因好画山石花鸟,自然喜欢这些东西。苏杭奇花怪石甚多,徽宗叫朱勔广为搜集,收集到一批,就用一批车船插上供奉标帜,一路浩浩荡荡押送汴京,这一批就叫"一纲",因货物是花石,故又称"花石纲"。

　　领应奉局的朱勔，与蔡京、童贯同是北宋末年祸国殃民的六贼之一，不能略过。朱勔是苏州人，父亲叫朱冲。朱冲极有智计，原是一个帮工的佣人，后来以行医致富，大开园圃，广结游客。当年蔡京过苏州，打算建一寺庙，只求壮观，不论钱财，只愁无有巧工督造。寺僧说："要想成此善缘，非朱冲不可。"蔡京辗转找到朱冲，说明意思，朱冲一口答应。没过几天，便来请蔡京过去选地皮。蔡京到得寺中，只见两庑下堆积了大圆木几千根，这都是朱冲在几天之内筹来的。及至后来的营造，也深中蔡京之意，督造时朱勔一同张罗，其办事能力，不亚于其父。蔡京觉得他父子二人人才难得，因此将他们带回京中，将二人姓名列入童贯军籍之中，没过多久，就说是积有军功，都做了官。蔡京见徽宗性好花石珍玩，就投其所好，暗中叮嘱朱勔让他父亲从浙中搜集一些东西来献。第一次弄了三根黄杨，根根都是罕见的东西，徽宗见了大加叹赏。开始每年五、七件，逐件献来，越出越奇，到了政和之中，就大干起来。

　　这时蔡京保举朱勔提举应奉局，专办花石纲，朱勔得了这个美差，恨不得使出浑身本事，将天下珍奇，一股脑送到皇宫中去。他将库中钱财，流水般地拿出去，肆意挥霍，加以贪污，动辄数十百万，有的根本无法计算。数年之内，朱勔便升为防御使，东南刺官吏，多是他的门吏爪牙。于是搜岩剔薮，索隐穷幽，只要哪一士民之家稍有一木一石尚堪玩赏被他侦知，即发兵卒入内，用黄封表识，指为贡品。责令该家小心看护，不得损失，以待来取。如果稍不小心即被扣上大不恭的罪名。到搬运之时，又不管三七二十一，拆屋毁墙，开辟出一条大道，恭恭敬敬地扛抬出去。士庶人等偶有怨言，就遭毒打，鞭笞交下，惨无天日。以致民家若有一物稍稍稀奇，即被认为是不祥致祸之物，唯恐被他们看中，务必先行毁去。凡士民之家，一沾了"花石纲"的边，中等之家，全都破产，甚至有的人卖儿卖女以供其须。要是已经毁去，又被他察觉，又说是藏宝不献，逼令交出，囚捕吊拷，无所不至。可怜苏杭人民，遭此苦难。从苏杭往汴京搬运之时，驱赶工役，督促紧苛，开山运石，刻不容缓。凡是奇木异石，不管是长在高山绝岭之上，还是在江湖深渊之下，不惜人力，必欲取出运回。至于运物载舟，不管什么民船还是往汴京运粮的公船，一经征用，都要卸下货物，装载花石，花石纲经过之处，一路骚扰，沿途官民，都须供给吃喝。曾于太湖中取得一块玲珑巨石，高宽都有4丈，用巨舰运载，役夫数千人。为怕破碎，先用黄泥填实孔窍，外面包以麻布，捆以绳索。所过州县，经水门则拆水门，遇桥梁则拆桥梁，至有水道通过城墙，拆毁城墙而过的。凡遇商船，就逼着贡献出东西置于大石之上，篙工舵师也狐假虎威，倚势欺凌州县吏民。张张扬扬，经过几个月，方才运到京师，劳民费财损害桥路田地无数，朱勔奏报中，反说是不劳民，不伤财，如此巨石，安抵都下，乃是川渎效灵。鬼神助工而成。徽宗大喜，就赐名为神运昭功石。

　　朱勔领应奉局采办花石纲，只是开了先例，此后蔡京的儿子蔡攸、王黼等许多人都为徽宗搜集花石纲，其收集范围又不止苏杭，简直是祸及天下。

政和七年，有人说宜在艮位建假山，与国家大有益处，徽宗因命在上清宝箓宫东隅建万岁山，后因地点在国都的艮位又改做艮岳。山周围有十余里，建造这座人工山，聚集了数不清的能工巧匠，搜集了说不完的奇花异木，六易寒暑，方才成就，花了数不尽的金钱，堆积了无法计量的人民血汗。简直是天造地设，人谋鬼化，非人力所能完成，非人间所能产生。到处山石掩映，石径通幽，鬼神难测，触目仙台神苑，辉煌玲现，匪夷所思。又有人工湖河，虽云人工，实似仙境，中间芙蓉重抑，又有天鹅、鸳鸯、仙鹤，山中除各种花草树果，又有无数珍禽异兽，见人不飞也不走。原来徽宗花鸟画天下第一，也借此观摩领悟写生。有时徽宗要来游园，就有人员于各处烧起各种异香，用口袋置住，待徽宗一到，一齐放香，但见烟云缭绕，异香满山，你想穷奢极欲至此，哪有不亡之理！

要想搜罗这样多奇花异石，朱勔一处便嫌不足，因而又有蔡攸等人各显神通，全国搜刮。又出了一个大奸臣王黼，也是溜须拍马的能手，阿谀奉承的专家，自领应奉司，将花石纲的搜刮遍及全国。民怨沸腾，人心思乱。

宣和二年十月，睦州（今浙江建德）清溪县堨村人方腊聚众起义。

大规模的起义为何发生在睦州？原因大概可以归纳为三条：

一是睦州有反抗压迫的传统。唐代永徽四年（653 年），睦州有一女子叫作陈硕真的起兵造反，自称文佳皇帝（由此可见武则天既不是第一个当皇帝的女人也不是唯一一个当皇帝的女人），所以这里的梓桐一带有天子基、万年楼，这成为方腊起义的依据。

二是这里有魔教"食菜事魔教"，成为客观上组织群众的手段。该教不食荤酒，不事神佛，不拜祖先，不会宾客，死则裸葬。凡人教者，贫穷者就会受到教众的帮助，有的甚至一下子便成小康；凡出入经过，不必相识，教众都会招待食宿，凡是财物，一切共用。其教首领叫作魔王，稍稍低一点的头目称为魔母，人人须花 49 个钱到魔公处烧香，所以魔王处有许多钱。不拜神佛，只拜日月。其理论也有一套说法，最典型的是"是法平等，无有高下。"又以张角为教祖，人人不敢说"角"字。组织内部禁令极严，一旦被官府发现，人人都受株连，所以同心协力，连州县官吏也不敢轻动，所以蔓延非常迅速。这种教，因为追求平等，提倡共产，所以对穷人有很大的号召力，成为起义的有利条件。

其三是睦州一带，尤其方腊所在的梓桐、帮源一带，山深林秀，多有奇花异草，朱勔等花石事情骚扰最为严重。人民忍无可忍，成为爆发起义的导火线。

方腊就居住在清溪县，县内梓桐、帮源各洞，都坐落在山谷幽险之处，物资丰富，人口繁密，有漆、楮、松、杉之饶，商人汇聚。方腊家有漆园，本也是个富裕之家，但由于造作局的无情敲诈勒索，使他遭受了重大损失。方腊虽是个极有胆气的人，也隐忍不敢发作。哪知后来朝廷又增加了花石纲，天下骚然，几乎是无人不受其害，只差人来点一把火。方腊见时机成熟，于是决定聚众起义。他暗中确定那些敢作敢为的人，结交帮助，人心归服之后，他选择一天，宰牛摆酒，邀集勇健青年聚会。待酒过三巡，方腊站起说道："天下国家，本同一理。如果子弟耕织，终年劳苦，却所得极少，当父兄的全收过去浪费掉，并且稍不如意，就鞭笞棍打，死也不加怜悯，要是你们，你们能忍受吗？"众人都说："不能"。方腊说："如果在自己浪费之余，又把其余的都拿去给仇敌，仇人因此而富，又反过来欺负我们，我们的管事的自己不出头，光派子弟出去打仗，如果子弟打不过仇人，则又谴责惩罚无所不至，而给仇人的东西，却仍旧照给不误，你们会甘心吗？"众人说："岂有此理！"方腊慷慨落泪，大声说道："现今赋役繁重，官吏敲诈勒索，靠农桑是活不下去，我们赖以活命的漆楮竹木，又全被科取，分毫不留。自古设官吏，本是养民的，却如此暴虐，我们能不气愤吗？朝廷在声色、犬马、土木、祷祠、甲兵、花石等靡费之处，又每年给西北二虏上百万的银两绢匹，无一不是我们东南百姓的血汗，而辽夏二虏得到银钱，越加轻视中国，侵扰不已，朝廷还认为是维持边防和平的妙策。我们终年辛苦，妻子挨冻受饿，一顿饱饭也吃不上，我们以为怎么样？"众人都怒不可遏，说："你说怎么办？听你的。"方腊说："三十年来，元老旧臣贬死殆尽，在位的都是些龌龊邪恶的人，只知道以声色土木迷惑皇上，正事一概没人管，地方官也都贪污成风，东南老百姓被剥削害苦了，近年花石纲，就更不用提了。诸君若能仗义而起，四方必然会群起响应，十天之内，万人不成问题。地方官即使听见了，也不会立即上报，等他商量决定怎么办的时候，一个月就过去了，江南各郡可以一鼓而下。朝廷听说，做出反应也须一月，等调得兵来，又要半年，那时我们起兵也快一年了，大局基本就决定了。西北二虏的岁币和朝廷军国经费，多从东南榨取，我们占有江南，必须加倍压榨中原，中原不堪忍受，人民也会起义，西北二虏听说，也会乘虚而入，这样四处起火，腹背受敌，就是有姜太公也没有办法。我们只要划江而守轻徭薄赋，减轻百姓负担，四方都会来投顺，十年之内，便可以统一天下了。不然，白白死在贪官污吏之手，你们掂量着办吧！"众人一齐呼应，决计造反，方腊便与众人揭竿而起，部署千余人，以诛朱勔为名，联络四方。当时各地百姓，痛恨贪官污吏入骨，果然一呼百应，几天之间，从者10万。

方腊为了树起自己的权威，使起义军有个核心，又利用民众的迷信心理，假托唐袁天罡、李淳风的《推背图》，编成四句歌谣：

十千加一点，冬尽始称尊。

纵横过浙水，显迹在吴兴。

前两句即"方腊"的意思，后两句是造反称王的意思。又说唐朝陈硕真称皇帝失败，这道王气应在自己身上，于是自称圣公，建元永乐，设官置吏，以头巾区别官职高下，自红巾之上，分为六等，无弓箭刀枪，便用叉耙之类，又编给符咒，说是刀枪不入。这一来百姓更加信以为神，造反更加踊跃。

地方官的行动，果然如方腊所料。知县陈光知道后，一时不知所措，没有镇压。

提点刑狱张苑、通判叶居中招降不成，便扬言要杀尽起义者，这样越使人民害怕，纷纷参加起义。十一月二十九日，两浙都监蔡遵、颜坦带兵去镇压，反被起义军杀死于息坑。十二月初，攻下青溪县和睦州，杀官兵1000多人。之后，连克寿昌、分水、桐庐、遂安、休宁等县。休宁县知县麴嗣被俘，起义者劝他投降，麴嗣只是破口大骂，要求快死，但起义者的头目说："我也是休宁人，你行善政，和其他当官的不一样，我不杀你！"把他放了。然而其他官吏的下场就不这么好了。据说当时起义军捉到官吏，一般都是割肉断肢，掏出心脏，或是放在锅里熬成油，或是把他绑在木桩上活活射死。各地官吏听到这些消息，知道兵少力单，守不住城，无不望风逃窜。起义军势如破竹，连下几十个州县，发展到近百万人。

紧急警报雪片一般地报进京师，王黼因为正要兴师北伐，就把这些告急文书压住不上报，也不公布，直到淮南发运陈遘面奏徽宗，朝廷才知情，满朝大惊。徽宗召集百官商量，陈遘说："贼兵势大，官兵薄弱，只有调京畿禁军和鼎州、澧州枪牌手兼程赶到，也许可以扑灭。"大部分人认为，四夷之事，是肢体之事，惟农民造反，是心腑大患，因此都主张攘外必先安内，先平方腊，再去北伐。于是徽宗命先罢伐辽之议，任童贯为江、淮、荆、浙宣抚使，常德军节度使谭稹为两浙制置使，王禀为都统，分率禁兵，即日南下。又觅调西北六路精兵，同时南征。于是辛兴忠、杨惟忠统熙河兵，刘镇统泾原兵，杨可世、赵明统环庆兵，黄迪统鄜延兵，马公直统秦凤兵，冀景统河东兵，六路兵马，共归都统制刘延庆指挥，总计精兵15万人，南下镇压。临行前徽宗对童贯说："东南的事，一切就托付给卿了。如有急事，就可自己做主，说是朕的御笔宣布号令。"

童贯到东南，询问情况，士绅见朝廷有大员到，都哭诉花石纲事情，说一个花石纲把老百姓害得家破人亡，对官府恨之入骨，若不迅速取消花石纲，平定起义是不可能的。童贯见说，便不再向皇帝请示，命幕僚董耘代笔，写罪己诏书，布于吴中。罪己诏就是皇帝自己批评自己的诏书，即皇帝向老百姓检讨自己的罪过。又在诏中命立即废除苏、杭造作局及御前花石纲等事，革除朱勔父子子弟门生的官职，这些措施总算受到了当地人们的赞赏。

此时，正是方腊起义军最强盛的时候。起义军攻歙州（今安徽歙县），当时歙州守将是曾孝缊，恰巧这时曾孝缊被调走了，调到哪里去了呢？调到青州（今山东益都）去了。为什么呢？这是因为山东河北一带，又有一伙起义军，为首的叫及时雨宋江，率领36人纵横河朔。以山东梁山泊为根据地，近处州县，都有他们的踪迹，官军望风披靡，不敢交锋。当时有史书说，宋末起义是"一伙强似一伙"，这都是宋朝对农民残酷压榨剥削，农民活不下去，才不得已铤而走险的。曾孝缊走后，继任的是一个姓赵的宗室，既不了解当地的山川形势，又不熟悉人员情况，所以很快城破人亡。宣和二年十二月底，起义军攻杭州，知州赵霆逃走，起义军入城，节制直龙图阁陈建、廉访使赵约都被起义军杀死。杭州自隋以来，就是江南富庶繁华的商业大都市,这下对宋朝的打击非同小可。宣和三年正月,方腊又派大将方七佛率义兵 6 万进攻秀州(浙江嘉兴),宋军的统军王子武发动驻军和居民登城坚守。童贯留偏将刘镇守金陵,进次镇江,听说秀州被围,急命王禀驰援。王禀派人送信,与王子武约好办法,夹攻方七佛军。后来王子武假装守不住城门,将义军放入城内,他却率军在城里做了准备,安排了堡垒、陷阱与义军对抗。王禀一见义军进城,部伍混乱,立即派兵出击其后。义军被腹背夹击,大败,损失 9000 多人,方七佛率残军退据杭州。方腊见东攻不克,转而引兵向西,边陷宁国旌德各县。官军又向西驰援,疲于奔命。

方腊起义

杭州仍是义军的一大据点,攻取杭州是宋军的当务之急,但宋军进攻几次,由于义军出色的防守,杭城还是岿然不动。童贯等未免有些着急。恰在这里,来了一班勇猛机智之人,竟将杭州攻破,这班人就是被宋朝招降的梁山泊宋江的人马。

原来宋江梁山聚义,人马日多,不满足于水泊近旁的劫富济贫行动,而附近的官府由于抵挡不住他们的进攻,也不敢再囤积更多的粮草,打听得淮扬一带特别富庶,就想到那一带攻掠一番,一方面在宋朝财政来源之地猛搅一番,给宋朝一个严重打击,另一方面也筹集一些军资。计议已定,除留下部分人马守山寨之外,其主要力量则取道海上乘船南下。不幸在海州(今江苏连云港)遇上了埋伏。

当时宋朝之内,已把宋江这股力量视为大患,当时知亳州的侯蒙就曾上书,说宋江横行河朔,所向披靡,又能团结人众,必然有过人的将领才能。不如赦免他的罪过,让他们助讨方腊,这便是"以贼攻贼"之计。这个建议得到徽宗的采纳,就让他安排此事,并派侯蒙知东平府(山东东平)。东平府距梁山泊不远,《水浒传》小说中就有梁山军攻打东平府的故事。不过这位侯蒙还未到东平府上任,便得病一命呜呼了,徽宗又命张叔夜知海州。当时海州虽远在海边,却是南北海上交通的要地。张叔夜以前曾为兰州参军,计拒羌人,颇有能干的名声。张叔夜到海州后,首先派出探子,搜集四方情报,侦知宋江义军想经由海州南下的消息,后又接连派人刺探,得知宋江军到海边的确切消息。宋江到了海滨,见海边泊有大船十余只,当机立断,指挥部下赶散船上之人,截获了船载货物。张叔夜出重赏,招募了千余名敢死之士,埋伏在距城不远的草木之中,然后派出一些人,伪装成战斗力不强的乌合之众,引诱宋江来战,宋江轻敌,果然中计。当宋江军一离开海边之时,另一些预先埋伏在海边的兵卒乘机举火烧船。宋江军正遭到海州伏兵的突然攻击,又见海边火起,知道中计,军心已乱,无法进攻,只好且战且退,在海边夺得几只残船,冒着敌箭,仓皇离岸,查点部众,少了副头领多人。正沮丧之时,张叔夜派人来招降,声言若降顺朝廷,便不伤害被俘人员的生命,并可向朝廷保荐,可编入部伍,为国杀敌立功。按宋江等人的本意,当然不愿为朝廷鹰犬,但宋江为人,义气深重,不忍让被俘弟兄被害,无奈之下,只好同意降顺。

"宋江投降了,便去打方腊。"这是在七十年代评《水浒》时人所共知的一段话。宋江如何征方腊,正史没有记载,这也是因为童贯等官军一贯掩没别人的战功,贪天之功为己有之故。宋江如果没去征方腊,这倒少了一些历史的罪责,然而据一些私家野史记载,却确实有从征方腊的行动,只不过不像小说中说的,消灭方腊军全是宋江一伙干的,宋江一伙也不具备这种实力,但杭州城恐怕确实是被宋江参与攻克的,直至清末时,城内还有张顺祠,曾被奉为涌金门内的土地,城外又有时迁庙,西湖边还有武松墓,想必施耐庵也并非无中生有。

就在宋江等奉宋朝之命助攻方腊军于杭州之际,宋朝也对方腊义军采取了招降的一手。这是宣和三年二月,童贯以徽宗的名义发出诏书招降方腊,方腊的农民起义军没听那一套,反而频频攻击,攻陷旌德县和处州,作为回答。童贯见招降不奏效,于是派步军都虞候王禀率同宋江等部攻杭州。

攻杭州的战斗肯定很激烈,宋江的部将张顺、时迁等都死于此地。不过义军毕竟都是一些刚放下农具不久的农民,不懂如何打仗,终于被以王禀为统领的宋军攻破。宋军入城后,对义军及其亲属进行了野蛮的报复,几乎将参加义军的人及亲属杀光。宋江等在攻城中付出了巨大牺牲,见宋军对方腊义军如此残酷,不想再为宋朝鹰犬,于是向王禀请求退职为民,以后的事,史无明载,也不知宋江等人的下落了。

杭州攻克,起义军遭到的打击是沉重的,而宋军方面则势头越盛,原来两军尚有抗衡之势,这一下形势大变,局面对起义军非常不利。童贯乘胜集合大军,以谭稹为前锋,挺进到清河堰。二月七日,童贯指挥官军在清河堰向义军进攻,义军列阵对敌,双方投入的人马,总计不下 20 万。童贯指挥军队进攻,方腊也麾军合战,尘飞土扬,杀声震天,你来我往,双方死战。此时方腊义军人数占优,斗志也盛,所以官军不能一举击溃,双方成为僵持状态。两军从早到晚,苦斗一日,看看天晚,各自收军,查点人马,义军虽伤亡不少,官军也有很大损失。这样你来我往,激战 5天,不分胜败。童贯急调水师来援,第六天,两军正合斗之间,官军水师出现于义军侧面,义军受到两面夹击,抵敌不住,只好败退城中。当晚,童贯这边聚众商议,如何围城攻城,而方腊也在会集义军文武官员,商议退敌之策。最终的决定,还是退回根据地,避开敌锋,在山里坚守诸洞。第二天,即四月十八日,方腊先退,殿后军队放火烧毁所有官舍民居,学宫府库,烈焰冲天,经夕不绝,官军欲追,发现方腊已全军撤走,剩了一座空城。

这一仗,也是一场意义重大的战斗,义军方面作战非常英勇,但由于缺乏经验,终于战败,据方勺《泊宅编》记载:"王师水陆并进,战六日,斩馘二万"。可见战斗非常激烈,起义军死亡人数就有两万人,官军伤亡也不会少。此役之后,起义军就采取了依险固守的策略,陷入了被动。童贯将麾下军马分为两路:一路由少保刘延庆率领,由江东入宣州泾县,进攻义军背后的歙州;另一路由统制王禀、王涣、杨惟忠、辛兴宗率领自杭州一带杀奔睦州,要求两路在清溪方腊老家一带会合。刘延庆率军到宣州泾县,遇到了方腊的爱将八大王,经过一场激烈的厮杀,杀死义军5000人,攻下了歙州,开始由歙州攻击义军根据地的背部;王禀等率大军攻下了睦州,与刘延庆部合兵,封锁了方腊根据地的清溪县。

方腊自清河堰之役后,尚有义军20万人,但如此困守,就失去了主动权,被官军各个击破,地盘日小。王禀、辛兴宗等一路砍杀170里,至四月下旬,诸军已围困帮源洞。帮源洞是方腊经营最为巩固的根据地,处于极险峻的山中,依岩为屋,分作三个部分,各处关口塞住险路,排满滚石檑木,真有一夫当关,万夫莫开的架势。官军将领因树木丛杂,怕有埋伏,就满山放起火来。大火烧上关去,官军乘势攻击,义军没料到这一手,关口失守,官军大队遂进入洞中。洞内深洞幽径,路途复杂,官军虽杀败义军,但却找不到方腊等重要人物的所在,即使捉到义军,不是不知方腊下落,就是宁死不说。斩杀万余人,仍未知方腊在哪里。有一小校,挺身仗戈,与几名胆大的同伴,搜到一村妇,得知方腊等人所在,竟然闯入秘洞,一面招示官军,一面与洞中方腊亲兵格斗起来。官军见到消息,一拥而入,方腊竟被小校擒住。原来,这小校也非等闲之辈,是宋史中大名鼎鼎的人物,即抗金名将韩世忠。辛兴宗带官军围住洞口,方腊相国方肥及文官都被俘虏,还有方腊妻子邵氏等52人,也被俘于梓桐石洞之中。原来帮源洞内,是方腊最后的根据地,义军家属尽在其中,连同百姓约有50万人。童贯官兵攻进洞内,进行了灭绝人性的烧杀淫掠,许多义军家属及百姓都被杀死,可谓玉石俱焚。据方勺《泊宅编》说:"于梓桐石穴中,杀贼七万。"还有史书说到,官军高举屠刀,见人就杀,有人劝童贯,请他下令不要滥杀无辜以冒功,童贯置若罔闻,不加制止。方勺《泊宅编》还说:"渠魁未授首间,所掠妇女向洞逃出,保而雉经于林中者,由汤岩榴树岭一带,凡八十五里,九村山谷相望,不知几人。"事实上都是义军家属或一般民女,官军残酷的杀掠奸淫,使她们无路可走,因此多上吊自杀。屠杀之后,尚有百姓40余万。

方腊起义镇压后,童贯将方腊军首要人物押往京师,以谋反罪处以凌迟酷刑。其余俘获义军将士,一律就地杀死。方腊起义的火焰已经扑灭,不料想溃散的义军逃往衢州、婺州,继续坚持斗争,而兰溪县灵山起义军首领朱言、吴邦又起而响应,占据处州,越州剡县仇道人、台州仙居人吕师囊、方岩山义军首领陈十四公等则起兵进攻温、台诸县。这些小规模的起义或方腊余部与宋朝又斗争一段时间,最终在宣和四年三月,才彻底平息,总计此役,调用西北精兵 15 万,杀死起义军 15 万,自出兵到回军,共用 450 天约一年半的时间。方腊这次起义,共扫荡杭、睦、歙、处、衢、婺等 6 州 52 县,据史书记载,说:"贼杀平民不下二百万。"实际上,许多都是官军所杀。这也是童贯这个大刽子手的一个重大历史罪责。

自平定起义后,宋朝将睦州改为严州,歙州改为徽州,州名都带反文,因为这里曾经造反,大约是警戒的意思吧!

方腊起义军的失败,我们认为主要原因还不在官军的镇压上,而在于起义军自己。首先,起义军迅速发展至百万,并没有制定宏大的战略,没有派出精锐部队北伐,只是局限于江南,其规模不宏远;其次,宋朝对封建士人的政策还是相当优厚,理学对世人的思想统治也牢固,因而义军中没有具备远大目光和治国经验的知识分子参加,也许起义军对官吏的切齿痛恨吓退了这个阶层的人,总之起义者缺乏统治和管理经验;其三是早早便做了皇帝,天下之大,只占了那一点地方,就称王称帝,封百官,其目光胸怀是太浅薄了。又一遭挫败,就退守深山,坐以待毙,没有广泛联络,形成个燎原之势,最后终于失败。

童贯因血腥镇压农民起义有功,又要升官了。

十 官升太师

政和三年(1112)五月,童贯留下部分兵马继续镇压吕师囊等农民起义余波外,大部分返回原地,童贯也回到京师。按一般情理推断,童贯转战东南,于统治阶级是有功的,于赵宋王朝是有功的,朝廷大臣应该祝贺他的凯旋才是,然而事情并不这样简单,有人就想找借口扳倒童贯,这个主要人物就是王黼。

王黼是北宋末年六贼之一,是与蔡京、童贯齐名的最大的罪魁祸首。

王黼字将明,开封祥符人。《宋史·王黼传》称:"王黼美风姿,目睛如金,有口辩才,疏隽而寡学术,然多智善佞。"由此而言,王黼相貌堂堂,一表人才。后由何执中荐为校书郎,又升为宝符郎、左司谏。张商英取代蔡京为相,渐失徽宗的欢心,王黼察言观色,认为徽宗是思念蔡京,于是不失时机地称颂蔡京所行政事的好处,同时又攻击张商英,终于使蔡京复相,张商英退位。蔡京上台,投桃报李,除为左谏议大夫、给事中、御史中丞。本来,左司谏是级别不高的小官,而御史中丞等官却是位置与皇帝贴近的清要之职,完成这个飞跃,才经过两年。随后,王黼因见何执中晋升宰相,他为了让蔡京上,又自甘作蔡京鹰犬,妄奏曾推荐自己的何执中二十大罪,王黼因为敢于翻脸无情地对付自己的恩师而得兼侍读学士。王黼只有一个原则那就是利己,只要能利己,利于自己的爬升,他永远是左右投机,翻脸无情。郑居中是

·擅权祸国的阉人·

图文珍藏版

蔡京的反对派,一度曾得徽宗青睐,并有妹为妃,王黼见郑居中有可能做首相,又反过头来交结郑居中。蔡京大怒,将王黼降为户部尚书,但因善于逢迎,不久,徽宗又任他为宣和殿学士,赐宅第于昭德坊,在他的新居旁边,是前门下侍郎许将的宅第。王黼勾结内侍宦官,像父亲那样供奉梁师成(也是六贼之一的大宦官),欺压许将,逼夺其宅,大白天就将许将一家赶到街上,街上人见了,无不气愤。宣和元年,由通议大夫一跨八级,直升到特进少宰(副宰相),宋朝任命宰相,这是史无前例的速度。蔡京致仕,王黼为收买人心,一切反蔡京之道而行之,居然一时博得了贤相美名。然不久之后,便仗权谋私,聚敛大批财富,多蓄美女,衣食居行,多模仿宫中,又诱夺徽猷阁待制邓之纲之妾,反把邓之纲定罪发配岭南,种种罪恶,不止一端,不受惩处,反又升官,加少保太宰。为了更方便向皇帝献媚,同时更便于贪污,他请示设置应奉司,自兼提领,凡"中外名钱,皆许擅用,竭天下财力以供费。官吏望风承旨,凡四方水土珍异之物,悉苛取于民,进帝所者不能什一,余皆入其家"(《宋史·王黼传》)。也就是说,动用天下财力搜集来的珍奇宝物,皇帝只得十分之一,其余都进了王黼的家。据说王黼盛时,仅一种黄雀鲊鱼就有满满三间屋子,别的可想而知。徽宗与王黼虽是君臣关系,然而二人之间极为亲密随便,君不像君,臣不像臣。有一次宫内玩乐,徽宗命大家装作市场上卖东西的,叫王黼当市令。徽宗故意说他失职,命人挞之取乐,王黼呼叫告饶说:"请尧舜免打一次吧!"徽宗说:"我不是尧舜,你也比不上稷、契。"又一次,与徽宗二人跳墙出来微行取乐,王黼先跳过墙,站在墙下去接徽宗的脚,因为墙高,徽宗的脚离王黼的肩只差一点,徽宗便说:"司马光,耸上肩来。"王黼也不客气地反嘲:"神宗皇帝,伸下脚来。"君臣玩笑,鸡鸣狗盗,全无体统。王黼既和徽宗是这种关系,自然一般大臣是扳他不倒了。御史中丞陈过庭曾借方腊兵起之机上言说:"导致寇发的是蔡京,养寇者是王黼,如果罢免这两个罪魁,则方腊自平。"又说:"朱勔父子,本刑余小人,结交权近,窃取名器,罪恶滔天,应明正典刑,以谢天下。"结果陈过庭被王黼诬陷,责令黄州安置。不久,又有京西转运使张汝霖请废除御前使唤等名堂的人役,罢黜进西路花果,也被王黼发逐到远恶军州。

童贯平定方腊起义,名声更大,王黼怕给自己造成权力上的威胁,便算计着排斥童贯。他打听得童贯曾以徽宗的名义下罪己诏,废除花石纲以安抚百姓,就想从此入手。他找来童贯请董耘代笔的罪已诏书(曾派人遍布方腊起义的东南各州县)送给徽宗,察言观色,见徽宗读后很不高兴,就乘机进谗言说:"方腊之起,原因是茶盐法,童贯说是因为花石纲,把罪过归到陛下头上,自己却收买人心,其心叵测。"徽宗听了,顿时大怒,便下诏恢复应奉局,继续搜罗花石纲,仍命王黼和梁师成掌管。朱勔也重新出山,再次经营土木花石,搜刮骚乱百姓,作威作福,一如从前。童贯见自己废除的弊政依然恢复,想到自己费力劳神杀人才平定的造反,不觉心中气愤,有一天对徽宗搓着手说:"方腊借百姓痛恨花石纲作乱,东南大伤元气,现在那里人家的饭锅子还未稳住,就又弄这些东西了吗?"徽宗听了,大为生气,他对童贯没有当面发作,却下诏将写罪己诏的董耘发配远恶军州,罪名无非是指斥皇帝,归过天子之类。

童贯老奸巨猾,怎么会看不透背后是王黼在捣鬼,他想反击,但想到王黼背后还有梁师成,也是正受徽宗宠信的大宦官,权衡自己势力,觉得不足,于是心生一计,向徽宗进言,说蔡京年龄虽长,但耳聪目明,身体康健,应重新起用,使其贡献余热。徽宗听了,觉得有理,就有重新起用蔡京之意。王黼打听得童、蔡往来交通频繁,又见徽宗想听从童贯的意见,蔡京是王黼对头,二人联合,对他是大为不利的,思来想去,想到一法,这就是统兵北伐,建立比童贯更大的功劳,压倒童贯。他对徽宗说:"前与金国约攻契丹,此事还是要行。南北两朝虽通好百年,但累朝以来,他们对我朝多次侮慢。兼弱攻昧,这是军事上的原则,今如不取,女真必强,中原故地,将不复为我所有,请陛下详细考虑。"

王黼提议后,反对的人很多,因为以前童贯主持伐燕联金事务时,已有多人反对,后来见童贯南征,伐燕之事搁置起来,以为此事可能就无声无息了。王黼重提此事,就又有人反对。时有一个宇文虚中由洛阳上书说,方今之事,打比方说,有一个富翁,与一个贫士为邻,富翁想扩展他的房宅,乃与暴客订谋:"如将贫士灭掉,他的房子,你得一半,他的财产,你全拿去。"暴客当然高兴,乃至寒士死亡之后,富翁虽得到些小财产,可以扩大一点房宅,却与暴客为邻,提心吊胆,日日为隔邻强暴所窥视,要想一天高枕安卧,还做得到吗? 种师道也上书说:"趁机伐辽,正像邻居遭了强盗,不去相救,反而趁火打劫,与强盗共分其室也。"宣和元年,高丽国王病,派使者来求医。徽宗派两个良医前往,这时正好回来,报称高丽国王病已好,很是感谢,还尤其郑重地让医者捎口信说:"高丽小国,世荷国恩,不敢忘报。闻天子用兵,因衷心相告,辽与宋实为兄弟之国,如果它存在,还可以成为南朝的屏障,女真乃虎狼族类,不可交也。"

但不管怎么说,宋已与金定约在先,又加上宋朝的最大的当权者徽宗、童贯、王黼、蔡京都主倾向伐辽,主战派在朝中的决策权上占了压倒优势,所以徽宗还是同意北伐。不过,他没有把军权交给从来不知军事为何物的王黼,而是交给了在他看来久历沙场的老将童贯。并且,命童贯以保民观望持重为原则。

由于征方腊之功,徽宗不但没有听王黼的谗言撤掉童贯,反而又加提升,进位太师,封楚国公。以一介宦官位居太师,封国公,为亘古以来所未有,不但空前,而且绝后。

王黼见谗言不起作用,于是来了个见风转舵,放下架子折简通诚,对童贯说:"太师若北行,王黼愿尽死力。"徽宗见王黼与童贯又说到了一起,就命王黼于三省之内设置经抚房,专门办理北边军务,甚至独立于枢密院之外,成了一个临时性的专设机构。

我们叙述了童贯南征，封太师，现在该回过头来说说金使的事了。

前文曾说到，宣和三年二月十七日，金使曷鲁、大迪乌由马政、王环陪同，由登州登陆。本来联金灭辽取燕之事，都是童贯在那里一手主持，原打算金使一带来确定的消息，就随即起兵响应，故先选西京能征惯战的宿将聚于京师，又下诏让环、应、鄜延军与河北禁军更戍（即调防），提前做出兵准备，不料正赶上方腊起兵，宋朝还似乎只有一个童贯，离他不行，于是只好把金使冷处理了。

登州守土官员接到朝廷指示，由于童贯还没回来，金使来了也没有什么可跟他们讲的，不如让他们先留在登州。这样，登州的宋臣就不放金使入京，也不说明情况，金使日日闷坐馆驿，形同软禁，不知道宋朝人葫芦里卖的什么药，都气愤地不行。曷鲁三番五次要自己步行走往京师，问个明白。正在闹得不可开交，好在来了诏书，让马政和王环陪金使进京。

当时童贯权势极大，王公大臣多出其门下，朝中遍布私党，他的儿子童师闵当时是观察使，与国子司业权邦彦接待金使。童师闵认为，既然辽国已经知道宋金往来之事，就难以再像以前约定的那么办了，不如让金使回去。权邦彦等不敢同意，经又请示皇帝，得到的答复是等童贯回来再说。这一来，金使又如虎入牢笼，每常酒肉供应，但就是见不到大官，讨不着准信，这样一住又是三个月。

直到八月二十三日，事情才算有了结果。徽宗见童贯迟迟不回，对约金攻辽的事有点后悔，王黼建议，答复金国的国书还是要写的，但不要由宋朝提出出师的日期，再把这个球踢给金国。并且，宋朝可以不再派使者，只是把国书给曷鲁等金使带回去就行了，这也表现了不太积极的态度。国书其中说：

> ……惟夙敦于大信，已备载于前书，所有汉地等事，并如初议，候闻举军到西京的期，以凭夹攻。……

书信写得非常简略含糊，关于西京之事，根本就没有答复。

自曷鲁到宋朝的半年之间，阿骨打等得直冒火。曷鲁回去，气愤愤地说了此行的遭遇，估计宋朝并无诚意。阿骨打说："算了，没有宋朝，我也能拿下大辽，那时看他还有脸要燕京。"于是大举兴兵伐辽。

辽朝有五京，上京临潢府（内蒙古巴林左旗南波罗城），东京辽阳府（辽宁辽阳市），中京大定府（赤峰宁城西大名城），南京析津府（今北京市），西京大同府（山西大同市）。宋朝政和六年（1116年），辽东京守将萧保先因严酷激起兵变，其副将高永昌据其地建国改元。辽派兵攻击，高永昌求救于金，金出诏书劝高永昌去号降顺，可封王爵，高永昌不干。金出兵攻灭高永昌，先取东京，东京所属州县及南路广大地区都属金。宣和二年（1120年），赵良嗣使金时正赶上金人发兵攻上京，当天攻克，赵良嗣与金主阿骨打会宴于城中。天祚帝在中京大定府，听得辽军连连溃败,丧师失地,昼夜忧惧,命内库三局将金银珠宝打做 500 多包,准备随时逃窜。还厚颜无耻地说:"女真兵来,我有什么可怕的? 我有很多日行三百五十里的好马,和宋是兄弟,和西夏又是甥舅关系,两处都可以去,到哪里也不失富贵。"当听得金兵已退时,又得意地吹牛:"威德所加,彼何能为,复自纵肆。"正是由于天祚帝毫无理性的所作所为,更使辽朝廷众叛亲离。辽天辅五年(1121 年)五月,辽都统耶律余睹等到咸州降金,这位深知辽国军事情况的将领的降金,给辽人军事上造成了重大的损失和威胁。

这次的伐辽,是在十二月,以忽鲁勃极烈完颜杲为内外诸军都统,以粘罕等为副将,以余睹为先锋,直扑中京大定府来,一日一夜飞奔 300 里。到中都,即开始攻城,中午城破,搜寻天祚帝,才知道已经闻风而半夜逃走了,不知去向。实际上,天祚帝逃向燕山,随后,又如惊弓之鸟,与其子赵王、梁王等数百骑从西北走鸳鸯泊(河北张北县西北安固里淖)。金兵派追兵四出,一路在鸳鸯泊正遇天祚帝,天祚帝狼狈由云中府、石窟寺入天德军(内蒙古呼和浩特市东),又由渔阳岭窜入夹山(内蒙古萨拉齐西北)。夹山很是僻远,传说有沼泽 60 里,只有契丹人能到达那里,金国兵马不再穷追,而是驻兵鸳鸯泊准备攻打云中府,这时发生了燕王耶律淳进皇帝位于燕京的事件。

原来,天祚帝逃入夹山,不通消息,生死不明。辽宰相李处温与都统萧干就率领在燕京(即辽南京析津府)的文武官员奉燕王耶津淳(天祚帝叔)为秦晋国王。耶律淳为人老成持重,镇守燕山十二年,深得人心,号称"燕王",又称"九大王",又称"覃湘大王",百官及百姓都拥戴他做皇帝,号"天赐皇帝",改保大三年为建福元年,废天祚帝耶律延禧为湘阴王。在诏告燕山臣民的诏书中,有批评天祚帝的话"近得群臣之奏,慨陈前主之非,所谓愎谏矜能,比顽弃德,躁动靡常节,平居无话言,室家之杼轴成空,更滋淫费;陵庙之衣冠见毁,不辍常畋。汉嫡之戮,实出无名;伋妻之乱,尤不可托。加以权臣拥隔,政事纠纷,左右离心,遐迩解体,迄无悛改,以至播迁。伊戚自贻,大势已去,是谓绝四海之望,安得冒一人之称?"对臣民坦述胸怀,称自己是无意称帝,但臣民拥戴,身不由己,很是诚恳。又派两名官员为"告谢大宋使",告知燕王称帝情况,并且表示要免除宋朝每年交纳的岁币,重申盟约。

宋朝见了辽使,朝廷上意见又出现分歧。有些人想顺水推舟,不如承认耶律淳,耶津淳将来必然感恩戴德。但王黼、童贯等人既与金国定盟在先,又觉得乘辽之危,燕云唾手可得,利令智昏,自然不肯放手,于是回答辽使说:"契丹天祚帝现在夹山,燕王岂能擅立?"打发辽使回去。知真定府路安抚使赵通听得这些消息,既连上奏章,请求支持耶律淳。不要在边防上增兵加戍,其中一段说:"若天祚真遂不还,愿陛下用家人礼,特遣重臣将命彼国,推急难之义,念外侮之虞,慰喻其宗族臣下,厚加拊劳,勉以忠孝,雪耻戡难,就其天祚叔兄子弟,取天祚之所爱、国人之所慕,择贤立孤,以主辽众,隆其恩礼,赐之封册,申信结誓,以继好息民,俾之知戴中国。彼既以中国为重,得存其宗社,则中国有大造于辽也,陛下虽不责报虞归故地、减岁币,必有一以报陛下矣。如是,则中国不待汗马之劳,遣镞之费,万无一失安享大利。机会之来,间不容发,伏望圣慈特加采择,速奋睿断施行,实天下之幸。"赵遹的想法,是让宋徽宗在辽朝国难当头之际,拉兄弟一把,拯焚救溺,援立新主,有恩于辽,使辽感其再造之功,知恩图报,拱手而得燕云。但他的想法,也是建立在以下两个基点之上:一,女真是个小族,只不过乘天祚荒淫,丧失了人心,才得逞一时;二,辽的统治根深蒂固,只要立起有威望的新君,就可以稳住统治,平定金人。其实,他并不了解,女真人的金国正如旭日东升,强劲无比,辽朝则已呈土崩瓦解之势,不能复振。再则,宋朝貌似强大,实际虚弱无比,即使两国联合,也很难抵挡得住金人的攻势。当时已呈骑虎难下之势,如果支持辽,辽的新政权也不能阻挡住金人攻势,既违背了与金人之盟,又不能保住辽的政权,还是左右两失。即使出兵助辽,也不能挽回大势了。

宣和四年三月,代州接到金国军队咄咄逼人的告示:

> 近白水泊击散契丹放鹅行帐,天祚皇帝脱身北走,本国军马已到山后,平定州县占守讫。请代州戍守边人员不得辄引逃去人民,为国生事,自取亡灭。

这就明确告诫代州(今山西代县)边防人员,不要接纳辽朝难民和溃散官兵,否则就是"为国生事","自取亡灭"。

四月十日,宋朝做出了重大决定:由太师、领枢密院事童贯为陕西、河东、河北路宣抚使,勒兵15万巡边,以应金兵。

王黼在三省置经抚房专管北边军事,大肆搜刮天下丁夫,按人口交纳军费,得钱2600万缗,未有行动,老百姓先增加了负担,以至许多人破家交钱。

四月十五日,童贯在校场大阅军马,命将出师。童贯登上将台,发号施令,以环卫军为中军,以述古殿学士刘鞈为行军参谋,保静军节度使种师道为都统制,武泰军承宣使王禀、华州观察使杨可世为副将。分拨已定,正要出师,人报皇上微服出行,来看出师。童贯听得慌忙下台迎接。徽宗命人摆酒,为童贯饯行。徽宗举酒一杯,递与童贯说:"太师此去辛劳,北方军事,就全依仗你了。"童贯接酒说:"臣愿效死力。"徽宗从袖中拿出一个信封说:"我有上中下三策:此去北伐,如燕人悦而从之,因复旧疆,此为上策;耶律淳如识时务,献土称臣,此为中策;燕人不服,勒兵巡边,示之以威,全师而还,此为下策。太师见机而作,度势而行。"童贯说:"臣统雄兵,仗天威,此去定要成功,陛下就静候捷音吧!"将酒一饮而尽。徽宗大喜,说:"当年太祖有遗命,谁能取得燕云之地者,就封王爵,太师如成大功,朕决不食言。"于是下令出师。

四月十五日这天,史载白虹贯日。白虹贯日,是说白色的长虹穿日而过,实际上不是虹而是晕,是一种大气光学现象。然而在封建社会的天文星象学家看来,这是一种象征有重大变故的不祥之韫。尤其对于出师来说,更象征着一种灾难,因此人人惊惶,提心吊胆。更有甚者,大军刚出门,一阵怪风,将童贯马前牙旗吹折,知情人都认为不祥。就在大军出师的同时,宋朝向原燕京地区军民颁下招抚诏书一道,其口气极是狂妄轻敌,其中说:

> ……乃眷幽燕,实惟故壤。五季不造,陷于契丹。唯尔邦君,暨厥臣庶,怀风慕义,思欲来归,忠愤之诚久而弥著。今上帝降祸于虏,秽德腥闻,弛绝纲维,俶为暴乱,横赋强敛,诛剥无厌,谗匿作仇,胁权相灭,至上陵下替,妖孽并兴,倾国丧家,自取通辜。白水之败,巫闻篡攘,调赋益繁,人不堪命。且复盗贼蜂起,所至绎骚,哀此下民,恫怨无告。朕诞膺天命,俯顺人心,选将出师,复此境土,是谓致天之罚,仁伐不仁,拯尔群黎,取诸涂炭。已遣领枢密院事童贯统兵百万,收复幽燕故地,与大金国计议,划定封疆,大信不谕,中举外应,维天之命,莫我敢承。王师霆击雷驱,数路并进,前角后犄,万旅一心,咸以济德,孰敢有逾厥志?然念王师无战而天道好生,宣兹告猷,迪尔有众,尔其深计远虑,览于兴亡,如能举城自归,望风响应,使市不易肆,士不援捱,舍覆巢之危,从奠枕之逸,是为自求多福。
> ……或有昧于逆顺,干我五诛,若犹豫怀疑,弗克果断,身膏原野,实尔自贻,惟予肃将天威,敢有逸罚,时弗可失,其尚勉哉!祸福无门,唯尔自召,朕言不再,师听惟明,故兹诏示,想亦知悉。

真是堂堂皇皇,恩威并施。但就是没有准备打硬仗,打恶仗,只指望以大话和人数吓倒辽人。所以一遇坚敌,就出乎意料,溃不成军,也是有前因的呢!

五月九日,徽宗降旨,以蔡京儿子蔡攸为河北河东宣抚副使,即作为童贯的副将,北伐军副总指挥。十一日出敕,十三日拜命。拜命时,蔡攸以为此去燕云唾手可得,大功可成,因而非常狂妄,他竟然用手指着徽宗身边的两个绝色的嫔妃说:"臣此去一定建不世之功,倘奏凯还朝,请圣上即以此二美人作为赏赐赐臣。"徽宗也不生气,笑了笑说:"朕以童贯宣反抚两河,独帅重兵,其所统领的将佐及四路守臣监司官员,都是他的门人故旧,童贯年事已高,所作所为,颇为乖谬,故相隐匿,有时就作假欺瞒,以致边防军事,屡屡失机误事,这是朝廷大患。现在朕所倚重之人,没有比你更可靠的,所以让你做副职,实际就是监军的意思,至于行军打仗,你不必过问,只专任民事,更重要的是监督童贯的举动,卿明白朕的意思嘛?"蔡攸受命,即择十八日出发。

出发那天,徽宗饯蔡攸,蔡攸献上蔡京送行诗一首,徽宗看其中写道:

老惯人闲不解愁，
封书寄与泪横流，
百年信誓当深念，
三伏修涂好少休。
日送旌旗如昨梦，
身非帷幄若为筹，
缁衣堂下清风满，
早早归来醉一瓯。

徽宗看了，点点头说："久不见太师，真是好诗，不过改作'六月王师好少休。'就更好了。"

蔡京诗中有"百年信誓当深念"一句，似乎希望遵守与辽所订、坚持百年之久的"澶渊之盟"，这与他原来主张的与金夹攻似乎矛盾。有人认为，这是蔡京老奸巨猾，做什么事都埋有伏笔，留有余地的伎俩，他也怕万一惹出祸来，自己负历史责任，故而光写此诗，好为日后推脱责任留下证据。然而尽管他机关算尽，最后到底没有逃脱罪责。

据说，五月十八日蔡攸出师这天，也是有一些不好的征兆。先是五月连续三天晚上，有碗大的流星由紫微、文昌等星座间流犯天河、河鼓等，有的则飞向银河的牛郎、织女星之间，并且大都飞向东南，光如匹练。最初一夜有几十颗，往后逐渐减少，一直持续了十几天。天象学家认为，这种天象与西晋大乱，贵州南渡前夕时的星象情况类似，很是忧虑。到出师的次日，又有宣抚副使的两竿认旗本是飘扬于马后，但夜间执旗兵竟连旗一起带走逃跑。许多事情联系起来，就有许多传言，使得人心惶惶。

十一　诱降失败

宣和四年（1122年）四月二十三日，童贯率大军进驻高阳关（河北高阳东），命宣抚司宣示榜文。

在河间府（河北河间），童贯分拨兵马，分雄州广信军为东西两路，以种师道总东路兵，屯白沟，具体由王禀统领前军，杨惟忠统领左军；种师中统领右军，王坪统领后军，赵明、杨志统领先锋军；以辛兴宗总西路军，屯范村，具体由杨可世、王渊统前军，焦安节统左军，刘光国、冀景统右军，曲奇、王育将后军，吴育、刘光世统领先锋军。两路兵马，并听刘延庆节制。

随后，童贯宣抚司行营来到雄州，童贯会集诸将，商议进兵。种师道是西北老将，他本是反对北伐的，因此在会上说道："今日之事，就像邻居家来了强盗，不能去救，反而乘危而分其房子。况且师出无名，事情就不会成功，起事之初，就会有所失。"童贯说:"这次的事,是已有成功的把握,我知道你不赞成,让你总兵,是借您的大名起一种镇服作用。尽力而为吧,出现失误也不会怪罪您的。"又拿出徽宗御书,说:"如不遵从,可是对抗圣上呢。"杨可世对童贯说:"事情的策划,我们一点也不知道,现在仓促上阵,如果一旦失利,我们的性命固不足惜,但如果让国家受到耻辱,事情就不可挽回了,请一定要计议妥当而后行。"童贯还没说话,和诜在旁说:"公自己常认为能力敌万众,胆气绝人,将堂堂敌军视如草芥,现在看来,也不过是懦夫一个。燕地人民,真像在水深火热之中,盼望我们解救。如果金鼓一鸣,肯定会成群结队提饭带水来迎王师,岂有什么失败的可能呢?你为什么先出不吉利的话来灭自己志气?"杨可世沉默不语。童贯见状,便命和诜为种师道的副将,以杨可世为前军统制,下令让勇士先赴辽境,宣谕宋军北伐之意,不要邀功生事。又命赵良嗣写信,让辽朝降官张宝、赵忠去送给耶律淳,晓以利害,摆清形势,谕以识时务者为俊杰的道理。

单从上文来看,不能不说文章还是有说服力的,耶律淳的小朝廷也是不可能保得下来。不过就是宋朝是只纸老虎,以前总是契丹人一来吓唬,便吓得屁滚尿流,这次却乘危而至,落井下石,耶律淳如何不气,如何能服?于是扯毁来书,大骂宋朝不守信义,童贯狂妄阉贼,将来使张宝、赵忠推出斩首,并不回书。

童贯听说,知道靠虚声恫吓的手段已经破产,于是悬重赏招募大胆敢言之士入燕境招降。马扩应募,愿以阁门宣赞舍人的身份去说服辽国君臣。临行,马扩要求童贯答应三点:一,请约束将士不要搜夺珍宝,互相赠送,严明军纪;二,请不要乱杀降人,以安人心;三,请相机举事,是攻是战,不要考虑使者的安全。自己是一介书生,但能利于国家,生死已置之度外。童贯一一答应,马扩便与15位志愿者启程。

五月十八日晚,马扩一行过边界白沟,进入燕境。在新城县,就有一员汉官引伴。不一会,有父老数百人围上来,听说宋使来,都来打听情况。马扩于是出榜宣读,众人大惊。忽然有一位汉人自称刘宗吉的,偷偷对马扩说,自己现在白沟边防军中,想把敕榜的副本带回去,向军中宣传,等宋军进攻之时,好做内应。马扩应允,让他带了两个副本去。晚上到达涿州,辽人只用国信使的礼节款待。夜深之后,刘宗吉忽然从床下爬出来,对马扩说:"现在燕京各处,都没有军马,只是四军大

宋代重装步兵

王有部曲二百余骑,曾上过阵,其六七百马军都是市井纨袴子弟,现在白沟北岸下寨。沿边都是一些草人,军人夜饮昼睡,马也散放,如果南军乘夜袭击,北军必溃。我想面见童宣抚,立个功勋,怕没有信物,请给一纸文书,一定有用。"马扩听了,半信半疑,考虑再三,写了一信,又把童贯赠给的一只新鞋给他,用作见证。第三天,到了燕京门外,四方馆使肖奥、礼部郎中张觉来充馆伴使,第四天又有殿前指挥使姚璠、枢密承旨肖夔等来伴食。他们请马扩把所带的书榜拿出来,说两府官员想看看。马扩开始不允,后来众人强行取去。傍晚,众人又来,说书榜中语言太狂妄,没有商量余地,哪敢进呈九大王。马扩对他们说:"贵朝不度德量力,不审天时人事,这是什么时候了,还计较这些闲事。"肖夔说:"南朝礼仪之邦,现在不顾盟约,先行举兵,兴师须有理由,不知兵戈因何到此?"马扩说:"朝廷命将兴师,我是使者,也不能知道原委。但大概知道北朝兴兵累年,也没跟南朝说一声。天祚皇帝播迁,不派救兵,反而于燕京篡立,邻国义均兄弟,我们来问天祚皇帝车驾何在,又听说贬他为湘阴王,因此兴师问罪,合乎礼义,怎说无名?"一席话说得肖夔等人口气软了下来,肖夔说:"国不可一日无君,天祚失道奔窜,宗社倾危,今皇上是臣民拥戴,与贵朝有什么关系?难道你中国唐朝时没有唐明皇奔蜀、肃宗即位于灵武的先例吗?南朝不念邻国友好,不出兵力共救大难,却乘人之危,来夺土地人民,真是出乎我们意料啊!"马扩又反驳说:"明皇奔蜀,太子监国,即位之后,尊明皇为太上皇,又迎接回都,这真是君臣父子之道。哪像贵朝,既未经过委托,又贬削湘阴之号,怎能与我古人相比?况且如果想借兵求救,应当心诚,如申包胥哭秦廷、孔明进东吴,都是诚心求救,这样邻国怎能不应?贵朝从未向本朝派一信使,即使有哀求之心,也无使用之处,今大兵压境,止在旦夕,祸福存亡,贵朝君臣就看着办吧!"马扩善于辩论,虽是无理,也争三分,况且有大军有后盾,也有恃无恐。辽人无法,只好悻悻而去。

这天晚上,上述辽官又来见马扩,有的说:"南朝只夸耀兵多,不思天理不顺,人无斗志,昨天种师道发杨可世一军过白沟,本朝小小还击,南军即望风溃退,如不看从来和好,一直就杀到雄州去了。一面遣使,一面又进兵,一打就跑,真不知宋朝人还有什么脸。"又有人说:"马宣赞受刘宗吉之约,刘宗吉也首告了。"说着从怀中取出马扩给刘宗吉的信,一面发怒说:"宣赞这么做,还想回去吗?"马扩一见,实在尴尬,事情很明显,刘宗吉是他们派的人。事已至此,也就不再跟他们饶舌,"马某此来,不同以往之使,必须小心谨慎,唯恐失礼。这次是奉旨招纳,刘宗吉表示投诚,我哪能不受。大军来时,朝廷命不许妄杀一人,昨日之败,想是来立旗招安,为贵朝军马袭击所致。万一朝廷下令进伐,恐非燕民之福。"肖夔惊讶地说:"难道南朝如此不顾使人的性命吗?"马扩说:"我这一来,是用一命换全燕人的性命,觉悟到则同生,不觉悟就同死。请贵朝衡量一下,能与南朝对敌不能?若南朝大军一齐杀入,不知贵朝拿什么抵抗?"。

过了好长时间,马扩才见到耶律淳。耶律淳让翻译责问马扩,为什么违誓背盟,自古违誓者,国家都是不长久。马扩也像对答肖嬛等人一样给予辩驳。耶律淳批答之后,令付门下省听敕。到了庭中,姚璠等人让马扩设案拜祭。马扩一看,案桌后挂起两副肖像画,一幅是宋真宗的,一副是宋哲宗的,这都是以前两国友好往来时辽国派人来求的。马扩见了,知是南朝皇帝御容,连忙跪下朝拜,焚香。肖嬛乘机令译员高声朗诵真宗时和北朝订的"澶渊誓书"。

之后,又读北朝誓书,其中"谨当告于天地,誓之子孙,有渝此盟,神明是殛。呜呼! 此盟可改,后世何述"等等。再谈仁宗皇帝誓书,其中又有"且夫守约为信,善邻为义,二者阙一,罔一守国,皇天厚地,实闻此言。其明文藏之宗庙,副在有司,苟或食言,有如前誓"等话。读完,肖嬛请马扩上厅喝茶,肖嬛说:"舍人听了刚才两朝誓书,心中不知做何感想,南朝君臣竟忍心违背此约。"

应该说,辽朝这一招非常绝,使马扩非常尴尬,同时用这种方式狠狠诅咒了宋朝一番。马扩只得以耶律淳篡位,理当问罪来支吾。肖嬛说:"你的话不能说一点道理也没有,但毕竟你们是违约了。"

二十六日傍晚,肖嬛、张觉忽然带了赠予使者的例行礼品银两锦衣等物,差秘书王介儒伴送。马扩推托没得北朝回书,肖嬛说已差都官王仲孙带回信前往雄州宣抚司去了。马扩只得回程。

应该说,马扩是舍身为国的勇士,但辽朝肖嬛等也是不甘屈服的硬汉,他们相信正义在自己一方,他们的决心,使童贯不战而胜

月明星稀,夜沉如水。偶尔的,从街巷深处传来犬吠声。

雄州,两河宣抚司行营中,还有烛光忽明忽暗,童贯的身影也随着这烛光时大时小。

忽然,一阵嘈杂的脚步声由远而近。一会儿的功夫,竟来了文官武将的有十七、八位。

李知均进来通报:"太师,他们都到了!"

"噢!"童贯转回身,又坐到帅椅上,这才说:"让他们都进来吧!"

"是!"李知均转身而去。

眨眼的功夫,外面的人一个个依次而入,异口同声:"参见太师!"

"无须多礼,都坐吧!"

众人纷纷落座,尔后,眼神都集中到了童贯身上。

童贯双眼红红的,大概是熬夜的缘故。见众将都盯着自己看,便往后一靠,说:"深夜请众位至此,大家一定惊异。因前些时老夫命辽朝降官张宝、赵忠去送信给辽国皇帝耶律淳,晓以利害,劝辽国降顺。刚才,已有探马细作来报,说张宝、赵忠二人已被辽国斩首了。"

"什么? 两国相交,不斩来使,他们也太狂妄了!"杨可世在旁愤愤不平。

赵良嗣有些忧虑,慢声细语地说:"太师,是否我拟的那封信太过了!"

童贯冲他摆摆手，说："不是这个缘故！"

一旁的蔡攸两眼一翻，说："他们既不识时务，咱们就发兵，兵戎相见，我就不信拿不下燕云。"

童贯微微一笑，只看了蔡攸一眼，并没说什么。

"太师，此次兴兵，非比寻常。末将总以为师出无名，胜望渺茫！"

至今，竟还有人大唱反调，众人的目光都聚焦在他身上。原来，是都统制钟师道。

雄州知州和诜忙答言说："都统此言差矣，燕云本属大汉版图，只因后晋石敬瑭割地借兵，才会陷没，至今已有二百多年。现太师奉睿旨，统率出兵，正是顺应天时，又怎说师出无名呢？"

钟师道刚想反驳，却被童贯阻止了，望着他，缓缓说道："此次北征，是因为已有了成功的把握。老夫也知道你不甚赞成，所以让你作总兵，只不过因为老将军你威镇边塞，故而用你的名头起震慑作用罢了！尽力而为吧！"

"太师，下官以为，辽国大可招降，不用兴兵！"赵良嗣还是坚持招降。

"能兵不血刃，收复燕云，自然是上策，可谁还敢去说降辽国？"

"下官愿往！"

童贯瞪大眼一看，是随军阁门宣赞舍人马扩。

"先生愿去，自然是再好不过，可此去吉凶未卜，先生……。"

"太师勿虑，马扩既然愿去，就已将生死置之度外。"

"好！"

"太师，马扩一介书生，能报效国家，死而无憾。但学生有不请之请，可否坦诚一言。"

童贯站了起来，走到马扩身边，说："先生但讲无妨。"

马扩也赶忙立起身，当胸抱拳，"太师，要说服辽国来降，首先得顺应民心，故我宋军将士所到之处，应严明军纪，与燕云百姓秋毫无犯，此一请也！"

"这个自然，燕云子民本来也属我汉裔子孙，同为一家！"童贯又问："那二请呢？"

"请不要乱杀降人，以安人心！"

"应当如此！"

"这三请嘛！"马扩的神色倏地一暗，随即却又挺起胸脯，"请太师相机行事，是攻是战，不要顾及学生的安全。"

"真义士矣！"童贯不胜感慨，回过头关照杨可世，"你，率领铁骑三千，护送先生过界！"

"得令！"

童贯伸手握住马扩，紧紧的，"先生此去，多多保重，老夫静候佳音！"

"那学生明日就整装出发。"

童贯重重地点点头，"老夫明日为先生送行。"

说完，童贯又回到帅椅前立定，说："众位将军，此次出征北伐，旨在收复燕云。我王者之师，有征无战，吊民伐罪，出于不得已而为之。如敢妄杀一人一骑者，并从军法。"

"是——！"

"好了，已是四更天了，众位都退吧！已时初，于北门为马先生送行。"

于是，众人纷纷退出。

"知均，你留一下。"童贯喊住了走在最后的李知均。

李知均停住脚步，转过身问："太师唤我？"

"是，你过来。"

李知均移步来到童贯跟前，轻声问："太师莫非有事？"

"知均，老夫写给皇上的奏折，可有了回复吗？"

"还没有，不过，照日子算，也该来了！"

童贯示意李知均在身旁坐下，轻轻叹了一声，"知均，实话说吧！老夫有些担心！"

"担心什么？"

"唉！老夫一路而来，稍加留意，谁知所见河朔兵将，骄惰不练阵敌，军需之用，百无一有，如军粮虽日见在，却粗不堪食，须旋春籁，且仅得其半，这些，还都是在远处，运至这里，又将费力。凡此种种，可见兵备懈怠。你说，如若真的开战，胜负又将如何？"

"噢！"李知均恍然大悟，"怪不得太师意欲招降辽国！"

"不仅这样，你没见皇上又派了个副使来吗！这是监军！"童贯说得意味深长。

"那太师您……。"

"不用说了，你我心知肚明就是了。"童贯好像已有了主意，"知均，你也知道蔡攸是个酒色之徒，我想让你去办件事！"

"请太师吩咐。"

"这雄州，是个穷乡僻壤的地方，没什么可供蔡攸玩乐的，你悄悄去往大名府，采办些玩艺回来，最主要的，是去弄几个绝色佳人！"

"那我明日就动身！"

"还有，你写封信派人去汴京送给童师闵，让他去蔡京那里探探虚实！"

李知均连连点头，全然会意。

童贯两眼朦胧，却毫无睡意，"我怕马扩此去招降不成。"

"那只能兵戎相见了？"

童贯点点头，"这就是骑虎难下呀！"……

马扩一行,辞别童贯,由杨可世一路护送,直至边界白沟,才挥手别过。

刚进入燕境,就是新城县,由辽国驿丞引伴,往燕京而去。

谁知,当地百姓听说有宋使来到,都纷纷围拢过来。

"宋使,难道辽、宋两国真要开战了吗?"

"是啊!这是不是真的?"

……

众人你一言我一语,围住马扩问个不休。于是,马扩索性乘势摸出榜文宣读:

马扩读完榜文,满心以为众人会欢声雷动。不料,百姓却纷纷散去,反应冷淡。

"走吧!"驿丞有些不耐烦,催马扩快走。

无奈,马扩的心绪一下低落千丈,随驿丞一路而去。……

晚上,马扩一行终于到达涿州,辽人只用国信使的礼节款待。

马扩也不计较,早早地就在驿舍中歇息下了。睡梦中,马扩被敲窗声惊醒。

"谁?"

"大人别怕,是我,刘宗吉!"

"深更半夜的,你我陌不相识,你要干什么?"

"大人快开门,我是汉人!有话要说。"

随从们也纷纷起床,见马扩与门外人一问一答,不知所措。

马扩随手抓起件长袍,披衣而起,吩咐随从:"你们开门,放他进来!"

门开了,外面的人一闪而进。

马扩的随从要将屋内的大蜡全都点亮,被马扩制止了,只让他们点燃了一个烛台。

马扩手执烛台,就着微弱的亮光,细细打量来人。只见他头束蓝巾,脸色微黄,两眉短促。

"你是汉人?"

"是的!"

马扩招呼来人坐下,又问:"你深夜到此,有何要事?"

那人话语流利,说:"今天早上我也听国使宣读了榜文,真是欣喜若狂,所以一路尾随而来,想面见国使,有军机相告!"

"是么?"马扩半信半疑。

"国使,这里的汉民早就盼着大宋将燕云之地克复,好重穿汉家衣裳!你难道还不信我吗?"

"不是不信,我现深入辽境,自然要小心为上!"

"是是是,这个我知道!"

马扩见他神色坦然,已经有些信他了,"你说你叫刘宗吉?"

"是的,我家原祖居易州,后移居此地的。"

马扩点点头，又问："那你有何军情要相告于我呢？"说着，马扩又吩咐随从倒茶。

刘宗吉接过凉茶，喝了一口，说："现在燕京各处，都没有军马，只是四军大王有部众大概二百余骑，曾上过阵，其余的六、七百骑都是市井纨绔子弟，现在白沟北岸下寨。而且沿边都是些草人，辽兵们夜饮昼睡，马也散放。如果南军乘夜袭击，辽军必溃。"

"噢？是吗！"马扩心中一动。

"是啊！所以我想去到雄州，给童宣抚报信，好立个功勋，可是我怕他们不信，所以，深夜惊扰，想让国使写一荐书，让我好去雄州。"

听完他的一番话，马扩心潮澎湃。如果真像他所说这样，那么，对于宋朝可就是千载难逢的好时机了。可如果他是胡诌的呢？

马扩再次打量刘宗吉，觉得还是应该宁可信其有的好！

于是，令随从研墨铺张，一会儿，马扩一挥而就。

拿起信，马扩交给刘宗吉，"义士，你如果真将此信送到，那可是头功一件！"

"国使放心，我生为汉人，此乃分内之事，请国使前去燕京，务必小心！"

马扩点点头，郑重地将信交给他。刘宗吉接过信，往怀里一揣，起身告辞。

一夜，马扩辗转反侧，坐卧不宁。没多久，就听见外面雄鸡报晓了。

早早地梳洗完毕，用过早餐，马扩一行又匆匆上路。……

一路晓餐夜宿，终于来到燕京。谁知一连等了几天，没有旨意下来，让马扩去见辽主。

直到第七日，才有辽国的殿前指挥使姚璠、枢密承旨肖爨来到馆驿。

肖爨倒是直截了当，对马扩说："贵使的书榜我们都已看过，榜中言语太过狂妄，我等不敢进呈国主。"

马扩听了，笑笑，"贵朝不度德量力，不审时度势。现今时局紧迫，还计较这些？"

"什么？"姚璠一怒而起，手指着马扩说："你们南朝妄称礼仪之邦，竟不顾盟约，先行举兵。既然兴兵，试问，你们师出何名？"

"将军不必动怒！朝廷命将兴师，我是使者，也不能知道原委。但大概知道北朝兴兵累年，也并没知会我朝。天祚皇帝播迁，你们不派救兵，反而于燕京篡立，我邻国义愤，自然要兴师问罪，这完全合乎礼义，怎说无名？"

一席话，正好说到辽国的痛处，姚璠哑口无言。

肖爨想了想，又说："国不可一日无君，天祚帝失道奔窜，宗社倾危，今皇上是臣民拥戴，与贵朝有什么关系？"

马扩听了，丝毫不让，出言反驳。……

辽、宋双方正舌剑唇枪，不可开交之时。忽然，从屋外跑来一人，与姚璠耳语了一阵。

姚璠听后，哈哈大笑，用手指着马扩，"你南朝只夸耀兵马，不思天理不顺，人无斗志。就在昨天，钟师道、杨可世一军刚过白沟，本朝只不过小小还击，南军即望风溃退，要不是念旧日之好，早已就杀到雄州去了。"

"什么！"马扩大吃一惊，"不会吧！"

"哈哈哈……，"姚璠，肖爰二人仰天大笑。

肖爰从怀里又取出一物，丢给马扩："你看吧！这是什么？"

马扩接过一看，竟是自己前几日所写的密信。

"马宣赞真以为那刘宗吉是个可信的人吗？"姚璠说完，又长笑不停。

这下，马扩什么都明白了。面对二人，实在尴尬，事情很明显，刘宗吉是他们的人！

"走吧！马宣赞！"

马扩把头一昂，问道："哪里去？"

"见我大辽国主去！"

马扩倏地一下立起身，整了整衣冠，先于二人出了房门，"走，见你们国主！"……

残阳如血，战场上一片狼藉。辽兵乘胜而追，把杨可世所率的五千铁骑冲散得七零八落，一直赶出辽境兰沟甸。

杨可世已然身中两箭，却仍在支撑。看背后，只有十几骑亲兵相随，已经精疲力竭。

这时，杨可世才感到浑身痛钻心肺，牙齿也打落了两颗。

又是一场惨败！

不知现在，另一路军辛企宗胜败如何？

杨可世好不后悔，前天，真不该过界讨杀，已经败了，今天就更不该再次轻敌。两阵连败，又怎样向童贯交代？

不但如此，或许就连总兵钟师道与副帅和诜也不会想到，宋军会这样不堪一击。

杨可世只感到昏昏沉沉，头晕目眩，战马一个踉跄，杨可世仰面跌在地上，顿时，昏厥了过去。

亲兵一拥而上，仍将杨可世扶上马，由左右两人护着，往大营而来。……

大帐内，总兵钟师道心焦如焚，刚才，已经接到败报，说主将杨可世下落不明，全军覆没。

"报——！"

"什么事！报来。"

"禀都统，杨将军身中两箭，已然回营！"

“前面带路！”钟师道撩起战袍，大踏步地出了帐篷。

帐外十几步的空地上，众人已经七手八脚地将杨可世扶下战马，抱在了担架上。

钟师道急走几步，过来一看，果然，他血染征袍，仍昏迷不醒。

“快传军医，为他拔箭，包扎伤口！”

“是！”钟师道刚站直，迎面，副帅和诜也闻讯匆匆赶来，“他怎样了？”

“他大概流血过多，晕过去了！”钟师道边说，边拉着和诜又进了大帐。

“简直是胡闹！他这是咎由自取！”和诜刚进账口，就怒不可遏地吼道。

“你不要嚷！”

“怕什么，要不是当初杨可世过界讨杀，遂起冲突，能有今日的惨败么！”

钟师道点点头，“这个我知道，可事已至此，骂也无用。”

“难道就这样完了？那可是五千铁骑啊！全军覆没！真是奇耻大辱。”

“现在不是讨论这事儿的时候，还不知辛企宗的西路军怎样了呢？”

和诜气呼呼地往椅上一坐，仍愤愤不平，“凭什么？就因为杨可世是童太师的爱将？”

钟师道早窝了一肚子火，“别说了！你也知道我只不过是个摆设而已。大事小事我又做不得主张！”

和诜不以为然，“嘁！你究竟是一军的主帅！”

“那又能怎样？还不是由太师飞马传书，遥指进退！”

和诜腾地一下站了起来，走到钟师道跟前，用手往脖子上一横。

“杀了他？”

“对！对杨可世藐视军令，擅挑争端，斩首示众！”

钟师道吓了一跳，连连摆手，“不不不！这可不行，他可是太师的爱将！”

“你啊！既然敢在太师面前表明心迹，不愿北征，现在却又猥猥琐琐，你真是……”

“报——！”

钟师道一个冷战，现在听到这个“报”字，已经提心吊胆了，这是怎么了？

“禀都统，西路辛将军被辽国肖干率大军一路掩杀，已经退回雄州去了。”

钟师道颓丧地挥了挥手，“你去吧！知道了。”

“真是匪夷所思！”和诜感到莫名其妙，“在雄州，他们个个耀武扬威，怎么一开仗，却连连败北呢！……”

钟师道坐在椅上，后面的话一句也没听进去。看来，自己以前的估计和判断还是正确的。万不得已，也只有先退兵雄州再说了。

“都统，你想什么呢？”和诜站在身旁，拍了拍钟师道的肩膀，“该有个决断了！”

“嗯！我决计退兵！”

"退兵？你不怕太师责怪？"

"唉！管不了那么多了。"

"禀都统，太师有军令至此！"帐外，亲兵持信在手，朗声而报。

和诜抢着吩咐，"快拿来！"

亲兵垂首而进，将信呈给了钟师道，又转身退了出去。

钟师道接过信，匆匆地浏览了一遍，双眉先展，不久，又紧蹙起来。

"太师的军令如何？你倒是快说呀！"和诜在旁早已不耐烦了。

看完信，钟师道轻叹了一声，答道："太师倒是也令咱们兵退雄州，可是，却又特意关照要击鼓鸣金而退！"

"这怎么行！撤退只有悄然而行，又有谁大张旗鼓的？太师还说什么？"

"只有这些！"

"那你的意思是⋯⋯。"

钟师道愣了一会儿，最后，心一横，对和诜说："你去晓谕三军，明日辰时初造饭，辰时末鸣金而退。"

"唉——！"和诜一跺脚，领命退下，去安排了。

这时，夜已深了，钟师道却毫无睡意。大帐外，风啸声声，不一会儿，淅淅沥沥地，竟下起了雨。雨珠打在帐篷上，"扑扑"直响，寒意顿生。就连烛光，也摇曳婆娑起来⋯⋯。

钟师道心绪不宁，彻夜未眠。不知不觉地，雨住风停，一轮红日跃然而出。

"喔喔喔⋯⋯，"远处的山野中，竟还有侥幸生存的雄鸡报晓，真是难得。

"都统，莫非你一夜未睡？"和诜全身披挂，大步而来。

钟师道两手抹了把脸，又被山野的风一吹，感到舒服多了。

"都安排好了？"

"是的，都已用了饭了！"

"好！待会儿，你引军先行，由我殿后！"

和诜握拳当胸一抱，随后，转身而去。

"咚咚咚⋯⋯，呜呜呜⋯⋯！"

残兵败将，扶伤携残，缓缓向南。钟师道领了几千精兵在后紧紧相随。

"嘎，嘎——！"秃鹫在灰暗的天空中盘旋，寻觅着方向。

忽然，后面马蹄阵阵，杀声震天，由远而近。不一会儿，辽国大旗飘扬而至。斗大的帅字旗上，醒目的"耶律"二字夺人心弦。

钟师道心一下缩紧了，赶忙令前队快走，自己勒住战马，手舞金丝大砍刀，严阵以待。

辽国太师耶律大石昂然在前，长枪一挥，辽兵乘势掩杀过来。不料，宋军早已没了斗志，连连后退，辽兵的马快，顿时将宋军的队伍冲乱。

钟师道急红了眼，挥刀朝辽将砍去。耶律横枪一挡。钟师道只觉虎口发麻，两眼发昏，"哇"的一声，喷出口血来，险些连兵器也脱手而飞。钟师道气虚心慌，赶忙拖刀而退。

耶律大石紧追不舍，宋军见主帅战败，士气更加低落，转身纷纷而逃。和诜听报辽兵追杀至此，赶紧驰马来援，恰巧解了钟师道之围，迎战辽将。

就这样，宋军且战且退，死伤无数，惨声不绝于耳。

"雄州到了——！"不知谁喊了一声。

众军一看，果然前面就是古城门，都好像看到救星似的，一下有了气力，撒脚直往城门跑去。

城上，童贯也正在眺目远望。见前方飞尘滚滚，弥漫天地，一时间竟无法看清。仔细辩了许久。童贯只看到一面残破的大旗迎风而来，斗大的"宋"字倒是依稀可辨。

终于看清了，童贯回过头，赶忙吩咐，"快！落吊桥，开城门，放他们进来！"

站在童贯身后的杨惟忠应声而去。不久，杀声渐近，宋军犹如潮水般地涌进城门。谁知，辽兵随后而至。

童贯在城楼上这才看清，大叫不好，可是，再要关城门为时已晚。

"辛企宗、辛永宗！"

"在！"

"末将在！"

"你二人率胜捷军，速速迎敌！快！"……

须臾，城外又添一支劲旅，这样，才正和辽兵势均力敌，杀成平手。两军你死我活，互不相让，奋力拼杀。喊声震天，杀声不断。

童贯站在城楼上，心急如焚，见这等场面，心里又有些着慌，要想暗暗逃遁，又恐怕军兵看见，会引起大乱。无奈，硬着头皮在城楼上硬撑着。

天愈加昏暗了，不久，北风大作，"轰隆隆……！"一个响雷接着一个响雷，顿时，倾盆大雨，劈头而下。

两军将士顶风冒雨，苦斗不休。地上，尸横遍野，血流成河，刀枪器械、残旗败甲，堆积成片。

已是晌午时分了，两军伤亡更加惨重。童贯眼见宋军不能决胜一时，牙一咬，两眸放光。

"来人！"

"有！"

"命我的二千旗牌手出城增援，只许进不许退！"童贯声音又细又尖，刺耳得很。

"得令"！

俄顷，城内有铁骑飞驰而出，投入到纷乱的战团中去了。

辽兵主帅耶律大石见势不好,便鸣金收兵。宋军也无心恋战,纷纷后撤。于是,两军终于分开。

童贯见状,终于松了口气,也令鸣金收兵。

风雨大作,丝毫不减。血水、雨水、汗水凝成了一条小河,蜿蜒而流。

辽兵渐渐远去,只是异口同声地大喊:"宋军违背盟约,猪狗不如!貌似强大,不堪一击!妄想招降,自不量力……。"

喊声震天,由近及远。童贯手扶城垛,浑身发抖。城外,死尸狼藉,堆积如山,无数的秃鹫盘旋而下,停驻在死尸身上。

"完了……!"童贯只觉得两腿发麻,忽地一软,站立不稳,软瘫下来,被身后的杨惟忠用手紧紧夹住两肋,才没有跌倒在地上。

"太师,太师,你醒醒……!"

"皇上!童太师的六百里加急!"梁师成两眼朝门缝里左右张望,嗓音细细的。

"啊哈——!"徽宗睡意蒙眬,被叫声吵醒,问屋外,"什么时辰了?"

"皇上,都快辰时三刻了,大臣们还都在延和殿外候驾呢?"

"这么晚了?叫人进来伺候吧!"

"是!"梁师成首先推门而进。

徽宗仍斜靠在金丝楠木的床背上,冲梁师成问道:"你刚才说,谁的六百里加急?"

"童太师的!"

徽宗掀开锦被,坐了起来,一旁的王皇后忙拿起件龙袍,搭在了徽宗肩上。

"快拿来给朕看!"

梁师成双手呈上,又吃力地蹲下,为徽宗蹬上了快靴。

徽宗拿起边报在手,一目十行,越看越急,越看越气,"啪——!"的一声,将边报扔在了地上。

"岂有此理!"徽宗气呼呼地在屋里走来走去。

"仓鄹鄹……!"徽宗一手掀翻了小太监端上来的洗脸水,铜盆落地,水溅满屋。

梁师成等众太监慌忙跪地,"皇上请息怒!"

"什么旗开得胜,马到成功!简直是一派胡言。"徽宗气急败坏,"童贯啊童贯!你是有负朕望。"

梁师成听明白了,原来是童贯兵败辽塞。于是,朝两边一使眼色,众太监纷纷站起来,蹑手蹑脚地将地上又收拾干净。

"摆驾!上朝!"徽宗由人穿戴整齐,跨大步,气冲冲地出了屋子。"皇上,先用了早膳再去吧!"徽宗没说话,仍铁青着脸,急步如飞地向延和殿走去。"当,当,当……",延和殿前的景阳钟声音悦耳,绕梁不散。

文武百官们直等了近两个时辰,大都以为今天徽宗又要罢朝了。正议论纷纷,忽听见景阳钟响,知道徽宗终于要升朝了,纷纷暗自庆幸,总算今早没白等。于是,众人整装肃容,依次而进。

"吾皇万岁,万万岁!"

"平身!"

众人各自归班,依序而立。

徽宗怒气未消,"你们知道吗?我宋军在辽塞大败!"

"嗡——!"众人听说,犹如当头一棒,都毫无心理准备。

一旁,梁师成将刚才从地上捡起来的边报又递给徽宗。徽宗一努嘴,让他将边报拿给众人看。于是,梁师成走下丹墀,将边报递给了王黼。

王黼已经心惊肉跳了,两手颤抖地接过边报,展开细看。看完,又将边报传给身边的几位。

"你们看,怎么会一败如此呢?"

许久,无人敢出班应答。朝堂上寂静无声,冷清悄然。

"皇上,臣宋昭有本启奏!"

徽宗抬眼一看,离丹墀很远,站出一人,跪地而言。

"你讲吧!"

"皇上,臣以为,真宗皇帝所订'澶渊之盟',实为和戎上策,安边之妙计。现妄兴边事,致烦宸虑,提重兵久屯于塞上,府库为之一空。此战惨败,官卒兵民死伤无数,可见前所奏陈,悉皆虚妄。财用尚可复全,死者何由更生?……"

"好了,好了!朕无意听此,卿归班吧!"

徽宗本来就满心懊丧,根本听不进宋昭那样极言兴兵之非的话。

丹墀下的王黼又往前踏了一步,奏道:"皇上,出兵辽塞,收复燕云,此乃千秋之功,而太师偶有败绩,不足为奇。况且,据太师急报上说,此败皆因都统制钟师道无性好杀,触犯辽人,而且还坐着肩舆临阵,助贼得逞,这才坏了皇上的大计,另有副帅和诜,不遵指挥,劾奏处置!"

"童贯现在屯兵何处?"

"童太师、蔡学士已自瓦桥关取道莫州,欲回河间府,候旨而定!"

文武百官见王黼仍有伐辽之意,于是都默不作声。

徽宗也有些后悔了,问:"前些时,辽国派使前来修好,后来如何打发的?"

"启奏皇上,是臣奉太师钧谕,以礼相待,恭送出京的。"

徽宗低头一看,说话的是国子司业权邦彦,便问:"他们可留下什么话?"

"辽使临走时见我朝没有给他回文,便留言说,仍望两国修好,亟待佳音!"

"嗯——!众卿看,现在致书辽国,是否为时过晚,有损国威。"

左班中走出刚回京述职的知真定府路安抚使赵谪,跪倒在品级台阶上,朗声奏道:"皇上,臣赵谪以为,可遣重臣将命彼国,慰谕其宗族臣下,厚加拊劳,赐之封册,申信结誓,以继好息民,俾之知戴中国。如此,陛下虽不责报虞归故地,减岁币,必有一以报陛下矣。如是,则我朝不待汗马之劳,遣镞之费,万无一失,安享大利。伏望圣慈特加采择,速奋睿断施行,实天下之幸!"

"万万不可!皇上,此言大谬矣!"赵谲话音刚落,王黼赶忙出班,"现女真势不可挡,破竹而下,取辽东京、攻其上京,辽国节节败退。若我朝仍按兵不动,反欲与辽修好,势必坐失良机,悔之晚矣!"

徽宗又没了主意,就连眼神也游移不定,"燕云十六州自然要收复,可是……。"

"皇上,臣宇文虚中有本启奏!"

徽宗两眼微闭,"啊哈——",哈欠连声,已经有些不耐烦了,"说吧!"

"臣以为,若我兵未能下燕,而女真人关,一举而拔,掠为空城,以城归我,不惟缮守费力,又恐为夷所轻,其利害如何?"

武将中,童师闵终于按捺不住,出班跪倒奏道:"臣观察使启奏陛下,联金灭辽,实为上策,燕土归宋,即为大胜,又何必为些许用度锱铢必较呢?"

宇文虚中听了,极不服气:"观察使此言差矣!如像大人所说,徒守空城,又有何利可言!"……

呼——,呼——!"

众人都低头听着两人喋喋不休地争论,忽然,从丹墀上竟传来低沉的鼾睡声。

梁师成在旁也听见了,侧脸一看,原来,徽宗斜靠在龙椅的扶把上,垂着头,竟然睡着了。

见众大臣面面相觑,梁师成也无可奈何地摇摇头,拔高了尖嗓子,细声说道:"今日早朝到此,有奏明日再议!卷帘——!"

"退班——!"

久旱逢雨,如沐甘霖,经雨之后的道上,油绿水灵,格外清新。路面上,一层薄纱,净而无尘。

一骑快马,驰骋而过,溅起朵朵水花。瞬时,穿城而进,直往童贯的大帐奔去。

童贯的行辕大帐设在镇内的一块空地上。这是一个正方形的尖顶毛毡帐篷,每边长约二丈,边缘也高近一丈,外为蓝色,门窗都开着,四周有众多旗牌官把守。

帐内宽大的堂案前,一把大藤骑上,坐着童贯,好像正在和两旁站立着的杨可世、李知均等人说着什么。

快马在帐外立定,马上之人翻身一跃下地,探身入账,双膝跪地,大礼参拜:"末将何灌,参见太师!"

童贯一喜,忙站起来,"你终于回来了!怎么样了?"说着,伸手将何灌拉了起来。

"回太师,辽国首相李处温策反一事已经败露,前三天,已被以叛变卖国处以极刑了,而且,其他同党也一并入网,尽行处斩!"

"什么？赵良嗣不是说，策反一事极其机密吗？又怎会败露呢？"童贯失望之余，急切地想知道事情经过。

何灌暗自理了下头绪，回道："是的，此事本无人知道，那李处温也极其小心，后辽帝耶律淳病危，李处温便想乘机起事，派心腹之人出城向宋军求援。不料，正遇耶律大石回城，见那人可疑，正欲问话，谁知他却心虚，撒马便跑，这才被耶律大石抓回，细加盘问，那人都招供了。"

"唉——！真是一招走错，满盘皆输！"童贯两手一拍，深为遗憾。

"不过，末将也为太师带来个好消息！"

童贯想不出还有什么值得他高兴的消息，"是什么？"

"回太师，辽帝耶律淳死了，而且就在前天！"何灌满脸兴奋，两眼放光。

"是吗！"童贯也激动了，"此话可是当真？"

"末将不敢儿戏，已经打探明白，现在，辽国已经立耶律淳的妃子肖氏摄政，号称皇太后，改元德兴了。"

这个消息，倒是出乎童贯意料之外，忙问何灌："这个消息，皇上知道了吗？"

"赵良嗣已用六百里加急，给京里送信了！"

"噢！"童贯若有所思，转而又问："那金国的女真人呢？知道了吗？"

"应该知道的，辽国已经公开发丧了。而且，就在昨天，女真人已经攻克了西京！"

童贯听了，不由一惊："他们怎么如此迅速？"回过头，又问李知均："这样一来，女真的军队不是要和大宋的守军相接了吗？"

李知均赶忙应道："正是！不但西京大同府为其所占。看来，蔚、应、朔三州也终将为女真所得。"

"唉！我宋军至今却寸土未得。知州，你看皇上会否再次兴兵？"

李知均想了想，说："若皇上得知辽帝新亡，或许会有此念。"

"嗯！老夫也这么想。可是，我看即使再次北征，胜望也渺茫得很。"

李知均一呆，懵懂不解，两旁的众人也大都疑惑。

杨可世问："太师何有此论？"

童贯轻蔑地一笑："这几年，皇上大兴土木，国事常废，其周际之人，如王黼、李昌彦、梁师成之辈，更是阿谀奉承，跋扈专权。不仅国库空虚，兵备更是松弛。老夫虽与蔡京互有猜忌，而总是相连，故而亦得宠有时，尽心取媚于皇上，然树大招风，总有失算。现在，就连皇上也疑忌于我，这个，老夫岂能不知。所以，总是极力怂恿皇上北与辽国、西与夏国以兵戎抗衡，实在也是为一己之私。不然，怎有今天？"

辛永宗挠挠脑门，有些不服气，嚷道："那江南方腊造反，满朝文武俱都回避，还不是太师率兵剿灭的吗？"

童贯笑起来，摇摇头说："他们本来都想看老夫的笑话的。还好，有老天佑我，总算得以剿灭贼匪。只是……。"

"只是什么?"辛企宗瞪大眼睛,急欲知道下文。

童贯看看周围,都是自己的心腹,也就直言不讳:"只是你们要知道,伴君如伴虎,老夫虽身处高位,也是天天提心吊胆,小心当差的。如果不是老夫处心积虑,苦心经营,到最后,最多也只不过是一席裹尸罢了!"

李知均听了,深有体会,自己不就是以前没有靠山,只不过贪了些,就被弹劾罢官!而与童贯、蔡京之流相比,自己简直就是个不入流的小角色。像他们,欺君罔上,胡作非为,不但全国百姓恨之入骨,就连文武众官也大都以去之为快。这些,只不过就瞒着徽宗一人而已。但是,事与愿违,他们非但没有罢官,而且被徽宗看作是中流砥柱似的。这究竟是为什么呢?不就是因为他们会钻营取巧,欺上瞒下嘛!

然而,这些并不是人人都会的。还好,自己醒悟的还算早,终于找到了童贯这个大靠山。大树底下好乘凉,这话一点儿不假!

"那太师刚才又怎么预言出兵辽塞,胜望渺茫呢?"何灌如身处云雾中,还是不知所以然。

童贯手指众人,说:"你们跟了老夫这么多年,说实话,长进不多。你们难道不知骄兵必败吗?不但如此,现在北征,既不合天时,又妄失人和。充其量,燕云十六州,本为吾境,尚可振振有词。可是幽燕一方,陷没已然二百多年,他们还会个个思汉若渴吗?以老夫看来,不会因为他们本来安居乐业的,忽然陡起干戈,有哪个百姓会欢迎呢?"

辛企宗仍然听不懂,"既然这样,那我们就固守疆土好了!还去开战干什么?"

"傻子!"杨可世捶了他一拳,"要是这样,谁又给你立功、给你官做呢!"

辛企宗用手挠挠后背,咧开大嘴,笑了。

杨可世一语道破天机,众人茅塞顿开,恍然大悟,童贯两眼微闭,沉默不语,对杨可世说的话未置可否。

忽然,帐外又跑来一个中军官,禀道:"汴京有使到来!"

童贯一听,眨了眨眼,猜不出京使来此,是何目的,便对众人说:"你们替老夫去接他!"自己仍安然坐在藤椅上,没动。

杨可世等人一拥而出,去迎京使。

不一会儿,众将拥着一人进了大帐。童贯看了许久,只觉得来人面熟,却一时想不起来是谁。

来人紧走几步,来到童贯跟前,深深一揖,口称:"秘书郎刘春拜见太师!"

"噢!"原来是他,童贯依稀记得,他这个官好像是谁到自己府上走动过,送了份厚礼才给了他的。不过,像这样类似的事太多了,所以,具体的事都忘了,大概是交给童师闵去办的吧!

童贯往旁边座位一指,说:"你坐吧!"

"刘春谢座！"

童贯身体往前微探，只听见藤椅"咯吱吱"地响。

"你一路辛苦，不知皇上有何谕而下，你就念吧！我这里简陋，也没个香案！"

"是是是！不敢劳动太师！"刘春一副阿谀献媚的样子，"太师，也没什么大事。只因伐辽初败，皇上震怒，据太师上奏，弹劾钟师道、和诜二人，皇上已准允了！"

"噢！皇上是怎么处置的呢？"

"皇上已下诏，将钟师道贬为卫将军退职；和诜贬到亳州任团练副使。现在，皇上下谕，命下官送信，让太师暂时兵驻此地，以候听用！"

"知道了！"童贯的话音一下子变得有气无力起来，回过身，关照站着的李知均："你下去置些酒菜，给刘大人洗尘！"

"不敢，不敢"！刘春连声推辞。

李知均走过来，握住刘春说："刘大人不必客气，请跟我来！"

二人并肩出了大帐，童贯又忽然想起了什么，忙喊："回来！"

辛企宗高声喊道："回来——！"

两人应声又折回大帐。

童贯站了起来，问刘春："你出京时，可曾听说辽帝已经驾崩？"

刘春摇摇头，回道："没有啊！耶律淳已经死了吗？"

童贯不想和他多话，挥挥手，李知均领着他出去了。童贯此时只觉得心内茫茫然，不知所措。

忽然，一旁的杨可世跪倒在地，连连磕头，"谢太师成全之恩！"

童贯一愣，问："你干什么？"

"末将知罪，此败皆因末将擅入辽境，挑衅而起，后又妄自尊大，才有惨败。太师非但不加责怪，还以钟师道、和诜二人为末将顶罪。太师再造之恩，末将没齿难忘！"

"噢，你说的是这个！"童贯这才恍然大悟，伸手扶起杨可世，说："这不算什么！不拿他们去顶罪，难道还折下我的左膀右臂不成！"

童贯说着，又折过身，脸向着众人说："你们听着，只要老夫在位一日，不论你们有多大过失，自有老夫承担，可保无虞！"

众人深受感动，齐刷刷地站成一排，当胸抱拳，一揖及腰，说："谢太师！"

童贯挥挥手，又让众将坐下，"刚才咱们话说到一半，却来了京使。现在接着说，我问你们，有谁知道老夫为何要联金灭辽？"

众人面面相觑，好一会儿，张思政试探地问："莫非太师早知我军势单力薄，要借女真之力，以成大事？"

童贯哈哈大笑，两眼望着张思政，深不可测。

"对了，刚才老夫已经对你们说了，单凭我军与辽兵对垒，胜望渺茫。所以，我极力敦促联金。只有这样,幽燕之地才有望收复。"

杨可世连连点头,忽然想起一事:"太师,刚才何灌不是说,西京大同府已为女真所占了吗?那又当如何?"

童贯没答话,反而盯着杨可世直看,问:"依你看,又当如何呢?"

"我……!"杨可世一下愣住了。……

窗下,童贯秉烛夜读,再次拿起童师闵从京城写来的长信,细细玩味。

"吱呀——"一声,李知均推门而入。

"太师! 您找我?"

"嗯! 这边坐吧!"童贯手指身旁的靠椅,让李知均坐下。

"师闵从京城给老夫来了封信,我让你一起来看看!"说着,童贯将厚厚一沓信递给了李知均。

李知均慌忙站起来,双手接过信,又坐回原处。

"你先看吧!"童贯边说,边推开窗子。顿时,一股清新凉爽的风由窗而进。童贯两手撑在窗框上,仰头而立。

天际上,寥若星辰,明灭可数。晴朗的月夜,静悄悄的,只是过一会儿,有几下打更声,由远处传来,才不致使这夜寂沉无声。

"太师,我看完了!"

童贯转过身,踱了过来。

"信里说,皇上又要兴兵伐辽了? 而且让刘延庆代钟师道为都统制!"

童贯点点头,"是啊! 我上书本来是举荐杨可世为都统制的,看来,皇上是另有打算了。"

"不过,刘延庆也算是北塞名将!"

童贯轻轻"哼"了一声,说:"正因如此,我才没有举荐他。更何况,皇上对他深为赏识。就在上个月,又晋他为检校少傅了。"

"是这样,我也看出来了,"李知均连连点头,"要不然,皇上又怎会赐他旌幢、匕宝、金枪、御袍和玉带,以示恩宠呢?"

童贯两眼紧闭,仰面往后一靠,好像心事重重的样子。

李知均也没再说话,只在一旁相陪。

"哎——! 知均,"童贯睁开了双眼,又继续说:"依你看,皇上会不会……。"

"怎样?"

"以刘延庆取而代我!"

"什么?"李知均从没有想过,"不会吧! 太师功勋卓著,曾为大宋立下汗马功劳!"

"老夫不那么想,你可知道功高震主这四个字!"

"功高震主?"

"难道你没觉出?"童贯深有感触,是早有察觉,"先是平定江南,老夫未得恩赏;接着我挥师北征,却又多出一个宣抚副使,来监视于我。以前,皇上对老夫的举荐,总是照本准允,百依百顺。可是,这一次却又以河阳三城节度使来做我的都统制。凡此种种,老夫是心知肚明,看来,我是日薄西山,要步蔡京的后尘了!"

听完这一席话,李知均也觉得童贯分析得入情入理,不由想到自己的将来,也怦然心动。

"可是,太师,以学生看来,皇上对太师还是心存好感的。否则,他又怎会准允太师举荐的何灌为副都统,又分广信军驻安肃,派张思政权领呢?"

"哈哈哈……,"童贯仰面大笑。

李知均听得出,这笑声中含着几分苦涩。

"知均,你还真以为皇上是在照顾我的面子呢!要是这样,那你就错了。"

李知均只见童贯的胸脯上下起伏,两眼凶光毕露,忙问:"那又是为了什么?"

"这不是明摆着的嘛,因为老夫重兵在握,与辽国对垒,事关社稷,皇上不会轻易变动。我敢说,此战不论胜负如何,最后,皇上都会削去我的兵权!"

"难道太师就无计以对了吗?"李知均也急得坐不住了,腾地一下站了起来,过了会儿,又从桌上拿起童师闵的长信,细细地看起来。

童贯仰面坐着,思量了许久,忽然嘴角一挑,咧着嘴说:"除非……。"

童贯的话还没说完,大帐的门却"咚咚咚"地响起来。

"谁?"

"是我,辛企宗!"

"噢,进来吧!"童贯暗暗纳闷,这么晚了,他来做什么?

这时,辛企宗已经推门进来,他倒是全身披挂。童贯这才想起,大概今夜是他巡营。

辛企宗两手一叉,"禀太师,刚才末将巡夜,捉到一个和尚,形迹可疑!"

"现在哪里?"

"帐外!"辛企宗用手往外一指,又问:"要不要带他进来?"

"好——!"……

"走,快走……,"不一会儿,辛企宗就推推搡搡地押着个光头和尚进来了。

"阿弥陀佛——!"那和尚双手合十,低声宣颂佛号。

童贯见他一袭灰色衲衣,气宇不凡,虽然被人押进来,却毫无惧色。

"大和尚,你在何处修行,怎会深夜到此啊?"

那和尚微微扬起头,看了童贯一眼,反问:"上座之人,莫非就是大宋童太师?"

辛企宗不耐烦了,"是,他就是太师!"

和尚听了,这才双手合十,向童贯打了个稽首,说:"易州大云寺明赞和尚给太师见礼!"

童贯与李知均相互看了一眼，有些惊讶。易州，不是在辽国管辖之下吗？他深夜来此，又是为了什么？

"啊哈——！果真是个奸细！"辛企宗很兴奋，自己果然没抓错人，一个箭步上去就想揍他，却被童贯拦住了。

"放肆！还不退下！"

辛企宗连忙缩回拳头，闪到一边去了。明赞和尚却不慌不忙，从怀里摸出封信来，双手递于童贯。

"太师，易州知州高凤托贫僧给太师送信！"

童贯伸手接过，凭直觉，感到此事重大，非比寻常。用指甲轻轻一挑，从封口取出信笺，细细看起来。看着看着，眉头渐舒，竟有了笑意。

看完，童贯的精神更是为之一振，对和尚也客气了许多，"大和尚一旁请坐！"

"谢座！"明赞和尚在下首的位置上坐下，又说："太师，高凤大人托贫僧传书，情真意切只愿表明心迹，早日投宋！"

"好，好！识时务者为俊杰，高凤大人有此义举，实乃易州百姓之福！"童贯说着，又将书信传给了李知均看，"不过……，老夫屯兵在此已久有时日，你家大人怎么至今才有此举呢？"

"回太师，说实话，高大人本来还是想在其位，就司其职，要负隅死守，以保疆土的。但自从辽帝新亡，又逢辽相李处温策反未遂，因为他是汉人，故而在肖后摄政后，辽人即大力排除异己，对汉人极不信任。因此，汉人大都人心惶惶，前几日，又听说燕京有几个做官的汉人被妄杀。高大人也是汉人，又祖居易州，是以有此义举，既为明哲保身，又想保全一方百姓的平安！"

李知均已然看完信，有些疑虑，便问："既然高大人愿投宋，指望我军开至易州，以便接管，可是他信上并没提日期？"

明赞和尚侧过身，面向李知均说："我临行时，高大人关照请太师订此日期！"

"那么，易州守军有多少？高大人是否都已有安排？"童贯关心的，是能否顺利进驻易州。

"太师但请放心，易州通守王棕与高大人早已安排妥当，只等宋军一到，便先行斩尽易州城里不多的契丹人！"

童贯听着，眯起眼开始盘算，……。

明赞和尚静等了一会儿，便问："太师，高大人还等着贫僧的回音呢！不知太师究竟意下如何？"

"这样吧！"童贯站起身，来到明赞和尚的跟前，说："禅师先请隔壁稍息片刻后，老夫自然给禅师回复。"说着，用手招来辛企宗："你陪禅师出去，好生相待！"

辛企宗两手一叉："是！"……

李知均见两人走出帐外，早已抑制不住兴奋，腾地一下几乎像是跃起一般，激动地对童贯说:"太师,这福之将至,真是出乎意料啊!看来易州是唾手可得了!"

"恐怕不尽然吧!"童贯也很高兴,但心头却隐有一丝不安。因为易州来得太容易,反而让人难以相信。

李知均觉得奇怪,"太师何出此言?"

"知均,易州虽然愿降,但由此而去,即是辽境,而且我恐怕此次会与上次策反李处温一样,中途夭折!"

"难道就无万全之策了吗? 这可是千载难逢的好机会呀!"

"哈哈哈……!"童贯仰面大笑,伸手拍着李知均的肩膀,好像得意非常。

"太师莫非已经成竹在胸?"

童贯拉了李知均一起坐下,反问:"依你看皇上再次兴师北伐的诏命何时发下?"

"太师怎么问这个? 照少公子的信里说,大概这两日就会有诏命的吧!"

"嗯! 我看也是,那么要是让新都统刘延庆去易州纳降,如何?"

李知均眨眨眼,似乎没听懂,转念又一想,这才恍然大悟,心里深深佩服童贯阴险老练。

"学生懂了,太师这是一箭双雕之计! 要是纳降顺利,那是太师的功勋;要是有诈,那刘延庆可要……。"

"嘿嘿嘿……,知均你说此计可好?"

"好,好!"知均忙不迭地说:"太师果然是老谋深算,学生佩服,佩服!"

看李知均手捻胡须,得意扬扬的样子,童贯忽然想起一事,忙问:"知均,这两日你可曾去过蔡攸那儿?"

"学生昨天刚去过。"看着童贯征询的目光,李知均又接着说:"他呀! 还不是老样子,整日声色犬马,醉生梦死!"

"这就好!"童贯吁了一口气,大为放心,"明个儿,你再给他送些花销去,别忘了给他记账!"

"是——!"

童贯又招手,"来,知均,咱们去隔壁看看,再同那和尚细细商议。"……

边塞秋寒,转眼到了九月。检校少傅、河阳三城节度使刘延庆终于下达了新任都统制后的第一个将令:以其子耀州观察使刘光世同杨惟忠领中军,以冀景、赵明、翟进为先锋,以同州观察使何灌为殿军,统兵三万,进兵易州。

到二十日,天气晴朗,碧空无云。秋风劲吹,只吹得耀眼的大旗"啪啪"直响。

一路顺利,宋军的先锋将士眼看易州近在咫尺。于是,纷纷加快步伐。

先锋官冀景在马上洋洋得意,心里感谢刘延庆给他这个好差使。明摆着,不用刀枪相交,就能兵不血刃地拿下易州。因而,一路上,冀景是哼着小曲子来的,连盔甲也没穿戴,只披件猩猩红的战袍而已。

"报——！禀先锋官，再过五里，即是易州了！"探马单腿而跪，朗声而报。

冀景眺目远望，只见前面飞沙弥漫，却看不到什么。但是，冀景是满心欢喜，好像已经看见易州城城门大开，知州大人率军民人众正翘首以待呢！

于是，冀景将手中的马鞭往空中一扬，喊道："众军！易州城就在眼前，快马加鞭，好进城犒赏三军啊！"

"是啊——！"

众兵将闻言，个个兴高采烈，喜气洋洋，一心指望进易州城，好大吃大喝。为了行军方便，军兵们弓也背上了，刀也进了鞘，有说有笑，队形松散，只向易州而去。

忽然，前面马蹄声碎，杂沓纷乱。

"噢——！有人来接我们喽！"不知谁喊了一句。

冀景搭手仔细张望，果然，远处旌旗招展，斗大的"辽"字迎风飘扬。冀景见了，满心欢喜，纵马飞跃，一路狂奔。

距离越来越近，冀景也看清了，迎面而来的全是辽兵，张口刚想答话。不料，对方却弓上弦，刀出鞘，喊杀声四起，掩杀过来。

"不对！"冀景心头一颤，可是，为时已晚，辽将迎面一枪，将冀景挑于马下，顿时，冀景蹬了两下，便不再动了。

他身后的宋军被这惊人的一幕吓呆了，一时懵在那里，不知所措。还是两个副先锋赵明和翟进清醒些，各自拨转马头，扬鞭催马，已逃出老远了。军士们见将官一个死，二个逃，顿时军心大乱，四下逃窜。

辽兵呐喊而追，奋力掩杀。宋军根本没作打仗的准备，也无心恋战，只一个劲地往前逃。

"杀呀——！"旷野上喊杀声震，响彻云霄。

不一会儿，白沟牛栏一带，尸横遍野，血染黄沙。败军四散，慌不择路，他们无暇去打探一下，实际上，追来的这些辽兵，不过才有千余人而已，只是偶尔途经此地换防的小股人马。

还好，刘光世同杨惟忠率了中军赶到了。辽兵见状，鸣金而退。宋军也不追赶，收拾残兵败将，一边就地安营扎寨，一边，刘光世派探马分别给父亲刘延庆和童贯送信。……

就在童贯接到刘光世的奏报的同时，易州高凤也派人来问讯。

原来，今天一大早，知州高凤就派人外出打探。当得知宋军大队人马将至时，高凤密谕通守王惊，杀尽了城内的契丹人。然后，城门大开，翘首以待。

谁知，一直到晌午后，宋军却音讯皆无。高凤慌了，听从明赞和尚的计议，一面闭门固守，一面修书写明，派人快马而至童贯的营中，要问清原委，重约降日。

就在这时，一骑快马飞驰而来，童贯派出的探马回来了。

"报——！"探马探身进了帅帐，单膝而跪，禀道："太师，小的已打听明白，今日所遇的辽兵是至良乡县泸沟河换防的,大约只有千余人左右。"

"知道了,你退下吧!"童贯心里暗笑刘延庆,更笑他的儿子刘光世,原来,他俩也是这样的草包无能。

想到这里,童贯伸手从帅案上抽出一支令箭,"杨可世听令!"

"末将在!"

"命你率兵一万,增援刘光世,你可明白老夫的用意?"

杨可世抬头,见童贯的目光狡黠,藏有深意,一转念,立刻领悟了他的意图,冲着童贯重重地点了点头。然后,一转身,大踏步走出帐外。

"慢!"童贯还是不放心,"可世,你一切预备妥帖,九月二十九日,我会派何灌持节至易州城,接受纳降。你懂了吗?"

"末将知道!"

谁知,杨可世刚走出,帐外,李知均却又急匆匆地跑来,与童贯耳语了一阵。

"什么? 竟有这样的事!"童贯看看李知均对他刚才说的,几乎不敢相信是真的。

两旁的众将面面相觑,不知道发生了什么事!

童贯与李知均又低声嘀咕了一会儿,这才正颜威坐,稍事停顿,说道:"适才间,李先生来说,今有辽国涿州留守郭药师派团练使赵鹤寿率精兵八千、铁骑五百,并奉一州四县的府册节授来降!"

"什么……!"

"这是真的?"

众将议论纷纷,兴奋不已。

何灌走出队列,禀道:"太师,据末将所知郭药师乃渤海人,他勇猛善战,沉毅果断,手下一支军队骁勇无比,人称常胜军。其副将名叫张令徽,军下四个彪官,每彪五千人。郭药师因此被辽国倚为重臣,官封金吾大将军。他身受辽国重用,又怎肯轻易降宋呢?"

李知均移身来到大帐中央,答道:"这个,学生本来也很怀疑,刚才,我已细细问过降将赵鹤寿,听说郭药师已然将涿州监军肖余庆囚禁起来了!"

何灌听了,点点头,"这倒是表明了郭药师降宋的心迹,可他降宋的原因究竟是什么呢?"

"只因他也是汉人,而且天祚失国,女政不纲,又听说契丹人要大开杀戒,杀尽汉人,所以他相约易州高凤,一同来降。"

何灌听李知均说完,还想说什么,却被童贯出言阻止了,"你不用多虑,他此次降宋,出意诚挚,不会有诈。只是这样一来,辽国必然有所耳闻,以老夫看来,你不必再等到二十九日,现在即可发兵,先去易州纳降,然后顺涞水,赴涿州,抚定郭药师!"

"末将遵命!"何灌健步向前,一手接过童贯递下的令箭,转身出帐。……

"圣旨下——! 两河宣抚使童贯、副使蔡攸接旨!"

童贯、蔡攸应声面南而跪,垂首听旨。

老太监手捧圣旨,抑扬顿挫地念起来:

> 制曰:岂意酋虏自叛宗盟,命帅出师,巡边备寇,天戈压境未久,土宇来附之无余,伪后知机,遣使露封而纳款;燕民效顺,束身请命以来归。将尽复燕云之故疆,聊共成祖考之昔志。君臣有庆,中外交欢,成此肤功,赖予良弼……。

童贯想象得到,当徽宗及文武百官接到捷报时是怎样的雀跃兴奋。然而,老太监宣读的圣旨中却只字未提自己的功劳,这未免让人扫兴。以后的诏文,童贯也没听清楚。

"太师,请起吧!"老太监已然读完,他走到童贯跟前,伸手来扶。

童贯也感到自己是老了,只觉得两腿发麻,一时没了知觉。身旁的李知均赶忙上来,搀住他。童贯借了他的力,才挪到靠椅边,一屁股坐下。

坐定了好一会儿,童贯才缓过来,见老太监还笑盈盈地站着,便关照李知均:"你先带公公下去奉茶,待会儿为公公接风洗尘!"

"不敢,不敢!"老太监笑眯着眼,连连推辞。

童贯并不言语,只伸出右手做了个送客状,"公公请吧!"

"多谢太师!"老太监不再多话,作了个揖,随李知均出了帐。

蔡攸早已按捺不住,两人刚走,他就站起来,来回地在帐内走动,激动地大声说:"太师,收复燕云,指日可待啦! 哈哈哈……。"

童贯见他这副得意忘形的样子,实在是从心底里对他反感,但又不好发作,反而问他:"学士,辽国降使这两日有何举动?"

"他们还能怎样,只是催着我们答复呗!"

"噢! 既然朝廷的旨意下来了,我们今儿个就见见他们吧!"

"也好!"

童贯整衣冠,正襟危坐,"来啊! 传辽使来见!"

"是——!"

不一会儿,帐门大开,进来二人,来到帅案前,深施一礼:"辽使肖容、韩参昉见二位大人!"

"罢了——!"童贯拖足了官腔,"二位使臣来此意欲何为啊!"

韩昉说着一口流利的汉语,分明也是汉人,"太师,余等奉肖后之命,前来上表,愿对宋称臣!"

蔡攸不屑地一笑,问道:"那又是如何的称臣?"

韩昉却不卑不亢，昂首答道："我大辽肖后本欲引干戈而自卫，与社稷以偕亡，伏念生灵重遭涂炭，与其复蹈执迷之咎，不如为奉上之勤，伏遇皇帝陛下，四海宅心，兆人为命，故以拯救黎元之苦为己任，愿仰承严命。纳款称臣，以庶保余年，犹荷永绥之惠，是以……。"

"好了，好了！"没等辽使说完，却被蔡攸不耐烦地打断了，口气还很生硬："你们只说纳款称臣，却不纳土献城，可见不是诚心来降！"

韩昉却笑了，说："学士，纳款不就是纳土么！"

蔡攸没等童贯开口，就又抢先呵斥道："不用强辩！不纳土就不要来，来也不受表！"

另一位辽使开始一直沉默，现在见蔡攸如此的强横，有些气愤，也提高了声音说道："大人！自古有云，唇亡齿寒。现女真日渐强盛，其狼子野心，路人皆知。愿我辽、宋两家重修和好，共敌金夷，此实乃万全之策。现我大辽肖后愿纳款称臣，皆因化两家干戈为玉帛！还请二位大人三思！"

"你——！"蔡攸一时语塞，竟哑口无言，忙向童贯瞟了一眼。

童贯聚精会神地听到现在，心里暗想，从刚才的圣旨中可以嗅出徽宗是好大喜功的，而蔡攸似乎也领悟到了，所以才如此的蛮横。既然这样，所以蔡攸说到现在，童贯一直没有插话，但是，对他这样目中无人，越俎代庖却深怀不满。辽使的慷慨陈词，童贯都仔细地听进去了，而且深以为然，但是如今是骑虎难下了。

"啪——！"童贯重重地拍了帅案上的惊堂木，手指着辽使，说道："尔等既然声称，肖后愿降宋称臣，就该纳土献城！现在看来，你辽国分明是犹存侥幸，意欲拖延时日！"

韩昉听了，刚想反辩，却被一旁的肖容暗中阻止了，两人于是默不作声。

童贯见两人不搭腔，又接着说："老夫见尔等出言不逊，本欲借你们的项上人头祭我的大旗。然而，自古以来，两国交战，不斩来使！老夫就暂且饶过你们，待来日平定燕云，再拿你们问斩！滚吧！"

肖容、韩昉相视苦笑，无言以对，再看童贯和蔡攸，都是横眼冷看，不再搭理人。无奈，肖容、韩昉浅施一礼，转身而去。……

十月十九日，朔风频吹，寒意顿生。由涿州至燕山的大道上，人头攒动，旌旗飘扬。

刘延庆跃马扬鞭，与杨可世一起，统率中军，缓缓向前。

"报——！禀将军，前面十里，有辽将肖干与耶律大石统率精兵，据守冲要！"

"吁——"，刘延庆用力勒住缰绳，又问："现在兵至何处？"

"禀将军，现在大军已至良山县！"

刘延庆翻身跃下马来，往前后左右看了看，回头问杨可世，"咱们就此安营吧？"

"但凭将军做主！"

刘延庆马鞭一扬，一旁的中军官迅速跑来。

"传我的将令，大小三军就地安营，但晓谕各位将军，谨防辽军偷袭！"

"得令！"中军官翻身上马，一纵而去。

刘延庆心急，看大军都已停下，便吩咐杨可世代为照看，自已领了一队人马，往前去了。

行不多时，刘延庆只见前面营垒无数，沿河布阵，也不知辽军究竟有多少？于是，折转马头，又回了大营。……

大帐内，众将皆已聚齐，刘延庆进了大帐，居中而坐。

"都统，我们何时开战？"

"是啊！"

"开战吧！"

众人摩拳擦掌，士气旺盛。

刘延庆更是雄心勃勃，说："大军新至，正可乘势，一鼓作气，攻其不备。哪位将军愿打头阵？"

"末将愿往！"刘光世往前踏了一步。

杨可世随后而出："末将愿往！"

刘延庆见二人都要争抢头功，也不好厚此薄彼，便说："好！你二人就各率兵一万，左右夹击，以相呼应！本帅在此静候佳音。"

"得令！"

"得令！"

二人接过令箭，转身出帐。……

片刻以后，就听见营外是杀声四起，地动山摇。

"报——！"探马飞奔入账，单膝跪地，"禀都统，现两军短兵相接，未分胜负！"

"再探！再报！"

"是！"探马转身出帐。

刘延庆此时是忐忑不安，此战是自己率兵攻辽的首战，现在胜败难卜，未免有些着急。

帐外，日头已经西下，晚霞虽映射下来，却显得单薄无力，远处，仍然战鼓"咚咚"，不绝于耳，喊杀声此起彼伏，连绵不断。

刘延庆走出帐外，倒背了双手来回踱着，心绪烦躁，坐立不安。

"报——！禀都统，我左右宋军伤亡惨重力不能克。奉刘将军之命，讨都统示下。"

刘延庆急了，问："那么形势如何呢？"

"辽、宋激战，势均力敌！"

刘延庆低头沉思了良久，再看周围，夜幕已经降临，天际间，星光灿烂，流星闪烁。

"罢了!"刘延庆一跺脚,恨恨地道:"传令! 鸣金收兵!"

"得令!"探马飞驰而去。

刘延庆深深地叹了口气,又踱回了大帐。谁知,人还没坐定,帐外,却又急急地跑来一名亲兵。

"禀都统,太师、蔡学士来啦! 现在帐外!"

刘延庆一惊,自言自语道:"童贯他来干什么?"

亲兵愣在那里没动,刘延庆一挥手,对两旁众将说:"来,大开营门,随我迎接太师!"说着,自个儿先出了帐,走向营门,身后,众将铠甲鲜明,紧紧相随。

还没出营门,对面却已齐刷刷地跑来二队卫士,个个生龙活虎,站列两厢。刘延庆也认识,他们正是胜捷军,料想童贯必然随后就到。于是,加快了脚步,急迎上去。

又是一队旗牌官迎面而来,过后果然是童贯前呼后拥地走来。身后跟着蔡攸、何灌等人,其中还有好几人不相识。

"延庆接驾来迟! 太师、学士海涵!"

"哈哈哈……,哪里哪里,前方战事紧急,将军费心了!"童贯上来,一把握住刘延庆的手,肩并肩地进了大帐。

众人寒暄了几句,纷纷落座。童贯手指一人,对众将说:"大家认识一下,此将即是涿州留守郭药师!"

郭药师赶忙站起,向众人作揖。

众将早闻其名,现在见他就在眼前,纷纷仔细打量。郭药师却是满面堆笑,一脸的和气,只是两道眉毛与双眼间距太开,显得有些滑稽。

这时,刘光世、杨可世恰好满脸疲惫地进了大帐,一见童贯等人来了,都有些意外。

"见过太师、蔡学士!"

"末将参见二位大人!"

童贯笑容可掬,"两位将军少礼,辛苦了大半天,先下去稍息片刻吧!"

杨可世两手一叉:"不用! 末将在此侍候太师!"

刘光世满身是汗,浑身早已湿透,本想交了令后就先去歇息的,现在见杨可世如此说,便暗暗瞪了他一眼,也只好在旁侍立。

刘延庆在旁开了口,"太师、蔡学士,今日一场恶战,双方未分胜负,因见天色已晚,所以我传令鸣金收兵,待来日再与辽国决战!"

童贯未置可否,又问:"辽兵人马探明了吗"?

"禀太师,探马来报,辽兵统帅乃是肖干和耶律大石,我也曾哨探过,敌营连绵不断,难计其数!"

"噢!"童贯点点头,略有所思。

"禀太师,末将有话,不知当讲不当讲?"

童贯抬眼一看,原来说话之人正是郭药师,便说:"但讲无妨!"

郭药师眨了两下眼,说:"末将以为,肖干、耶律大石全军既然在此,那么燕山必然空虚。我们何不暗遣精兵,乘虚而入呢!"

蔡攸一听,抢先答道:"这倒是好计! 不过要兵贵神速才行!"说完,侧过脸来征询童贯的意见。

没想到童贯却说:"既然刘延庆将军是三军的主帅,还是由他思量定夺吧!"

刘延庆本就思功心切,见童贯又这样说,乐得由自己发号施令。

第一个,就问郭药师:"将军可愿充做向导?"

"末将愿往!"

"好! 将军即领常胜军二千,为向导先行!"刘延庆伸手又拿一支令箭,"杨可世、高世宣听令!"

"有!"

"在!"

"命你二人各领铁骑三千,攻占燕山!"

这时,众将中一人闪出,双手抱拳,说:"涿州降将赵鹤寿愿引本部三千人马,以作后援!"

刘延庆点头依允,当下决议:"众将先去整顿军马,卯时初发兵! 本帅随后接应!"……

夜沉沉,燕山城前的泸沟河却涟漪四起,宋军已经悄然渡河,屯兵于三家店。稍事休整,一轮红日就已跃出了地平线,彤彤的光芒微射大地。

郭药师同几十名亲兵换了平民百姓的衣服,赶着几大车的草料驶向燕山城的迎春门。

迎春门旁,人群进进出出,熙熙攘攘,只有十几名守门的兵士,在城墙根那儿闲聊着。

郭药师一声呐喊,从大车上的草堆中抽出大刀,冲了过去。几十名常胜军兵也纷纷抽出兵刃,紧随其后。辽兵根本没做准备,被这突如其来的宋兵吓呆了,一时手足无措。

郭药师健步而上,扬臂砍去,手起刀落,为首的一个辽兵顿时被砍成了两半,血如泉涌,应声倒地。其余的辽兵刚要夺路而逃,却被赶上的几十名常胜军挥刀乱砍,竟无一幸免,全都当场毙命。

城门口的百姓们见了,不知发生了什么事,纷纷四下逃散。很快,迎春门被郭药师占领。

"嘘唏——!"一声长啸,破云穿城。

不一会儿,杨可世、高世宣率领大军驰骋进城。

郭药师熟知城里各门的位置,忙指挥亲兵领路,让杨可世分兵二千,各引三百骑去占其他各门,自己却翻身上马,领了本部人马去攻内皇城。

杨可世与高世宣二人却率了其余铁骑,飞马上街,横冲直撞。街道上,汉人、契丹人,混处一市,各自忙碌着。被宋军突然杀来,全都惊慌失措。

杨可世马鞭一扬,喝道:"传我的将令,凡是契丹人,杀无赦!"

"杀呀——!"宋军领了将令,哪管青红皂白,是汉人还是契丹人,见人就砍、见人就杀。

哭喊声、惨叫声,哀声遍野。孩子、老人,尸横满街,血流遍地。

杨可世见了,在马上爽朗大笑,手捋须髯,吟道:

破虏将军晓入燕,满城和气接尧天,

油然暧暧三千里,洗尽腥膻二百年。

"报——! 启禀将军,郭将军攻打内皇城,不料辽兵有备,拼死抵挡,肖后亲临,擂鼓助威,郭将军请杨将军速去助战!"

杨可世拨转马头,说:"知道了!"话音刚落,连人带马早已窜出一丈开外。……

内皇城下,宋军架起云梯,奋力攻城。而城楼上,飞蝗流石,箭如雨下。宋军一批批倒下,又一个个顶上,前仆后继,拼死而战。

时近中午,双方均伤亡惨重,皇城虽然不高,却极其坚固。肖后身披斗篷,站在黄罗伞盖之下,手执棒槌,擂鼓"咚咚",辽兵眼见宋军烧杀抢掠,无恶不作,早已同仇敌忾,气愤无比。又见肖后亲擂战鼓,士气更加振奋,个个奋勇争先,立誓效尽忠。死尽忠。

双方激战,仍未分胜负,可是,宋军伤亡人数越来越多,杨可世没了刚才的嚣张气焰,气喘吁吁地问高世宣:"刘延庆的援军来了没有?"

"早已派探马去报,却至今音讯皆无!"

"唉——!"杨可世无奈,只得重振精神,继续指挥作战。

夜幕已悄悄降临,双方仍在死死苦战,城上、城下死尸遍地,惨叫声此起彼伏。

"点起火把——!"郭药师双眼饱含血丝,声音嘶哑!

顿时,城上、城下俱都点燃了灯笼、火把,将四周照耀得如同白昼一般。

"报——!"守南门的偏将跃马而来,喊道:"禀杨将军,南城门外尘土冲天,大概是援军到了!"

"好噢——!"宋军兵将听了,个个喜上眉梢,勇气倍添。

杨可世也兴奋不已,两眼放光,催马向前,督战奋进,……。

"不好了,不好了!"刚才的偏将去而复返,"禀将军,原来城外来的竟是肖干率领的辽军!"

"什么!"杨可世这一惊非同小可,稍微定了下心神,赶忙与郭药师一起分出一半人马,冲向南门。

肖干率领着辽军已然冲了过来,两军短兵相接,霎时间,拼杀在一起。宋军是精锐,辽军更是哀兵,双方互不相让,生死搏斗。

"嗖——!"一支冷箭扑向郭药师的面门。

杨可世见了,忙喊:"小心!"

郭药师一个闪身,算是躲了过去。谁知,立身未稳,又是一支冷箭射来,郭药师无处躲藏,翻身落马。

辽兵见状,纷纷拥上,要捉郭药师。杨可世一手挥枪,一手飞剑,挡了上来,辽兵无奈,只好后退。郭药师乘势又飞身上马。

"杀呀——!"辽兵越聚越多,喊声震天。

宋军且战且退,收缩至双门楼。然而,辽军却又从四面八方围拢过来。

郭药师惊魂未定,对杨可世说:"将军,咱们不如退守东门,以待援兵。"

杨可世点头依允,二人率兵又向东门撤去。这时,高世宣也领了人马来了。三人合并一处,在悯忠寺前拼死抵挡。

宋军虽然都是精锐铁骑,可是苦战了一天,至今滴水未饮,粒米未进,早已是精疲力竭。辽兵却乘胜追赶,锐不可当。

杨可世眼见大势已去,急恨交加,仰天长叹:"唉——!赵鹤寿的后援不至!刘都统也至今音讯皆无!我末日至矣!"

高世宣持弓在手,翎箭连发,听杨可世这样说,便拦道:"将军不必惊慌,你与郭将军可先行出城,这里由我暂且抵挡!"

"这不行!"

"报——!东门吊桥已断,请将军早做定夺!"

高世宣急了,"你们快走!"

杨可世在马上朝高世宣作了一揖,向东门飞驰而去,郭药师催马尾随而去。

一眨眼的工夫,就到了东门。二人弃马登城,眼见身后追兵渐至。无奈,郭药师、杨可世分先后缒城而下,随后,众亲兵也纷纷夺路而跳。

出了东城门,已是次日黎明了。杨可世往身后一看,只不过才逃出了百十来人。

郭药师问:"将军意欲何往?"

"我往雄州去见太师,面呈一切,刘延庆迟迟未援,贻误战机!"杨可世恨恨地说。

"那我还是回涿州吧!"

杨可世惨然一笑,"好吧!咱们就此分别。"于是,二人分兵各半,分道而去。

......

谁知,就在这时,刘延庆率了大军才缓缓而来,在迎春门外二十里外安营扎寨,然而他对昨晚城中发生的一切却丝毫不知。

等肖干将城中的宋军斩尽杀绝,已然天光大亮。当听说童贯率了大军在迎春门外驻扎时,不免心内着慌。因为,自己所率前来救援的人马,也只不过五千不到。

但是,灵机一动,肖干有了主意,赶忙令手下找二个未死的宋兵来,关至小房内。肖干自己却与众人在隔壁的厅上喝酒庆功。

"哈哈哈……,宋军自不量力,现刘延庆引兵十万压境,而我辽兵足有宋军的三倍。明晚,就分左右两翼,以精兵冲其中坚,举火为号,将宋军一举歼灭!"

"是啊!来来来,喝酒!……。"

隔壁关着的二个宋兵听得是一清二楚,早已吓得是魂飞魄散。好不容易又挨到天黑,二人乘辽兵不注意,竟逃了出来。……

当刘延庆听完二个小兵将昨晚的战况及今日偷听到的话一五一十地叙述完后,不由大吃一惊,赶忙召集众将,商量对策。

忽然,泸沟河北岸火光冲天,竟映红了半边天。刘延庆更加慌乱,又不知究竟是怎么回事?

"父帅,莫非是辽军前来烧营?"刘光世在旁猜测道。

刘延庆大惊,将这情形与刚才小兵的话一对照,顿时六神无主了。

半响,才从牙缝挤出几个字:"传令下去,烧毁营帐及辎重,三军速退!"

"得令!"中军官转身下去传令。

刘延庆说完,自己率先出了大帐,飞身上马,马鞭一扬,冲了出去。众将见主帅如此,也没了斗志,也纷纷上马,随后紧跟。

熊熊大火,随风迅速蔓延,营内营外,犹如火海一片。宋军丢盔卸甲,不战自退。

城内的辽兵见远处火势熊熊,宋军哭天喊地,四下溃散,不觉奇怪。又等了半日,肖干才痛下决心,率领轻骑三千,随后一路掩杀过来。

刘延庆听得后面杀声四起,以为果真中计,心内更慌,催马扬鞭,奋起直逃。

宋军自相践踏,慌不择路,奔坠崖涧者不计其数,一切军需物资,一概丢弃。宋军的营中,银绢无数,以及连自宋神宗变法备战以来积累的军事所需全被辽军掳去。

溃散的宋军哭爹喊娘,只恨自己少生了两条腿,根本不辨方向,夺路而逃。

刘延庆等人领了残兵败将,根本未做抵抗,一路败退,只往雄州而去。

十二　赂金抚燕

"今尔后不复信汝矣!今尔后不复信汝矣!"童贯手里捏着徽宗用六百里加急传来的手札,不住地重复着手札里面的这句话,内心惶恐不安。

上月,刘延庆率大军十五万兵临燕山城,本来是雄心勃勃,满以为燕山城是唾手可得的。谁知,竟会被一场大火所蒙蔽,而以为是辽军所放,没有细作探查,就不战而退,又被辽军乘势掩杀,银绢辎重,损失无数。直到刘延庆败回雄州,才查点兵马,不由大惊,原来的十五万人,只剩下不满四万。惨败!又是一场惨败!

"唉——!"童贯唉声叹气。在看到徽宗传下的手札以前,说实话,童贯是幸灾乐祸的,同时,也乘机上奏,弹劾刘延庆不战而溃,贻误战机。

不料,徽宗传下的手札中却严厉地指出童贯指挥不力、统筹不当。对于刘延庆,却轻描淡写,只说以后再议。这个,童贯在事先是根本不会想到的。

金兵

"咣当——!"门突然被人撞开。

"什么人!"童贯怒喝!

"是我,太师!"杨可世急匆匆地跑进来,气喘吁吁地说:"太师恕罪,末将鲁莽了!"

"什么事? 这么慌里慌张的!"童贯的口气虽然缓和了许多,却余怒未消。

"禀太师,燕山城被金国攻陷了!"

"啊!"童贯一时目瞪口呆,忙问:"这是什么时候的事?"

"昨天晌午! 听探马来报,说金兵穿人居庸关,直扑燕山城。昨个早上肖后就弃关而去,金兵轻而易举地得了燕山城!"

童贯狠狠地拍着座椅的扶把,沮丧之极。好半晌,才缓缓地抬起头,问:"马扩最近可有音讯?"

"没有,自七日前他从西京命心腹送来封信后,至今再没有音讯!"

"唉——!"童贯长叹一声,身子往后一靠,自言自语道:"完了! 也晚啦——!"

杨可世也预感到此事极其严重,忙问:"太师,今早儿皇上传下的手札都说了什么?"

"噢! 对了,我正要找你们哥几个,你去把李知均他们一块叫来,我有事商量!"

"是!"杨可世转身而去。

童贯愣了半天,才又重新拿起那份手札,再次字斟句酌地看起来。

好一会儿，屋外的廊道上，脚步声由远及近，纷乱杂沓。

"太师，您看谁回来了！"杨可世兴冲冲地跑进来，右手还拖着一人。

"马扩……，"童贯抬头一看，竟是他，"真是说到曹操，曹操就到啊！"

"马扩拜见太师！"

"请起，先生一路辛苦，不必拘礼！"童贯伸手挽起马扩，指着身旁的靠椅让马扩坐。

"参见太师！"

"参见太师……！"

紧接着，李知均、辛企宗等依次而入，纷纷见礼。

童贯见马扩突然回来了，急欲想知道究竟，便问："先生此去，到底怎样？"

马扩一抱拳，说："学生奉太师之命，前往西京，是十一月初二这天见到的金国皇帝阿骨打，本来已经达成协议，金、宋两家约期夹攻燕山。不料，他们后来探知刘延庆曾在燕山城外不战自败，便开始敷衍于我，直到昨天下午，我才知道金兵早已经人居庸关，还拿下了燕山城。……。"

"那么你难道没再去晋见阿骨打，要求将燕山城划归交割给我大宋？"

"学生自然是去了，而且还当场与他们理论。最后，阿骨打终于同意将燕山城交割给我大宋！"

"是嘛！"童贯心头一松。

"不过……！"

"不过什么？"童贯的心一下子又揪紧了。

马扩倒是不急不躁，说："不过金人提出，要我们以一百万贯的数额与他们交换燕山城！"

"什么？这简直不是在做买卖吗？"辛企宗在旁听不下去，插了句话。

马扩并不介意，"就是，学生也有这个感觉，请他们收回此议。金人却说，除此之外，我们就别想再得到燕山城！"

"岂有此理！"李知均也忍无可忍。

童贯冲他摆摆手，示意马扩继续往下说。

"后来，学生实在无法可想，又不敢再耽搁时间，就请阿骨打派了使臣叫李靖的，随我一起回来了！"

杨可世忙问："是不是与你并肩驰马的那个？"

"正是！"

"他好像也是汉人？"

"是的！"马扩无奈地笑笑，又问童贯："太师，他现在就在花厅，是否一见？"

"不用！"童贯总算坐直了腰，转而却问李知均："上次童师闵来信说，上个月金人派使臣去京里，好像准备拿蓟、景、檀等几州割与我朝，但又提出要这几州的各色赋税是不是？"

"是的,不过王黼没答应！"

童贯两眼一翻,说："可他还是答应每年岁贡五十万两匹的银绢！"

李知均点头称是,"太师,王黼答应金人这个条件,实际上也是得到皇上默许的！"

"这个老夫自然知道。"童贯对王黼愈加不满,"即便这样,王黼也俨然像个功臣一般！"

杨可世猜出了什么,试探地问："那太师的意思是……。"

童贯缓缓地吐出几个字："依样画葫芦呗！"

马扩急了,两手一摊,"哪来这么多银两啊？"

"是哪！"辛企宗也随声附和。

这个,童贯也想到了,但经马扩这样挑明了一说,顿时,大家都沉默不语,没了主意。

"哗啦啦——！"一声巨响从园里传来,惊动了众人。

"怎么了？"童贯吓得一惊。

辛企宗、杨可世等人早已窜出了房门。一会儿,又进来了。

"没什么,大概是屋顶上的大瓦滑下来,正巧把檐下荷花缸砸了一个大缺口,水都流了出来。"杨可世半是猜测,半是眼见。

"真是混账！"童贯的心里更添堵了。

忽然,童贯想起刚才杨可世说的那只残破的荷花缸,水虽然都流了,但破缸毕竟还在。想到这里,童贯的双眼不由一亮。

"有了！"童贯胸有成竹,一撑扶把,站了起来。

众人面面相觑,都盯着他看。

童贯诡秘地笑了,说："钱物,钱物！以物抵钱不就行了。"

众人听了,茅塞顿开。李知均更是满脸堆笑,连声说妙。

童贯此时决意已定,便说："老夫只要燕山城,至于它是否残破不全,或是一座空城,这都没有关系！"

"太师,这可不行！"马扩连连摇头,众人中唯有他反对此议。

"嗯——！"童贯斜了马扩一眼,说："不以物抵钱,难道还拿银钱给金人吗？"

"可,可是……,"马扩一时语塞,却又面红耳赤,心急如焚,"可是,皇上要是知道了,罪责不小啊！"

"哈哈哈……,马大人也太胆小了吧！天高皇帝远,他又怎会知道！再说了,难道只许他州官放火,不许我百姓点灯么！"童贯想起王黼以五十万两匹银绢,来换取燕云各州,请功行赏,牙齿就咬得紧紧的。

马扩被童贯这样一说,更没有话了,只好站在一旁,垂首不语。

杨可世忽然想起什么,忙说:"太师,蔡攸、刘延庆都在雄州,是否要知会他们一声。"

　　"蔡攸这里不碍什么! 只是刘延庆……,"童贯想到这里,眼珠乱转。

　　"怕什么,刘延庆也是待罪之人!"辛企宗大大咧咧,根本没把他放在眼里。

　　童贯想想,也没再说什么,慢慢走到窗前,伸手一推,两扇窗倏地打开了,朔风一下子钻了进来。童贯猛地打个冷战,赶忙又将窗关上。

　　李知均迎上来,轻声问:"太师,莫非还有些犹豫?"

　　童贯连走两步,从茶几上拿了徽宗的手札递给李知均,"你看看这个!"

　　李知均接过,细细地看起来。一旁,杨可世也探过头来,凑到李知均近前。

　　童贯偶一回头,见马扩仍站在那儿,低头不语,便佯装笑脸,说:"既然金国派了人来,如让他久候也算失礼,不如马先生先去陪他坐一会儿!"

　　"是!"马扩作了个揖,出门去了。

　　童贯望着他的背影,眼又眯成了一条线。

　　"太师,皇上的手札好像是责备您的意思!"杨可世一目十行,匆匆看完。

　　这时,李知均也抬起了头,不无忧虑地说:"太师,学生遍阅这手札,总觉得皇上虽远在京城,但对边塞的事却了如指掌似的。"

　　"嗯! 你也看出来了。"童贯倒背了双手,微睁开一只眼说:"依你看,这里面有什么蹊跷没有?"

　　"学生刚才就在想,是不是咱们的大营里有皇上安插的亲信?"

　　"是啊! 那又会是谁呢?"

　　"怪不得太师故意支开马扩!"

　　童贯听杨可世这样说,笑了,侧过脸来对他说:"你想得太简单了,怎么会是他! 我支开他只不过是不想让他知道咱们的谈话罢了!"辛企宗捏紧拳头,问:"那会是谁呢?""莫非是蔡攸?""知均,你摆的温柔乡已经够让他忙的了,他哪有这个心思!"

　　"那依太师之见哪?"

　　"是哪,谁敢在咱们的眼皮底下做这种事?"

　　童贯长长地嘘了口气,一只脚却抬起来,踩在了虎皮帅椅的虎头上,说:"你们是否注意到了皇上派在蔡攸身边服侍他的两个太监?"

　　"太师的意思是指他们?"

　　童贯点点头,说:"我想了老半天,这满营的人里也只有他俩才能有办法直达天听!"

　　"我去把他们干了!"辛企宗说,人已经冲到了门边。

　　"回来!"童贯一声怒喝,见辛企宗愣在了那里,又放低了些声音说:"你怎么没有脑子,要是他们不明不白地死了,那皇上不是马上就会疑心到我!"

李知均却干笑了两声,说:"我就不信他俩会比蔡攸还难对付!"

"嗯! 我看,也只有这个法子最好!"

"太师,那我们还同不同金使谈?"杨可世又把话题绕了回来。

"当然要谈!"童贯说得斩钉截铁。……

宣和五年(公元 1123 年),四月十七日,燕山城外的大道上,巨鼓"咚咚",笙瑟齐鸣,大吹大擂,由远而近。

暮春风吹,旌旗猎猎,鲜明夺目。一眼望不到头的宋军,队列整齐,盔甲鲜亮。

一骑飞马,扬起了层层烟尘,率先进了燕山城,紧随其后的军兵们加快脚步,跟了上去。马上之人一晃而过,难以看清,然而,斗大的旗上却红镶金边一个大字:"郭"。

郭药师率了一万常胜军进了城后,忙着设防安卡,晓谕百姓。

"咣——,咣……,王师入城,百姓出迎喽——! 咣——,咣……。"

可是,过了好一会儿,大街上,三三两两的老弱慢慢地聚拢过来,他们面色饥黄衣衫褴褛。

"怎么只有这么点儿人?"郭药师感到奇怪。

"禀明将军,太师领了中军,距城只有三里之遥了!"

"快快出迎!"郭药师嘱咐副将去安排妥当,自己出城门,迎了出来。

"呜——,呜——,"号角声声,低沉雄浑。童贯犹如众星捧月似的,得意扬扬,手揽着缰绳,催马而行。

"燕山城到了,燕山城到了!"军兵们见眼前城门危耸,不由喜出望外,雀跃欢声。

童贯也已经看到了这阔别了十二年的燕京。于是,两腿一夹,率先往城门驰去。

迎面,恰巧郭药师催马而来,"末将郭药师,迎接太师!"

童贯进城心切,也没答话,只冲他微微点了点头。马跃吊桥,穿城门,终于进了被辽国占领了近二百年的燕京。

童贯兴奋地嘘了口气,手中不免带紧了缰绳,马速放慢。缓缓而行。

谁知,燕京却已不是十几年前看到的燕京了,满目疮痍,街道残破不堪,断壁残瓦,破旧颓废,道旁,只有零星的残民嬴卒,含泪焚香欢迎。

为首的父老见童贯驰马到了跟前,便跪倒说:"契丹既灭,大金归国,王师入城,复见天日!"

他身后的众百姓闻言,也不随声附和,却大都掩面呜咽,一片抽泣之声。

童贯好不失望,原先以为收复燕京,自己兵进城里,必然是万人空巷,夹道而迎。谁曾想到,今天迎接他的竟会是悲声阵阵。

"唉——!"童贯一声长叹,再也没有心情跨马游街了,马鞭一甩,顿时街道上扬起一路烟尘。再看童贯,早已向内皇城驰去……。

内皇城,更是凌乱,昔日的繁华早已烟消云散。马扩等先大军早二日而到,总算命人打扫出一间偏殿,以便童贯升帐议事。

殿上,香烟袅袅,缭绕盘旋。正前的供桌上,三牲祭品,瓜果菜蔬,样样齐全。

祭祀祷告完毕,童贯命人在供桌前放了张帅椅坐下,众将称贺。

"马扩,金人何时离去?"童贯关心的,还是想知道金人是否去远。

"回太师,他们是昨日离去的。但,但是……,"马扩欲言又止,不过最后还是说了出来:"但是他们寸土寸金,寸寸搜刮。本来说好只以内皇城的府库银绢折抵的,谁知金人贪而无信,强硬地把那些东西贱价折算还嫌不够,又硬是赶走了燕山府境内的,凡是家产在一百五十贯以上的民户足有三万之多。不但如此,金人临走之前,还将燕城内职官富户、工匠宫女、倡优僧道等尽数赶走,而且又拆毁了一切城堡关卡!"

看马扩愤愤不平的样子,童贯却觉得有些好笑。说实话,在此之前,自己就已预料到女真人是会这样干的。这又有什么法子呢?谁让金国比大宋的兵力强盛呢?

"那么,金人取道何处啊?"

"回太师,金人车辆满载,都由松亭关而去,军队则由居庸关而出,沿途险要、道里、地形,全都一览无余!"

童贯并不以为然,又问:"他们留下什么话没有?"

"这个……!"

"说吧!"

"金人临行时曾扬言,待宋人修理二三年,再来攻取燕山府!"

"他们好大的口气!"辛企宗终于忍不住了。

"岂有此理……!"众将皆义愤填膺。

童贯的心头也掠过一丝阴影,倏然即逝。他用手摆摆,等众人平静下来,便关照杨可世:"待会儿设筵庆贺! 现在记功行赏,拿功劳簿来!"

"遵命!"杨可世转身刚要出去。

忽然,殿外朗声传诵:

"圣旨下——!"

"圣旨下……。"

辽远无际的绿色原野,上接苍穹,晴空蔚蓝,云铺连片。

一行人,浩浩荡荡出了燕山府,缓缓往南而行。又走了二里地,童贯一拨马头,侧过脸来对并驾齐驱的詹度说:"詹帅,就此别过吧!"

詹度,即是十天前徽宗刚刚诏命的新任两河宣抚使。

他见童贯又劝他留步,便也不再客套,用手勒住马头,说:"太师,余奉诏来此,接替太师,实出皇命,还望太师遍谕门生故旧,多多帮衬在下才是!"

"哈哈哈……,詹帅说哪里话来,我已老朽,难当大任了,现皇上慧眼识英才,詹帅何必过谦!"

詹度在马上作了一揖,说:"太师收复燕山,功勋垂史,度佩服之至。现作一《平燕诗》以作送别:

> 长亭春色送英雄,满目江山映日红。
>
> 剑戟夜摇杨柳月,旌旗晓拂杏花风。
>
> 行时一决平戎策,到后须成济世功。
>
> 为报燕山诸将史,太平取在笑谈中。

"过奖,过奖!哈哈哈……!"童贯听完,手摸下巴,仰天大笑,"多谢詹帅相送,老夫就此告辞了,后会有期!"

说罢,童贯两腿一夹,冲了出去。蔡攸及万余胜捷军紧随其后,扬起了阵阵烟尘,一路南去。

马跃平地,童贯的身体也随之上下颠簸跳跃,然而,他的心却越来越往下沉,甚至在这初夏的季节里,还会感到一丝透骨的凉意。

从以往的几件事看来,徽宗对自己是愈来愈不信任了。至今,非但没有任何封赏,而且,还下诏将帅印移交给了詹度。

离京城越近,童贯反而越有顾虑。就在前两天,童师闵又来信说,王黼、李昌彦等徽宗的新宠俱都已经加官晋爵了。

"唉——!"前途难卜,童贯的心里忐忑不安。

忽然,大道上,迎面几匹快马,飞驰而来。领头的是个太监,催马来到童贯近前,甩蹬离鞍,问:"前面莫非是童太师?"

"正是!"

"皇上有诏命!"

"什么!"童贯的心一下拘谨了,也赶忙下了马,便要跪倒接

那个太监却一把托住童贯,"不用这么多礼了,太师!您没见这儿是野外么!"

"那就放肆了!"童贯直起腰,立定。

一旁早有亲兵端了两个马扎来,让童贯和那个太监坐了。

"太师,小的和张迪也算是交好的了,所以此来,他还让我带个口信!"那太监边说,边把诏书递给了童贯。

"多谢费心!"接过诏命,童贯的呼吸也急促起来。

"小的先要恭贺太师!"

童贯匆匆看了头几行,也没什么,直到最后,才明白原来是徽宗封赏自己,不由

轻轻读出了声："进封童贯为徐、豫国公、太傅、镇海军节度使、兼侍读直保和殿、充上清宝箓宫使、河东、河北路安抚使。"

读完，童贯却又失望了，因为徽宗没有践约，兑现自己出征前曾许诺下的封赏，那可是封王啊！

"噢，对了，张迪让你给我带什么信？"

那太监更压低了声音说："这一阵子，皇上好像对太师颇有微词，时不时地，又有王黼、梁师成等人从中离间，所以，张迪让我带信，好让太师早有准备！"

"啊！"童贯虽觉失态，但他所说的恰好与自己估计的完全一样，"多谢关照！"童贯冲他抱拳作揖。

那太监却站了起来，告辞道："太师缓缓而行，那小人就先行一步了，好尽早回宫销差！"

"承情不忘！"

"告辞！"话音刚落，那太监领了随从跃马扬鞭，由原路飞奔而去。……

"太师，太师！你怎么了！"蔡攸在旁见童贯仍站在那里，呆呆地望着他们远去的背影，不知在想什么，于是在马上轻轻唤他。

被蔡攸这样一喊，童贯这才回过神来。由亲兵扶着上了马，继续向前行进。……

一路而来，大道上却是成群结队的难民，扶老携幼，羸弱无力地也向内地而去。见官兵从后面横冲直撞而来，纷纷向路边避散。

"童贯，他就是童贯！"人群中不知谁喊了一声。

"呸，呸！"

"呸……。"

人们朝着远去的人影吐着唾沫，咒骂声顿时此起彼伏，淹没了阵阵马蹄声。……

早晨，夜雨初晴，晓莺啼唱，杨柳飞絮。张玉燕扫完花园里庑廊上的几许落花，将花瓣用布兜装着拎了，漫步走向池边。

池里的水清澈碧绿，可见有鱼翔浅底。玉燕最喜欢一个人独坐在这儿了，因为池边绿意盎然，葱茏幽静，又可以听到淙淙的水声，只要是爱静的人，都会喜欢上这儿的。

这两天，玉燕总有些心烦，童贯回来都快一个多月了，可是，他事事不顺心，稍有不如意的地方，就会训斥自己，根本不再像以前那样和颜悦色的了。而且昨天，自己出府去买女红针线的时候，却又听逃难到京城里来的百姓们议论纷纷，说什么燕云等地都是从金人那里买来之类的话。更让自己吃惊的，是难民们说起他们家破人亡，流离失所的惨况，而这些的罪魁祸首，却是童贯。

为什么会是他呢？玉燕搞不明白，但是，难民们切齿痛恨的，的确是童贯。

玉燕慢慢从布兜里掏出花瓣,花瓣儿从她的指缝间漏下去,飘落到了绿莹莹的水面上,顺着水流,一起淌走了。见花瓣儿要流走,玉燕又舍不得了,赶忙伸出手要去捞。手触到了滑润的池水,很舒服。玉燕索性垂低了头,并拢五指,去舀绿水。

忽然,"扑咚"一声,有样东西掉进了水里。

"啊!是银簪!"玉燕刚想去捞,不料,一缕长发却又散落下来,无奈,玉燕只好先去拢头发。

"咦,白头发",玉燕大吃一惊。

"呀!一根,二根……竟有十几根白头发!"玉燕越找越多,是啊,一转眼,自己已经四十出头了。"半老徐娘,半老徐娘!"玉燕喃喃自语着,不觉有些好笑。

这些年,自己不知是怎样过来的,唯一的至亲,哥哥去了,而自己心爱的人也走了很久了。每每想到这些,玉燕都会觉得心灰意懒。

"谁在那儿?"

玉燕吓了一跳,赶忙将头发拢起,挽好,站了起来,走出树丛。抬头一看,原来是童贯站在庑廊上。

玉燕翩翩万福,"老爷!是我。"

童贯这阵儿一直心绪不宁,自班师回朝以来,徽宗竟然把自己撂在了一边儿,不理不问,更别说其他了。可是,王黼、梁师成等人却春风得意,得势得宠。童贯知道,已经有好些个原先是自己的死党,在暗暗背着自己改换门庭,投靠到了他们的旗下了。谭稹就是一例:

对于这些,童贯并不十分在乎,因为碰到自己,也会这么干的。但是,徽宗对自己若即若离的态度却实在让童贯心寒,伴君如伴虎啊!

然而,自己又是个不甘于寂寞,不甘于人后的人,面对种种不如意,童贯是寝食难安。

今天一大早,童贯就起了身,转了一圈,竟来到了花园,正信步走着,忽然见池边的树丛中有一人,便喊了一声。没想到,这人会是张玉燕。

"你怎么在这儿?"

"回老爷,玉燕扫了花瓣儿,正撒在河里,老爷就唤我了。"

"噢!"童贯尽量睁大已耷下眼皮的双眼,深深地吸了口气。"她也老了!"

见玉燕也有了鱼尾纹,童贯不胜感慨。自己算计一生,到头来,亲子早丧,只落得一场空,又有什么意思!

"玉燕,今年清明你去给师礼上坟了吗?"

玉燕一愣,不知童贯为什么会突然问起这个。因为以前自己去给童师礼上坟,都是偷着瞒着童贯的,否则,他会发脾气的。

"去,去了……!"

"是嘛!要不要给师礼重新修一下坟呢?"

"这倒不用，我每年都请人修缮的。"

"是嘛——！"童贯又感到有些怅然。

"爹爹——，"童师闵边喊，边急匆匆地由花阁那儿跑过来。

"什么事？这样大惊小怪的！""爹爹，皇上刚才派了个小太监来传口谕，要爹爹即刻进宫呢！""什么？你问了没有，什么事？""孩儿问了，可传谕的说，他也不知道！"童贯步履匆匆，向园外走去，边走边说："快！更衣、备轿。"

童师闵、张玉燕赶忙上前，分左右搀了童贯，一起出了花园。……

很快的，一乘大轿在宫门口落定。童贯出轿，直往延和殿而来。

奇怪，今天方再兴却没有迎出来。等着童贯的，竟是梁师成。

"太师！别来无恙啊！"梁师成不阴不阳地搭讪着。

童贯一抱拳，冲他笑笑，并没答话。

梁师成好像是故意找碴，更有点调侃的意思："太师大概是在找你的徒弟方再兴吧！哈！他已不是领事的了，被派去打扫冷宫去了！"

童贯听了，心里咯噔一下，这是明摆着的事，方再兴是受了自己的牵连。

看来，今个儿徽宗召自己进宫，是凶多吉少的了。见梁师成一副得意的样子，童贯不由强捺住心中的怒火，稍微堆了点笑，说："请公公代为通禀吧！"

"哼！"梁师成把头一扬，朗声传诵道："童贯候见呢——！"……

不一会儿，里面的太监也传出了话：

"宣——！"

门口的二名小太监唱诵道："叫——！童贯觐见——！"

"臣童贯领旨！"童贯跪地磕头，站起身，弓着腰，随梁师成迈着碎步，经过了大殿，来到了西暖阁的雅宝。

西暖阁的门已开了，垂着一道湘妃竹帘。

童贯看了梁师成一眼，自个儿上前掀帘子进了屋。见徽宗正背剪着手站着，默默出神，忙跪在面前的毡垫上，口称："臣，枢密院事童贯叩见皇上！"

"起来吧！"徽宗转过身，坐回到了龙椅上，又问："听新任两河宣抚使谭积上奏的折子说，燕山府怎么是一座空城？"

"这个……！"童贯一阵恐慌，转而忙答："也不算是空城，只因黎民久慕中原，再加上边塞战事不断，所以百姓大都内迁了。"说完，童贯的额头上也渗出了豆大的汗珠。

"是嘛——！"徽宗拖足了长音，"可朕问的是府库，而不是百姓！"说着，徽宗拿眼勾着童贯直瞧。

对于徽宗问的这个，童贯却早已想好了说法，"皇上，当初是宋、金两国一同夹攻燕京，后来是金人首破北门，我宋军才得以进城。臣一时愚钝，只顾剿灭残余的辽兵了，却忘了派兵接管府库。直到金人将燕山城交割于我大宋，微臣才发现城内所有的府库皆空无一物了！"

"噢，如此说来，倒是金人取之在先喽？"

"是！"童贯答得有些勉强。

"得了，你也别再遮掩了，朕什么都知道了！"

童贯吓得一哆嗦，惊出满身的冷汗，"扑通"一声，又跪了下来。

没等童贯开口，徽宗又接着说："你也别怕，好歹为的也是我大宋的体面，燕京总算又划归我朝的版图了。"

"皇上圣明，臣实在是一心为国，别无他意！"

"如真是这样，朕也就放心了。"

童贯仍跪着，一声不吭，……。

徽宗见他低着头，默不作声，便问："辽国的降将郭药师，朕对他倒是颇有好感，已封他为检校少傅了，你看，他还可一用吗？"

"据臣看来，他是个将才！"

"嗯，那就让他做燕山府路安抚使吧！"

"皇上，太师还跪着呢！"一旁的梁师成说，边使了个眼色。

徽宗像是忽然想起了什么似的，"你起来吧！"

"谢皇上。"

"爱卿，朕记得你好像是属马的吧！"

"臣是甲午年生辰。"童贯从刚才梁师成的眼神中就已觉出了他不怀好意。

"这么说来，卿已是古稀之年了？"

"是！"

"哟！太师年岁这么大了，还带兵打仗，可真是操劳啊！"梁师成半真半假地说，眼睛却看着徽宗。

"为国尽忠，何谈操劳二字！"

"爱卿，朕看，你也该歇歇了！"

什么！徽宗的这句话就好比在童贯的耳边炸了个响雷。要自己歇歇？这不就是意味着要致仕而退吗？这样一来，不就等于将兵权拱手相让了吗？同样，这也就意味着自己将会面临一种潜在的危险。不行，绝对不行！

童贯两眼挤出几滴泪来，说："皇上，臣虽老迈，却壮志犹存，还想为皇上不遗余力，以尽所能啊！"

徽宗摇摇头，"不用了，卿的门生故旧遍于朝野，有他们在，朕也就放心了！"

呀！这句话可是意味深长啊！童贯来不及细想，忙说："为臣还想再尽愚忠。"

徽宗有些不耐烦了，一甩大袖，也不言语，只连笑了两声，走出了暖阁。

"皇上——！"

徽宗头也不回，径直去了。

"好了,皇上都去远了!"梁师成见徽宗已走远,随势在身旁的椅上坐了。

"你——!"童贯完全知道了,这一切,肯定都是梁师成和王黼在背后捣鬼,想要自己让出兵权,好为他们所执掌。

"童贯,咱们也不是一天、二天的交道了,谁不知道谁啊,你有今日,也该知足了。怎么的,还不兴让别人也威风威风?"

"梁师成,以前,我可也没亏待你啊!"

"哈哈哈——,谁叫你挡了我的道呢!"

梁师成倒是实话实说,童贯总算听明白了,"那你说,怎么办吧!""喊,怎么办?我想你比我更清楚。太师大概不记得了吧,前些年,要蔡京退职致仕,太师不是也耍了一手吗? 别以为谁都不知道。现在,你也该回去颐养天年了!"

"不,我要见皇上,有话说。"

"你别不开窍了,还真以为这都是我的意思呢,跟你说白了吧,皇上早就对你有忌惮之心了。"

"唉——,"童贯也猜到了。

"太师是让我叫人给你代笔写辞呈呢,还是回去写啊?"

"哼,别高兴得太早了,我看,我的这个位置是没人坐得稳的,不信,咱们就走着瞧!"

梁师成嘿嘿一笑,站了起来,说:"有这个话,我倒是信,可你也懂,这个世上,不是应验着一句话,叫树倒猢狲散么!"

童贯没再答言,两眼有些失落地往外走,心里却不死心。

出暖阁没多远,后面梁师成却追了上来,"太师,明个儿皇上就会下诏,让你以神宵宫使致仕退职的。"……

十三 建醉杏楼

宣和六年(公元1124年),五月初二,艳阳高照,没有一丝风。街上,行人少了许多,只有御街上的店铺里,还有三三两两的人逗留在那里闲逛。

忽然,一匹快马飞驰而过。

"啪啪啪……啪——!"马上的一位将爷满面风尘,早下了坐骑,在急急地拍打着后角门的门环。

过了好久,才有人来,"谁啊——? 大门不走,却走后门?"

"吱呀"一声,门开了,里面的家丁没好气地问:"干什么的?"

"在下是太师旧部杨可世,有要事面见太师,请快通禀!"

家丁一听,态度大变,"噢,原来是杨将军,请随我来。"

杨可世进南门,随家丁穿小径,过厅堂,又进了花园。

"你先在这儿等着,老太师正在水榭上打响午觉呢,我去看看醒了没有。"

"小哥多费心!"

家丁绕过九曲桥,上了水榭,见玉燕正凭栏坐在窗边绣花,便蹑手蹑脚地走过去,轻声问道:"燕姐,太师醒了没?"

玉燕正低头绣着片荷叶,听有人说话,抬头一看,原来是看后角门的小厮,"没呢,什么事?"

"刚才来了位将爷,说有急事找太师。"

"是嘛,那就让他先等着吧!"

"好的,"小厮答应着往外走。

不料,里间传出了尖细的嗓音,"外边是谁在说话呀?"

小厮忙转回来,垂首回道:"禀太师,有位杨可世将军说有急事要找太师。"

醉杏楼里侍皇驾

"杨可世? 他不是在边关嘛,"童贯从竹榻上坐了起来,"快去传他来!"

"是!"小厮快步走出水榭,来到花园口,对杨可世说:"将爷,随我来。"

杨可世随手掸掸灰尘,往水榭而来。

杨柳树后,九曲桥边,碧波潭上,有一座雕梁画栋的三层六角亭,即为水榭,四面通风,都垂挂着湘妃竹帘。

杨可世一进水榭,顿时,就感到人凉爽惬意了许多,随小厮登上最高一层,终于又见到了童贯。

抢走了几步,杨可世单膝跪地,"末将杨可世,参见太师。"

童贯既惊讶,又高兴,问:"你怎么来了?"

"末将既来拜望太师,又有要事相禀。"

"快坐!"童贯一指身边的竹椅说,转而又吩咐,"快拿冰镇西瓜来!"

"是!"小厮转身下去了。

杨可世一抱拳,问:"太师一向可好?"

"好什么! 不过挨日子罢了,你们哥几个都好吗?"

"还行!"

童贯端起茶杯,抿了一口,问:"可世,你刚才说找我有要事?"

"是! 回太师,金兵与我大宋开战了,上个月,已经攻占蔚州、应州及飞狐、灵兵两县了!"

"什么!"童贯先是大吃一惊,随即两眼一亮,"这究竟是怎么回事?"

"这都怪谭稹无能！"

"噢，莫非与他有关？"

"正是，就在三月间，金国派使者到谭稹处与他交涉以前我朝所许他们的二十万斛粮食。谭稹想赖账倒也罢了，只是应该妥为周旋才对，谁知他却盛气凌人，把金使给赶走了！"

"是吗？真是初生的牛犊不怕虎啊！"

"不但如此，谭稹他还违背宋、金二国所达成的盟约，而去招降金国南京（平州）的留守张觉，可是，他此事做得又不机密果断，却被金人探知了，于是他们突发奇兵偷袭，张觉是毫无准备，单身独骑落荒而逃，被郭药师的常胜军所收留……。"

童贯听得嘿嘿直笑，乘杨可世喝茶的时候，插了句话说："这不是打绳套让自己钻吗？得不偿失！"

"太师所料一点不假，后金人去向谭稹要人，谭稹想混金人，便找了个相貌与张觉差不多的人斩首送予金人，谁知金人并不马虎，细看不是张觉，就更为恼怒，便扬言要发兵攻燕。谭稹这才惶恐不安，赶忙令人将张觉勒死，用匣子装了他的首级，用水银泡着，连同张觉的二个儿子一起送与金人！"

"这不是一错再错吗？"童贯连连摇头，又说："如此一来，常胜军郭药师他们必然不安了！"

杨可世见童贯料事如此准确，不无佩服，接着又说："是啊，常胜军看到张觉被勒死，无不心寒，真是兔死狐悲，物杀其类！"

听完杨可世滔滔不绝地讲述，童贯站起身，手摇纸扇，凭窗而立。风，微热拂面，花园里，寂静无声，偶尔的，几声蛙鸣从池潭中的荷叶间传来，或近或远。

童贯是若有所思，已站了老半天了。忽然，转身问杨可世，"那燕云的两州两县是何时丢的？"

"金人是四月十六进的兵，二十六日就全丢了，连蔚州的守臣陈翊也被金人所杀！"

童贯点点头，"这样说来，皇上也该接到败报了。"

"嗯，大概也就在这两日。"

"嘿嘿嘿……，这下，皇上可就要费心了。上个月，西夏人来攻武、朔二州，战事还未结束，这一边，又是烽烟迭起，败报频传。"童贯不无得意，摇头晃脑地说。

杨可世也好像是扫去了一路的风尘似的，有些高兴，说："太师，照这样看来，皇上还会请您复出重用的。"

"复出？！"童贯的嘴边又挂出了冷笑，说："老夫复出是有可能的，但没那么容易吧，难道我是招之即来，挥之即去的吗？"

杨可世听了，捉摸不透童贯到底是什么意思，便问："难道皇上重新起用太师，让您重握兵权，这还不够吗？"

"可世,你怎么不开窍。他昨天罢了你的职,今天有难了,再让你复出。噢! 等边事太平了,又再给你个冷面孔,让你自己找台阶下!"童贯说着,一指自己的面孔:"我就这么的随意让他摆布吗?"

"那也不能因噎废食嘛!"杨可世觉得左右为难,一时想不出好法子,但看看童贯,心猜他肯定已经有了主意,便问:"太师,依您的高见,该怎么办呢?"

童贯一笑,却答非所问。

"我问你,我是被谁挤兑下台的?"

杨可世不假思索,脱口而出:"当然是梁师成、王黼他们!"

"对啊,只要他们在位一日,我即使复出重掌兵权了,他们还是会在老夫背后出冷拳的。他们在暗里,我在明里,防不胜防啊!"

"这倒也是,可以末将看来,关键还是在皇上,太师何不在他身上花点心思呢!"

童贯见杨可世有些燥热的样子,便将手中的纸扇一拍他的肩膀,递了过去,说:"你还有些脑子嘛! 啊! 为了重博皇上的欢心,老夫可是费尽心机啊! ……。"

说到这里,童贯故意卖了个关子,问:"你能猜得出吗?"

杨可世想了想,摇摇头。

"哈!"童贯的两眼射出了狡黠的目光,又问杨可世:"皇上最喜欢什么东西,这个,你总该知道吧!"

"当然知道,还不是声色犬马嘛!"

"你只说对了其一,还有其二?"

"噢! 对了,还有书画之道。"

"不错。"

"那又怎样?"

童贯没忙着说话,因为站了好一会儿了,只感到两只小腿发酸,便又坐回到了竹榻上,这才一字一字地吐出:"投其所好呗!"

杨可世也没再问,只是瞪大眼睛,等着下文。

童贯却拿起片西瓜,张口一咬,鲜红的汁水顿时滴了下来,见杨可世盯着自己看,便说:"你也吃啊!"

"是!"……

吃完西瓜,童贯从竹榻旁的茶几上的瓷碟里拿起块香巾,擦了擦嘴,接着又喝了口茶,漱了漱嘴,然后才又躺了下去。

歇了一会儿,童贯又慢条斯理地说:"其实,我也知道,这两年老夫是太过跋扈了些,以至于皇上也心存忌惮了。"

"那也是太师几十年的心血换来的。"

"嘿……! 归根结底,还是要把皇上糊弄好,这才是真的。"

"太师莫非要有所动作?"

"等到现在？那就晚了，早在正月里，我就献上了两幅画，都是二十几年前我去杭州设明金局时得到的，一直压在这里，就是派这个用场的。"

"那皇上喜欢吗？"

"能不喜欢吗？那可都是他梦寐以求的东西。两幅画都是盛唐的，一幅是张萱画的《虢国夫人游春图》，另一幅是阎立本的《醉杏图》。"

"是吗？"

"这些还不够，我又拿出大东珠百颗悄悄送给了李师师，还出了四千两黄金给她在御街口起了一幢'醉杏楼'。"

杨可世猛地想起刚才路过的那幢彩楼，可惜，没看清，"太师说的就是这巷口的那楼吗？"

"正是，大概已经竣工了。"

"对，我也瞅见了。"

"但愿这些能买回皇上像以前那样对我的宠信就好了！"

"不过，太师还是得防着梁师成、王黼他们。"

"他们？"童贯不屑地头一别，"哼哼……！要不了多久，他们俩也会被皇上摞在一边的。"

见童贯这样有自信，杨可世也精神了许多，"太师肯定是已有了主意！"

"难道这几个月我就这样心甘情愿地躺着，任人宰割不成？这不成了笑话！"童贯说着，又坐了起来，"实话说罢，像少宰李昌彦、蔡攸，我都已经疏通好了，只候着机会了！"

"原来如此！"

"好了，不说了，你先下去用饭，我也补个觉。待会儿，让李昌彦、蔡攸他们过来，你把燕云边塞的事也讲给他们听听，好好合计一下，看怎么才能一箭三雕！"

"是——！"杨可世转身下楼。

"啊哈……。"童贯挺直了身，伸了个懒腰。……

楼上，房檐下吊着的几只鸟笼里，黄莺儿、画眉儿，莺语婉转地鸣唱个不停，仿佛是这多情的鸟儿在为一地的落花伤心。

和着悦耳的鸟声，楼阁中也弦弦声声，悠扬地传出来。透过珠帘，可见一位佳人正凝神抚琴。她，松松地挽着一个垂云髻，薄薄地搽了点铅粉，青烟翠雾般的罗衣，掩住了轻盈柔美的体态。

"师师，师师……，"一声喊叫，打破了完美的一幕。

紧接着，就隐约听见一阵急促的登楼声。不一会儿，一个身着翠色薄衫的姑娘上了楼。

"快，快，师师……！"

李师师微微侧过脸，嗔声道："小翠，你干什么呀！这样大呼小叫？"

"师师,快接驾吧！皇上来了,大概已经进了园子了。"

"噢！"师师站起身,"皇上怎么想起今个儿来了呢?"说着,师师走到菱花镜前,又照了照,随手拈起一只玉簪插在了秀发间。

"好了,师师,快下去吧！"

"别急呀！"李师师这才轻移莲步,下了楼梯,刚没走几步,果然,徽宗已经来到了楼下。

"师师!"徽宗也很久没见她了,不由加快了脚步。

"师师见过皇上!"

"快起来,这一阵儿没来,你还好吗?"

"好是好,就是想皇上!"

"哈哈哈……,是吗?"徽宗伸手揽住了师师的细腰,上了楼。

李师师也乘势倚了上去,走了两步,回头又向小翠使了个眼色,小翠点点头,走了。

刚进楼阁,徽宗就闻到一缕淡淡的幽香,拂面而来。

"这是什么香,这么好闻?"

"皇上,这是天竺国的幽兰,也怪了,这花儿越干越香,经久不散！"

"噢！怪不得呢。"

师师对徽宗莞尔一笑,挽起了两只小酒窝,说:"皇上,这两天我临摹了幅画呢,您给我看看吧!"

"小宝贝儿,你临的是哪幅?"徽宗攥起师师的小手,放在自己的脸上轻轻抚弄着。

"就是您上次拿来的那幅。"

"你说的是童贯送给朕的《虢国夫人游春图》?"

师师挣脱了徽宗,从青花瓷插筒中抽出一卷画轴,却藏在身后,"皇上,可不许您笑我画得不好。"

"不会,你拿来吧！"

师师一只手拖徽宗来到了窗前的桌案旁,另一只手将画卷放在桌上,又轻轻展开,然后却又摸出一方罗帕,掩住嘴,矜持地笑着。

徽宗也是兴致盎然,仔细地看起来,好一会儿,才直起腰。

"怎么样嘛!"师师拉着徽宗的衣角,轻轻扭着腰。

"嗯——,说实在的,这图中连镳并辔者为八骑人马,包括这个小女孩,共九人,你贵妇、鞍马都勾得不错,可惜笔法上不够老到,这画用的是皴法儿!"

"我也看出来了,可就是临摹不出原味。"

"去,你把张萱绘的原画拿来。"

师师转过身,一眨眼,捧来了画轴。于是,卷起了自己的,将原画又展开了。

徽宗是连连点头,手指画说:"这才是态浓意远淑且真,肌理细腻骨肉匀呢!"

"经皇上这么一说,我也觉着是呢,皇上给我一样样说吧!"

"给你说说可以,可你拿什么来谢朕呢?"

"我给皇上吹一个小曲儿吧!"

徽宗摇摇头,含笑不答。

"那给皇上绣一条汗巾?"徽宗又摇摇头。"那我可想不出了。"师师撅起了小嘴,长长的睫毛忽闪忽闪的。

徽宗却笑出了声,用两指在师师的脸蛋上轻轻拧了一把,说:"卿可又欠朕一个人情了!"

"哼!我的人都是皇上的了,还欠什么?"

"哟!好一张巧嘴。算了,你给朕铺纸,磨墨,朕边临边说给卿听。"

"谢皇上!"

……

"噔噔噔……,"尽管来人放轻了脚步,可依然有声。

小翠上了楼,来到窗前,轻声说道:"禀皇上,童太师在楼下候旨求见。"

徽宗刚好提起笔,正要舔墨,听说童贯来了,不由一皱眉,"他来干什么?"

"回皇上,童太师命人抬来两大缸荷花,说是送给师师姑娘的。"

"咦!"师师喜道:"他怎么知道我喜欢荷花?"说着,又问徽宗:"皇上,我记得您好像也爱荷花的?"

徽宗搁下笔,问:"花呢?"

小翠一指窗外,说:"就在楼下。"

徽宗、李师师并肩走到窗前,凭栏往下张望。

不远处,有两只大缸。一只缸里,荷花竞放,有五六朵,或大或小,都是青翠的叶、粉红的花、嫩黄的蕊,灼灼诱人;另一只缸里,也有七八朵,却有含苞未放的,也有尽展笑靥的,虽然也是青翠的叶,却是雪莲似的花瓣,淡青的花蕊,更是楚楚可爱。

"我喜欢那两朵白荷,皇上您呢?"

"朕也是!"……

"臣童贯不知圣驾在此,来得鲁莽,请皇上恕罪!"童贯不知什么时候,已经上了楼。

徽宗转过身,见童贯仆俯在地,便说:"起来吧!"

"谢皇上!"

师师回过头,用手托着下巴,笑盈盈地说:"师师谢过太师的馈赠。"

童贯已然站了起来,摆摆手说:"姑娘何必客气,美莲赠佳人嘛!"

这时,小翠又上了楼,还托了个茶盘,将盘中的官窑细瓷的茶盅搁在了茶几上后，又退下了。

"哟，皇上正泼墨作画呢？"童贯一眼瞅见桌上的画，同时，也认出那是临摹张萱的《虢国夫人游春图》。

"对，朕是闲了！"看到童贯，徽宗不由想起前些时候他进献给自己的两幅画，不觉露出了笑意。

"太师——！"李师师故意拖起了长音，"你那两缸荷花好是好，却没有菡萏香连十顷波那样让人心醉！"

童贯很诚恳，"是啊！姑娘想要看到荷塘深深，相映成趣的意境，恐怕只有去皇宫了！"

李师师又撅起了小嘴说："太师明知我是进不了皇宫的！"

"那就没法儿了！"

三人一阵沉默……。

"对了，"师师忽然想起了什么，"太师，我听说王黼相爷家的后花园可也有十几里之大呢！是不是？"

童贯眨眨眼，说："好像是吧！不过，京城里，数他的府宅最大！"

师师一听，回过头，凑近徽宗："皇上，我想去王相爷的后花园看荷花。"

徽宗连连摇头："这不行，太招摇了！"

"嗯——，我要去嘛！"师师与徽宗贴得更近了。

徽宗低着头，左右为难。

"皇上，为臣倒有一个法子。"童贯适时进言。

师师来了兴趣，抢先问道："你说说看！"

童贯看了徽宗一眼，说："皇上临幸大臣的府邸，这无可厚非，姑娘要同去，未免招摇，不过，只要将姑娘的小轿一直抬进厅堂，让闲人回避，也就没有大碍了。"

"对！"师师高兴得跳到了徽宗的怀里，嗲声嗲气地说："皇上，您就带我去吧！嗯——！"师师说完，启朱唇，在徽宗的脸上印了个小红心。

"卿就这么想看荷花？"

师师明眸含情，对徽宗点点头，随即又说："我想学皇上，专工花鸟画，而百花中，我最爱荷花了！"

徽宗笑了，取方巾在脸上擦了擦，说："这回，卿可是真的欠朕一个人情了吧！"

"太好了！"师师激动得跳起来，用双手勾住了徽宗的脖颈，连连吻着。

徽宗擦也来不及，又当着童贯的面，只好嘻嘻地笑着。

"皇上，那咱们这就去吧！"

"好！"徽宗一口答应，见童贯还站在身旁，心里不觉又想起他办事仔细妥帖，便对他说："爱卿，你也一块去吧！"

童贯心里暗喜，双手一拱，"臣谨遵圣谕！"

……

王黼的府邸其实离醉杏楼并不远,不过横跨两条街,徽宗等人的大轿不一会儿就已经进了王黼的穿堂天井。

王黼刚刚起身,听家人来报,说圣驾到了,吓得赶忙出迎。

徽宗显得很随和,说:"今日风和日丽,朕心绪极佳,所以临幸卿府,想畅游后园风景。"

"臣荣幸之至!"王黼猜不出徽宗此话是真是假。

"相爷一向可好,贯这厢有礼!"

王黼这才看到徽宗身后的童贯,又是一惊,他怎么也来了?

"皇上,咱们走吧!"师师已着了盛妆,更显丰姿绰约。

"皇上,太师、师师姑娘,随我来!"王黼边说,边在前引路。

君臣四人,过正堂,穿游廊,好大一会儿,进了花园的月洞门。

首先飘来的,是花香,然后,才是姹紫嫣红。树上,枝间,地下,满是五彩缤纷。

走不多远,前面顿时疏朗开阔,原来到了湖边。

"好大的湖啊!这么多荷花!"李师师连连赞叹,"皇上,真太美了,这十里荷花,无边无际的,哪里是头啊?"

徽宗极目远眺,也觉视野开阔,漫无边际。

"皇上,去亭子里歇歇吧!"王黼垂首问道。

"是啊,皇上,师师姑娘,到亭子里去坐着看吧!"童贯也劝着。

于是,王黼在前引路,一行四人,沿湖而行,然而,童贯却左顾右盼,像是在寻找什么。

脚下,是鹅卵石铺成的小径,又深又长。

"还没到啊!"师师两颊微红,气喘吁吁,香汗淋淋。

"呀!"童贯故作惊讶。

其他三人都停下脚步,王黼问:"太师,何故惊讶?"

"这个角门上拴着条狼狗,把老夫倒吓了一跳。"

徽宗,李师师都大着胆子来看,果然,一棵老银杏树下,有一扇黑洞门,门旁拴着条狼狗,龇牙咧嘴的,很是骇人。

"咦,这门是通哪儿的,这么曲径通幽。"师师好奇地问。

"这个……,"王黼好像很难启齿。

"对了,隔壁应该是梁师成的府上吧!"童贯接了上去。

徽宗和王黼同时一惊。

徽宗先问:"是吗?"

"是!"

"那这扇门也是与他相通的了?"

"是！"

"你们为什么要以洞门相连？"徽宗最忌讳大臣私下沟通，互为表里。

"臣……，"王黼一时答不上来了。

"皇上，您大概还不知道，相爷还是梁师成的干儿子呢！"童贯又添了把火。

王黼脸上一红，心里暗恨童贯。

徽宗怒道："朕不是三令五申，大臣与内宦不要认亲么，这是祖制，你难道忘了！"

王黼"扑通"一声，跪倒在鹅卵石上，只觉得双膝又疼又麻，但也顾不得了。这时，他才恍然大悟，为什么童贯会陪徽宗一起来这儿，这绝不是心血来潮。

"皇上……，臣知罪！"

"这可是欺君之罪啊！"童贯在旁不阴不阳地煽风点火。

"哼——！"徽宗一甩敞袖，狠狠地瞪了王黼一眼，扬长而去。

师师忙踏着碎步，赶了上去。

见他们二人走远，童贯"嘿嘿"一笑，轻声说："王黼，你要知道，姜还是老的辣哟！"说完，急忙三步并作两步，追了过去。……

五月二十四日，徽宗下诏，王黼罢相。

同日，梁师成自请其罪，愿至太子赵恒府上当差。

五月二十六日，徽宗再诏，童贯重领枢密院事，为西河、燕山府路宣抚使；贬降谭稹为顺昌军节度使。……

十四　王爷宦官

盛夏，骄阳似火，炙热的风把漫野的沙土也烤得热气腾腾。

太原府外五里地处，却黑压压地排列着三万胜捷军。大概是站得太久的缘故，军士们早已是筋疲力尽，汗流浃背了。

队到前首，正中，黄罗伞盖下，童贯正坐在一张行军马扎上，手搭凉篷，往远处眺望。可惜，远方除了一片连绵不断的土丘之外，别无一物。

又过了一会儿，童贯回过头，问站在身旁的太原府事张孝纯："什么时辰了，前面怎么还不见动静？"

张孝纯，两榜进士出身，高挑的身材，略显瘦弱，国字脸上，一双明眸坚定而刚毅。

见童贯问话，忙答："回太师，已时末了。"

童贯仍不时地往前张望，神色很是焦急。

忽然，远处掀起一层尘烟。片刻后，有一人一骑飞驰而来，满脸的憔悴。离童贯大概还有几十步之遥，那人滚鞍下马，疾步向前，跪倒行礼。

"末将辛企宗，参见太师！"

"快免礼,天祚帝究竟何时来降?不是说好巳时到此的吗?"

辛企宗站了起来,回道:"禀太师!天祚帝二日前下的潼关岭,因路上时有金兵巡视,所以耽搁了。不过,天祚帝一行离此不过百里之遥了!"

"噢!"童贯提着的心总算放下了,手指辛企宗,"你,再探再报!"

"是!"辛企宗转身而去。……

望着他远去的背影,童贯思绪连连。一年前,自己多方谋划,绞尽心机,总算又将梁师成、王黼一党挤兑下台。同时,自己重获徽宗恩宠,得以官复原位,执掌枢密院,兵权再握,然而,世事已非,现今,金人日渐强盛,而大宋的武备却松弛荒废。童贯心里清楚,以这样的兵备,是不堪金国一击的。

近一年来,童贯与金国相处,无不是寸寸退让,以求苟安。所以,至今,大宋被金人所占的两州两县,犹未收复。因此,童贯终日惴惴不安,恐怕徽宗降罪。

谁知,天遂人愿,月前,隐匿于夹山之中的辽国天祚帝竟派人来向童贯请降。童贯是喜出望外,这不是飞来的奇功一件么。

于是,童贯暗许天祚帝待以皇弟礼,让辽使速回,以约降期,果然,天祚帝写来降书,约定五月初五端阳节,经云中,投太原。

童贯一边派急报,将喜讯传于朝廷,一边晓谕各个哨卡,给予方便。

终于,这一天来了,"没想到,天祚帝会有这一天!"

"报——!"一声喊叫,吓了童贯一跳。

"什么人!"童贯轻声自语,再看眼前,却已跪下个探马,"什么事?"

"禀太师,大事不好,天祚帝一行刚过云中,不想正巧遇见金兵统领洛索引兵路过。天祚帝一看情形不好,率领残余直趋山阴去了。"

"什么!"童贯只觉得眼冒金星,两耳嗡嗡直响,"那去接应的辛企宗呢?"

"辛将军谨遵太师钧谕,没与金兵正面冲突,引兵退避向中山府去了!"

"还好!"童贯略微放下心来,"没有同金人起干戈最好。"

"太师,在下以为,金人不会如此善罢甘休,因为毕竟宋、辽两家曾有盟约,无论宋、辽都不能单独与天祚帝讲和或接触的。"

经身旁的张孝纯这么一提醒,童贯也有些心慌,看看张孝纯,也没答话,便令人扶上了马背。

"撤回太原府!"五个字虽轻,童贯却说得极不情愿。

张孝纯也上了马背,随童贯一起拨转马头,往太原府奔去。……

许久没有骑马的童贯,被骏马上下颠簸,不但直想作呕,而且还觉得后臀疼痛难忍。

满腹怨气,无处发泄,童贯满脸杀气。不料,刚刚回到府衙,在大堂上坐定,堂外,却急匆匆地又跑来了亲兵。

上了大堂,亲兵朗声禀道:"太师,府外有金使求见!"

"啊!"童贯本来就惊魂未定,又听金使跟踪而至,不由大惊失色,半晌说不出话来。

"太师,"一旁的张孝纯轻声提醒童贯。

"噢,"童贯这才回过神,佯装正色道:"快请!"

须臾,堂外雄赳赳地走来两个金人,隔着老远,就闻到一股羊膻味。

童贯不由一皱眉,赶忙屏住呼吸。

"上面坐的就是童太师么!"

见来人这样蛮横无理,目中无人,童贯是怒火中烧,但是,一时又不好发作,只能强捺住自己。

金人更放肆了,手指童贯道:"你们大宋太不讲信义了,怎么私自招降天祚帝?"

"没有啊!"童贯矢口否认。

"不用隐瞒了,我们见到你们宋军的旗号在云中府那里接应天祚帝的!"

"没有,没有!"童贯连连摇头。

"我们大帅洛索将军说了,让我俩来向太师要人,否则,……!"

童贯开始堆起笑容,说:"两位金使,先别急躁,我大宋绝对不会违背盟约,单独去和天祚帝接触的。"

"我们不信!你们汉人说话不算数!"

童贯脸上一红,两手一摊道:"真的没有,你们不信,那老夫也无能为力了。"

金使寸步不让,"不对,天祚帝是在你们大宋界上出现的,太师怎么推说一无所知呢?"

在旁的张孝纯实在听不下去,正色指责道:"既然贵使声称云中等地皆是我大宋地界,那么,你们金兵又怎会在那里呢?"

两名金使一怔,根本没想到会有人指责自己。

童贯听了,却朝张孝纯一瞪眼。张孝纯只得强忍不平,垂首不语。

"这样吧!我宋军实在是与天祚帝没有任何瓜葛,既然贵使看到天祚帝出没于我宋界,那么,就由我大宋负责缉拿好了!"

两名金使互相对望了一下,其中一个说:"当然要你们宋军负责缉拿,但是,一旦捉获天祚帝后,一定要将他交由我们金国处理!"

"这个——!"童贯有些犹豫。

"怎么!难道太师有异议吗?"

"不是,我是恐怕天祚帝行踪诡秘,一时半会儿难以捉拿。"

"这个,我们不管,不过,此事责在你大宋,无论如何,你们要交人!"

"可以,可以!"

"哼,我们三日后还会再来,到那时,希望太师能交出天祚帝。"

"嗯——!"童贯心中已忍无可忍,不过,理智告诉自己,不能发作。

"那好，我们走了，三日后再见！"说完，两名金使扬长而去。

"混蛋——！"见金使走远，童贯终于骂出了声。

"报——！"

童贯听到这个字，已经神经过敏了，不由全身紧张，以为金人去而复返。

"启禀太师，圣旨下。"

"啊！"童贯没想到，竟有圣旨下来，赶忙整理衣冠，率众出迎。

钦差竟是方再兴，老远，就给童贯作揖，"给师父贺喜！"

"喜从何来？"童贯心想，这一天来，只有晦气，哪有喜事。

"师父被皇上封了王了！"

"什么！"童贯简直不敢相信自己的耳朵，"这是真的吗？"

"是真的，皇上封您为广阳郡王了，师父，这可是开天辟地头一遭啊！"

"是啊！"童贯由大怒到大喜，这怎么可能，自己不过是一个宦官，现在身为太师，已经是位极人臣，空前绝后了。怎么会想到，还有被徽宗晋封王爵的一天呢，这怎么可能，童贯始终不敢相信。

进大堂，设香案，童贯不亦乐乎。

"童贯接旨——！"

方再兴拖着又尖又细的嗓音，念了起来，

　　制曰：太师、领枢密院事、河北河东、陕西路宣抚使童贯，信厚而敏明，疏通而沉毅，善谋能断，兼文武过人之才，砥节尽公，得精白承君之义。自总千万之任，属宣辟国之谋，十乘启行，千里决策，冠三事燮调之职，领七兵宥密之权，暨兴六月之师，尽拓五关之塞。惟朕心朕德宏赖于翊相，故我师我疆远建于要荒。遍归告成，坚卧请老，属再筹于边议，难就佚于里居。甫吉至于太原，初摄衣而整眼，单于苦于漠北，卒假手而荡平。既闻朔野之耕耘，复靖河堧之寇掠，繄尔肃将之效，恢予远驭之图。念功名著于古今，则典礼当殊于勋旧，是用遵熙丰信赏之令，作广阳抚定之帮，紫绶金章，肇开茅土，衮衣赤舄，仍总枢衡。盖祗若于先献，谅允谐于金议。于戏周宝，上公九命，有出封加爵之仪，汉朝异姓诸王，载著令称忠之诏。其对扬于茂渥，尚奚愧于前修。可特授依前太师、领枢密院事、河北河东陕西路宣抚使、充神宵宫使，进封广阳郡王，加食邑一千户，实封三百户，皇旨施行。钦此。

"臣谢主隆恩！万岁！万万岁！"

"哈哈哈……，师父，看来皇上可比以前更倚重您了！"方再兴边说，边将黄绫圣旨递了过去。

童贯依然沉浸在喜悦之中。

"我等给太师贺喜!"众将齐刷刷地跪下。

"不对,是广阳郡王了!"方再兴乘机献媚。

"哈哈哈……,"童贯畅声大笑。

就在这时,堂外却跌跌撞撞地冲进一员大将,脸色慌张。

"太师,不,不好了……,"辛企宗气喘吁吁,汗流满面,"刚才探马来报,天祚帝一行狼狈而逃,行至应州新城东六十里处,被金兵统领洛索擒住了。"

"啊——!"童贯张嘴大笑的一刹那,又立刻僵住了,……。

十五　临阵脱逃

迎着凛冽的寒风,马扩、辛企宗飞马扬鞭,率了随从,顺着大道,直往太原府急驰。

太原府,北城门口,早有守城的军兵认出前方灰尘扬处,第一个,便是辛企宗。于是,赶忙落吊桥,开城门。

辛企宗、马扩直穿城门,根本没有减速,仍风驰电掣般地,飞向宣抚司行辕。

眨眼的功夫,就来到行辕门口。辛企宗、马扩等人甩蹬离鞍,三步二步跳上了台阶。

"辛将军、马大夫,你们回来得好快啊!"守门的是胜捷军的百夫长,认识他们两人。"快去通禀王爷!"辛企宗急不可耐。

"是!"百夫长转身,进了内宅。……

这两日,童贯总觉心绪不宁,马扩、辛企宗去云中,与金人探讨交还蔚、应两州及飞狐、灵丘两县之事,至今尚无回音。

然而,河东、中山府等地是军报频频而来。

十月五日,中山府探报金国国相余睹统军将至蔚州椰甸大点军马。

十八日,河东路报金国征调一万五千军马,另有辽东一路选渤海、奚、铁离军一万进驻平州。

二十一日,中山府又报金人征调正国及汉人军陆续至云中府,金人于蔚州、飞狐等处屯兵集粮,声言南侵。

"唉——!"童贯一声长叹,心里暗忖,金人入侵的迹象已十分明显了。

"禀王爷,辛将军、马大夫回来了!"

"是吗,快请!"童贯边说,边裹紧了皮裘。尽管一旁的炭火很旺,可是,童贯却仍感到浑身发冷。

不一会儿,辛企宗、马扩进了内堂。

"末将参见王爷!"

"下官见过王爷!"

"都辛苦了,快坐吧!"

"谢座……。"

"你们去金国交涉,结果怎样?"

"王爷,我们是与金国国相粘罕交涉的,他不但不还燕云其他各州,就连蔚、应两州也根本不打算归还!……"

辛企宗的这番话,童贯其实早已预料到了。

"而且,金人还责怪我大宋违誓背约,不但诱降张觉,还暗通天祚帝!"

"是,"马扩又补充道:"他们一味地指责我们!"

童贯问道:"你们难道没把本王的意思转达给他们?"

"说了!"

宋代武士

"是说了,当时是我对粘罕说的,我说王爷临行前嘱咐我们,本朝因谭稹不务大计,得罪贵国,我大宋皇上也已体察。现望国相深念旧好,不要计较,使两朝生灵涂炭。我们现在只要蔚、应两州,其余燕云诸州,愿意割舍。同时,只要你们应允,我们王爷愿答应你们提出的要求!"马扩一字不漏,将原话背给了童贯听。

"是啊? 金人有何反应?"童贯急等着下文。

马扩愤愤不平地说:"金人非但将王爷的话置之不理,而且还扬言,要我朝另外拿出州县,以赎前嫌。"

"什么!"童贯大吃一惊,这句话正应了自己的猜想。

"他们当时就是这么说的!"辛企宗也是亲耳所听。"我们一路回来,发觉大批的金兵,正汇集于平州、蔚州等地!"

"那么,你怎么说的?"童贯问马扩。

"下官说,金、宋两家,共伐辽国,已享果实,而金国得益较大宋多之数十倍。现在还是要同盟修好,共享太平,才是上策。何况! 大宋每年还要岁贡金国无数的银绢呢!"

"对,对! 还是要打消金国兴兵打仗的念头。"童贯不住点头。

"谁知,粘罕更是强横,还说,如若我们献出河东河北两路地土,以大河为界,那么,庙社安然,否则……。"

"否则怎样?"童贯一下子紧张起来。

"否则他们举兵南下!"

"岂有此理！"童贯虽然嘴硬，心里却有点儿虚。

"王爷，怎么办？"辛企宗焦急地问。

"怎么办？喊！能怎么办！这两年，大宋战事不断，先是征西夏，接着平内乱，最后伐辽国，至今没有停过。因此，国力早就空虚，……。"

"王爷，是不是要移驾真定府，那样，即可与太原府、燕山府成掎角之势了！"

马扩的这个主意，童贯不是没有想过。然而真定府，是为大宋边界的前沿，与金人遥遥相望，如若将宣抚司衙门移到那里，至少可以稳定军心。但是，同样的，危险程度也加大了。现在，金兵势力如日中天，既然他们说要大宋的州县，肯定会言出必行，如果真有那么一天，真定府失陷……，童贯不敢再往下想了。

"王爷，形势急迫，末将还是回中山府吧！"辛企宗双眉紧蹙。

童贯一时方寸大乱，也难以调度，便说："你先回去也好，多注意防范，没有老夫的将令，不许主动出击！"

"末将遵命！"

"马大夫，你也先下去歇吧！此事明日再议！"童贯说着，挥了挥手。

"是！"

辛企宗、马扩一前一后，出了内堂……

屋外，呼啸的北风打得窗棂"啪啪"直响。许久，童贯依然坐在炭炉旁，一动不动。火苗在炉中忽上忽下地窜动着，使印在墙上的人影也不停地晃动着。

"来人——！"

"吱呀"一声，有亲兵推门进来，垂首问："王爷，何事吩咐？"

"去，把李知均给本王叫来！"

亲兵转身刚要出去，却又被童贯叫住了。

"你，先去传本王的口谕，唤一百名胜捷军来，让他们把放在院里厢房内的二十只大箱给我运回汴京。然后，你再去唤李知均！"

"是！……"

夜，寒冷，静悄悄，一片漆黑。

童贯睡在床上。辗转反侧，思不能寐。下午，李知均已来过，并按照自己的意思，写了份紧急边报，差六百里加急送走了。

然而这一次，童贯总觉得忐忑不安，同时预感到，大宋边塞的几个州府，岌岌可危。

李知均和自己的想法一致，即应尽快离开太原府，回到汴京。这样自然就安全了，可是，边塞的守将不一定肯放自己回京。再说，金人虽然已经屯兵于边塞，但这几日毕竟还是风平浪静。如果贸然回京，势必会贻笑大方，有失体面。

"唉——，"真是左右为难！

不过，现在自己已经荣晋王爵了，为什么不在京城享荣华富贵，而非要在此边塞担惊受怕呢！

还是尽快回汴京的好！……

"啪啪啪,啪啪啪……,"清脆的门环扣打声,震响了寂静黑夜中的整个街道。

出事了！ 直觉告诉童贯,肯定是出事了。

"来人——,掌灯!"

不一会儿,宣抚司衙门上上下下,全都亮起了灯,如同白昼一般。

童贯刚刚穿戴齐整,噩耗已经由亲兵的嘴里传出。

"禀王爷,檀州、蓟州被金兵攻陷了!"

"什么!"童贯激灵灵打了个冷战。怎么这么快! 金人好厉害啊!

"刚才是谁在叩门?"

"禀王爷,是蓟州的知州任宗尧!"

"他是逃出来的吗?"

"小人不知!"

"哼! 让他在大堂上等着,"童贯气急败坏,"还有,快让人去把太原府及马扩他们都给我传来。"

"是!"

童贯突然感到自己步履蹒跚起来,难道是真的老了? 不是,是忧惧!

大堂上,灯火通明。中央,蓟州知州任宗尧跪在那里,腰杆笔直。

童贯左脚刚刚跨进大堂的门槛,就厉声呵斥道:"任宗尧! 你还有脸来见本王?"

任宗尧跪着转过身,连连叩头,嗫嚅地说道:"下官该死,下官该死!"

童贯手指着他骂道:"你身为一疆之吏,就应尽守土之责,现在蓟州丢了,你就该与所辖州府共存亡,还来这里做什么!"

任宗尧的脑袋就犹如捣蒜似的磕着,膝前的地上,早已是血迹斑斑。

"王爷饶命,王爷饶命!"

童贯一甩大袖,坐在了太师椅上,对任宗尧仍怒目而视。

任宗尧紧爬了几步,来到童贯的跟前,抱住了他的双腿,哭丧着脸说:"王爷,您就看在下官是杨可世妻舅的份上,饶了我吧! 王爷,我求您了,我给您磕头!"

噢! 对了,童贯差点儿给忘了,任宗尧不就是因为杨可世的举荐,才被虚报战功,得了这个官职的吗?

"呸——! 你这个蠢材,真是丢人现眼!"

任宗尧听得出童贯的口气缓和了许多,虽然是在骂自己,却是气话。

"王爷,实在不是下官的错,只因金兵突然袭击,我是措手不及啊! ……。"

"那么,檀州的阳可开呢?"

"他呀————,"任宗尧脸上一红,继续说道:"听说,他亲临城楼,指挥作战,最后金兵终于攻破城池,他,他自刎殉国了!"

"哼!"童贯不再说话。

这时,亲兵进了大堂,回道:"王爷,在太原府的文武都已俱齐了!"

"让他们都进来!"童贯说着,站起身,踢了任宗尧一脚,喝道:"滚开!"

说完,坐到了大堂正中的太师椅上,正襟平视着前方。

张孝纯、马扩、李知均等陆续进来,依次而站。

沉默了许久,童贯终于缓缓而语:"本王宣布,明日宣抚司即南撤,回东京!"

这一句话,谁都始料不及,就犹如一个炸雷,震得众人面面相觑。

过了半晌,众人才缓过神来。

太原府张孝纯第一个踏出来,拱手问道:"王爷,听说檀、蓟二州已经失守,是否事实?"

童贯板着脸,点点头。

"既然如此,那么,忻、代二州也危在旦夕了!"

"是啊!王爷,金人既然已经逾盟入侵,王爷就应迅速调集诸路兵马才行!"马扩也踏了出来,朗声说道。

"你们知道什么!"童贯有些生气,说:"据报,金人分兵二路,自西京人太原,自南京人燕山路。这样一来,边塞各州府路,均都要增加兵备,哪里还有闲兵可调!"

张孝纯又说:"王爷,我太原府路就有兵马一万,再加上王爷的胜捷军,精兵足有四万。而且太原府地险城坚,只要王爷驻司在此,人心凝聚,金贼又有何惧?"

"王爷,金贼南下,实有四忌!"

"噢!马大夫,你倒是说说,有哪四忌啊?"

马扩并不在意童贯冷峻的态度,胸有成竹地说:"王爷,金贼兵力并不多,而且有兵家四忌:一,郭药师的常胜军勇猛善战;二,河东、河北城池坚固,易守难攻;三,金贼怕我方集中民众守城,养精蓄锐,以逸待劳;四,只要我们坚壁清野,待金贼兵疲粮尽之时,即可一鼓作气,前后夹击!"

"嘿嘿嘿……,照你这么说来,金人是必败无疑了!那么,本王可以安心而退了!"

"不然!王爷,金贼也有三幸!"

"哪三幸?"

众人听得出,童贯的口气已经很生硬了。

马扩却毫无惧色,"王爷如果南撤,诸帅无统,军民丧气,我方不战先败,此金人一幸矣;如果我们不迅速在河东、河北两路布防,命主将率重兵把守要害,则金贼幸甚;另有许多辽国降将,心怀叵测,包括常胜军在内,如不善加调控,终为心腹之患,恐其早晚生变,此金人三幸矣!"

"扑通"一声,马扩双膝跪地:"求王爷不要南撤,以安人心。"

又是"扑通"一声,张孝纯也跪下了,"王爷三思!"

童贯好不尴尬,只能眉头紧皱,默不作声。

李知均见状,先咳嗽了一声,后说:"王爷千金之躯,身负国家大任,自然要从全局出发。王爷南撤,旨在回京重调军马,随后来援。两位大人一味地要王爷驻守在此,是否考虑欠妥呢!"

"先生此言谬矣!"张孝纯站了起来,面对李知均,反驳道:"全国兵权为王爷一人执掌,只要有王爷的令符在,又何必要回京调兵?"

"这个——",李知均一时语塞。

"王爷,求王爷收回成命,不要南撤!"

"放肆!我童贯只是承宣抚,不是守土之官。"说着,手一指张孝纯,"若要我宣抚司驻守此处,那还要你这个封疆大吏做什么。这是你的事,你自然要尽心竭力,守住疆土!"

"王爷你……!"张孝纯瞠目结舌,根本没想到童贯会这样厚颜无耻,竟说出这样一番话来。

马扩也站了起来,正色道:"王爷,边塞所有将士皆知,宣抚司驻扎于太原府,另有三万精锐的胜捷军在。只要王爷的大旗仍飘扬于太原府的上空,军心自稳,金人又有何惧!然而,王爷及宣抚司一旦后撤,那么,六军无主,军心动摇,此乃兵家大忌!"

童贯却嗤之以鼻,轻蔑地说:"马大夫此言未必危言耸听,如你所说,只要本王及宣抚司在,那么,守土之臣都可高枕无忧了!"

"王爷,您知道下官不是这个意思!"

"那你又是什么意思——!"

"报——!"一个探马满面风尘,跑进了大堂。

"什么事!"

"启禀王爷,金国国相粘罕率兵出云中府,离忻、代二州不远了!"

"再探再报!"……

"王爷,军情紧急,既然王爷不愿在太原府驻扎,也可移驾真定府,那里城坚粮多,足可力敌。"马扩忠心可鉴,依然苦口婆心,死劝童贯。

童贯偷眼打量两厢站列众人,见有好几个监司官员颇有不平之色,心里转念,看来,对马扩、张孝纯他们,态度要和缓些。

于是,口气软下来许多:"马大夫,不是本王不愿去真定,或是留在太原,实在是这里兵微将寡啊!"

马扩说:"王爷若去真定,怎怕无兵?只要稍加征集,尽有可用军马。古代有廉颇思用赵人,现在,王爷也可尽征河北民众,以抵外侮!"

李知均又抓住了辫子,得意地说:"向日燕山之役,河北人民诚心向辽,现在即使成为大宋子民，又怎见得他们会全心全意，为大宋出力呢？"

"当时是因为太平日久，民众不愿作战。现在敌骑入寇，谁能不保卫乡土？保卫骨肉？"

"好了！不要争了！本王主意已定，明日移司南下！"

见童贯依然执迷不悟，临阵退缩，马扩、张孝纯等人都觉痛心疾首。

张孝纯强压心中的怒火，一抱拳，说："王爷既然一意孤行，决意南撤回京，下官不再阻拦。只是，王爷此举必然传扬出去，到那时，王爷名节扫地，甚至为民众所唾骂矣！"

"哼！"童贯铁青着脸，不作声。

马扩仍抱着一丝希望，恳切地说："孝纯此言极是，众人皆知，联金灭辽乃王爷首倡，况且，收夏燕山路也是王爷的'功劳'。现在，金人入侵，自然也需王爷出面，才名正言顺，否则，又有谁堪当此任呢？"

不料，童贯怒容满面，"啪——"的一声，惊堂木声震大堂。

"此事明日再议！"说完，童贯竟转身拐向屏风后面，进内堂去了。

众人目瞪口呆，哑口无言。不一会儿，七嘴八舌，小声地议论纷纷……。

"看来，王爷是一定南撤的了！"

"是啊！太原府危矣！"

"哼，平常王爷作威作福，威仪排场，不想事到临头，却如此畏怯！……"

"他身掌全国兵权，就应为国家捍御患难，现在他一心只想逃窜，真没有节操！"

"嘘——！"……

次日，天蒙蒙亮，宣抚司衙门前，马声嘶鸣，人声嚷嚷。进进出出的，都是胜捷军，他们忙忙碌碌，在打点行李。大街上，一排溜，有许多马车。其中，有一辆华丽的马轿，最引人注目。

渐渐地，行人多了起来，纷纷驻步观望，指指点点。

不久，黑洞洞的大门终于大开。童贯由李知均搀着，步出了大堂，向门口走来。

"王爷！"声嘶力竭的一声呐喊，从人群的背后传出。

人们纷纷回头，原来是马扩，神色匆匆，分拨众人，向衙门口大步而来。

走到台阶下，马扩一抱拳，仰起头，问道："王爷难道今日就要走吗？"

"是！"

"王爷身负重任，不如去真定府吧！"

"你岂不知我身边无兵，岂能抵御大敌。"

马扩看了看站满衙门前前后后的胜捷军，他们个个膀大腰圆。

"胜捷军乃全军之精英，王爷又何谓手中无兵呢？"

童贯的一双眼皮耷拉着，然而，缝隙处，却射出两道慑人的寒光。

马扩见童贯不说话，还以为他心里动摇了，便趁热打铁，"王爷，真定府，中山府还可招兵买马,以充兵备!"

童贯迈了一大步,跨出了门槛,说道:"好! 本王即升你为统领,绶你令符,由你去真定、中山府招兵买马,可全权处理,以襄军机。"

说完,童贯走下了台阶,来到马轿边。亲兵一掀轿帘,童贯弓腰钻了进去。

"起轿——!"又尖又细的命令声从轿中传出。

见此光景,马扩全身发抖,两眼噙泪,几个箭步,挡住了车轿的马头。

"王爷决意要走?"

"是!"童贯回答得斩钉截铁。

"好!"下官不再阻挡,只请王爷应允下官两桩事!"

"什么!"

"嗡……,"两旁的人越聚越多,议论声、责怪声、谴责声、恳求声,此起彼伏。

童贯一咬牙,"好,本王答应你,你说!"

马扩伸手拭去了眼中溢出的泪,深深地吐了口气,昂头朗声说道:"一,请王爷拨出一万胜捷军,以助太原兵备;二、王爷回京后,请以边塞军情为念,速发陕西精兵赴两河!"

"就这个?"

"是!"

"知均,你过来!"

李知均探头伸进了轿帘,两人窃窃私语。马扩根本听不出两人在讲些什么,只隐约听到李知均连连称是。

片刻,李知均缩回了头,喊道:"韩世忠何在?"

"在!"

"王爷命你领本部人马,驻守太原!"李知均回过头又对马扩说:"马大夫,这下你可以放行了吧!"

马扩无奈,只能闪过一边。

"起轿——!"李知均迫不及待地喊道。

"的得,的得的得,……,"童贯一行,前呼后拥,浩浩荡荡地扬长而去。

"末将参见马扩大夫!"韩世忠拱手施礼。

"噢! 将军免礼,不知将军所辖有多少兵马?"

"末将位卑职小,所辖部众不过一千!"

"啊——!"马扩顿足捶胸,手指着远去的背影,骂道:"童贯,卑鄙小人!"

十六　贻害东京

"咚咚咚……,"宣德门外的登闻鼓被人敲得直响。

时至清晨,玩乐一夜的宋徽宗才刚刚睡下,却又被吵醒了。

"谁这么大胆？敢敲登闻鼓！"徽宗哈欠连声，吩咐张迪："去看看，怎么回事？"

"是！"张迪撒腿跑去了。

半炷香的功夫，又回来了，急切地禀道："皇上，殿外聚着好多文武，个个神色慌张，像是出了什么大事似的。"

"难道金人又攻陷了几处州县不成！"徽宗已经不耐烦了，"更衣——！"

等宋徽宗驾临延和殿时，满朝文武早已聚等多时了。

"刚才，何人击鼓啊？"

"皇上，是为臣击鼓！"

徽宗低头一看，是给事中直学士院吴敏。

"皇上，刚才又接到败报了！"

"嗡——"，徽宗一听到这个，就觉得心烦意乱，脑袋像炸开一样。

吴敏接着说道："金人得朔州，取武州，攻代州，下忻州。现今，已经将太原府围个水泄不通了！"

"什么！"徽宗极其震惊，"怎么这么快！"

"皇上，此次金人得以长驱直入，罪魁祸首就是郭药师！"

"他！怎么会？他不是辽国降将么，朕待他不薄，何况又是广阳郡王童卿极力推荐，才委以他重任的啊？"

"谁知他早有叛心，金兵刚到燕山府，他就献城请降，连燕山路安抚使蔡靖也被他献给金人，当了俘虏了。"

"啊！"徽宗往品级台下张望，却不见童贯的身影，便问："童卿何在？"

童师闵赶忙出班奏道："家父重疴在身，卧床不起！"

"是嘛？"徽宗很是失望，只得征询众臣的意见："众卿，计将安出？"

话音刚落，文班中列出一人，奏道："臣，太常少卿李纲，有御戎五策。"

"快说！"

"一是正己以收人心；二是广纳忠言；三是蓄财谷以足军储；四是审号令以尊国势；五是施惠泽以弥民怨。"

"李卿所奏，并不能立竿见影，以见其效！"

"皇上，"文班中，右相李昌彦踏出一步，奏道："臣以为，金人势不可挡，如太原府一旦失守，则汴京危矣，因故，可迁都向东，移驾淮浙为上！"

李纲听了，立即反驳："李相此言差矣，京都乃国家之根本，岂可妄言迁都？"

徽宗早没了主意，"如不东迁，万一金人杀进汴京城怎么办？"

"臣以为，皇上可急调熙河路经略使姚古，秦凤路经略使钟师道领西兵会于郑州、洛阳，外援河阳，内卫京师。"

徽宗连连称是，这样一安排，汴京就又多了一道屏障，自己也就稍稍放下心了。怎么以前默默无闻的李纲并未引人注目呢？徽宗不觉对李纲有了点好感。

"李卿之议,甚合朕意,中书省可立即颁诏,让西部兵马回援!"

"遵旨……。"

"啊哈……,"坐了这么久,徽宗只感到腰酸背疼,上下眼皮不住地粘合着,睡意浓浓。

忽然,殿外的传事太监匆匆地跑进来,几乎是滑着跪倒在丹墀前。

"皇上,九城兵马司王孝迪大人有急事候召!"

"宣——!"

话音刚落,殿外,走进一将。那人全身披挂身材中等,皮肤黝黑,一只酒糟鼻冻得红红的。

"皇上,自昨日起,酸枣门、封邱门不断拥进各路难民,至今,城门已是人满为患。可是,城门已关不上了,难民们不断地在闹事。臣无计可施,请旨定夺!"

徽宗又勉强撑开了眼皮,问:"怎么会有这么多难民?"

"不但是难民,而且是一群饥民、刁民!"

吴敏深为忧虑,出班奏道:"皇上,只因金贼入侵,烧杀抢掠,无恶不作,我大宋子民才会流离失所,所以请皇上降旨,对难民妥为安置,否则,恐其生变!"

"且慢!"王孝迪阻拦道:"皇上,现今汴京城内已是乱民无数了,他们寻衅滋事,难以驯服,请皇上三思!"

"皇上,这都是因为难民挨饿受冻,故而偶有小乱。臣以为,朝廷只能善加引导,赈饥施衣,才是上策!"

"好!"徽宗变得大度起来,"即依吴卿所奏!"

不料,李昌彦苦笑了一声,奏道:"皇上,这两年朝廷用度日大,府库早已空虚,再加上两淮连年逢灾,赋税骤减。宣和五年,我朝与金人订下盟约,以五十万两匹银绢换取了檀、蓟等州。现今,哪里还有多余的米粮银绢啊!"

"什么!"徽宗大为震惊,"国库一空至此,卿家为何不早奏?"

"这个……,"李昌彦心里明白,国库日空,一半是徽宗靡费挥霍,一半却是移到了蔡京、童贯、王黼等包括自己的府中去了。

"皇上!"吴敏再次跪下,奏道:"事已至此,臣不得不斗胆直言。现今,金贼入侵,兵备军需自然耗用极大,而应奉局、采石所、大晟府、教乐所、行幸局等奢侈之役,弊端重重,臣请旨立即予以罢废!"

"臣李纲也有此奏!"

"太学正陈东恳请皇上罢废奢侈之役!"

"侍御史孙觌赞同吴学士之议!"

"……"

眨眼间,延和殿上一下子跪倒十几个大臣,言辞恳切,忠心可鉴。

"嗯——!"徽宗还在沉吟着……

就在这时,忽听得延和殿东北角人声鼎沸,吵吵嚷嚷。

"怎么了?"徽宗紧皱双眉。

话音未落,延和殿外又跌跌撞撞跑进个大太监,人未跪倒,先奏道:"皇上,不,不好了……,龙图阁失火了。"

"什么!"徽宗这一惊可非同小可,腾地一下站了起来,疾步下了丹墀,往外走来。群臣也大惊失色,簇拥着徽宗,出了大殿。

殿外的东北角上,大火熊熊燃烧,映红了半边天。龙图阁被火舌围困着、交织着、摇曳着,显得摇摇欲坠。

"快救火!"徽宗心急如焚。

龙图阁,为大宋开国太祖皇帝赵匡胤时所造,阁内,供奉着赵姓历代先祖及开国元勋的画像。以后,又添挂着太宗赵匡义、真宗赵恒、仁宗赵祯、英宗赵曙、神宗赵顼、哲宗赵煦的遗容。每逢祭祀,徽宗势必亲临。实际上,龙图阁已与宗庙的性质大同小异了。

然而,火势依然不减,太监们手忙脚乱,端盆拎桶地救火,犹如杯水车薪,丝毫阻止不住火势的迅速蔓延。

眼看着龙图阁即将毁于一旦,徽宗的心揪得紧紧的。不用大臣们的提醒,徽宗也隐隐感到一丝不安和恐惧。仿佛,冥冥中,上苍和历代祖先在给自己一个警示。什么呢? 徽宗不敢再往下想。

"轰隆隆——,"一声巨响,龙图阁终于被火舌吞噬,顿时淹没在一片火海之中。

"啊呀……!"徽宗心力交瘁,再也支持不住,往后仰面跌了下去。

群臣大乱,七手八脚地将徽宗抬进了延和殿,平放在御榻之上。

不大的工夫,尚药局的几个老御医就气喘吁吁地跑来了。

还好,徽宗只是急火攻心,又加上纵欲过度,一夜未眠。经御医们喂了丸药后,一会儿,就缓过气来了。

好久,徽宗又睁开双眼,吩咐道:"传朕的旨意,从今日起,罢废一切奢侈之役。中书省可替朕再拟一罪己诏,晓谕天下,尽言朕之罪过……!"

"皇上何出此言!"

"皇上——!"

徽宗吃力地摆摆手,说:"卿等毋庸再议! 朕意已决!"说完,双眼又闭上了,眼角,不由得挤出泪来。……

喧嚣的咒骂声充斥了整个御街,吵吵嚷嚷的,吓得街上的所有门户都关得紧紧的,悄无声息。

然而,同在御街上的童府里,此刻,却是热闹非凡,虎廊上、屋子里、有胜捷军,也有仆妇们,正在手忙脚乱地打点着行李。因为,今个早上,王爷传下话来,要举家南迁。

这里的每个人都知道，金兵已经长驱直入，就在昨日，太原府也被他们攻陷了。因此，大家都忧心忡忡，因为汴京已经岌岌可危了。如今，大宋只有依靠黄河天险来拒守了，否则，金兵再无障碍，一路南下，将不费吹灰之力。

这时，童贯一个人，独自坐在西花厅上。四壁，周围，古玩字画取之一空，都已打点在行李中了。地上，零散的纸页被门缝中钻进的风吹得直打盘旋。

"来人——！"童贯心烦意乱，顺手端起茶盅想要喝茶，却又是空的。"来人——，"连叫了两声，依然没有人来。

"唉——！"童贯一声长叹，自己从太原府回京，至今已经快半个月了。自打回府，童贯就对外称病，深居不出。还好，徽宗对自己的擅自回京，并没有责怪。可是，不知怎么的，就如中了邪一般，败报跟着童贯，如雪片似的飞来。

昨天，儿子童师闵回来得很晚。听说，龙图阁被烧，徽宗又昏厥过去，临了，竟又以下罪己诏诏告天下。也就在晚上，中山府送来密报，金兵已绕过中山，急军南下，离汴京大概只有十来天的路程了。

怎么办？童贯心事重重，看来，汴京也非久留之地。三十六计，走为上策。

想了一夜，童贯终于决定，举家南迁，渡过长江。既因为江淮二地，遍布自己的门生故旧，又因为凭长江天险，金人不一定就能顺利而过。总而言之，长江东南总比汴京来得安全保险。

"爹，爹——，"童师闵边喊，人已跨进了西花厅。

"什么事？"

"大事不好了，延和殿外，吴敏、李纲等人刺臂血书，要皇上退位，禅位于太子赵桓呢？"

"啊！"童贯吓了一跳，"就是现在吗？"

"就是现在！"

"这还了得，快传胜捷军，整队待发！"

"爹，您干什么呀！这是大势所趋，您又怎么拦得住！内皇城里，不是有几万禁军在吗，怎么也不见有人出来阻拦呢？你没见宫外围着多少人？不仅有当朝的文武，还有几百名太学生呢？爹，众怒难犯啊！"

"唉！"童贯一下子跌坐在太师椅上，只觉得彻骨的寒意袭上心头。是啊！众怒难犯，看来，徽宗是此劫难逃了。

不对！童贯吓得打了一个冷战。先是逼徽宗下台，那么下一个，就会轮到自己。但是，自己的命运就不会像徽宗那样，只是禅位就可以躲过的。会是什么结局呢？死！

肯定是的，死！

童贯坐不住了，满脑子胡思乱想。自己是依附于徽宗才有了今天的荣华富贵，而一旦徽宗倒台，自己不就失去了依靠了嘛！

不行！我要进宫去！

童贯站了起来，往外要走，却被童师闵拦住了，"爹，您想干什么？"

"我要进宫面圣！"

"不行！现在宫外被围得水泄不通，您不能去！"

童贯双眉一皱，顿时醒悟，是啊！现在在宫里露面，不是去自投罗网吗？可是，自己如果不进宫，单独逃往江南，如没有徽宗这个靠山在，肯定最终也会被处置的。

怎么办？童贯来回地在屋里踱着步子，对，晚上去。

"师闵，你去趟蔡府，蔡京老了，不中用了。你就知会蔡攸一声，约定他今晚一块儿进宫面圣，劝驾南渡长江！"

"是！"童师闵一口答应，转身走了。

童贯本来就已经七十开外了，现在又是一惊一吓，一急一气，不由头晕目眩，只好瘫坐在太师椅上，一动不动，闭目养神……

书房里，张玉燕一个人在仔细地打点着东西。古瓷、玉鼎、各式各样的摆设不计其数，更不识其名。忙了大半日，已经装得差不多了。

忽然，玉燕在多宝架旁的墙上又发现了个暗格，轻轻地打开一看，啊！了得了，不大的暗格中，却被塞得满满的。玉燕轻手轻脚地从上往下取出，有黄绫包的，有锦盒装的。

玉燕迫不及待地打开锦盒一看，顿时傻眼了。眼前的东西，是一块石砚，砚身，雕刻有花纹，纹路细腻精致，是二龙戏珠的图案。而这颗珠眼，更是湿润晶莹，至今不干。

啊！双龙端砚！玉燕一下惊呆了，这究竟是怎么回事？童贯不是说已经把这块端砚随哥哥一起陪葬了吗，怎么又会出现在这个暗格中的呢？

莫非，是童贯有意在欺瞒自己？

这两日，张玉燕本来就心绪不宁，因为这几个月来，不断有风言风语传到自己的耳朵里，说什么童贯是大宋的六奸臣之一，说什么童贯祸国殃民，引金狼入宋室了。玉燕总不敢相信，因为平时，自己足不出户，童贯也并不把自己当下人看。像他这样一个人，难道会是奸臣？

可是，这几天就不对了，府外的御街上，都是难民。只要侧耳细听，就可听见有人在数落童贯的罪状，有说他引狼入室的，有说他临阵脱逃的，也有说他假公济私，中饱私囊，鲸吞剥削百姓赋税的，更有说他贪赃枉法，买卖官爵的。

凡此种种，不一而足。这时，玉燕已经半信半疑了。今儿个早上，童贯忽然传令，要大家打点行李，举家南迁。玉燕就觉得很反感，既然金人入侵，欲犯京师，身为掌握一国兵权的童贯就应该挺身而出，担负重任，指挥作战。

怎么？童贯非但不准备迎战金兵，反而却在打点行李，要一逃了之呢？

心中已结了好几个疙瘩的玉燕，本来准备收拾完书房，就去和童贯谈的。没想到，自己竟会在暗格中找到祖传的双龙砚！

这么说来，童贯从头到尾都在欺骗自己！他把自己只是当作一个玩物！

两行热泪，夺眶而出，玉燕伤心欲绝。看来，人们对童贯的议论都是真的。那么，童贯对自己所说的关于仇人李知均的话也都是假的了！玉燕好像身处在冰窟中似的，只觉得浑身发冷，……。

童贯终于又被噩梦惊醒，原来自己闭目养神，却睡着了。

屋外，薄日已经西下，微弱的阳光斜射进来，使西花厅有了一丝生气。然而，光线却越缩越短，在往门外、窗外散去……

"爹，爹——！"童师闵又急匆匆地回来了。

"怎么？你通知了蔡攸吗？"

"我去过了，可是晚了！"

"怎么晚了？"

"就在刚才孩儿去蔡府，见着了蔡攸时，听他说，皇上已下了诏命了！"

童贯一阵紧张："说了什么？"

"诏命里说，皇太子即皇帝位，皇上以教主道君退处龙德宫，并拜吴敏为门下侍郎，辅佐太子！"

"啊！完了！"

"爹，你怎么了，没事吧！"看童贯脸色惨白，童师闵吓了一跳。

"龙德宫？噢！就是皇上以前住的懿德宅吧！"童贯喃喃自语。

"爹，还有呢，刚才有六百里加急到来，说金兵快到黄河北岸了！"

这会儿，童贯却不作声了。童师闵以为他是累了，刚想出门去。

忽然，房门"嘭"的一下被人重重地推开了。

"谁？"

"我！"话音清脆响亮。

玉燕健步踏了进来，两只手却背在身后。

"老爷，玉燕有话想请问老爷？"

"嗯'？什么事！"童贯满脸怒容。

"当初老爷为我哥哥落葬时，是否亲手将我家祖传的双龙砚放进棺木里？"

"是啊！老夫不是对你说过多次了，怎么今日又想起问这个了呢？"

"真的？"玉燕眼皮一挑，只见满额的抬头纹。"真的！""那么，这是什么？"玉燕将手中的双龙砚高高地举起，满眼噙泪。

"这——，你是从哪儿得来的？"童贯后悔不迭，怎么让她收拾书房！

"哈哈哈……，你想骗我到什么时候？我在你们童家，已待了二十五年了。我……我的一生都给你毁了！"

"啪——！"一声悦耳的撞击，双龙砚被玉燕摔得粉碎。

一旁的童师闵伸手去拦，已经来不及了。

童贯一阵心痛，手指玉燕："大胆，你——！"

"我什么，这块双龙砚本来就是我们张家的，为了它，我们张家家破人亡，付出太多了，我摔了它，就万事俱了了，哈哈哈……"

张玉燕放声大笑，随即，一转身，狂奔了出去……，冲向府门外，……。

宣和七年（公元1125年）十二月二十三日，赵桓在福宁殿登基即位，是为宋钦宗。

赵桓第一次面南临朝，不免有些紧张，谁知，文武群臣们却对他寄予了厚望，纷纷上书。

第一个走出班列的，仍是李纲。

"陛下履位之初，当上应天心，下顺人欲，攘除外患，使国之势尊，诛锄内奸，使君子之道长，以覆太上皇重托之意！"

"臣太学正陈东有本启奏。时至今日，皆因奸佞当道，先有蔡京坏乱于前，朱勔又结怨于东南，再有梁师成、王黼、李昌彦阴谋于内，败坏朝纲。而童贯，身负一国重任，却投机取巧在先，临阵脱逃在后，败祖宗之盟，失中国之信，创开边隙，使天下危如丝发，此六贼异名同罪，伏愿陛下擒此六贼，肆诸市朝，传首四方，以谢天下！"

陈东的这一番慷慨陈词，不但使宋钦宗震惊，而且，震撼了满朝的文武。是的，在朝的每个人，谁都知道这六贼是促使大宋走向衰败的罪魁祸首。然而，他们一手遮天，权势炙手可热。又有谁敢去惹他们，这不等于蚍蜉撼大树，自不量力嘛！

大家钦佩陈东，因为他敢于仗义执言，敢于说出大家敢怒而不敢言的心里话。

可是，结局又会怎么样呢？大家拭目以待。于是，无数道目光齐刷刷地聚集到了宋钦宗的身上。

钦宗是一脸的尴尬，想了半天，却无言以对，群臣们的目光是那样的犀利，仿佛想看透自己，没想到，临朝的第一天，就会碰到这个大难题。这还是朝堂上第一次有人公开要求惩办六贼，以平民愤。

其实，自己何尝不知道这些年来，父王重用这些人，宠信他们，骄纵他们，使他们为所欲为，骄横跋扈，欺上瞒下，祸国殃民。

然而，他们的背后要是没有父王在撑腰，他们又何尝敢如此的嚣张！

钦宗当然知道，大臣们之所以在今天的朝堂上提出要惩办六贼。那是因为今天是自己面南背北，升朝议事的第一天。一心想刷新政治的臣子们自然而然地将全部希望寄托在了自己这个新皇帝的身上！

不能让他们失望！何况，自己能有今天，登上九五之尊，靠的就是他们。以后，还要倚重他们呢。

可是，否定六贼，惩办他们，事实上，也就等于否定了宋徽宗，他可是自己的父亲，如今的太上皇啊！

该怎么办？宋钦宗左右为难！

就在这时，殿外飞奔而来一个大太监，跪倒奏道："禀皇上，太上皇已出了乾元殿，正要起驾去龙德宫呢！"

"噢！"宋钦宗听报后，眉头渐舒，父王果然守信，要迁出内宫了。自己应该去送送！也好乘机给自己个台阶下。

"来啊！摆驾！"宋钦宗面对着众臣，大声说道："众卿，随朕一起恭送太皇上出宫！"

"遵旨——！"

……

龙德宫，即为宋徽宗登基以前所居的懿德宅。自元符三年至今，懿德宅已经历数次修缮扩建。直到今日，龙德宫不但飞檐翘角，雕梁画栋，更是以前懿德宅的三倍了。

冬末的夜，冗长而又寒冷。呼啸的北风盘旋着，呜咽声声。

龙德宫的大书房内，烛光隐约，人影幢幢。

徽宗神色黯然地坐在书桌后的龙椅上，心情烦躁不安。

他面前的大红地毯上，跪着二人，也是神色颓废，正是童贯、蔡攸。

"皇上，您怎么就禅位于太子了呢？"接着，是一阵唏嘘之声。

"好了！童贯，不要再烦朕了！"见人一提起伤心事，徽宗只感到心憋得慌。

蔡攸又往前跪了两步，说道："皇上，您不知道，这两天朝堂上议论纷纷，可都在数落您……。"

见蔡攸话说一半，徽宗问道："他们说朕什么？"

"臣不敢说！"

"说！"徽宗声音嘶哑。

"学士，你就说吧！"童贯在一旁怂恿道。

"他们说，皇上您只有意于声色犬马，穷奢极欲，还任用小人，以废国事！还说……"

"行了！"徽宗脸上一红，打断了蔡攸。

"皇上，事已至此，也不用烦恼。臣以为，还是尽快离开汴京为上，现在，满朝文武都以为黄河天险可守。可是，万一不测，汴京危矣！"

"是啊，皇上，郡王爷此话不假，还是早日移驾南渡好，请皇上三思！"

此时，徽宗的心里也不好受，禅位于太子至今，很少有旧臣来拜谒自己。龙德宫前，冷落萧条，不说别人，就是亲生的太子赵桓也还是八天前，自己出宫时才送了送。以后，就没有来省视叩安过！

"唉！"谁不知道权势的重要，而禅位于太子，实在是为情势所逼！

当时，既有外患，金兵长驱直入的败报不断地飞来，又有内忧，这两年，农民起义烽火四起,山东的张万仙、河北的高托山,而且聚众都在十万以上,其余二、三万人的不可胜数。

这些,都已经使徽宗焦头烂额了,再加上龙图阁突然起火而毁于一旦。宗室中,朝堂上,窃窃私语,言己之过的,不绝于耳。凡此种种,实在使徽宗感到心力交瘁,支撑不住。

尤其是前些时候,朝堂上,主战的、主和的、主逃的,各抒己见,意见不一。徽宗是举棋不定,精疲力尽。

谁知,以主战派为首的吴敏、李纲、陈东之流竟会以血书死谏,要徽宗禅位于太子。这个,徽宗连做梦也不会想到。然而,众心所向,大势已去,自己又奈其若何?只能顺水推舟,禅位于太子,而自己,也只好回到阔别了二十五年的懿德宅来。

"皇上,时间紧迫,请皇上早做定夺!"童贯又催道。

"汴京,他可是大宋的根基啊!"徽宗无限感慨。

"京都是立国之本,然而皇上也应上顺天意才是。如今,汴京危在旦夕,而江淮富庶,人心纯厚,只要皇上南渡长江,振臂一呼,为臣旧部自然响应。到那时,皇上可还是皇上!"

听了童贯模棱两可的话,徽宗的双眼一亮,怔怔地看着他发呆。

忽然,书房外有人轻叩檀门,奏道:"上皇,今有观察使童师闵候旨求见,他说有紧急军情!"

"是方再兴吗,宣吧!"

"是!……"

不大的功夫,童师闵推门而入,跪倒施礼:"童师闵叩拜上皇!""什么事?"童师闵神色慌张地看了童贯一眼,说:"禀皇上,潭州失守了!"

"啊——!"屋内的其余三人,不约而同地大惊失色。

"怎么会?这样一来,黄河渡口尽在金兵的掌握之中了!"蔡攸只感到两腿已经在哆嗦了。

徽宗手撑着扶把,慢慢站了起来。奇怪!黄河渡口不是有重兵把守吗?

"濮州主将是谁?"

"回上皇,是大将何灌!还有梁方卑!"

徽宗看了童贯一眼,何灌不也是童贯的部下吗?童贯虽然垂首无语,心里却很明白,何灌正是奉了自己的密令,才率了二万胜捷军南撤,以接应自己的。

"上皇,现在黄河天险已失,金兵南下再无屏障,请皇上早做决断!"

"这个……,"徽宗终于动心了。

"上皇,不要再犹豫了。否则,金兵一到,咱们可就插翅也难飞了!"蔡攸真恨不得现在就离开汴京。

"上皇……!"童贯也催道:"如金兵渡过了黄河,到这儿只不过几天的路程哟！"

"好！走吧！"徽宗终于从牙缝中挤出了几个字。

童贯、蔡攸深深地舒了口气，不由脸露喜色。

"那好，为臣去安排，明日拂晓动身！"童贯不容徽宗再更改，说得斩钉截铁。

"随你们吧！"徽宗挥挥手，双眼一闭，跌坐在椅子上。

童贯、蔡攸悄无声息地退了出去……

屋外，纷纷扬扬的，竟飘起了雪花，飞絮满天，一会儿，就覆盖了整个街道。

时交四更天，整个汴京城已是银装素裹，寂寥无声了。

忽然，通津门下，人声马嘶，正吵嚷着要守城的开门。

"你们是谁，竟要深夜出城？"

"瞎你的狗眼，你们难道连上皇的车舆也不认识了吗？"

"啊！原来是上皇！咦！上皇怎么要深夜出城呢？"

"上皇要去亳州进香，你们不要再啰唆，快开城门吧！"

"是！"

"吱呀——，咣当——！"城门大开，并放下了吊桥。

童贯一马当先，率兵冲出了通津门。接着，蔡京父子，朱勔，……个个跃马冲出。最后，才有百十来个禁军，拥着车舆走出城关。

就在这时，不知禁军中的哪一个脱口而出，喊了一句："上皇要逃出汴京啦！"

"什么！"守城的、逃跑的都大吃一惊。

"快起吊桥！"守城的军士大喊。

可惜，已经晚了，徽宗的车舆刚好出了吊桥。然而，吊桥上仍有许多禁军。

"回来，回来——！"城上的军士，吊桥上的禁军都嚷起来。

寂静的夜，忽然变得嘈杂起来，城里，也有许多老百姓已经走到街头，东张西望。

童贯本来已经驰出很远了，但一听到吵嚷声，不觉双眉紧皱，赶忙拨转马头，回到队伍后面，童师闵也随了过来。

怎么会这样？童贯大怒，回头关照童师闵："快去调一百弓箭手来，给我放箭！"

"是！"童师闵从怀中掏出令旗，挥了起来。

一会儿，这里箭如雨下，射向吊桥。

"啊——！"

"上皇逃走啦！"

"救命啊——！"

惨叫声、咒骂声，声声刺人心肺。鲜血四溅，将满地的白雪染成了红色。

城上的军士、街头的百姓看得目瞪口呆，简直不会相信，眼前的一幕竟会是真的！

也就在这天早上，还一无所知的宋钦宗却下了诏书：命童贯为京城留守，领兵抗敌。

与此同时，宋钦宗还一连下了三道诏书：

罢朱勔所有官职，贬为庶人，放归田里。

贬王黼为崇信军节度使，永州安置。

赐李昌彦三尺白绫，以自尽谢罪，家财籍没。

靖康元年（1126年），正月初八，天蒙蒙亮。内皇宫前的街道上，车驾马轿，如一字长蛇，透迤冗长。

过不多久，宫门忽然大开，无数个太监手扶着众嫔妃们仓皇地走了出来。不一会儿，又有许多禁军拥着宋钦宗出了宫门。

吵吵嚷嚷的，嫔妃们都上了车轿。宋钦宗无限留恋地往宫门深处望着，刚准备上车舆。

忽然，街口处，马嘶声声，直向这边飞来。

"皇上留步，皇上留步——"

新任的尚书右丞、东京留守李纲，催马扬鞭，已来到了近前。

紧接着，吴敏、陈东……，一个个催马飞驰而来。……

街道上，黑压压跪满了众臣。

"皇上莫非也要出京？"

宋钦宗很是尴尬，怎么这么多人知道？肯定有人通风报信！

"众卿平身，孤，孤……！"钦宗一时不知道说什么好了。

李纲愤然而起，厉声向禁军问道："你们是愿意死守宗社，还是愿意扈从巡幸？"

禁军挥臂而呼："愿意死守！愿意死守！"

钦宗见了，面色蜡黄。

李纲"扑通"一声又跪下了："皇上，禁军之父母妻子，皆在都城，岂肯舍去！如果中途失散，谁保卫陛下。况且敌骑已近，若闻车驾所在，轻骑猛追，谁能抵挡？"

"这个……，"钦宗左右为难。

"报——！——！"街口又飞来一骑，探马甩蹬离鞍，飞奔而来。

"禀皇上，金兵离汴京城只有五十里之遥了！请旨定夺！"

"啊！"钦宗张大嘴巴，吓得站立不住，一屁股坐在地上。

"皇上，回銮吧！"

"皇上……！"

李纲见宋钦宗面如土色，吓得说不出话来，便一跃纵上马背，朗声说道："上意回驾已决，再有敢言去者，立斩！"

说完，自己马鞭一挥，窜了出去，……

金兵的几十艘战船,已经顺汴河而下,正在攻西水门。

城楼上的宋兵毫无惧色,矢石箭雨,一阵阵地向金兵射去。

李纲全身披挂,手举令旗,大声指挥着。虽然声音已显嘶哑,可是听得出,其中没有一丝畏惧和不安,有的,只是愤怒和勇气。

"杀呀——!"西水门忽然大开,勇士们手举长矛、钢刀一拥而出,杀向金兵,……

"报——!"

李纲刚刚杀退进攻西水门的金兵,喘息未定。

"禀大人,酸枣门、封邱门都有金兵在攻城!"

"再探再报!"说完,李纲急传将令,让二千名弓箭手增援酸枣门,自己却飞马驰向封邱门。……

登上城楼,就见城外的金兵已经越过了壕沟,正用云梯攻城呢。

"放箭!"话音刚落,箭如雨下。

城下的金兵见了,也放箭还射。霎时间,箭网密布、交错纵横。

"神臂弓、床子弩准备!"李纲镇定自若,"放——!"

金兵忽而后撤,忽而又拥上来,死伤无数,尸横遍野。

"嗖——"的一声,一支令箭正中李纲的左臂。

"哟,李大人,您中箭了,我给你包!"城上已经自发地聚集了众多的百姓,在相帮着。其中一个眼尖,看到了李纲已身中冷箭。

"不碍事! 来啊! 扔礌木擂石——! ……"

一路长驱直入的金兵,没有想到汴京城竟会这样的久攻不下。眼看着己方伤亡惨重,金兵的南路都统斡离不只得下令:兵退十里,严阵以待!

"噢,金贼退喽——!"

"我们赢啦——!"

看着金军收拾残兵败将,退了下去,汴京城内的军民喜笑颜开,奔走相告。

"嘭——! 啪——! ……"

福宁殿里,刚从金营议和回来的知枢密院事李悦,正一五一十地向宋钦宗讲述着议和的经过……

"这么说来,金人肯退兵了吗?"

"回皇上,他们最终是答应退兵了!"

"这就好!"

"不过,皇上,他们提出许多的条件。"

宋钦宗却毫不在乎,问道:"是不是提出要增加岁贡啊,你答应他们就是了!"

"他们不但提出要黄金五百万两,白银五千万两,绢彩各一百万匹,牛马各万匹,还要……。"

"还要什么,你说啊!"

"他们还要我大宋割让太原府、中山府、河间府三镇!"

"啊!"

"还有,他们还要亲王、宰相作为人质才肯退兵!"

"果然得寸进尺,你答应了吗?"

"臣不敢做主,所以特意回来请旨定夺!"

宋钦宗双眼下陷,大概已经有好几夜没有睡好觉了。金国肯退兵,当然是好,可是,他们的条件也太苛刻了。

李悦见钦宗沉默不语,便说:"皇上,只要金国肯退兵,那才是上上大吉!"

"可金人也太贪心了,竟要这么多金银!"

"皇上何必虑此,只需皇上一道榜文,自然可以让百姓们缴纳金银!"

"这个——!"

这时,由殿外急匆匆地跑来个小太监,禀道:"殿外有李纲候旨召见!"

"什么! 他来了,"钦宗有些心慌,因为此次议和,是自己秘密派人去的。

"皇上,这……!"

"好吧! 卿可速去金营,无论金人提出什么条件,一概照准!"

"遵旨!"李悦转身而去,不料迎面李纲大踏步地走进大殿,李悦低着头,也不答话,匆匆而去。

李纲也不见疑,反而是满面的兴奋:"启禀皇上,钟师道及各路勤王之师离汴京不远了!"

"噢,是吗,"钦宗终于也露出了笑脸,忙问:"他们共有多少兵马?"

"大概有二十万吧!"

"太好了!"宋钦宗大喜。

"皇上,刚才李悦大人神色匆匆,去干什么?"

宋钦宗未加防备,脱口而出:"去金营议和!"

"什么?"

宋钦宗后悔不迭,怎么就忘了呢?

李纲满脸的焦虑,"皇上,何以出此下策? 请道其详?"

"放肆! 李纲,你别忘了君臣之礼!"

李纲心中愤愤不平,却又无奈,不由将语气缓和了许多,"皇上恕臣不恭之罪! 只因勤王师已到,一举歼灭金兵,正当其时,听皇上意欲议和,臣一时冲动,请恕臣罪!"

"罢了!"宋钦宗早已对李纲心怀不满了,可是抗击金兵还用得着他,所以忍住怒气,暂且不发,"朕是让人去议和了,这不过也是权宜之计……。"

听着宋钦宗讲了金人议和的条件,李纲不由怒火中烧,"皇上,金人提出要金银,已属无稽之谈了,而太原、中山、河间三镇更是军事重镇,国防门户,怎可轻易割舍。如三镇失去,我大宋也将无法立国了……。"

话还没说完,忽听得城外喊杀声四起,宋钦宗、李纲二人都不由停了话语,一先一后走出了殿门,侧耳细听。

果然,汴京城的西北方向尘烟滚滚,声震九天。

怎么回事？君臣二人心怀各异,忐忑不安。

"莫不是金兵又攻城了,皇上,为臣告退！"说完,李纲施礼而去。

没走出多远,就有探马的来了。

"报——！启禀皇上,李大人,封邱门外十几里处,好像有大宋的旗号,想必是勤王的兵到,偷袭金营去了。"

"是吗！"宋钦宗未置可否,只觉得茫茫然。

"啊呀！不好,"李纲却大惊失色,"兵法有云:知己知彼,百战不殆！我大宋勤王兵马一路而来,劳顿不堪,怎凭一时之勇,前去偷袭呢？金营却是早有预备了。"

李纲转身奏道:"皇上,为臣率兵出城接应！"

"速去速回！"

"是！"

望着李纲远去的背影,宋钦宗一时手足无措。前途未卜,吉凶难料,可真让人寝食难安啊！……

"皇上,皇上——！"又过了大半个小时,李悦却气急败坏地回来了。

"怎么样？"

"糟了！为臣本来已经同金人和谈成功,不料,钟师道率兵偷袭,却又被金兵打败。金人恼羞成怒,不同意议和了。"

"这怎么好！这怎么好！"钦宗在殿上来回地踱着。终于,下定了决心,说:"你替朕拟国书,向金人谢罪。然后带着太原、中山、河间三镇的地图再去金营,就说,刚才是钟师道擅自出战,朕不得知,乞金国不要恼怒,还请按原议。明日,朕就让康王赵构、宰相张邦昌去金营为质。至于金银锦绢之类,三日内,一定送往金营！快去！快去！"

李悦连连答应,又出了福宁殿。

十七 受法伏诛

薄雾终于被晨曦穿透,金色的光辉普照大地。刚才还被层层雾霭笼罩着的汴京城,又洗尽了沧桑,恢复了往日的生气。

可是,城里的人们根本没有喜悦之色。因为,朝廷为了满足金人的贪欲,贴出榜文,要百姓将家中的金银钱粮,尽数上缴。如有隐蔽转藏者,将以军法严惩。

又是一场浩劫！

百姓们怎么也不会想到，外侮刚去，接踵而来的，竟是比金兵更凶恶残暴的皂隶。

他们狐假虎威，恨不得挖地三尺。而这次搜刮抢掠的指使者，就是他们不惜牺牲自己的性命来保护、捍卫的一国之君——宋钦宗。

百姓们才躲过兵劫，却又遇上了豪夺。看着自己用汗水换来的家园，眨眼间变成了家徒四壁。

这一次，彻底使百姓们寒透了心！

然而，宋钦宗不会顾及百姓的死活。只要金兵退去，那么，他还是九五之尊，还是一国之君。这些，都丝毫没有变。

当一轮红日斜挂在内皇城上空的时候，宋钦宗这才洗漱完毕，踱出了新近才晋封的陈淑妃的景乐宫，上了轻舆，往上清宝箓宫而来。因为，今天将在上清宝箓宫大筵群臣。

笙箫管笛，乐声悠扬地环绕在大殿上，余音袅袅，绵长悦耳，歌舞姬们和着节拍，曼舞婆娑，轻盈柔美。

"皇上，这就是《玉树后庭花》吗?"

"正是！这还是上皇亲自谱的曲呢!"宋钦宗得意扬扬，结了伤疤忘了痛。

宋钦宗

"众卿，此次金人入侵，全仗祖宗庇佑，又赖卿等之力，大宋几二百年的基业终得以保全!"

李悦从座席上站了起来，满面媚笑，说："此乃皇上洪福！因皇上初登宝位，正顺应天时，上苍垂悯，大宋自然会逢凶化吉。皇上大可高枕无忧!"

"哈哈哈……我们君臣共饮此樽。"宋钦宗两眉舒展，举起了酒樽。

文武群臣大都沉浸在这欢庆的气氛中，纷纷举起酒杯，一饮而尽。

然而，座中却突然站起一人，忧心忡忡，奏道："皇上，此次金人南侵绝非偶然，前事不忘，后事之师。只因奸臣当道，祸国殃民，大宋才会遭此劫难。现在金贼虽退，但佞臣不除，社稷仍危……!"

话音未落，众臣中又走出一人，奏道："陈东大人所言极是！臣侍御史孙觌也有本上奏!"说着，从袖筒中掏出奏折，双手高高举过头顶。

宋钦宗何曾会想到今日还会有这样的一幕，不由一愣，随即又觉得扫兴！眼前的二人也不看看这是什么时候？

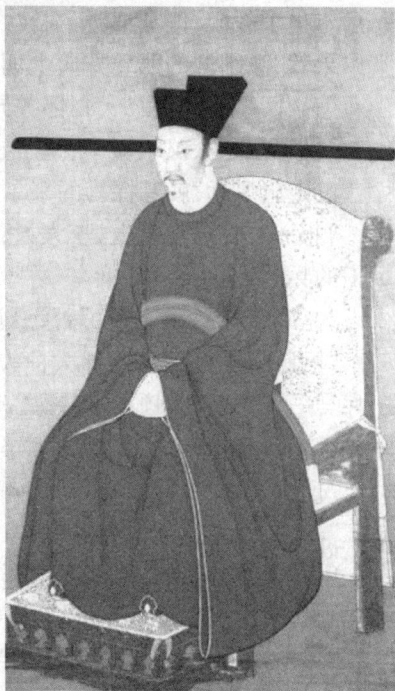

可是，宋钦宗心里不舒服，又不好太直露。毕竟，这些臣子都是前些时候冒死谏奏，请上皇禅位，使自己登上大宝的有功之臣。

于是，宋钦宗放下象牙筋，说："孙卿，你念吧！"

"是！"孙觌打开奏折，朗声念道："自崇宁元年至今，前后二十余年。先有蔡京数任宰相，挟继志述事之名，建蠹国害民之政，祖宗法度，废移几尽。托丰亨豫大之说，倡穷奢极侈之风，而公私蓄积，扫荡无余。立御笔之限以阴坏封驳之法，置曲学之科以杜塞谏诤之路。汲引群小，充满要途，禁锢忠良，悉为朋党。欺君罔上，奸佞任为，实属罪大恶极！"

说实话，宋钦宗在做太子的这些年来，对蔡氏父子的恶迹也是早有耳闻，现在见有人弹劾，便问："这次上皇出京，蔡氏父子是不是也相随而去？"

"正是！"孙觌每想至此，深恶痛绝，"皇上，此次上皇出京，实为童贯等奸佞怂恿！"

"童贯？"

"是童贯，他不过一介宦官，却恃宠弄权，专横跋扈。他妄奏北伐之议，提数十万之师，挫败于辽；淹留弥岁，卒买空城，乃以恢定故疆，冒受非常之宠。今数州之地，悉非我有，而国用民力，从而竭矣。迨金人结好，则又招纳叛亡郭药师等人，反复卖国，造怨结祸，使敌人因以借口。前年秋，贯以重兵屯太原，欲取云中之地，卒无寸功。去年冬，贯复出太原，金人入塞，贯实促之。贯见边报警急，竟遁逃以还，漫不经意，玩兵纵敌，以至于此。迨敌人长驱直入，震惊都邑。贯只知携金帛尽室远去，何曾有半点与国家休戚相关之意。童贯之罪，上通于天，愿陛下早正典刑，以为乱臣贼子之诫！"

"皇上……！"陈东伏地而奏："臣也以为，当务之急，应当首诛乱臣贼子！"

旧事重提，宋钦宗又沉默不语了。

"臣知道上皇此去豪州，有童贯率兵二万及蔡氏父子等随行，臣生怕此数贼引上皇逶迤南渡，万一生变，实在可怕！"

宋钦宗吓了一跳，问"陈卿何出此言？"

"因为东南之地，沃野数千里，其监司、州县官都是数贼门生，一时的奸雄豪强及市井恶少，无不附之。童贯前讨方腊，也市私恩不少，听说他还私养死士，自做准备。臣怕数贼难渡之后，假上皇之威，振臂一呼，群恶响应，离间陛下父子，事情发展，吉凶难卜，请速追数贼，悉正典刑！"

"退下，退下！"宋钦宗挥挥手，喝退了歌舞姬们。陈东的一番言语，深深刺到了他的痛处。自己心里知道，宋徽宗，父皇，他的禅位，实在是因为迫不得已。这些，宋钦宗是一清二楚的，而童贯、蔡京之流，在朝堂上横行二十几年，门生故旧遍布全国，如数贼真怀有异心，有意促父皇复位。那么，他们肯定会成功，因为，……

宋钦宗想起了一幕又一幕，不由心惊肉跳，忙问："现今，上皇驾至何处了？"

国学经典文库

后妃宦官大传

·擅权祸国的阉人·

图文珍藏版

门下侍郎吴敏走出座席，奏道："据报，上皇初到南京（应天府），不想再走，被童贯、蔡京挟之而去。到了泗州，童贯等又尽除上皇身边禁军，南下江浙。群贼之党，结于东南，都是平时准备下的，一旦乘势窃发，控制大江之险，东南郡县必非朝廷所有，陛下为何还不将他们追回？"

眼见群僚一个个义愤填膺，弹劾童贯、蔡氏父子等人，知枢密院事李悦也不敢再隐瞒，只得出席，也跪下奏道："皇上，臣李悦有本，不敢不奏！"

"噢？何事奏来！"

"皇上诏发各地勤王之兵，及纲运物资。谁知，各地都到，唯缺东南一路。据为臣所知，童贯、蔡氏父子等不但截流勤王之后，而且已经把持东南的行政经济大权，还扣发了东南各州奏给朝廷的递角（报告）。"

"你为何不早奏！"宋钦宗终于被激怒了，"这还了得，不是反了吗？"

"皇上，决不能再姑息养奸，应早除此患为好！"

考虑到自己的利益，宋钦宗不再犹豫，喝问："禁军统领聂昌何在？"

"臣在！"

"朕命你为江南发运使名义，去江南捉拿童贯及蔡氏父子来京，以正国法！"

"不可！"座席中，李纲凛然而出："皇上，聂昌此去江南，不论得手与否，势必惊动上皇。而万一失手，则此数贼必然挟上皇于东南，求剑南一道，陛下何以处之？"

"李卿所言，朕深以为是，只是……。"

吴敏见状，便奏道："臣以为，陛下可先下诏旨，请上皇回銮，尔后，将数贼分贬数州，使其孤掌难鸣，则其事可成！"

"只是童贯有胜捷军随行，使其如虎添翼，奈之若何？"

"皇上何必虑此，只要一纸诏书，调胜捷军北上抗金，这不是釜底抽薪吗？"

"好！"宋钦宗一拍桌案，说："即依卿等所奏，中书省！"

"在！"

"替朕拟旨来看！"

"是！"

"且慢！"李纲却又拦住了。

宋钦宗不觉诧异，问："李卿还有何奏？"

"皇上，童贯、蔡氏父子权倾朝野，时日太久，朝堂上、宫闱内，不免有其旧好同党。陛下既已决意要除此数贼，必然要以迅雷不及掩耳之势，使其无所提防才是！"

"啊！"宋钦宗恍然大悟，随即一想，便有了主意。

"九城兵马司何在？"

"臣王孝迪在！"

"传朕口谕，自今日起十日内，汴京城四门紧闭，只许进，不许出！"

"臣遵旨！"

"好了——!"宋钦宗与众臣计议了半日,早已经感到乏味了,于是双手一拍。

"来啊!传歌舞——!"

北固山,位于润州东北江滨,因北临长江,山壁陡峭,形势险固,故而得名。

仲春二月,和煦的春风骀荡,适逢潮涨,江水满盈。温暖融和。江上,数十只白鹭悠闲地嬉戏着,时而高飞,时而低俯盘旋。

宋徽宗伫立在北固山顶,仰目眺望,虽然眼前江面开阔,烟波浩渺,无边无际,然而,多日的烦闷,却依然萦绕在心际间,挥之不去。

童贯身着玄色披风,一手托着后腰,正站在徽宗身侧,也平视着前方。

"哗——,哗……,"江水一个浪头连着一个浪头地接踵而来,连绵不断,拍打在早被冲洗得圆滑光润的磐石上,声馨悦耳。

又过了许久,童贯侧脸往左一看,只见徽宗仍望着远方,怔怔出神,毫无去意,便有些不耐烦了。自己毕竟已是七十三岁了,陪徽宗已然站了老半天,只觉得两腿发麻,浑身酸疼。

"上皇,江边风大气寒,咱们下山去吧?"

"不,朕还想多站一会儿!"

"要不,先到那边儿的亭子里坐坐?"

"唉——!"徽宗长吁短叹,一脸的懊丧,"一转眼,朕离开汴京都快一个月了,金人入侵,不知怎样了?"

又是这句话!自离开京城,一路上,徽宗念念不忘京师,总是惦记着,童贯的两耳都听出老茧来了。

"不是听说,金兵将汴京城团团围住了吗!"

"是啊!正因如此,所以朕才担心,如果一旦京师失守,那么大宋近二百年的基业可就……,唉——!"

"京城不是还有太子在吗,上皇不必挂心。再说,只要假以时日,各路勤王兵一到,金兵自然惶恐,到那时,胜败就更难预料了!"

"可是……。"

"即使再退一步的话,哪怕是汴京城有难,上皇不是还在江南么。只要您振臂一呼,不愁没有雄兵铁甲,足可凭长江之险,与金国相抗衡。"

徽宗没说话,两眼呆呆地,但是,鼻翼却一翕一合,抽动起来。

"上皇,既然现在汴京城胜负不知,音讯全无,不如就在这里的行宫另立朝廷,再登大宝吧!"

"你怎么又提这个,朕不是说了吗,不要再提此事!"

"臣知道上皇有所避讳,可是,时事如此,也是万不得已,何况,东南诸路监司及各州县长官不是也有陈请吗?不然,人心涣散,为臣恐怕……。"

"呀!下雨了。"徽宗伸出手,试出了雨丝。

童贯见徽宗又把话儿给岔开了,不由暗地里狠狠瞪了他一眼。

"咱们去亭子里吧!"徽宗转过身,率先径直往六角亭走去。……

斜风细雨,飘摇而下,四周洲渚上的芦苇摇晃倾斜着,失去了它在平静中的姿态;栖息于水清沙浅的滩头上、稳惬舒适的白鹭,也因风雨的袭击,翘起了头,伸长了颈项,惊飞而散。

"好密的雨丝,可比河南的雨细巧多了!"

"这是上皇思乡的缘故,天下的雨难道还有不一样的?"

"上皇——,"忽然,泥泞的山道上冒雨而来,有好几个太监。领头的,就是方再兴。

"莫非……,"徽宗满腹心事,忐忑不安地从石凳上站了起来,迎在亭口。

这时,方再兴浑身湿透,气喘吁吁地跑了来,还相隔几步之遥,就喜气洋洋地喊道:"上皇大喜,大喜啊……!"

"大喜?"

童贯本来也坐着没动,一听此话,不由心中一跳,赶忙站了起来。

"上皇,奴才给您叩喜!"方再兴已进了亭子,身后,还跟了几个大太监,就只得在亭外淋着雨,站着。

"喜从何来啊?"徽宗抓着方再兴的手,激动不已。

"金国退兵啦,宋、金两国议和啦!"

"是吗?汴京城安然无恙么,皇儿他好吗?"

"好!"方再兴一指亭外,"这不,他们就是皇上差来的!"

亭外的几人见了,连忙就地请安,其中一个领头的说:"皇上让奴才们来给上皇请安问好,并报喜讯,好让上皇放心。再则,想请上皇示下,是继续在江南巡幸呢?还是回銮进京?奴才们来时,皇上又派了五百御林军前来护驾,还有一副全套的銮驾仪仗!"

"上皇不想回去了!"童贯脱口而出,抢先回答。

徽宗瞧了童贯一眼,想说什么,又终于忍住了。但是,一扫刚才的愁云,满面春风,双眉尽舒。

"不忙,先下山吧!"徽宗终于又恢复了往日般的洒脱,竟不顾绵绵细雨,大步流星地冲了出去,……。

"上皇,等等,戴上斗篷……。"

望着徽宗一行人兴冲冲地奔下山去,童贯却好像支撑不住似的,一屁股坐在了石凳上。

童贯觉得好累!这些天来,自己操心操力,满腹盘算。谁知,到头来竟是一场空!汴京城安然无恙,这对大宋的其他子民来说,应该是个好消息。但是,对于童贯而言,说实话,自己是打心眼里情愿他被金人所占的,甚至是被他们毁去都可以。

因为,自己本来就是这样设想的。

"师父,咱们下山去吧,上皇他们早去远了!"

童贯侧身一看,原来方再兴还站在身边。

"咦,你怎么没跟皇上下山?"

"徒弟还有件事,要禀明王爷。"

"什么事?"童贯有一种预感,这是不妙的感觉。

"刚才皇上还下了诏旨,命何灌领二万胜捷军,去河中府为安抚使! 即日赴任呢!"

"啊! 何灌人呢?"童贯大惊失色。

"不知道!"

童贯用手撑着台面,站了起来,"走,下山! ……。"

没走出几步,忽然,童贯一下子只觉得浑身无力,头晕目眩,不由自主地瘫了下来。

"师父,您怎么了?"

童贯终于晕了过去。……

北固山下,有一座绚丽精巧的院落。方圆不大,是傍山而造,亭台楼阁,层层相接,丹碧辉映。

童贯就昏睡在院落西北角上的落鸳堂上已然三天了。

床边,童师闵、蔡攸焦急地坐着,一筹莫展。

"这可怎么办? 王爷始终昏睡不醒! 上皇渡江已经两天了,何灌昨个儿等不及,也开拔了,现在只剩下我们,何去何从,真没了主意。"

"唉,蔡学士,你也不用再说了,我和你一样急! 润州的名医我都请遍了,可父亲的病丝毫不见起色!"

"皇上饶命,皇上饶命,……,"童贯满嘴胡话,头在枕头上乱晃。

"爹,你怎么了!"童师闵手足无措。

"礼儿,礼儿,你回来……,爹答应你,答应你……。"

"爹,……,"童师闵急了,喊道:"来啊! 快请大夫来!"

"是!"亲兵在堂外答应着,飞奔而去。

谁知,亲兵没跑出多远,却又转了回来。

"怎么啦?"童师闵喝问道。

亲兵怯怯地回道:"有圣旨下!"

"圣旨!"童师闵、蔡攸大感意外,转身踏出房门。

迎面而来的,是钦差,侍御史孙觌。

"童贯接旨——!"

童师闵抢走了几步,笑道:"来人莫非是孙大人? 不巧,王爷他病了!"

"噢?"孙觌满面狐疑,"他人在哪儿啊!"

"在这儿哪!"童师闵说着,将孙觌引进了落鸳堂。

屋里,光线本来就有些昏暗,就着微弱的烛光,孙觌凑到床边。

果然,童贯面色惨白,嘴唇焦灼干燥。孙觌点点头,对童师闵说:"也好,那么就劳驾你代为接旨吧!"

不容分说,孙觌已然展开圣旨,……

童师闵、蔡攸赶忙跪下。

"臣,谢主隆恩!"童师闵全身发抖,两眼发直。

"蔡大人,本钦差刚才也去了你的府上,已宣读过圣旨了!"孙觌见蔡攸有惺惺相惜之意,乘机也给他当头一棒!

"什么?"蔡攸吓了一跳。

孙觌见他又变得这副模样,不由笑了。

"圣旨怎么说?"

孙觌双拳抱拢,往上一拱,说:"皇上的圣旨说,贬蔡京为秘书监,分司南京,退职,河南府居住;你吗……,"说到这儿,孙觌故意不说了,两眼直盯着蔡攸看。

蔡攸心里直发毛,"我怎么样?"

"贬蔡攸为太中大夫,提举亳州明道宫,亳州居住。"

"啊!"蔡攸张大了嘴巴。

"别发呆了,谢恩吧!"

"臣……,谢主隆恩!"

"哈哈哈……,"孙觌将圣旨交在了童师闵的手上,而后,扬长而去。

六月,赤日炎炎,炙热的大地被蒸烤得透不过气来。

通往汴京城封邱门的官道上,一行快马急驰而来。为首的一人,四十五、六岁上下,满面黝黑,长髯当胸,一双虎目,炯炯有神。

他,就是李纲。

数月前,在宋钦宗以赔款割地使金国退兵以后,李纲就被贬出京城去了。

事隔四个月,李纲忽然又接到急诏,让他火速进京。于是,一路上,李纲是晓餐夜宿,归心似箭。终于,汴京城就在眼前了。眼见熟悉的旧地,李纲是激动不已,右手高高举起,马鞭频挥。

道旁的大树飞闪而过,迎面而来的,是滚烫的风。

穿过城门,李纲依然纵马飞驰。路人见了,纷纷躲避。

"呀! 是李大人……!"

"李大人回京啦……!"

百姓们认出了马上之人原来就是率领京城军民抗击金兵的李纲,喜出望外,不由三三两两地跑过来。

百姓们没忘记自己！

李纲赶忙勒住缰绳，"吁——。"

骏马仰起头，嘶鸣声声，李纲甩蹬离鞍跳下马来，一手牵住缰绳。这时，百姓们已经聚拢过来，问长问短。

"李大人，你官复原职了吗？"

"李大人，你好吗？"

"你要多保重！"

"咱们老百姓可把你当亲人哪！"

一只只有力的手伸过来，一张张动情的笑脸迎过来，一双双关切的目光聚拢来……

李纲饱噙泪水，连连点头。

"听说金兵又入侵了，是不是啊……？"

"李大人，咱们可不能投降啊……！"

李纲忽然想起了什么，眼观天色，大概巳时刚过。还好！可能早朝还没结束。

李纲哽咽着，说："乡亲们对李某的关爱和盛情，我心领了。时候不早，李纲还要赶上早朝面圣哪！乡亲们！以后再聊吧！"

"好啊，好啊……！"百姓们自动闪开一条道。

李纲纵身上马，依依不舍地又看了大家一眼。然后，双腿一夹，骏马迈出了步子。李纲回过头，频频招手，渐渐去远……

阔别已久的宫门终于到了，李纲滚鞍落马，拾级匆匆而上。

宫门口的禁卫都认识李纲，纷纷上来见礼。

李纲当胸抱拳，连连拱手。

"是李大人来了吗？"又尖又细的嗓音，让人觉得刺耳。

宫门口的执事太监迎了上来。

"是李纲！"

"皇上这几日可天天都在等大人哪！还好今儿个早朝还没完，大人快随咱家进宫吧！"

"好！公公头前先走！"

二人一前一后，进宫门，穿虎廊，不大的功夫，就来到福宁殿前。

"应天府李纲候旨求见哪……！"

"应天府李纲候旨求见哪……！"

传诵声，一个接着一个，传到殿里。片刻，由福宁殿又传来一声声传诵：

"宣李纲进见——！"

"宣李纲进见——！"

"臣李纲领旨！"李纲边说，边拎起衣角，迈着碎步匆匆进了殿堂。

·擅权祸国的阉人·

图文珍藏版

宋钦宗坐在御座上，面容憔悴不安。

李纲跪倒施礼，"臣见驾吾皇万岁，万万岁！"

"爱卿平身！"

"谢皇上！"

"朕急召卿进京，只因边关有报，金兵再次大举入侵，来势迅猛。这两日，朝堂上主战主和众说纷纭，各执一词，朕实在委决不下。左相吴敏向朕举荐爱卿，故而才急召卿进京，问以对策？"

果然不出所料，李纲没有猜错，钦宗召自己进京，真的是为金兵再次入侵一事。

"皇上，臣以为，金兵屡犯大宋，是因为蕃夷窥视我中原沃土、小觑我天朝威仪，而他此次卷土重来，我大宋正可一雪靖康之耻，重振天国雄威！"

"臣李悦有本启奏！"

"讲！"

"李纲之言，夸大其实，而今，我大宋兵备衰弱，金国却强大昌盛。我朝只有息事宁人，才能固守疆土……。"

"什么固守疆土，大概又是赔款割地吧！"李纲针锋相对，又说："金人乃虎狼之心，贪而无厌。只要皇上采纳以前为臣所奏的御戎五策，何愁国家不兴，强敌不退呢？"

王孝迪踏出班列，奏道："臣以为，与金议和，乃上策，借此，国家可休养生息，恢复元气！"

"不然！"左相吴敏出踏了出来，"一味地委曲求全只会使金人步步进逼，而我天朝以后终将朝不保夕，处于被动！"

"皇上，左相此言，未必危言耸听，宋、金议和，可免百姓生灵涂炭，又可保我疆土，何乐而不为呢？"

"李悦大人此言，也是一厢情愿！"李纲继续反驳道："上次也是大人去议和的，不但赔款而且割地，最终金人是退兵了。不过，那只是暂时的，事实胜于雄辩，如今又怎样呢？"

"这个……，"李悦一阵脸红，归班而立。

李纲侧回身，迎面对宋钦宗说："皇上，我天朝地广人多，何惧小小蕃夷。只需内修治外重御，上下齐心，国力自振！"

左相吴敏也往前踏了一步，"臣赞同李纲大人所奏！"

"臣王孝迪以为不能贸然与金国开战，请皇上三思！"

"臣李悦主和！"

"臣孙觌主战！"

"臣白时中主和！"

"臣……！"

"好了、好了!"宋钦宗见满朝文武顿时分成二派,主战主和,众说纷纭,七嘴八舌,自己也没了主意。究竟是主战?还是主和?

"唉——!"宋钦宗一声长叹,自己于大宋危难之际登上大宝后,战事不断,国势日衰,何曾有过一天安逸舒心的日子?

这满目疮痍,可都是父皇留给自己的。

"皇上,臣御史中丞陈过庭有本启奏!"

"讲!"

"今日战祸,实为前朝奸佞祸国殃民。而今,梁师成、王黼、李昌彦三贼都已赐死,而蔡京、童贯等却止于异地安置,罪同罚异,未免不公。臣请陛下诏诛其罪,以示公允!"

对!宋钦宗也有同感!

"此数贼现今身在何处?"

"回皇上,蔡京现在韶州,童贯在英州,蔡攸在永州,朱勔在循州。"

宋钦宗听了,想想,也顾不得父皇的体面了,便说:"传朕谕旨,即刻赐死四贼!"

"皇上圣明——!"文武百官齐声唱和。

话音刚落,左相吴敏奏道:"皇上,四贼中惟童贯须慎重以对,其执掌兵权日久,余党甚多,为防不测,请陛下先降旨将其于吉阳军安置。尔后,乘其不妨,于中途斩其首级,可保无虞!"

"好!"宋钦宗连连点头,"御史张征何在?"

"臣在!"

"命你持密诏一封,往雄州等候,行刑讫,函其首级来阙,悬首示众!"

"臣张征遵旨——!"

国学经典文库

后妃宦官大传

·擅权祸国的阉人·

图文珍藏版

第三部分　凶残阴毒的太监

阉海第一枭淫——魏忠贤

人物档案

魏忠贤:字完吾,北直隶肃宁(今河北沧州肃宁县)人,汉族,明朝末期宦官。自宫后改姓名叫李进忠,由才人王氏复姓,出任秉笔太监后,改回原姓,皇帝赐名为魏忠贤。朱由检继位后,打击惩治阉党,治魏忠贤十大罪。天启七年(1627年)十一月,命锦衣卫逮捕魏忠贤,押回北京审判。魏忠贤自知难逃一死,行到阜城时上吊自杀,其余党亦被肃清。

生卒时间:公元前1568年~公元前1627年12月11日。

安葬之地:崇祯在李自成攻进北京前夕,不知何故突然想起魏忠贤之功绩,遂在太监曹化淳建议下,收葬其遗骸于魏当年选定的墓地香山碧云寺。康熙年间御史张瑗巡视北京西城时发现魏忠贤墓依然"峻宇缭墙,覆压数里,郁葱绵亘,金碧辉煌",据此进言称帝京周围不应"留此秽恶之迹",于是到康熙四十年终被夷平。

性格特点:不甘寂寞,敢想敢干,本性憨直,待人热诚讲义气;十恶不赦,谄媚逢迎,艰险阴狠。

历史功过:魏忠贤与皇帝乳母客氏沆瀣一气,狼狈为奸,明熹宗时期,出任司礼秉笔太监,极受宠信,被封为"九千岁",排除异己,专断国政,以致人们"只知有忠贤,而不知有皇上"。自己也在民间养了不少"义子",如什么"五虎""五狗""十孩""四十孙"等。在其全盛时期,各地官吏阿谀奉承,纷纷为他设立生祠。

名家评点:蔡东藩评价说:"魏忠贤恶贯满盈,中外切齿,但伪恭不及王莽,善诈不及曹操,无拳无勇,职为乱阶,故以年少之崇祯帝,骤登大位,不假手于他人,即行诛殛,可见当日明臣,除杨、左诸人外,大都贪鄙龌龊,毫无廉耻,魏阉得势,即附魏阉,魏阉失势,即劾魏阉,杨维垣之行事可鉴也。"

国学经典文库

后妃宦官大传

·宦官传·

图文珍藏版

一　自阉入宫

明朝隆庆二年,也就是公元 1568 年,河间府肃宁县(今属河北省)一户人家生了一个白白胖胖的男孩,婴儿啼哭后正安详地睡着,一切都很平常,但谁能想到,这就是后来晚明时期被称为"九千岁",肆虐朝廷几十年的巨阉魏忠贤。

魏忠贤诞生时期的明朝,国力已大不如前,颓势也日见明显。南方倭寇、北方匈奴乘虚进击,交相进犯,边境地区狼烟常起。明世宗嘉靖皇帝不得不大量增拨军费,国库消耗得很厉害,但世宗在此情况下,为满足好大喜功的私欲,仍大兴土木,营造宫殿楼阁,舞榭歌台,使得朝廷财政捉襟见肘,十分困难。

世宗死后,隆庆皇帝朱载垕继位,他热衷游玩,喜好挥霍,每到一处必大肆铺张。国库原本就空虚,这下更是入不敷出了。于是,皇帝下令,旧赋之外又添新税。朝廷的财政困难一下子被转加到千百万贫苦百姓的身上去了。

魏忠贤初名进忠,其父可能是手艺人。上有一哥叫魏钊。魏进忠从小聪明伶俐,能说会道,很受父母喜欢。长到七八岁时,父母送他上学,他却死活不肯读书,宁愿在乡间游逛,父母也奈何不得。成人后,进忠长得高大魁梧,从外表看,像个堂堂须眉。只是他不务正业,在社会上无所事事,整日价放浪形骸,同一批无赖混在一起,落魄无行,但毕竟他还有几分灵气。吹弹歌舞,走马射箭,无所不能,弹茶蹴踘,事事胜人,加上嘴又会说,所以,无赖们都很喜欢他。明史纪事本末上说他:"少黠慧无籍,好酒善啖,喜驰马,以右手执弓,左彀弦,射多奇中。"

明朝宫廷内宦官人数众多,这是人所皆知的事情。进忠早先听说过一些贫苦子弟通过自宫致富之事,所谓"读书人十年寒窗苦,比不上阉者三月一刀疼"说的就是这种现象。王振、刘瑾这些人的故事他也知道一些,不过当时他并没在意。

不久,进忠学会了赌博,觉得很有趣,整日沉溺于其间。但在赌场中,他远不是对手,输多赢少,但越输越想翻本,越想翻本却偏偏越输。几个月下来,输得精光,他只得借钱再赌,终于有一天,连借处都没了。

进忠老实了几天,决心不再赌了。可走出家门,看到赌局,手又痒痒的。终于经不住赌友的诱惑,重又上手了。他翻遍衣服上每一个口袋,找了几个小钱,"啪"地扔在地上,不料一转眼又输了进去。赌友让他押衣服,结果又输了。进忠急于翻本,输红了眼,不料再次失算。他眼见赌友要扒他裤子,便挥拳打倒两个赌友,冲出包围,藏匿于市场中。那些少年在后面一阵追赶,进忠仗着灵活,在胡同里转来转去,终于甩掉了追赶的人。他慢慢折回家,躺在炕上,闭上眼睛,想起刚才那一幕,又恨又气。恨的是那班赌友一点不开面,连追带打欺人太甚,气的是自己手气太差,眼见岁数一天天大起来,却连富贵的边都还沾不上。想着想着,突然想起王振、刘瑾这些宦官,"他们做得,我为什么做不得? 我文也不行,武也一般,不吃点苦,何时过上好日子?!"想到这里,他"腾"地跳下炕,找了把刀子,闭上眼睛,心一横,手下用力,就自宫了。

在封建社会里,无论宦官有多么大的权势,享受多么奢侈的生活,那些失去男性生殖器官的所谓"男人"都是人们所蔑视的,都是皇家的奴仆,其家人也觉得脸面无光。但是到了明代,宦官遍迹全国各地,形成了一个庞大的社会集团,明王朝本身也成为中国历史上最大的宦官帝国,人数众多的宦官无孔不入,势力强大,从心理上使这些宦官取得了平衡,更加之能有机会取得最高统治者的垂青,享受荣华富贵,所以那些自宫者对以往的传统观念也就不放在眼里,挂在心上,自宫之风的蔓延与这种社会背景有着必然的联系。

当然,明王朝对自宫之风并不是采取不闻不问政策的,也曾经三令五申地加以禁止,但随着统治者生活的日益庸朽,宫廷对宦官的需求量与日俱增。其他诸如进贡、战俘、拐骗等手段增加宦官数量远不及自宫人数那么大。所以皇家宫闱内对宦官需求量的大增,在很大程度上为自宫者提供了"机会",鼓励了许多人通过自宫达到为皇家录用之目的。

在自宫者中间,许多人是贫苦出身,也有一些是市井无赖之徒。那些贫苦出身的老实人进宫之后也很难达到荣华富贵的目的,只能干一些服苦役之类的粗活,成为地地道道的阉奴。而那些市井无赖之徒,狡诈奸猾之辈的情况恰恰相反,他们通过种种手段,取悦于帝后王妃,往往能够平步青云。但是在为数不多的自宫者中间,真正达到权倾朝野,贵比王侯,如汪直、王振、刘瑾、魏忠贤之流者并不多。

由于明朝自宫之风日长,使得许多人走上了自宫为宦的道路,而且尤其值得提到的是,明朝几个大宦官,如王振、张雄(明武宗朱厚照时期的司礼太监)、刘瑾、魏忠贤等人都是自宫当上宦官的。上述几个人,都是自宫得势,成为一代权阉的。这些宦官不可一世,财大势大,深为某些人所仰慕,不少人为摆脱窘困,又苦于无路可投,便以这些人为"榜样",纷纷自宫为宦,进入宫廷,企图通过服侍最高统治者来达到富贵荣华的目的。

但是不幸的是,那些自宫的男子并不因为割掉了生殖器官就能入宫,这一点和清代差不多。换句话说,不是所有被阉割的人都能成为宦官的,皇家对宦官的录用也是有一定的程序和要求的。同时,由于自宫之风日甚一日,形成社会上一大公害,那些被宫廷录用者成了宦官,吃上了皇粮;而没有被录用者或沿街乞讨,或流浪四方,甚至以抢劫为生,因此,不仅世风每况愈下,而且给社会增加了许多不应有的混乱因素。

无论是自阉还是他阉,在医学医疗水平十分有限的古代,阉割不仅仅丧失人性,也给被阉割者的肉体和心灵造成了无限的痛苦,留下了残缺的身躯和扭曲的心灵。生理的缺欠,导致了心理的变态,所以太监、宦官大多阴险毒辣与被阉割有着密不可分的关系。

二　谋害恩人

进忠到得京城，过了一段极为下贱的日子。他白天沿门乞讨，晚上投睡破庙。衣衫褴褛、悬衣百结，身上又脏又臭，散发着难闻的气味，人们都躲他远远的。可他倒也想得开，不以为耻辱。

后来找了个挑水的活儿，聊以度日。不久又乞身权贵，成为一个内相家的佣人。他同其他仆人关系处得极好，别人主动将他引见给内相。那位老内相见他长得高高大大，又乖巧伶俐，对他心生欢喜，问他姓名。进忠脑子极快，说姓李。于是老内相便让他做饭，可以随同老内相出入宫廷了。

进忠进身之基即始于此。

他白天随老内相出入宫廷，悬着牙牌，穿着锦缎衣服，光光彩彩的，心中好不得意。不过，此时的魏进忠毫无地位而言，即使狡猾奸诈，也不得不伪装起来，等待时机。他待人谦和，恪守宫内规矩，又常以小忠小廉示人。人们看他干事勤勉，嘴又乖巧，说话常逗乐，所以人人都喜欢他。他受老内相之命，专督御厨，每次打茶打饭，给别人都盛得满满的，给自己却只留一点点，对宫中无论大小贵贱，都非常客气，人们说起他都连声称好。

万历十七年（公元1590年），经太监魏朝介绍，他隶属于太监孙暹手下。孙暹是司礼监掌东厂监，在朝廷中是一个显赫人物。进忠在其手下，自然是格外谨慎。他通过巴结、攀附等手段，取得了孙的信任，调到内十字库中的甲字库。甲字库就是皇家宫廷内贮存乌梅、黄丹、绿矾、蓝靛、水银之类杂物的地方。他手下有20多人，关系处得融洽，库也管得妥妥帖帖。不久以后，他又请求给皇帝长孙的母亲王才人主管膳食。同时，对引进者魏朝极力讨好奉承。

王安是司礼监掌印太监，魏朝归他管理。王安是三朝老宦，为人正直，性情直率严厉，王安与一般的太监不一样，并不那么奸猾，常在背后说别人好话，但凡有些长处的人，都不忍心将其泯灭。魏朝对进忠印象极好，天天在王安面前夸奖进忠。王安心善，相信了他。但不久，魏朝和王安都被进忠恩将仇报，王安还丢了自己的命。

这是怎么一回事呢？

进忠拜在魏朝名下，因而认识了熹宗的乳母客氏。客氏是一个生活作风极不正派的女人，她的丈夫侯二死后，在宫中与太监魏朝"对食"。所谓"对食"，就是指宫女由于经常得不到皇帝宠幸，宫廷生活又单调乏味，于是同太监配成假夫妻。魏朝和进忠虽已去势，但都未去尽，还多少有夫妻生活的能力。所以实际上是假夫妻仍过着真夫妻的生活。熹宗从小由客氏带大，对客氏非常依恋，朝夕不相离。熹宗即位时16岁，客氏已38岁，她还勾引熹宗与她睡觉。

客氏自认识进忠后，喜欢他的丰伟体形，喜欢他的聪明伶俐。能玩会诌，很快就勾搭上手。客氏一日不见就坐立不安，对魏朝却日趋冷淡。

魏朝不久便闻知此事，他非常吃惊。懊悔、愤怒使他不能自已。他万万没想到，"情敌"竟是自己亲自引进并日日夸赞的人。他咽不下这口气，决心要找进忠算账。

一日，魏朝去客氏处，正遇上她同进忠在调笑。魏朝怒气骤升，双眼喷火。大声冲客氏嚷道："你说清楚，你到底跟他还是跟我？"

进忠开始一愣，继而马上摆出一副无赖相，说："干啥？你想逼谁？她愿跟谁你不知道？"

魏朝也不答话，抓了客氏的衣袖拉了要走，客氏边叫边甩，但也没甩开。

"放开手！"进忠吼道，冲上前去掰开魏朝的手。正在撕扯之间，王安突然走了进来。他扫了三人一眼，冷冷地说了一句："这大白天的，拉拉扯扯干什么？"

魏朝和进忠你一句我一句把情况说了。王安素知"对食"是宫中的普遍现象，争风吃醋的事常有发生。于是，便将客氏叫到一边，问："客奶，这二人你到底喜欢谁？"

客氏满脸通红，想起二人都不错，但进忠更雄伟，更会体贴人，在一起总有说不尽的乐趣。于是低声说道："就是他了。"边说边用嘴向进忠努了一努。

这样，王安便勒令魏朝退出，而进忠与客氏日益得意，但又怕王安正直，对他们迟早是个祸害，因此对他很忌恨。

神宗驾崩后，光宗继位。但光宗只当了一个月的皇帝也命赴黄泉。于是熹宗登极。进忠和客氏奉为皇上宠信，不到一个月，客氏就被封为"奉圣夫人"，她的儿子侯国兴、弟弟客光先和进忠的哥哥魏钊都成了锦衣千户。皇上还给进忠赐名为"忠贤"，恢复为魏姓。当时北京流传两句民谣："委鬼当头坐，茄花遍地生。""委鬼"即魏字，指的就是魏忠贤，北方话念"客"为"楷"，其音与"茄"字相近，"茄花"指的是"客氏"。客、魏两人表里为奸，沆瀣一气。

王安一心辅佐大明王朝。万历十三年(1615年)神宗在位期间，由郑贵妃指使的"梃击案"败露，她十分害怕。王安为太子朱常洛出点子，只杀凶手，对郑贵妃不深究，以保住太子位。泰昌元年(1620年)，朱常洛继位为光宗，升王安为司礼秉笔太监。王安采纳中书舍人汪文言的建议，劝光宗行善政，起用直臣邹元标、王德完等，受到朝野的一致赞许。大学士刘一燝、给事中杨涟、御史左光斗等人。对王安印象很好，认为他是个难得的好宦官。

光宗死后，王安从光宗所宠的李选侍手中夺过朱由校，拥立为熹宗，因此熹宗也很听他的话。当时，魏忠贤与客氏的不正当关系，朝中均有所闻。1621年即熹宗天启元年正月，御史王心一上书，抨击魏、客二人狼狈为奸之丑行。接着，御史方震孺、刘兰、毕佐周等人，也纷纷上书，要求驱逐客氏，严惩魏忠贤，以正朝纲。由于熹宗从小跟着客氏长大，舍不得客氏离开，在她出宫后，寝食不安，只得重新召其还宫。对于魏忠贤,则交王安处理。王安心慈手软,没有处死他,只教训他一番,让他悔过自新。王安的姑息酿成大错,最终丢了自己的性命。

五月,熹宗命王安掌印司礼监,司礼监是明代宦官二十四衙门的首席衙门。满朝文武百官的章奏,除皇上御笔亲批有数的几本外,都由他们遵照内阁所票字样分批,无宰相之名却有宰相之实。而掌印太监无疑权势更大,他是宫廷中几千宦官之首,是真正的首辅,是皇上的代言人。

王安根据惯例,上本称自己年老多病,怕不能胜任。客氏马上劝熹宗答应他的要求。客氏对皇上说:"万岁爷,王安这人还算有自知之明。此人多病,走路风都刮得走。让他掌印,恐耽误了皇上的大事。"年幼无知的熹宗听完客氏一番劝说后,也觉得有一定的"道理",便同意了王安的请求。

客氏还不满足,与魏忠贤合谋非去王安不可。王安是魏忠贤的救命恩人,魏忠贤也曾一时犹豫未决,有些下不了手。客氏说:"咱俩要从李选侍吸取教训,不除王安,将成为我们的后患。"魏忠贤于是下定决心,勾结御膳房太监王礼乾、外廷兵科给事中霍维华,诬陷王安。结果,王安贬为南海子净军,到永定门外南苑当打扫卫生的差事。为了置王安于死地,魏忠贤派王安的死对头刘朝为南海子提督。

刘朝过去因偷过乾清宫的东西被捕,曾向王安求情,王安秉公办事,仍加以论罪,判他入狱。现在刘朝被魏忠贤从狱中放出,并提拔为南海子提督,自然挟私报复。

刘朝一上任,即令手下强迫王安干苦活重活,还不准他吃饭。王安本来体弱多病,没几天就昏倒了。醒来后在院子里到处找能吃的聊以填肚,什么花果根茎都拿着吃。过了几日,刘朝以为他死了,带着几个人闯入院子,见王安还活着,大吃一惊,下令手下人用麻袋装满泥土,压在王安身上,使他窒息而死。然后又将他身首异处,肉喂狗彘。魏忠贤除掉了一个强硬的对手,达到了目的,为下一步"高升"奠定了基础。

三　小试牛刀

魏忠贤、客氏借刘朝之手杀了王安,去了一块心病,接着,将王安手下的太监全部排斥,而换上自己的亲信。

魏忠贤和客氏自此权势日大,他们排挤出忠良,以行己私。魏忠贤目不识丁,但记忆力特强,善于逢迎,熹宗于是提拔他为司礼监秉笔太监。除掉王安后,客、魏二人得到熹宗的宠信,便有一些无耻的官僚投靠他们。大官僚沈漼司礼太监王体乾、李永贞、石元雅、涂文辅等做党羽,宫廷里的人都不敢冒犯他们。

魏忠贤为人猜忌残忍,阴险毒辣。现在一朝权在手,便把令来行。那些曾经向皇上进谏要求客氏离宫的廷臣都被贬到外地,那些依附于他们的人,一月三升,蟒玉峥嵘。他任其所为,与我善者善之,与我恶者恶之,一切以个人好恶恩怨为标准。

　　魏忠贤还竟然劝皇帝挑选身强力壮的宦官，制造使用火药的武器。他选出三千太监，充当禁军，在宫内操练。在宫禁中练兵，是大明祖制不允许的事。魏忠贤见熹宗好玩，所以设这招，也顾不得那么多了。他还秘密勾结大学士沈㴶为帮手，勾引皇帝与唱戏的人、歌伎舞女混在一起，纵狗策马，射箭打猎。刑部主事刘宗周首先弹劾魏忠贤，皇帝大怒，全靠大学士叶向高周旋才得免罪。

　　魏忠贤自从杀了王安后，越加骄横。三千太监在宫中操刀持刃，日夜训练。后宫炮声隆隆，金鼓震天。魏忠贤外胁臣民，内逼宫闱。有一个叫王进的宦官试射火铳，因药突然爆炸，把手炸伤，差点炸着皇帝。光宗有一个姓赵的选侍，对客、魏不满，魏忠贤假托圣旨赐她死。赵选侍将光宗生前赐给她的珍宝玩物列于庭前，拜后上吊自杀。裕妃张氏被客氏暗箭中伤，客氏在熹宗面前进谗言，张氏被监视，不让吃饭喝水。饿了几天，正好遇下雨，张氏饿极了，在地上爬着，挣扎到屋外，接着檐口的雨水喝了几口就死了。冯贵人曾劝熹宗停止在宫内操练，客、魏听说后对冯贵人深恶痛之，假托圣旨说她诽谤，赐她死。成妃听说此事后，告诉了熹宗，被客、魏假托圣旨革去她的封号，不让吃饭喝水。成妃从裕妃张氏饿死之事中吸取教训，事先偷偷地把食物藏于院内隐蔽之处，所以几日后仍没死。客、魏一看还没死，怒气也少些了，将她下降为宫人，另迁别处。唯有张皇后一向精明，平时少言是非，又以端庄著称，客、魏两人很有些害怕，不敢轻易下手，张皇后才保全了自己的性命。

　　魏忠贤势力形成后，那些被东林党人排挤去的人依靠他来打倒东林党。但当时叶向高、韩爌正辅佐朝政，邹元标、赵南星、王纪、高攀龙等正直大臣还在担任要职，左光斗、魏大中、黄尊素等是谏官，都极力主持公正，扶匡正义，魏忠贤一时还未能得逞。

　　但是，忠奸如同水火不可一日相容。天启二年（公元1622年），评论治理庆陵的功劳，荫封魏忠贤的弟弟、侄子为锦衣卫指挥佥事。给事中惠世杨、尚书王纪上书皇帝，批评沈余勾结客氏、魏忠贤，遭熹宗谴责丢了官。这一事件激起了大臣们的义愤，沈涂也觉得再在朝中实在无趣，便请求辞去了官职。朝中暂时恢复了平静。

　　这年初夏，下起了冰雹。大臣周宗建眼看地里的庄稼被打得枝残叶落，想起魏忠贤和那些附逆之臣的行径，不禁义愤填膺。他向皇上奏了一本，说这时下雹不合时宜，是魏忠贤的谗言和邪恶引来的。接着修撰文震孟、太仆少卿满朝荐也这样说，结果都被罢了官。

　　天启三年（公元1623年）春天，魏忠贤举荐他的亲信魏广微任大学士。这年秋天，皇帝诏令魏忠贤和客氏的儿子侯国兴所荫封的锦衣官都世袭。魏忠贤更加肆无忌惮，他把参加宫内操练的宦官增加到一万人，穿着护甲出入宫廷，恣意耀武扬威。这年冬天，魏忠贤兼管东厂，特务组织落入奸宦之手，魏忠贤迫害忠良可谓"如虎添翼"了。

东厂设置于明成祖永乐十八年(1420年)八月。明成祖朱棣不放心外官,将东厂设立于东安门北,由内监掌管。这个东厂和在这之前就有的锦衣卫一样,都是特务机构。专门侦缉查访,除皇帝外,任何人都可在其侦察范围之内。东厂不仅权限大,而且东厂特务个个心狠手毒,杀人不眨眼,派去主持的宦官都是皇帝的心腹。魏忠贤至此,可见权势赫赫。

天启四年(1624年),给事中傅櫆和魏忠贤的外甥傅应星结拜为兄弟。他们向皇帝诬告中书汪文言。汪文言,初名守泰,为人豪爽侠气,同王安是知心朋友,和东林党人于玉立相识,他为东林党人在光宗朝得受重用,立下了汗马功劳。以后,客、魏害死王安,文言也被弹劾罢官,但他没有回乡隐居,仍整日与公卿交游,那些官员素知他的为人,也乐意与他交往。最后,首辅叶向高用他做了内阁中书。

汪文言被缇骑从家中突然捕去,此事引起朝中官员极大的震惊和议论。当初,王安之死就使人们感到蹊跷,总觉得魏忠贤与此必有干系,现在拿汪文言开刀,醉翁之意,意在何人,人们也能猜测得差不多了。

于是,左光斗和魏大中立即上疏辩驳,朝中那些正直的官员也纷纷鼎力相助。

汪文言被关进镇抚司的监狱,这是锦衣卫关押人犯的场所。魏大中看出此事背后有只大的黑手在操纵,不然,文言不至于突然被捕,捕去也不至于这么快就入狱,入狱也不至于入镇抚司监狱。显然,魏忠贤利用东厂提督之权,想借汪文言兴起大狱,将朝中凡不听他们的正直官员一网打尽。

魏大中深感必须救出汪文言,否则大难即将临头。他想到了他的朋友、御史黄尊素。

黄尊素和北镇抚司镇抚刘侨是知交。刘侨正好掌管这所监狱。

魏大中即刻起轿,前往黄尊素家。黄尊素听后一刻没敢耽误,找到刘侨。刘侨表示:"小弟心中明白,自会妥善处理。"

审问汪文言时,刘侨果然虚张声势,但并不十分用刑。回头向魏忠贤报告说:汪文言依附内监,滥冒名器,拟革职为民。魏忠贤大怒,刘侨如此断刑如何实现自己的计划?! 于是,下令将刘侨革职,换上自己的亲信许显纯,决心严审汪文言。

这时,御史李应升对在宫内操练提出劝谏,给事中霍守典就魏忠贤请求给他生祠题匾提出劝谏,御史刘廷佐就魏忠贤任意荫庇提出劝谏,给事中沈惟炳就罚犯人立站笼提出劝谏,魏忠贤都胆大妄为,假传圣旨斥责他们,一一驳回。魏忠贤的这些罪行激怒了一位清正廉洁、刚直不阿的大臣——副都御史杨涟,于是演出了历史上一部可歌可泣的悲剧。从此之后,魏忠贤的杀机大开,缇骑四出,海内缙绅之祸不断。

四 杨涟上疏

杨涟曾身事三朝皇帝,又是顾命大臣。此人在朝正直、居乡廉谨,天下人无不钦佩。

这位老臣眼见皇上整日游玩,迷于木工建筑,不问朝政,魏阉一手遮天,为所欲为,不禁心头郁闷,也为他所效力的明王朝而担忧。

一日,他约魏大中、缪昌期等好友在家中小宴。话题不知不觉就转到了朝政上来,大家脸色都很暗淡,只是长叹不语。

还是杨涟首先开口,打破了局面:"我乃先帝顾命大臣,一心扶匡社稷,效忠皇上。现一班竖宦奸臣在朝廷扶植亲信,排斥异己,兴风作浪。搞得朝臣人人自危,百姓举日维艰,我有何面目去见先帝啊!"说罢,连连摇头,眼里含着激愤的泪花。

魏大中听罢,也感慨地说:"要不是黄尊素斡旋的话,魏阉想借汪文言罗织朝中大臣之事,不知闹到何等程度,怕是祸就闯大了。"

缪昌期唏嘘叹息,深表同意。好一会儿,杨涟一拍桌子,霍地站了起来,说道:"不除此贼,誓不罢休!"

魏大中、缪昌期也站了起来,说:"杨兄所见极是。此贼不去,国无宁日!"

杨涟怀着一腔义愤,倾激愤于笔端。将魏忠贤种种罪状一一列出,并指出了干政的危害,可谓切中时弊。等写完最后一字,东方也已微微发白。杨涟在屋里边走边活动手腕,伸展着腰腿。然后,呷了一口茶,又把疏文细细地看了一遍。

早朝时,杨涟将奏疏送交皇上。

魏忠贤听说三朝元老洋洋洒洒给他列了二十四条罪状,且件件属实,犹如闷棍当头,心里顿时没了底数,因为他毕竟是宦官,是皇家的奴仆,这一点是不容改变的事实。赶紧找手下心腹商议,有人提议速去找另一顾命大臣韩爌帮忙说话。魏忠贤就像抓到救命稻草似的,立时就备上丰厚礼品前往韩家。但韩爌平素对魏忠贤的所作所为就十分反感,也觉得杨涟所上奏折句句是实,是为国为朝廷的义举,因而当面拒绝了他,礼品自然也没要。魏忠贤这下更害怕了,便到皇帝面前跪下哭诉,要求辞去东厂的职务,免得结怨百官,而客氏也从旁为他辩解,王体乾又替他打掩护。皇帝糊里糊涂不能分辨,于是婉言挽留魏忠贤,并令魏广微下旨。魏广微一向巴结魏忠贤,杨涟奏折中又有"门生宰相"一语,魏广微心里特别忌恨,所以,在旨中对魏忠贤备极温和,对杨涟则严厉斥责。

杨涟上疏遭斥,皇帝公开偏袒宦官,不识真伪,令杨涟这位三朝元老颇为伤心,同时也激起了其他朝臣对魏忠贤的仇恨。以朝臣为一方同魏忠贤为首的宦官集团的矛盾进一步激化,并且很快达到了白热化的程度。

五 万燝杖毙

魏忠贤化险为夷,心中很得意,但他也知道自己作恶多端,害怕还会有别的朝臣效仿杨涟,对他抨击揭露,为防患于未然,魏忠贤又施诡计,凭他巧舌如簧的本事,哄着皇帝,让这位昏君借故三天不上朝,在皇宫里恣情游乐。这位年青的皇帝本来对朝政也没兴趣，他最喜欢亲手做木匠活，锯个木头，接个榫头，做个箱子，盖个房子等的，如今魏忠贤不让他上朝，正中他下怀，是他求之不得的好事。

那班大臣是既惊又怒且恨，没料到杨涟这样的老臣都撼不动魏忠贤这样的阉人，没料到皇帝竟然昏庸到了不辨是非的地步！但这些朝臣们不死心，在皇帝不上朝的三天内，他们或亲笔执写，或合伙上疏，力陈魏忠贤罪状，准备再奏魏忠贤一本。可是，这些朝臣纵然有孝忠大明王之心，却又低估了魏忠贤，过高估计了皇帝的"英明"。

第四天，皇上在皇极门召见百官，警卫士兵比平时多上一倍，刀枪剑戟，格外森严，侍班官僚，更为严谨。并令左排诸臣不得擅出奏事。诸臣更为愤怒，上疏者更多。

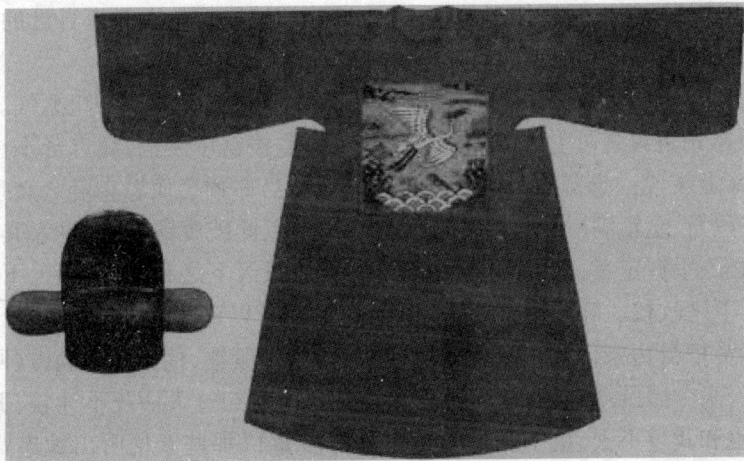

明代官吏常服

魏大中、陈良训等七十多官员上了一百多个奏折，有单独上的，也有合奏的，纷纷揭露魏忠贤的罪行，言辞激烈，义愤填膺。叶向高和礼部尚书翁正春建议把魏忠贤送回他自己在宫外的住宅，以制止群众的指责，皇帝不允许。兵部尚书陈道亨有病在身，杜门谢绝来往宾客，平时不参与公事，这回看到杨涟参疏，拍桌大叫："国家安危，全在此举！我们这些身居要位的大臣，现在不说，谁还能说！"说完，不顾病重体衰，当天就走出门外，同部院九卿各大臣联合上疏。疏文千言，直指魏逆。不料，皇上还是偏袒魏忠贤，说许多事情都是自己定的，并非魏忠贤一人所为，同时又严厉斥责了这班大臣。陈道亨知道后，仰天长叹："这是什么时候啊！我还在这里当官！"于是，又愤而上疏，坚决要求辞官而去。

皇帝置文武百官的上疏于不顾，却去袒护一个宦官，令那些上疏的官员十分伤心。但仍有人坚持同魏忠贤斗争，准备找一位位高权重的老臣出面，说服皇帝，挽救颓势。这些人找到了首辅、大学士叶向高，说服他出面弹劾魏忠贤，声言只要他说话，魏忠贤必败无疑。但他们找错了人选。

叶向高初当首辅时,说话还有些作用,自魏忠贤专权,那些佞妄官员如顾秉谦、魏广微与魏忠贤勾结后,说话就不太灵了。但他认为杨涟疏上所奏,也有些过激。认为魏平时对皇上伺候小心谨慎,有时也能匡正皇上行为。如果去掉魏忠贤这样的人,以后再找如此精心伺候皇上的人恐怕也不容易了。所以,他的态度是游移的。现在看到列位大臣激愤不已,群情汹汹,使自己也有些动摇。于是,便站在中间的立场上,也向皇帝上疏,说魏忠贤如何谨慎侍上,如何尽心尽力,但他对待大臣也颇不平和,关系也不太好,所以"请遣忠贤归私弟以塞谤。"

但是,首辅的上疏也未被奏准,魏忠贤的确坚如磐石,难以撼动。朝臣们绞尽脑汁的种种良苦用心均化作乌有,反而进一步巩固了魏忠贤的地位。

魏忠贤经历杨涟上疏这一打击之后,知道皇上对自己的态度了,至于其他人的弹劾,更不在话下了。现在他想的是,要让那些和他作对的人知道自己的厉害,让他们一个一个去死! 不能让他们白白咬自己一口!

不久,便发生了廷杖工部郎中万燝至死一事,总算让他出了一口恶气。

万燝原先是营缮司主事,管宝源局,曾请内监拨官中废铜,魏忠贤不让办。这次,万燝又上疏说:"忠贤原名进忠,今改名忠贤,当亦顾名而思忠贤之义乎? 夫以忠贤珠玉盈笥、金银满屋,何求不得,何欲不遂! 以此破废铜器,无足入其目,当其心,而亦必一手握定者,其设心以为不若是,无以操天下之利权;既操天下之利权,何难揽天下之政权。奸雄用意最深,蓄谋甚毒,臣有以窥其微矣。"

魏忠贤把身边亲信找来商议,说:"以前没给他废铜,他心怀不满,这回他也想浑水摸鱼,来个墙倒众人推。杨涟是顾命老臣,说几句过头话我不计较,那些科道小官吏,也和我过不去,也不掂量掂量自己有多重!"那些亲信听出魏忠贤的话外音,便左一言右一语地添油加醋,煽风点火,决定要杀一儆百,让那些大臣知道魏爷不是好惹的。

于是,魏忠贤让王体乾传"旨",将万燝革职,廷杖于午门外。

万燝被活活杖毙在百官眼前,那些百官低着头,不忍观看,心里又恨又气又怕,说不出的味道。真是举朝震惊,天下喊冤,忠臣丧气,义士寒心。魏忠贤对自己这一"杰作"很满意,他不仅泄了私愤,而且也达到了杀一儆百的目的。

六 首辅被侮

清介刚直的万燝是被魏忠贤纵杀立威的第一人。杀戒既开,岂能无后? 魏忠贤生性歹毒,绝不会就此停止。

廷杖对魏忠贤来说,是逞威报复出胸中恶气的好机会。他很快就寻觅到第二个目标,那就是巡城御史林汝翥。林是首辅叶向高的同乡,魏忠贤曾想借他以联络同叶向高的关系。有一次正好林汝翥巡城,有两个太监挟人劫财,被抓获。林汝翥要上报,两太监苦苦哀求,愿受杖刑,只求不上报。林汝翥于是杖责了这两个太监。

作为"祖爷"的魏忠贤见自己的手下人被打，怎能不替他们报仇？另外，还有一层隐微曲折的原因，那就是忠贤舞"杖"，意在叶公——叶向高，毕竟首辅大人也参了自己一把！

万燝死后没几日，魏又矫旨逮汝翥廷杖，林汝翥得到音讯，赶紧躲了起来。只是他躲的地方不在京城，而在京外。因为他料到，躲在城内，恐怕还来不及廷杖，就得被太监们抓住当场活活打死，所以乔装打扮，混出了京城。

魏忠贤手下的鹰犬四处捉拿林汝翥，不见踪影，上报魏忠贤。魏忠贤实际上已达到了威吓百官的目的，但他仍不甘心，又找来亲信，进一步商讨下一步的害人计划，最后决定，捉不住林汝翥，拿叶向高开刀，趁机干掉这位首辅。

当时，京城被捉林之事闹得满城风雨，沸沸扬扬。有几个胆大的朝臣上疏奏请皇上开恩，网开一面。但圣上根本不听，也根本听不进去，依然下旨驳回上疏，这进一步助长了魏忠贤的气焰，众朝臣毫无办法，只有唉声叹气。

锦衣卫受魏阉之命，率领缇骑、太监一百多人来到首辅宅前。守门的家人赶紧拦住，问道："这是首辅宅院，你们要干什么?!"

一个领头的太监傲慢地走上前，说："有人告犯官林汝翥窝藏在这儿，我们奉圣上之命，前来搜查。"然后一挥手："走，进去搜!"一帮人手执刀枪，推开家人，一下冲入院内。二话不说，到处乱翻乱砸乱扔，只一会儿功夫，首辅院宅便被弄得满地碎片、乌烟瘴气。他们在院中看见丫鬟，上前调戏，说些猥亵的话，还拉拉扯扯，动手动脚，吓得丫鬟们大声尖叫，直喊救命。

叶向高得信，急急走到院中，气得浑身哆嗦："住手！你们也太放肆了！太放肆了!!"

众缇骑和太监闻声停了下来，便向叶向高要人。叶向高指着他们说："你们要抓林汝翥，自可抓去，这里哪有林汝翥！你们凭什么冲砸首辅宅院，快给我滚出去!"

可那班人毫不在乎，你不放，我就赖着不走，他们坐着，躺着，歪着，靠着，嘴里还不干不净地骂着，气得叶向高话也说不出来，家人赶紧扶他到后院躺下。

折腾了大半天，缇骑和太监才打道回府。魏忠贤听后，哈哈大笑。叶向高越生气，他便越解气。

叶向高歇息片刻，便进了书房，连饭都顾不上吃，向皇上奏了一本，派人送了上去。

没几日，林汝翥被遵化巡抚送回京城，执行廷杖，差点被打死。

叶向高上奏说："杨涟一人之言，容有过激，未几而诸疏继至矣，又未几而台省九卿复有公疏，举朝哄然，即臣等亦被指摘。甚者疑其为忠贤策划，当与焦芳同传矣。臣地居密勿，不敢自同于廷臣，即受疑受谤，情固甘之。惟是皇上念忠贤，则当求所以保全之；而今日保全忠贤之计，莫如听其自请且归私弟，远势避嫌，以释中外之心，使天下晓然知忠贤之无他，其于转祸为福，直俄顷间耳。至内操一事，祖宗朝所无，聚数千之甲兵于宫廷肘腋间，在今日虽无可虑，他日终属隐忧。"

应当说，叶向高这一份奏折是推心置腹的，也是切中要害的。然而，当朝皇帝对叶向高奏折采取了如同对待他人奏折的态度，仍然公开祖护魏忠贤，历数魏忠贤种种功劳如"勤勉""忠心"，指责群官附和。同时下诏，令锦衣卫杖汪文言，革职为民。叶向高的上疏又一次以失败告终。

叶向高是大学士，聪明机灵。自上奏本之后，他将前前后后所发生的事联系起来，反复思量。他很快就明白，这背后全是魏忠贤操纵着，在演一出"逼宫"之戏。堂堂首辅宅院，竟让一群阉人、缇骑冲砸骚扰，而且毫不畏惧首辅，没有后台，岂非咄咄怪事？！这样一闹，而且皇上又百般包庇魏阉，这个首辅还如何当得下去？叶向高反复权衡思量，最后终于明白了一切，自知如果再在宫廷中当首辅必凶多吉少，不如急流勇退，保全性命。于是，这位老臣便向皇帝递交了辞书，不久便得到恩准，叶向高告老还乡。幸运的叶首辅虽然去职为民，但却躲开了魏忠贤。

万爆一击不中，反遭杖毙；林汝翥伤及宦官，被魏忠贤挟私报复，现在还半死不活地躺在床上；首辅被逼，气得火冒三丈却无处发泄，只好告老归乡。魏忠贤一伙奸佞之徒无不发自内心地高兴，他们沆瀣一气，勾搭得更紧了。魏广微根据自己的好恶，用毛笔列了一张缙绅名册，把他们视为邪人，分了几个等级。这些人有叶向高、韩炉、何如宠、钱谦益、缪昌期、赵南星、高攀龙、杨涟、左光斗、魏大中、黄尊素等六、七十人，然后偷偷交给魏忠贤，作为今后打击摈斥的对象。这些人是魏忠贤的眼中钉，也是弹劾他的主要成员，大多是朝中忠臣良吏。魏广微又写了一个准备起用人员的名册，这伙人中有黄克缵、王绍徽、徐大化、霍维华、阮大铖等五十六人，把他们划为正人，准备逐步寻机提拔。叶向高归家后，顾秉谦当了首辅，官宦合流，朝中自然一片乌烟瘴气。

但自有一班刚直大臣仍不低头，他们也在寻机打击邪恶势力。吏部谢升被起用，到达北京后，看到朝政一日不如一日，便写信规劝魏广微，魏广微看后很不高兴。史记事和黄汝亨两位大臣各以大义奏禀皇上告魏广微，但也都被皇上拒绝，不予采纳。

八月，署国子监祭酒、礼部右侍郎蔡毅中、监丞金维基、博士邓光舒、王裕心，助教张翰南、姚士儒、孙世裕，学正王永舆、蒋绍煜，学录聂云翔、林士基等人，又上疏弹劾魏忠贤。皇上未予理睬。蔡毅中遭到冷遇，四次上疏请求辞退，但不理奏折的皇帝竟不批准他的请求。

不久，左都御史高攀龙发现巡访外地回来的御史崔呈秀贪污受贿，数额巨大，上疏奏了崔呈秀一本，查明属实，崔被革职听勘。

十月，皇帝在太庙敬事，百官齐集。大学士魏广微却没到，等到仪式即将结束之时，魏广微才急匆匆赶来，入班跪拜。吏科给事中魏大中一看这是个机会，便立刻上前弹劾："皇上升殿,祈明年之福,颁来岁之历,这是历朝历代年年必行的大事,谁敢不毕恭毕敬?广微是执政重臣,理应谨慎侍候,现在却迟迟上朝,这等无礼,藐视皇上,也太过分了!"

魏广微赶紧上前自辩,请皇上乞谅。皇上不辨忠奸,将他好言相劝,仍留予朝中。魏广微心中窃喜,同时更恨魏大中。发誓必报此仇不可。这时,御史李应升说:"魏广微刚才说自己罪在失仪,而行礼误错才能叫作失仪。大明律规定,朝贺晚到者,打四十棒;祭奠晚到者,打一百棒。国家设立言官,事关国家大事。广微之父允贞曾为言官,能公正办事,结果得罪内阁大臣而去职,但声望直至现在还存在,魏广微难道能忘记吗?他应保其家声,不要与言官为难,他日也好有脸面见其父于地下。"结果,也遭到皇帝的指责。

同时,皇上下旨降吏科都给事魏大中、吏部员外夏嘉遇、御史陈九畴三级,调外地。吏部尚书赵南星、都御史高攀龙请求免去官职,皇上同意。大学士韩𤋮上疏为他们力争,但毫无作用。

又降御史房可壮三级,吏部许誉卿、沈惟炳,河南道御史袁化中各一级,都调到外地。这一下,造成部署主干人员一时皆去,屋在人空。

反魏的斗争又一次遭到了挫折和失败,朝野内外的人们不能不有一种感觉,魏忠贤的确不好惹,也惹不起。

七　陷害忠良

崔呈秀被左都御史高攀龙上疏查实贪污受贿罪后,原来准备发配到边远地区充军。崔呈秀情急之中,想起了魏忠贤。他明知魏忠贤人品低劣,而且又是宦官,但此时也顾不得了,只想捞根救命稻草以摆脱困境,等到东山再起之时,再以十倍百倍的仇恨来打击高攀龙等人。于是,他微服前往魏家,当然挑选家中财宝,以金银玉器、珍奇古玩作为见面礼叩见魏忠贤。愿为忠贤儿,呼之以父。魏忠贤想到从此在朝廷命官中又多了一员俯仰任己的干将,自然十分高兴,满口答应替他出面讲情。

不几日,魏忠贤即派人宣旨,免去崔呈秀的处罚,重新起用为御史。崔呈秀自然是感恩不已,同时也暗自庆幸自己这步棋下对了。从此,有空就去拜访"爹爹",并一块密谋策划,非要把赵南星、高攀龙、杨涟等人置之于死地不可,以斩草除根,彻底绝掉后患。

魏忠贤觉得这些人存在一天,对自己的威胁也就存在一时,只有把他们赶尽杀绝才能无后顾之忧。当务之急还是把朝廷中不合自己口味的人一个个去掉。于是,他设计将首辅韩𤋮和兵部侍郎李邦华赶了出去。正直的人离开朝廷,就像枯木纷纷抖落一样。

韩𤋮的继任朱国桢做了不到一个月的首辅,感到处处掣肘,事难有为,便以有病为由辞职而去。首辅之职便落到了魏忠贤的义子顾秉谦头上。顾秉廉是个无耻之徒,他有心认魏作父,又怕自己须发皆白,不是那么回事,便带着儿子到魏忠贤私宅,叩头下拜,让儿子认魏作爷爷,于是他自己便成了魏的义子。他的儿子也小小年纪,做了尚书丞。

这一年的冬季,朝廷官员大换班。凡是被魏忠贤任用的人,他的爪牙心腹都转为六科给事中与都察院各道监察御史。那些贪官污吏、拍马溜须之徒纷纷占据高位,他们中年青些的拜魏忠贤为干爹,有些年龄比魏忠贤还大的便像干儿一样侍奉魏忠贤,这个时期是魏忠贤最得意的时期,他的干儿遍朝廷。势力一天天强大的魏忠贤差不多无所顾忌了,上有皇帝撑腰,下面"儿孙"满堂,他开始反攻倒算,向旧仇开刀了。

明神宗后期,有个官员叫顾宪成,为人正直,敢于直言,后来得罪了神宗,被撤职回了无锡老家。他在家闲居不久后,约了几个志同道合的朋友在东门外东林书院讲学。周围的一些读书人都知道他的人品和学问都好,纷纷来到无锡听他讲学,把一所门面不大的东林书院挤得满满当当。顾宪成是个"国事家事天下事,事事关心"的知识分子,他痛恨朝廷黑暗,政治腐败,在讲学时,不免议起朝政,还直言批评一些当政的大臣。听的人非常赞同,满堂喝彩。东林书院的名声很快散播开来。一些官员也慕名前往听他讲学。由于他抨说在理,又淋漓痛快,京城里一些有正直心的大臣也支持他,但同时被批评的官僚权贵却对顾宪成恨之入骨。

明熹宗即位时,有一些支持东林党的大臣掌了权,其中最有名望的是杨涟和左光斗。他俩一心一意想整顿朝政,但熹宗昏庸透顶,不理朝事,让魏忠贤来掌握东厂。魏忠贤结党营私,卖官受贿,利用手中特权干了无数坏事。一些反对东林党的官僚就无耻地投靠魏忠贤,这就是历史上有名的"阉党"。杨涟在左光斗的支持下,向皇帝上了奏章,揭发魏忠贤的二十四条罪状。

天启五年(1625 年),崔呈秀编造《天鉴录》《同志录》等小册子,王绍徽也造了《点将录》,把顾宪成、叶向高、刘一燝等说成是头子,把凡是不投靠魏忠贤的人全部列入黑名册,说成是东林党人,献给魏忠贤,并说:"东林党人要害您老人家"。魏忠贤看到自己的义子们很有一套,也很有办法,所以很高兴和他们搞在一起。御史梁梦环这时又重提汪文言旧案,把他解到镇抚司拷打,逼其口供。

汪文言被抓后,抚事许显纯主审。他先把汪文言打了个下马威,然后连连拷问,要他带出扬涟、左光斗,但汪文言却宁死不招。

魏忠贤听说后,矫旨仍命许显纯继续拷问。汪文言的外甥探监见舅舅被打得血肉横飞,没有人样,不禁痛哭失声。汪文言叱骂道:"你真没用! 我是怕死的人吗?! 你怎么像女人一样呢?!"最后,随着酷刑的升级,终被打死。临死前,怒目圆睁,捶地大呼:"你们胡编乱造来污蔑清廉之人,你们太冤枉人了! 我死也不能跟你们完!"

许显纯嘿嘿冷笑,让下人造了一个假供状,说杨涟、左光斗不仅是东林党人,而且还收受杨镐、熊廷弼贿赂各二万。周朝瑞受贿一万,袁化中三千,魏大中三千,顾大章四万。

魏忠贤接到供状,便立即矫旨,令锦衣卫速去湖北押解杨涟等人来京严审,魏忠贤开始了对他的"政敌"大规模的反攻倒算。宦官迫害朝臣达到了前所未有的程度。

八 "六君子"之死

杨涟是三朝老元,曾是光宗亲命的顾命大臣。在朝正直,居乡廉洁谨慎,是天下百姓官员公认的。他因看不惯魏忠贤的逆行,以二十四罪弹劾阉党首领,被斥退回到老家。

自天启四年(1624年)十月末削籍后,杨涟便在家中杜门不出,看书写字,侍弄孙儿。虽然胸中有郁闷,但也清静太平。可是,他万万没有想到魏忠贤会不放过他,一场大祸从天而降。一天锦衣卫官校一行人来到县里,见了府里官员,申明来意,要速拿杨涟。知县闻知,心中暗暗替杨涟抱屈,但又无奈,只好亲自去请杨涟上县衙。

杨涟在家听说后,知道此一去必是有去无回,便请八十岁的老母亲和三个儿子过来告别。说:"我因弹劾魏忠贤二十四罪案,所以同他结下死仇,现他派缇骑来拿我,是官报私仇。我这一去必死无疑,但为国尽忠,也是值得的。只恨未去除魏阉群党!"家人哭作一团,杨涟又吩咐了后事,于是同知县去了县衙。

杨连被押送到京城后,关在镇抚司。许显纯主审,他秉承魏忠贤之意,非将杨涟陷于移宫一案,不然罪名不大;非说杨涟接受杨镐、熊廷弼贿金二万,不然就难以追赃。杨涟当然不承认。于是,许显纯就令加刑,可怜杨涟白发忠心,遭此荼毒,被打得体无完肤。

一天,许显纯再次坐堂审问。杨涟当时已被打得无法走路,被两名校尉挟着上了大堂。

许显纯将惊堂木一拍,喝道:"杨涟,汪文言供出你创议移宫,陷皇上于不孝之地,还私下里接受杨镐、熊廷弼的赃物赃款,你从实招来!"

杨涟艰难地抬起头,说:"乾清宫乃皇上寝宫,其他人不可居住。当日原奉明旨道:'李选侍每行背阻,不容圣人临御,君侧不当留此以为肘腋之祸。'人臣志安社稷,切念圣躬,故这事犯官不辞创首。至于杨镐、熊廷弼失守封疆,国法自有处罚。但暂停处死熊廷弼的圣旨,传自宫中,和外官得贿有何关系?!"

许显纯听罢,心中觉得在理。但他毕竟是魏忠贤门下走狗,必须秉承魏阉之意,置杨涟于死地。便一拍惊堂木,大骂:"胡说!当日圣旨,系王安假传,你照他去做,就是结交内侍,就该死!至于杨镐、熊廷弼之罪,你是法司,又同熊廷弼同乡,你怎能不为他打点!"

杨涟明白,这是故意栽赃泼污水,便冷静地说:"两万两银子也不是一个人送得起的。你说我受贿,要拿出证据来!"

许显纯说:"证据当然有,汪文言有口供在此。"

杨涟听罢,连叫让汪来对质。许显纯说汪文言死了,但口供照样可以为据。杨涟自然不服,因为他在朝几十年,知道口供有真有假,有如实招供也有屈打成招,甚至还有伪造的。许显纯见如此审下去也不会有结果,便又一次下令用刑。许显纯心狠手毒,捶楚甚酷。杨涟终于被活活打死。

许显纯在伪造汪文言供词时,秉承魏忠贤之意,不仅把杨涟牵扯进去,造成了一大冤案,而且还牵扯了赵南星等二十多人。魏忠贤将这些人革职流放,对他一贯痛恨的左光斗、魏大中、周朝瑞、袁化中、顾大章等五人则一并逮捕,予以迫害。

金都御史左光斗是和杨涟齐名的正直大臣。杨涟上疏弹劾魏忠贤时,魏广微心里非常反感,这时有人对他说:"杨涟攻击魏公,波及阁下,你知道其中内幕吗?"魏广微说:"不知道。"接着,那人就说:"上疏的是杨涟,出主意的是左光斗,给疏文润色的是缪昌期。"魏广微于是授旨于御史陈九畴发难,诬告左光斗是东林党人,还接受杨镐、熊廷弼贿赂,罗织罪状,打进大牢。

左光斗在牢里,任凭阉党拷打,始终不肯屈服。他说:"他们杀我有两种办法,乘我不服,用极刑打死,或在狱中偷偷地害死,然后对外说病死。"果不其然,阉党五日一拷打,打时逼他跪在阶前,裸体羞辱他。或夹他手指,或用棍打,无论夹或棍打,都仍带着枷镣。后来被打得再受审时都不能跪下,只能带着刑具平卧于堂下,凡见者无不暗暗落泪,痛恨阉党惨毒无比,毫无人性。

魏大中,清操自守,当了十年京官,家徒四壁,为人处事,以直闻名,从不依附权贵。以前魏忠贤想拉拢他,但魏大中不予理睬。魏忠贤内心忌恨于他,这次也诬他纳贿,活活打死于堂下。每次杖打时,魏大中每被击一棍就高呼一声"太祖高皇帝。"还厉声指问刑堂之"明心堂"是"昧心堂"。那种百折不回的高风亮节,令人敬畏、痛惜不已。

魏大中之子魏学洢在父亲被捕时,悲痛万分,非要随父一起北上京都。大中说:"倾巢之下岂有完卵!父子齐去一定是父子俱毙,没有意义。"于是,学洢微服悄行,尾随缇骑,生怕父亲遇害。到达北京后,看到厂卫特务满街遍是,于是易名住在一旅店中,昼伏夜出,想法救父。后来,当他知道父亲在狱中所遭酷刑,实在是非人所能忍受,估计已无活的可能了,曾想上衙门击鼓鸣冤,上书自刎。但都没有成功。父亲死后六七日,尸体才被允许搬出牢房,由于当时天正值大暑,尸体极度腐烂。他只好扶棺而归,一路上伤心至极,朝夕痛哭,到了老家,还未入自己房门,就由于悲伤过度,一路上勺水不进而活活连气带病致死。

周朝瑞、袁化中、顾大章既落虎口,自然也免不了一死。

"六君子"之死，使天下百姓和忠直之士扼腕痛惜，魏阉之流却长吐一口恶气。魏忠贤就是通过种种无耻的手段，残忍地害死了一个又一个忠良官吏，为他为所欲为，干更多的坏事铺平了道路。同时也在向世人昭示，凡与他作对者，他将一概手下无情。

九　将军遇难

内乱必致外患。当魏忠贤的阉党把明朝朝政闹得乌烟瘴气的时候，后金努尔哈赤在辽东大展身手，把明军打得落花流水。

萨尔浒大战以后，明王朝派了一员老将军熊廷弼出关指挥辽东军事，熊廷弼身经百战，极有才能，可是担任广宁（今辽宁北镇）巡抚的王化贞却从个人恩怨出发，认为熊廷弼出关，会影响他的地位，千方百计阻挠熊廷弼的正常指挥。公元1622年，努尔哈赤率大军进攻广宁，王化贞拥兵14万，不战而逃，丢弃了城池。熊廷弼当时只有五千人马，无法抵御，只好掩护当地百姓退到山海关内。

广宁失守，明王朝不分青红皂白，把熊廷弼和王化贞一起下入大狱。熊廷弼对此愤愤不平，正欲上诉之时，当时的刑部尚书王纪、左都御史邹元标及大理寺卿周应秋等上奏皇上，认为熊廷弼、王化贞均应处死。熊廷弼闻此消息，又惊又怒。他觉得王化贞罪应处死，因为他不战而溃，自己率少数兵马根本不可能抵御得住后金军队的进攻。现掩护百姓进城，少受损失，不说有功，但说无过总不妨吧！当然，广宁失守，他不能全部推卸责任，但责任应有主次之分，自己的过失无论如何也不至于死罪么。

但他岂知，魏忠贤是非杀他不可。因为熊廷弼被关入大牢时，魏忠贤趁机向他敲诈勒索，要他拿出白银四万两，方可免他一死。熊廷弼是个爱国爱兵的武将，平时奉公守法，为人正派，根本拿不出这么多钱，因此断然拒绝了魏忠贤的要求。于是，魏忠贤一伙就诬他贪污军饷，欲治死罪，这是其一。其二，熊廷弼案和杨涟"六君子"案被魏阉硬扯在一起，"六君子"受熊廷弼贿是他们死因之一，现在，"六君子"死了，如熊廷熊弼能活着走出大狱，事实真相不就很快昭然于世了吗？所以，熊廷弼是必须要处死的人。

可怜老将军一世英雄，却死于奸佞小人之手。老将军死后，身首异处，首级被用木盒盛装，传示九边。即使如此，魏忠贤也未罢休，他让手下人上本诬熊廷弼侵盗军资17万，然后矫旨严追，致使熊廷弼姻亲两家全部破产，其长子也自杀身亡。

这年九月，皇上赐魏忠贤一颗印章，上写"顾命元臣"。赐客氏一印，上写"钦赐奉圣夫人"。毫无疑问，魏忠贤能如此猖狂，无恶不作，除去他本人阴险狡诈之外，皇帝的昏庸无能也给他创造了极好的客观条件。

魏忠贤志满意得，一个个政敌死于他的股掌之中，大的整完了，顺势把小的又给收拾了，只要有人"胆敢"与他作对，与他对立，他都不会放过。

国学经典文库

后妃宦官大传

·凶残阴毒的太监·

图文珍藏版

中书舍人吴怀贤目击魏忠贤陷害忠良，心中不平。一天，他读了杨涟劾魏忠贤二十四大罪的奏疏时，击节称快。正好原工部缪昌期因弹劾魏忠贤被遣回原籍，吴怀贤佩服其刚正不阿，便写信给他。信中称物极必反，反正不远。言辞慷慨激烈。他平时待客时提到政事，对魏阉气愤异常，义形于色。结果，家里的奴仆告发了他，魏忠贤整死吴怀贤，还没收了他的家产。其妻惊吓而死。

扬州知府刘铎曾给一和尚写三首诗并赠送之，和尚携诗稿至北京，结果因为语多讽刺，被人告发遭厂卫逮捕。魏忠贤党羽都督张体乾，又诬陷他勾结道士方景阳诅咒魏，竟把他处斩。

翰林丁乾学在江西主持考试，试策中引了前朝宦官汪直、刘瑾的名字，触怒了魏忠贤，将其降级调外。锦衣卫指挥佥事高守廉同丁乾学过去就有私隙，于是在魏忠贤面前说他坏话。恰逢丁乾学没有及时赶赴外地就任，魏忠贤就派出二十多人，拥入丁家，假说有圣旨，丁乾学俯伏听旨时被拿下。高守谦同手下人猛打丁乾学，不一会儿就将丁打死。

吏部尚书赵南星因触犯朝廷被削去官职，回家养老。看见大学士魏广微，魏之父魏允贞与赵南星是老朋友，所以赵南星便以父辈之礼对待魏广微。但魏恨赵南星，不愿如此待己，于是，告诉魏忠贤。魏忠贤决意对赵再行开刀。山西巡抚秉承其意，诬告赵南星为官时贪赃。最后，将赵南星打发到远处戍边，其子打发到另一远处戍边。赵南星白天穿短衣，同士兵一起操练，不久便死于戍所。

天启五年（1625年）岁末，魏忠贤心情特别愉快。杨涟、左光斗等六人已被杀，熊廷弼又被枭首，又开除了尚书李宗延、张问达，侍郎公鼐等五十多人，朝廷官署都空了，魏忠贤将其亲信全都越级提升，党羽遍布政府的各个重要部门，更加之昏庸皇帝的信任，他确实感到了春风得意的滋味。

他似乎可以高枕无忧，可以弹冠相庆了。

十 "七君子"之狱

魏忠贤胸无点墨，但有一肚子坏水。他考虑问题的确有股"透彻"劲。为了打击东林党人，他竟于天启六年（1626年）挂名主修《三朝要典》，以替"梃击""红丸""移宫"翻案为口实，大肆迫害东林党人。为了使三案记载一致，他们甚至改写《神宗实录》《光宗实录》，颠倒历史。反对东林党的官僚，纷纷投靠阉党。据明史记载"内外大权，一归忠贤。"内廷有王体乾、李朝钦等三十余人，为左右拥护，外廷文臣有崔呈秀、田吉等，武臣则有田尔耕、许显纯等，还组织一支万余人的宦官武装。这年二月，皇帝出门的仪仗队也成立起来了，荫魏忠贤的族人都督佥事。

魏忠贤为什么能以一介残缺之身在宫中气焰万丈，恣意残害忠良呢？这除了他本人阴损缺德，手下有一帮狐朋狗党之外，很重要的一个原因便是皇上是个极为无知的孩子。他从小跟惯了客氏奶妈，长大了也舍不得离开。天性不好政治，喜欢热闹、玩耍、魏忠贤处处引着小皇上玩，深得小皇帝的喜欢。小皇帝喜欢亲自动手做木工，每当他拉绳、测度、画线时，他都深深地迷恋于此，每当亲手制成的器物完成时，内心充满了深深的欢乐。这时，他视上朝下朝为累赘。魏忠贤看透了这点，所以，就赶皇上忙着木器活时就来奏事。皇帝讨厌了，就随口说："我已经知道，你们好好干吧！"魏忠贤这时便心满意足地退出来。然后便能随心所欲，放肆地作威作福了，许多圣旨也便是这样伪造出来的，也就是说，他的许多坏事是瞒着那位热心于木匠活儿的皇帝干出来的。

　　魏忠贤每年都出去好多次，坐上华丽的车子，用羽毛织成的车帘，青色的顶盖，四匹马跑得飞快，饶鼓响箭的声音在扬起的黄土中轰鸣。魏忠贤腰缠玉带，身披华丽的衣服。那些穿着靴子、套裤、手执佩刀的人，在座车的两边骑马跟着飞跑。供应宿食和停放车马馆舍的人、戏子、杂技艺人、轿夫、差役，跟随的不下万人。政府各部门的奏章，都安排专门传送急件的人来请示魏忠贤才敢批复。凡经过的地方，官绅士人在路上跪拜，百姓还往往以为皇帝驾临了呢。岂不料，坐在车中的却只不过是一个宦官。魏忠贤任人们高呼九千岁，但却连看也不看他们一眼。客氏住在皇宫里，同样，也残酷地虐待宫女、嫔妃。偶然出宫回自己的住宅，骑马的侍从高举辉煌的火把照亮大路，看上去的确像皇帝出来的仪仗一样。魏忠贤本来就很凶残愚蠢，没有任何专长，他的党羽不断教唆他，有客氏做阉党的管家婆，这一帮凶神恶煞张牙舞爪，煽惑行虐，成了国家的大毒瘤。他们威福日盛，鹰犬日众，民间百姓，没有一个敢提"魏"字的。那些身在京华的官员，不敢让童仆带一封家书。被削职闲居的大臣，无人敢去拜访，即使过去有师生挚友之谊，也是荡然扫绝。甚至士民路上相遇，也只能长揖拱手，凡寒温套语，问讯起居也不再提及，婚丧宴会也不敢再设。真是智慧者化为愚蒙，善辩者顿成瘖痖。从古至今，宦官之威至于此者，还未有超过魏阉的。魏忠贤的所作所为在封建社会的历史上恐怕也是空前绝后的。

　　苏杭织造太监李实本来同魏忠贤一党，现占据着个肥缺过得很自在。公元1626年的一日，听说魏忠贤有意要整前应天巡抚周起元、黄尊素等人，便命下人孙升将盖了印的空白奏本带到北京，奉交给魏忠贤。魏忠贤便又设下借刀杀人之机，让李朝钦、李永贞起草疏文，孙升照抄以李实名义，告周起元在任时拨弄是非，相沿成习，致使苏州府钱粮春运才完成十分之二，松江府毫无动静，还滥铸钱币，贪污中饱私囊，同东林党人周宗建、缪昌期、周顺昌、高攀龙、李应升、黄尊素等人臭味相投，攻击朝政等罪状，然后迅速下令，着人拿问。

　　江、浙一带是鱼米之乡，富饶之地。锦衣官校们领了差，都感到很兴奋。既可观美景，还可发一笔小财，何乐而不为？

　　十多日后，便到了江南。一行人分头去江阴、无锡和苏州去捉拿"人犯"。

　　到无锡的是去捉拿高攀龙。高攀龙，生平抗直，忠义自命。光宗皇帝知其贤，遗诏升他为光禄丞，后来又任太仆卿，不久又当了都御史。因为弹劾权奸，被削除官职回原籍。在家杜门不出,一心著书。与尘寰隔绝,优游以度岁月。他哪想到魏忠贤对他仍不放过,捕风捉影,必欲一网打尽,致之于死地方为快!

缇骑们一路喧嚣张扬,消息传得好快。高攀龙听说缇骑将至,心中暗想:定是冲自己而来。当年参劾崔呈秀,本想为国除奸,后来崔认魏阉作父,这回他们必官报私仇。如一旦抓到京城,下入诏狱。杨涟、左光斗之昨日,必是我高攀龙之今日。让他们慢慢折磨死,还不如痛快死去。我怎能让父母生我之身躯,无辜遭刀斧摧残?!于是,高攀龙便焚香沐浴,整肃衣冠,写下了遗疏一封:

臣虽削籍,旧属大臣,大臣不可辱,辱大臣则辱国。谨北面稽首,以效屈平之遗。君恩未报,愿结来生。望使者持此以复皇上。

写完封好交给儿子,说:"不到紧急时候不得打开。"又对家人说:"你们大家各自休息,不要惊慌,不会有什么大祸。我想自己独自休息一下,考虑一下对策,明天早晨自有办法。"家人见他神色自若,一如往常,便都各自睡了。

高攀龙虽表面镇定,但内心却如刀绞一般,他仰慕屈原光明磊落,死也要效仿他,自己的生命也无可留恋,但妻子、孩子们以及亲友今后怎么办?这种情丝却如何割断得了?!辗转反复,心潮难平。

夜半来临,他一狠心,悄悄起床,整好衣冠,对着北面方向连叩三首,然后走出书房,转入后花园,自沉于园池。其子世儒,总觉有事,便披衣偷偷看父亲卧室,静寂无声,推开门一看,床空人无,只有一盏灯发出幽幽的光。他又哭又怕,走到后花园,只见一炉香还在燃着,还有一首父亲手书的遗诗,才知父亲已投水自尽。家人闻讯,速将高攀龙救上岸来,早已气绝人亡,脸上忠烈之气,虽死不灭。

天刚亮,高家便速报地方长官。无锡知县大吃一惊,赶快亲临相视,并拟本上报。不一会儿,知府也赶到了。高世儒便将父亲遗疏一并奉上。那班缇骑见人已死,也慌了手脚。原来还想发点小财,现在高攀龙一死,哪来油水可捞?于是便想拿高世儒上京,但圣旨上又无他的名字,便只得悻悻而归。

魏忠贤在京城听说后,便决计斩草除根,又复矫旨逮高世儒。刑部判世儒不能防范他的父亲,流放服劳役。于是,又演出了一场惨绝人寰的悲剧。

阳春三月,江南一片春意。但天启六年(1626年)的江南三月,却被历史记下了沉痛的一页。

御史周宗建很快被捕入狱。他平素痛恨魏忠贤和客氏,几次上疏弹劾。因此,魏忠贤和客氏恨他也属必然。现在,周宗建落入他俩之手,自然没有好果子吃。魏忠贤让许显纯审讯时要比别人更下得了手。宗建也是个刚强汉子,俯卧挨打,决不讨饶,最后被打得奄奄一息,连声音都发不出了。许显纯骂道:"现在你还能说魏公一字不识了吗?"原来,周宗建以前上疏时曾批责魏忠贤"目不识丁"。

很快,周宗建死于监狱。

周宗建被捕走没三天,一队缇骑风风火火来到苏州,要抓周顺昌。这一地区一

图文珍藏版

下开了锅,百姓向来尊崇周顺昌的人品,听说要抓他,冤愤之情,溢于言表。

周顺昌原是吏部主事,苏州人。锦衣卫抓魏大中时经过苏州,别人都不敢靠前,唯恐惹恼了魏忠贤祸及自己。只有他主动上前周旋了好几天,还设了酒席送行魏大中,可见其人之忠正。临走时,周顺昌主动提出要将自己的爱女许配给魏大中的孙子。魏大中是个犯官,此一去有去无回,周顺昌心中清清楚楚,但他更知道魏大中是个品格高尚的忠臣,他要让临刑前的忠臣心中有个慰藉,所以才毅然做出这个举动。

当时,两人涕泪俱下,自知此一去即无望复见。缇骑见两人抱头痛哭,就大声喝令大中赶快上行,言语粗鲁,还推三搡四。周顺昌实在按捺不住心中怒火,便高声责骂缇骑:"你们不知道天下有不怕死的男子汉吗?我就是!你们回去可以告诉魏忠贤,我就是吏部主事周顺昌!"

魏大中下入大牢后,御史倪文焕,这个卖身求荣,认贼作父的家伙就以周顺昌同犯官结为亲家之事弹劾周顺昌,不几日,周被解除官职。这回李实又以空印文上疏参了周顺昌、高攀龙、李应升、黄尊素、周宗建五人,所以,缇骑分头去抓。

南京巡抚毛一鹭亲自领着东厂兵士前往抓人。这一消息很快传开,轰动了苏州市民。苏州市民历来是不好惹的,二十多年前,他们在葛贤的领导下,曾经跟税监孙隆斗过。现在,魏忠贤又派人来陷害忠良,怎不激起苏州人民的义愤。而且,谁不知道周顺昌是个好官,谁不知道他是为反对阉党才遭到迫害,所以人民都同情他,千方百计要保护他不被东厂士兵抓走。

当地县令陈文瑞,原是周顺昌提拔起来的,看到自己的恩人要被抓,心中难受,白天又不敢前往周府表达,于是半夜叩门求见,见到周顺昌,痛哭失色。周顺昌很冷静地说:"我早就知道他们一定会来抓我的,这是意料中的事。你不要像楚囚那样哭了!"

临出门时,全家男女老少一片哭声。顺昌笑着说:"没事没事,坏人情绪么。"看到书几上还有一副字未写,慢声说道:"这是龙树庵一个和尚请我写的,我答应了,却一直未写,今日不写,对不起人家。"于是,写了"小云楼"三个字,后面署上年月。投笔站立,改穿囚服,出门而去。

人民自发拥送的不止几千人,一传十,十传百,很快达到上万人。大家拦过毛一鹭的轿子,推了几名秀才向他请愿,要求取消逮捕周顺昌的命令,毛一鹭见那么多的群众人山人海,声势浩大,吓得满头大汗,一句话都说不出来。东厂士兵着急了,他们把手里的铁镣往地下一扔,厉声骂道:"我们是东厂来的,看谁敢阻挡!"

铁镣发出"当啷"的声音,市民们看到缇骑如此骄横,被激怒了。有人站出来责问士兵说:"你们不是说奉皇上圣旨抓人吗?原来是东厂搞的鬼!"

兵士还来不及回答,群众就哄然而上。一面叫着,一面向毛一鹭和士兵冲过来,举拳便打,其势如山洪暴发,不可阻挡。这些平日作威作福的士兵这时一下傻了眼,赶快抱头鼠窜,只顾自己的逃命。愤怒至极的群众,上前一把抓住,劈头盖脸地打上去。一个士兵当场就被活活打死,其余的也被打得头破血流,连滚带爬地逃走了。

市民们痛打士兵后,又到处找毛一鹭算账,因为是毛一鹭带人来抓周顺昌的。毛一鹭当时乘乱,脱了官服,从一条小巷里溜出去,正好见到前面有一个茅坑,此时为了活命也顾不得体面,钻在角落里,弄得身上屎一块尿一块的。直到市民群众散去,才被随从们找回。

东厂特务逃回去后,将情况一一向魏阉哭诉,魏忠贤听罢大怒,命令毛一鹭派兵到苏州镇压,他们把那天带领市民暴动的颜佩韦、杨念如、马杰、沈杨、周文元五人抓进监狱,加上煽动叛乱罪名,定为死罪。

苏州人民非常感谢五义士替民众而死,纷纷携酒携肉前去探监。当五义士被押到刑场就义时,毫不畏惧,他们痛骂国贼当道,痛骂魏忠贤、毛一鹭。百姓见之,无不抹泪。

五义士死后,合被埋在虎丘山下,这就是著名的"五人之墓。"又将为魏忠贤建造,尚未完工的普惠祠改为五祠,以永久纪念他的。

再说周顺昌当时立在一边,东厂的特务纷纷逃命,顾不上周顺昌了。于是,他就自己走到官府。正好有一队缇骑要去浙江抓黄尊素,船停在胥门,在那里敲诈勒索,听说苏州事变,吓坏了,赶快把船烧掉,把抓人的命令撕碎扔到河里,然后夹着尾巴跑了,再也不敢去浙江。

当时曾有人对周顺昌说:"你不幸遭清流之祸,今天的事变是因你而起,恐怕你要吃更多的苦头了。"周顺昌叹口气说:"因我一人而使百姓遭殃,我死了心里也不好受。我现在去京城必死无疑,死后我也要向先帝告状,请他速惩元凶,清除皇帝身边的坏人。"

3月26日,他被悄悄地押出苏州,满城百姓都不知道。到了京城下入诏狱,许显纯拷打特别残酷,体无完肤,但周顺昌仍骂不绝口,至死没说过一句软话。临死前写了遗嘱,要尸谏,被狱卒毁了。领埋时,皮肉已腐,面目俱消,只见头发胡须仍直立着,显出一股英气。凡有人心者,无不为之掩面而泣。

黄尊素后来也由地方派人送入诏狱,不久遇害。

李应升在狱中身被重刑,临死前一日,写诗给亲人告别并遗书给他儿子,诗曰:"白云渺渺迷归梦,春草凄凄泣路歧,寄予儿曹焚笔砚,好将犁犊听黄鹂。"凡听者无不垂泪。

再说周起元,因官校见去苏州激起民变,怕福建也发生类似事件,于是改由海道进京,然后也下入大狱。

许显纯诬他做巡抚时,侵挪十余万钱粮,第二日审讯时狠打一番,打得骨断皮开,血溅肉飞,身无肌理,然后题个奏本送上。

明朝除陶朗先、熊廷弼外，还无人像周起元被诬那么多"赃"的。九月，周起元死于狱中。

这就是著名的"七君子之狱"，也是魏忠贤及其爪牙所一手炮制的残害忠良的又一大冤案。魏忠贤恶贯满盈，双手沾满了无数朝臣百姓的鲜血。然而，他的罪恶并未到此为止，仍在继续着。

十一　力翻"三案"

魏忠贤命令顾秉谦等编写《三朝要典》，其目的是诋毁东林党人，为晚明三案翻案，其中，隐藏的深意之一也是替自己涂脂抹粉。

所谓晚明"三案"，就是"梃击案""红丸案"和"移宫案"。当时朝廷各派官员为此争论不休，弄得满城风雨。

实质上，"三案"是晚明统治集团内部争夺最高统治权的斗争，一些朝臣也想从中捞取政治资本，谋取自己的地位和靠山。当时明朝边患严重，后金正加紧对明朝的进攻，农民起义不断发生。在这"山雨欲来"的形势下，朝廷内部却热衷于争权夺利，使社会矛盾更为激化。

"三案"发生时，东林党人在斗争中占上风，但现在魏忠贤专权，他要将案再翻过来。

天启五年（1625 年）春正月，御史杨维垣上疏大谈张差确是疯癫之人，攻击王之寀。说王诬蔑皇祖，有负先帝，不仅无功，而且有罪。疏文中说："从来君臣父子之间，都是以理相见，没有听说用激

《三朝要典》书影

化事态的方法来处理问题的。投鼠尚且忌器。所以先帝之危，不危于张差之一梃，而在于王之寀之一激；现在即使碎了王之寀的骨头，也难抵其祸害啊！"

当时，王之寀正任刑部侍郎，杨疏一上，王立即被革除官职，不久被抓刑讯至死。

这年四月，霍维华又上疏全面为三案翻案。

与此同时，他们极力要将他们的观点写入史书，以达到篡改历史，为自己谋利的目的。本来，叶向高已于天启三年就已修完了《光宗实录》，但霍维华翻三案疏一上，魏忠贤立即传旨将其"更撰"，凡不合他们意者全部改过来。

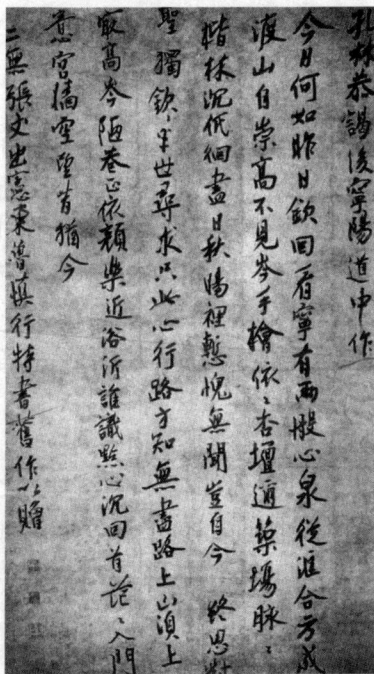

于是，礼科给事中杨所修，投魏忠贤之所好，专门收集三案奏疏，仿明世宗时编写《明伦大典》的样子，编辑全书。

直到天启六年（1626 年）正月，魏忠贤见时机已成熟，才颁旨，批准采纳杨所修建议后有关人员拟出的"纂书谕稿"。不久，全书二十四卷编完。

在"红丸案"中，给礼部尚书孙慎行加上"罔上不道"的罪名，在"移宫案"中，则说杨涟等勾结王安，加重选侍的罪名，并只字不提魏忠贤在该案中所扮演的角色。

这样一翻案，东林党人在历史上蒙上了不白之冤，打击他们也就名正言顺了。至于杨涟、左光斗、七君子之死也就顺理成章了。魏忠贤通过这些卑劣手段，为自己种种罪恶行径找到了"根据"，编造出了"正当"的理由。魏忠贤阴险狡诈由此可见一斑。

十二　兴建生祠

魏忠贤排斥忠臣，有仇必报。杀的杀，充军的充军。他记性特别好，即使偶然忘记了，也没事，他的党羽编有《天鉴录》《同志录》《点将录》等小册子，早就把不投靠魏忠贤的人列入东林党人，自有干儿子会提醒他以激怒他，然后嫁祸于人。

在这种情况下，朝廷内外大权统统归于魏忠贤。宫内太监除王体乾外，还有李朝钦、王朝辅、孙进、王国泰、梁栋等三十多人在左右拥护他。宫外朝官中有"五虎"即五员文臣，他们是崔呈秀、田吉、吴淳夫、李夔龙和倪文焕。武臣中有"五彪"，就是田尔耕、许显纯、孙云鹤、杨寰、崔应元。"五虎"负责出谋划策，"五彪"管具体屠杀。除此以外，还有吏部尚书周应秋，太仆少卿曹钦程等称为"十狗"。再往下还有"十孩儿""四十孙"。而投靠崔呈秀之流的人，更是无法统计。总之，一句话，从内阁、六部到各地的总督、巡抚，到处都是他的死党。

魏忠贤此时权旺势盛，天下无论百姓和朝官都大气不敢出。百姓闲谈时，如果触犯魏忠贤，往往话还未完，就有缇骑前来带人。东厂的特务到处横行，凡侦察捉拿到的人，不论有无犯罪，都一概被打得遍体鳞伤或被杀死。杀害人的手段无所不用其极。卫使田尔耕、镇抚许显纯专以酷刑钳制臣民之口，用的刑具有特制的大枷、夹棍等五种，刑罚有断脊、堕指、刺心、红绣鞋（用烧红了的铁烙脚）等，甚至剥皮、割舌头，每年被杀死的人无法统计。

东厂特务收集地方上的流氓无赖、亡命之徒做爪牙，每探得一事，立刻密报。他们可以任意闯入别人家门搜检，如果得贿赂满意，即引退出；稍不满意，就用刑拷打。每月初一，由东厂召集专管侦察的皂役数百成千人，用抽签的办法分派各人到有关部门去监视审案。某官做某事，某城门获某奸，都报告到厂，叫作"打事件"。督主连夜转报皇帝，甚至民间米盐琐事、夫妻口角之类鸡毛蒜皮之事，也连夜报进宫去，为皇帝和太监们提供资料。因此，朝野内外没有不怕"打事情"的。一天，京师有四人在密室喝酒，酒至酣处，一人借着酒醉，大骂起魏忠贤来，另外三人吓得没敢吱声,谁料隔墙既有耳又有人,这人骂声还未停,那边就有皂役闯入,把四人一并提去见魏忠贤。魏忠贤磔割了骂他的那个人,赏其余三人钱。

这真是一个可怕的黑暗时代!

天启五年(公元1625年)正月,庆陵竣工,他因督修皇陵,受封为世荫都督同知。魏阉欣喜异常,大宴宾客。手下那些趋炎附势的小人,看出他特喜欢功名,便连连上奏请皇上为他加赏。

天启五年(公元1625年)十二月,官员以"缉获有功"请荫魏忠贤的外甥傅应星为左都督。

天启六年(公元1626年)三月,辽阳一个叫武长春的男子逛娼妓家,酒喝多了胡说八道,被东厂特务逮捕。许显纯拷问他,用刑屈打成招,说武长春是后金奸细,如果不捕获,就会作乱,全靠魏忠贤对皇上的忠心和智谋,建立了特殊的功勋。皇帝昏庸,便下令封魏忠贤的侄子魏良卿为肃宁伯,赏赐给他宅第、庄田,并颁给他铁券。吏部尚书王绍徽建议崇仰魏忠贤的先辈,于是,皇帝下令追赠魏忠贤前四代像他一样的爵位。

魏忠贤又假传圣旨,派遣他的党羽刘应坤、陶文、纪用镇守山海关,收揽兵权。再次评功,荫都督同知,世袭锦衣卫指挥使各一人。

皇极殿修成,李永贞和巡抚周应秋又奏称魏忠贤忠昭日月,义薄云天,朝夕躬亲以视成,如何如何辛苦,于是进为上公,加恩三等。魏良卿也晋封为宁国公。

不久,"镇抚司许显纯奏为缉获事""兵部奏为四城工程事""督师王之臣奏筑山海城事",都请皇上嘉奖魏忠贤"报国心丹,矢志经营,周详相望",使他又大获封赏。而且这些封赏对一些军国重臣、封疆大吏来说也是不易得到的。

在为魏忠贤请赏时,那班小人也不忘为其相好客氏请功,说奉圣夫人十六年来如何兢兢业业照顾小皇帝,如何事事劳苦,保卫恭勤,于是皇上又给客氏加恩三等,赏银赏缎,荫其弟侄。

魏忠贤为什么特别看重这些"虚名"呢?其实也不奇怪,他和客氏狼狈为奸,恣杀忠良,做了许多坏事。他现在要这些名声,主要想以此掩盖自己的丑行,欺骗世间舆论,窥视百姓的民心。

后来,魏忠贤的徒子徒孙们见再变着法给主子增加"功名"已不新鲜了,因为他领受的实在太多了。世上还真有如此贡谀献媚、忍心昧理之人,竟提出给魏忠贤建生祠的奏疏。拍马至此达到一个新的高峰。

历朝历代都是替已死去的功臣建祠,让后人永远铭记其功绩,还未曾听说给一个活人建生祠的,更何况还只不过是个宦官!当时百姓生活贫困、国力衰弱,建一个祠的费用得万金方可。但那班奸臣却称魏忠贤的功劳可比周、召两公,德行可配禹、汤两王不建生祠不足以旌表他的政绩。魏忠贤的生祠就是在这些人的鼓噪声中开始出台的。

魏忠贤看到天下替他普建生祠,感到志满意得。对他手下干将的作为也颇为欣赏,但同时,也监视着民间有无不满情绪。一次,工部郎中叶宪祖路过京城内城,见有座九楹的祠殿,盖得高大威严,内中摆着魏忠贤的小像,实在不是回事,便恨恨地说:"天子幸辟的雍道,小小土偶能立在这儿吗?"魏忠贤听说后,"嘿嘿"冷笑几声。没两天,就将叶宪祖削籍了。

十三　诬害国丈

魏忠贤权势赫赫,凶焰冲天。当时国内已形成一股风气,对魏忠贤必须歌功颂德,甚至都不能提及其姓名,而以"厂臣"来代替。

官员奏章中不论事情大小,凡有功者都须联带厂臣,都是厂臣勤勉政事运筹帷幄的结果。皇族如楚玉华煊、中书朱慎鉴,勋臣皇亲如本城侯李永祚,朝中大臣如尚书邵辅忠、李养德、曹思诚,总督张我续、孙国桢、张翌明、郭允厚、杨维和、李时馨、汪若极、何廷枢、杨维新、陈维新、陈尔翼、郭希禹、徐溶之流,都争着用谄媚的词句连篇累牍,不顾羞耻地吹捧他。当然,魏忠贤也常给他们一些好处来回报他们。

大学士黄立极、施风来、张瑞国代皇帝草拟对奏章的批答时,也都写"朕与厂臣",谁都不敢称魏忠贤的名字。山东出了麒麟,巡抚李精白画了图形上报。黄立极草拟圣旨说:"厂臣修养德性好,所以吉祥之兽来到。"他们捏造事实,荒唐到了这般地步。至于皇帝赐给魏忠贤的诏书更是不可胜数,赐予魏忠贤爵位的诰命,已穷尽赞美之词,到了无以复加的地步了。魏忠贤的气焰也越来越嚣张,因为无人敢向他提一个不字。

这年从春天到秋天,魏忠贤假冒使汪烧饼归服、捕获阿班歹罗鍈等功劳,共计得荫锦衣指挥使在17人之多。他将自己的族孙魏希孔、魏希孟、魏希尧、魏鹏程,亲戚董芳名、王选、杨云奇、杨祚昌,都提到左、右都督和都督同知、佥事等官职。另外,又不忘自己的相好,晋升客氏的弟弟客光先,也做了都督,魏抚民又从锦衣改为尚宝卿。但魏忠贤的欲望还未满足,刚好袁崇焕奏报在宁远击败后金军队打了胜仗,魏忠贤便命令干儿子周应秋奏请皇上封他的从孙魏鹏翼为安平伯。再次评议建造皇极、中极、建极三大殿的功劳,封魏忠贤的从子魏良栋为东安侯,晋升魏良卿为太师,魏鹏翼为少师,魏良栋为太子太保。还大赏朝中各大臣,任命崔呈秀为兵部尚书兼左都御史,唯独排除了袁崇焕的功劳。这时魏鹏翼、魏良栋都还在襁褓之中,还不会走路呢。魏良卿甚至代替天子在南北郊主持祭拜天地的仪式,祭祀帝王的祖庙。当时,天下的人都不能不怀疑魏忠贤要篡夺皇帝位了。

魏忠贤平日害怕张皇后,客氏也忌恨她。张皇后贤明,心里明白但轻易不说。魏忠贤此时胆大包天,竟又想加害张皇后。于是,便从她的父亲张国纪身上下手。这年秋天,他诬陷张国纪纵容家奴犯法,假传皇后的命令,企图加害皇后。皇帝昏庸,下旨令张国纪严加管教家奴,还谴责了张国纪。魏忠贤还不满意,又唆使顺天府丞刘志选、御史梁梦环去揭发张国纪的罪状，并且造谣说张皇后不是张国纪的女儿。刘志选的奏文中竟恶毒地说："丹山之穴，蓝田之种。"

张皇后是个沉得住气的人，她早已觉察到魏忠贤是狡诈奸佞之徒，但没想到他们竟敢在自己及父亲身上打主意。她感到魏忠贤同秦朝时的赵高很相似，口蜜腹剑。于是，有心要看看史记中的《赵高传》。正好，皇上那天驾幸中宫，看见桌几上有书一卷，便问张皇后看什么书？皇后告诉他是《赵高传》，皇上当时没吱声。

魏忠贤从侍奉的小宦官处得知此事，心中大惊：如果娘娘不断给皇上暗示，时间长了就会造成皇帝对自己的疏远和不信任，索性一不做二不休……。

第二天，魏忠贤指使几个刺客躲在便殿上，打算在张皇后巡视后宫之时伺机下手。不料，几个刺客弄出响声被宫中侍卫搜查拿下，怀中还各藏锋利匕首。皇帝朱由校听说后大惊失色，光天化日之下，宫中还有这种凶险之事?! 速令送往东厂，细细勘问，非要弄清是谁派遣来此，要行刺谁？

魏忠贤听说刺客被捕，心头一沉，又恐惧、又惊慌，生怕刺客招供出来，一下全都完了。便将心腹王体乾找来，商议对策。

魏忠贤打算诬告张皇后之父张国纪欲立信王，所以想刺杀皇帝，再造一个大冤案。王体乾深思良久，劝魏忠贤以利害，说："皇上其他事都糊涂，就是夫妇、兄弟之间情谊都深厚，彼此关系都非常融洽。假如一旦皇帝察觉，不是那么回事，我们就都完了。"

魏忠贤一听，说的也是。的确，皇上年纪轻轻，喜欢玩，喜欢木工、漆匠之类的活，政事懒得多问，因此自己才得以揽得大权，但皇上对家人都很重亲情，家人对他也很好。弄得不好，真可能出大毛病呢。于是，他打消了谋害张皇后父女之心，赶快派人去东厂，悄悄弄死几个刺客。然后，报告皇上几个刺客乃是混进宫中去的，现在被捕后死不吐口，最后，受不住刑死了。随后，又假惺惺地检讨自己守卫粗疏，混了过去。朱由校竟然听信了魏忠贤这套鬼话，对此事未加任何追究，魏忠贤又一次"化险为夷"。

十四 涿州进香

魏忠贤在宫中一手遮天，气焰赫赫，日子过得很舒坦。有一天，他突然心血来潮，要去庙里进香。

原来，他当初身居微贱之时，曾经去涿州乞灵于泰山之神。那时，他经常又饿又冷，饥寒交迫。于是便卜梦祈箓，求泰山之神日后给以保佑。饿极了便向道士乞食，那道士看他身强体壮，又高又大，却四处要饭，对他很轻蔑，常常只给他白眼。只有一个童子对他很同情，常常偷些寺观中的饭食塞给他。魏忠贤对他很感激，但道士对他的轻蔑态度却让他也久久不能忘怀。

现在，魏忠贤已发达兴旺，成"九千岁"了，便想去赎前耻，回报神明之灵验。当然，更重要的，是一路上又好摆摆场面，显显今日魏忠贤之威仪了。

于是，魏忠贤便请皇帝允许亲往进香。一来，为皇上保佑龙体健康，国泰民安，再则替天下保佑四海丰收，风调雨顺。皇上准行后，在动身的前三天，就下令地方长官，修理平整道路，安架桥梁，打扫城市卫生，准备车马，把他们忙得个不亦乐乎。

到了涿州祠，紫衣侍列于门外，黄冠俯伏于街次。摆上供品，魏忠贤八拜之后，那些道士奏起仙乐。魏忠贤默默祈祷泰山之神。头发斑白的老儒，读着赞文，魏忠贤祈祷完后威然而坐，看着眼前的一个个祭祀仪式，内心充满了对自己身世的慨叹和对自己手段的欣赏。

傍晚，进香仪式结束。道士们虔诚地摆上素席招待香客。魏忠贤当晚住在道长特设的房内。百官舆从，也被安排休息。

魏忠贤俯视千人奉承，心内自然高兴，一想到过去，又暗暗伤心落泪。人生无常，今朝自省他时事，他日安知今夜情？只有乞求神灵保佑我永享今日之荣华富贵。想到这里，赶快起来，沐浴完毕，重又上香叩礼，并捐万金重修殿宇，再捐万金给神像涂金，要让它金碧辉煌，镂彩巍峨。

然后，魏忠贤寻找着当年的故迹，每处屋每个地方都细细地观看，那些道士当然不知道昔日之进忠就是今日之忠贤。魏忠贤遍寻多时，只是不见当年偷偷拿东西给他吃的那个小童子，心想是不是人大了认不出来了。于是，让一个老道士进他住的屋内，问那童子现在何处。道士回答说："那是我的徒孙啊，已死了十年了，埋在后园里。那小童子诚实谨慎，不忍远葬。请问老祖爷，您怎么问起他呢？"魏忠贤听后，十分感伤，说："我年轻时曾受过他的好处啊！"于是，下令让手下拿出千两黄金为他好好造个新坟。听说他的母亲哥哥还在，又拨千两黄金给他们以赡养家口。这时，老道士才突然明白原来今日之老祖爷就是当年那个穷困潦倒的李进忠，但他不敢说出口，怕得罪了魏忠贤。

魏忠贤住了数日，已超了假。奉皇上之命来此的已有百人之多，有派来问安的，有派来议事的，有送来御食给大家的。超了三天假后，魏忠贤便令打道回府。临行前又叩拜神灵，然后驾马星夜奔驰回京，千军随之疾走。金鼓震天，旌旗遍野，弄得附近百姓人心惶惶，以为皇上来了呢。

此时的魏忠贤，实在是一人之下，万人之上了。一个宦者，竟有这等威风，实在让人不好理解！

十五　大树倾倒

天启七年(1627年)夏季，熹宗朱由校病重。病的起因是上一年三月皇上落水而致。

那年三月，春风和煦，百花吐香，熹宗心情很好，魏忠贤导引在前，去往南海子。熹宗见水面清波粼粼，碧天倒映，于是就要驾舟游玩。魏忠贤见圣心欢畅，便传呼操演水军,权当游戏。他亲自当大帅,发号施令。随着令下,百船齐出,船上悬挂彩旗,光彩夺目。忽一声炮响,船队分开,鼓声喧天,摆开了"天门阵",一会儿又摆上了"长蛇阵",一会儿又摆上了"梅花阵"。只见水面上船只调动迅速,队形变化煞是好看。或左或右,或停或行,一会儿像花,一会儿像蛇,但收起时则又为整齐一体。

皇上看了喜不自禁,下令犒赏三军。将士齐声叩谢天恩,魏忠贤也自诩指挥有方,那班大臣们赶快奉承魏阉多才多艺,是个难得的人才。

殊不料乐极生悲。皇上眼看夕阳西下,便传旨驾回。船到石阶之时,下人一拥而登,竟使船头一颠,水一下涌入船内,皇上没站稳,掉入水中,众人惊呼赶快去救。皇上已呛了好几口水。一惊一吓,于是种下了病根。此后,病情不见好转,反而一天天加重、恶化。

霍维华有个内弟,姓陆。其人是管午门的宦官,和魏忠贤平素关系不错。他就求见魏忠贤,献出"仙方灵露饮",说此药如何如何好,可进呈皇上。

魏忠贤一心希望皇上康复,现见皇上一日不如一日,什么药也没用,于是情急之下,有病乱投医了。现在听说有如此好药,不免惊喜万分。打开银瓶,一缕甜香,沁人心脾,闻之身心皆舒。于是,赶快进宫,献给皇上。

朱由校听魏忠贤说此药如何如何灵验,便来了精神。打开瓶塞,闻了闻,仰脖就喝。几口下肚,直感到余香绕口,腹腔也暖烘烘的。

"好吃,好吃!"朱由校连声称赞,脸上也露出多日不见的笑容。

魏忠贤心中也暗暗高兴,赶紧说:"皇上爱吃,这儿有配方,尽可按法配制。"说着把配方递呈皇上。

朱由校见过配方,看了看,其实十分简单。不过是将大米、糯米等淘净,放入木甑中蒸熟,甑中底部安一个长颈大口空银瓶,米边添边熟,水边熟边换,一直到瓶中之露满了。实际上是瓮米之精华。皇上饮后觉得很好,便将余下的分赐近侍。

一连喝了十几日,每次喝完都觉得特别舒服,精神也渐渐振作起来。忽然,有一天,皇上早晨起来,发现足部浮肿,手和脸也浮肿得厉害。用手一按即陷下去,好半天不能平复。

太医前来诊治,看了半天,不知道怎么回事。后来问了皇帝起居,方才得知是饮了"灵露饮"。于是,赶紧劝皇上不宜再用"灵露饮",因为浮肿可能同此有关。

魏忠贤一听,又气又恨。霍维华想害皇上,不就是害自己吗?于是,魏忠贤归罪于此,自然殃及霍维华。

霍维华侦查到此事后,一点不惊慌,反上本乞求回家。魏忠贤便顺水推舟,准允了他的上疏。而将自己的义子崔呈秀由工部尚书迁为兵部尚书。

霍维华之所以首先同魏忠贤异心,因为他已料到皇上很快将不久于人世了。他懂得封建王朝一朝天子一朝臣的规律,懂得魏忠贤所以能在宫中说一不二,主要

·凶残阴毒的太监·

图文珍藏版

原因是由于当朝皇帝的宠信,他更懂得一旦皇帝死去,作恶无数的魏忠贤绝对不会有好的下场。于是他把赌注押到别的地方。

十六 弹劾声起

天启七年(1627 年)秋八月二十二日,明王朝第二十四个皇帝,对木工活儿情有独钟的朱由校一命呜呼了。

临死前,他召来弟弟信王。勉励信王继位后能当个尧舜那样的贤明之君,并嘱托了后事。可怜熹宗一生昏庸,不明政事,临终还托附信王要继续委用魏忠贤。他万万没有想到,他给明王朝造成的最大祸患就是对魏忠贤的百般信任,结果使国家百孔千疮。

群臣听说皇上驾崩,想入朝哭别大行皇帝,但又怕朝中有变,危及自己生命,所以一直等到天明,才入行哀礼。只见魏忠贤双目红肿,什么话也没说。等到满朝文武官员都走后,他将兵部尚书崔呈秀叫到一边,走入屏风后密谈了一会,具体内容不清。有人猜测:魏忠贤可能想自己篡位为皇帝,崔呈秀认为时机不合适劝阻了他。

信王登位。他一向熟知魏忠贤的罪恶。早在殿内,他就耳闻目睹了魏忠贤的所作所为,知道这是个毒瘤,非除去不可。但他也很有城府,先不吱声,也不采取行动。

九月,魏忠贤先请求辞职,皇上不许。请求停建生祠,皇上批答说,以前所赐数额内的照建,其余的停止。

魏忠贤这时觉得新皇帝朱由检对自己还不错,自己毕竟是东厂厂公,国家是他在出大力维持着的吗?他估计朱由检会"萧规曹随",仍会保留自己,不至于闹到个翻天覆地的地步。

但事态的发展远不像魏忠贤估计得那么乐观。他作恶太多了。

御史杨维垣首先发难,他攻击兵部尚书崔呈秀以试探皇帝。杨维垣本是魏阉同党,他曾硬将顾大章罗织进熊廷弼案,致使顾大章屈死于诏狱。后来,他想介绍朋友谋取户部左侍郎的官,但因同魏广微关系不好而被拒绝。所以,他这回首先同魏忠贤阉党分裂,但这时的他还不敢把矛头直指魏忠贤。杨所修也上疏攻击崔呈秀,但他的目的是想将历年恶事尽卸之于崔呈秀,让自己得到解脱。

贾继春接着上疏,称崔呈秀"狐媚为生,狼贪成性","知有官而不知有母,思拜父而思于背君"。皇上见了上疏,立即旨令崔呈秀回籍守制。这对魏忠贤来说,无疑是一声惊雷。因为崔呈秀是自己最得意最忠心的义子,而且身居高位。皇上这么做,还谈不上对崔呈秀的处罚,但说明皇上对魏氏党派里的人不再加以维护。

崔呈秀回籍后,魏忠贤手下那班人看到风头不太好,便纷纷告老养病或请求免去职务。朱由检一律准请。朝中追随魏阉的一下子人去了大半。魏忠贤敏感到自己作威作福、不可一世的日子就要结束了。

接着，工部主事陆澄源上疏指责魏忠贤"宠逾开国，爵列三等"，"外廷奏疏，不敢名书姓，尽废君前臣名之礼"，"生祠遍于海内，奔走狂于域中"。

兵部主事钱元悫奏文攻击魏忠贤：

"群小蚁附，势渐难返，称功颂德，布满天下，几如王莽之妄引符命；列爵三等，界于乳臭，几如梁冀之一门五侯。遍列私人，分置要津，几如王衍之狡兔三窟。舆珍辇宝，藏积隶宁，几如董卓之缔坞自固。动辄传旨，钳封三窟，几如赵高之指鹿为马。诛锄士类，伤残元气，几如节、甫之钩党连重。阴养死士，陈兵自卫，几如桓温之壁后置人；广开告诉，道路侧目，几如则天之罗织忠良。乞贷以不死，宜勒归私宅。魏良卿等宜速令解组归田。以告奸得宠之王体乾、号称大儿之田尔耕，宜明暴其罪，或行诛戮，或行放逐。"

员外郎史躬盛也上奏皇帝，弹劾魏忠贤，但皇帝仍然不表态。

魏忠贤消息当然十分灵通，当他得知一些人接二连三弹劾自己时，内心充满了仇恨和恐惧。如果朱由校还在，谁敢说自己一个不字？早就将告状者杖毙了。可现在，毕竟换了新君主，过去信王对自己就不怎么样，再加上那些官员猛烈攻击，保不准皇上什么时候对自己开刀呢？他越想越害怕，仿佛一把锋利的钢刀正高举在自己头上，时刻都可能劈向自己的头颅。

嘉兴贡生钱嘉征趁热打铁，弹劾魏忠贤十大罪状：

一、和先帝相并列。百官奏章，必先对魏忠贤歌功颂德，将他和先帝并列。在他拟奉圣旨中从来都是"朕与厂臣"如何如何，自古以来没见过有这等文体。

二、危害张皇后。张皇后之父张国纪曾在皇室面前指责过魏忠贤，于是遭到罗织，差点被整死。幸亏先帝神明，没有遭太多的罪。不然，皇亲遇危就要引起宫中混乱。

三、大搞宫内操练。列祖列宗从来没有听说宫内练兵的。魏忠贤外胁臣工，内逼宫闱，在紫禁宫内练枪练炮，其用心深不可测。

四、目无高祖、成祖和皇帝其他祖先。明太祖曾留有遗训，宦官不许干预朝政。但魏忠贤一手遮天，公然违背。国家的边关重地、漕运咽喉，多派心腹之人加以控制。这样做其目的何在？

五、克扣削减对藩王的封赠。魏忠贤对藩王赠送土地又少又不好，而对自己和亲信封公、侯、伯的田地，动不动就以万顷肥田封之。

六、目无圣人。孔子为万代师表，魏忠贤算什么人，竟敢在太学旁建起生祠?！

七、滥受爵位。古时候没有军功不能封侯。魏忠贤耗尽天下之物力，修成三殿，居然晋最高一级国公，加恩三等，可见如此没有自知之明。

八、掩盖边疆将士的功劳。辽东同后金的战争，将士在前线奋力拼战，攻陷城池，炮击努尔哈赤致其于死，但魏忠贤却贪天功为己有，冒领功赏。

九、搜刮老百姓。在郡、县各地建生祠，总计费用，不止五万金。这些钱财，哪个不是对老百姓敲骨吸髓来的。

十、行贿，说人情，魏忠贤受贿行贿。为同党，四处奔走，递送人情。

皇帝看了奏章后，这回没有不作声，而是让人把魏忠贤召来，让太监念给他听。

魏忠贤听了，非常害怕，头上直冒虚汗，脚跟也软了，也不知说什么好，只是一个劲地说："我，我……"

皇帝也不想听他解释，只是冷冷地笑："你先回去吧，好好想想是否确有其事，该怎么办？"

十七　上呆自杀

魏忠贤丧魂失魄，也不知怎么回的住处。他把皇上的话翻过来倒过去的想了半天，最后猜测皇上大概是要自己将东厂的印交出。

他找出印来，用手慢慢地抚摩着。内心充满了辛酸，当初得到它是多么之难，今日失去它又是多么之易。眼泪也吧嗒吧嗒掉了下来。但为了脑袋，为了今后的转机，现在就得忍痛交权了。

魏忠贤在危难之时想到了他的相好客氏，赶快前去商量对策。客氏告诉他内监徐应元是皇帝的心腹之人，魏忠贤就像抓到了救命稻草似的，把一切希望寄托在徐应允身上。

于是，他赶紧准备了丰厚的见面之礼，以一介大太监之躯去委曲求全，求助于徐应元，告诉他打算辞去东厂之职，希望徐应元帮着说话。

徐应元过去是魏忠贤的贿友，果然按他的意思帮着说了话。皇帝听后，斥责了徐应元，并把他调到南京去看守皇陵。同时，批旨令魏忠贤去凤阳看守皇陵。

十一月初一，魏忠贤接旨，心才安定了些。他想：先去看护皇陵也好，总比掉脑袋好，再说来日方长，以后恐怕还能有机会东山再起。

于是，他把家中金银珠宝装了四十辆车，套上家里喂养的几百匹膘肥体壮的骡马，选了几百名平素蓄养的壮士，让他们身佩短刀弓箭，剩下带不走的，就都送给原来的部下和朋友了。

一队人马缓缓地向南行进在旷野之中，离北京越来越远了。魏忠贤此时的心情好多了，毕竟还有一班人马在护卫着自己，还是挺有王者之风的呢。不几日到了安徽阜丘，夜晚就睡在旅馆。忽然有人从北方骑着快马，带来部下杨通政的话，魏忠贤一听，惊呆了。

原来，魏忠贤离京后，有人即又弹劾他带着大批珠宝和警卫，定是另有所图。于是，皇上就给兵部下了圣旨："逆恶魏忠贤，窃取国家大权，诬陷忠良，本应处以死罪。现从轻发落到凤阳，但他不思己过，反而将平日所蓄养武士集合起来，环拥随护，一路张扬，就像要反叛似的。所以，命令锦衣卫立即前往捉拿，治他的罪。"

魏忠贤知道自己的死期已到了。明日，锦衣卫将飞骑赶到，自己将被用刑车押回北京，根据自己的罪行，能保留一个完整的尸体都不可能，不如自杀算了，免得遭罪。

于是，魏忠贤口长叹气，倒在床上，如死尸一般。好半晌，才缓过气来，告诉下人先休息，明日早早出发。

魏忠贤睡到半夜，听周围已夜深人静，就悄悄爬起，用身上衣带挂在梁上，然后结束了自己罪恶的一生。他所宠爱的小太监李朝钦，梦中被惊醒，看见自己的主子已死，也上吊自杀了。

第二天天明，家丁看见屋里没声音，感到很奇怪。推开门一看，两人都早已死去多时。赶快报告当地县尹。人们争相来看，那些行李和随从很快就散失了。

魏忠贤虽死了，但他的尸体仍被运回。皇上下令凌迟。于是，当着千万大众的面，他的尸体被寸磔于市，头割下来悬挂在家乡河间示众。

一个恶贯满盈的罪人，终于得到了历史的报应。人们想起了吏部尚书周顺昌临死前的话："我死后必要告诉高皇帝，速惩元凶，以清君侧之恶。"历史，是无情的，历史，也是公正的。

崇祯二年(1629年)，一个大快人心的年代。

魏忠贤的死，意味着阉党的瓦解。其速度之快，令人目不暇接。客氏被查抄时，在她家搜出八个宫女，都已有孕在身。原来她想仿效当年吕不韦的行径，人们对此憎恨至极。崇祯皇帝听说后，命令把客氏立刻鞭死在浣衣局，此时距魏忠贤死后才10日。

杨涟、熊廷弼、高攀龙、周顺昌、顾大中等被迫害至死者，一律恢复名誉，皇帝朱由检予以褒奖。

皇帝朱由检于三月钦定逆案，刊布中外，以七等定罪：

首逆魏忠贤、客氏二人被凌迟。首逆同谋立斩者崔呈秀及魏良卿、侯国兴等六人。结交近侍待秋后处决者刘志选等19人。结交内侍次等充军者魏广微、周应秋、杨维垣等11人；逆孽军犯魏志德等35人；谄附拥戴充军者太监李实等15人；结交内侍又次等论徒三年输赎为民者有大学士顾秉谦等128人。交结近侍减等革职闲住的有黄立极等44人。

崇祯帝在处理魏忠贤余党的同时，下令重新起用东林党人。那些跟此案有关联的人日夜企图报复，朝中官员之间的争斗也没停止。以后温体仁、薛国观之流相继把持朝政，阴谋诬陷东林党，为翻逆案做准备。皇帝这时讨厌大臣们结党营私，又再度信用太监。而逆案中阮大铖、高捷等人仍然同东林党人、复社等人明争暗斗，甚至延续到南明弘光政权，直到南明灭亡。而阮大铖等人则卖身投靠清朝政府，成了无耻的叛臣。

魏忠贤在明代宦官中达到了登峰造极的地步，他的死标志着明代阉宦政治的结束。崇祯帝诛杀魏忠贤当属明智之举,但作为明王朝的末代皇帝,即使他意识到了宦官的危害,却为时已晚,宦官给社会和国家造成的祸患是没有穷尽的。明代开国皇帝朱元璋曾立铁板,昭示天下,不允许宦官干政,可是具有讽刺意义的是,明代宦祸之深差不多达到了历史的最高点。明前期的王振,汪直,以及后来的刘瑾、冯保、陈奉、高淮、高筌,直到魏忠贤,一个比一个狂妄,一个比一个歹毒,真可谓呈上升趋势。魏忠贤被诛杀使明代宦官政治画上了句号,但不久,明王朝便走向了灭亡。我们不能不说这个句号划得稍晚了一点儿。

八虎之首"立皇帝"——刘瑾

人物档案

刘瑾：陕西兴平人，明朝中期宦官。本姓谈（一说淡），六岁时被太监刘顺收养，改姓刘，净身入宫当了宦官。弘治年间，刘瑾犯罪，被赦免后侍奉太子朱厚照。弘治十八年（1505年），朱厚照即位，是为武宗，命刘瑾执掌钟鼓司，与其他7名受宠太监合称"八虎"，他居首位。刘瑾弄出各种花样供朱厚照消遣，深得朱厚照宠幸，很快便升至内官监掌印太监，正德元年（1506年）初，他又受命掌控京师三大营之一的"三千营"。此外，刘瑾还借皇帝之名圈占了三百多处皇庄。这些做法引起了朝臣们的警惕，刘瑾不断受到弹劾，但不仅毫发无损，还升任司礼监掌印太监，在外廷以大学士焦芳为爪牙，大肆迫害曾反对他的朝臣。自正德二年（1507年）起，刘瑾开始掌控文武百官的升降和任免，百官见他纷纷跪拜，贪污不计其数，权势炙手可热，被时人称为"立皇帝"，而朱厚照则被称为"坐皇帝"，寓意掌握大权的人是刘瑾而非朱厚照。据传刘瑾相信术士余日明之言，以为自己的侄子（一说从孙）刘二汉会当皇帝，便私藏兵甲。由于他树敌太多，导致"八虎"另一成员张永与朝臣杨一清联手合作，于正德五年（1510年）平息宁夏安化王之乱后呈上被刘瑾隐匿的安化王檄文，其中提到刘瑾图谋不轨，刘瑾遂被逮捕，在抄家过程中发现了兵甲、玉玺和藏着匕首的扇子，坐实其谋逆罪状。八月二十五日，刘瑾被凌迟处死。明武宗。

生卒时间：约公元前1451年~公元前1510年8月15日。

安葬之地：不详（一说在北京海淀区大工村；一说在北京石景山区）。

性格特点：性格阴沉，狡诈贪婪，城府极深，勤于政事，保持底线，从善如流。

历史功过：刘瑾的专权使朝政混乱，他的索贿受贿也直接导致了地方矛盾的激化。官员们向他行贿后，必然要加重剥削百姓，逼得百姓走投无路，只好反抗。在刘瑾被处死后仅仅几个月，京城地区便发生了刘六刘七起义。

名家评点：明史学者张显清："刘瑾目不识丁，不通文义，武宗即位时掌钟鼓司，地位低微，却仅用了一年多的时间，击败了朝中所有政敌，全面控制朝政，造成这种局面的根本原因是明代高度集权的君主专制制度。皇权至高无上，没有任何可以

制约它的因素,正因为如此,满足了皇帝的需要,就会取得他的信任。刘瑾等人对朱厚照投其所好,以鹰犬、歌舞之戏赢得小皇帝的欢心与信任,因而可以有恃无恐的按照自己的意识行事。另一方面,反映出了内阁制度很不稳定,没有任何保证,它的执掌或者职能,完全因皇帝而异,时而有所恢复,时而削减萎缩,也不具有协调六部和制约皇权的任何法律上的依据,面对刘瑾专权束手无策,在据理力争失败后,所能选择的就是辞职"。

一 暗恋何宛

逃出谈家村,走出兴平县,谈瑾就像一头从猎人手中挣脱出的困兽,东一头,西一头的乱撞。一个月的亡命生涯,他吃尽了人苦,知道了什么叫孤独、什么叫饥饿。

这天,到一个小镇,看看终于逃离危险,他才停下来好好休息了一下,摆脱了整天不停逃命的日子,他终于感到松了口气。此时,谈瑾想起了爹娘。如今自己没了爹妈,过去,家境并不十分富有,但能得到爹妈疼爱,自己不会被饿着、冷着。逃走时,娘给自己的银子快用完了,如今举目无亲,成了没人管、没人问、没人关心爱护的孤儿。想到此,谈瑾不由觉得心中凄惨。

不知什么时候,他发现自己脸上早已挂满了泪水。他真想投河一死算了,也免得受此辛苦。

"不能死,"谈瑾想,"一定要给爹娘报仇,这是第一位的。还是先要找个安身之处,以后再作从长计议。"

主意一定,他打算自己今后的去处。记起爹娘好像说过京城中有个亲戚,在做官。对!先进京城,找到这个亲戚再作打算。想到这,他向东北方向奔去,心里只有一个念头——到京城。

走了半个月,身上的银子终于花光了。

这天,谈瑾来到了黄河边,正值雨季,河水湍急,看看天色已晚,路上早已没了行人,刘瑾穿着单薄的衣服不觉又冷又饿,心中不由感到一阵恐惧。在河边找了个地势稍高的地方坐了下来,两眼看着河面,下面应该往哪里去,一时心里没了主意。

谈瑾就这样呆呆地坐着。

不知过了多久,天早已暗了下来,一轮明月从河对面冉冉升起,月白色的光铺在河面上,河水低沉地咆哮着。河面上一阵清风吹来,谈瑾打了个冷战,才发现自己已呆在河边很长时间了。

此时他早已饿过劲去,只感到浑身发冷,没有一丝气力。他又想起了爹娘,想起了过去自己与村里的顽童们玩晚了回来,娘会一边埋怨自己,一边从锅里拿出馍来。自己一把抓过来,大口大口地一阵猛嚼,吃完了,就从桶里舀出一瓢水,猛喝几大口,接着又跑出去玩。

他似乎已闻到了娘在锅里蒸的馍的香味。此时感到只有在爹娘身边的日子里,自己才是这世上最快乐的人。可如今这世上只留下自己孤零零一个人,不由得心中委屈。他不由得恨起那几个太监来。落得如此悲惨境地都是那帮太监一手造成的。那天爹被当胸一拳一脚被踢出数丈远,一口血喷出的情景又出现在眼前,那姓王的内官那狰狞的笑声仿佛又在耳边响起。

月亮不知何时已从东面爬上了头顶,河面吹来的风早已把小谈瑾脸上的眼泪吹干了,此时,他觉得脸上紧绷绷得令人难受。谈瑾坐的时间长了,便下了河堤走到了河边,双手捧起一掬水洗了把脸,只觉一阵清凉透过了心底。又是一阵饥饿向他袭来,他又猛喝了几大口,直到肚中的河水晃得咣咣直响,仍觉饥饿。他有些心慌,不知自己应该做什么,应该往哪里去。谈瑾这才感到人要是无人问、无人管的境地原来是如此的难受。

他想起了自己受管束的日子。

过去和村童们玩,有时和小伙伴们打架,有次自己将打"胜仗"的喜讯告诉爹时,反而莫名其妙地吃了两个耳光。

爹接着训斥道:"谈家是知书达理的人家,不同于村间莽夫!"

"如果我不打别人,别人下次岂不是还要欺负我。"谈瑾不平地说。

"不用武而能制人方为上策,你用蛮力打赢了人家,可比你蛮力更大的人比比皆是,你能一个一个打将过去? 即使是赢了人家也未必心中服你。日久必会树敌过多,受到小人的暗算。"谈万根是有感而发。

"如何暗算于我?"

"想当年你爷爷只因秉公办事,惩治了一个贪官,没想到此人的叔叔正是宫中掌宫太监。你爷爷为民做了件好事,却开罪了那个内官,结果谈家满门抄斩。你爹命大,才苟且到今日。"谈万根长长地吐了口气,说,"只是家仇未报,看来此生也难了。"

"掌宫太监? 家仇?"谈瑾第一次听爹说起这些事。

"瑾儿,你要知道这世间的凶险。"

"凶险又如何?"

"要记住,遇到敌手只可智取不可蛮攻。"

谈万根经常教谈瑾一些为人处世之道,谈瑾聪明过人,把爹讲的道理和克敌之法灵活用于平时的生活实践中。在大大小小数十名牧童中,用自己的智慧,把自己弱小的村童团结起来。对那些年龄、个头比自己高大的家伙,他采取先分而化之,再各个击破的方法,首先用离间计,然后各个瓦解。如此没多久,谈瑾最终成为孩子王。

记得有一次一个算命先生来到村里,看见谈瑾后说:"有帝王之相,日后必有一番作为。"没想到爹听算命先生这样说后,马上把算命先生哄出了村外,谈瑾注意到爹有一脸的恐惧。过去每次有什么困难,爹爹都会教自己如何去处理,如何去解决,现在听不到爹爹的教诲,像断了线的风筝,随风飘去,不知飘到何处,也不知要飘到何时。

一阵饥饿使他又想起了娘做的那诱人的馍。想着爹娘,谈瑾泪水又忍不住涌了出来。他感到爹娘仿佛就正在天上看着自己。

"瑾儿,来吧!到爹这儿来吧!"爹正在鼓励他。

"我的瑾儿,娘想你!"娘也在一旁哭泣着说。

一种想要见爹娘的冲动,使他忘却了一切。如今竟没有一个可亲近的人,再活在世上还有什么意思,谈瑾产生了一个念头:不如一死了之,到天上去见爹娘。

"爹!娘!我来了!"谈瑾大吼一声,返身冲上了河边的山崖。

谈瑾站在离河面约有十几丈的山崖上,笔直的悬崖下是滔滔不绝的黄河水。阵阵凉风吹来,他更感到了这人世间的凄凉,不由悲从中来。

突然此时,一颗流星拖着长长的彗尾在西北方向由远而近慢慢地飞来,只见天空被映得红彤彤格外明亮,红色的光环中那流星亮得令人目眩。谈瑾不知发生了什么,看着那流星无声无息飞来。他一时呆住了,那流星正朝着自己飞来,越来越亮,越来越近,越来越大,天空变得如同白昼。就在即将飞到山崖时,突然,流星如礼花般爆裂成万千个小流星,四散开来,天空变得更加明亮,河对面的树林中,一些鸟飞起,惊恐地在满天飞舞,它们被这奇异的天象弄得不知所措。最后,流星带着那美丽的彗尾,带着那异常明亮的光环最后散落在河对面的山后。谈瑾心想,人间怎会有如此美丽的天象,自己分明是来到了爹娘所去的地方。

谈瑾此时不再恐惧,不再饥饿,不再有任何欲念,他心中异常平静,对这世界他已没了任何留恋,他仿佛已经感到了爹娘身上的气息。他相信:爹娘就在不远处等着自己。"爹!娘!瑾儿来了!"谈瑾大叫一声,向山崖边跑去。

就在谈瑾即将跳入河中时,谈瑾听到身后有人叫道:"谈瑾!切不可寻短见!他日你将富贵难言。"

听到有人在叫自己,谈瑾急急收住脚步。由于冲得过快,脚虽收住,身子重心却已失去了平衡。谈瑾只得侧身回头,朝后望去,一白髯老者正立在山崖上,身体却已失去重心,翻滚着坠入黄河。

谈瑾头朝下直直向河面扎去,他紧闭着双眼,只听到呼啸的风声从耳旁略过,身体加速坠落,使他感到心好似悬到了半空。

入水时一声闷响。

河水的巨大冲击力,震得他得头疼欲裂。他感到脸上如万针扎人,刺骨的冷水四面侵来,使他一下清醒过来。身体却好似被捆绑了,手脚已动弹不得,似灌了铅一般沉重。他想换口气,可一张嘴就是一大口水灌入肺里、肚中,呛得他本能地从胸腔中连水带气喷将出来,接着急急地吸上一口,又是呛人的河水从鼻中从嘴中涌入体内。

身体和大脑严重缺氧,使得他已经没有了挣扎的力气。又是几口水灌了进去。渐渐地谈瑾不再感到难受,也不再需要呼吸,整个身躯变得轻盈起来。

他感到自己慢慢地浮出了水面。

东方一轮红日正冉冉升起,河面上泛着红光,阳光使他感到暖暖的,身体更加轻盈,最后离开了河面。他看到河面上自己的躯壳正随着黄河水向东漂去,自己却云一般轻轻地向着正东飘去。离太阳越来越近,炎热使身体好似变成了气体,慢慢地蒸发,扩散,最终消失在天空中。

不知过了多久,谈瑾发现自己躺在卵石上。

他一时不知自己身在何处,也不知都发生了什么。

天还没亮,一阵阵哗哗的河水声传来,他闻到了一股清香的泥沙味使他感到熟悉亲切。他想起了过去发生的一切,明白自己正躺在黄河边。

"谈瑾!"

听到有人唤自己的名字,他用力地爬了起来。一个老道正站在自己的面前,只见这老者面色红润,白髯过胸,肩披白色纱巾,身着葛布长袍。

谈瑾心中好生惊奇,于是问:"爷爷,你怎么知道我的姓名!"

"我不仅知道你的名字,还知道你爹娘都死了。"

"爷爷,既然知道我的凄苦,可能助我去见爹娘?"

"谈瑾,你切不可自寻短见。"

"爷爷,这世上谈瑾早已没了亲人,生又如何,死也无妨。"

"万万不可寻死,他日你定能富贵难言。"

"谈瑾如今孤苦一个人,爷爷怎么知道我今后能富贵难当?"

"贫道不仅知道过去的事情,而且知道未来的事情。"

谈瑾想,这老者我并不认识,但他不仅知道我叫谈瑾,且知道我心中的委屈,必定不是凡人,我不妨请这爷爷救救我,想到这谈瑾当即跪下。

"咣!咣!咣!"谈瑾用力在鹅卵石上磕了三个响头!

"请爷爷给谈瑾指条明路,来日一定涌泉相报。"

"只怕你小小年纪下不了这个决心,也吃不得这个苦。"

"爷爷尽管说来,谈瑾死都不惧,这世上还有什么好怕的。"

"如此说来,那我也就直说了,你入京为个太监,他日一定富贵难当。"

谈瑾听到"太监"两个字,全身的毛发不由得竖了起来,不知这老者是何意。谈瑾只得疑惑地点了点头。

"你可自行了断。"老者平静地说道。

谈瑾听到老者如此说,不禁出了一身冷汗,接着试探地问:"你是说让我自己给阉了?"老者点了点头,"我家三代单传,我怎能做出如此不孝之举。"

"此言不错,不孝有三,无后为大,但你已经是死过的人了。"

谈瑾想起了在河崖上跳入黄河的事来。

"贫道让你迟去天宫一步,只是感到你放弃日后那轰轰烈烈的一番事业,就如此去了,未免可惜。"

谈瑾想起了在跳河前,这白髯老者曾喊了自己,只是为时已晚。原来这老者是自己的救命恩人。

"多谢爷爷救命之恩。"谈瑾又跪下叩起头来。

"不必谢了!"

"祖宗有灵也会怪罪于我的,父亲在世,也不会让我这么做的。"

"世上本无对与错。"听着老者说的竟与平日爹说的不同,便感到有趣,谈瑾就认真听老者说下去,"原来的你已经死去,大可不必计较这些,脱胎换骨重新做人。"

"我要果真割了,岂不会死去。"

"我岂能让你再次死去。你可自行动手,先取瓦一块,无灰酒一瓶,再取些火炭等物。将火炭烧焦,擂成细粉,调酒后涂于割伤处,可以立即止血。再调养几日,自然痊愈。"

"可我身无分文,怎能进京。"

"你天亮后进城,在正街上有一个面店,门口有一棵大槐树,你可在那里留住几天,那里有你想要的一切,然后再自行了断,记住!"老者加重了语气,"切不可久住!"

"只是店家如何收留我? 我又如何进京城?"

"天机不可泄露,车到山前必有路,你只管照我的话去做。"

"多谢爷爷指点。"说完谈瑾伏在地上叩拜。

"不必谢了,你富贵后,不可有谋反之心,谈瑾,对此要牢记于心,否则必遭灭顶之灾。"

"谈瑾一定牢记于心,恳求爷爷告知大名,他日报答您的救命之恩。"

老者扶起谈瑾。

"贫道姓李名太白,号长庚。云游四处,不求报答。只是你日后得了志,切勿伤害生灵,贫道就已足感厚情。"说完,白髯老者抽身而去。

谈瑾一听白髯老者原来是太白金星,赶紧追了上去:"长庚道人且慢走!"

只见太白金星化阵轻风而去。

谈瑾紧追几步,只觉脚下被什么绊了一下,身体晃了两晃重重地摔倒一块石头上,只觉一阵晕厥,便什么也不知道了。

谈瑾醒过来时,发现太阳已经老高了,看看身上的衣服好似被水浸过,他才想起自己好像投过河,他又想起了与太白金星的偶遇,想起了太白金星对自己说过的话。他吃不准是在梦中与太白金星相见,还是在现实中。他坐起来看了看四周,并无有人来过的痕迹,一阵饥饿使他觉得两眼漆黑。

"先得找点吃的。"谈瑾想着,起身向城里走去。

进了城,只见大街上人来人往,有的出城赶路,有的进城办事,有的忙着做买卖,大家都在忙自己的事。谈瑾感到自己好似被这个世界遗弃的感觉。

"肉夹馍! 香喷喷的肉夹馍!"一阵阵叫卖声传来。

谈瑾循声望去，只见一个店家门口正在卖肉夹馍，有三五个已付了银子的买主看着伙计麻利地用刀将小面饼破开，再用勺从锅里舀出些羊肉，用刀切碎，夹到馍里。锅里煮羊肉的香味，使谈瑾舌下生津，口水一股脑地涌出。他只得好生生将这些口水咽进肚中，怎奈又有更多的口水从舌下涌将出来。

谈瑾身不由己走了过去。

"喂！小叫化子，走远点！"伙计见谈瑾衣衫褴褛，生怕吓跑了客人影响了自己的生意。谈瑾不由得火往上撞，心想："这伙计也生了双狗眼，我若有了出息，看我如何收拾你。""听见没有，还不快滚，不然我打断你的腿！"伙计恶狠狠地叫道。

谈瑾心里气恼，脸上却不露声色，笑着上前说："掌柜的，你让我把那头死羊抬到厨房，说好了给二十文钱，怎么说话不算话。"

众人一听店家原来卖的是死羊，都不干了。谈瑾接着说："你用那死羊给客人吃，你的心黑不黑，你把这黑心钱给老子，老子也不敢要！"

一番话，把伙计给说傻了。

"怪不得这家店的肉夹馍要比其他店的便宜二文。"众人都叫嚷起来。

一个人骂道："赚黑心钱，良心让狗吃了！"

"把钱还给我们！"

"如果不退给我们钱，看砸了你这黑店！"

伙计忙着解释，众人哪里听，街上行人也围了过来，这时谈瑾靠在一边看起了热闹。

"出了什么事？"一声洪亮的声音从店里传来。

从里屋走出一个四十岁上下的男人，只见来人中等身材，身穿一身整洁的蓝布衫。

"这大概是店老板。"谈瑾心想。

此人正是这家店的老板，叫郑作阳。他简单地问了问原委，于是把目光投了过来。谈瑾目光在与郑作阳的目光相接时不由得打了个激灵。

郑作阳朝谈瑾走了过来，问道："请问小客官为何栽赃于本店，如有什么对不住的，还让小客官多多原谅。"

谈瑾一听便有些不好意思，说："这位店家骂我是叫花子，还要打断我的腿。"

"本店宗旨是'客人为上，老少无欺'，如果有什么做得不对的地方还请海涵。"说完看了那伙计一眼。

那伙计见郑作阳对谈瑾如此客气，便放下手中的活，上来给谈瑾道歉。谈瑾倒有些不好意思，然后对众人说明了原委。众人一听原来是一场闹剧，就慢慢散去。郑老板一看谈瑾虽说穿得有些破旧，但这孩子身材高挑，五官端正，不仅聪明机灵，而且还很懂事理，只是一脸饥困，想必很久没吃东西了。郑作阳拿了两个馍给谈瑾。

谈瑾虽说感到有些对不住郑老板，但实在饿极了，也顾不了许多，说了声："谢谢!"就如饿狼般大嚼起来,不一会儿,两个馍就扫荡一空。

郑老板又叫伙计拿了两个馍,再拿碗羊肉汤送了上来。谈瑾直到吃得头上冒汗才感到肚中有了些底。

吃完了才发现,郑作阳一直在一旁看着自己,见别人管郑作阳叫郑老板,于是说:"多谢郑老板了!"

"很长时间没吃东西了吧!"郑作阳问道。

谈瑾点了点头,算是回答。

"你这是从哪来,到哪去?怎么独身一人?"

谈瑾一想到自己的悲惨身世,不由得眼眶一热,眼泪瑟瑟地落了下来。郑作阳见谈瑾如此难过,想必是心中一定委屈,也对谈瑾的不幸深感同情。谈瑾把自己的身世简单说了一遍。

"既然你没有去处,不如暂留在这里帮我干活吧!"

谈瑾忙跪下道:"多谢郑老板,谈瑾来日一定报答您的救命之恩。"说完磕了三个响头。郑作阳上前把谈瑾扶起,又叫管家把谈瑾带进店里,洗了洗身子,换了身干净衣服。又带着在店里走了走,介绍了一下情况,并把谈瑾安顿了下来。从这天起,谈瑾便开始在店里干些杂活,店里的师傅、伙计看这小家伙不仅聪明机灵,而且手脚勤快有时还帮账房先生抄抄写写,都非常喜欢。谈瑾的一举一动,店老板郑作阳都看在眼里。

这郑作阳,原来在西安府做官,后受奸人迫害被贬,回家乡开起了店,做起了生意。

妻子何宛,是出了名的美人,店里的生意如此好,是因为许多人想来一睹老板娘的芳容。谈瑾来了没几天,就与何宛熟了。谈瑾手里只要没活,就会同何宛玩,同她说话、下围棋,两人整天形影不离。

谈瑾自从进了店,对什么都感到好奇,到处左看看、右看看。这天晚上,谈瑾睡不着,又出了房门,他想到后花园去,到石板上躺一会儿,经过郑作阳住房时,他听到室里有种奇怪的声音。

他想走,但怎么也迈不开步子,那奇怪的声音就像磁铁一样把他吸住。他忍不住走到窗前,轻轻点破窗纸往里看。房里的景象使谈瑾觉得心跳加快,头上也出了汗。

在烛光下,郑作阳与何宛正叠在一起,何宛发出的呻吟声使谈瑾觉得浑身燥热。

回到住房,谈瑾一夜未睡。

郑作阳总觉得谈瑾像个谜。虽说自己在外闯荡多年,又开了几年的店,什么样的人没见过,但像谈瑾这样既会讨主人喜欢,又踏实肯干,品、才、貌俱全的倒是不多,但他也隐隐觉得谈瑾是留不住的。

就这样谈瑾在店里住了些时日,郑作阳出远门了,家里只剩下谈瑾、何宛和几个伙计。

这天，很晚才干完活，谈瑾躺下后翻来复去睡不着，不知为什么总觉得心里好像有事未了。想到此谈瑾走进店里，刚要进厨房，只听到房里有哗哗的水声，他不知为何听着这声音身上有种说不出的爽快。

谈瑾心里痒痒的，他带着满心的好奇把门推开。

只见一个女子正背对着自己在洗澡，雪白的肌肤，丰满的身段，使谈瑾一时呆在那里，他从未见过女人的身子，只感到一种从未有过的冲动。

"今天一定是遇到娘给我说过的七仙女了。"他心里想着。

女人正在专心沐浴，并不知道正有一双眼热辣辣地看着自己。

谈瑾就这样一直看着女人洗完了澡，一转身，露出一对丰满的双乳，接着谈瑾又往下看看，再看女人的脸，他吓了一跳，洗澡的女人正是自己每天见面的老板娘何宛。谈瑾只知道何宛长着一张美丽的面容，没想到全身赤裸着更是如此的美。何宛见身后不知何时站着个人，吓得"啊！"了一声。谈瑾这才感到自己的失态，转身回了自己的房中。他久久不能入睡，何宛全身赤裸的样子在他眼前晃来晃去。

第二天，见到何宛谈瑾便要躲，他为自己昨天晚上的失态而感到羞愧，何宛也好像在有意回避自己。

谈瑾变得话少了，只是一门心思干活。到了夜晚，谈瑾还是睡不着。这些天虽说辛苦一些，但吃穿不愁，况且在店里干活心情比较舒畅。自从爹娘死后，这段日子是自己的最快乐的时光，他想起了爹娘，一种愧疚感涌上心头。

他想起来了逃命和流浪的日子，想起了投黄河自尽的事来。到现在他也不明白自己醒来后，躺在黄河边，到底是被河水冲上岸，还是被太白金星救上岸的。也搞不清与太白金星的偶遇是在梦里，还是在现实中。他有些吃不准，但那一幕幕清清楚楚的仿佛就发生在昨天。

谈瑾下了床，出了房门，来到了店外，只见一轮明月当空，就与那日与太白金星相遇夜晚一样。谈瑾突然想起太白金星让他天亮后进城，并在正街上有一家店里住些时日，这家店门前有棵大槐树。想到这他回头看去，这郑老板开的正是一家面店，店门的左侧正有一棵大槐树，谈瑾张开双臂量了量，竟围不下，再抬头看了看，茂密树叶遮住了明亮的月光，这槐树起码活了上百年。

谈瑾想起太白金星让自己在这店里住些时日和应该干的事来。他想起太白金星的指点，遂望着天空，对空即谢起来，只见西方一颗流星滑落，谈瑾心想莫非又是太白金星来了，于是眼望着天空等着太白金星的出现。

过了许久，四周依然静静的。按太白金星的指点，谈瑾到了这店里，自己也住了些时日。"莫非是太白金星怪罪于我为何不按他的指点去做。"谈瑾想着，又脱下裤子，看着自己的下身，心里想着太白金星说的事，又拿了把刀在那物上比画着。

"谈瑾！你在干什么？"一声轻柔的声音从身后传来，谈瑾一惊，回头一看，原来是何宛，举刀的右手慢慢放了下来。

"你怎能如此,莫非占了便宜,又要加害于我。"上来把刀取了下来。

谈瑾见是何宛,一股委屈从心底涌出,随着何宛来到她的房中。

"为何要这样?"

于是谈瑾将自己的身世以及与太白金星的那段似梦似真的奇遇告诉了何宛。

听完谈瑾的叙述,何宛早已泪流满面,如泪人一般。她上前把谈瑾拥在了怀里。从这天晚上开始,谈瑾才真正知道了生命的意义,每日与何宛有说不完的话,他感到整个世界是他的,再也不想做太监的事。

十几天后,郑作阳回来了,每当谈瑾见到郑作阳,他的心中就升起一种莫名的愧疚。

就这样风平浪静地过了一个月,他痛恨自己,他无法原谅自己,他感到自己犯下了不可饶恕的罪过。

最让他摸不清的是何宛对他的态度,他不知女人为何如此善变,反差是如此之大,每当何宛与他在场,她似乎什么也没发生过。谈瑾不由得又怀疑起那些天日日夜夜与何宛在一起的日子是否也同遇见太白金星一样,或者原来就是一场梦。

他又想起了做太监的事。

是夜,谈瑾怎么也睡不着,他已经想了好几个晚上长庚道人说的事,他最终决定就在今晚动手。

下了地,出了房,他来到厨房,找了块方瓦,取些炭火、木灰,又用瓢在酒缸中取了些酒倒进碗中,将炭火、木灰碾细,倒些酒,在方瓦上调匀。一切准备妥当后,将裤子脱下,向下看了看,见那物正似安然入梦,却不知已大难临头。谈瑾端过酒碗,洗了洗,那物好似醒了过来,却又如醉酒一般。谈瑾想到自己从此再也算不上个男人,不由得流出眼泪,又将其放于砧板上,心一横,右手操刀便往下截。

"住手!谈瑾你为何如此?"郑作阳上来一把抓住谈瑾的手。

"郑叔,我这样做自然有自己的道理,你还是把刀给我,我早已下定决心,在此谢谢您的好意。"

"这是为什么?难道我有什么地方怠慢了你?"

"不!不!郑叔,这些天来您对我无微不至的关心和爱护,我打心底里感激。只是……"

"为何要出此下策?"

谈瑾将自己的身世和太白金星的那段似梦似真的奇遇告诉了郑作阳。

"看来你我相遇是上天的安排,你要走这条路也是命中注定。天意不可违,我不再拦你,只是你且等一等。"

说完回身出了房门,不一会儿又回来,手上拿了些药散。

"我来帮帮你。"

"不用,长庚道人让我自行了断。"

郑作阳点了点头,说:"只是这里不是行事的地方,到里房去。"

两人拿着刀、砧、药等物到了谈瑾屋里。

一切准备妥当，谈瑾又将其置于砧上，看着砧上的物件，眼前已是模糊一片。

谈瑾抽袖抹了把泪，把心一横，一刀截下。

只听"咣！"的一声。

"啊！"一声惨叫，谈瑾仰面跌了下去。谈瑾下刀时手抖得厉害，虽说落下了两颗银弹，玉茎却毫发未损。日后便生出些事端来。

郑作阳一把抱住，只见谈瑾面无血色，人事不省。再看下身血流如注。郑作阳忙取过药散，敷在伤处，把谈瑾抱起来平放在床上。

何宛听见动静出来，她被眼前的场景吓得当即昏死在门边。郑作阳将准备好的药丸研破，和白酒调剂，拿着箸撬开牙头将药灌下。过了许久谈瑾面皮渐红，血也止住了。何宛这才醒了过来，上前拉着谈瑾手不住地哭。郑作阳这才将谈瑾的身世和前因后果说给何宛听，何宛更是如泪人一般，郑作阳哪里知道，谈瑾早已告诉了何宛。

郑作阳并不真正知道何宛为什么哭得如此伤心，女人的心事，男人也许永远猜不透。

谈瑾两眼紧闭，咬着牙关。就这样已近天亮，谈瑾这才迷迷糊糊睡去。

十几天后，谈瑾渐渐恢复了正常。这些天里何宛每天坐在谈瑾身边，一个劲地流泪，两人什么也没说。

这天，一大早醒来后，谈瑾感到自己已平复如初，就走出屋外，见郑作阳正在院内，就迎了上去。

"谈瑾，是否感到好些。"

"已经完全好了，这些天多谢郑叔悉心照料。"

"都是自家人，不必客气。"

"郑叔，我有一事要与您商议。"

"有什么事尽管说。"

"我想这就进京。"

郑作阳默不作声，停了一会儿，说："我知道这留不住你，只是能否再过些时日，等伤完全好了再说。"

"去意已决，只是郑叔的大恩大德只能日后再报。"

"待我与何宛商量一下。"于是回里屋去了。

过了一会，郑作阳夫妇从屋里出来，见到谈瑾何宛就说："瑾儿，你就是留下又有人能吃了你不成？"

谈瑾看了何宛一眼，说："我已决定了。"

何宛脸一红，没再说话。

"难道不能再留些日子？"

"这些天我已离不开你们了。"他看了看何宛，说"只是心愿未了，谈瑾住得如此安逸心中不安,这些天来,深得你们的关爱,谈瑾就是粉身碎骨也无以为报,来日谈瑾如得残喘,一定厚报。"

"不必客气,只是你的伤还未完全好,能否住些日子。"

"多谢美意,我去意已决,请多多原谅。"

见谈瑾如此坚决,何宛不再说什么,想到这些天来与谈瑾相处的日子,不由得落下泪来。转身回屋去帮谈瑾收拾东西去了。

"谈瑾你这一去还不知何年何月才得相会。去京城的路途遥远,如今世道艰难,一路上草匪路霸甚多,你孤身一人要多加小心才是。"

谈瑾点了点头:"叔叔放心就是。"

"你心地纯厚,在与人交往时要多留些心眼,不要轻易相信人,但也不可对他人心生恶意。如果真的如你所愿能进得宫去,说不定还能为个内官,享得常人不能享的福,但这内宫是个凶险是非之地。有多少人在宫廷斗争中妻离子散,家破人亡。有的甚至身败名裂,遗臭万年。而功成名就,名垂青史的又能有几人。"

"谈瑾将叔叔的话记下了。"

"郑某虽不才,但开了几年店,也悟出些道理:要为人上人,需要承受常人难以承受的苦。"谈瑾点了点头,郑作阳接着说,"越是权力集中之地,越是凶险之所。你尚年幼,行事应思考细致周全。这些道理说起来容易,但要作起来,却是何等艰难。"

何宛整理好了包袱进了屋里。谈瑾知道不能再停留了,于是跪下对着郑作阳和何宛磕了三个响头,转身走出屋外,何宛在身后放声大哭起来。

二 净身入宫

不知不觉春天到了。

这天谈瑾终于进了京城,找了家客店安歇下来。谈瑾一大早就起了床,出门走了一圈后回到了客店。进得门来,见一男子正在客店用餐,看打扮就知道是个当差的。

"店家,再来点辣子。"

谈瑾一听口音,原来是同乡。

"这家店的辣子只怕放得再多也不够辣。"

谈瑾用兴平方言接过话去。这人听后先是一愣,在这千里之外能听到乡音的确感到十分亲切。两人互相一打听,原来两家离的不远。原来这人叫任奎,在司礼监王岳府中当差,王岳老太太身体有病,任奎一大早起来买药,路过这家店,想吃碗辣面,才进了店。任奎拉谈瑾坐下,又叫店家上了碗面,两人边吃边拉起家常来。人说人生三大喜事:洞房花烛夜、金榜题名时、他乡遇故知。虽说谈瑾与任奎过去不相识,但一见面就感到格外亲切。

任奎问:"你进京是走亲戚还是来办事的?"

"我进京是想谋个事,却不知怎样才能谋得,还请任大哥指教。"

谈瑾不把任奎当外人,把自己已经净身的事直统统说了。任奎上下打量谈瑾,见谈瑾相貌堂堂,怎么也不相信他净了身。

"要做太监,须有在朝官的保奏才能入宫,你可认识当朝的官员吗?"

谈瑾摇了摇头,说:"请任大哥帮我想想主意。"

"我倒是见到许多官员,却是我认得他们,他们却不认得我。"

"能否见见你家王大人。"

"我们心里都怕他怕得要命,别说引见,就是让我在前面说一句话只怕都紧张。"

"没有官员保奏,况且盘费也快用尽了,只怕我谈瑾又要沿街乞讨。"

"你为何不好好待在家里,出来当劳什子太监。这太监可是不那么好当,我见过一个太监,年龄与你差不多,不仅人长得标致,且聪明伶俐,棋艺不凡,很得东宫太子的宠信,引起其他太监的嫉妒。后来东宫太子与我家大人下棋,这小太监点错了一步棋,太子大怒,那些平日受冷落的太监乘机发难,后来再也没见过这小太监。"

"太子经常来你们大人府上吗?"

"太子经常来我家与王大人下棋,昨天就有小太监来告知太子今天还来玩。"

"任大哥能否帮我见上太子一面?"

"你莫非是拿我取笑。"任奎一听吓得又摆手又摇头。

"请任大哥帮谈瑾这个忙。"

"且不说我家大人知道了饶不了我,若是太子生了气,搞不好任奎的小命都没了。"

"任大哥不必惊慌,你只要别锁上后门,我假作误入王府。"

"嗯?"任奎有些犹豫。

"你只当是忘锁门,万一出了漏,一切责任我一人承担,不会累及大哥。"

任奎见谈瑾如此坚决,把心一横:"就算兄弟冒一次险。"

两人又反复商量了一下,任奎把王府地点和路线详细地告诉了谈瑾,于是就先告辞了。任奎走后,谈瑾回到了住处,换了身干净的衣服,看看时间差不多了,就起身出了店家。

按着任奎指的路线,谈瑾很快就找到了王府的后门。轻轻一推门,门果然没锁,谈瑾迈步进了门槛。这正是王府的后花园,只见园内幽静,于是谈瑾壮着胆子缓步上前。花园有十余亩,各种花草树木应有尽有,园内百花斗妍,树繁叶茂,满园春色,园子被整理得井井有条,格外整洁。

"好棋!"

一声轻轻地叫好声传来,虽说声音不大,但在幽静的园内显得格外清楚。谈瑾寻声望去,只见两个人正在花磐陀石上对着下象棋。两人正下得出神,谈瑾来到了身边也全然不知。此时棋正入局,两人聚精会神,没顾及旁人在看。年长的一身当官的装束,想必就是司礼监王岳;另一个则是英俊少年,面目白净目光炯炯,看这身不凡的装束就知是皇太子。

这少年正是东宫太子朱厚照。

明弘治四年,九月二十四日下午申时,朱厚照出生在京城皇宫中,父亲就是当今的弘治皇帝孝宗朱祐樘,当时正满21岁,母亲是张皇后。

朱厚照的生年月日时的4个支辰,排列起来却是非同一般。弘治四年为辛亥年,九月为甲戌月,二十四日为丁酉日,生时为申时。朱厚照的"支辰",如果按照时、日、月、年的顺序读上去恰好和地支的"申、酉、戌、亥"的顺序巧合。按星命家看来,正是难得的"贯如联珠"的大贵支辰,朱厚照的这一特殊支辰竟和开国皇帝朱元璋相似。正因如此,朱厚照一生下来,臣们就预言:这位未来的大明皇帝,一定会像他的祖宗太祖高皇帝那样创立伟大基业,必定能够恢宏朝运,大有作为。

朱厚照从生下来就是富贵命。而孝宗朱祐樘的幼年时代却充满了坎坷。朱祐樘是宪宗朱见深与宫人纪氏所生,但宪宗的万贵妃嫉妒成性,只要看到其他妃嫔生了儿子,想方设法把他们处死。纪氏生下朱祐樘后,在宫中人的庇护下得以活下来,养在西宫深处,总算没遭到万贵妃的毒手。

朱祐樘在三岁时才见到父亲宪宗,宪宗见到亲生儿子大喜过望,把朱祐樘立为皇太子。孝宗作皇太子时,张氏就被立为妃子,两人感情非常好,孝宗也未置妃嫔,只选了位夫人。在大明朝十六位皇帝中,只有皇后,而不立嫔的只有明孝宗了。

孝宗有了皇子朱厚照,满朝文武,举国上下欣喜莫似。

朱厚照是嫡长子,明朝自立国以来,以嫡长子的身份继位得非常罕见。嫡长子的地位在宗法关系中至为重要,在帝王家更是如此。孝宗和张皇后生了朱厚照这个空前的皇家嫡长子,当然是皇家贵族的大喜事。自大明建立以来,嫡长子身份的皇太子非常少见。

朱元璋的长子朱标,是马皇后所生,但朱标生于元至正十五年(1355年),当时朱元璋既不是皇帝,马皇后当时也没被立为皇后。所以朱标虽是朱元璋的嫡长子,但还不能算是名正言顺的。

建文帝朱允炆不是朱标的长子,母亲在生他的时候,是个王妃。

成祖朱棣是朱元璋的第四个儿子,自然也不是长子,而且朱棣的生母是不是马皇后,也有许多疑点。

再到后来的仁宗朱高炽、宣宗朱瞻基,虽说都是长子,但母亲在生他们时都是王妃,而不是皇后的身份,因此并不是严格意义上的"嫡"长子。

英宗朱祁镇虽是宣宗的长子,但他的生母却是宫人孙氏,到后来才进封贵妃。

景帝朱祁钰是宣宗的次子,生母是吴妃,他既不是长子,也不是嫡子。

宪宗朱见深是英宗的长子,但他的生母却是周贵妃。

孝宗朱祐樘是宪宗的第三个儿子,生母是宫人纪氏,后封淑妃。

从明朝开国到正德年间,除了皇太子朱标和朱厚照之外,没有一个既是嫡子又是长子的皇帝。而且朱标早死,没作成皇帝。所幸眼前的这位东宫太子,是自大明建立以来少有的既是嫡子,又是长子的一位。

因此,围绕着太子朱厚照宫中早就展开了一场争夺战。这王岳便是其中之一。

此时,太子正与王岳杀得兴起。这棋局表面看,红方似占上风,黑方处于劣势,但明眼人一看便知,红方已是危机四伏,四面楚歌。谈瑾上前,见太子正要走红马去吃黑车,王岳用的却是弃车杀将之势,不顾车,转而去移炮,想形成重炮,即可"将军"。太子却看不出,拿起红马正要吃。

"切勿吃车,一旦吃车,黑方既成重炮之势。"谈瑾在一边指点道。

两人正难解难分,看都没看谈瑾一眼。太子听到谈瑾指点,手中的棋好似定住一般,迟迟落不下来,通盘考虑了一番,然后点了点头,回头对着谈瑾一笑说:"不是你指点,险些中了死局。"

"马上移红黑炮前。"谈瑾指点了一着,太子将信将疑地走了一步。

良久,太子才叫了声"好棋!"红方最终化险为夷。谈瑾点了几步,终于把黑方给"将"了。

"卿果然棋艺高超,不是你指点,孤家险些中了死局。"

"此人自称'孤家',一定是皇亲国戚。"谈瑾想。

谈瑾尽心指教,不敢有丝毫马虎,结果一连胜了三盘。王岳格外吃惊,心想:"且不说太子在自己的指点下,棋艺早已算得上是出类拔萃,我王岳的棋艺,在朝中乃至在京城也是有名的,没想到今天竟然败在一个'无名小辈'手里。"尽管王岳感到败在一个少年手里有些羞愧,但在心里还是佩服谈瑾的棋艺。

"此人实是高手,臣棋逢对手相形见绌。"王岳对太子称赞道。

太子听后大喜,心想还有比司礼监王岳棋艺高的人,便问:"卿是何方人氏?怎会有如此本领?"

谈瑾当即跪下,说:"臣乃陕西兴平谈瑾。"

"你既是陕西兴平人,如何到了这里。"

"只因爹娘死的早,故进京想谋个太监,但没这个机会。"

"想谋个太监?!这还不易。"

谈瑾知道,眼前的这位果然是弘治皇帝、孝宗朱祐樘的太子朱厚照,连忙叩头。

"谈瑾不知是太子,刚才多有冒犯。"

朱厚照哈哈一笑,说:"卿先去洗净身体,让小太监领着去验视,如果真的净身,即侍候孤家罢。"

太子说完,把小太监唤来,如此交代了一番,小太监领旨,带谈瑾去验视了。

过了一会儿,小太监带着谈瑾回报说:"验得谈瑾已割干净,特来缴旨。""谈瑾,你就随孤家回宫去吧!"谈瑾连忙谢恩,太子告别了王岳带着谈瑾回宫去了。

进宫后,谈瑾语言巧捷,手脚勤快,深得太子的赏识。过了半个多月,司礼监太监王岳知道太子带了个叫谈瑾的小太监入宫,起先并未在意。王岳听说这谈瑾棋艺不凡,想到自己的棋艺在京城内也算数一数二,于是交了几次手后,无一获胜。王岳才知谈瑾的厉害,他从短短的接触中,从他身上感到一股咄咄逼人的气势。

一种不可名状的恐惧向他袭来。但得知这小太监深得太子的宠爱,才感到有些紧张。王岳非常明白,朱厚照已被立为东宫太子,孝宗身体一天不如一天,孝宗一归天,太子就将即位当皇帝。他早就打算把心腹安插在太子身边,但被谈瑾占了先。于是想了个借口想把谈瑾打发出宫。

一日王岳上奏孝宗皇帝,说:"陛下可知太子最近将一太监谈瑾带入宫?"

"朕知道此事,这谈瑾朕见过,相貌也算端正,听说棋艺不在卿之下。"

"陛下,这谈瑾有点歪才不假,但他进宫后,整日教说太子游乐,不再悉心学习。"

"竟有此事?"孝宗皱了皱眉。

"这还不算,且谈瑾进宫时无人保结,只怕日后生出什么是非,使朝廷追究奴婢之责。"

听了王岳的一番话,孝宗点了点头,但想到太子比较喜爱,又不好把谈瑾赶走。

"问那谈瑾是否有人在朝廷中居官,如果没有就打发出宫。"孝宗考虑再三还是下了旨。

孝宗对太监有一种本能的警惕,因此,对王岳上奏关于谈瑾之事,他宁可信其有。

圣旨传下后,太子急忙找来谈瑾问:"卿是否有亲戚或什么人在朝廷做官?"

谈瑾想起爹爹说过一个远亲,于是说:"有个族叔叫谈文俊,官拜吏部天官,只是从未谋过面。"

"既是这样你就跟王岳王大人前去谈文俊处取个结状来,你就可留在东宫。"

谈瑾于是就照太子说的跟王岳去谈文俊处。王岳带谈瑾出了宫,来见谈文俊。

施礼坐下后,王岳问:"先生是不是有个族亲叫谈聪之子谈瑾,居住陕西兴平县,如今净了身后进宫服侍太子。想请谈先生保结,不知先生意下如何?"

谈文俊想,谈瑾家资不薄,为何净了身进宫,想必有什么原因。

"王大人可见过这谈瑾。"谈文俊也是明白人,见司礼监亲自上门,事情自然非同一般,于是先探探深浅。

"陛下见谈瑾非守分之徒,便过问此事。"

谈文俊本想打个保结,如此一听,就明白怎么回事了。他想,如果谈瑾有什么不测,岂不是连累于我。

"学生移居已久,且一向在朝中,家乡的事早已断了联系,也没听说过叫什么'谈瑾'的亲戚,因此,对求保结的请求学生不敢妄加保结。"谈文俊回答说。

"看来谈大人没有这个亲戚。"

"学生的确不认得。"

"既然谈大人不认得这个'谈瑾'自然也没有保结的必要。"

"正是!"

"待我回去禀告皇上和太子。"

王岳带着谈瑾就辞别了谈文俊。见到太子,王岳就将见谈文俊的情况给太子说了一遍。

"谈文俊既不敢保,殿下应当遣谈瑾出宫才是,如果不遣谈瑾出宫,皇上知道了万一怪罪下来,王岳可是担当不起。"

太子想了良久,感到没有再好的办法,只得说:"卿且退下,等等再作商议。"

又过了半个月,王岳见谈瑾仍在宫中,于是就在偏殿向孝宗上奏:"殿下收下的那个来历不明之人仍在宫中,请陛下下旨将其逐出宫去,以免以后生出祸患。"

"这宫闱之内岂容无籍之徒驻足,命巡宫太监立即逐谈瑾出宫,不得延缓。"

谈瑾并未离开京城,不几天用完了银子,他又过起了流浪的生活,后来被太监刘凯收留,作了儿子,谈瑾这才改姓刘。

随着宦官的势力不断壮大,朝臣们非常恐慌。以刘健、谢迁、李东阳为首的朝臣连连向孝宗上奏,要求肃清宦官。孝宗也感到宦官的势力已使稳定的朝廷格局渐渐倾斜。

不久,孝宗下旨,在宫中开展了一场轰轰烈烈的肃清宦官运动。刘凯这个不大不小的宦官在这场肃清宦官运动中受到了株连,被判死罪。

说到刘凯,还要提到一个人,此人就是元老太监怀恩。虽说孝宗对宦官成见很深,但唯独对怀恩非常钦佩和尊重。怀恩一向为人谦逊,不仅与人为善,且大智若愚,老于世故。怀恩从小侍奉孝宗,多次冒着生命危险将朱祐樘保护起来,使朱祐樘能够逃出万贵妃的毒手。正因为怀恩是孝宗的救命恩人,无论是朝官,还是太监对他都非常尊重。但怀恩并不因此恃宠而骄,反而更虚怀若谷,待人诚恳,同时又博学多才,学识渊博,是自大明建立,除郑和以外第二个为人赞颂的太监。

刘凯与怀恩又是生死之交。听说刘凯被处以死罪,老人家坐不住了。尽管他早已不问政事,但为了这刘凯老兄弟,甘愿拉下老脸为刘凯说情。怀恩面奏孝宗,为刘凯说情,请孝宗下旨放了刘凯。孝宗这下可犯了难。刘凯既然已定了死罪,如果因为怀恩的说情而放了,这肃清宦官运动的效果岂不会适得其反,这刘凯是定杀不可的。

孝宗思来想去,但看在怀恩的面上,最终还是免了刘凯死罪,放逐边关。

刘凯临行前,带刘瑾拜访了元老太监怀恩。

"这次承蒙怀公公搭救,使刘凯得苟全性命,公公的大恩大德真不知如何回报。"

说完刘凯父子跪在怀恩面前不禁泪如泉涌。

"刘老弟快快请起!"怀恩急忙上前扶起刘凯,"你我兄弟二人原本就是同命之人,你的灾祸就是我的苦难,相助是分内之事。"

"刘凯在宫中生活了几十年,这官场上的你争我斗早已深感疲倦,早想找个清静的地方度过余生。"

刘凯在宫中几十年生活的风风雨雨使他早已感到厌倦。他以戴罪之身,加上放逐在即,内心伤感,不由发出感慨。

"无奈我心有余而力不足,使老弟如此年纪被放逐他乡。"

"人生难得一知己,能与怀公公兄弟一场,死也足已。只是还有一事放心不下。"

"刘老弟有什么事只管说来。"

刘凯回身拉刘瑾上前,说:"刘瑾从小失去爹娘,我一直把他当儿子看待。如今我将被放逐,只怕他在此没人照应。"

这段时间的父子俩的共同生活,刘瑾给他增添欢乐,在晚年享受天伦之乐,体会到了作为父亲的幸福及责任。

"老弟放心,只要怀恩一口气在,就是舍上这把老骨头也不负老弟的重托。"

刘凯把眼光落在刘瑾身上,"这孩子自幼没了父母,不仅聪明伶俐,且忠厚善良,我把他收留下来,并以父子相称,怎奈天有不测风云,宫中出了这档子事,如果带这孩子前往,吃苦不算,还耽误了这孩子。"

"不知老弟有何打算?"

"希望公公收容他,今后并多予提携,如能朝夕得公公教诲,就是我将来死在异域,也无所憾矣!"

怀恩是位忠厚老人,看到老朋友临行前有寄子之托,加上刘瑾身材魁梧,长得标致敦厚。"老弟既然信任我,将这孩子寄托在此,我就收下了。"

"谢怀公公了!"

刘凯带刘瑾给怀恩叩头。

第二天,刘凯即动身,前往被放逐地新疆。

刘瑾送父亲走了一程又一程,并执意要跟刘凯前往,于是走走停停,从早晨一直走到太阳落山。看天色已晚,找了家客栈住了下来。

第二天醒来时天已大亮,刘瑾头昏昏的,不知昨天晚上父亲给自己吃了什么,再看,父亲和押送的人早已不知去向。刘瑾放声大哭起来。

刘瑾就这样留在了怀恩家,在怀恩的调教下,学了不少东西,越发显得成熟。

怀恩想,刘瑾老留在自己身边怕不是好事,应让他进宫去做一番事业,怀恩相信自己的眼力,以刘瑾的才智,不会比其他太监差,只是少了些在宫中生存的实践。

过了一年,肃清宦官运动早已风平浪静了。怀恩见时机成熟后,又面见孝宗,推荐刘瑾入东宫。孝宗想怀恩举荐之人自不会是等闲之辈。当得知此人正是刘瑾时,他觉得这个名字似乎有些耳熟。

王岳在一旁提醒,孝宗才想起原来此人正是去年被逐出宫去的那个没人保结的谈瑾。没想到事隔一年，自己的恩人竟然为这刘瑾作保，想这小太监可能确实有过人之处，于是就把刘瑾派往太子处。

孝宗对太子非常喜欢，朱厚照不仅天资聪颖，而且非常善解人意，孝宗每次来视察他的学习时，他都出来接送，并且对宫中的官礼节非常熟悉。

刘瑾跟在众宫僚后面，看着太子迎接圣驾。

太子先是向皇上问安，然后又问了些膳食情况，显得非常恭敬。

刘瑾感到虽然皇上和太子都近在咫尺，但要真正获得宠信，只靠自己的一点棋术是远远不够的。就说太子身边的这些太监，个个是玩乐的好手，有的擅长射猎骑马，有的擅长蹴球，有的擅于打诨取乐、逢场作戏，有的能说会道很会讨主子的喜欢。他觉得自己的棋术虽说无人能比，但与这些个太监相比，就算不了什么。太子毕竟年轻，玩什么都是图个新鲜，近来正醉于骑射，每日不得消停，与几个会武的太监正玩得火热。刘瑾看在眼里急在心里。

孝宗问了问太子的学习情况。

"孩儿与老师辩论是否可以骑射的问题。"

刘瑾此时脑子一转，想起怀恩告诉过他，明朝贵族子弟讲究习学骑射，这一传统是从老祖宗朱元璋那里开始的，明成祖、宣宗、英宗、宪宗都是骑射的好手，就是在各地的藩王中，也不乏舞枪弄棒、骑马射箭的好手。

想到这，刘瑾在一旁插话道："学习骑射正是大明尚武精神的体现，太祖不是教导说要'不忘马上得天下之艰辛，不可荒废骑射'吗？"

孝宗转过头来看了看刘瑾，见是个太监，似有些眼熟。觉得说的在理，孝宗不由哈哈一笑。

近来太子爱好上骑射孝宗早就知道，他不但不反对还表露出由衷的欣赏。

"'克诘戎兵，张皇六师'，对于骑射先生不要过多的管他。"孝宗对谢迁说。

孝宗所引用的两句话，出于《尚书》，在《立政篇》中有"其克诘尔戎兵"。意思是："训练好你的军队。"而"张皇六师"出于《康王之诰篇》，"张皇"是"大"的意思，"六师"指"六军"，古代天子拥有六军，这句话的意思是"壮大天子的军队"。

孝宗既然说了这两句话，分明是在鼓励太子的"尚武精神"，以及"安不忘危"的志向。

谢迁脸涨得通红，心想："我并未反对太子骑射，让刘瑾一讲我倒成了没有尚武精神的书生。"

孝宗见谢迁不再说什么，毕竟谢迁当年也曾为孝宗讲学。

"只是太祖同样要求子孙要'既习文又讲武'。"谢迁说。

如果任太子的性，加上孝宗的溺爱，谢迁往后如何教导太子学习。

孝宗过了一会就起驾回宫了，太子又率领众宫僚们送出门。

通过这些年在宫中的磨炼，刘瑾学聪明了。对身边发生的一切，都反复琢磨。孝宗今天来看太子，他从中看出孝宗非常喜欢太子，近乎有些过分。这东宫太子，可不是常人都能近他身旁的,要出人头地,实现大志,争取到太子的宠爱是当务之急。而得到太子的宠爱,只靠一点棋艺是不够的。

他想起了怀恩教导:要做一个好太监很难,难的就是如何掌握主人的心思,而一旦能掌握了解主人心里想的什么,你就成功了一半,另一半则是想方设法去满足主人的愿望。

刘瑾反复思考着如何才能在这群太监中脱颖而出,获得太子宠信。学习骑射吗?看看那些会骑射的太监,武功非三两日的功能,这些人自小习武,有的身怀祖传绝技,有的师出名门,能来到太子身边都是经过千挑万选的,自然都非等闲之辈。

在身手上自己当然不是他们的对手,但刘瑾反复比较着自己在哪些方面处于劣势,哪些方面占有优势,只有以己之长克其之短,才能立足于众太监中。

在与这些太监的相处中,他渐渐发现,这些人虽说各有所长,但也不同程度地存在某些弱点。武艺好会骑马射箭、舞枪弄棒的,头脑比较简单,只要相处好了不仅很讲义气,而且能够为我所用。而那些能善于打诨取乐、能说会道讨太子喜欢的,只说不练,很为那些"武林高手"所不齿。刘瑾思考着如何从中吸取这些人的长处,克服他们的缺点,从中找到一个结合点。在站稳脚跟后,再作打算。但归根到底还是要得到太子的认可,只有他认可,才能受到他们的尊重。而要得到太子的认可不做几件像样的事怎么可以。

主意一定,刘瑾就开始盘算着如何行动,同时他也等待着时机。

太子已经好久没找刘瑾下棋了,他一时成了多余的人,整天跟在众太监的后面。自从孝宗表扬了练习骑射以来,太子书读的就更少了,每日骑马射箭。刘瑾感到了一种明显的受冷落感。

这天,谢迁见太子迟迟不来上课,就来找太子,见太子正玩到兴处,谢迁便要太子去读书。见谢迁来了,朱厚照一脸的扫兴。

刘瑾一见,心里明白了,走上前说:"太子不必担心,待我去将其支走。"

"好,朕将这酸人交于你处置了。"说完又去玩了。

刘瑾把一个会骑马的太监叫到身边,说:"太子令你将那谢迁带走呢。"

既然太子把这事交给了自己,虽说有些棘手,但有太子的尚方宝剑,也就有了行事的权力。只有运用得好,没有办不成的事。

这太监眼睛一亮,也知道太子不喜欢在骑射时叫他去读书。只说了声"我这就去。"

这太监也不想,如果太子真让他去,又怎么会让刘瑾传话。太监刚要转身,也算在宫中待了几年,知道些道理,回过头又问:"太子如何说的。"

"太子说要真跟这牛鼻子去,岂不是扫兴,便让我告诉你,想法子让先生走。"

"太子命先生走不就得了,为何叫我们去。"

"对这牛鼻子,陛下对都他敬重三分,太子岂能随便将其赶走。"

"那我又有什么办法。"

"就凭你这么好的身手,"刘瑾先给其戴了顶高帽,"将其带走不是易如反掌。"

"如果皇上怪罪下来……"

"太子是咱的主子,只要令他满意了,皇上也不会怪罪下来。"

这太监一想有道理,说:"我这就去。"

牵了马,出了门,不由分说地把谢迁往马背上一丢,骑上马便走了。

太子骑了会儿马,忽然想起谢迁还在门外,问:"先生还在门外吗?"

"已经将其唤走了。"

"这地方太小,骑马不过瘾。"

"太子只在这宫内如何能练就过人本领,想当年太祖骑马驰骋在沙场,是何等的威风。"刘瑾心中有了打算。

"只是朕没生在太祖那样的年代。"

"虽说乱世出英才,但大明子弟尚武的精神永远存在。"

"话虽这么说,但只能在宫中骑骑马,射射箭。"

刘瑾心里的打算更有了些把握。

"此时正是狩猎时节,不如出城去狩猎,既可练习骑射,又可看太子功夫最近是否有长进。"

太子不由得连连击掌。

"好主意! 好主意!"说完拍了刘瑾三下。

在刘瑾的怂恿下,太子打定了主意去京郊。太监们纷纷去准备了。

不一会儿,太子带着十几个太监哄然出了城门,几个开路的太监带着六只猎犬跑在最前面。擅长养鹰的太监,把猎鹰驾在手臂上。太子见到这在宫里没见过的场面,兴奋不已。

刘瑾骑着马紧随太子左右,看到这热闹的景象,人们不由得感叹:"好一幅东宫太子狩猎图。"

但刘瑾心里并不踏实,他想到被孝宗知道了可如何是好,皇上要追究起来,自己又是头等罪过,再说那个谢迁,也不知那小太监如何处置的,自己本可以编个理由,说太子生病将其打发走了,强行赶走了那酸先生,未免有些鲁莽。既然已去,太子又如此高兴,也就不再想了。

快到中午,他们来到了皇家猎场。

虽说这些太监个个手中都有些功夫,但对这狩猎则是外行。刘瑾自小跟父亲打过猎,又听到过怀恩讲起过以前皇上外出打猎的事,心里自然有些底。

"这荒山野林之中,因何不见猎物。"太子问。

"回太子话,"刘瑾说,"这众多的人马,声响如此之大,早将猎物吓跑了。"

"那朕到此如何施展身手。"

"太子且不要过急,"刘瑾不紧不慢地说,"你看四周树木繁多,一定有猎物在其中。再看这地势,两面是山,中间是狭长的树木丛林,叫几个人到这山谷的那一端围过来,太子在此可守株待兔,待猎物出现,即可一试身手。"

太子不由得大喜,于是马上令五个太监绕到山谷另一端围过来,并以响箭为信号。两拨人马分开后,刘瑾就把自己所知道的狩猎方面知识全部讲与太子听。

"这猎物不似宫内的靶子,靶子是死的,而猎物是活的,要射中运动的猎物有些技巧。要眼明手快,判断好猎物运动的方向。如果对着猎物射,等箭到时猎物已经前移;如果射得太前,等箭到时,猎物还未到。所以要恰到好处,非常准确。"

"狩猎也不是件容易的事。"太子嘴上这么说,可心里还是痒痒的。

"现在时间还早,您可以先练习一下。"

刘瑾让太子准备好,捡了块石头,向空中抛去,太子一箭没射中,靠后了。

这时,一声响箭声从远处传来,众人侧耳细听,知道那边已经就位了。太子一声令下,众人开始向前靠拢。

刚走不远,就有一支野鸡飞了起来。太子拉弓上箭,只听两声弦响,两支箭飞了出去。两支箭一前一后都没射中。太子见没射中,不免有些扫兴。

"后面会有很多猎物,等着太子去射杀呢。"刘瑾安慰道。

走了没多远,又有一只野鸡飞起,太子又没射中。

刘瑾说:"只差一点,再靠后一点就中了。"

"你给朕表演一番,朕倒要看看你的本领。"太子见没射中,心中不快。

刘瑾心里紧张起来,对自己这两下子功夫,他心里最明白,不过与爹打过几次猎,虽说也算个猎手,但只是跟爹打打下手,他感到心里没底。

正想着,前面传来一阵窸窸窣窣的声音,一只野兔从树木中钻了出来,刘瑾还没回过神来,这野兔眼看就快看不见了。说时迟那时快,刘瑾翻身下马追了上来。也不知哪来的力量,他只觉脚下生风,不一会儿就消失在树林中。

人们形容跑得快时说:跑得比兔子还快。可见人是跑不过兔子的。也算上天有眼,刘瑾追了一会儿,竟奇迹般地发现了那只兔子。这只兔子也真通人性,知道自己对于刘瑾是何等的重要,跑着跑着突然停下不跑了,反倒向后张望。刘瑾急急收住了腿,只觉得心在狂跳不止。他小心翼翼、用尽全力拉了个满弓,他凭着感觉朝着那兔子射去。

一声弓响。

要说刘瑾真不走运,那箭抖着羽尾直直向那兔子飞去,正在那箭飞出去的一刹那,猎狗"阿赖"在刘瑾身后冲了上来,朝着那兔子扑去。

"阿赖"在六只猎狗中个头最小,其他猎狗经常欺负它。一次"阿赖"发了情,对"花花"大献殷勤,其他猎狗不由吃起醋来,群起而攻之,把"阿赖"咬得遍体鳞伤。

太子看到这场景哈哈大笑,问身边的太监:"这畜牲为何在宫中竟如此放肆。"

身边的太监也算机巧,说:"要像奴才这般,便不敢造次了。"

"真的如此。"太子好奇心大起。

身边的太监们心领神会,把"阿赖"拖出去给"净身"了。"阿赖"被净身后感染发炎。刘瑾见可怜,使他想起自己净身时受的苦来,见到"阿赖"被阉,他感到身为太监原来只是主子身边的狗一样,他的心被深深地刺痛。

在刘瑾的精心照顾下,一个月后终于"阿赖"伤愈了。狗最通人性,"阿赖"从此与刘瑾非常亲近,见到他就又蹦又跳。这次外出狩猎,"阿赖"也紧紧不离刘瑾前后。

刚才射出的那只箭正落在那兔子的腿下,仅差一寸,只见那兔子一跳老高,三窜两跳就没了影子。刘瑾紧追上去,但四周都是杂草树木,真不知该往哪个方向追。他感到四肢无力,泥一般坐在地上,不知刚才跑得太猛了,还是心里的一线希望给灭了。只好作罢,自认倒霉,今天在太子面前可丢了大丑,搞不好又被赶出紫禁城。

进紫禁城后发生的一切,使他有些把握不住自己的感觉。现在只能空手回去交差了。刘瑾正想着,身后又传来窸窸窣窣的声响。听声音好像是个比兔子大的猎物,他右手一把抓起弓,左手急忙从背袋里抽箭。今天真是遇见了鬼,不知是紧张,还是累的,手一直抖个不停,一下没抓住,再一下又没抓住,刘瑾再去抓时,那动物终于出现了。

刘瑾一见高兴得差点没背过气去。只见"阿赖"出现在刘瑾的眼前,嘴里还叼着那只野兔,那兔子脖子被死死地咬住,四肢乱蹬,垂死挣扎。

刘瑾高兴地对"阿赖"又是拍又是摸,然后收拾好家伙按原路返回。

刚走几步,刘瑾转念一想:若这般回去,太子见这猎物不是被我所射杀,定要耻笑于我。

于是停下脚步,把兔子从"阿赖"的嘴中接过来放在地上,那兔子一瘸一拐还要逃,没跑几步又被"阿赖"叼了回来。

刘瑾右手执弓,拉弓上箭,对准那兔子的头部就是一箭。兔子蹬了几下腿便不动了,刘瑾将其抓起,往天上一抛,"阿赖"腾空而起,叼了个正着。

太子正要派人去找,刘瑾带着"阿赖"回来了,还带着那战利品。

"刘瑾果然好身手。"太子见真的射到了猎物,心里直痒痒。

"刘瑾只是走运,这机会也是殿下赏的,追出去老远,才将其射杀。"

太子兴致大增,说:"看看前面还有些什么,今天让朕玩个畅快。"说完又向森林深处走去。

约走了半个时辰,仍不见有什么猎物出现。太子便有些沉不住气说:"如此走下去,只怕到天黑也是一无所获。"

话音还未落,一只梅花鹿出现在正前方。太子眼疾手快,镇定自若似乎找到了在宫中练习骑射的感觉。梅花鹿正在十几步之外,正是练习射箭的标准距离。另几个太监也是箭在弦上,只待太子一射,大家齐射过去。

弓弦一响,正中梅花鹿的前腿。另几个太监又补射了三箭。

太子见中了，万分欢喜，大叫一声："中了！"

马上有人冲上前去从腰间拔出匕首朝着梅花鹿的颈部就要刺。

"且慢！"刘瑾大叫一声，又回过头来对太子说，"圣上近日龙体欠安，这野鹿血乃是大补，如将这野鹿活生生的带回去，再放血孝敬皇上，一来可以孝敬皇上，二来也为殿下私自出宫找个理由。"

太子一想，感到是个好主意，说："还是刘瑾想的周全。"

"前面又有猎物。"不知谁叫了一声。

"这次你们都别动，朕要亲手将其射杀。"

只见这兽一身漆黑，背上直愣愣长着鬃毛，嘴上一对凶悍獠牙令人一见就知来者不善。

"是野猪！"

太子早就准备好了一切，一箭射去，偏偏射中了那野猪的屁股。野猪哼了一声，不知发生了什么，抬起头用那小眼看了看。太子的另一支箭又到了，射在了猪耳朵上。这畜牲可不干了，朝着太子的坐骑冲将过来。野猪用它那利齿对准马腿就拱。

马一惊，一声长鸣，前蹄腾空，四肢乱跳，整个躯体直立了起来。由于马用力过猛，将太子从马背上摔了下来，手上的弓箭也被甩出去老远。

畜生又反过身来，却见射它的人已从马上摔下来，又向太子冲去。朱厚照心中气恼，早已忘却了害怕，从地上拿起块石头便向野猪砸去。

"咚"的一声那畜生的头上流出血来。

刘瑾一见，大叫："不好！"翻身下马。

那家伙已认准了太子，朝太子就冲了过来。太子在宫内哪里见如此不懂君臣之礼的家伙，只见它蛮横地冲了来，且越冲越快，一眨眼功夫就来到了近前。

此时，一个身影冲了上去。一声惨叫后，野猪将迎面冲来的人顶出去一丈多远，由于力量太大，那畜生也被反冲得退了半步。

太子定睛一看，原来此人正是刘瑾。他勇敢地爬了起来，从腰里抽出匕首，又朝那畜生冲去，于是人猪搅在了一起。一阵令人眼花缭乱的搏斗，刘瑾倒在了地上。

太子被眼前的景象吓呆了，刘瑾用身体挡住了畜生，却受了重伤。

此时那野猪正面向太子，又冲了过来。刘瑾一只手死死抓住野猪的尾巴，另一只手抓着匕首。

那畜生冲了几步，感到似被什么拖住了，就停了下来。刘瑾不知哪来的力量，一下站了起来，扑到了野猪的背上，突如其来的剧痛使刘瑾几乎昏了过去，他挥起匕首，用力向那畜生身上胡乱刺去。那畜生受了伤，更凶狠地冲向太子，三丈，二丈，一丈。

眼看到了太子跟前，最终"扑通"一声倒了下去。在一旁几个太监都看呆了，到野猪一死,回过神来,这才冲上去将太子扶起。

"都滚开!"太子怒吼道,"你们这些奴才,刚才都哪里去了。"

太子上去抱着血肉模糊的刘瑾大声唤着:"刘瑾!刘瑾!"

刘瑾满身的血迹,不知是人的还是畜生的。他睁开双眼,问了声:"殿下,你没事吧?"

太子摇了摇头,又问:"伤在哪里?"刘瑾笑了笑,又闭上了双眼。

三 寝宫受宠

孝宗对朝廷内的积弊越来越深恶痛绝,同时又感到有些力不从心。

第一次肃清宦官运动算是草草结束了,包括刘凯在内的一百五十七人已经发落。这场运动并未像孝宗原先期望的那样。孝宗正在酝酿第二批待处理的宦官,内官们都有朝不保夕的感觉,有的大宦官也有大难临头的感觉。

所有的矛盾都集中到了孝宗这里,每日批不完的奏章。宦官们更像被逼急了的狗,两眼发红,为在这宫中的生存而搏杀着。

整日的劳累,使孝宗身体日渐消瘦,一场重感冒使皇上一病不起。御医给孝宗连下了三副药后,病不见好转,却又发起了高烧。文武大臣们乱了手脚。那些在孝宗那里受到压制的宦官势力一时松了口气,都希望孝宗早日归天。

这天,御医高振帮为孝宗看完病后,又下一副药,病已略有起色。于是向刘健、谢迁、李东阳等三位大臣汇报了陛下的病情,并说再吃几天药,调养几日皇上的病就好了。三位大臣听了,悬着的心总算放了一半。

为孝宗看过病,高振帮出了宫门,正被刘瑾看见,刘瑾认得这御医,于是迎上前去问:"高先生,何不在宫中为陛下看病,这急急忙忙往哪里赶?"

高振帮见刘瑾问皇上的病情,刚想答话,不由得又把话收住了。

刘瑾见高振帮不作声,于是马上解释说:"见陛下的病情老不见好转,太子都急死了,请高先生多费心,早日把陛下的病医好。"

高医生见刘瑾不是外人,又看了看四周没有其他的人,说:"陛下病情已见好转。"

"到底是因何而起?"

"主要是内热过旺。"

"原来如此,高先生出宫何事?"

"宫里去热的药用完了,我去配些药。"

"那你快些去吧!"

说完,两人互相道别后就分手了。

刘瑾回到东宫,见宦官范亨、徐智从太子处回来,两人正在小声嘀咕,由于声音很低,刘瑾并未听清。

走近时，刘瑾听到范亨说："不知这高振帮能不能把皇上的病治好？"

见他们在议论皇上的病情，刘瑾在他们身后插了句："听高先生说，陛下体热过旺，再吃些清热的药就好了。"

两人见刘瑾从后面上来，大吃一惊。王岳一把抓住刘瑾问："你刚才说什么？"

刘瑾一见是范亨只觉浑身发冷，身上的寒毛顿时竖了起来，这张令他刻骨铭心的脸终于在这里出现在他的面前，这就是杀害父亲，使自己家破人亡的那张脸，他一时无法控制自己的身体，浑身颤抖，他极力克制住自己。

"你怎么知道高医生这么说的？"

"我，我刚才遇到高先生了。"

两人互相看了看，范亨上前问："皇上真是因为体内过热。"

刘瑾不知应该如何回答，于是说："是高医生说的，我不懂。"

两人见问不出什么，就走了。刘瑾一阵阵激动，他无法克制住仇恨。总算有了报杀父之仇的希望了。

见到太子他告诉太子刚才遇见了高振帮，又在东宫门外遇到了范亨、徐智，他特别强调了范亨、徐智反复向他盘问起皇上的病来，并知道了皇上生病是因内热过旺引起的，这一秘密只有三大臣才知道。

朱厚照见刘瑾今天有些奇怪，对范亨、徐智反复盘问皇上的病情也没在意，而刘瑾却为了报仇埋下了伏笔。

就这样又过了几日，孝宗病情正在渐渐康复，再有个三五天，等内热完全退去病就好了。

恰在此时，御医张瑜、刘文泰却投了热药，孝宗吃下后就感到有些不适。张瑜、刘文泰接着又连投热药，致使孝宗高烧不退。两位御医为何敢如此行事，宫内有人说某大宦官与其交往甚密，而此人有可能将被清除，但其中内情无人知晓。

孝宗病情加重，他已知道自己将不久于人世了。

弘治十八年五月初六，孝宗下旨在乾清宫东暖阁召见内阁大学士刘健、谢迁、李东阳。

刘健、谢迁、李东阳三位大臣来到乾清宫东暖阁。孝宗卧在床上，旁边有太监记录。

"参见陛下！"

"朕秉承国家大统十八年，现年三十六岁。此次患病只怕再也不能好了，故把各位爱卿召来，有几句话要交代。"

三位大臣闻言伏地便哭。

刘健对孝宗说："大明不可一日无主，请皇上好生调养，定能康复如初。"

"朕知道天命。"停了一下，孝宗接着说，"朕遵守祖宗法度，不敢稍有荒废怠慢，天下事务确实烦扰了各位爱卿。"

孝宗看了看跟随自己多年的三位老臣痛哭不已的样子，深为感动。

"朕奉太皇太后及先皇(指宪宗)之命与张皇后成婚。弘治四年九月二十四日生下皇子朱照厚,并立为东宫太子,现在太子已经长大成人,即将主持国政,三位大臣当尽力辅佐。"

"请皇上放心,臣等就是粉身碎骨也会尽力辅佐太子的。"谢迁说。

"太子还未婚配,希望大臣们主持,为其在年内完婚。"

三位大臣齐声唤着"陛下",已是泪流如注,泣不成声。记事太监一面听孝宗口授,一面记录,也是泪如雨下。

孝宗之所以把这些人叫来,自有他的打算。他知道自己将不久于人世,太子不久将即位,但朱厚照年幼且玩心重,离一国之君的要求还有一定差距。三位大臣在朝廷内外德高望重,只有让他们辅佐太子才能使先祖创下的基业延续下去。

为什么孝宗与三位顾命大臣的谈话,要以书面的形式记录下来?

之所以留下这份说遗嘱不像遗嘱的文书,孝宗自有其安排的道理。文书虽说不长,但交代了太子即位的临终嘱咐,以免因皇位之争引起内乱。同时交代了三位大臣必须辅佐太子。

文书中还交代了一件最让孝宗放心不下的事,这就是朱厚照的生母问题。为了避免日后生变,孝宗特意在文书中肯定了朱厚照是他和张皇后的亲生子。孝宗在此时又强调这一点,是为了维护朱厚照在皇室中的地位,维护大明江山的稳定。但太子的生母问题是否真的符合事实,恐怕只有孝宗心里最明白。

"刘大人,请过来。"

"臣在。"刘健上前,孝宗紧紧抓住他的手说,"先生为辅导太子辛苦了。太子天生聪明,只是还年幼无知,希望先生们时常开导,教其读书,以后做个有才有德的君主。"

"请皇上放心,臣等就是肝脑涂地,也在所不惜。只望皇上安心养病,能够早日康复。"

刘健话未说完,早已泪湿衣襟。

第二天,孝宗召见太子。

"你已长大成人,切要效法祖宗。"

"孩儿记住了。"

"要任用贤德之人,不要整日沉湎于嬉戏,遇事多向三位大臣求教。先祖留下的大明基业,还需你去发扬光大。"

太子朱厚照只是点头,哭得说不出话来。一阵剧烈的咳嗽,孝宗再也说不下去了,满室一片哭泣声。

下午三时,明孝宗驾崩。

皇太子朱厚照即位,定次年为正德元年。颁下诏书,大赦天下,并免除弘治十六年以前各地所拖欠的租赋。武宗朱厚照敬上大行皇帝谥号为敬皇帝,庙号为孝宗。

武宗继位后，首先封了三位大臣：封大学士刘健为左柱国，李东阳为少傅兼太子太傅，谢迁为少傅兼太子太傅。不久李东阳、谢迁同时被加封为柱国。

前面已经介绍刘健、谢迁。另一位顾命大臣李东阳，是湖广茶陵州（也就是现在的湖南省茶陵县）人。李东阳幼时父亲在京城做官，因此，李东阳在京城长大，四岁时就能写得一手非常漂亮的楷书而闻名京城。

当时，明景帝朱祁钰就听说有个神童李东阳写得一手好字，就召见了李东阳。景帝见李东阳还不满五岁，还是个顽童，怎么也不相信会写字。景帝命人摆上了笔墨亲自试试这李东阳书法。

李东阳虽说年纪不大，毕竟在做官的人家中成长，对官场上事物比寻常人家孩子强过百倍。只见李东阳小手用笔一挥写下七个大字："祝皇上万寿无疆！"景帝一见这孩子果然名不虚传，不由大喜，把这孩子抱起来放在膝上。李东阳的父亲吓得不知如何是好。景帝高兴之余，赏给李东阳一套文房四宝。

李东阳年龄大一些后，学习成绩非常优异，两次被皇帝召见，皇上下诏命其宣讲《尚书》。天顺八年时，李东阳通过考试，成为进士，此时年仅十八岁，被选为庶吉士，两年后被授官翰林院的编修，是同一级别官员中年龄最小的。不久，李东阳又升任侍读学士，孝宗为东宫太子时，是孝宗在东宫学习时的讲官。由于李东阳的才思敏捷，不仅文章写得好，而且少年老成，被阁臣杨博推荐，以礼部右侍郎兼侍读学士的职名，进入内阁，专门负责撰写诏敕。弘治八年时，与谢迁同时参与机务。

朱厚照与孝宗不同，他自幼在宦官和宫女中长大，且对宦官心理依赖较大。武宗即位后对宦官的态度与孝宗完全相反，他宠信宦官。

这天，刘瑾穿戴整齐正要出门。有小内侍来报："圣上驾到！"

刘瑾不由得心里一惊，忙出门迎接。武宗下了轿见刘瑾已经跪在了跟前。

"爱卿，请起。"

"给皇上请安！"

"朕做了皇上，再也没有往日与你们在一起的快乐。"

"陛下日理万机，与在东宫做太子时自然不能相提并论。"

"朕还是喜欢让你们陪在左右。"

"陛下如今是一国之君，岂能再与奴才整日玩耍。要是刘健、谢迁、李东阳三位大人责怪下来，奴才可担当不起。"

一提到这些顾命大臣，朱厚照心里就有一种说不出的滋味，不由想到了在东宫时，整天把自己困在书房讲读时的枯燥日子。顽童的天性使他喜欢由自己的意愿去做些游戏，让别人听其摆布。在成长的过程中，太监宫女们整日陪他嬉戏游玩，与他朝夕相处。因此，在感情上对这些身边的人他有亲近感，这些人对他的世界观也有种潜移默化影响。

"三位顾命大臣只不过是朕的臣下，万岁岂能听任其摆布。自今天起，朕任命你执掌钟鼓司。"

刘瑾一时不相信自己的耳朵。

他想到自怀恩的推荐入宫以来,被派往东宫侍候太子的起居,虽说也算个名正言顺的太监,但没什么职务。后来依靠自己的勤奋和机智,成为太子的贴身太监,如今太子继位,自己被任命为钟鼓司,不由心潮起伏,流下两行清泪。

虽说钟鼓司官不算大,也不是最重要,但也算个大明庞大宦官组织的一员。

这宦官组织中最重要的就是司礼监,为二十四局之首,兼领东厂、内书房、礼仪房、中书房等。

司礼监之所以重要,是因为他掌管着内外的奏章,照内阁票拟批红权,有拟票批红的权力,掌握着是否将奏折送皇上裁断定夺的特权。司礼监的掌印太监,实际上是皇上的贴身处理机务大事的人,权力自然非同寻常,也是太监中的最高职位。

刘瑾经常听到司礼监的秉笔太监,利用手中的权力为太监谋得公平,为太监们的利益与朝臣们斗争的故事。刘瑾每每有种莫名的激动,他梦想着有一天自己也当了司官司监,掌握了批红权,受到万人仰慕,那时千万个人跪在自己的脚下齐声喊"爹!"

武宗问了问刘瑾的受伤的情况,不久就起驾回宫了。

送走了武宗,刘瑾心情久久不能平静。当上了钟鼓司,刘瑾真不相信这是真的。

钟鼓司掌印太监,本是个无足轻重的职位,主要是掌管每天出朝的钟鼓,也就是管理上朝时的报时工作。虽说这是个很不起眼的小职务,但刘瑾却感到只要有机会直接为皇上服务,就能接近皇上。钟鼓司虽说只是个小职位,钟鼓司还有另一项工作,就是为皇家的娱乐活动服务。

刘瑾感到钟鼓司是一个带有挑战性的工作。如娱乐的管理比较复杂,要训练乐工,要搬演内乐、传奇、过锦、打稻等杂戏。

钟鼓司在宦官的二十四个衙中没有实际的权力,但事在人为,这侍候皇上的玩乐的差事,如果做好了同样能赢得皇上的欢心。

刘瑾坚信自己能够把这项工作做好。

自明朝建立至今正德二年共153年,从洪武到正德,共十一个朝,计十位皇帝。明朝的政体结构比较完整,体现为皇室所遵守的"祖训"与"祖制"的连续性和严肃性。特别是皇帝的行为和施政,具有很大的约束力。在某种程度上,"祖训"和"祖制"就是明朝皇帝的"紧箍咒",每个皇帝在这有限的空间行使和固守着祖上留下的基业,也正因为有了这些"祖训"和"祖制"使明朝统制像一座运行起来的巨大机器不停运转。

但这些"祖训""祖制"却紧紧地禁锢着年轻皇帝的灵魂和躯体。少年朱厚照整日游戏想从这种硬壳中宽松一下,似乎是"祖训""祖制"下的逃脱者;但在另一方面又必须严格执行"祖训""祖制"。这位放荡的少年,同时又是一位神圣的皇帝,这种矛盾时时刻体现在武宗的身上。

朱厚照只能在这个"祖训""祖制"的僵硬的硬壳中生活。而另一方面,他又是个有血有肉的人,有舒展个性、满足欲望的需要,因此,他同前面那几位皇帝一样过着一明一暗,一阴一阳的两重生活。

明太祖和成祖是大明的创业者。大明的"祖训""祖制"是他们定的。他们自然不会有这种身居硬壳之中的感觉。但是他们的继承者,作为明朝江山的守护者,只能把自己限制在"祖训""祖制"的范围内,即使是私欲和放纵自己也不可超越传统的界限,如果不是这样,将被认为是违反"祖训""祖制",是叛逆者。

朱厚照感到"祖训""祖制"对他放荡生活的束缚,他做出了不少违反"祖训""祖制"的行为。对此,朝臣们也只能用"祖训""祖制"来樊笼少年皇帝,让他在"祖训"的硬壳中生活,结果是朝臣与宦官权贵之间斗争越演越烈。

清明节快到了,武宗因先父孝宗皇帝驾崩,几个月来闷闷不乐。

刘瑾见武宗虽说登了基,但先皇驾崩,心情一直非常沉重,不由想到了自己父丧时的情景。他想着应该让皇上出去放松一下。

这天,刘瑾找了个机会,对武宗说:"启禀皇上,清明正是扫墓时日,大凡平民百姓都举家外出,一则踏青,二则祭祖,郊途之上红男绿女,打马游乐,田间小路莺歌燕舞,为一年一度的好景致,皇上如能微服外巡,宫外国色天香,比比皆是,目不暇接!皇上久居宫廷,自然看不到这民间春游图。"

听到刘瑾的一番刻意描绘,武宗不由得怦然心动,心驰神往。

"当真?"

"奴才儿时经常于清明节外出郊游,怎敢诬奏。如今大明又多了一位圣明的皇上,普天同庆,国泰民安,天下太平,万民欢愉。此时到京城郊外,必定另有一番好景致。"

"朕可不能再去打猎了,那次若丢了爱卿性命只怕今天身边还没个贴心的人。"武宗想到那次打猎至今心有余悸。

"打猎的确危险,万一皇上有个闪失,臣等就是粉身碎骨也担当不起。陛下不要再提了。"

"另外有何好去处。"

"据奴才了解,京城以西,永定河西岸宛平镇,风景如画,兼有小镇静雅之胜,乃郊游理想之地。"

"果真如此?朕倒要想领略一番。"

武宗转念一想,又觉不妥,说:"如今不比当初,陛下身为一国之君,离开京城只怕大臣们不允。"

"难道现在还得听他们的不成?"

"上次出宫,被刘健等知道后,便上疏怪罪于臣,还说先帝之基业将毁于臣的手里。上次出宫只是在不远,此次如离开京师,被那大人们知道了,岂不怪罪下来。这祸国殃民的罪名臣可担当不起。"

"爱卿难道怕了不成,有朕在此,谁人再敢乱说。"

"只要皇上高兴,奴才就是粉身碎骨也在所不惜,"刘瑾想到那些大臣们,气就不打一处来,"皇上日理万机,偶有游乐,刘健等三位大人就倚老卖老,横加干预,竟指责万岁的不是,实乃过分。"

"其实,三位大人也是为了朕的安危,并无恶意!"

"既然如此,万岁还是不出宫为妙。"刘瑾接着又激武宗说,"身为万岁爷也太过拘束,郊外美丽景致只能让百姓去享受。"

武宗还是抵挡不住诱惑说:"好景致百姓都享得我如何享不得,多带些校尉便是!"

"如果皇上起驾外出,其浩浩荡荡之势早使百姓避之千里,这样如何能看到想看到的好景致,最好还是微服私巡。"

"只是……"

"皇上尽管放心,奴才早已安排妥当!"

"好个刘瑾真是胆大妄为,既然早有腹案,为何拿朕一手!"武宗故意不高兴地说。

刘瑾知道调侃他,急忙跪下,惊惶失色地说:"奴才岂敢! 只是临时想到的!"

"快起来了吧!"

"谢皇上!"

于是,君臣二人经过商议,决定于清明节前一天深夜君臣乔装打扮一番后,武宗偕刘瑾、张永、马永成、高风、罗祥等深夜出了永定门,赶往宛平县。另挑选锦衣卫十人暗中保护。

这宛平县在京畿之外,属顺天府管辖。

游玩了几日,武宗大开眼界,无数美色女子,令他流连忘返,走不动路,武宗以其英俊容貌、潇洒气质总能使美人们半推半就地带到所住客栈共享春光无限。

这日,遇一绝色女子,武宗赞不绝口,无奈用尽了浑身解数,这美人就是不买账,越是如此,武宗越是饥渴难忍。

刘瑾见别无良策,便派锦衣卫暗中将这绝色女子抢夺了来,送往武宗所住客栈,让武宗享乐。

说来也巧,这绝色女子正是宛平县衙门任金事吴照宣的妹妹。

吴照宣当晚差人到客栈访查,不巧被便衣锦衣卫的校尉发现。校尉见有人鬼鬼祟祟,认为必是歹人,遂将其一顿饱打后,踢出客栈。

吴照宣得知此事,气不打一处来。心想:在宛平镇内,衙门里的人竟受到毒打,真是岂有此理,于是上告知县。

宛平知县姓韩,字安,正是当朝户部尚书韩文的侄子,这韩安虽说是因皇亲国戚而任京畿以外的官职,但却清正廉洁,闻听金事吴照宣投诉,大为光火。

韩安说:"何方歹毒恶霸,竟趁此清明佳节来宛平撒野,本知县倒要领教一番。"

韩安连夜派人查找,终于查明武宗一行住所,并派出五十名兵勇,于黎明之前赶到客栈,欲将歹人擒获,提来知府问罪。

清晨,锦衣校尉们已守了一夜,见天已渐亮,就放松了警戒。

知县韩安率众多兵勇,冲入客栈,锦衣卫十名校尉见来敌众多,拼死护驾,怎奈寡不敌众,有三名锦衣卫受重伤,一人当场毙命。

此时正值马永成值班,得到来报后,知大事不好,一时乱了方寸,赶忙禀告刘瑾。

刘瑾先是一惊,心想须尽快了却事端,皇上正高卧未起,一旦惊扰圣驾,或者出了差错,我刘瑾的颈上人头还要吗? 刘瑾急急赶了出来,见锦衣卫的弟兄正与府勇浴血奋战,英雄无比之气令刘瑾感动不已。

"住手,下面何人竟敢如此放肆?"刘瑾断喝一声。

一声洪亮的声音,使众人不由大愕,停止了血战,众人向上望去,只见一英俊魁梧的青年站立在楼道之上。

韩安说:"还不快快受降。"

刘瑾一听心头一紧,知道遇到了麻烦,"何人竟敢如此放肆?"

刘瑾来之前就打听好了宛平县知县是何人,原想有什么急事可找他。没想一打听才知此人正是韩文的亲戚,才断找他的念头。心想真乃不是冤家不聚头。如果官兵冲将进来,后果不堪设想。刘瑾知道知县韩安是冤家韩文的亲侄子,但在此危急关头要阻止兵勇只得亮出身份。

刘瑾见马永成将大门打开,将兵勇引到街道上厮杀,锦衣卫此时已渐渐不支,他走下楼,当机立断地高声断呵:"宛平知县韩安何在?"

兵勇们一听,此人敢大声呼知县大人的名讳,看来此人来头不小。

韩安在后面向捕头示意,捕头于是上前大呼:"请问阁下何许人也?"

"混账东西!"马永成在一旁大声骂道:"钟鼓司礼太监刘公公都不认识,该当何罪!"

刘瑾用眼示意马永成不要再说。

知县韩安一听,大吃一惊,心想叔叔韩文说过,这钟鼓司礼太监刘公公刘瑾可是当朝红人,乃是皇上的宠臣,而且听说过武宗皇帝有时微服外行。刘瑾在宛平出现,难道是皇上已大驾光临宛平了?!

韩安不由倒吸一口凉气。当即对兵勇大声呵斥道:"还不快快与我退下!"韩安向刘瑾单膝跪下,低下头称道:"宛平知县韩安叩见刘公公!"

"韩知县请起!"说着上前在韩安耳边细声说:"圣驾在此,还不快快撤走兵勇!"

"下官遵命!"说完转身招呼府勇便要走。

"且慢!"刘瑾又将韩安叫住。

"恕你冒犯圣上之罪,只是切不可走漏风声,若稍有惊扰,当心尔等脑袋!"

"多谢刘公公!"韩安说完退了下去。

区区七品县令在钟鼓司礼监面前还不是小巫见大巫,何况还有皇上在此,韩安想不放过我,也算是祖坟冒烟。

武宗早已受到了被下面的吵闹惊扰,且在阁楼窗中看到整个经过。他对刘瑾处事的机智果断,化险为夷,大为赞赏。对刚刚发生的事却佯作不知。

回宫后,刘瑾被提升为内官监总督。

新皇武宗登基后所做的第三件事就是实行大赦。

大赦时出了件不大不小的事:刑部尚书闵桂根据大赦令把郑旺赦罪释放回家了。郑旺这一大要案,闵桂竟然把主犯郑旺给释放了,这真是少有的事。释放郑旺时,刑部福建司主办此案,并向闵桂提出不同意见。福建司的官员认为这件案子事关重大,要释放郑旺,应该向皇上奏明,等批准后再释放。

"大赦诏书凡不再论罪的人犯就可以释放!"闵桂竟然振振有词。

释放郑旺看似简单,其实必有内情。闵桂是主办郑旺案的刑部尚书,只有他清楚孝宗对此事的处理意见。

孝宗到底死前是如何向闵桂交代的,没人知道。人们看到的实际情况就是:郑旺没有被杀,结果被放了。这是否是孝宗的意见,只有闵桂知道。闵桂借武宗即位实行大赦的机会实现孝宗的意图。如果不是这样一个刑部尚书,未经向新皇帝武宗请示就放出要犯,闵桂会如此有恃无恐吗?孝宗在处理这件案子时举棋不定,犹犹豫豫,似乎也说明郑旺真正与朱厚照的生母有着某种内在联系,但碍于张皇后的面子,而不得将其治罪。

郑旺被释放后,仍然说他是皇亲,说当今天子就是他女儿生的。郑旺被放了出来就是最好的证明。

京城内关于朱厚照不是张皇后所生的传闻又起。

郑旺被放出来后,和一个女子相好,这女子叫王玺,不久两人就开始同居。王玺通过在京城的亲戚进了东安门,并声言上奏皇上请求放出"国母"也就是郑旺的女儿郑莲。

郑旺被释放不久,刑部尚书闵桂不久离职了。接任的是河南开封人氏屠勋。

这一案件又经大理寺反复推审,最后才得以定案:郑旺、王玺等被定为造妖言罪,要处斩。

根据《大明律》:"凡造谶纬妖书妖言以传用惑众者,皆斩"。也就是说,凡是利用妖书、妖言,或用传播谣言等方式以蛊惑民众,以此达到某种政治目的所犯的罪行都要处死。

大明朝这种妖书、妖言案经常出现,大都与宫廷内部政治势力相互斗争有关。郑旺自称皇亲,他的行为已经危及皇家继承权,自然是一种政治行为罪,根据刑律中的规定,应以妖言罪定谳。

郑旺先后两次被捕,最后被处死,虽说被定为妖言罪,却产生了两种不同的结果。

第一次郑旺被捕入狱,不知为什么孝宗让他"且监着"。后来闵桂借武宗大赦诏,也许是根据孝宗生前的旨意,放了郑旺。

第二次被捕同样定的还是妖言罪,但却被处死。两种截然相反的两种结果。

郑旺第一次被捕时,孝宗正与张皇后的矛盾不断激化。张皇后对孝宗宠爱的女子妒火日增,使孝宗感到非常生气。

再就是张皇后的两个兄弟借张皇后的势力,胡作非为。而此时孝宗正大力推行一系列改革举措,但经常受到张皇后等一些权贵和宦官的反对,这一切都激化了孝宗与张皇后的矛盾。

这也许是孝宗在郑旺妖言案上采取一种宽大态度的原因。

孝宗对宫内的反对势力自然要做处理,如若不然,就会影响国家的长治久安。孝宗会考虑到郑旺和郑莲可作为政治筹码。尽管郑旺在某种程度上还损坏了自己作为皇帝的形象,但孝宗让郑旺等人活着,这对张皇后的势力就是一种潜在的制约和威胁,从而牵制张皇后等权贵势力。而孝宗死后,孝宗与张皇后等权贵势力矛盾格局被打破。

朱厚照即位,新的政治格局形成。朱厚照之所以能够即位,是因为他是以孝宗的长子和张皇后亲生子的身份而继承了王位。这一身份在以贵族宗法系统为基础的明朝占有十分重要的地位。朱厚照能够继承皇位,必须得到张皇后等贵族势力的支持,这种利害关系是非常明显的。

如今朱厚照已经长大成人,多年的母子生活,使武宗与张皇后已经建立了深厚的母子感情。他已经不再是东宫太子,而是大明皇帝。

在这种情况下,即便郑莲真的是武宗的亲生母亲,但作为皇帝,朱厚照也不会相认,也不能相认。因为承认这郑莲是生母,不但要失去贵族的支持,成为"都人之子",甚至更重要的是将影响孝宗苦心交给自己手中的权力,影响大明江山社稷。

正因为这种原因,才有了郑旺第二次被捕,虽说同样都是郑旺妖言案,却出现两种不同的结果。

武宗说:"母后与朕恩深似海,岂有更改之理?旺不死,更待何哉!"

从此,郑旺妖言案总算真正画上了不算圆满的句号,但同时也给后人留下了一连串问号。

这天晚上刘瑾正在指挥排练歌舞,只见天空白昼一般,异常明亮。刘瑾冲出门外,见太白金星从天上划过,许久才消失。他想起了许多以前那个不知是梦是幻的夜晚。

"难道太白金星再次光临,将给我带来什么好运吗?"刘瑾想。

第二天,武宗召见刘瑾。

"不知陛下有何事召见。"

"最近卿可曾听说贼寇率兵进犯宣府之事。"

"臣听说了。"

"朕正为此事烦扰。"

"这贼寇小王子乘国家新近丧君,陛下登基未稳,大举入侵,其用心昭然若揭。能否将其击退事关大明安危。"

"朕当然知道。"

"派去的万余官兵是否已将其击退?"

"朕采纳了刘健等人的意见,派总兵张俊诸将李稽、白玉、张雄、王镇、穆荣,各率三千人分五路守在要害之处。但贼寇却由新毁不久的长城缺口侵入。"

"贼寇进犯,应当迎敌而上,怎可守株待兔,坐以待敌。"

"李稽率部上前迎敌,白玉、张雄、王镇、穆荣等也率部于虞台拒敌。"

"如此岂不是贻误了时机,陛下应速派去援兵。"

"朕命张俊率三千人马前去增援,不想回报说张俊在途中伤了脚。"

"如何伤的,是不是贪生怕死而自伤。陛下怎能派如此不可靠之人前去驰援。"

"刘健等人连连举荐。"

"是否换了张俊三千人马的主帅?"

"刘健又提议把指挥权交给曹泰,可没想到这曹泰也是无用之辈,率部到鹿角山时被敌所围。此战各路军队大败,收师而退,贼寇在后面追击,官军且战且退,最后只有万人退入了万全右卫城中。"

"贼寇未退,不知陛下做何打算?"

"朕正为此事犯愁,不知如何是好。"

刘瑾想,如今大敌当前,皇上即位未稳,国家出此动乱,正好利用此大好时机施展自己的才干,做出一番事业。在孝宗推行的肃清宦官运动中,宫内宦官势力已经被极大地削弱,朝臣势力正在进一步扩大。加之孝宗驾崩前将武宗托于三位顾命大臣,使宦官们在宫内的力量更显微不足道。两派力量相差悬殊。

刘瑾经常为自己、也为宦官们在宫中的命运感到忧虑,他感到了常常的危急,此时正值大敌当前,朝廷内外同仇敌忾,朝臣们一时把注意力集中在贼寇进犯上,皇上又新近即位。

他当然不会放过任何一个机会。

"陛下乃一国之君,刘健等虽受孝宗皇帝的遗托,但事关国家生死存亡之大事,陛下不应受此羁绊,应选出受命于危难、且能将贼寇消灭的主帅。"

"不知爱卿有何见教。"

"臣不敢造次,怎能随便参与军机要事。"

"事已至此,也不必拘泥于形式,这偌大的皇宫,人不下千万,可真正让朕感到贴心的又有几人。朕召你前来,分明是信任于你。爱卿请讲,朕恕你无罪。"

刘瑾见机会已到,于是说:"臣为陛下推荐一人。"

"何人?"

国学经典文库

后妃宦官大传

·凶残阴毒的太监·

图文珍藏版

"太监朱晖,此人文武双全,有智有勇,让其带三千人马援救被围官军,使援军与被围的官军形成夹击之势。不知万岁可下此决心。"

"事到如今也只好如此。若朱晖出师不利,只怕贼寇不日将攻入京城。"武宗一时又有些疑虑,"朱晖能否担当此任还要听听朝臣们的意见。"

"贼寇入侵,出了一万余官军,不都是陛下与那些大臣们商议吗?!"

"大敌当前,只要能退敌,保住我大明江山方为最最重要的。"

"只是朱晖出师能否让文武官员们信服。"

"李稽、张俊等令刘健等人信任,但将帅不能退敌,这信任又从何而出?"

"朱晖出师一事应当有人推荐才是。"

"朱晖乃爱国之将才,无须别人推荐,他自己也会站出来请命的。"

武宗于是立即召文武百官上朝。

离开了武宗,刘瑾立即去朱晖府上,将有关情况对其通报。朱晖见受到刘瑾的信任自然感激万分。

照刘瑾的吩咐,朱晖自告奋勇要求带兵三万人马前去退敌,并立下军令状:如不能退敌,愿用颈上人头请罪。

朱晖率兵出师讨贼。十天过去了,没有朱晖的消息,刘瑾心急如焚。

这天,前方终于传来消息:朱晖先解了曹泰之围。

又过了两天,朱晖再传捷报:朱晖前往救援李稽、白玉等突围而出。

不久,又传来坏消息:曹泰人马被救出后,朱晖派其援救另两路人马,但行动迟缓,使张雄和穆荣阻于山涧,救援断绝而战死。

朱晖分析贼寇有可能转往大同,于是立即率军分驻于大同和宣府两地。果然不出朱晖所料,贼寇果然转往大同掳掠。朱晖派参将陈雄出城迎敌,自己率主力从两侧夹击,一场恶战持续了一天一夜,到黄昏时,敌寇被擒杀二万七千余人,余部四散溃逃。

捷报传来,刘瑾终于松了一口气。他盘算着下一步该如何借此机会向武宗讨价,既是壮大自己,也为宦官势力。

武宗听完捷报,大喜过望,下旨命朱晖从大同等地班师回京。朱晖回京后,武宗加封朱晖为太保。并从即日起,刘瑾就把持朝中事务,每日不离武宗左右。

这一天就这样来临了,但他也深深感到,朝臣们和个别宦官在盯着他。

朱晖向朝廷奏捷的奏折传到刘瑾手里。

四 "八虎"之首

明弘治十八年(1505年)五月,明孝宗朱祐樘病死,皇太子朱厚照即位,是为明武宗,年号正德。刘瑾正是在明武宗在位期间登上其太监生涯顶峰的。

明武宗即位,其原来的东宫内侍,仍然跟随左右,除刘瑾外,还有马永成、高凤、罗祥、魏彬、丘聚、谷大用、张永。这八个宦官在明武宗周围形成了所谓的"八虎"宦官集团。这八个人的大致情况如下：

马永成，正德年间宦官八虎之一，东厂掌厂太监。正德元年掌管东厂，明正德五年（1510年），参与平定藩王叛乱有功，其见被封伯，后与刘瑾发生矛盾，帮助张永逮捕刘瑾。

丘聚，正德年间宦官八虎之一，东厂太监。

谷大用，正德年间宦官八虎之一，原为御马监太监。明正德元年（1506年）十月，提督西厂，派遣官校远近侦缉朝野人士，使许多人惶恐不安。同时，在安州建鹰房草场，夺占民田万余顷。

魏彬，正德年间宦官"八虎"之一。明正德元年（1505年）掌管京营中的三千营。

张永，正德年间宦官"八虎"之一，御用监太监，明正德元年（1506年）十月，提督明军京营中的十二团兼总管神机营，以后又与边将江彬同掌四卫勇士。明正德三年（1509年），明武宗接受张永建议，发天财库及户部布政司库钱，关给征收，每70支征银一钱，且申私铸之禁。

从以上几人在明武宗即位时的宦官组织中的职位来看，刘瑾的地位最低。明朝宦官组织庞大，自成体系，共有12监、4司、8局等二十四个衙门。其中司礼监太监最重要，为皇帝掌管内外章奏，照内阁票拟批红。其权力可比照外廷的内阁首辅，然而其实际权力大得多。从明英宗正统年间王振专权开始，司礼监逐渐凌驾于内阁之上。刘瑾所在的钟鼓司职权无足轻重，其任务：一是掌管每天皇帝的出朝钟鼓，也就是为皇帝上朝议事报时；二是为皇帝及其后宫的娱乐活动服务，例如调教乐工、搬演内乐、传奇、过锦、打稻等杂戏。钟鼓司在宦官衙门中没有什么实际权力。明武宗即位后，刘瑾即升为钟鼓司的掌印太监。为什么一个没有实际权力的钟鼓司掌印太监能够成为"八虎"之首？

首先，刘瑾自进宫，就在钟鼓司做事，对宫廷内乐、歌舞女伎及俳弄比较熟悉，这个条件使他能够经常服侍在喜好游玩的朱厚照左右，侍候朱厚照玩乐是其最主要任务。刘瑾能够得到朱厚照的宠信和重用，和其掌管钟鼓司有直接关系，史书记载，朱厚照位居东宫太子期间，刘瑾以便"俳弄为太子所悦。"从那时起，刘瑾便成为

明武宗

·凶残阴毒的太监·

图文珍藏版

朱厚照身边的心腹。相比之下,满朝成千上万的太监与刘瑾相比不具备这个条件。因此,明武宗尚未即位前,刘瑾就已为后来专权打下了坚实的基础。

其次,刘瑾为人狡诈,虽没读过书,却颇通古今,在宦官中属于工于心计,善于谋略的人物,后来在与以内阁为首的朝臣争夺对明武宗的控制权的斗争中,刘瑾渐露头角,玩弄权术,排斥朝臣,左右明武宗,由一个人微言轻的钟鼓司太监,而跃升为"八虎"之首,居于这个宦官集团的首领地位。

明武亲朱厚照即位时,年仅14岁,是一个生长于深宫的整个明朝少见的嫡长子皇太子,生活优裕既涉世不深,也无执政经验。如何引导教育这位年龄尚少的明王朝统治者至关重要。当时朱厚照周围有两种力量,他们都想将这位少年天子控制在自己的手中。

一是以内阁大学士组成的顾命大臣集团。明孝宗临死前,召见大学士刘健、李东阳、谢迁,在乾清宫东暖阁的病榻上一面口述,一面命太监记录下来。他对这三位顾命大臣说:"皇太子很聪明,但年纪轻轻,又贪图玩乐,所以请几位先生对他认真辅导教育,使他成为一代明君。"然后又把太子朱厚照叫到跟前,嘱咐他笃守祖宗以来的成法,孝敬两宫太后,努力学习,任贤使能,永保天下。明孝宗已经发觉他唯一的儿子从小耽于嬉戏游猎,对其未来不放心,所以郑重地将朱厚照托付给他最信任的三位顾命大臣。朱厚照即位后,承担明孝宗临终重托的顾命大臣们,为了使新皇帝走上"正道",完成辅导君德的神圣天职,把孔孟之道和朱明祖宗家法作为新皇帝的行为准则。刘健特意为这位少年天子制订了学习计划——《日讲仪注》,要求朱厚照把其当太子时未读完的《论语》与《尚书》等儒家经典读完。每天由讲官讲解后,每书要诵读五遍。裁决政务后,有时间要写字一幅。同时还增加午讲内容是读讲《大学衍义》和《历代通鉴纂要》,有疑问,讲官要随时解答。顾命大臣所施行的教育方式是传统的,刻板的。处处要求朱厚照知认天理、节制人欲,遵守祖宗法度。从效果来看,顾命大臣集团的种种努力全部付诸东流,他们终究没有把朱厚照培育成一个好皇帝。无奈的是,这位少年天子所专心、所喜好不是那枯涩无味的四书五经,对这些顾命大臣的"谆谆教诲"感到厌烦。于是,另一支力量——宦官集团也就获得争取少年天子的机会,朝臣终于没有斗过宦官集团。

二是以刘瑾为首的宦官"八虎"集团。这些宦官在朱厚照儿童、少年时期,一直陪伴其左右。朱厚照和他们的亲近程度远超过顾命大臣。这些宦官与朱厚照朝夕相处,总是利用其孩童天性弱点,逗引他玩闹嬉戏。这批宦官虽胸无点墨,但个个是玩乐的好手:有的是射猎骑马的好手;有的擅长蹴球、下棋;有的善于插科打诨逢场作戏;有的能说会道,处处讨少年天子的心。顾命大臣向他灌输的经典家法之类,使他难于理解。而太监们逗他玩乐,却对他有极大的吸引力。所以,嗜玩乐成癖成性的少年天子自然亲太监,而逐渐疏远了顾命大臣。

刘健曾上书劝谏刚即位的明武宗纠正几件不良行为,他列举了朱厚照单骑驰驱,时常跑出宫去;频繁到内府各监局巡幸,观赏各种作坊的干活场面;到海子泛舟游戏,不考虑自身安危;经常外出行猎,鹰犬不离左右,弹射之物不离身;内侍宦官所进的饮食,不经检验,就擅自食用。顾命大臣们认为朱厚照已经不像个好皇帝的样子,处处与"祖训"相违。而这是朱厚照身边的宦官引导教唆的结果,明武宗朱厚照也乐此不疲,对刘健等人的劝谏置之不理。

朱厚照除了骑射、行猎、游幸之外,在刘瑾的引导下,喜欢上了音乐戏曲。他即位不久,就在皇城中开始增建皇家的"御乐库房",即一个乐工和演艺人聚集排练的场所。因为要举行皇帝即位庆典等大型活动。宫内人力缺乏,必须补充乐工。刘瑾上奏要求各省选送年富力强、精通艺业者到京城进行集中培训。从此,所谓"筋斗百戏"在明朝宫廷中盛行起来。后来,又专门从北直隶(今天的河北省)的河间等府征发乐户数百人到京城,把其中"艺业之精者"留用,给予口粮房屋,由教坊司管理。不久,又从京城乐户中选出精通乐艺的 800 户。食粮应役。据说,明武宗朱厚照有时也临幸教坊司,他喜欢音乐戏曲,还亲自作过一首乐曲《东边乐》,并亲听过此曲演奏的人说,乐曲有笙、笛、鼓演奏,吹吹打打,声音洪亮,颇有吉利喜庆曲调。另外,朱厚照还有一种难以想象的爱好,与虎豹猛兽相伴嬉戏。朱厚照即位后,在皇城内外跟随着贴身宦官微服游荡,骑射驰骋,观剧作乐,完全放弃了顾命大臣为其设计的所谓"日讲"经筵。这说明朱厚照从皇太子时起,尤其是即位后,已开始偏信宦官"八虎"集团了。

虽然朱厚照开始亲信宦官,但以内阁大学士为首的顾命大臣集团却一直在努力争取或者是控制这位性情恣肆的少年皇帝,这个集团的主要成员有:刘健、谢迁、李东阳等人。他们三人均以其渊博的学识赢得了已故皇帝明孝宗的赏识与信赖,而且他们三人都是明孝宗的讲官。刘健入内阁,参与机务,后又为内阁首辅,谢迁为人耿直,敢于直言。李东阳也以礼部右侍郎兼侍读、学士入内阁。这几位大臣对明王朝忠心无二,他们渴望能教诲出一个好皇帝。他们也是朝臣集团中的中坚力量。

此外,还有户部尚书韩文、刑部尚书张敷华、工部尚书杨守随、兵部尚书许进、吏部侍郎王鏊等朝臣,都支持或参与争取明武宗,反对宦官"八虎"集团的斗争。三位顾命大臣是其核心人物。他们位尊权重,曾辅佐明孝宗十余年,经验丰富。当时有人说:"李公谋,刘公断,谢公尤侃侃。"意思是说,他们三人配合精当默契。李东阳出谋划策,刘健判断定夺,谢迁赞辅补遗。他们作为参与机务的重臣,金榜题名的进士,东宫侍讲的讲官,可以说,深知宦官权贵对朝政的危害。当看到明武宗深受贴身宦官影响时,便决心以顾命大臣的特殊身份,削弱宦官势力,加强皇权,恢复祖制,使朝政以内阁为中心正常运作。

明武宗即位给刘瑾实现其野心提供了最佳时机。刘瑾从入宫后一直很仰慕明朝正统年间专权的大太监王振,从王振的经历中汲取控制小皇帝的经验及以排斥朝中政敌的伎俩,他也确实为自己设计了一条与王振类似的专权之路,即把小皇帝控制在自己手里,爬上司礼监太监的职位,摧残朝臣及宦官内部的反对势力。他和

"八虎"集团其他太监与朝臣争夺小皇帝控制权的手法,基本套用中国古代历史上宦官控制皇帝的传统手法,具体的做法是用向明武宗进献鹰犬、歌舞、角抵之戏,引诱少年天子朱厚照外出微服射猎游幸,全力迎合朱厚照的所有不良爱好。因为他们知道,只有将朱厚照放置在花天酒地的生活之中,整日忙于游猎嬉戏,无暇顾及政务,便可以把其控制在宦官集团手中,从而排斥顾命大臣集团,从中窃取朝政大权。同时,他们利用各种机会离间朱厚照与顾命大臣的关系,使其反感那些多事的老头子们的所谓劝谏。由此可以看出,这些太监从手段到策略都是毒辣的。明代太监所以能酿成宦祸,太监心术不正是一个重要原因。

在漫长的封建社会历史上,宦官一直伴随着封建制度而存在。历史上得势的太监、宦官无一不是狡猾奸诈之徒,他们得势的一个根本原因在于得到皇帝的好感与宠信,所以如何讨好皇帝,取得宠信,是他们所共同采取的一个招数。刘瑾也是如此,他在朱厚照即位后不久,便想方设法这个少年天子高兴开心,并以此赢得了皇帝的信任。刘瑾很快由钟鼓司这一令人不齿的位置,升迁到了内官监太监,成为"八虎"中的中心人物。明朝宦官二十四衙门中的内官监,设掌印太监一员,总理、管理、佥书、典簿、掌司、写字、监工等职,执掌木、石、瓦、土、塔材、东行、西行、油漆、婚礼、火药十作,及米盐库、营造库、皇坛库,凡朝廷营造宫室陵墓并铜锡妆奁器用暨冰窖诸事,同时还有外差。应该说这是个宦官职位中的肥缺。这时,刘瑾拥有了军权。明正德元年(1506年)一月,刘瑾总督团营。明成祖永乐年间京城中明军主力分为五军、三千、神机三大营。明正统十四年(1449年)"土木堡之战",明军主力三大营几乎全军覆没。明景帝时,为保卫北京,兵部尚书于谦在各营中挑选精兵10万,分十营集中团练,称为团营。在三营都督中推一人为总兵官,兵部尚书或都御史一人为提督。而由太监总督。刘瑾后又提督三千营、十二营。从此军队成为刘瑾等宦官手中对付朝臣的得力工具。

刘瑾为了扩大自己的势力,提高自己在宦官集团中的地位,竟然敢建议明武宗朱厚照拒绝执行其父明孝宗临终时提出的撤销提督军营的监枪太监和各城门监局的命令。监枪太监是由司礼监派出的。城门监局是宦官管理京城各门的机构。明朝京城各门全由宦官管理,禁城皇城各门各设门正一人,内外城正阳等九门、永定等七门,各设正副提督二人,并有印章一颗,负责早晚开关城门,查验关防。又因为京师税务主要在九门,监税宦官便得以趁机敲诈过往商人、赶考举子,甚至还有进京觐见的地方官吏。刘瑾利用这种方法培植个人的势力。刘瑾还告诉明武宗,各地方的镇守太监是个肥差,司礼监历来从派遣镇守太监上面捞到不少好处,他挑唆明武宗将各处镇守太监撤回,另外委派一些人去担任,条件是这些人必须各自上贡一二万两银子给皇帝。刘瑾还奏请明武宗设立皇庄。皇庄是中国封建社会中皇室直辖的庄田组织。明朝初年称为宫庄。明天顺八年(1464年),明宪宗下诏没收因事败灭的太监曹吉祥上地35顷为宫中庄田,后又增占民地40顷,改称皇庄。明武宗即位的一个月内,在刘瑾的唆使下,就设立7处皇庄,以后增至300余处,占地3

万多顷，其中直隶一省就有36处。对此，刘瑾还不满足，他曾对马永成等人说，只要他执掌司礼监，一定能使"科道结舌，文臣拱手。"这一表白道出了刘瑾的心里话，他谋求的职位是宦官中最有地位的司礼监太监，而最终目标是凭借其权势，压制朝臣，凌驾于百官。刘瑾的矛头直指顾命大臣集团。

顾命大臣们对刘瑾的所作所为极为不满，一再上疏谏止明武宗亲近宦官、远离朝臣的做法，也明确指斥刘瑾等宦官势力。明正德元年（1506年）六月，顾命大臣集团借雷电击中郊坛禁门、太庙和奉天殿这一"上天示警"的机会，连续上疏。大学士刘健等人在上疏中说道："政在于民生国计，则若罔闻知，事涉于近幸贵戚，则牢不可破。臣等叨居重地，徒拥虚御。或旨从中出，略不与闻；或众所拟议，竟行改易。若以臣言为是，则宜俯赐施行；臣等言非，亦宜明加斥责。而往往留中不发，视之若无。"此时，刘健为首的顾命大臣集团发觉他们已经被刘瑾等宦官架空，明武宗亲近宦官，疏远了他们。"旨从中出，略不与闻"，是说皇帝谕旨已由宦官直接拟议，顾命大臣等内阁大学士根本没有机会参与；"众所拟议，竟行改易"，是说顾命大臣等内阁大学士草拟的谕旨，竟被皇帝手下的宦官改动得面目无非。顾命大臣的进谏，已经可有可无了，"留中不发，视之若无"。明武宗开始依靠宦官来处理政事了。

这种状况使顾命大臣们感到自己在朝廷中的地位岌岌可危，其既得利益受以严重威胁。于是，他们便对宦官集团的愤怒转化为具体行动。他们准备与刘瑾等"八虎"直接摊牌，进行针锋相对的斗争，这几位老臣为了维护正统的封建政治秩序准备与刘瑾等"八虎"以死相拼。当然，光有顾命大臣的力量是远远不够的，他们必须把皇帝拉过来，只有用皇权才能达到惩治那些损害朝臣利益的宦官"八虎"。顾命大臣集团与刘瑾等宦官"八虎"集团的斗争，在明武宗即位不久，就已呈现出白热化的程度。

刘健、谢迁、李东阳等几位顾命大臣为首的朝臣力量，还得到了与"八虎"集团有矛盾的司礼监太监王岳、陈宽、李荣等人的支持，同时，以户部尚书韩文等一批朝臣中的宦官势力坚决反对派也支持顾命大臣的行动。《明史》记载，参加顾命大臣反"八虎"行动的还有：礼部尚书张升、工科给事中陶谐、胡煜、杨一瑛、张桧，御史王涣、赵佑，南京户科给事中李光翰，南京御史陆昆等人。

明正德元年（1506年）十月，户部尚书韩文每次退朝后，对属下说到刘瑾等"八虎"干政的情形时都痛哭流涕，伤心不已。户部郎中李梦阳劝道："您身为朝廷大臣，理应同朝廷休戚与共，光说没有什么用。"韩文问道："有什么计策呢？"李梦阳于是便和盘说出了他的设想："等到言官弹劾那些宦官的奏章下发内阁时，内阁大学士们必将坚持奏章要求，您这时就率领各部大臣拼死力争，而内阁大学士得到各部大臣的支持也会更加坚持。那时再除掉刘瑾之辈就容易了。"韩文听后，用手捋把长须并挺起胸，毅然地说："就这么干！即使事情不成功，我这么大年纪死不足惜，不死不足以报国。"第二天早朝，韩文秘密叩见内阁要员通报他的想法，内阁刘健等人同意，接着又到朝臣中倡议，各位大臣都表赞同。韩文感到更有信心了，退朝后便让李梦阳起草弹劾刘瑾等人的奏疏。韩文看过后,说:"写得不要文绉绉的,太文了,皇帝看不懂,也不要写得太长了,太长了,皇帝恐怕没有耐心看完。"修改完毕,韩文便和九卿等诸大臣,联名上奏:"臣等待罪股肱之列,值主少国疑之秋,仰观乾象,俯察物议,至于中夜起叹,临食而泣者屡矣。臣等伏思,与其退而泣叹,不若昧死进言,此臣之志,亦臣之职也。伏睹近岁以来,太监马永成、谷大用、张永、罗祥、魏彬、刘瑾、丘聚、高凤等,置造巧伪,淫荡上心。或击鞠走马,或放鹰逐兔,或俳优杂剧错陈于前,或导万乘之尊与人交易,狎昵俴亵,无复礼体。日游不足,夜以继之,劳耗精神,亏损圣德。遂使天道失序,地气靡宁,雷异星变,桃李秋花,考厥占候,咸非吉祥。缘此辈细人,唯知蛊惑君上以行私,而不知皇天眷命,祖宗大业,皆在陛下一身。高皇帝艰难百战,取有四海,列圣继承,传之陛下。先帝临崩顾命之语,陛下所闻也。奈何姑息群小,置之左右,为长夜之游,恣无厌之欲,以累圣德乎!前古阉宦误命,汉十常侍,唐甘露之变,是其明验。今永成等罪恶既著,若纵而不治,为患非细。伏望陛下将永成等缚送法司,以消祸萌"。这篇奏疏言简意赅,将"八虎"的行为一一列举,并指出其严重危害,同时还提醒朱厚照汲取阉宦误国的历史教训,督促他为了朱明王朝的长治久安而立刻惩治"八虎"集团。

这篇奏疏的分量是相当重的。明武宗朱厚照接到奏疏后,被吓得惊哭起来,连饭也不敢吃了。明武宗大概也觉得奏疏上列举的事例有违祖训,不得不做出处理;而内心里又不愿意严厉惩罚身边的"八虎"。于是他就想与内阁大学士商量一下,考虑一个既能对付朝臣,又能宽宥"八虎"的万全之策。朱厚照派司礼监太监8个人到内阁议处韩文等人的奏疏。当时内阁讨论非常激烈,据说王岳等司礼监太监等人一天里就三次去内阁听取他们的处理意见,刘健等内阁大学士坚持赞同奏疏的要求,主张处死"八虎"等人。这时,王岳等人站到了顾命大臣一边。王岳为人正直,同时他和太监范亨、徐智等对"八虎"日夜伴君左右,心怀嫉妒,于是,王岳便把刘健等顾命大臣的处理意见,如实地向朱厚照汇报,并且表示他们也认为内阁的意见是对的。可是明武宗并未对刘瑾等人从重处罚。他派王岳、李荣等司礼监太监到内阁传达他的旨意:从轻发落,把刘瑾等人发遣南京新房闲住。这是明朝对犯法宦官较轻的处罚。明朝制度规定,明朝宦官除处以死刑外,一是遣送南京孝陵去充净军,罚作苦役;另一是遣送到南京新房闲住。到南京新房闲住,虽然失去了自由,被剥夺权势,但还可能东山再起。刘健为首的内阁大学士对皇帝只是轻描淡写地处理刘瑾等人表示强烈反对。第二天,皇帝有旨召各部院大臣入宫,到左顺门听旨,李荣手拿着韩文等人的联名奏疏,对各位大臣说:"皇帝有旨:各位大臣爱君忧国,所言极是。但是,这些奴才侍候皇帝时间很长,不忍心绳之以法,应多少给予宽恕,皇帝自有处置。"各位大臣一听这是朱厚照为"八虎"搪塞,面面相觑,不敢吱声。韩文一人站了出来,说道:"当前国内民穷盗起,天变日增,群奸动辄引导皇上游宴无度,荒废朝政,韩文等人身为朝廷命官,怎能不上奏!"李荣回答道:"奏疏里已说明了,皇帝不是不知道,只是想稍微宽恕一点,皇上自有办法。"吏部侍郎王鏊反问道:"假若皇帝不处置这些人怎么办?"李荣则表示:"这事就交给我们,我李荣脖子上难道裹上了铁甲,而胆敢误国!"

这一天,"八虎"等人越来越害怕,自己纷纷要求快点被遣送南京新房闲住,以免夜长梦多,赔上性命。但由于刘健等内阁大学士坚持不同意从轻发落,又加上王岳等人暗中支持。明武宗朱厚照也无法可施,只好同意内阁的意见,待第二天一早颁发圣旨,逮捕刘瑾等人下狱。

事情到此似乎已经有了结果,顾命大臣与司礼监太监联手诛除刘瑾等"八虎"已成定局,万事俱备,就等明天一早奉旨行事了。然而,就在这天夜里,情况发生逆转,朝臣中有人泄密,使刘瑾等"八虎"在关键时刻抓到了反扑的机会。这个告密者是吏部尚书焦芳。

焦芳,河南泌阳人,天顺年间进士,授编修。因攀援太监而擢升。明武宗即位后,他因是太监李荣的同乡,遂升为吏部尚书。内阁大学士刘健、户部尚书韩文等密谋铲除"八虎"的计划,焦芳也参与了。但是,该人不学无术,阴险狠毒,与朝臣结怨甚多,尤其是与内阁大学士谢迁有宿怨,早已暗中与刘瑾等"八虎"有来往。

焦芳在分析了目前形势后,便决定将自己的仕途押在刘瑾身上,因为他看出明武宗仍然倾心于自己周围的这些宦官,只是迫于内阁及朝臣再三奏请的压力,才决定将"八虎"下狱的。这位少年天子此时还离不开这些人,这些贴身宦官已经成为朱厚照生活中的一部分了。于是,焦芳搞了一次极为冒险的政治投机。

当天夜里,焦芳偷偷地将朝臣与司礼监太监预谋除"八虎"的计划及进展情况,通通泄露给了刘瑾。刘瑾等"八虎"还蒙在鼓里,没想到事态的严重性。得到焦芳的密报后,刘瑾才得知内阁及王岳等人秘密上奏明武宗的事情。刘瑾非常害怕,事到如今,只有到明武宗面前去求情了。刘瑾率领马永成等人连夜赶赴明武宗的寝宫。他们8个人把明武宗团团围住,跪倒痛哭。刘瑾叩头不止,边哭边悲戚戚地说:"如果皇上不开恩救救我们,我们就要被剐喂狗了!"

明武宗朱厚照眼见平常陪伴自己游猎的伙伴们悲痛欲绝的样子,不禁被他们所感动,同情可怜之情油然而生,早已把内阁及朝臣的奏疏抛到了一边。刘瑾在哭诉时,也注意观察朱厚照的脸色,见皇帝并没有太大的怪罪之意,便大胆地对朱厚照说:"陷害刘瑾等人的是王岳!"朱厚照反问道:"那为什么呢?"刘瑾立刻答道:"王岳执掌东厂,对外朝言官们说:各位先生有什么就说什么;而到内阁议事时,王岳独自一个人赞同内阁意见。这种情形说明了什么呢?说到狗马鹰犬,难道王岳就没有向皇上献过吗?为什么偏偏怪罪刘瑾等人。"刘瑾这番话巧妙地把朱厚照的注意力由"八虎"引到了与朝臣联合行动的王岳等人身上。

明武宗听了刘瑾一席话,当即表示:"我要把王岳抓起来。"刘瑾看到自己的哀兵之计已奏效,就想趁机除掉与之为敌的司礼监太监王岳等人。刘瑾别有用心地说道:"狗马鹰兔,并不妨碍皇上处理国事,现在那些文臣们随意上奏,猖狂无忌,就是因为内廷司礼监没有得力的人选,如果有一个忠心为皇帝着想的司礼监太监,皇

·凶残阴毒的太监·

图文珍藏版

帝就想干什么就可以干什么,谁敢议论皇帝!"明武宗朱厚照顿时怒火中烧,他的怒气不是因为"八虎"的行为,而是在刘瑾的挑拨下,朱厚照对自己总是受制于顾命大臣、总是被朝臣所议论而感到愤怒。现在朱厚照感到"八虎"是最值得信任的,决定不再听从顾命大臣的"教诲",自己决定朝廷大事。

原来上奏的朝臣和司礼监太监并不是为了皇帝,而是为了控制他这位少年天子。于是,明武宗朱厚照完全否定了刘健等顾命大臣和韩文等朝臣的奏疏。当天深夜,明武宗立刻下令命刘瑾入掌司礼监、兼提督团营,丘聚提督东厂,谷大用提督西厂,张永等兼司京营事务。这样"八虎"集团由原来即将被诛除的罪犯,在明武宗的纵容下,一下子就成了掌握朝廷要职的重要人物。尤其是东西厂这一特务机构一下子全部落入了"八虎"手中,更使他们"如虎添翼",生杀予夺大权被他们牢牢控制住。

刘瑾立即运用司礼监掌印太监的权力,逮捕审讯了王岳等人,决定把王岳、范亨、徐智等人遣送南京充当净军。后来在解送南京的途中,王岳、范亨被刘瑾派去的刺客杀死,只有徐智受伤后逃脱。明武宗朱厚照态度的戏剧性变化和宫廷内部发生的突变,外廷朝臣们没有人知道。这一夜明朝政局形势的深刻变化,实际上是一次宫廷政变,虽然没有公开的流血冲突,也没有轰轰烈烈的政治风波,一切都在一夜之间完成。但是这次政变对于明朝正德年间的政治格局、各派势力的消长都有着直接或间接的影响。朝政大权由以内阁为核心的朝臣系统,转变为以司礼监为核心的宦官系统,实际上集中于刘瑾手中,从而形成刘瑾专权擅政的局面。

第二天早朝时刻,刘键、谢迁等内阁大学士及各部院大臣来到左顺门,等候宣布圣旨逮捕刘瑾等人。太监李荣奉命出来宣旨:赦免刘瑾等人,并任命他们几个人重要的宦官职务;圣旨最后说,这是皇帝最后的圣断,不得违背!这种结果完全出乎伏阙候旨的朝臣们的意料,刘瑾等顾命大臣见情况已有了根本的变化,"八虎"集团已经彻底控制了少年天子朱厚照,他们已经无能为力了。为表明他们不同意皇帝的决断,决定集体辞职。刘瑾矫诏勒令内阁大学士刘键、谢迁致仕回乡,只留李东阳一人。矫诏,即假借皇帝旨意行事,这是刘瑾专权的主要手法之一。

刘瑾执掌司礼监,逼走刘键、谢迁二位内阁大学士后,便把矛头指向了户部尚书韩文以及要求挽留刘键、谢迁和韩文的朝臣。朝臣中,除了内阁学士外,刘瑾最恨的是韩文,因为韩文召集九卿联名上奏,曾危及其身家性命。刘瑾天天派人监视韩文,户部发现有人将伪银输入内库,刘瑾得知后,便小题大做,把过错归咎于韩文,逼得韩文致仕还乡为民。给事中徐昂因上疏恳求留韩文任原职,被除名。韩文的儿子高唐知州韩士聪,刑部主事韩士奇均被撤职。

为韩文起草奏疏的李梦阳,自然也为刘瑾所恨。刘瑾矫旨把李梦阳降职为山西布政司经历,后逼其致仕回乡,差点被刘瑾杀掉。

和韩文同时上疏请诛逐刘瑾的左都御史张敷华,也被刘瑾矫旨致仕。当时的工部尚书兼掌大理寺杨守随,看到顾命大臣及韩文等人被排斥,非常气愤独自上疏指责刘瑾："陛下于兵刑财富之区，机务根本之地，悉以委之。或掌团营，或主两厂，或典司礼，或督仓场，大权在手，彼复何惮？于是大行杀戮，广肆诛求。府藏竭于上，财力匮于下，武勇疲于边。上下胥谇，人神共愤。"刘瑾得知杨守随的上疏后，立刻勒令致仕，并罗织罪名，将其逮捕下狱，追回诰命，共罚米千余石输往边塞，从而使杨守随倾家荡产。

刘键、谢迁及韩文等人被勒令致仕后，给事中刘崑、吕翀各自上疏恳请皇上挽留他们。奏稿传到南京守备武清伯、赵承庆处，应天府尹陆珩便抄出给同僚传看，兵部尚书林瀚阅后非常感动。于是南京给事中戴铣、李光翰、徐蕃、牧相、任惠、徐暹六人，十三道御史陆昆、薄彦徽、葛浩、贡安甫、王蕃、史良佐、李熙、任诺、姚学礼、张鸣凤、蒋钦、曹闵、黄昭道、王宏、肖乾元等十五人，各上疏极谏，请求挽留刘键、谢迁等。刘瑾闻听大怒，矫旨逮捕戴铣、薄彦微等下诏狱，刘崑、吕翀被廷杖削籍，赵承庆停半禄闲住，林瀚、陆珩降三级致仕。而南京副都御史陈寿，御史陈琳、王良臣，主事王守仁因为上疏请求宽恕戴铣等人，得罪刘瑾，也被其矫旨谪杖。

南京兵部主事王守仁为救戴铣等人，毅然上奏申诉："戴铣等职居司谏，以言为职。其言而善，自宜嘉纳；如其未善，亦宜包容，以开忠谠之路。乃今赫然下命，遽事拘囚。在陛下之心，不过少示惩创，使其后日不敢轻率，安有论列，非果有意怒绝之也。下民无知，妄生疑惧。在廷之臣，莫不以此举为非。然莫敢为陛下讼言者，岂其无忧国爱君之心哉？惧复以罪铣等者罪之，则无补国事，而徒增陛下之过举耳！臣恐自兹以往，虽有上关宗社危疑之事，陛下孰从而闻之？苟念及此，宁不寒心！……万一遣去官校督束过严，铣等在道或遂失所，填沟壑，使陛下有杀谏臣之名。然后追咎左右，莫有言者，则既晚矣！伏愿追收前旨，使铣等仍旧供职，扩大公无我之心，明改过不吝之勇，岂不休哉！"王守仁的这篇奏疏锋芒不露，让皇帝看到戴铣等人的忧国爱君之心，使他们官复原职，并且督促皇帝"改过"。

刘瑾看后怒不可遏，王守仁竟敢教训他，这还了得。刘瑾立刻假传圣旨，矫诏杖王守仁五十，打得王守仁死去活来，并谪贵州龙场驿丞。刘瑾还不肯放过，派人埋伏在其必经之路，欲将置于死地。王守仁走到钱塘，考虑到刘瑾为人心狠手辣，不会轻易放过他，便乘夜黑人静之时，假装投江自尽，把鞋帽扔要江面上，并写了一首绝命诗，其中有一句是"百年臣子悲何极，夜夜江涛泣子胥。"从此，王守仁隐姓埋名，逃入武夷山中。王守仁之父王华，当时是南京吏部尚书，也被刘瑾勒令放弃官职，回到家乡为民。从此以后，刘瑾权势越来越大，更加恣横起来。朝廷大臣要员和自己没有什么关系的便一律排斥，或令致仕，或做事罢免。由于他执掌司礼监，有批朱大权，可以假传圣旨，一切都可以为所欲为，毫无顾忌。刘瑾既然把不依附自己的朝臣斥逐殆尽，于是就重用自己的党羽，改组了内阁及各部院。一个更重要的人事变动是告密者焦芳进入内阁，以本官吏部尚书兼文渊阁大学士，入阁辅政。明朝的内阁是无宰相之名而有宰相之权的辅政机构，它的各项职能中，以替皇帝草拟旨意最为重要，叫作"票拟"。内阁票拟的旨意最后要经皇帝御笔批准，决定取舍,叫作"批红",皇帝的批红往往要由司礼监太监代为完成。司礼监掌握批红权,从公文运转的程序看,司礼监的地位优越于内阁,朝政权力从内阁转移到司礼监是明朝政治的必然趋势。明史中有关刘瑾专权的记载中有很多"矫诏"的史例,所谓"矫诏",就是假传圣旨。宦官假传圣旨在刘瑾之前就已有之。而到了明武宗正德年间刘瑾假传圣旨的内容和范围,却达到了前所未有的程度,可以说刘瑾的倒行逆施大都是靠着假传圣旨。假传圣旨在封建社会是欺君之罪,必被砍头无疑。刘瑾动辄以"矫诏"压人,实际上是假借皇权之威,残害忠良,达到自己的目的。这种局面产生的主要原因是明武宗一心只知酒色游玩,刘瑾可以口衔天宪,在其败亡之前,他任何事情都可以随心所欲。刘瑾一度成为不折不扣的真宰相,准皇帝了。内阁只配做传达专权宦官旨意的附属机构。

但在刘瑾之前,尽管内阁大学士有时表现得比较软弱,还没有发展到主动攀附羽翼的程度。焦芳入阁以后,一切看刘瑾的脸色行事,又一次使司礼监凌驾于内阁之上。焦芳对刘瑾极尽谄媚之能事,每当在路上遇到刘瑾,"言必称千岁,自称曰门下。"焦芳自己身为进士出身,而对目不识丁的刘瑾自称门生,可见其卑鄙无耻。

刘宇经焦芳介绍,和刘瑾有往来,刘宇在正德初年任右都御史总督宣府大同山西军务,结交刘瑾后,升为左都御史,转任兵部尚书,刘瑾又命他以原官兼文渊阁大学士。

曹元曾是刘瑾作为东宫宦官时的旧相识,刘瑾得志专权后,曹元由此夤缘至内阁大学士。可是曹元本人属无能之辈,历史记载,曹元并没有任何能力与水平,只知道在内阁喝酒玩乐。这样一个酒色之徒,由于和当朝大太监刘瑾交好,竟然爬上了内阁大学士的重要官职。所以,用一人得道,鸡犬升天来形容刘瑾培植的太监势力一点儿也不过分。

明正德元年(1506年)十月,刘瑾执掌司礼监,标志着他开始确立了专权地位。刘瑾完全骗取了明武宗朱厚照对他的宠信,彻底排除了顾命大臣集团对明武宗的影响和控制,这是刘瑾得以专权的关键,两大集团、两种势力的斗争,以太监战胜朝臣为结局宣告。

五 立地皇帝

豹房的修筑一阵紧过一阵,刘瑾还是每天去看,他已经把两任负责修建豹房的官员送进了东厂。在他的一再催促下,豹房终于提前竣工了。

正德二年的八月间,正德皇帝朱厚照从乾清宫迁至"豹房公廨"居住。自此以后,一直到他死,武宗都住在豹房。

豹房,也是就豢养虎豹猛兽的地方。明朝建立豹房以皇家贵族观赏和享乐。

皇家贵族豢养虎豹的风习并不是起于明朝,元代武宗时就有"养豹者,害民为甚"的记载。明朝宫廷建立豹房,豢养虎豹是从宣德开始的。宣德朝在豹房中设有

"豹房勇士"，也就是驯养豹的人，是专供皇家贵族观赏的与虎豹搏斗的兽士。

豢养禽兽的场所统称为"房"。比如：马房、鹰房、豹房等等。"房"又称"坊"，如象坊、虎坊。至今北京有些地方仍然还有这类名称。

朱厚照搬进的那所豹房，在皇城的西内太液池西南岸，临近西华门的地方。也就是原先的"虎城"。朱厚照搬进豹房不久，又在西北角建立了百兽房。

豹房于正德二年开始建造，以后又不断添造房屋。工程共费白银二十四万余两，共添造房屋 200 间。所建的 200 多间房屋，名为"豹房公廨"实际上是朱厚照的一所离宫。

这离宫既叫"豹房"又叫"公廨"，是因为这个离宫在豹房附近的原因，就被称为"豹房"，这所离宫实际上也是武宗的办事机关，而非单纯游幸的离宫。因此，又叫"公廨"，而不叫"离宫"。虽然叫"豹房"，但与所真正的养豹没多大关系，"豹房"只不过是皇上在闲暇时玩乐的场所。

"豹房"的规模非常大，西华门从内到外都是"公廨"的屋宇。从"豹房"的设计看，更像个错综复杂的"迷宫"。在这座"迷宫"中既有用于居住的密室，又有游戏的豹房。在附近还有"教场"，用来训练内操的地方。在这离宫中，还建有"佛寺"，是进行宗教活动场所。

"公廨""豹房""佛寺""教场"这四个部分组成了"豹房新宅"。

明朝内廷的规定，皇帝的寝宫是乾清宫，是内廷三殿的首殿，与外廷三殿同处于皇宫由南到北的中轴线上。

乾清宫被视为皇帝的正寝，显示着帝王的尊贵身份。皇帝居于乾清宫才是一种常规，而武宗又为了什么要从乾清宫迁往豹房？其中缘由，是颇令人玩味的。朝野人士将皇上这种举动，视为反常之举。

在西华门修建的这座禁苑超过以往建造的任何一座宫殿，其中造设几十间密室，节节相连。

刘瑾命大内侍卫在豹房内建立了集市，身穿商贩衣服的内侍到这装作做买卖。有的手持算盘账本，有的争执喧闹互不相让甚至动起了拳脚。

集市里熙熙攘攘，好一派热闹的场景。

刘瑾又命人装作市正，对打架的予以调解。

武宗觉得豹房里真是别有洞天，自然是原来那坐寝宫所无法比拟的。

刘瑾说："还有好玩的呢。"

于是将武宗带到廊下家。

所谓"廊下家"是宦官们在水巷所开设的酒家，养女坐在里面。

武宗来到时，女店员们一起出来，牵着武宗的衣服，簇拥着武宗进去。

武宗非常高兴，喝醉后就在廊下家住了下来。

这管廊下家的宦官也有些眼色，马上将这里最年轻的美女领来："这女子去服侍皇上，请刘公公收验。"

刘瑾一见,知道是没开过花朵,正要生气,但转念一想,这些人如何像自己这么了解皇上的嗜好,便说:"把你这所有的女子,最好是垆妇全部带过来。"

这廊下家的主管感到有些摸不着头脑,心想:刘公公为何要垆妇。又一转念,才想起原来公公也有兴趣的,于是找了几个垆妇来。

刘瑾一一见过,虽说个个胸脯饱满,但总是有点缺憾。

"刘瑾!刘瑾!"武宗在室里叫了起来,他知道皇上这下性起了,再不送人,可要误了,心里一急,胃里不由一阵紧似一阵地翻了上来,一阵恶心,使他忍不住要吐。他冲了出来,想找个地方没想猛撞开了一扇门。

刘瑾只觉眼前一亮,一美妇正赤条条在里面。

武宗在豹房

只见这妇人身白如雪,见门被撞开,惊得向后跳了一步,两只丰满的乳房颤颤地抖动着,一见来了个生人,一声尖叫,转身去取衣服。

这妇人的尖叫传到了武宗耳里,正水深火热的他感到格外的性感,格外的刺激。

"刘瑾!刘瑾!"武宗急切的呼声,听起来像是春天的猫叫。

刘瑾也顾不了这许多,见那妇人转身,浑圆的屁股露了出来,他急急上前,朝那美妇的屁股上拍了一下,美人又是一声尖叫,刘瑾一把抓住她的小手就走。

原来这美妇是廊下房曹元的爱妾。

曹元见刘瑾拉着自己赤条条的爱妾,急急说:"刘公公不可,此女是在下的小妾,只怕脏了陛下的金玉之躯。"

"要的就是这个。"

刘瑾把美人带到武宗寝室,把门一推,只见武宗也赤条条在里面,仰在床上,正雄鸡高唱,引吭高歌。

这下该轮到妇人受不了了。

武宗于是将寝宫搬进了豹房,住在里面果然令人赏心悦目。

朱照厚从此便天天待在这里,直到死。由于豹房是新建的,武宗称之为"新宅"。

在这新宅内,每天歌舞升平,热闹异常,刘瑾每天宣召教坊的乐工来这里承应。时间一长,乐工承应不及,刘瑾便发檄文召取河南诸府乐户中技艺好的人遣送入京,教坊每天都有上百人到这里。

武宗从此不再进入大内。

朱厚照搬进豹房有几个原因。首先武宗越来越感到皇宫中笼罩着一种已经存在五百多年的发霉的宫廷生活气息。少年的他在尽情发挥出天子的"天赋"和他那种特有的放荡家风。这实质上是对"祖训""祖制"束缚的解脱,但不同于孝宗推行改革而违"祖训"的行为。

乾清宫是由"祖训""祖制"形成的宫廷规制最为神圣和庄严之所,在乾清宫中只允许以一个"祖训"所许可的皇帝存在。每日要临朝,要接见朝臣,还有一大堆章奏要核准处理。乾清宫就像一个大舞台,无数只眼睛注视着皇帝的一举一动。在乾清宫时时处处被置于祖宗规制的统治之下,要想解脱这一切,只有离开这讨厌的乾清宫。

从刘瑾在与朝臣的激烈斗争取得全胜后,三位顾命大臣被斥退了两位,朝臣中一大批"奸党"被铲除,武宗已完全倾向了刘瑾。一种以让刘瑾为核心的宦官统治的政治格局已经初步形成,一个由武宗、刘瑾及权贵势力结成的权力中心已经出现。这个权力中心,不再放在外朝,而在内廷;不在朝房,而在豹房。武宗是这个权力中心的中心。他很自然地由乾清宫转移到豹房了。

朱厚照搬进豹房还有另一个重要原因,他可以为所欲为,自由空间更为宽广。凡是在乾清宫不能做的,尽可在豹房做到。

武宗搬进豹房并未放弃朝廷的权力。他虽在豹房,不入大内,仍临朝听政,批答奏章,只不过这些奏章已经归司礼监刘瑾处理。刘瑾正是利用这一机会,把内外官员的任免权抓得紧紧的。他在豹房发号施令,叫司礼太监到内阁宣谕圣旨。对于从朝臣方面来的奏疏,武宗采取相应不理的态度,都交由刘瑾去处理。对一些藩王、皇亲贵族请乞土地、盐引、官店、税课等特权,不管朝臣科道官如何反对,一般以皇帝已经批准、不好更改为由,否定朝臣意见,满足这些贵族的要求。武宗在实行统治时,自己既居于豹房这个政治中心,发号施令,但对于外朝的一套统治机构也不能取消,而是把它交由刘瑾控制,形成宦官势力控制着朝臣势力,豹房控制着朝廷的局面。

在"豹房公廨"中,虽然表面上武宗是这里的主人,既是大明皇帝,又是豹房权力的主宰者。但真正的权力机构是刘瑾等一群由原来与他有伙伴关系的人组成的

·凶残阴毒的太监·

图文珍藏版

权力代表人物。在豹房中占有最大权力地位的是以刘瑾为首的"八虎"集团。他掌握司礼监印,由他审批章奏,后来又拿取了批红权,这是后话。司礼监成为外廷内阁之外的另一个内阁,实质上控制了皇上的决策权。

正德三年正月初九,武宗在南郊隆重的举行祭祀天地的典礼。

十一日,因为上元节,刘瑾建议武宗赐予文武群臣放假十天。

武宗准了奏。

刘瑾本是好意,没想到十天假期一过,许多文武大臣,竟然超假未返。二月初一,光禄寺寺丞赵松归家省亲超过了期限。

这下刘瑾可生了气,心想平日里待这些文武大臣是紧了些,想给他们放个假,没想到就有那么些大臣不争气。

刘瑾知道后说:"凡是省亲、服丧、养病的人,都是借故营私旷职。"

于是刘瑾制定制度:"违期三个月的可以宽宥;四五个月的罚减薪俸,六七个月的逮捕讯问,八九个月的退休,十个月以上的削籍为民。"

制度定好了,刘瑾就给武宗过目。

武宗此时正在豹房里乐不思蜀,连看也不看就同意了。

刘瑾拟了圣旨下发,并要求百官严格遵守,一经发现严惩不贷。

圣旨下发后,有些官员知道这肯定是刘瑾的意思,哪里还敢怠慢,中止假期,回来上朝。但也有这么几个家伙,偏偏不信这个邪,就是不回来。

刘瑾看真有不怕的,于是命令吏部:"不论是否已经上朝,只要是违限的官员一律按规处置。"

吏部查奏违限的文武官员有四百六十人,都按这一新规定处理。

刘瑾又定下一制度:"养病一年以上的人也可令他退休。"

赵松养病过了一年,吏部要问他的罪,赵松与刘瑾交好,于是找到了刘瑾。"你为何养病超过一年?"刘瑾问。

"刘公公,在下实不相瞒,我倒真是身体康健,没什么毛病。"

刘瑾一听来了气:"没病装病罪加一等。"

"公公别生气,您听我说,实乃家中老母已卧病在床已二载,我自小没了爹,是老母靠要饭养大的,老母如今病在床上,为儿的岂能不管。"赵松把母亲如何将他养大吃的苦说与刘瑾听,"在下就是丢了官也要服侍老母,在此向公公请罪,只是不管定什么罪,还望公公让在下与老母在一起,我能尽一尽为儿的孝心。"

听着赵松的述说,刘瑾想到了母亲为让自己逃脱官府追杀一头撞死在父亲坟前,想到了自己的流浪生涯,不觉落下泪来。

"难得你一片孝心。"于是请人备了酒菜,留赵松吃饭。

过了一个月,武宗下旨:任命赵松为本寺少卿。

武宗下旨:南京吏部尚书李杰为礼部尚书,都御史屠勋为刑部尚书,工部侍郎李遂为本部尚书,都御史刘宇代屠勋为左都御史。

刘瑾让宦官传圣旨，几乎没有空过一天，他这样做是为了经常提醒大臣们：我刘瑾就是站着的皇上。

宦官有其特殊的地位和作用，因为内阁的票拟到皇帝的批红，由宦官代批，再转回内阁施行，这是一整套皇权运作的方式，要么是宦官专权，要么就是朝臣专权，而从某种程度上制约皇权。

在这一整套皇权运作的机制中，朝臣专权的机制如果被充分制止，宦官专权的机制就会得到进一步加强。而宦官在皇帝与内阁间起重要的中介作用，又可以成为皇权化身的形式存在。

刘瑾心里明白，武宗虽说身为皇上，但并没有治理国家的能力，这大明江山如果让他治理非出乱子不可。他对自己的底子也非常清楚，说到治理国家这不是他的长处，长期的宫廷斗争，使他更善于运用权术和智谋。但如何握住全部权柄使他费尽了心机。他比常人要付出的更多更多，也正因为如此，他才能够有今天。

现在根据他的意见，由焦芳拟的圣旨，武宗基本同意，对有些不便让皇上知道的事，就得下假旨，但这是有风险的，自己虽被人称为"立皇帝"，但毕竟在皇位上还有个坐着的皇帝。

他盘算着如何把假拟的圣旨合法化。

于是每天组织各种杂耍，待武宗兴趣正浓时就取来各有关衙门的奏疏请武宗阅览裁决。

每当此时，武宗就不耐烦地叫刘瑾别用这些事来烦他。

刘瑾有他的打算，他知道武宗的心思根本就没放在正事上，而是把主要精神放在玩乐上，而当他玩心正浓时，是最讨厌别人打扰的。

这是武宗的弱点，正可以利用武宗的弱点进一步把朝廷的大权紧紧握在手中。

如何实现自己下一步计划，刘瑾苦苦思考着。

对！下次最好皇上颠鸾倒凤时把奏疏进请皇上阅览，皇上如果真的不耐烦了，说不定会让他以后自行裁定，果真那样的话，那我刘瑾岂不是真正可以"下旨"的皇上了？到那时，看那些内心还不知怎么恨自己，期望自己早死的大臣们谁还敢动不动就"犯上"。

想出这次行动，他是狠下了一番决心的。在这个时候干扰皇上，如果把握得好可以让皇上亲口把大权交在自己的手里。

但也有很大的风险，如果搞不好，真让皇上生了气，丢了脑袋都有可能。

他反复权衡着利弊。

经过几个不眠之夜，他下决心还是拼死一搏，他不怕，因为他已死过了好几次。但每次死后他都能获得一次新生。

这日，刘瑾见武宗兴致不高，他知道皇上自从那次去过"廊下房"后，对那曹元的美妾念念不忘，于是说："最近廊下房又新修建了沐浴室，中有一大池。"刘瑾知道武宗就喜欢让美妇们赤条条围着他，与他边嬉笑边沐浴，说"室中专门选了几位美

后妃宦官大传

·凶残阴毒的太监·

图文珍藏版

女为陛下沐浴,请皇上去看看。"

武宗一听,不由想起那曹元的美姿来,于是说:"真的,朕倒要去。"

一帮人前呼后拥来到"廊下房",早有内侍前来告知曹元,曹元已准备好了酒菜,武宗兴致很高,饮起酒来。

几个时辰一过,武宗不觉有些醉意,于是叫着:"刘瑾!刘瑾!"

刘瑾知道武宗上劲了,于是把武宗引到了沐浴室,几个女子早等在里边,那曹元的美姿如众星捧月一般站在当中,大池中的水已热好,就等着武宗下池。

"给万岁爷请安!"美妇油腻性感的声音,撩得武宗顺着小腹一起痒下去。

"我的美人!你快些过来。"武宗已有七分醉意,有些站不稳。那美妇赶忙上来帮武宗宽衣。

刘瑾见此,把其他女子唤退后,那美妇正要自己宽衣,武宗说:"且慢,朕要亲自为你脱。"

刘瑾知趣地退了出去。

刘瑾并未离开,他唤退了众人,自己立在门边侧耳听着里面的动静。

不一会里面就传来哼哼唧唧的浪声淫语。

见时机已到,刘瑾从怀中拿出早已准备好的奏章冲进屋去,那妇人正骑在武宗身上,两人正入仙境。

"有奏章十万火急等皇上批阅。"

武宗见是送奏章,就不耐烦地说:"朕用你是干什么的?用这些事来烦我!你自己处置就是。"

刘瑾心中大喜,他心中的一块巨石终于落了地。

他要的正是皇上这句话,要知道为了得到这句话,他几个晚上没睡好。

从此以后刘瑾不再上奏,事无大小由他任意裁断,并传下圣旨实施,而武宗既不过问,也不想知道,也落得个清静,自由自在地享受他的快乐。

大学士李东阳等人呈上奏疏请求明武宗早朝。

奏疏说:"一来显示皇上事必躬亲,志气清明;二来表示朝廷气象严肃;三来可以使侍从宿卫人员免除守候疲劳,整饬朝廷风貌;四来文武百官不至于松弛懈怠,可以治理政务;五来上朝的钟鼓鸣响,可以统一都市的听闻;六来引见上奏有规律,可以提高外夷瞻仰时的恭敬之心;早朝一举行,各种好处都具备了,而这只在皇上圣心一念之间而已。"

刘瑾开始行使皇上赋予神圣权力,他批复:"朕知道了。"

江西清军御史王良臣因戴铣等人被捕至今关在东厂,呈上奏疏论辩救援。

"立皇帝"下旨:在午门杖打王良臣。

这还不算,刘瑾又逮捕王良臣交付镇抚司,斥责他回护朋党,处以三十杖刑,罢官为民。王时中到宣大出任巡按,罢黜很多异己。

刘瑾说:"王时中竟然如此苛刻残酷。"

"立皇帝"又下圣旨：罚山东御史王时中戴枷站在都察院门口。

一个月后，王时中病重，他妻子去看他，遇见都御史刘宇，便向刘宇哭诉。

刘宇不得已在刘瑾面前为王时中说情。

刘瑾见既然刘宇出来说情，就把王时中放了，将他贬到辽东铁岭守边。

见刘瑾如今真的成了"皇帝"，那些大臣岂能坐得住。

这天，武宗到经筵听讲，日讲官杨廷和与刘忠都轮值讲解，讲完之后，乘机说一些讽谏规劝的话。

武宗退下来对刘瑾说："经筵是为了讲书，为什么又增添出那么多话来！"

刘瑾说："可以让这二人到南京去。"

于是杨廷和、刘忠两人一起调到南京作侍郎，表面上是升迁，实际上是要令他们远离武宗身边。

根据以往的惯例，南京六部都只设立一名右侍郎。而杨廷和执掌诰书敕令，并且与刘忠都是日讲官，应当按次序转入内阁。因此朝廷大臣中有人暗地排挤他们，恰好他们在讲筵中有指责佞幸的话。

刘瑾很厌恶他们，便假托南京吏部和礼部缺侍郎，便有调迁他们的命令颁布下来。

总制陕西三边、右都御史杨一清见刘瑾果真得了势，当起了"立皇帝"，于是因病请求休假。

"立皇帝"下旨："乘驿站车船回家，病痊之日，由有关部门奏报，仍等待召用。"

南京国子监祭酒章懋五次呈上奏疏请求退休，都没得到允许。

这次章懋又以生病为由恳辞。

这次该轮到"立皇帝"下旨："病愈之后，便由有关部门奏报朝廷知道。"

户部郎中刘绎前往辽东总理粮储，这刘绎以为天高皇帝远，没人能管得了他，于是就违例乘起轿子来。

这刘绎的一举一动，如何能逃过东厂校尉的情报网。不久东厂就掌握了情况，并向刘瑾告发他违例乘轿一事，刘绎被捕入镇抚司狱。审讯结案，仍被判戴重枷于户部门口，满一个月才予释放。

刘瑾在豹房中牢牢地掌握了大权，从军事、政治到宫廷生活、皇帝起居诸事，全都由他一人独揽。

今天，刘瑾在豹房的权力中占据了最重要地位，他更加牢固地掌握着"八虎"。

"八虎"中的邱聚和谷大用掌握着东、西厂，实际上掌握着臣民的生死大权。

当初众宦官赢得了东宫太子，太子登基作了皇帝后，刘瑾带领"八虎"集团战胜了权臣，如今他又掌握了下圣旨的特权，做起了"立皇帝"。

然而对权力的欲望是没有止境的。一天刘瑾看到八虎之一的张永从自己的面前走过，竟然头也没低，他不由心中产生了一丝不快。他这才想起张永掌握着京军团营。

"军权"刘瑾突然想到这个字眼。因为这正是张永能够,也敢于在自己面前挺身走过的理由。

边军的将领是"豹房"中另一个政治实力派。

边军指北方防御蒙古的九边镇所属的边防军,边军最早是由朱元璋和朱棣父子建立起来的军事劲旅。

从军队素质到武器装备,以及兵员素质上,边军都是经过实战选拔出的非常优秀的队伍,其作战能力远远胜过内地卫所军,因此,从战斗力上比较而言,京军的战斗力自不及边军。由于自古以来,国家的中央集权体制历史悠久,中央政权必须保持一种控制地方的强制权力,尤其是在军事方面更是如此。宋代就在京师保持强大的禁军,以控制地方。

明代在京师的京军三大营也属于这种禁军性质。强大的边防军是为了加强对蒙古的防御,这是军事的重点。边军都是明军的主力,由于边军过于强大对于京军来说又成了一个潜在的威胁,两者存在着矛盾。因此,自边军形成之日起,可能就立下一条"祖制":京军不能调外,边军不能调内。目的是为防止"边兵弱则夷狄为患,镇(京)兵弱则边兵为患"。这条"祖制"的用意很明显:既要有一支强大的边军来防御蒙古,同时又不能让这个强大的边军威胁中央政府。

"边军不能调内"这一条最重要,但是武宗却实实在在地违反了这条"祖制",把边兵调入了京师。以致后来发生刘六、刘七流民起义,各地方卫所军和派去的京军都连吃败仗,无力扑灭起义。在起义军逼近京师的紧急情况下,武宗等人决策,调宣府等边镇的边军开赴镇压起义的主战场。这次调入宣府、延绥两镇边军约2500人,统兵将领是副总兵许泰和冯祯。

两个月后,又调入宣府的游击兵2000人、辽东兵2000人,加之原来前调边军共约6500人。这些都是后话。

刘瑾为了进一步控制,建议武宗把京营军和宣府的边军应相互调对。

不久,太监萧敬传出"立皇帝"的圣旨:"对调京营、宣府官军往来操习备御。"就是说京营军和宣府的边军要互相交换驻防,以便于操练和驻守。

刘瑾的意见打破了"祖制"中"京军不外调、边军不调入"惯例,形成了京、边军互调的制度。这样边军调入京城也就成了名正言顺,是合法的。

但刘瑾有刘瑾的打算,他想着要进一步控制军队,以加强实力。

京营军与边军互调的意见,当即遭到李东阳等人的反对。

李东阳上奏武宗,说:"京营军与边军相互变换驻防破坏了祖制,请万岁三思。"

武宗在豹房仍然采纳了刘瑾的建议,执行了这个办法,使边军长期留在京师。

从此,宣府、延绥、大同、辽东等四镇士兵就留在了京城。

武宗身边的近卫武装主要有三支队伍。第一支队伍是旧有的"侍卫上直军",包括锦衣卫在内的御林军,加在一起约有一万人。第二队伍是由四镇边军组成的"外四家",共有6500人。"外四家"这个诨号还是刘瑾给起的。第三支队伍是由太监们组成的"内操军"人数为2000人。

这三支队伍都是由皇上直接控制,是豹房政治的实力基础。

皇家御林军的头目是掌管锦衣卫的官员。

"外四家军"是由边帅许泰和江彬掌管。江彬原是宣府总兵张俊的部下军官,因为指挥有方,以战功任卫所的指挥使。在随边军人调京城过程中,镇压叛军战斗中英勇异常,受到武宗赏识,调入京城后,被提升为统帅,与许泰并列。江彬调入京城后马上受到刘瑾器重,地位超过了许泰,成为豹房中有实力的人物。

在设东西官厅时,在刘瑾的推荐下,江彬担任了西官厅的都督,实际上成为豹房中的军事主管人。

见江彬的势力一天天壮大,刘瑾怕江彬日后生变,于是建议武宗命"八虎"中的张永为"内操军"的统帅。以使张永与江彬相互牵制。这样使他们相互削弱,从而把他们进一步控制在自己的手中。

在军队中收义子赐皇姓在唐末五代就已经非常盛行。

明太祖朱元璋为笼络宦官、边帅把得宠的文武官员收为义子,在统一全国的过程中,朱元璋就收了不少义子,都赐"朱"姓。这是为了进一步把统制变为家丁制,从而以封建家庭关系提高军队的凝聚力、战斗力。

收义子的手段还可以用来加强主帅对军队的控制与指挥能力。刘瑾充分利用了这种办法,用认义子、赐皇姓等手段来团结自己的心腹。

刘瑾从朱元璋的这一做法中得到启发,为了进一步培植亲信,加强实力,经常推荐朱厚照在他的心腹宦官、边帅中收义子,赐国姓,加官晋禄。

一次刘瑾宣布一次赐予"朱"姓的义子就有一百多人。这批赐姓义子中除了军队中的骨干,还有一批与宦官有亲属关系或与豹房中人有特殊关系的人。这些人有的出身奴仆,或就是市井的豪侠,也有些外族降顺军官人等,凡博得朱厚照欢心的,就有可能成为皇帝的义子。

刘瑾借平定叛乱的机会,把一批亲信晋封为伯爵,其中义子锦衣卫指挥同知朱德封为永春伯;太监谷大用的哥哥谷大宽为高平伯;马永成的哥哥马山为平凉伯;太监魏彬的弟弟魏英为镇安伯。

朱德是刘瑾向武宗推荐的御厨,平时有制作"西域食饼"的手艺,深得到武宗的宠爱,被武宗收为义子,又晋封伯爵,后来特赐到京城的太平仓建府邸。

正统时期宦官王振专权时,手下有一帮"宦党",这些太监虽说人数不多、地位不算高,但在巩固王振的势力中起到了重要作用。刘瑾对王振非常敬佩,对其在宫中的如何运用手段作了认真研究,他经常以王振为楷模,并将王振的一些做法,灵活运用到豹房中。

看到今天自己组成的"宦党"集团,上至内阁大学士、尚书,下至中下级官吏,一大批朝廷官员依附在自己的势力范围之内,刘瑾感到自己似乎已经超过了王振。

宁王朱宸濠因有罪被革除了护卫,交给地方,成为南昌左卫。

朱宸濠来到豹房求见武宗,刘瑾引其进入豹房。

"臣请求将南昌左卫改为护卫,赐给宁王府管辖。"

武宗看了看刘瑾。刘瑾心里领会,就点了点头。

"朕就准了你。"

朱宸濠大喜,当即叩头:"谢主隆恩!"

出了豹房,朱宸濠拉住刘瑾的手问:"我如何谢公公!"

"见大人孔武有力,少年英雄,刘某只是举手之劳。"

朱宸濠感动得双拳一抱:"来日定当厚报。"说完策马而去。

第二天,兵部商议认为,南昌左卫不能改为宁王府护卫。

武宗哪里会听。

朱宸濠举止轻佻,貌无威仪,但善于文饰自己。一次有两个江湖术士李自然、李日芳见到朱宸濠后说:"大人有奇异的相貌,南昌城东南有天子气象。"

朱宸濠非常高兴,于是做起了皇帝的梦,经常派人刺探朝廷事务,自己还多次找刘瑾。武宗自然整天忙于自己的趣事,对此毫无知觉。

"立皇帝"下旨:"恢复宁王朱宸濠的护卫。"

与这次一同下旨的还有"廊下房"的曹元。

这曹元是大宁前卫人,成化进士,官工部主事。正德三年任兵部右侍郎,代刘宇为兵部尚书。不久又被提升为吏部尚书兼文渊阁大学士。

到兵部时秉承刘瑾意图,升迁武官,大量收受贿赂。

曹元任大学士后,每日陪显要人物饮宴,猥琐无能。

刘宇,钧州人,成化进士。弘治时为大同巡抚。正德时总督宣大军务。刘宇由焦芳介绍给刘瑾,任为左都御史。

当上左都御使后,秉承刘瑾意图,专门打击科道官,得皇帝敕书,管制御史行动,小有过失就屈辱相加。

刘宇首次以万两白银献给刘瑾,刘瑾连声说:"刘先生待我太厚了!"

其实刘瑾把金银珠宝看得并不重,他有了至高的权力,再要这些金银又有何用。而对刘宇进的银子他真的非要不可,因为要了他的银子刘宇把自己当作亲爹,再封他个官,这万两白银不又回来了。

对几百两的贿赂自然更是不放在眼里。他放在眼里的是谁来送,对他看不上的人送上的银子,他也收,只是收了以后上交朝廷,再把送银子的人送进东厂。

刘宇由此得任兵部、吏部尚书后整天花天酒地,很让刘瑾失望,说了几次也没有效果,说到能力也的确不如另一个宦官张采。

张采,安定人,弘治进士,授吏部主事、郎中。正德年间得到刘瑾宠信,认为同乡。

张采是安定人,而刘瑾是兴平人,按现今地理区划看,张采原籍安定是现今甘肃省定西市安定区,应是甘肃人,而刘瑾原籍兴平是现今陕西省的兴平市,应是陕西人,不成同乡,但是明代甘肃属陕西行都司,是陕西一部分,安定县明时属陕西的巩昌府。

张采以此攀上了刘瑾这个陕西同乡。

见刘宇不思悔改,如今又有了个同乡,刘瑾又下了旨:"张采代刘宇为吏部尚书,刘宇以原官兼文渊阁大学士。"

刘宇见张采代替了自己,于是找到刘瑾。

"你明天就来当宰相吧!"刘瑾没好气地说。

刘宇大喜过望:"爹待儿真是无微不至。"

于是当晚在内阁设宴,感谢刘瑾,酒席间宾主谈笑风生。

第二天,刘宇衣冠楚楚,坐了轿子到内阁上任,迎面见到刘瑾,刚要作揖。

不料刘瑾开口便说:"你可真够实心眼的,当真来当宰相来了? 你可知道这地方你还能进来吗?"

刘宇听了,只好长叹一声,借口回家扫墓,罢官而去。

张采任吏部文选郎中时,秉承刘瑾意图,专门为其排除异己。如今张采作了吏部尚书,掌握考察内外官吏的大权,就广收贿赂,权势逼人,广置妻妾,夺他人之妻如儿戏。

有个江西抚州知府刘介为张采同乡,娶一妾甚美,于是张采把刘介提拔为太常寺少卿,并赶去贺喜。

张采问刘介说:"你升官了,不知道你拿什么来谢我!"

刘介未加思索就回答说:"我这里除了我这个人之外,别的东西都是您的!"

张采立刻接着说:"你可说准了,一言为定!"

说罢,张采立刻叫人闯入内室,把刘介的小妾用轿抬回自己家中。

张采又听说山西平阳知府张恕的妾甚美,张采向张恕索取,张恕不肯给,张采就叫御史弹劾张恕,罪至充军,为了减刑,张恕只好将小妾送给张采。

这天,朝廷要地方官荐举"怀才抱德"之士,推荐上来的是:周礼、徐于元、许龙、徐文彪。

刘瑾见了奏疏便问:"周礼、徐于元、许龙、徐文彪都是何方人氏?"

张采说:"都是浙江余姚人、上虞人。"

刘瑾知道了,火冒三丈"浙江余姚人?!"

他想起了差点要了他命的浙江余姚人,此人正是老对头谢迁,想到谢迁刘瑾就上来一股无名的邪火。

"据我所知他们都有后台。"

"这么多余姚人勾结为奸,这还了得。"

刘瑾下令把这四个刚刚荐举上来的"怀才抱德"之士下狱治罪。

在把这几个人下狱治罪的同时,还认真追究了他们的后台。

·凶残阴毒的太监·

图文珍藏版

果然不出刘瑾所料：这几个人的后台不是别人，正是刘健、谢迁这批人，应该把他们统统逮捕起来。

大学士李东阳出面说情："四个虽算不上是怀才抱德之士，但也不至于下狱治罪。请刘公公放过他们吧！"

刘瑾想了想，这些人倒也与我没什么大的仇恨，于是总算未兴大狱。

焦芳一旁建议："纵然不治这四个浙江人的罪，也应当除名。"

刘瑾从此立下一条规定：今后凡是浙江余姚人做京官的都要清除出去，以后再也不许余姚人选京官。

一天，满刺加国来明使臣亚刘，本名萧明举，系江西人，早年入满刺加国，此次来使，又谋人淳泥国，为明朝拿获。

焦芳遂以萧明举事，认为江西人好犯法。彭华、尹直都是江西人，而且行为不端，所以必须裁减江西乡试的得额 50 名，以示惩戒。

同时也要把历史上的江西人如王安石"祸宋"、吴澄"仕元"，都要榜示其罪，叫人们都知道不得滥用江西人。

春天又来了。

皇上下旨：赐吕摘等人进士及第出身。

这时焦芳想要让他儿子黄中为第一甲进士，黄中素来没有才学，李东阳、王鏊因为焦芳的原因才把他放在二甲之首位。

焦芳不高兴，向刘瑾诉说，便由宫内批示授予黄中为翰林院检讨。焦芳因黄中这件事时时斥骂李东阳。

刘瑾知道后说："黄中昨天在我家试作石榴诗，很是拙劣，为什么怪李东阳呢？"

焦芳才感到惭愧。

武宗召前南京右副都御史雍泰，仍起用恢复原职，提督操江。

武宗即位时，给事中潘铎等认为"雍泰有敢死的节操，戡乱的才能。"

尚书马文升呈上奏疏起用雍泰，雍泰坚决推辞，不去赴任。

这时许进为吏部尚书，又奏请起用雍泰，恢复从前的官职。

刘瑾是雍泰的同乡，授意许进起复雍泰。

雍泰到官后却不去拜谢刘瑾。

"雍泰可能连自己都不知道是怎么作的官。"刘瑾想。

涂祯从江阴知县升迁到御史，在长芦巡盐。刘瑾提倡私人贩盐，又命派华真进行海上贸易，使商人从中受益。

涂祯认为华真的所作所为侵害了国家的利益，就依法惩治了他们。

涂祯惩治了刘瑾的使者还不算，回到朝廷后，碰到刘瑾仅仅长揖而不拜。

刘瑾原想："涂祯惩治了华真也不能算错，都是为了国家的利益，并没有私心，而这涂祯却因为是动了我刘瑾的人，我又敢治他，还对我大不恭，如果不把我放在眼里，此风一长如何了得。"

想到此,刘瑾不由大怒,下了圣旨将涂祯投入锦衣卫监狱。

在都城的江阴人想募集一些钱财贿赂锦衣卫的人解救涂祯。

涂祯知道后感慨不已,怅然叹息说:"死就死了,岂能以此玷污父老乡亲!"

于是被杖打二十,发配肃州。由于涂祯杖伤严重,竟死在狱中。

刘瑾怒气未消,抓来他儿子涂朴顶替充军。刘瑾死后,恢复涂祯原来的官职,赐予祭葬。涂祯是江西新淦人。

安奎等人奉使前往宁夏等地核实边饷回京师,奏报弹劾文武官员一百三十多人。

刘瑾看了看名单,里面有许多安奎的宿敌,还让刘瑾不满的是竟然有几个自己刚刚任命的官员。

五月初五,刘瑾将吏科给事中安奎、御史张或投入锦衣卫狱。罪名是安奎、张或不分罪情轻重。

安奎、张或被下狱拷问,并在东、西长安街外戴枷示众,户部尚书顾佐等人一起跟着被治罪。

大学士李东阳努力在武宗和刘瑾面前说情,刘瑾才放过他们。

最后,安奎和张或都被削官为民。

工科给事中许天锡奉旨出使安南回来,见朝廷风气大变,敢说真话的官员都被贬斥,大为愤怒。他曾奉诏清查内库,听说刘瑾侵吞藏匿库银等数十件事,知道奏报上去必遭祸殃,于是在夜里准备以死向武宗进谏,也就是"尸谏"。

许天锡准备好了一切,写了份奏疏,并告诉家人在他死后将奏疏上报皇上。

他交代完毕便自缢而死。死时他的妻儿都不在身边,唯有一个家童在边上,这家童将他的状子藏匿起来逃走了。

有人说:"刘瑾怕许天锡告发他的罪状,夜里派人绞杀了他。"

也有的说:"许天锡怕刘瑾向他问罪而自杀了。"

到底真相如何,没人搞得清楚。

第三天,刘瑾下圣旨命令锦衣卫查点六科官员。

锦衣卫的校尉向刘瑾报告说:"许天锡有三天没上朝了。"

"去他家里查一查。"

锦衣卫到了许天锡家一看,发现他已上吊自杀了。

刘瑾听到后,脸上掠过一丝别人不易察觉的表情。

这许天锡进谏是有名的,焦芳说:"三日内必有许天锡的奏疏,也不知他哪有那么多的不满。"

刘瑾特别讨厌向皇帝进谏的官员。有的畏惧祸殃的人往往自杀,以求免去下狱、廷杖的羞辱。这许天锡到底是"尸谏",还是因畏惧而自杀只有刘瑾知道,但周钥是因为怕刘瑾问罪而自杀的事朝廷内外倒是人人皆知。

海阳人周钥是兵科给事中,奉命到淮安核查。按照以往的规矩,奉使回到京师的人都要上刘瑾住宅去看望,并带去一些礼物。

周钥到淮安与知府赵俊商量,赵俊许诺借贷给周钥一千两银子。其后又不履行诺言,周钥无计可施,走到桃源便即自刎,跟从的人救起之后,却已无法说话。取来纸张写下"赵知府误我",便死去了。

这件事让刘瑾知道后,将赵俊押解到京师,责问周钥的死因,就以此定赵俊的罪。

平定州的邵蘷,官居礼科给事中,奉旨出使延绥考核边功,刘瑾提醒他:"要好生行事。"

邵蘷想:如果按照刘瑾的意愿,就违背了自己的初衷和国家的法典,如果不听从,则恐怕遭受报复。

他想来想去没有更好的办法,最后还是自缢一死了之。

琼山县的冯禺,开始为户部主事,尚书刘大夏对他极为赞赏。

冯禺和宫中官员高金,两人前往勘查涅王所申请的庄田,清查归还了二千七百多顷。他们哪里知道涅王正是刘瑾给封的,直到最后有人提醒,才知道犯了大错,他们知道刘公公谁能惹得起,算了,还是自行了断吧,于是两人双双自缢。

武宗迁入豹房后,更是花天酒地,整日将自己埋在女人堆里。在豹房无数个女子中,朱厚照异常宠爱的为数不少。但要说最得武宗宠爱的女人是个叫马姬的女子,她被刘瑾带入豹房时竟已经怀了孕。

马姬是将官马昂的妹妹。将官马昂,因犯罪被罚闲住,也就是被调职降位,只保留军籍不再带兵吃干饷,既无权又无职,生活非常困难。这马昂为自己的出路就要找机会贿赂,打算官复原职。恰逢武宗到宣府去巡幸,刘瑾跟随武宗前往。

到了宣府后当晚,刘瑾刚离开武宗,有个内侍来报,说有个叫马昂的已经等待多时,要求见公公。

刘瑾一听是马昂,当即叫内侍带来见面。

这马昂过去与刘瑾相识。

马昂一见刘瑾当即叩头:"请公公救马昂性命。"

刘瑾问:"老马何出此言。"

马昂知道刘瑾与王岳不和,于是便说:"那王岳老儿要加害于我。"

"他如何要加害于你。"

"他要我带100人进入豹房说给皇上护驾,我便带100人前去,没想刚进豹房便被王岳老儿擒住,说我想谋反,我带的100人尽杀了,只剩下我。我便问王大人何故如此。他说带兵进入皇上寝宫不是谋反是什么。我便说我是遵照大人的调遣。话未说完这老儿便将我一顿痛打。还问是谁叫我带兵谋反的。我又说是遵王大人之命。说完又将我饱打一顿。我不知王岳命我来又为何将我抓了便问大人何意。他便说你想一想是不是刘瑾命你来的。我这才知道王岳想加害于公公。我与公公是老相识,深深敬重公公,就是死也不会陷害公公的。"

马昂知道刘瑾与王岳是死对头,便真真假假地说了一通。

刘瑾想了想,说:"你带兵进入豹房之事我怎么不知。"

"都是王岳一手安排的,又是在晚上,神不知鬼不觉。"

"你如何出来的。"

"王岳见我死不答应,本想将我处死,但又怕出了人命将事情搞大,把我关了几日,吓唬我说若将此事说出去就要取我性命,为了活命,我只得佯装害怕,他便将我放了。这样我才被降职在此。"

刘瑾想王岳老儿竟然做出此事,心想先把马昂收过来,等以后有机会再收拾王岳。

于是问马昂:"你有何特长,若有机会可以引见。"

"不知皇上可有何喜好。"马昂问。

对于武宗的喜好,刘瑾是再清楚不过了,于是笑了起来,算是回答。

马昂也是明白人,一见刘瑾笑得有些不同便明白了七八分,于是试探地问:"我有一妹妹貌美可人,不仅善于骑射,而且熟悉胡乐,能说一口流利的达语(指蒙古语)。"

刘瑾大喜:"如此甚好。先将令妹带来。"

于是马昂将妹妹带来与刘瑾见面,刘瑾一见果然是尤物。

马昂见刘瑾高兴便又有些害怕。

刘瑾见马昂似有心事,便问:"马兄为何心中不悦,莫非舍不得将你家妹妹献与皇上。"

"只是有一事在下确实不敢瞒着公公。"

刘瑾见马昂表情严峻,不知有什么要紧事,便问:"何事,请讲。"

"我妹妹已于半年前嫁给了毕指挥。"

刘瑾一怔,原来马姬已是结过婚的。一时也不知该如何处理。

他想:我刘瑾见过的女子不下千百个,但这马姬的确非宫中女子可比,若要错过非常可惜。若要直接送与皇上享用,知道马姬是已婚女子,万岁高兴还好,若是生了气,或是被那些朝臣们找个把柄岂不是要刘瑾的性命。

想了许久,迟迟下不了决心。

刘瑾又是一夜没合眼。

第二天一大早便在武宗面前盛赞毕指挥的夫人马姬是个奇女子,既善骑射,又娴熟胡乐和达语。

刘瑾想了一夜,最终决定以这种方式向皇上引见比较稳妥,先告诉皇上马姬是"毕指挥的夫人",若马姬真受到皇上的宠爱,刘瑾也可以逃脱"欺君之罪"。

刘瑾在武宗面前称赞马姬的"才",是将皇上引向马姬的"正当理由"。至于其马姬的"貌美"刘瑾是卖个关子,因为马姬的貌美皇上一见便知。

武宗闻言便有些好奇,要见马姬。刘瑾早已安排妥当,带马姬见皇上。

武宗大喜过望,心说天下竟有如此美貌女子。

刘瑾安排了马姬给皇上表演骑射,令武宗连连拍手叫好。

马姬又表演胡乐,武宗又不停称"妙。"

刘瑾一见武宗对马姬一见倾心,心里有了底,将人都打发走,让马姬陪皇上早早就上了床。

朱厚照刚刚大婚不久,觉得夏皇后和其他妃子比起马姬差远了,她们都没有她那样丰满的乳房,她们都没有马姬那样会把人服侍得舒舒服服,将他稳稳地托在身上,把他带入仙境。

武宗觉得和那些未经风雨的小姑娘共寝索然无味。在她们眼里朱厚照是皇上,非常拘束,而马姬则不同,行事时她会把朱厚照当作男人对待,令朱厚照快活不已。

两人一连数日不出房门。

御史们上疏,说:"马姬是已婚女子,且皇上已大婚,不应将马姬留在豹房,请皇上将马姬逐出豹房。"

大学士韩文也洞悉豹房中的一切,预感到马姬在豹房早晚要出乱子。所以,他也上疏支持御史们的意见。

这天武宗与马姬正在兴头上,突然马姬呕吐不止,武宗见美人如此,想是近日过于劳累。

刘瑾马上把御医叫来。

御医叫来后,把了脉后对刘瑾说:"马姬已有了二个月的身孕。"

刘瑾一听,当即吓得半死。若大臣们知道了岂不是又要生出事端。他想先稳住御医,让他不要先说。

过了一日马姬很快好了。

刘瑾趁皇上不在的时机就问马姬:"你可知已有两月身孕。"

美人见刘瑾已知道,并不隐瞒,点点头。

刘瑾厉声问道:"贱人!你可知罪?"

马姬竟反问:"奴婢有何罪,还不是你刘公公将我拉了来见皇上。"

刘瑾一想马姬也不是一般的女子,于是两人商议起如何先把皇上摆平。

是夜,武宗见马姬病好了,但一脸愁云,便心疼地问:"美人因何不悦。"

马姬嗔道:"奴婢是个贱人,如何能受到皇上如此厚爱,真叫小奴担当不起。"

武宗见美人说话时越发楚楚动人,便说:"朕只要你陪在身边。"

"奴婢是已婚的残花败柳。"

"朕就是喜欢。"

"小奴已有了身孕。"

武宗一听马姬已有了身孕,不但没生气反倒兴奋不已,说:"朕便要你这熟了的身子。"说完又把马姬搂在怀里。

朱厚照对马姬已怀有身孕不但不在乎,反倒还觉得特别有劲,这倒使刘瑾深感意外。

　　马姬被载回京师豹房。妹妹受到皇上的宠爱,闲住的马昂也一步登天,以皇舅的身份被越级授予后军都督府右都督之职。

　　马姬入豹房不久,关于已有身孕女子受到皇上宠爱一事就在宫内外传开了。

　　六科给事中吕经等人,认为这是道路传闻。不久朝廷公开宣布马昂已被授予右都督的事实证明了外间的传言,也就进一步证明了皇上已经收马姬于豹房中行乐。

　　吕经等人于是集体上书武宗,说:"马昂过去曾因'骄横奸贪'遭弹劾,奉圣旨处以'罢闲'的处分,如今忽然被授右都督,实在骇人听闻。马昂之妹已结婚怀孕,而得入豹房,更是骇人听闻。皇上至今尚无皇储,如果真的想有皇子,也应当广选那些世族大家女子,以备妃嫔,而不应召一个孕妇入内,召马姬入豹房是召来一个'祸水'。"

　　御史徐文华、张淮等也上书:"是凡中人之家尚且耻于娶一个再婚之妇,何况皇上以'万乘之尊'而竟然这么做,是否有人迷惑了皇上,误以为这个马姬是个绝色的女人,又擅长多种技艺,甚至说他能多生孩子? 陛下受到蒙蔽,就不管这个女人是已婚还是未婚? 有孕还是未孕? 这一点如果不防备,那么吕不韦进孕女之事,就可能重演。那时'马姬专幸于内,马昂等擅威于外,弛张予夺,渐出其手'一旦祸机爆发,天下就难以收拾了!"

　　不几日,六科给事中石天柱等人,又上书:"马昂进纳孕妇,廷臣们上疏进谏,但至今不予处理,这不能不使人怀疑陛下是不是就要以这个孕妇的儿子为自己的儿子呢? 历史上这类的事应当借鉴,'秦以吕易嬴而嬴亡,晋以牛易马而马灭。'如果说秦、晋二君都是在不知情的情况下,堕入奸计的,而陛下明明知道马姬是已经怀了孕的啊! 即使是陛下亲生的皇子,将来皇帝还未必做得好,何况这么个不三不四的孩子呢? 即使这个孩子借重陛下的威权,能够长大,但谁又能保险他日诸王宗室能坐视'祖宗基业而与他人手'呢? 又谁能保证他日内外大臣就能服服帖帖地为他效忠呢?"

　　南京的六科给事中和十三道御史又继续上书切谏此事:"以往历史上类似的事件,应当引以为鉴,像吕不韦进'有娠之妻'于秦庄襄王、黄歇进'有娠之女'于楚考烈王的故事,不可重演,要求皇上逐放马昂兄妹,以绝后患。"

　　这些谏言尽管措辞激烈,反复陈说利害,但武宗仍然不予理睬。

　　面对大臣们的上疏,朱厚照一概不予理会。

　　大臣不好再说什么。

　　给事中不识时务,又上疏力请朱厚照把马姬逐出豹房,朱厚照大怒,立刻把他贬为外任。

　　从此,朝中大臣轻易不敢再言请马姬出豹房之事。

此时，刘瑾觉得再也不必理会这些大臣们了。

刘瑾原想自己救了马昂的命，马昂一定会感恩戴德。没想这马昂被封了官位，又得到皇上的宠信，竟忘了自己的斤两，每日趾高气扬把刘瑾都不放在眼里。

马昂的所作所为使刘瑾感到非常失望。他没想到小人得志竟是这副模样，就下了除去马昂的决心。

这天，刘瑾选了一美女献给马昂，马昂一见美人大喜，高兴地笑纳了。他并不知是刘瑾下的圈套。

不几日马昂与美人就如胶似漆。

刘瑾见武宗每日和马姬粘在一起，找了个机会说："马昂的妹妹与马昂的爱妾是天造的一对尤物。"

见武宗听说马昂藏着个美人在家，于是便问刘瑾。

刘瑾又将马昂的爱妾盛赞了一番，直说得武宗心里发痒。

这天马昂府邸建成，刘瑾就问武宗是否前去看看，武宗早想见见马昂的爱妾，就欣然同意。

正在此时，马昂来见武宗，请皇上前去新建府邸吃酒。其实请皇上去吃酒也是刘瑾给马昂出的主意，马昂心想能把皇上请来岂不是好事。他如何知道刘瑾葫芦里卖的什么药，朱厚照兴高采烈地到马昂新建府邸中去吃酒。

酒过三巡菜过五味，刘瑾见时机差不多了，就提出让马昂把爱妾叫来奏乐。

美人一来，武宗两眼沾在了美人身上。

俗话说"酒可乱性"。武宗酒醉之后，提出要马昂的爱妾回豹房去陪宿。

马昂也醉了，魂儿早飞到了爱妾怀里，见皇上要自己的爱妾陪宿，便壮着酒胆拒绝了。

刘瑾见马昂果然进了自己设的口袋，终于松了口气。

武宗一听马昂如此大胆，不由勃然大怒，翻了脸，甩袖子走了。

第二天马昂酒醒后怕得要命，赶紧请求解任，丢了右都督职，马姬不久也被遗弃了。

四个月过去后，进入豹房的马昂兄妹，就这样被皇上冷淡下来，马昂也被迫罢官。

这几天气候有些反常，碧空万里，太阳高悬，但风声呼啸，飞沙扬尘，刮在脸上就似刀割一般，他想起了家乡的风沙。

整个皇城天空灰蒙蒙的一派清杀，庭院中翻卷的枯黄落叶和光秃秃的树丫，令他觉得心闷。关在屋中更无聊，思来想去，只有去宫外去找何宛，或可消闲解闷。

何宛住处离豹房不算近，出豹房门，穿过钟鼓司和司苑局，从专管佛教经书的番经厂后面转过去，再从专司太监每月口粮的供应库，过几道黄瓦小门就到了。

何宛许久未见刘瑾了，她也是一连数日闷得慌，她平时不喜外出，只关在房中打扮得流光溢彩，盼着刘瑾的到来，用万种风情陪着她的刘瑾。

但刘瑾已有好一段时间没来看她,她有些淡淡幽怨,也轻叹了口气:"唉!不来就不来吧!"

秋儿探家去了,刘瑾为他建的偌大的云祥阁中只有她独自一人在品酒。

她身边没说话的人,只有用那小嘴贴着酒杯,一杯又一杯,她感到似乎身体有些轻飘飘的,面色潮红,眼眸生辉,丰润的肌肤下一股情欲在闪闪灼灼。满室的酒香中,她在寻求舒适暖和的气氛,周身的筋骨在微醺之中有些酸软,她半倚在躺椅之上,将银盏送到唇边,她闭上了双眼,轻轻抿着酒。

何宛站起来,步履略有些飘摇,手里擎着一杯酒,哼起了宫中小调,她沉浸在欲痴欲仙的心境之中。

进入腊月以来,和刘瑾一样她有些心绪不宁,夜里常常难以成眠。她也不知是什么缘故,也许都因为天气反常。

黑夜,原来是如此的长,她想起每当和刘瑾在一起,夜就变得特别短。夜空中仿佛有人在低低的歌吟,又有绵长的迷惘的回声般的叹息,以及那呼啸的风一样长的愁绪。

她感到自己原来也会像宫女一般,把缕缕幽思赋予秋风中的落叶,一片片撒向夜空。但何宛毕竟和宫女不一样,虽说不同,但又相同,没有刘瑾的日子,她只能年复一年日复一日地度过漫漫的长夜。

作为一个女人,命运之星格外垂青她,按说她该知足了,该安尊守荣了,但是人啊,黑夜中的女人啊,真是欲望难填。

无际的黑夜,漫长黑夜,在这寒冷而美丽的月光下,她听到了枕头下的葫芦的蟋蟀的叫声,那叫声在月夜更显得动听悦耳,她轻飘来到床边。

悦耳动听的蟋蟀声一阵紧似一阵。

宫女们在锦衣绣被下的葫芦中都养了蟋蟀……宫女都明白这空旷和清寂的宫闱中的蟋蟀声声意味着什么。

渐渐地她体内的躁动被消散了……

无际的月光,无际的朔风,女人的思绪如花朵一般的开放着,又在男人之枝头灿烂。一夜无眠,到第二天天亮时何宛才入睡,醒来是已是下午。

醒来之后她又心里茫然无所适从,便又独自一人喝起闷酒来,当她正幽幽地哼着"秋夜赏月"时,刘瑾出现在她的眼前,心中幽怨一瞬间就烟消云散了。

她见他来到十分欢喜。又叫仆人重弄些酒菜。两人又低声诉起了相思之苦,边吃边侃,不知不觉到了傍晚。

多日不见两人自然格外亲热,说了许多心里话。

"又为皇上找了几个女子?"何宛幽幽地问道。

"这又有什么好说的。"

"只怕一个个都让你沾过了。"

刘瑾知道这许多天没来,何宛定是生气了,便将何宛拥在怀里,热辣辣的目光相碰,两人正欲解相思之渴。忽然一个小黄门慌慌忙忙闯了进来,见到两人就回身要走。

"回来!"刘瑾唤回了小太监,"什么事?"

"刘公公,万岁爷找您!"

如此一扰,两人顿时兴趣全无,刘瑾起了身,向何宛告辞,随小黄门向外走去。何宛既喜且恼,她知道皇上找刘瑾无非都是游玩淫乐的事。

又是一个反侧难眠的长夜。

葫芦里的蟋蟀又叫了起来……

刘瑾走出云祥阁,一轮弯月已挂在了天际,月光洒在石板路上,莹莹的泛着白,风止了,他快步沿着狭窄而幽深的宫巷走了好一会儿才来到豹房。刘瑾止了脚步,小太监进去报。片刻,又出来将刘瑾带了进去。

武宗正坐在龙书案后等着,面前摆了两堆题本分列左右,中间有一道关防,他不知又是哪个衙门的。

刘瑾不知何事,心里有些紧张。与武宗见了礼。

"刘瑾,朕将有件大事托付与你,你是否愿意?"

刘瑾心里一时没了谱,上次自己让武宗诛杀一个犯臣,武宗就是这样问的。

"请万岁爷安排,臣万死不辞,一定全力而为!"刘瑾只能硬着头皮说。

武宗满意地点头道:"甚好!"

见刘瑾神情严肃得有些紧张,与平日里满面笑容不一样,武宗觉得很是新奇,不禁觉得有些可笑:"此事干系重大,你可放心大胆地接!"说完,武宗竟放声大笑起来。

刘瑾只得勉强陪着武宗笑。

武宗一见,一向威风八面的刘公公今天这副模样,笑得更开心了。

笑够了,武宗拿起案上的关防,说道:"这是内行厂的印,即日起就由你来执掌了!"

一种无法言状的喜悦顿时充溢了他的身心。他绝没有想到如此重大的事情会如此快地发生。

"万岁爷皇恩浩荡,谢陛下对奴婢的信任,臣一定不负皇上的重托。"

"可要小心缉查,好生提防奸宄之徒!"

刘瑾又磕头谢恩:"定当效犬马之劳,哪怕刀山火海也在所不惜。"

出了门,刘瑾走回去,白日里豹房是何等的辉煌夺目,雄伟的宫殿在阳光下被照得金碧灿烂镀得豪华壮观。而此时,在冷冷的月光下,刘瑾托着沉沉的大印,一种荣耀无比的感觉在他的心底油然而起……

刘瑾在进一步扩大势力的同时,早就把控制东厂和锦衣卫作为重要的步骤。

虽然东厂、锦衣卫等已经控制在自己的心腹人手中,但还不能掉以轻心,要把这种操生杀大权的机构掌握在自己手中。

刘瑾亲自传旨改惜薪司外薪厂为办事厂、荣王府旧仓地为内办事厂。

这里是两个办事厂，其中的内办事厂又名内行厂，全名是"内刑名厂"。这是在宦官马永成主持的东厂和宦官谷大用主持的西厂之外，又设立了一个控制东、西厂的内厂或名内行厂。

"内行厂"是由刘瑾亲自控制和指挥的，既不受东、西厂的干预，也不通过任何司法机关，就可以实施人身的逮捕、监禁、刑讯、没收财产人口，直至处死人命。

内厂的侦察范围包括东、西厂、锦衣卫在的中央和地方所有部门。

内厂、东厂、西厂、锦衣卫都是皇权的保卫机关，其主要任务是监视臣民或百官中有无不轨行动或谋反阴谋，凡是危及皇权的任何活动或被认为危险的人物，这些机关都有防止、打击、清除的责任。

而"内行厂"却有权监视其他皇权保卫机关的行动。

在宦官集团中，马永成掌东厂，谷大用掌西厂，刘瑾自己掌内厂。这就使国家机器的权力，集中到自己的手中。

内厂为害尤其酷烈，人们稍有过错就被扣押，一旦进去，即难以保全生命。凡内厂捕人一家犯法，便株连邻里，有的隔河而住的，竟隔河连坐。屡兴大狱，冤死者哭号不绝。

刘瑾的内厂是被赋予无限权力的，它可以"中人以微法，无得全者"。

谷大用的西厂派出番役到各地活动。

江西南康县民吴登显等三家这年主持民间的龙舟赛会。

被西厂派出的番役得知并将其抓获，把这场龙舟赛会当做"擅造龙舟"，违犯了《大明律》中民间不得"擅造龙凤"的罪名，以大不敬和谋反罪上报。吴登显三家因此家破人亡，被抄了家。

这件事传开后，人们都神经紧张，在地方上只要见到穿着华丽衣装、骑着高头大马、又操一口北京话的人来到，就会奔走相告，互相叮嘱小心谨慎，不要招来祸事。地方官也就赶紧向这些来客贿赂财物，以图免祸。

在这种情况下，一些无赖的人就装扮成西厂番子到处恐吓百姓、勒索财物，真假西厂番役到处都是，于是全国的老百姓都陷入恐怖氛围中，不知道什么时候、为了什么事情，就大难临头。

此时在全国各地都盛行诬告风，动不动就是谋逆大罪，并实行广泛的犯罪连坐法，甚至河这边一家犯了罪，竟把河对面那家人拿来连坐。真是搞得人心惶惶，不可终日。

刘瑾为了在北京清除威胁他安全的人，同时也为了树立他的绝对威权，通过内厂番役把京师城内的"市井游食、无赖之人，如酒保、磨工、鬻（卖）水者"都强制驱逐出城。

这种人是为京师百万居民日常生活服务的劳动者，人数众多，他们平日依靠这座高度消费的大城市来维持生计，现在要把他们一律驱逐出城，等于断绝了所存的生路。

这些人在北京东郊聚集在一起,个个手持白腊杆子,声言:"刘瑾不让我们活了,早晚是个死,我们一定要把刘瑾弄死才甘心!"

刘瑾平日虽然不怕向他打拱叩头的文武百官,但对这些不怕死的老百姓以及亡命之徒,还是怕的,弄不好不是危及个人安全就是京师城里秩序大乱,不好收拾。

不久刘瑾就悄悄地收回成命,准许这些人回到城内照常营生。

刘瑾坐在椅上感到有些困乏,府中的小太监捧着食盘进了室中,盘中都是平日里他向武宗推荐的菜。

他看了看没有胃口,他想起当年在投黄河时,自己饿得能吞下一头牛,可如今再好的美味佳肴也不能再把自己的胃口撑满,因为晚上要在张采家与何宛会面。"不吃了,来杯茶!"

小太监又捧上一杯上等的龙井茶。

刘瑾揭开杯盖,还没嗅,已是满室生香,他的心里似乎畅快了些。

他想起今天户部奏报:凤阳、淮安、扬州、庐州等地灾荒严重。

他已下了诏:"拨补没有动用的银五十万两以及南京各卫所粮仓三十万石粮食,敕令南京户部侍郎王琼会同镇守、巡抚官分道赈济。"

还有,山东出现盗贼,曹州等地方的盗贼首领赵实等人不时出来劫掠乡镇,想与已遭擒获的妖贼赵忠共同作乱。山东守臣把这事奏报了上来。

刘瑾下诏说:"山东的镇守、巡抚和都布按三司等官一同捕缉,不要让盗贼势力蔓延扩大,并敕令河南、南北直隶邻境集结兵力防守。"

每天都是诸如此类的烦心事。分明是大臣们想给他好看。我就知道他们想:你刘瑾不是有权有本事吗,那好,如今大朝已经今不如昔,看你刘瑾又有何本事。

如今掌握了大权,也真的有些累,皇上整天不闻不问。广西和宁夏的反贼又在闹事,边军如今吃紧,已经快断了粮草,已分别派了援军,只是粮草还没有着落。

他正在犯愁,不知这粮草从何处筹到。

刘瑾想起今天晚上还要到张采私宅去,特别是张采安排他与何宛会面,这才又更衣出了门,向张采家走去。

张采家中的掌家、管事、上房等都已得知消息,知道刘瑾今天要来,早就百般恭维立在门外等候。

刘瑾都一个个赏了他们。

"谢谢刘公公!"

焦芳已经来了,刘瑾来了,焦芳和张采赶紧迎了出来。

刘瑾坐定,轻轻地啜了一口香茶,清爽无比,缕缕茶香在空气中弥漫。

到了掌灯时分,一根根大红的蜡烛燃起,顿时室内红彤彤的。

张采的私宅十分气派,有五进院,尽是宫殿式的建筑,虽说比不上豹房的雄伟壮观,比起一般的大臣们可要气派多了。

有间房是张采特意为刘瑾与何宛准备的,这间房要过了大厅在最里面,室里陈设着浙江采买来的精致家具,墙上挂着西洋八音自鸣钟。一色的黑漆红木床、柜和茶几。靠窗的桌子有盆苏州盆景,那茶几上的宜兴紫砂盆长不过尺,却是曲折突兀,怪石嶙峋,堪称一绝。至于室内墙上的字画,系出自名家之手。整座房子充塞着富贵豪华,堆砌着排场奢侈。

　　这室内的装饰皆是由何宛布置的,刘瑾对此十分中意。今天张采的私宅灯火通明,五进大院落正门全部打开,通道上家丁们垂手站立,恭候贵客的光临。

　　只听见一声声传呼:"夫人到了!"

　　何宛的八抬大轿落在刘府后花园的小暖阁前。刘瑾上前将何宛搀下轿来。

　　"何宛,几日不见脸上又增了几分光彩。"刘瑾满脸微笑。

　　何宛并不说话,娇手搭在刘瑾的肩上,由他扶着进了室。

　　四人一起进了红烛高照、雕梁画栋的大厅,大厅正中摆放一张八仙桌,桌面上摆着山珍海味。还有四套花边银盏、象牙筷子、匙羹及青花小瓷盘等。桌旁肃立着丫头和小太监各四人听候使唤。

　　四人分宾主上下席依次落座,张采为刘瑾、焦芳、何宛满满斟了一杯酒,最后给自己也斟满一杯。

　　焦芳、张采、何宛都举盏向刘瑾祝贺,祝贺他成为内行厂的督公。

　　刘瑾也为三个满满斟了一杯酒,敬诸各位贵客。他首先端起杯子敬何宛:"祝夫人青春永驻!"

　　"只怕是脸上的皱纹随着刘爷的头衔呢!"说着端起了酒杯,"为刘爷高升,干了这杯酒。"

　　何宛美目流盼,脸上泛着红晕。

　　刘瑾又敬了其他焦芳和张采。几杯酒下肚,大家又拉开了话题,话题自然是离不开内行厂的事。

　　刘瑾端起酒杯,猛地一口喝完,大笑道:"要这许多头衔又有何用,还不都是一张圣旨的事。"用习惯了圣旨,他感到没有哪种特权比下圣旨更管用了。

　　焦芳笑着微微点了点头,道:"掌握了内行厂就把东、西厂控制住了,我看东厂督公邱聚,西厂督公谷大用也不似当年与谢迁他们斗法时听话了。如今由刘爷执掌,东厂、西厂牢牢掌握在刘爷的手中。城内城外有什么动静,就可马上知晓。又有生杀大权在手,看还有谁敢说个不字。"

　　"刘爷就是不当内行厂的督公,又有何人敢说个'不'字。"张采说。

　　"敢说'不'的倒是少了,但不怕死的又如何能斩尽杀绝。"刘瑾停了停,说,"这些人倒不怕,就是那些大臣们老是上奏这里天灾那里反叛,最近边军吃紧,又快断了粮草,近年南方干旱,所有的粮仓都快空了,那些个大臣虽说面上不敢作乱,但一心想让国家出些乱子,好看我的笑话,好抓住些把柄,好给那些被打倒的奸臣们招魂。"

"我倒有个好主意。"焦芳说,"让那些胆敢作乱的'罚米输边',这样有几个好处,一来可以解决边军粮食紧张的问题;二来可以治一治那些心怀不轨的家伙;三来可以让那些所谓的'正义之士'惩罚自己的同党;再者,还能让他们知道知道厉害。"

"还是老焦不亏多喝了几盆墨汁!"刘瑾称赞道。

"妙!真是太妙了!"张采听得双目放光,神采飞扬。

"好什么?你们成天就知道搞这些权术,还是吃酒吧!"何宛在一旁撅着红红小嘴说道。

"喝!喝!"刘瑾忙端起酒杯,"再敬夫人一杯!"说罢哈哈大笑,几个人也笑了起来,烛火在笑声中摇动着。

看酒已喝得差不多了,焦芳知趣地告辞了。张采和何宛把刘扶进内间。

只剩下刘瑾与何宛,烛火下何宛显得越发迷人,室内郁郁的香气包围着,一缕缕的香气从何宛身上飘来,刘瑾真的有些醉了。

大红的帐子披垂着,那帐子里面更显得神秘,何宛心绪缥缈,密室中的一切是那样的熟悉:绘着四季风景的彩瓶在屋角瓷光,垂柳轻拂莺歌燕舞的屏风生机盎然,紫檀木床的床柱雕绘着行云流水……

何宛走向床边,穿着的薄衣向下坠去,她那蠕动的嘴唇如花朵般绽放……

刘瑾感到仿佛有无数只温柔而轻盈的纤手轻盈地托起他,一支母亲时常唱起的摇篮曲萦绕在他的耳边……漫天的花雨从天而降,蝴蝶在花丛中起舞,树叶青了又黄黄了又青,果实变得饱满而成熟。

他觉得身体变得轻盈起来,最后飘离了地面,一座辉煌宫殿出现在云中,他仰面望去,只见九千九百九十九级台阶上,正坐着一个身着黄袍的皇帝,两旁列着威风凛凛的文武大臣,那身着滚龙黄袍的皇帝面无表情:"下面何人?"声音在天宫中飘荡。

他的心中升起了一股怒火:"刘瑾面前如何有这样人。真正的皇上也不能拿你家公公如何。"

"为何不跪!"皇帝大叫道。

"我乃'鹄立皇帝',上面何人,还敢在老子面前坐着。"

"休得无礼!"久违了的声音从云端响起。

皇帝面前忽地飘来一缕祥云,云间走来白髯老者。

刘瑾定睛一看,竟是太白金星。

"多年不见,刘瑾想您老人家了!"

那白髯老者并不搭腔,过了许多才说:"看见那台阶上的人吗?"

刘瑾又抬眼向那皇帝望去,然后说:"刘瑾不解,请您老人家明示。"说毕回过头来,但见太白金星化作一缕云烟随风而逝。

刘瑾仔细一瞧,发现那天子竟是武宗,他指着刘瑾大骂:"畜生!你也想登九五之尊吗?"

"如何不能? 我刘瑾又惧过何人。"说着向九千九百九十九级台阶攀去。

两旁的文武大臣,对他怒目而视,看着他只差一步登上最后一级台阶时一齐把他推下了云间。

他大叫一声,发现原来是一场噩梦,浑身已是大汗淋漓,天刚放亮,何宛在他怀中。

秋天越来越深了,豹房中的三角枫如点点红烛,使清寂的宫院不再萧瑟,而亭阁台榭旁的御花园过了百花齐放争奇斗艳时节。秋天的太阳在那又高又远的天空上挂着。

几只大雁从豹房上空飞过,飘飘扬扬下几根银亮的羽毛,这羽毛好似一只只飞舞凤凰,在那蔚蓝的天空中缓缓降落。

微风轻轻地吹拂着树叶,营造着浓浓的氤氲,两个宫女在假山上追闹着,前面跑着的宫女手中拿着《西厢记》,后面一个追着要,一片花瓣从书中飘落,带走了宫女在书中落下的芬芳记忆。宫女们有的在曲水桥边横吹着玉笛,有的在秋千上悠然自得,宛若月中嫦娥。

日子如流云般缓缓飘逝,豹房中的岁月,既从容又悠闲,这里的生活豪华而奢侈、肃穆而优雅,其内里却如曲折而繁杂的廊栏,钩心斗角,复杂交错,宛如平静的水下即有湍急的漩流,又充满着凶险与不测。

刘瑾走进豹房大门,在厅上坐定。

"又是边军粮草紧急的奏书。"刘瑾心里在骂这些个大臣好似催命一般。

他叫焦芳把一年前公布的"奸人党"名单找了出来。

看着这一个个熟悉的名字,一张张令他厌恶的脸又浮现在他的眼前。

当刘瑾的眼光落在"韩文"这两个字上时,身上不由起了一紧,这个家伙差点要了他的命,以自己当时的力量,只能让他退休,他却能好好地在家休息,倒也自在。

"你去查一查韩文,看他还有什么把柄。"刘瑾对焦芳说。

"户部最近查实丢了一部旧簿籍,据说是韩文当初没交。"

"什么要紧的旧簿籍?"

"倒也没什么打紧的东西。"

"如此甚好,你去叫尚书顾佐上奏这件事,把责任推到韩文头上。"

焦芳就去找顾佐。顾佐不知是刘瑾的意思,见焦芳想让自己找韩文的麻烦,心想:韩文落到今日的下场都是焦芳当初起了关键的作用,现在又要加害韩文,真是心太狠:"这都是陈年旧事,再来上奏可能不妥,还是请焦大人另请大臣吧!"

过了两个时辰,焦芳气鼓鼓地回来说:"顾佐不同意,还说韩文本不应该落到今天的结果。"

刘瑾听着气就不打一处来:"传圣旨,罚顾佐三个月薪俸。再将韩文和侍郎张缙逮捕,投入锦衣卫监狱,关押三个月。"

"罚不罚米?"焦芳提醒刘瑾。

刘瑾想:韩文虽是仇敌,但也算条好汉,听说家中清贫,为官廉洁,只是与我不是一条路上的人,按人品比焦芳要强出许多。

想到这,于是对焦芳说:"罚韩文一千石米来刁难他,并要运往大同;罚张缙五百石米,运往宣府。"

焦芳如此照作了,只是从中又做了手脚,在三个月后,又把圣旨找出来,又宣了一次,罚了韩文二次大米,计二千石,韩文随之倾家荡产。

顾佐后来才得知,因韩文罚米的事原来是刘瑾的意思,后悔不已,骂焦芳是个无耻的小人。从此顾佐失去了刘瑾的信任,只得呈上奏疏请病归退。

刘瑾批准顾佐才退休回家,但要罚米五百石,焦芳又用对付韩文的办法,罚了顾佐二次,还不解恨,又罚了第三次,共计一千五百石,并运到边塞。顾佐家贫,只得借贷付罚。

顾佐归退后,刘瑾让刘矶取代他当上了尚书。

刘瑾对尚书许进不满,想让刘宇代替他的职务,焦芳也因为有求于许进而遭拒绝,因而排挤他。正好南京刑部缺郎中,适员外郎没有实授的,许进遵循旧例上报二个主事,刘瑾认为不应该推荐此二人,责令陈述事由,许进不认错。

刘瑾三次下旨谴责他,许进迫不得已,请求退休。

刘宇代替他的职务。许进的几个死党,有侍郎白钺,文选郎中、员外郎、主事等人,他们都或被罚俸,或被罚米。

武宗令将退休尚书雍泰、马文升、许进和刘大夏削籍为民。

雍泰既已罢官,刘瑾恨意未消,诬坐许进庇护雍泰,又追究从前推荐他的人,于是便牵连到马文升、刘大夏以及给事中赵士贤、御史张进等人,都被贬斥为民。

其他罚米的,吏科给事中任良弼、御史陈顺等五十六人,每人罚米三百石。许进两个儿子许诺、许赞在翰林院,都被罚米赎罪并被调外任。

刘瑾责令前后被罚米的官员定期完成并上报。交付户部拟议《罚米条例》:"在京师的,从今天开始,限期一个月;在外地的以及离任的官员,都从文书到达那天开始,按水程远近,确定时日限期运送到仓库,如有违反此规定的,内外管粮的官员举报弹劾。"一时间开列出前后被罚米的官员的名单,从被罚一千石的韩文算起,罚米五百石到两百石的官员有一百四十多人。只有南京副都御史陈寿,判其仓库亏损罪,罚米二千二百石,布匹一千五百匹,但他家中贫寒,无法交付罚米,上章诉说。

刘瑾知道他家贫困,豁免了他。

各个官员的罚米,多半是因为公事以及边防储藏亏折而被刘瑾诬陷中伤的,往往变卖家产赔偿交纳,或借贷赔偿。以后有因事延误而害怕遭受刘瑾惩罚的官员,往往找到刘瑾说情,有的表忠心以求免。平时虽然号称清廉严谨的人,由于惧怕遭受刑具加身的苦头,也迁就倒向刘瑾一边,以求保全自己。

给事中白思诚、御史储珊等人，再次参劾辽东仓库自弘治十五年至正德三年前后各任挪用亏折之数额，于是牵涉到都御史王宗彝、陆瑶、张鼐、马中锡、韩重，原任兵部尚书马文升，侍郎熊绣，原任户部尚书吕钟、侍郎王俨、王佐、张绍以及郎中、给事中、御史等数十人。除病故的人不予追究外，其余的人都罚米输送到边关，自一千石以下不等，其中有一而再、再而三被罚的人。

刘瑾权倾朝廷内外，各奉旨出使的人见其脸色，揣摩其意而行。

张龙因为依附刘瑾提升兵科给事中，外出核查辽东的军饷，以至于因为腐烂四石豆子便逮捕讯问监守的官员，自郎中徐琏以下的官员，每人罚米三百石不等。

刘瑾认为他能干，提升他为通政司参议。

刘瑾传圣旨派御史乔岱等去查核两浙的盐税，追查历任巡盐御史和转运司官员论罪赔偿商税，数额从数千两到数百两，按照官员任期长短和欠税多少以确定赔偿交纳的数额，并命令把这些所罚银两全都运到京城内府的承运库。

这些被罚的官员中有被流放戍边并已死去的御史彭程，其家境贫穷，只留下一个孙女，即使倾家荡产也不够赔偿之数，便卖掉孙女，路过的行人见此都为之流泪。

刑部侍郎张鸾、印绶监少监李宣和指挥同知赵良，从江西检查事务回到京城，凑集齐了二万两白银，仍按照旧例去见刘瑾。

刘瑾见一下送这么多银，心想："真敢送，这些银子还不知吸了多少人的血。"

刘瑾收纳了白银，但将其运到内府承运库，由此奏请对他们三人治罪，把这三个人送进了内行厂。

最后，张鸾被勒令退休，李宣和赵良都发配到南京闲住。由于此事涉及都御史林俊等三十一人，所以凡是江西现任和退休官员，都各人罚米三百石。

刘大夏走在宣德门的大街上，被贬为民后，穿上了布衣，再也不似往日穿着官服，坐着八抬大轿在宣德门走过时的气派。

宣德门是一个京城里最热闹的地方，这宣德门也称顺德门，由于历史久远，因此有种古色古香的景致。且看那一栋栋建筑上的绿瓦和瓦松、苔藓，记载了岁月的沧桑，像一首缓缓流淌着的古老民谣。狭长的城门之中，就像一座舞台，每日演绎着一出出曲折而有韵味的故事。

黄色的酒旗似乎从唐朝起就开始在酒店的门口飘摇着，海货杂货以及南北风味小吃，修伞补锅的手艺人，还有说书的、唱戏的、耍猴的、卖草药的……

几个地痞无赖，歪帽斜眼，混迹于熙熙攘攘的车水马龙之中，他们在寻找着他们的乐子，在赌场妓院旅店茶肆货栈，凑热闹逞威风占便宜，自不在话下。

所有这些叠加在一起，喧哗而生动，组成了这喧哗而热闹的所在。

他在一棵古槐树下坐下。

这时一个算命先生径自走了过来，来到刘大夏身边停了下来。

刘大夏看了看这算命先生，只见他身长体魁穿着长袍，一派仙风道骨的模样。再往上看，颧高眉扬，凹陷的双目炯炯有神，长须飘拂。

只见算命先生从包袱中取出张方纸铺在地上。

那纸上画着一个太极图,周围乃八卦:乾坤坎离震艮巽兑。那太极八卦图的下端分别以竖行列着官运、财运、婚姻、住宅、风水、祖坟等字样,方纸的右上首有一个簾摇。

过了一会儿,来了个年轻女子,不知是哪家的小姐。

那先生说着:"你的相上所呈须慎防一个'情欲'字,否则将有诸多不测。这'欲情'乃女子最难提防,有如干柴遇烈火,蜜蜂逢鲜花……"

那小姐羞涩点头,付过钱后出了人圈。

算命先生除算命之外,还有办法为人破灾消祸。

又一妇人过来,伸出一只手来让先生看相,那先生低声对他说了一番,然后交两纸符给妇人回去烧掉;并吩咐她于桥头之上,以桃枝为箭,柳枝为弓,射于水中所照之影。

刘大夏想到今天到了这等地步,心想难道是上天的有意安排。

于是也上前让那先生看相。

那先生看了他的面,又看了他的左手说:"你命运线交错,看你走过官运,后又落难。""请问先生近日祸福如何?"

"三日之内必有灾祸。"

"我身为兵部尚书,如今成了街头布衣,老天还能把我怎样?"说完走了。

算命的在后面摇了摇头。

在刘大夏算命时,有一双眼睛正注视着他,这人正是刘宇。

看着刘大夏,刘宇想起当年一件往事。刘大夏在兵部时,刘宇任大同巡抚,私自买良马送与刘瑾,刘大夏在宴会上把这件事给皇上说了。

想到这里刘宇恨极了刘大夏。他找到焦芳要找刘大夏算账。

两人一起向刘瑾说:"如果抄没刘大夏的家,可以抵边关费用的十分之二。"

田州岑猛求见刘瑾以求得恢复他从前的土地,押解谢湖到京师。

谢湖上讼鸣冤,说:"激起岑猛叛变的,是镇守太监韦经以及总兵官毛锐、巡抚都御史潘蕃。"

韦经又诉冤说:"岑猛当初背叛时在刘大夏主持兵部的时候,请求将田州与思恩都改土官为流官,将岑猛降为千户并将他迁徙到远边守卫,以至于引起怨仇。"

刘宇说:"这都是刘大夏激起了变乱,应将他处死。"

内阁大臣王鏊说:"岑猛并没有叛变,哪来的激起变乱?"

都御史屠镛也说:"刘尚书没有死罪。"

刘瑾说:"即便可以不死,但遣边戍卫能免吗?"

刘瑾也探知到刘大夏家里贫寒,便将他流放到最边远的地方,想让他到广西。

焦芳说:"这是将他送回家了。"

于是将他与潘蕃一起充军到肃州。

此时刘大夏已是七十三岁高龄，徒步扛着戈矛走到大明门下，昂头而去。刘大夏既已发配充军，刘宇还寻找别的事来陷害他。

　　潘蕃与刘大夏从前曾经先后总督两广，不久刘瑾听从户部郎中庄铎的意见，派遣太监韦彬去检查广东的库藏。

　　韦彬回来说："广东的库藏中有许多亏损，梧州贮蓄的盐利、军赏银有六十多万两，没有及时上交。"

　　于是又逮捕了潘蕃、刘大夏以及前左布政使沈锐等八百九十人，都罚他们纳米送到边关。

　　刘瑾下圣旨将翰林院修撰何瑭外调到开封府任同知。

　　何瑭是武陟人，在翰林院为各名宿学者所推崇，性情刚正率直，不肯依附刘瑾。

　　同僚中有人去拜刘瑾，何瑭却不去，见到刘瑾也只是长揖而已，刘瑾对此很不高兴。

　　一天，刘瑾赠给翰林官员一把川扇，唯独不给何瑭。

　　接受赠扇的人再三拜谢。

　　何瑭却正言厉色地说："怎么成了奴才的奴才！"

　　刘瑾勃然大怒，访问他的姓名。

　　何瑭直言相告："我是何瑭。"

　　刘瑾越发恨他，于是有这个贬斥。

　　何瑭知道自己不能被刘瑾所容，不久就请求退休而去。

　　同时还有翰林学士张莩也不肯依附刘瑾，被刘瑾找了一个借口谪贬为镇江府同知，听说这事的人无不骇异。

　　礼部尚书周经因病请求退休，武宗允许。以吏部左侍郎白钺代他的职务。

　　户部侍郎、金都御史韩福奉调到湖广核查处理军购缺乏一事，不久即被召回。韩福从前督理苏松的粮储，不久被召入京师，任右副都御史。曾受牵累被投入锦衣卫监狱，刘瑾因他是同乡，立刻将他释放了，从此便为刘瑾效力。

　　韩福喜于胁迫，处理事情过于鲁莽急躁，极其严酷苛刻。湖广的民间租税，自从弘治元年后，已拖欠六百多万石。韩福想追缴这些拖欠的租赋，弹劾有关部门催租不力，被弹劾的人自巡抚郑时以下有一千二百人。

　　奏报送到，满朝文武都感惊愕。户部拟议按他的意见办。

　　刘瑾忽然大怒，取诏旨说："湖广军民极其穷困凋敝，朕很是怜惜。韩福任意苛酷地征敛，很不合朕的心意。"

　　韩福认罪，请求罢免官职，于是被召回京师。

　　秀才张骏正走在大街上，听见后面有人叫"张骏兄！"

　　张骏回头一看，原来是多年不见的旧友窦瑁。

　　两人来到一处旅店，两人在一张桌前坐定，店主端来一壶茶，取了两只茶杯。两人便饮起茶来。

张骏问:"窦瑁兄,你怎么到这儿来了?"

"我特来寻你。几年前自放地一别,我这心就放不下你。后来我听说你上京打探仕路,也就来寻你来了。"

"一路上可好?"张骏又问。

"我以算命为生,总算一路走到京城,我返京后,甚事也没干成,反倒困在这里。"

"下一步又做何打算?"

"实不相瞒,我身上的盘缠也所剩无几,想去寻个熟人,借些路费,回家去了。正步出旅店就遇见你。"窦瑁说。

"我过去就对你说过如今这仕路不可走。朝廷争斗此伏彼起,争得不可开交;如今,朝中刘瑾大权在握,竟然做起了'立皇帝'。"

"张骏兄,言之有理。我在京中数月,已看出这朝中门道,早已打消了进仕途的念头。"

"如此甚好,'苦海无边,回头是岸',文人还是回去好生做些文章,留名后世,才是上策!"。

两人边说边品茶,店家点头哈腰走了进来。

"请两位到前屋就餐。"店主早已猜出,这酸秀才的店钱是不用愁了。

店主进来的时候,窦瑁还在大声而谈。张骏用眼色示意他不要说了。待店家出去,张骏对窦瑁耳语说:"京城中厂卫的耳目众多,须当心些才是!"

两人觉得腹中空空,便不再聊了,一起到前面用餐。

窦瑁听了张骏的提醒,便不再议论国事。

两人饮酒时谈笑风生叙叙旧情,又划拳斗酒,气氛颇浓……

原来,这两人都是浙江的秀才,相交已久,志趣却不尽相同。张骏热衷功名,以图仕途,而窦瑁却浪迹江湖,图个清静自在。几年来,他遍访名山大川,身上少了些秀才气。他去过少林和武当,研究过道教,也曾作过僧人……他至今只身未娶,四处云游,成了如今的窦瑁先生。

"窦瑁兄,几年你云游四方,身上添了些江湖气。但文人的本性确未变多少。"张骏说。

"古人云,江山易改,本性难移呀!"窦瑁举起一杯酒一饮而尽,然后用手扶着胡须说:"张公,我们明日在京城痛痛快快地消受一日,后日便起身回去如何?"

"如此甚好,可如今盘缠已无,囊中羞涩,这可如何是好!"

"我这里还有些银两足够两人使,请张公不用发愁。"窦瑁又哈哈笑了起来。

次日,张骏与窦瑁先是往各处游玩,随后来到一处妓院门前。

两人进得楼去,找了个粉面桃红的丰腴女子在室中尽情消受。

两个秀才多日的愁绪一时烟消云散。

当晚,两人又回到旅店饮酒,让店家上了几个菜。

窦瑁喝着喝着就大声放言："刘瑾立着当皇帝，我等倒是坐着饮酒，他也不能奈何我们。"

张骏大惊失色，劝他慎言。

"怕个鸟！刘瑾虽横，还能将我剥了皮，怕他作甚！"窦瑁有些刹不住了。

张骏缄默不语，闷头饮酒，吃罢，把窦瑁搀到房铺，想让他早些安歇，次日好一早上路，万一在此惹出事端，岂不生出些是非。

窦瑁已沉沉睡去，张骏心里总觉得不踏实，久未睡去，忽听有人紧促敲门。

张骏下床还未开门，门便被人一脚踏开。

有四个校尉进来，手里还执了火把，厉声喝道："起来！快起来！"

此时，窦瑁才醒转过来，张骏知道是出了事，叫苦不迭，暗暗埋怨窦瑁多嘴多舌。

窦瑁先生先行被带走。当张骏到了监狱时，窦瑁的手和脚都被钉在门板上，他怒目圆睁毛发上冲。

大堂上正端坐着"立皇帝"。

"你知罪吗?"刘瑾喝问道。

"何罪之有！"窦瑁先生咬着牙回道。

"你可认得此人?"刘瑾用手一挥，大堂外进来一人，窦瑁一看，原来是店主，正是这店主告的密，他引来了锦衣卫，在旅店中把窦瑁绑住。

刘瑾赏了店主银子，店主用双手接住。

"你这猪狗不如的小人！"窦瑁先生大骂。

"去了他的牙！"刘瑾冷笑着。

几个锦衣卫用铜掌狠狠地敲击，窦瑁先生满口是红。

"刘瑾你是罪该万死，千刀万剐！"说着，一口血水向刘瑾吐去。

当听了"千刀万剐"四个字时，刘瑾不知为何心里一紧，身上不由得起了一层鸡皮疙瘩，"割了他的舌头！"。

窦瑁先生的舌头被割了去，血淋淋地丢在了地上，人已昏死过去……。

张骏一见，胆战心惊，早就跪在地上叩头不止。

刘瑾并不解恨，他没想到一个穷秀才胆敢当面辱骂自己，这还了得。

张秀才早已吓得面无血色，头磕得山响："刘公公饶命！刘公公饶命呀！"戴方巾的头早已磕出了血。

刘瑾悠悠道："不过，听店家说你倒还老实，没敢背后骂我。"

"不敢，不敢，就是杀了我也不敢。"

"好吧，你且起来。"刘瑾命令道，"去拿银子来，给他十两，压压惊。"

张骏不知道刘瑾是什么意思，他万没想到会有这等好事，自己不仅没受到惩治，反赏了银子。愣了好一会儿才反应过来，又跪地连声道谢。

"这秀才还算老实，我想给你找个事不知是否想干。"

张骏不道刘瑾葫芦里卖的是什么药,事到如今,就是刘公公给杯毒酒也得喝下去:"刘公公尽管吩咐,张骏定万死不辞。"

"如此甚好!"

"拿酒来!"

一个太监端上一杯来。

"你且喝下。"

张骏心道:"真是怕什么来什么,看来今天是死定了,好坏总是个死,总比让人割了舌头再死好些。"

想到这,张骏把心一横,说道:"多谢公公!"接过酒杯一饮而尽,只感到一股火辣辣液体从嗓子流到肚中。

反正是个死,酒虽辣,但味道真不错。

"好酒!"张骏叫道。

刘瑾见张骏面不改色心不跳地喝了自己给的酒,心想这白净净的张秀才还真有股子侠气,便哈哈大笑起来。

"你可知这可是封了二十年的陈酿,这一杯就值数十两银子。"

"现在朝廷正在编写《历代通鉴纂要》,正缺少人,你先去做光禄寺卿。"

张骏见自己喝下酒没死,反倒当了官,才知道自己走了王八运,不停地给刘瑾叩着。

《历代通鉴纂要》编成后,刘瑾又找张骏的差错,命令陶锦调和张骏重新誊写。《历代通鉴纂要》重新誊写后,张骏由光禄寺卿升为礼部尚书。

刘瑾从东厂出来,命轿夫折转到何宛的住处。

狭窄的宫巷在轿夫的脚下一点一点向后退去,约莫走了一个时辰到了。刘瑾怀着尊崇的心理来见何宛,已是好几天没见着面了。

何宛见了刘瑾心里高兴,但面上却是冷若冰霜不理他,还撇过脸去,只冷冷地看着壁上的字画。

刘瑾站也不是坐也不是退也不是,只得硬着头皮说:"何宛,你今日又增了几分姿色。"说着,他疑惑的目光扫着何宛的脸。

"谁敢呀!"何宛像是话里有话。

"我若有什么地方做得不对,还请多包涵!何必生气。"刘瑾想搞清她为什么不高兴,边说边用手抚着何宛的脖颈。

"你这般摸着,可那张永不也是这样摸吗? 你刘公公有这等大的本事,可连何宛也不能揽在身边!"。

刘瑾终于明白她葫芦里装的什么药,原来她是想离开张永,不由心里一阵激动……

他仔细地权衡着,为了何宛,把自己的一个阵营的同党得罪,如果不把何宛争过来,岂不是对不住何宛对自己的一片真情,如果把何宛夺过来,又会开罪张永,见何宛楚楚动人的样子,刘瑾把心一横:"我刘瑾皇帝老子都不怕难道还怕你个张永不成。"

想到这里,刘瑾一把将何宛搂过来,说:"我定要把你夺过来……"

何宛眼圈一红,流出泪来。她心里如喝了蜜一样的甜润,心里的那酸酸的感觉一时烟消云散。

两人相拥而卧欢爱无限,何宛那郁郁芳香的玉体令刘瑾销魂。只有在何宛的怀抱中,他才感到安全,再也没有了豹房中的紧张与不安,心中也少了些许恶毒。他觉得从本质上来说人性都是相通的,他既不特别的尊崇她,却把她看得很重,搂着她才能睡得踏实。

正德三年四月二十一日,《孝宗敬皇帝实录》撰成,大学士李东阳等奏表呈送武宗。武宗即位时《孝宗敬皇帝实录》就在修撰,那时焦芳只是副总裁,由刘健、谢迁执笔,刘健、谢迁被罢免后,焦芳进入内阁,手持史笔,又重新对历史进行了一番褒贬,在许多地方都把自己的私人恩怨带了进去。

昔日的大臣如何乔新、彭韶、谢迁,都是天下所推崇的耿直刚正之士,而焦芳对他们总是大肆诋毁诽谤,对自己反而却自诩为正直,也不顾他人舆论的评价。

李东阳也只能敢怒不敢言,虽说官位与焦芳相同也只得回避,不敢持不同意见,但李东阳还是留了一手,在呈送武宗的奏表中写上"撰文的存疑与可信,期望在将来加以详尽完备"这样的词句,这样做的目的就是暗示焦芳篡改了《实录》,为以后重新改正埋下了伏笔。刘瑾也看了修撰的《实录》,总的感到对自己还是赞美的多,对于焦芳带进的私人恩怨,也就不与计较。此前《会典》已修撰完成,刘瑾看了看修撰的内容,大多是给孝宗歌功颂德的,想到孝宗,他心里就有种无名火,于是就以修撰《会典》耗资多有浪费,且书中有不少错误,将参加修撰的尚书梁储贬为侍郎,削夺庶子毛澄、谕德傅圭等所升之职,李东阳也受牵连而被罚薪俸。到现在由于其完成了《实录》的修撰,才又重新开始支付原俸。

不久,吏部讨论提升撰修《实录》的翰林院官员之事,很快得到从内府传出的批示:"调侍讲吴一鹏到南京刑部,侍读徐穆到南京礼部,编修顾清到南京兵部,汪俊到南京工部,都为该部员外郎。调编修贾咏、李廷相到兵部,温仁和到户部,刘龙到礼部,翟銮、董已到刑部,崔铣到南京吏部,陆深到南京礼部,检讨王九思到吏部,汪伟、穆孔晖到南京礼部,易舒馈到南京户部,都为该部主事。"

刘瑾起先怀恨翰林院官员不屈从于自己,就想把他们都调离出京,但被张采劝阻了。这次又提出前次的打算,张采又尽力劝阻了。

焦芳父子和检讨段灵等人,则认为可乘此机会排挤自己所不喜欢的人,于是开列名单呈送刘瑾,怂恿他办成此事,名谓之"扩充政事"。

董已起初被漏列了,有人向焦黄中提及,于是第二天将其名字列入另一批名单补上,与詹事府主簿李继先一同贬降为知县。

武宗亲自改动了这样的处置,于是降到刑部。

这天早朝，武宗退朝之后，一小太监在御道上，看见一份文书，以为是哪位大臣不小心丢失的，于是捡起来交给了值班的御史。

御史打开一看，不由倒吸了一口凉气，不敢有一刻怠慢，急忙上奏。

文书传到了刘瑾手里，打开一看，不由火冒三丈，又将这份文书上奏给武宗。正德皇帝一看也是非常气愤，下旨要追查这份文书为何人所为，有什么人在背后主使。

司礼监立刻传出圣旨，要锦衣卫查办。

第二天一早，文武百官全部被集中到奉天门外，一律跪在石板地上，听候发落。

有的官员不知道出了什么事，四下打听，问左右。都说不知道，也有个别知道的，但怕受牵连，也跟着说不知道。

过了一个时辰，有命令传出，各衙门的堂上官，也就是首领官，可以起身回去。

此时正值盛夏，太阳烤得人皮下直泛油，百官们早已如从水中捞起一般，汗水浸透了衣衫，这些百官平日里养尊处优，如何吃得这份苦。

到了中午，刘瑾来到了门东，看着大汗淋漓正跪在石板地上的百官，想到这些人平日里是何等的神气，今日里竟似落汤鸡，心中升起一股快意。

"昨天出了件'匿名文书案'，"刘瑾不由提高了嗓音，"有人竟敢写匿名信，对我进行诬蔑谩骂，写信的就在你们当中，谁写的就请站出来，免得大家受罪，写匿名信算什么好汉！"

翰林院的官员们跪在地上说："公公和太监们平日里对待我们都很好，我们整天想着法子感激于您，怎么能做出这种丧尽天良的坏事呢？"

刘瑾一听，心想我平日里对这些翰林院的人也不错，还重用了不少，料想他们也做不出倒戈害我的事来，再说翰林官们向我跪地求情，说明以"匿名文书案"震慑百官的目的已经达到，翰林官们的态度正说明了这点，于是当即赦免了这群翰林官，让他们站起来，回去吃午饭了。

御史宁杲平时紧跟在刘瑾左右，也是刘瑾安置在御史中的心腹。这宁杲为人精明，宁杲经常利用自己与刘瑾的特殊关系，为御史官们办点好事，在御史官中口碑较好，此刻见众御史官正跪在太阳之下，早就想为他们说情，这样既可在御史官们中树立威信，也可以给其他官员们显一显自己在刘瑾处说话的分量，以进一步提高自己在宫中的地位。但见除各衙门的堂上官外，大臣们都跪着，况且"匿名文书案"就发生在御史们上朝站班的地方，也不好开口，见刘瑾放过了翰林官，正好趁此机会对刘瑾说："匿名文书虽说在御史们上朝站班处发现，但对御史官们我还是比较了解的，平时他们都能遵守法度，说什么也不敢做出这种事，以我之见倒有可能是那些新科进士栽赃于御史官！"

"新科进士？"刘瑾双眉一锁，"这件事与他们有什么关系？朝廷的事儿都是坏在这些官儿们的手里。如果稍微处置一下，就会怨恨于心。他们难道不知道太祖高皇帝的法度吗？就算没见确实不知，连听也没听说过吗？都跪着谁也不许动！"

刘瑾倒要看看放匿名文书的是谁，如果不检举出来，或自己坦白，你们这些人就老老实实跪吧，倒要让你们尝尝我刘瑾的厉害。

御史宁杲自讨没趣，站在一旁不再说话。

太监黄伟走上前来，悄悄对刘瑾说："每天上朝时，四品以上的官员才按班次站立或跪拜，四品以下没有班次，只是随意地站在后面。那个丢匿名文的案犯怎么会站在里面呢？请您不要搞错了人！"

刘瑾仍然不听，还是让众官员们跪着，听候发落。他心里其实比谁都清楚，让众官们跪下，他是另有意图，说："去让宫内武士到这些官员们的家中搜查匿名文书的底稿！"

"写匿名文书的家伙连妻子都不会告知，怎么会留下底稿？"黄伟在一旁说。

刘瑾听黄伟说得也有些道理，想想就这样让他们晒着去吧！

此时京城正是高温季节，正午时分，酷暑难当，众官员们硬生生地跪着，头顶着火辣辣的太阳，大家哪受过这种苦。

"刑部主事何钱何大人昏过去了！"不知谁叫了一声，人群中一阵骚动。有人上去把昏死的何大人拖了下去。

"顺天府推官周臣周大人昏倒了！"

不一会功夫，一下拖下去了三人，何钱、周臣由于被晒饥渴过度而死。

黄伟看不下去，问刘瑾"是不是让众官员先回去，然后再作计较？"

"没有圣旨，我怎么敢做主！"刘瑾也感到有些过了分，于是又高声对众人说，"大明法律明文规定，写匿名文书要定罪，更何况在皇帝驾前！如果真是为国为民，就应该正正当当的上奏，写匿名文书算什么好汉行为？！"

黄伟也叫道："写匿名文书的人如果是好汉就站出来，若是如匿名文书上说的那样为国为民，就应该敢于站出来，就算死也要死出个样子，不要连累别人！"

等了一会儿见依然没有人站出来，刘瑾进屋休息去了，太监李荣留下来监视那些被罚的官员。见不少自己平日关系不错的官员此时正受煎熬，实在心有不忍，于是说："大人们躺下歇息一下吧！"

一些在一旁的小太监见众官员们口渴难当，看李荣松口，就拿了些瓜果给大家吃，正吃两口，正巧刘瑾出来想让众人回去休息，李荣一见刘瑾来了急忙对众官员喊道："快点跪好，快点跪好！刘公公来了！"

话未说完，刘瑾已到了，见到众官员在阴凉处，或躺、或啃瓜果的场面，不由火往上撞，二话没说转身又回屋去了。

李荣一时待在那里知道大事不好，这刘瑾加罪于人可谓心狠手辣，对别人施恩，亦比较大方，但谁要是自做好人，让他当恶人，那可是万万不可的。没想到自己一时心软，竟犯了如此大错。

不一会，小太监从屋里传出话来："李荣闲住，黄伟前往南京闲住。"

闲住是一种处分太监的方式，就等于被剥夺了太监身份，降职为太监，从事一般的杂役。

下午申时,刘瑾终于下令把跪了半天的三百多名官员送到锦衣卫,继续追究主犯和主使人。礼部进士陆伸,在罚跪时已昏死过去,被人抬到了锦衣卫,因为监狱容不下,只好把他放在院内。

第二天,一早有人发现陆伸不知晚上什么时候已经死去。这三百名官员在京城也是赫赫显贵,在京城也有一群不小的势力,众官罚跪一事,加上陆伸之死,一时京城居民舆论大哗,加之一些官员的亲友从中煽动,结果闹得沸沸扬扬,老百姓纷纷罢市,一些胆大的还带些食品衣物送给锦衣卫狱中的官员们。

这天,有人告知刘瑾这件匿名文书是内部人干的,并叫军士丢在御道上。这里大学士李东阳上奏请求释放官员们的奏疏也上来了,刘瑾想虽说没有查到到底是何人所为,但已达到了震慑百官的目的,于是也顺水推舟,做个人情,下令各衙门堂上官把各自所管官员从锦衣卫领出来,照常办事。而因此事而死的官员礼部进士陆伸、刑部主官何钱、顺天府推官周臣等,也都成了因被晒饥渴而死的冤魂。

京城有东西两座门,都是向南,两头接千步廊,也就是现在的北京东单和西单两头。东头的叫东生公门,西头的叫西生公门,是正统年间开辟的,当时是为了方便五府六部各衙门官员上班而开设的。这天刘瑾路过东生门,见来上班的官员们正在一个摊主前抢着买什么,已经买到了的正聚精会神地边走边读。刘瑾问:"那边发生了什么事?"于是马上有人前去查看,不一会儿拿回来三份文书,刘瑾一看一把将文书撕成碎片摔在正眼巴巴看着主子脸色由红变青,又由青变白的仆人脸上。

刘瑾看的三份文书,其中两份是假托"黔国公""魏国公"声讨刘瑾的宣传品。"黔国公"是指明初在云南的沐英,"魏国公"是指明初大将军徐达。虽然这两份文书以两位开国元勋的国公旗号,反对刘瑾,宣传品虽然署了他们的名字,但刘瑾不相信是两位开国元勋的后人干的,明显是有人假托名号。这实际上也是匿名文书。

这匿名文书在明代较常见。官府把这些涉及政治问题的匿名文书一律视为"妖书"或"妖言",《大明律》中有专门的"妖言律"。在宫廷斗争中利用这种匿名文书去向社会揭发政敌的罪恶和政治性隐私。

另一份文书开始就说"此文书记录了刘瑾罪恶的十件事",文书不但署了名,而且也写上了作者的地址。文书的署名是"上元县生员狄元",这份反刘瑾文书是请人誊写的,在北京长安门外发卖,"这一定是南方人干的。"焦芳说,他知道自己开罪了不少南方人,也在心里仇恨南方人。

"我想也是这些南方人干的。"刘瑾与焦芳两人不谋而合。

"我看江西人干的可能性最大。"焦芳说。

在成化末年,焦芳因受尹星一案的牵连而被贬职流放,他怀疑此事是出自彭华的意图。彭华是江西安福人,多次讥讽焦芳没有才学,焦芳因此对江西人恨之入骨。去年,满剌加国派使臣前来朝贡,其中有一位使臣名叫亚刘,本是江西万安人,原名叫萧明举,起先因犯罪而逃往海外,到了满剌加,现在与满剌加国人端亚智等人一同前来。途中，曾策谋到渤泥国索取宝物，且杀了端亚智等人。

此事呈报朝廷后正交付有关部门劾奏，焦芳在内阁，得此奏本，就在奏本末尾写道："江西习俗庸陋，所以多有蔑视法规之人，如李孜省、彭华、尹直等，向来遭到众人的非议。而且江西乡试的录取名额过多。"于是奏请裁减五十名并停止向江西人授以京官之职。

焦芳说："王安石祸害宋朝江山，吴澄去做元朝的官员，都应该张榜公布他们的罪行，告诫以后不要滥用江西人做官。"

杨廷和为之开脱说："由于一个奸民的行为，而波及一方的人士，这是不对的。况且对江西已裁减了录取名额。难道对宋朝、元朝的古人也要一并审查惩治吗？"于是才停止了此事。

焦芳深深厌恶南方人，即使谈到古人，也一定要诋毁南方人而称誉北方人，他曾经作了《南人不可为相图》进献给刘瑾。但他对自己家乡却出于私心而给予优惠，因为刘瑾是陕西人，焦芳便暗示给事中赵铎上奏说："乡试录取名额分配不均。"于是票拟圣旨，增加陕西的乡试名额为一百人，以此向刘瑾献媚，又增加自己家乡河南的乡试名额为九十五人，并对山东、山西都增加到九十人。焦芳徇私枉法的行径，大体如此。

没几天，刘瑾圣旨："裁革江西乡试录取的名额，并且做官者不得入选任命为京官，特著以为令。"

不久，查抄已故尚书兼都御史秦统的家。

秦统退休归返故乡死去后，他的妻弟杨瑾掌管其家。家中的仆人恨他，就把秦统遗留下的火炮上交给管理此事的校尉官，诬陷说是杨瑾收藏违禁兵器。

刘瑾知道后勃然大怒，归罪于秦统，查抄其家。

负责进谏的官员张九叙、涂敬等人便又秉承刘瑾的意旨弹劾秦统。

兵科给事中屈全，奏请颁布执行刘瑾所制定的《见行事例》，此《见行事例》按照六部为顺序，编集成书，颁布于朝廷内外，以显示有法规守则可依循。

武宗下达诏书说："将此《事例》交付朝廷官员议定施行。"

刘瑾所创设的新条例，更改了已定的法规守则，并着手进行赏罚，朝廷内外惶恐不安，战战兢兢，重足而立，朝不保夕。屈全于是秉承刘瑾的旨意，协助刘瑾推行新条例，把不少人都投入了内行厂。朝廷官员既恨又怕他，想共同拖延《事例》的颁行。这时国子监祭酒王云风又奏请颁行《事例》。

武宗晋升杨廷和为吏部尚书、武英殿大学士。

武宗任命曹元为吏部尚书兼文渊阁大学士。

曹元替代刘宇进入内阁，但他庸碌无能，在内阁中，只是每日饮酒戏谑，谈论一些街头巷尾的粗俗之事。

过了几日武宗任命兵部左侍郎胡汝砺为兵部尚书，替代曹元之职。

胡汝砺由于是刘瑾的同乡而成为其党羽，前段时间奉命前去清查宣府的屯田情况,现在被召回,于是有了这次的提升。但他还没到任便死去了。

六月初九,巡抚四川副都御史林俊呈上奏疏说:"刘烈聚众作乱,从眉州逃奔躲藏在保宁山中,其他一些犯法为非的人,都借刘烈之名四出抢劫掳掠。"

武宗下达诏书,令洪钟自湖广移师前往征剿。

当时林俊悬赏白银两千两,捕捉刘烈,还画了刘烈的图像四处张贴,没有捕捉到刘烈。

而蓝廷瑞、鄢本恕、廖惠的势力日益扩大,聚众十余万,分别任命了四十八个总管,蔓延在陕西、湖广间。

蓝廷瑞与廖惠图谋占据保宁,鄢本恕图谋占据汉中,攻取郧阳,再由荆襄东下,三省为之震动。

巡抚御史周廷征,勘察宁夏战功,呈报朝廷说:"延绥、宁夏二镇的功次,惟宁夏总兵官杨英所部军士斩获最多,应该从优升迁和奖赏。"

宫内传出武宗的批示说:"此功本是由于曹雄的奏报才派兵遣将前往征讨取得的,为什么独归功于宁夏,而且还混入延绥的职名,这是兵部失于查参。"

兵部尚书王敞等也曾以此为内容呈上奏疏。由于王敞等各自引咎自责,武宗下达诏书,命罚每人两月的俸禄。此时,刘瑾正与曹雄结为婚姻,所以把平定宁夏朱真番叛乱的功劳全部归于曹雄,朝廷的议论也不敢驳斥。

十六日,武宗自称"大庆法王西天觉道圆明自在大定慧佛",命有关衙门铸印呈上。武宗对于佛经梵语,无不通晓,刘瑾引导武宗信佛,便有自称"大庆法王"和铸印之命。

于是,番僧趁机乞田一百顷作为法王下院,从宫中传出武宗的圣旨交付礼部商议,并书大庆法王与圣旨。

礼部侍郎傅圭假装不知道此事原委,执意呈上奏疏说:"大庆法王是什么样的人物,敢与至尊圣上并书! 大不敬。"

刘瑾下诏:"勿问"。而番僧所乞田地一事也竟然不再提及了。

六　两宦争宠

张永与何宛对食几年。最近何宛经常夜不归家与刘瑾明目张胆地在一起,张永心中极为愤怒。

这天,张永先以好言相劝何宛:"现在宫中议论纷纷,说你与刘瑾有私,我原想这只是一些人从中搬弄是非,挑拨我与刘瑾的关系。但你与刘瑾关系也过于密切,才引出这些污言秽语。"

张永本想劝劝何宛,没想何宛正因找不到借口与他撕破脸,正好抓住了机会,索性和张永一刀两断。何宛冷笑道:"你我都是明白人。实不相瞒,我与你对食本是凑合过的,又不是明媒正娶的夫妻。没想你倒要认真起来,这就别怪我不客气。

要是撕破脸皮,我拉你去见皇上,把你做的那些坏事告诉皇上,也让皇上看看你叫驴的嘴脸。"

张永听后不由大怒,一把把何宛扯过,照脸上就是一掌。

何宛只觉脸上火辣辣的,又反掌给了张永一巴掌。两人就扭作一团。

两人正打得不可开交,一个内监进来,传来夏皇后旨,让张永到坤宁宫,为送给夏家父母的礼品做些准备,两人这才松手。

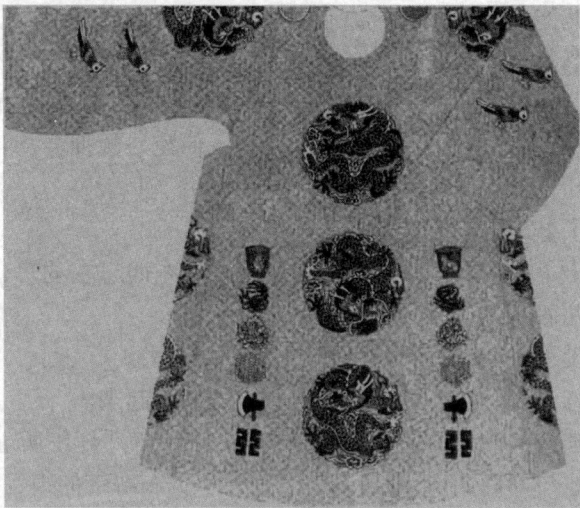

明代皇帝朝服

张永整了整衣衫说:"回来再收拾你这贱人。"就同内侍到坤宁宫去了。

何宛终于和张永撕破了脸,就下决心与张永分手。

张永走后,何宛就去找刘瑾商量对策。见了刘瑾何宛就哭着把事情经过说了一遍。

"这老儿,想死了?"刘瑾恶狠狠地说,"过去我让着他,可如今我还怕他不成吗?要真敢惹了我,管叫他死无葬身之地。"

刘瑾说完又搂过何宛,"打到哪儿了?我帮你看看。"嘴便贴到了脸上。

何宛就势倒在刘瑾的怀里。

两人正在椅子上云里雾里,夏皇后的宫女巧儿来了。

巧儿一进门见何宛和刘瑾正紧紧拥着,吓得缩了回去。巧儿心想:早就风闻何宛与刘瑾不干净,没想到今天倒让我给撞上了。

她返身回宫,想把这事告诉夏皇后,走了几步又想,夏皇后刚刚入宫,还只是个孩子,如今刘瑾又是皇上红人,搞不好的话自己反倒招来杀身之祸。

巧儿想来想去,暗道:我何不去到何宛的对食丈夫张永那儿去,用张永之手除了何宛。那样的话就会除了对手何宛,自己受到夏皇后宠信。眼下要张永抓住两人的奸情,有了人证物证,皇后也不好再护着何宛了。

巧儿找到张永,把何宛与刘瑾幽会的地点与经过的详细情况说了。她见张永被激怒了,又火上浇油地说:"刘瑾不是公公收留过吗,这是宫里都知道的。现在反过来抢公公的对食这也让您下不了台吧?"

张永听罢,火冒三丈,不停地说:"这对狗男女,看我抓住你们把你们碎尸万段!"

巧儿见张永真动了肝火说:"小奴愿意帮助公公捉住那对狗男女。"

张永一听巧儿能与自己站在一边非常高兴,说:"那请你在何宛那多留些心,一知道他们干那勾当马上来告我。"

这天晚上,刘瑾喝过酒,便想找何宛,恰巧在豹房门口遇见何宛和巧儿正要进门。刘瑾见巧儿在,也不便多话,只使了个眼色。何宛心领神会,朝刘瑾点了点头。

这一切都被巧儿看在眼里。

刘瑾便先到了老地方尚衣监等着。

何宛和巧儿出了豹房时天快暗了。何宛谎说有东西忘在豹房,让巧儿先回去,自己回去取。巧儿假装答应,偷偷跟在何宛后。

何宛见后面没了人,又折回一直向尚衣监方向走去。

巧儿也尾随着,见何宛进了屋,轻轻走到窗外细听起来。

刘瑾与何宛幽会的尚衣监是个小平房,巧儿站在窗外仔细听着。房里何宛正在里面浪声浪语地与刘瑾调情,渐渐就是窸窸窣窣宽衣解带的声音。

巧儿一听身子便有些软了,心想该去告诉张永,可脚却迈不动步,忍不住用指点破窗纸向里望去,见两人雪白的身子正绞在一起,当即觉得四肢无力趴在了窗边。

"吱!"巧儿不小心碰响了窗户。

"谁?"刘瑾当即坐了起来。

巧儿吓了一跳,心想若被刘公公知道我在外面望,我小命便没了,拔腿就溜了。这才去找张永。

刘瑾正在兴头上,见门外有响动,出来一看又没人,想可能是风声,也可能是猫碰了门窗,要么就是自己听错了。又返回房里。

巧儿见到张永,用手指着尚衣监方向,说:"那对狗男女好高的兴致,竟在尚衣监干起这种脏事来。"

张永说:"你先等一下,我去叫人。"

不一会,张永就领了几个宫中侍卫,让巧儿带路直冲向尚衣监。

巧儿带到门口,说:"王公公,我再不敢带路,弄不好丢了奴家小命。"

张永说:"有你家公公在此,你还怕什么。"

说完带人闯开大门冲了进去。

刘瑾和何宛早已完事,正在甜言蜜语边说话边休息,忽听大门猛地被撞开,心说不好。刘瑾当即翻身下床,急急穿上裤子。

何宛也慌作一团，刚把内裤穿上。

"嘣"的一声，小平房的房门被撞开了。

张永首先闯了进来。

何宛上衣还未穿好，吓得她急忙抓上衣裹住上身，缩在墙角。

张永大声呵斥道："狗男女好高的兴致。给我拿下！"

几个宫中侍卫也进了屋里。

刘瑾见屋里一下进了十几个人，心里也是一惊，心想：事到如今也没什么好怕的了，于是高喝一声："大胆奴才，敢动老子一根毫毛，叫你碎尸万段。"

几名太监和侍卫一见刘瑾的气势，吓得不敢上前。刘瑾毕竟是皇上的红人。

张永见带来的人竟然没一个敢上前，气急败坏指着刘瑾大骂："你这忘恩负义的小人，当初你被逐出宫时我收留了你，你今天翅膀硬了，竟然奸淫你干爹的对食，如此乱伦的丑事也干得出来。现在被我捉住。你还有什么话可说？"

张永抡起手掌，向刘瑾脸上打去。

刘瑾早防着他，用手一挡，反扭住张永，朝他腰上狠狠一脚，张永一个嘴吃屎摔在了地上，带上了一句："老不死的东西，何宛在此伺候老子休息，你在此骚扰？别人怕你，难道刘瑾还怕你不成？"

张永从地上爬起来，叫道："真是反了。"

"反的是你，老子今天也让你知道知道老子的厉害。"说完把张永按倒，骑在张永身上演起当钟鼓司时经常给皇上上演的"武松打虎"来。

张永带来的侍卫越来越有些不明白，分明是王公公来捉奸，如今反被打。这些人没有一个上前拉刘瑾的，更谈不上帮助张永拿刘瑾，先是感到这场戏真有趣，在一边看热闹。这些侍卫都知道刘瑾不是好惹的，王公公都不能将他如何，我们还能怎样，还是快快退了，以免日后难逃干系。

刘瑾见张永带来的侍卫纷纷走了，只留下那带队的侍卫和张永的两个贴身小太监，就更加壮起胆。

刘瑾身高马大，张永被压在下面杀猪般号叫不止。

还是小太监见张永快没命了，才说："刘公公就住手吧，真要将王公公打死，皇上又能把你放过吗？"

留下的那个侍卫小头目也说："请刘公公住手，圣上已经休息，万一有人报与皇上，惊动了圣驾，本侍卫担当不起，请二位公公就此住手！"

刘瑾一听，心想：张永真要被我打死，也逃不了干系。心中也有些害怕，就住了手，从容穿好衣服，带着何宛就往外走。

张永疯狂地从地上爬起来，死死揪住刘瑾的衣服，大声骂着："你个无耻的阉狗，我就是拼了老命也要与你论个高下。"说完就拉着去见皇上。

刘瑾想：张永吃了亏一定不会善罢甘休，不如就此到皇上面前争个高下。想到这，一把揪住张永的头发，两个扭打着向豹房走去。

两个一直闹到豹房武宗的寝宫。

宫门的侍卫见两个公公扭打着来了,后面还跟着何宛和几个小太监,便大声喝道:"谁人敢如此大胆在此喧哗,万岁正在宫内安歇,还不快快走开。"

张永一肚子窝囊气正没处发,气得大叫着:"请皇上评理,刘瑾这阉狗与何宛偷情,被我捉住反倒将我打了,今日非请圣上做主,评个是非曲直不可。"

侍卫知道来人是两位公公,知道这两个可不好惹,就劝道:"二位公公且息怒,圣上正在安歇,你们这样吵吵闹闹,万一惊动了皇上,本侍卫可担当不起这个罪过。"

张永已经到了这个分上,今天如果不让皇上评个理,将来只怕没了机会,而且反遭暗算也不是没有可能,于是说:"这阉狗与宫人通奸,岂能放了他!"

侍卫听王公公骂别人是阉狗差点笑出声来,更感到可笑的是太监竟然还能与宫女通奸,都感到很新奇,嘴上说让他们回去,可心里也想看这场戏如何往下演。

见侍卫既不放行,也不说不放行,张永和刘瑾两人互相揪住头发扯进了豹房,直奔皇上寝宫。

刘瑾见张永动了真的,又有些怕起来,便说:"老王八,难道你真不怕死不成?"

"今天就是要把你这阉狗干的勾当面奏皇上!"张永气得声音都变得嘶哑了。

侍卫见两个闯进了豹房,就围上来,把两个往外拉,边拉边劝。

张永如何管得了这许多,大声叫着,侍卫们吓得不知如何是好。

武宗拥着马姬正要睡下,听到外面吵吵嚷嚷,就起身出来,见贴身侍卫正进来,便问出了何事。

侍卫说:"张永公公和刘瑾刘公公两人打起来了。"

"张永和刘瑾打起来了?为何事?"

侍卫不知详情,只得又出去问。

武宗知道今天两位公公闹到这里,自己是非得出面不可了,于是穿好衣服。这时侍卫进来了,报告说:"两位公公为争一个宫女打得不可开交。"

武宗一下笑出声来,觉得两个公公为争一个宫女打了起来,很是有趣,就传两人进来问话。

刘瑾想要先发制人,不然让这恶狗先咬上一口,于是先跪下奏道:"奴婢们该死,惊扰了圣驾,请万岁恕罪。"

"两位爱卿为何深夜不睡?"

张永自己占了理,忙叩头,奏道:"启奏陛下,孝宗皇上赐奴才与宫女何宛对食,已经多年,没想到刘瑾暗中勾结,今晚在尚衣监通奸,两人被奴才捉住。刘瑾非但不知罪,还将奴才打了。请陛下伸张正义,还我何宛,将刘瑾奸夫正法。"

刘瑾说:"何宛在进宫前便与我交好,只是这老王八势大,让他抢了去,请陛下为刘瑾做主。"

武宗见公说公有理,婆说婆有理,不知该听谁的,于是让何宛进来问话。

何宛挑门帘进来，低头跪在面前。

武宗见何宛衣着不整，头发散乱，一脸涨得通红，心理便有了底，知道是刘瑾的不是。按《大明律》，内宫通奸应斩首弃市，抄没家产，诛灭九族。但武宗想刘瑾是最得意心腹，说什么也不能把自己的膀臂去掉，说什么也下不了这个手。武宗也是风流天子，想想太监能通奸真是笑话，也不可能，于是笑了起来，说："你们俩都是公公，如何也会争风吃醋？"

两人此时不知武宗作何打算，都不敢抬头回话。

武宗见两人不再说话，便说："两位爱卿一个是手心，一个是手背。遇上今天这事儿朕不能强断。"武宗沉吟片刻说，"这样罢，就让何宛自己选择。朕要看看你们俩谁更讨这宫女的喜欢。"接着又问何宛："你自己说说，你想与谁对食，朕今天为你做主。"

何宛原以为今天自己是死定了，没想到皇上如此通人情，便给武宗叩了头，又抬头看了刘瑾一眼。

这一切武宗都看在眼里。这风流天子整天与女人打交道，自然十分了解女儿的心事，便说："好了，朕已心知肚明，你们三人今晚且回去罢，等明日朕替你们明断。"

三人于是叩头谢恩，退出武宗的寝宫。

第二天，武宗传出圣旨：命何宛与刘瑾对食。

武宗想：太监和宫女，不都瞎闹着玩，谁跟谁过，不都是水中月镜中花？他如果知道刘瑾自行了断时尘根未净，还会饶过他？

张永一听武宗下旨把何宛判给了刘瑾，当场一口血喷出。几个贴身太监一见，急忙回私宅，请太医诊治，并向皇上请了假。

刘瑾在最困难的时刻，结成了"八虎"集团，在与权臣的你死我活的斗争中，他凭借自己的智勇取得了"八虎"中的首领地位。

当刘瑾的权势越来越大时，"八虎"成员们不知从什么时候时起，在刘瑾面前有了种被压迫的感觉，刘瑾咄咄逼人的气势，那令他们只得仰望的威严使他们有些透不过气来。他们和刘瑾在一个起点起步，有的人甚至还比刘瑾起步早一步，他们眼看着刘瑾在自己的身后赶将上来，虽说也带着他们向权力的最高峰攀登，但刘瑾如今已成了"立皇帝"，他们如今只能望其项背，还要听任其摆布。

刘瑾在与"八虎"的共同战斗中，也时刻感到同伴们对他的威胁。如今被称为"立皇帝"的他，越来越感到"得天下易，守天下难"的道理。"八虎"集团有今天的权势，可以说已经没有了敌人，而在斗争中成长起来的"八虎"集团，他们是不会甘于寂寞的。

刘瑾与他的同党间的关系正变得越来越复杂。

一次，"八虎"之一掌东厂的马永成打算把一名亲信叫邵琪的升为百户。

马永成向武宗推荐邵琪升为百户，武宗已经口头同意。

刘瑾见武宗同意马永成推荐邵琪升为百户的意见,心中大为不满,他不能容忍"八虎"未经他的许可去干一些他不知道的事,更何况马永成竟另立山头,培养起自己的亲信来。

于是,刘瑾坚决反对邵琪升为百户。

马永成得知刘瑾反对,非常生气,心想皇上已经同意了,你刘瑾难道还比皇上大,于是拉着刘瑾到武宗面前力争。

武宗自然还是偏心刘瑾,于是采纳了刘瑾的意见。结果邵琪空欢喜一场。

马永成因此认为刘瑾既不给面子,又在皇上面前压了他一头,从此就恨透了刘瑾。

另一"八虎"成员——执掌西厂的太监谷大用,要在临清开设皇店,赚取税利。谷大用就找了一个镇守临清的太监上书,请皇上批准,以便得到皇帝的敕书。哪知刘瑾知道后,派人把这个镇守太监抓了,并加以法办。

刘瑾这样做是想找个岔子,让谷大用知道知道任何人,都不能抛开我刘公公干一些事。"八虎"成员邱聚在东厂办事,不知什么事触犯了刘瑾,被刘瑾在皇上面前奏上了一封密疏,揭发邱聚犯了"交通外臣"之罪,就被发到南京孝陵当狰军去了。

正当刘瑾一步一步走向权力巅峰过程中,有个人正冷冷地看这一切,此人就是张永。

在与刘瑾的相处中,张永学会了刘瑾的一切手段,他从心里佩服刘瑾,但他更想自己能超过刘瑾。他紧跟刘瑾身后,在刘瑾的培养和爱护下,一步一步跟了上来。

在"八虎"中,可以说在豹房里的太监中,除刘瑾之外,张永权势可以说是最大的了。

然而由于皇上武宗正重用张永,所以刘瑾离间张永与明武宗关系的计策一直没有实现。这张永善于骑射,很得武宗的宠信。

刘瑾也知道,在"八虎"最危难的时候,张永为了"八虎"最终战胜权臣们做出了巨大贡献,"八虎"能有今天,张永功不可没,但也正因为"八虎"有了今天,也正因为张永居功自傲,才使刘瑾感到张永是自己潜在的威胁。

更让刘瑾感到气愤的是张永在皇上面前时常说一些自己不想让皇上知道的事。

刘瑾眼里容不得别人对自己的一丝不忠,他已经把张永作为了自己的下一个目标,下决心一定要把此人撵出豹房。

张永总管神机营。刘瑾也感到他不再依附自己,就向武宗进谗言,准备把他罢免到南京。一天,刘瑾窥到一个机会,在武宗面前重重地告了张永一状,而且要求朱厚照立刻把张永调往南京,限张永即日就遵旨出京,并在禁门上贴了一张告示:不许张永再进宫门。

但今天的张永却不是好惹的,他不能像马永成、谷大用、邱聚那样受窝囊气,听刘瑾的摆布。

张永得知后，直接拜见武宗，控告刘瑾陷害自己。

明武宗召见刘瑾与张永对质，张永听到消息后，就直闯宫门来到武宗面前，诉说自己无罪，是刘瑾无端陷害他，请皇上决断是非。

双方都来告状，似乎都有理，皇上一时没有了主意，只得把刘瑾也叫来和张永对质，二人刚一开始争辩，就在武宗面前越说越僵，张永就挥动拳头打了刘瑾。谷大用等人赶来解围劝说，好歹才停下手。

武宗命令谷大用等人设酒席对二人加以调解。

大家摆了一桌酒席，请了不少同伙来，为他们两人讲和。和解只是表面和解了，两人间的仇恨却越结越深。

从长安门出来，刘瑾身边的京营官身着明盔亮甲，坐着轿子来到了内行厂那森严的大门前。

刘瑾走进大堂，坐在中央。各衙门指挥、千百户，各营参游、五城兵马司都各具花名手本参谒，点过堂后。东厂、西厂和内行厂的番子、锦衣卫在京城以至各省几乎无处不在，上至官府下到民间。有如一张巨大的网，秘密地把京城笼罩在其中。京城的大街小巷，厂里的耳目多如繁星，四处打探着消息，成为刘瑾的千里眼和顺风耳。

但京师之大，厂里的番役感到有些人手不够，最让刘瑾感到不满的是不能随时提供想要的情报。他现在就找不到两个贿赂他的监察御史欧阳云、工科给事中吴仪。

这二人奉命出差外地刚返回京城，用厚礼贿赂刘瑾。正好张采已提出建议，劝说刘瑾不要接受官员赠送礼物。

张采知道有人贿赂刘瑾，于是找机会向刘瑾劝说道："公公，您可知道这些收纳而得的银两从何而来吗？它们不是盗自国库，就是盘剥于百姓。他们假借公公之名而中饱私囊，送给公公的不到其所得的十分之一，但天下人们的怨恨却归公公您一人，对此您怎样向天下之人解释呢？"

各部门的下属官员从外地进京，便各自聚敛金银贿赂朝廷里的官员，有的省多达二万多两，这些用于贿赂的银两，往往是从京城的富豪那里借贷得到的，其条件是要求借贷的官员回到任职之地后加倍偿还，这种借得的贿赂银两，被称之为"京债"。为了偿还"京债"，上级官员层层向下征敛钱财，以至于对此现象大家都已经习以为常，不以为怪了。

刘瑾想到了昨天欧阳云、吴仪两人给自己送了些当地特产，等他们走后，家中的小侍发现里面有二万银子，如果按张采所说，还不知盘剥了百姓多少银子，便打算设法找到这两人。

刘瑾一方面派遣给事中张烩、段豹、御史房瀛等十四人前往南、北直隶各行省仔细查核钱粮情况。另一方面叫人去拿欧阳云和吴仪，可这两人不知怎么得到了消息,等去抓时已经逃了。

内行厂派出的耳目四处打听都没有消息。

刘瑾感到内行厂应该进一步增强实力。

"我看还是应从京城和各地找些优秀人才,以壮大内行厂。"张采说。

"如此要多花些银子。"

"不能干的人就把他们打发走了事。"

"我这厂子里,特别是内行厂可不养吃白饭的。"

"我这就去办。"张采说。

果然,不几天,内行厂的番子就来了一批新人,又赶走了一些没用的,内行厂的人员素质有了提高,番子们头戴着尖顶帽脚踩着白皮靴到处打探情报,掌握的情况比以往更多、更有价值。

一天有个姓胡的档头提供了一条有价值的线索,欧阳云、吴仪正在一处妓院。刘瑾赏了他,跪地磕头谢过。刘瑾于是又命锦衣卫去把欧阳云、吴仪拿来。

妓院那朱红的雕楼木屋里散发着阵阵刺鼻的浓香,院内停着豪华的红漆雕花马车,车上走下了胡档头。

楼上走下了一女子,这女子唤作菊花。她忙乎得微微直喘,丰满的胸脯在花袄中起伏着,应酬着进进出出的来客,把他们一一安顿好。

她有他的标准:根据客人身份和身价,什么客人什么菜,出多少钱受什么待遇。

番役们气势汹汹地闯了进来,妓院一时失去了往日运行秩序。

菊花上前,玉盘似的脸上挤出了笑容。

胡档头一把把她推开,指挥着众番子将妓院团团围住,带了二个精干的番子冲上楼去,一脚踢开一间屋子,撩开那大红缎面被,露出一对赤裸裸的男女。

女人尖叫着,胡档头一把将那男子从床上拖下来,二个番子架着出了房屋,剩下女人在床上不停地颤抖着。

"你可是欧阳云?"

"正是你家爷爷!"欧阳云怒目圆睁。

"你好大胆子竟敢贪赃枉法。"胡档头抬起他的白皮靴,就是一脚,欧阳云大叫一声便昏死过去。

"给我抬走!"几个番子上前把欧阳云抬出妓院,带回内行厂大狱待审。

刘瑾端坐阴森森的大堂上,让属下用大枷伺候那些重刑犯人。属下立时搬来大枷,轻的有五十斤,重的有二百斤。欧阳云哪里受过枷刑之苦,一片哀号:"刘公公饶命! 刘公公饶命!"

"你送来的银子我都叫人清点过了,你这些银子都是从哪里来的,如此盘剥百姓,再将罪名加在皇上头上,真是罪该万死。给我用力!"

欧阳云哀号不已,最后再也没了声音。

刘瑾冷冰冰的面无表情,他毫不为之所动。多年来,他早就不再会被眼泪所动,也不会被哀号声和淋漓的鲜血所动,他的心已变得冰冷如铁。

不一会没了声音,行刑官说欧阳云死了。

经常有大枷枷死人的事发生,刘瑾对此已是见怪不怪了。

"看你还敢拿着鸡毛当令箭。"

武宗有一天问刘瑾:"朕听说内行厂频频立枷、已经枷死多人,真的有这回事吗?"

刘瑾回答:"对杀人如麻的巨奸大盗,用轻刑不足以诚天下。"

"把人活活枷死也真是太可怜了。"

"我回去给邱聚、谷大用说说,以后不要再用了。"刘瑾一下就把责任推得一干二净。

武宗见刘瑾这样说,就不再说这个话题,又问了别的事来。

告辞了皇上,刘瑾边往外走边想着皇上的话,不由摇了摇头,心想皇上这人如何能当上皇上。看来他最近可能没什么事干了,再去找几个花样让他玩玩。只有这样,才能让他少有闲暇来过问政务了,想到这,刘瑾也稍稍释然了,但今天的事还是让他有些扫兴。

天阴沉下来,凛凛的朔风像匕首刮在脸上,金碧辉煌的豹房也显得灰暗、冷落。

夜里,房外下起了鹅毛大雪,漫天飘舞的雪花纷纷扬扬,在天地之间随心所欲,一夜之间覆盖了整个皇城,造就了一个银白色的世界。

刘瑾一边烤着炭火,一边想着豹房中的事。他感到在屋里憋闷得慌,他是个爱动不爱静的人。在房中他就像个囚着的野兽,他圆圆的脸上一层阴云。

忽然,厅外进得一人,见刘瑾跪下:"报刘公公,小的们已将吴仪抓到了。"

刘瑾闻听是此事,不禁"哦!"了一声。

"去内行厂!"他起身朝厅外走去,张采等心腹也跟了出去。

几个番役手执钢刀押着三人站立不动。"吴仪和另二人在吃酒,有人听到谩骂刘公公,说您老人家欺君弄权,收受贿赂……被我们发现,将这三人带了来。"

刘瑾接过灯笼过去,把那人的脸照了照,正是吴仪,吴仪早已吓得脸都青了,也不知是冻的还是吓的。

"带走!"话音未落,吴仪扑通一声瘫倒在地。

另二个连连磕头,口里叫着饶命,不住地向刘瑾磕头,头上早流下了鲜血,还在不停地磕头求饶。

"起来吧,你们二人很好,正好你家公公高兴,一人赏银二两。"刘瑾说。

二人原以为必死无疑,哪知非但免死,还有赏银,便又磕起响头,连声谢公公大恩大德,赏罚分明,领赏去了。

刘宇、张采和邱聚们都笑看着刘瑾,刘瑾转身瞧着大家,道:"笑什么,走! 到我那儿吃酒去!"

回到家,刘瑾抓起新温的酒,自斟一杯,仰脖一饮而尽。

此时，盆中的炭火正浓，一幅朱门雪天行乐图。

已是夜深了，房外的大雪仍纷纷扬扬，地上早已覆得一层玉被，泛着冷森森的莹光，一片银白的世界。室内一盏盏红灯，将飞龙舞凤的雕梁画栋映得富丽堂皇。

热腾腾的羊肉火锅上了桌，大家拿着一双双镀银筷戳了下去，各自津津有味地品尝着，满室弥漫着酒香、茶香、肉香。

吃饱喝足，刘瑾乘着酒兴招呼各位："来，咱们摸几把！"

几个人下了酒桌，到了另一间净室，摆上麻将，玩了起来。不一会工夫，刘瑾面前就堆满白花花的银子。刘瑾玩得开心，高兴地笑着，显示出满足和自得。

张采和刘宇没赢没输，输得最惨的是邱聚。邱聚心里又躁又毛，但当着大家的面也不好发作，他脸抽搐、手发抖，强作欢颜。

宫鼓浑厚的声音第三次响起，在空旷的宫殿中回荡着，又传向整个京城，消逝在茫茫的风雪之中。

天亮时雪停雪止，宫中分外热闹，宫人们在路上扫雪，嫔妃婀娜地走来，看着千万树梨花开放的雪景，为那被风凋零的红梅花牵动了柔肠……几个宫女们打着雪仗，豹房中典雅美妙的女人们，好似一株株雪中的蜡梅，千姿百态，那一缕缕芳香漾进空气之中。

刘瑾起得很晚，随侍的小太监服侍他起床，又端来温水和洗漱用具，洗完了，又毕恭毕敬送上一碗冰糖燕窝汤。

用毕早餐，他径自去了内行厂，邱聚早已等在那里，见刘瑾来了，忙施过礼，然后凑在他耳边说些什么。

刘瑾听着皱起了眉头："把吴仪带上来！"

几个番子把吴仪带到了大堂，大厅上端坐着威风凛凛的刘瑾。

"吴仪，你可知罪？"

"有罪的是你，刘阉！"

刘瑾克制住自己的怒火："皇家的御用品怎么会到你手的？"

吴仪在心里骂着，你刘瑾真是不识好歹，千方百计弄来的御物却成了你用来审我的物证。

吴仪反问道："刘公公，你如何能证明这御物是我的呢？又有谁能作证？"

刘瑾冷冷一笑，喝道："带人来！"

在吴仪惊疑的目光中，一个身扛巨匣的人被带了上来，定睛一看正是与自己一同去南方的徐仁。

刘瑾厉声问道："这御物你可认得？"

徐仁道："是吴仪从江西收受来的。"

"那御物现在如何落到我手？"

"是我俩送给刘公公的。"

"为何要送与我？"

"一来想谋个官,二来这次到南方,收了不少银子和财宝,怕犯事,也就给公公一些。"

"你自己收受搜刮民财,不要诬陷于我!"吴仪喊着。

刘瑾看了一眼邱聚说:"带彭用上来!"

"刘公公万安!"彭用跪倒在地,连叩几个头。再见主子吴仪被押在正中,心里有些发虚。彭用跟了吴仪多年,吴仪屡次的责罚,早就恨之入骨。

张采了解到这个情况后,要他告发主子,并许他事成后有官做;邱聚还恐吓他,如不听话就是死路一条。现在彭用被带到这里作证来了。

"彭用,你家主人可从南方带来一些金银财宝?"

"有……有这事。"彭用不敢看吴仪。

"多少?"

"我看到有六个大箱,四个小箱。"

"狗奴才!我打断你的狗腿!"吴仪骂着,但腿上却带了镣,成了阶下囚。

刘瑾一拍惊堂木,大声喊道:"还敢嘴硬逞凶,给我打!"

于是,吴仪被邱聚手下的几个彪形大汉打了个半死,发刑部收禁。

欧阳云、吴仪、徐仁三人贪污贿赂,刘瑾原想将吴仪、徐仁也处死,但一想这些人虽说贪财,却也没忘了自己,于是下了道旨,将吴仪罢免官职,贬降为民,徐仁出卖自家主子放往边疆服苦役。

自此以后,刘瑾又治了许多贿赂的官员。

正德四年,春季,正月十三日,武宗在南郊举行祭天地的典礼。

这天,刘瑾接到一个奏折,告知明宪宗的废后吴氏去世,并请示葬礼一事。

刘瑾批示:"将她焚尸而葬。"

大学士王鏊听说刘瑾要将宪宗的废后吴氏焚尸后坚决反对。

"吴氏已被宪宗废后,葬礼的规格不应过高。"刘瑾有些不高兴。

王鏊说:"吴氏虽说被废,但活着时仍然享受在皇家所受的待遇。"

"如今国家正值困难时期,难道还要为吴后搞个隆重的国葬?"

王鏊说:"服丧之礼可以不必举行,但葬礼不可简单草率。"

"我已禀告过皇上,陛下也同意将吴氏焚尸而葬。"刘瑾说完生气地走了。

王鏊见说不动刘瑾,又进了豹房找武宗劝说吴氏的葬礼要隆重一些,不可简单地将其焚尸而葬。

武宗见王鏊情绪激动,说的也有道理,于是采纳了王鏊的建议。

有了武宗的尚方宝剑,王鏊为吴氏举行了一个既不算隆重,更不算简单的葬礼,最让刘瑾生气的是王鏊竟然说动了武宗,皇上亲自参加了吴氏的葬礼。

三月十七日,武宗下达诏书,令"吏部考察京官不必定期进行。"

这是采纳侍郎张采的奏请而下达的诏书。

张采进入吏部后,一心一意侍奉刘瑾,为了达到刘瑾进一步控制百官的目的,制定了"考察京官不必定期进行"的举措。

新举措下达后，又增设旧例中所没有的新条例。如首次命令朝廷的官员秩阶四品以上的都要自我述职。

于是自内阁、六部以下的官员对张采的举措感到十分气愤，一些官员坚持表示反对。其中最坚决的又是王鏊。

刘瑾在早期的与朝臣们的斗争中就学会了以柔克刚，他要让王鏊自己把自己给辞了。

王鏊再次请求武宗废除"吏部考察京官不必定期进行"的举措。

奏疏送上来后，刘瑾给退了回去。

第二天又送了上来，刘瑾又给退了回去。

如此几个回合下来，王鏊只得使出最后一招——奏请退休。

武宗下圣旨劝慰留任。

王鏊再次请退。

刘瑾对武宗说："既然王大人如此坚决不如成全了他。"

四月十四日大学士王鏊再次奏请退休，武宗予以批准，并赐诏书许他可得以享用驿站的马车归返故里。

刘瑾在与王鏊的交往初期，他对王鏊开诚布公的进言，有时还能听从采纳。等到焦芳一门心思对刘瑾迎奉后，王鏊自我揣度不能与他抗争，渐渐地对刘瑾也有些不满，并倒向李东阳一方。

李东阳在内阁任职时，与王鏊多能相互关照协助。刘健、谢迁、刘大夏、杨一清以及被逮捕的平江伯陈熊等人都几乎险遭大祸，都是李东阳从中斡旋，他们才勉强赖以保全。

朝臣们对此多有非议，有的人还把李东阳比作湘江春草。

在此之后，侍郎罗已劝李东阳尽早辞官，甚至上书请削去自己的门生之籍，李东阳看到罗已的书信之后，俯首长叹不已。

王鏊已经辞官而去，李东阳又协同杨廷和共事，而内阁大臣的继任者是刘宇、曹元，李东阳的势力更加孤单。

武宗任命工部尚书才宽兼任左都御史，总制延绥、宁夏、甘肃等地军务。

在此之前，各镇守、巡抚官员呈上奏疏说："三镇有军情警报，却不互相接应支援。"于是兵部就奏请说："仿效昔日王越等人的旧例，仍设文职大臣总制边防，镇守和巡抚以下官员都受其节制。"于是便有此项任命才宽的诏令下达。

武宗下令起用山西按察副使王鸿儒任国子监祭酒。

王鸿儒先前曾因病请求退休，到现在刘瑾打算利用其名望而收纳他，于是下发了这道命令。

二十六日，逮捕山东巡按御史胡节下狱。

胡节奉命外出将返回京城，考虑到手中无礼物进见刘瑾，于是将此意微微透露给布政使司和按察使司的官员，二司的官员便借贷维修曾子庙的费用和香火费等共三千两银给胡节。

胡节到京后，仍照旧例将银两贿赂刘瑾。而张俭奉命出使山东时，已发觉此事，于是刘瑾派官立即逮捕胡节下狱，并将这些贿赂银两充公。

此案办理完毕，胡节被发配戍守肃州，布政、按察二司属下的有关人员或贬降或处罚，都得到相应处置。张俭因为检举奸邪有功，下令吏部将其记名等候晋升。

因为《实录》修撰完成之功，武宗晋升焦芳为少傅兼太子太师、华盖殿大学士。李东阳则只增加到正一品的薪俸。命吏部尚书刘宇兼任文渊阁大学士。

刘宇以前在兵部任职，以收受贿赂而声名狼藉，到吏部任职后，大权归张采掌握，而文官所得馈赠之物不如武官，刘宇就曾经常常为此悒悒不乐地叹息说："兵部本来就很好，何必要来吏部呢？"

刘瑾想用张采代替刘宇，于是命令刘宇以原官进入内阁。

刘宇在阁中宴请刘瑾，极为欢乐，大喜过望。

第二天，刘宇将到内阁办事，刘瑾说："你真的想当宰相吗？内阁之地岂可以再次进入呢！"刘宇不得已，于是借口扫墓祭祖之名，回到家乡。

刘宇回乡后，武宗令张采代任吏部尚书。

张采由郎署之职三次晋升，很快就位居六卿之首。每当刘瑾外出休养，公卿前往侍候，但从早晨直到黄昏也不能见面。而张采故意姗姗来迟，直接进入刘瑾的小屋，欢饮而出，这才开始与众人作揖相见。众官员由此更加惧怕张采，拜见张采所行之礼也同于刘瑾。

张采对朝臣说话，可直呼刘瑾为"老者"，凡他所说之话，刘瑾无不听从，因此朝廷内外向他送礼献物之人络绎不绝。

江西乐平的强盗汪澄二、汪浩八等作乱，肆意抢劫村庄，知县汪和率领民兵前去捕捉，没有捕到，汪和反被俘虏，并且杀死民兵三百多人。淮王将此事报告朝廷。

不久，东乡、瑞州的盗贼一同兴起。自此江西的劫盗之风日益盛行。

汉中守臣上奏朝廷："四川流贼刘烈等人转向攻掠汉中，聚集众人二千多人。"

刘瑾下达诏令："四川、陕西、湖广三省的镇守、巡抚等官员，应各自合适有效的方法加以剿捕，不得使流贼势力扩大。"

各边镇停送每年应例行交纳的银两，边镇的储备日益匮乏，使刘瑾伤脑筋，于是派御史等官清查屯田的情况。

副都御史韩福，刚整理完湖广的军需储备情况返回京城，刘瑾便命令他督察清理辽东的屯田。

韩福以征敛为能事，所到之处，惊扰民众，以至于有义州、锦州戍边的士兵高真等人，胁迫众人作乱，焚毁官署民房，驱逐委派的官员。

守臣惧怕高真等人将事情闹大，发生更大的变乱，于是就给他们发放银子二千五百两对他们加以安抚，骚乱这才开始平息。

守臣见事态平息后,便将此事上报。

刘瑾得知此事后,归罪于镇守、巡抚官员不能宣示朝廷的赏罚之制,将巡抚都御史刘献及下属官员定罪。

一月之后,给事中徐仁弹劾韩福苛征暴敛之事,刘瑾掌握了韩福作恶多端的证据,只怪自己认错了人,但既然已经错了也没有办法,就勒令韩福退休。

与韩福同时分派下去清查屯田的胡汝砺、周东等人,都根据刘瑾旨意,在各边塞虚增屯田数百顷,命令这些田亩都必须交纳租税,使得守臣感到不堪重负。周东在宁夏,做得尤为苛刻,以致人心愤怨。

武宗提升兵部侍郎王敞为兵部尚书,替代胡汝砺之职。

指挥何锦等人,于是与安化王朱真番以诛讨刘瑾为名,谋划起兵发难。

刘瑾得祸自此开始。

七 判罚凌迟

刘瑾专权范围之广,权势之大,为害之深都是前所未有的。明朝中叶以来皇权的纵容利用及其政治制度中的缺陷是造成明朝宦官专权的温床。一代权阉的出现,是皇权专制制度的产物。它代表皇权的权威,严厉钳制了文臣武将及其平民百姓,加强了封建专制统治。然而,宦官专权势力的继续发展,便走向了皇权的反面,由皇权的附属势力异化为能够威胁皇权的势力,这又是封建帝王所不能允许的。

刘瑾的倒行逆施激化了他与当时各阶级各阶层之间的矛盾,刘瑾已经成为众矢之的,他的败亡是不可避免的。

刘瑾的权势太重,已达到危及封建专制皇权程度。明朝建国以后,历代帝王都非常注意防止异己势力。首先致力于防止出现权臣,因此便废除了丞相制,而由皇帝一人集大权于一身。皇帝身边的宦官这时却逐渐染指朝政,出现了一大批诸如王振、汪直、刘瑾这样的大权阉。封建皇权专制制度不允许权臣的出现,也就不可能容忍权阉的存在。当权阉专权的程度在某些方面超出皇权与宦官的依存关系所允许的范围,皇权便要除掉权阉。刘瑾是利用明武宗朱厚照耽于游猎酒色之际,而获得专权地位,假借皇权的权威,通过矫诏等假传圣旨的形式,维护其专权地位,被人称作"立地皇帝","刘皇帝"形成了与专制皇权平行的权力中心。刘瑾的活动在明武宗受蒙蔽时,还可猖獗一时,而一旦有人敢于让明武宗朱厚照了解到真实情况,明武宗所代表的皇权专制势力便会立刻消除其身边的这另一权力中心。

刘瑾权倾朝野,不可一世,既与皇权有了冲突,也与各地方藩王势力产生了矛盾。刘瑾专权吏治腐败,朝政混乱,民怨沸腾,举国上下动荡不安。刘瑾专权使得朱明王朝的皇权受到削弱,必然引起分封在外的朱氏藩王的不满。地方藩王势力可分为两部分:一是看到刘瑾在朝中专权擅政,忧在心头,但由于势孤力微,又敢怒不敢言;二是一部分心怀异志的地方藩王,利用刘瑾专权造成的混乱局面,欲想乘机取代朱厚照,朱氏家族内部争夺最高统治权的斗争必然围绕刘瑾来展开,刘瑾的所作所为也为地方藩王举事提供了借口,任何一个藩王提出"诛刘瑾"清君侧的口号,都可以置刘瑾于死地。因为只有地方藩王才有力量提出这样的要求,从而也为其他反对刘瑾的力量提供机遇。

刘瑾虽然利用无能的皇帝使宦官势力压倒了朝臣集团的势力,但并没有使所有的朝臣都心服口服地追随他。宦官集团与朝臣集团的矛盾也一天天激化。刘瑾专权伊始,重点打击迫害朝臣集团,广泛地排斥异己,培植安插亲信,随意廷杖,强迫致仕,一扫朝臣如蝼蚁。朝臣集团中反宦官势力受到重创。但是这并不意味着刘瑾为首的宦官集团取得了彻底胜利,也不意味着矛盾彻底解决。随着刘瑾倒行逆施的加剧,这种矛盾反而更加激化。朝臣中有少部分蜕变为阉党,追随刘瑾,为虎作伥。但多数朝臣在暗地里积蓄力量,伺机反击,为除掉刘瑾积极活动。由于朝臣力量已经极为分散,形不成一支有组织的力量,在除掉刘瑾的问题上,只有联合其他势力,包括宦官集团中反对刘瑾的力量。朝臣中反对刘瑾的代表人物是右都御史杨一清。

青花四鱼戏莲纹罐(明代)

刘瑾专权极力维护自己的私利,激化了与宦官集团中其他势力的矛盾。刘瑾起家于"八虎"集团,正是由于其他人的支持,他才得以获得专权地位。但是,当刘瑾的权势越来越大时,"八虎"集团中的其他成员感到自身难保,而刘瑾也时刻提防他们触及他的权势。围绕着宦官集团的利益分配,刘瑾与"八虎"集团中其他成员的矛盾越来越尖锐。有一次,"八虎"之一掌东厂的马永成打算把一名亲信提升为百户,并已得明武宗的恩准,但刘瑾却偏偏不同意,马永成从此忌恨刘瑾。"八虎"之一、掌西厂的谷大用,要在临清开设皇店,赚取税利,就找了一个镇守临清的太监上书请明武宗批准。刘瑾知道后立刻将那个镇守太监逮捕法办。"八虎"中的丘聚在东厂办事,不知什么事情触犯了刘瑾,被刘瑾密奏一本,以"交通外臣"罪。谪发到南京孝陵净军。张永是"八虎"之中权势仅次刘瑾的人物。刘瑾处心积虑地想把张永排挤走。有一天,刘瑾利用一件小事,在明武宗面前告了张永一状,而且要求明武宗立刻把张永调往南京,限张永即日就遵旨出京,并在禁门上贴上告示:不许张永再进宫门。张永知道这一消息后,立刻闯进皇宫,径直来到朱厚照面前,诉说自己无罪,现在这样处置他,是刘瑾陷害的结果。明武宗朱厚照见他们各说各的道理,也没有办法,只好把刘瑾叫来对质,这两人在皇帝面前互不相让,针锋相对,张永一气之下,竟然挥拳打了刘瑾。这时,谷大用等人出来解围。经过此番面对面交锋。张永虽暂时摆脱了被遣送的厄运，但从此却与刘瑾结下了深仇。明朝正德初年的宦官"八虎"集团已经严重分裂，其他成员已成为刘瑾的反对者。在权力、势力达到顶峰时，也逐渐与从前的"盟友"产生了仇隙。

正德五年（1510年）四月爆发的一次地方藩王的军事叛乱，使得上述各种反对刘瑾专权的力量汇集到一起。这就是明朝正德初年的"陡鐥之叛"。这次军事叛乱的客观背景是，明朝统治已面临严重的社会危机，自然灾害频繁发生，流民问题不得缓解，农民起义此起彼伏。其直接导火线是刘瑾不断派人到边境地区查勘屯田，编审屯粮。刘瑾首先对粮仓、草场、钱物仓库等进行查盘。明朝早有制度，却未大力实行。明武宗即位后，刑科给事中王宸查盘宁夏、固原仓场，发现粮料草束多有腐烂，认为应追查责任，后不了了之。刘瑾专权后，主持了几次查盘，声势很大，至少有几十人因查盘获罪。对失职官员的惩治，一度只是下狱查办。后来代之以追赔罚米。纳银赔补多至数千两，少亦数十两。罚米输边多至数千石，少亦数十石，被罚者一次常有数十人。刘瑾还派亲信党羽清丈土地，尤其注意清丈各边的屯田。明朝中叶以后，封建官府掌握的田亩数急剧下降。其中，屯田失额超过70%，屯田收入减少八成，最为严重。刘瑾专权后，由对查盘钱粮，转移到对屯田事务的注意。派遣官员四出丈量屯田，打击的主要对象是所谓官豪之家，包括勋戚、武臣、内监等，从1506年（明正德元年）十月至1509年（明正德四年）二月，对庄田、屯田等分别进行了9次局部的清丈。正德四年（1509年）八月，更大规模地派遣官员四出丈量屯田，涉及的地区有辽东、宣府、大同、延绥、宁夏、蓟州、沧州。大规模的清丈屯田虽然在一定程度上加强了朝廷对屯田的控制，查出了一些被官豪之家侵吞的土地。但与此同时，更为严重的是，出现了丈量屯田的官员溢额邀功和收敛银两贿赂刘瑾，及任意弹劾惩治地方官员的问题，甚至拷打边军的妻子。给事中高涝在沧州丈量，弹劾惩治了61名官员，其中包括他的父亲。这些问题不仅使官豪之家反映强烈，边陲屯田边军也发生了骚动。辽东锦州、义州的屯军焚烧官署，殴打官吏。在宁夏，巡抚都御史安惟学忠实地执行刘瑾的命令，严厉督促清丈屯田，以50亩为1顷，然后再按丈出的田亩数额收敛银两，以"孝敬"刘瑾。安惟学等人的所作所为引起当地屯田士兵的怨恨。刘瑾还嫌不够，又派大理寺少卿周东到宁夏清丈屯田，周东在宁夏"敲扑惨酷"，戍将卫卒更加激愤。宁夏庆府的安化王朱陡鐥便利用群情怨愤之时乘机举事。史称安化王朱陡鐥"素有逆谋"。朱陡鐥在庆府的郡王中，仪表堂堂，被一些江湖术士说是贵人之相。又借女巫之口，谎说其有帝王的星命。指挥何锦、周昂等人还找来一个儒生孙景文做军师，为其出谋划策。周龙到宁夏后，搞得天怒人怨，孙景文便对朱陡鐥说："殿下欲图大事，现在正是时机"。朱陡鐥遂接受了他的建议，命令孙景文召集属下歃血为盟，制定计策，"欲尽杀诸守臣，劫众举事。"

明正德五年（1510年）四月五日，朱陡鐥在家中摆下酒宴，召集都指挥何锦、周昂，指挥丁广暗地设下埋伏，杀掉了前来赴宴的巡抚安惟学、总兵姜汉、都指挥杨忠以及大理寺少卿周东等官员,开始了军事叛乱。他们"放狱囚,焚官府,劫库藏,夺河舟",又伪造了印章旗牌。朱寘鐇宣布起兵后,即命令孙景文书写了一篇声讨刘瑾的檄文,并誊写了数百份,派人送到各边镇鼓动其他地方的边帅边军起兵响应。朱寘鐇在这篇檄文中宣称:"近年以来,主幼国危,奸宦用事,舞弄国法,残害忠良。蔽塞言路,无复忌惮。致丧天下之心,几亡神器之重。……余不得避,将率三军,以诛党恶,以顺人心。"

朱寘鐇在檄文中还特地历数了刘瑾的种种罪状:"刘瑾蛊惑朝廷,变乱祖法,屏弃忠良。收集凶狡,阴塞言路,括敛民财。籍没公卿,封拜侯伯。数兴大狱,罗织无辜。肆遣官校,胁持远近。张彩、刘玑、曹雄、毛伦,文臣武将内外交结,意谋不轨。今特举义兵,清除君侧。凡我同心,并宜响应,传布边镇。"

朱寘鐇这次起兵,虽是自称"举义兵,清君侧",但其真正目的是争夺皇位,声讨刘瑾只是其一个堂而皇之地理由,因此说,朱寘鐇起兵不是什么"义举",而是一次叛乱。

朱寘鐇讨兵遣将,摆出了欲与中央政权决一死战的架势,任命何锦为讨贼大将军,周昂、丁广为左、右副将军,孙景文为军师,徐钦为先锋将军,魏镇等7人为都护,朱霞等11人为总营。朱寘鐇起兵的消息传出,关中地区震动,陕西等地守将把朱寘鐇刊印的揭露刘瑾种种罪恶的告示、檄文一并上奏朝廷,刘瑾把持内阁收到奏疏,心生恐惧,害怕明武宗得知是其激起朱寘鐇起兵的祸首,所以刘瑾把这些奏疏藏匿起来,不让明武宗朱厚照知道。指挥徐鲲将朱寘鐇的檄文拿给别人看,被刘瑾逮捕下狱论死。

朱寘鐇想借声讨刘瑾为名义,夺取皇位,但并没有成功。明朝军队将领大部分仍效忠于中央政权,朱寘鐇起兵并没有得到广泛响应,势单力微,孤掌难鸣。在宁夏的明军主力部队没有倒向叛军,是平定此次叛乱的主要力量。总兵曹雄率兵沿河堵截叛军,并派广武营指挥佥事孙隆将大小二坝的柴草等物资全被焚毁,坚壁清野。

朱寘鐇起兵之初,宁夏游击将军仇钺正率兵到玉泉宫。朱寘鐇派人动员仇钺,命令他带兵与其汇合,仇钺表面答应,却率军还回。朱寘鐇把他的军队夺了过去,仇钺被迫单骑返回私宅,称病卧床,暗地里却招募散兵游勇,积蓄力量。4月23日,朱寘鐇卒众出城祭祀社稷等神,派人叫仇钺来陪祭,仇钺佯装有病而不去。朱寘鐇为争取仇钺,特派其部下周昂来仇氏私宅来探望,仇钺派人把周昂杀掉,然后披甲仗剑,跃马出门,率壮士百余人,直奔安化王府,执杀朱霞、孙景文等十余人,擒获朱寘鐇父子,招抚朱寘鐇部下反正投降。这时,曹雄等人也率兵赶到宁夏。朱寘鐇的军事叛乱遂被平息。

朱寘鐇起兵是地方藩王图谋夺取皇位的地方军事叛乱,历经18天而失败,平定这次叛乱的主要是地方明军部队,他们在京城明军来到之前已经平定了这次叛乱。

朱寘鐇起兵后，朝廷为了对付地方叛乱形势，也做了一些部署，明武宗朱厚照虽然没有看朱寘鐇的讨刘瑾的檄文，但却感到地方藩王的反叛威胁到自己的皇位，不可以掉以轻心。首先，明武宗朱厚照立刻颁诏天下，稳定人心，尽管刘瑾不愿意，皇帝诏书中有宽宥充军罚米官员、停征丈田羡余粮草等事项；其次，命令神英担任总兵官，太监张永总督军务，起用前右都御史杨一清为提督，率京军及边军讨伐朱寘鐇。当时朝廷尚未接到仇钺已经俘获朱寘鐇父子的报告，所以组织了远征军，向宁夏进军。神英命陕西诸镇兵马，同时分道进剿。

因为朱寘鐇起兵涉及刘瑾，刘瑾想把讨伐大权控制在手中，于是便矫诏改户部侍郎陈震为兵部侍郎兼佥都御史参与讨伐朱寘鐇。陈震是刘瑾的心复。当朝廷任命杨一清为提督军务时，刘瑾不得已只好依从公论。但是未等京城明军赶到宁夏。叛乱已被平息，朱寘鐇父子已被抓获。这时，杨一清上疏奏请调回京营明军，以安抚地方。明武宗朱厚照便下诏命神英率兵返回京城，同时命太监张永和杨一清继续前往宁夏，安绥地方军民。杨一清等张贴告示："朝廷只诛首恶，不究胁从，有功者许录用。各部官员，不许听人诬陷。敢有流造讹言者，治以军法。"只是惩办首恶，将朱寘鐇、何锦、丁广等械送京城处斩。削掉庆府护卫，命杨一清总制陕西三边军民，论功封仇钺为咸宁伯。

朱寘鐇的叛乱只有 18 天就被平定了，它却向人们展示了刘瑾专权的严重危害，刘瑾的专权已经超过了封建专制皇权所不能允许的极限，任何皇帝都不愿意自己身边有一个任意矫诏、假传圣旨的人，即使是一个贴身宦官。刘瑾专权激起朱寘鐇的叛乱这一信息迟早要反馈到明武宗朱厚照那里，如果朱厚照获悉其专权行为，一定会把他除掉。朱寘鐇的叛乱也给反对刘瑾势力提供了一个打倒刘瑾的契机。杨一清鼓动原来"八虎"之一的太监张永，利用回京向明武宗朱厚照禀报出征情况之时，彻底揭穿由刘瑾的专权而激起这次地方藩王叛乱的内幕，从而借用皇权的力量搞掉刘瑾。

张永与杨一清等率兵征讨朱寘鐇，虽然未与叛军直接对阵，但在处理叛乱善后事宜，安抚地方军民的过程中，了解了叛乱的直接原因是刘瑾专权，并且也拿到了朱寘鐇声讨刘瑾的檄文。杨一清内心明白，这篇檄文是对付刘瑾的最有力的武器，只要让明武宗看到这篇檄文，就完全可以使刘瑾失去朱厚照的宠信。杨一清知道张永与刘瑾之间有矛盾，张永常常要设法防备刘瑾的陷害。杨一清经过慎重考虑后，决计用张永与刘瑾的矛盾，让张永到明武宗朱厚照那里揭发刘瑾的行为，离间刘瑾与明武宗的关系，从而铲除刘瑾势力。杨一清是冒着极大的风险的，以身家性命为赌注，拼死也要除掉刘瑾，这也说明朝臣集团与刘瑾的矛盾达到了白热化的程度。

杨一清和太监张永在征讨朱寘鐇行军途中，两人相处不错，有一天，杨一清故意地叹息说道："藩王叛乱是容易平定的，如果朝廷内部有人作乱，那就很难预测了，那时怎么办？"张永不解地问道："杨大人为什么这么说？"杨一清回答道："张公公你恐怕一天也忘不了你的心事,然而却没有一个人给你出个好计策。"说着杨一清在手心里写了一个"瑾"字,给张永看。张永看了后,说道:"刘瑾这小子整天地在皇帝身边转,皇帝一天见不到他,心里就闷闷不乐。现如今,他党羽已成,耳目众多,没有办法呀?"

杨一清见张永说出了心里话,便乘机和盘托出了自己的计策。杨一清对张永说:"张公公,你也是当今皇帝的亲信近臣。这次出兵平叛,皇帝没派别人而派的是你,说明皇帝对你很信任。你应该在班师回朝的时候,到皇帝那里就说要详细报告宁夏叛乱的经过,皇帝一定会要问你更多的事情,这时,你就把朱寘鐇声讨刘瑾檄文原件呈上去,再把刘瑾怎样在朝廷专权乱政、图谋不轨等问题,讲给皇帝听。皇帝是英明的,必然醒悟过来,并且会大怒而杀掉刘瑾。刘瑾被除掉,张公公你就可以掌握大权了。这样你就可以把刘瑾做的坏事矫正过来,你也就可以成就一番事业了!"

张永听后觉得有道理,但又有些担心,问道:"可是万一不成功,那可怎么办呢?"

杨一清为了给他打气,便说:"这事如果换个别人,事情成不成不敢说。但是这件事情从张公公的口中说出来,皇帝一定相信,事情也一定能成功。但是张公公对皇帝说时,必须原原本本。说得生动委曲才行。如果皇帝听了表示不相信的时候,也不要气馁,赶紧伏在地上叩头请死,说愿意死在皇帝面前,不然我出去了,刘瑾为了逃脱罪责,还是要把我杀死,所以不如就死在皇帝面前。你只要泣哭叩头,苦苦向皇帝恳求,皇帝若有肯定的表示,应当立即执行,片刻也不能耽误。这件事决不能泄漏一点机密,否则必将大祸临头。"

张永听杨一清说完,感到有信心了,振臂喊道:"我要拼上老命报答皇帝!"

正德五年(1510年)八月的一天,太监张永和杨一清从宁夏班师回京。为了表示欢迎平定地方叛乱凯旋归来的将士,朱厚照穿上戎装登上东安门城楼,参加献俘仪式,文武大臣恭候于门外桥东。明武宗朱厚照下旨将俘获的朱寘鐇及其亲眷18人,押送"诸王馆"看管,参加叛乱的指挥何锦及其它从犯共数百人被五花大绑牵入东华门,举行献俘仪式后,被押出西华门斩首。

当天,明武宗朱厚照按定制,赐宴犒赏张永等人,刘瑾和张永等大太监也都参加了宴会。当夜半便深时候,刘瑾见张永是赐宴的主要人物,便提前起身告辞先走了。明武宗朱厚照此时已经喝得半醉。张永见时机已到,便从怀中掏出奏疏和朱寘鐇声讨刘瑾的檄文,揭出了刘瑾的十几项罪状,并对朱厚照说:"刘瑾自己激起了宁夏地方藩王叛乱,心里担惊受怕,想要图谋不轨。"这时,张永的党羽张雄、张锐也在一旁帮腔。朱厚照边看边听,也感觉刘瑾有点不像话,以皇帝的名义做了很多坏事。朱厚照当时就表态:"撤掉刘瑾,继续喝酒。"张永一看没有达到预定目的,便说道:"臣离此一步,就再也看不到皇帝了!"朱厚照说:"刘瑾还要干什么?"张永答道:"他要夺取天下。"

朱厚照不为然地说:"天下他随便能夺取吗?"张永说:"刘瑾要把皇帝置于何

地?"朱厚照这时酒吓醒了,立刻准许了张永的奏疏。当即命宫中禁兵去逮捕刘瑾,张永等人劝明武宗朱厚照一起去。

禁兵冲入刘瑾私宅时,刘瑾正在酣睡,禁兵来到跟前,刘瑾才发觉,惊慌地问道:"皇帝在哪里?"对方回答道:"在豹房。"刘瑾披着衣服起来,对家人说:"这事很奇怪。"刘瑾一出房门,即被抓住,送入内狱。

第二天,明武宗朱厚照下了一道谕旨,大意是说,过去他很信任刘瑾,把许多事情交给他办理,但刘瑾却瞒上欺下,专权乱政,荼毒全国。现决定把刘瑾降下奉彻,贬到凤阳闲住。凡刘瑾变乱的成法,一律要恢复改正,刘瑾所犯各罪由法司审理。这道谕旨反映了明武宗朱厚照还不想处死刘瑾,只是把他由司礼监太监贬为奉彻,奉彻是明朝宦官的一个职务,刘瑾虽罪恶昭彰,也只是到凤阳闲住而已。刘瑾得知他被贬到凤阳,竟然说:"我仍然还是一个富太监!"刘瑾还向明武宗奏上白贴,说:"被抓时,赤身裸体,乞求皇帝开恩给几件衣服穿。"明武宗朱厚照看后竟生怜悯之心,让人送去百余件旧衣服。张永、李东阳等反对刘瑾的太监和朝臣集团的代表人物,看到朱厚照没有杀刘瑾的意思,也很着急。

李东阳对张永等大太监说:"如要刘瑾被宽恕得到重用,怎么办?"张永信心十足地说:"有我在,没有什么问题。"当得知明武宗朱厚照赏给刘瑾衣物时,张永也感害怕了,立刻向李东阳问计,李东阳让他命令科道官弹劾刘瑾。张永等人要使朱厚照以谋反罪处刘瑾,才能免除后患,为了激起朱厚照对刘瑾的愤恨。朱厚照在张永等人一再劝说下,决定亲自到刘瑾私宅看一看。抄没刘瑾家产的结果,使朱厚照吃惊不小。刘瑾私宅中竟然有那么多的金银珍宝,而更重要的是竟发现了王玺一颗,穿宫牙牌500件,刘瑾常拿的扇柄中藏有二把利刃,还存有不少衣甲、兵器。朱厚照亲眼看到,刘瑾真是图谋不轨,想要造反。朱厚照大怒,说道:"刘瑾这奴才真的要反了。"下令将刘瑾投入大狱,等候审判。又揭出刘瑾党羽20多人,其中把吏部尚书张彩、锦衣卫指挥杨玉、石广义等6人,押送都察院监狱。

刘瑾确实有夺取皇权的预谋,炙手可热的权势使刘瑾忘乎所以,并且有所准备。刘瑾喜欢招纳那些讲求炼丹术之类的方士,其中有个叫作俞日明的,胡说刘瑾的从孙刘二汉必定是个大贵人。兵仗局太监孙和几次送盔甲、兵器给刘瑾,两广镇守太监潘午、蔡昭又给他制造弓箭,刘瑾都藏在家里。

有一天,刘瑾想起自己专权以来的所作所为,也有点心虚,害怕有人报复他,竟然哭了起来,抽泣着对吏部尚书张彩说:"开始的时候,谷大用、张永等人害怕朝臣排挤迫害我们这些太监,推举我为首领,反击朝臣。我不惜以身殉天下,搞掉了许多朝臣。而现在天下人们的怨恨都集中在我身上。然而其他太监却安然享清福。"张彩见状,屏退左右随从,对刘瑾说:"当今皇帝没有儿子,将来必然要拥立宗室其人儿子为皇储。如果选择一个年龄大而且贤明的人,刘公公你必遭祸患。为今之计,不如想办法选一个年纪小且软弱的人,这样刘公公就可以长保富贵而没有后顾之忧了。"刘瑾听后转悲为喜,连说:"很好。"但是,过了几天后,刘瑾又改变了主意,对张彩说:"不用拥立宗亲之子了,到时候我自立为帝。"张彩告诉刘瑾,这样万万不行。刘瑾大怒,扔茶盘打张彩,吓得张彩再也不敢吱声。

当时京城有关刘瑾要政变的谣言纷传。刘瑾的哥哥,后军都督府同知刘景祥死后,选在八月十五日送葬。京城盛传:刘瑾计划在他哥哥送葬这一天,将要举行政变,篡位当皇帝。这一天夜里京城施行宵禁,违者处死,刘瑾等人预定在星星出满后,四下寂静得听得到鸡叫犬吠声音时,就要动手了。甚至有人说,夜里都听到了刀枪相碰发出的声响。张永要除掉刘瑾,必须要在刘瑾谋反问题上大做文章。

张永等人指使六科给事中、十三道御史上奏揭发了刘瑾共 30 条罪行,其中大罪有:

(1)私藏军器,伪造御玺。扇中藏刀,图谋不轨。

(2)拒不执行大赦诏书,私自对充军等犯不另赦减,反对圣旨。

(3)诸司上奏必先关白刘瑾而后行。在私宅擅拟奏章谕旨。人呼刘瑾为"立地皇帝"。

(4)罗织人罪,几年来被枷号而死者达数千人之多。

(5)重用奸臣焦芳、刘宇、张彩、曹元等人。卖官鬻爵,任意升黜官吏。

(6)用韩福等人搜括地方民财,致使各地"盗贼"蜂起。

(7)以严刑峻法钳制天下人之口。言官皆不敢言。

(8)缉事校尉四出,草菅人命,全国骚然。

(9)妄增家乡陕西的科举解额,私改会试南北中卷比例,以利家乡举子。又以私愤命令浙江余姚、万安、南城 3 县人不许选京职。

《明史纪事本末》在概括刘瑾专权恶行时,写道:"瑾流毒五年,变易吏、兵二部选法。将官失律,有加封伯、都督者,或径自传奉。时缀批别本,惟意而已。又以事籍没故大臣家,收其妻孥。日夜简括天下库藏,添设巡捕、巡盐等官,四出诛求诸边屯田赋税,以肥私家,海内骚然。"这段文字可以说是刘瑾专权 5 年的精辟写照。5年间,刘瑾改变了吏部、兵部铨选官员的制度,使得军队将领升降失序,随意给亲信下属加封爵位、任命都督,这些事情都是刘瑾通过矫旨进行的。他还借故没收获罪大臣家产并祸及其妻子儿女。不停地搜刮各地方库存钱物,增加巡捕、巡盐等官员,到处增加各边屯田的税赋,肥了他自己家,使得全国骚动民情激愤。

明武宗朱厚照看到了刘瑾谋反的证据,阅读了言官们的弹劾奏章,感到刘瑾确实作恶多端,朝政大事所托非人,辜负了他的期望,于是便决意除掉刘瑾。朱厚照当天就批准了朝臣们的奏疏,并立即在午门外组织有关部院官员对刘瑾进行会审。届时,由法司及锦衣卫人员将刘瑾押解到午门外。刘瑾曾是权倾朝野、威震天下的显赫人物,即使是罪行败露,按律当斩,然而参加会审的一些官员却不敢审问他,刑部尚书刘暗噤若寒蝉,会审时一言不发。刘瑾面对会审官员竟然大声喊道:"满朝公卿,皆出我门,谁敢问我!"真可谓猖狂至极。这时,只有驸马都尉蔡震敢发问。蔡震对刘瑾说:"我是国戚,不是出自你的门下,我就能问你!"随即命令官校拷打刘瑾。蔡震反问刘瑾:"公卿由朝廷选用,为何由你一人说了算!你为什么私藏兵甲武器?"刘瑾狡辩道:"这是用来护卫皇帝。"蔡震反驳道:"为什么放在你的私宅?"刘瑾顿时语塞,无以答对。这次会审没有蔡震,刘瑾也是不好对付的。会审结束,将结论上奏,明武宗朱厚照命会审官员不用复奏,凌迟处死刘瑾,枭首三日,榜狱词处决图于天下。

正德五年(1510年)八月二十五日,刘瑾被当众凌迟处死。据当时的监斩官、刑部河南主事张文麟的记述,刘瑾被凌迟的刀数就共3375刀,每10刀一歇息一吆喝。第一天照例先剐357刀。每1刀割下如指甲大小的肉来,从刘瑾胸膛开始,刚开始动刀时流了不少血,后来就没有血了。到晚上将刘瑾押送到顺天府宛平县监狱,松绑之后,刘瑾尚能吃两碗粥。第二天又押到刑场,因为昨天行刑时,刘瑾说了很多宫廷内部事情,所以用麻核桃塞住他的嘴,割了数十刀后,刘瑾便气绝而死。曾经被刘瑾迫害过的人,一钱一块,争着买割下来的刘瑾的肉,以解心头之恨。接着又将刘瑾的亲属15人和杨玉、石广义等人斩首。吏部尚书张彩死于狱中,大学士刘宇、曹元,前大学士焦芳,刘宇的儿子、编修刘仁,焦芳的儿子、侍读焦黄中,户部尚书刘玑,兵部侍郎陈震一并削籍为民。

刘瑾被杀,是其个人专权局面的结束,明武宗朱厚照除掉刘瑾是为了巩固封建专制皇权统治,明朝宦官政治并没有结束。刘瑾死后,四川巡抚都御史林俊曾上疏说:"瑾虽死,而权柄犹在宦竖,安知后无复有如瑾者?"这说明,当时正直的官员已经看出了问题的症结,虽然个别专权宦官败亡了,但明朝皇帝宠信宦官、依靠宦官以维护专制皇权的基本制度没有变,将来还会出现类似刘瑾式的专权宦官。